BEIDERSEITS DER AUTOBAHN

in Deutschland, der Schweiz und in Österreich

Sehenswürdigkeiten, Hotels und Restaurants links und rechts der Autobahn

Einzigartig hinsichtlich Lage und Gestaltung: das Bamberger Alte Rathaus mitten in der Regnitz. Das »angeklebte« Rottmeisterhäuschen scheint förmlich in der Luft zu schweben.

BEIDERSEITS DER **AUTOBAHN**

Die Autobahn als Ferienstraße: Bequem und zügig führt sie durch die schönsten Landschaften zu sehenswerten Städten und Plätzen, zu kulturellen Monumenten von Weltrang und gastronomischen Highlights nur wenige Minuten abseits der schnellen Pisten. Aufregend ist der Blick auf die Skyline von Frankfurt am Main, fantastisch die Aussicht auf den Limburger Dom, reizvoll die Fahrt hoch über Mosel- und Ahrtal hinweg, am Chiemsee entlang oder durch die bayerischen Alpen. Wollte man nicht immer schon den Kölner Dom besichtigen, dessen Silhouette man von der Autobahnbrücke aus sieht, oder die faszinierenden Kulturdenkmäler von Eisenach, Gotha und Weimar besuchen, die nur einen Katzensprung von der Autobahn entfernt sind? Oder bei den unmittelbar am Weg gelegenen romantischen Winzerorten im Maintal oder den lauschigen Biergärten am Starnberger See vorbeischauen? BEIDERSEITS DER AUTOBAHN ist ein reich bebilderter Reiseatlas, der die schönsten Sehenswürdigkeiten und Landschaften links und rechts der Autobahnen in Deutschland,

Österreich und der Schweiz vorstellt und lohnenswerte Abstecher vorschlägt. Informative Kurztexte, viele Tipps und detaillierte Karten der Autobahnen sowie zusätzlich der Ballungsräume machen BEIDERSEITS DER AUTOBAHN zu einem idealen Reiseatlas. Ausgewählt wurden Landschaften, Städte und Monumente, die in unmittelbarer Nähe zur Autobahn oder von einer Ausfahrt nur wenige Kilometer entfernt liegen und ohne großen Zeitaufwand schnell und problemlos erreicht werden können. Damit das leibliche Wohl nicht zu kurz kommt und selbst lange Fahrten zu einer erholsamen Reise werden, wird auf zahlreiche in der Nähe liegende Hotels, Restaurants und Gasthöfe aufmerksam gemacht. So lässt sich das Unterwegssein spielerisch mit Muße, Genuss und Erlebnis verbinden.

Dünen und endlose Strände, stürmische Winde, farbintensive Sonnenauf- und Sonnenuntergänge und klassische Leuchttürme wie der am Lister Ellembogen – all das macht den herb-romantischen Charme von Sylt aus.

ZUM GEBRAUCH

Streckenprofil: Für jede Autobahn wird der Verlauf der Route kurz beschrieben und die Distanz in Kilometern sowie eine mittlere Fahrzeit angegeben.

Sehenswürdigkeiten: Die Texte in den farbigen Boxen beschreiben die schönsten und interessantesten Landschaften, Orte und Sehenswürdigkeiten entlang der Strecke. Landschaften und Naturdenkmäler werden in einer **grünen,** Städte und sehenswerte Orte in einer **blauen,** einzelne Denkmäler und Monumente in einer **roten Box** vorgestellt. Die Kennzeichnung mit **Sternchen** soll die Planung eines Aufenthalts oder Zwischenstopps erleichtern: *sehenswert, **außergewöhnlich, ***einzigartig.

Tipps: Besondere Orte, Museen, Naturparks oder Landschaften, die zu einem Abstecher einladen, sind mit einem weißen Stern auf rotem Feld versehen.

Unterwegs: Die großen Boxen auf jeder Seite beschreiben die herausragenden Landschaften einer Strecke, informieren über **Essen und Trinken** mit Tipps zu **Restaurants** und **Gasthöfen**

oder weisen auf typische **Produkte der Region** hin. Abschließend werden empfehlenswerte **Hotel und Pensionen** entlang der Strecke aufgeführt.

AUTOBAHNEN IN BALLUNGSRÄUMEN 1:100 000

STRASSENATLAS DEUTSCHLAND / SCHWEIZ / ÖSTERREICH 1:800 000 307

AUFLISTUNG NACH AUTOBAHNNUMMERN

Deutschland

Schweiz

Österreich

Italien

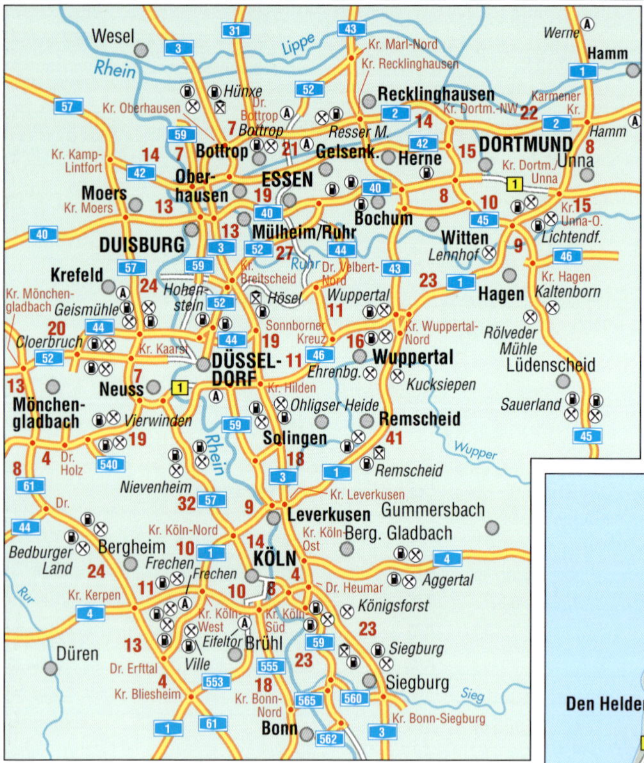

Zeichenerklärung

- Autobahn
- Gebührenpflichtige Autobahn
- Autobahn in Bau
- Wichtige Fernstraße
- Fernstraße in Bau
- Helsinki — Autofähre
- 145 — Entfernung in Kilometern
- Bahnstrecke mit Autoverladung
- Kr. Walldorf — Autobahnkreuz oder -dreieck
- Staatsgrenze
- 81 — Autobahn-Nr. in Deutschland
- 1 — Autobahn-Nr. in der Schweiz
- A 14 — Autobahn-Nr. in Österreich
- A 33, 5, A 3, D 5 — Autobahn-Nr. im übrigen Ausland
- 134, N 67, 36, 316 — Bundes- oder Nationalstraßen-Nr.

Tanken und Rasten an Autobahnen

- Tankstelle
- Rasthaus
- Tankstelle mit Rasthaus
- Rasthaus und Motel
- Tankstelle mit Rasthaus und Motel
- Autohof
- Stromtankstelle

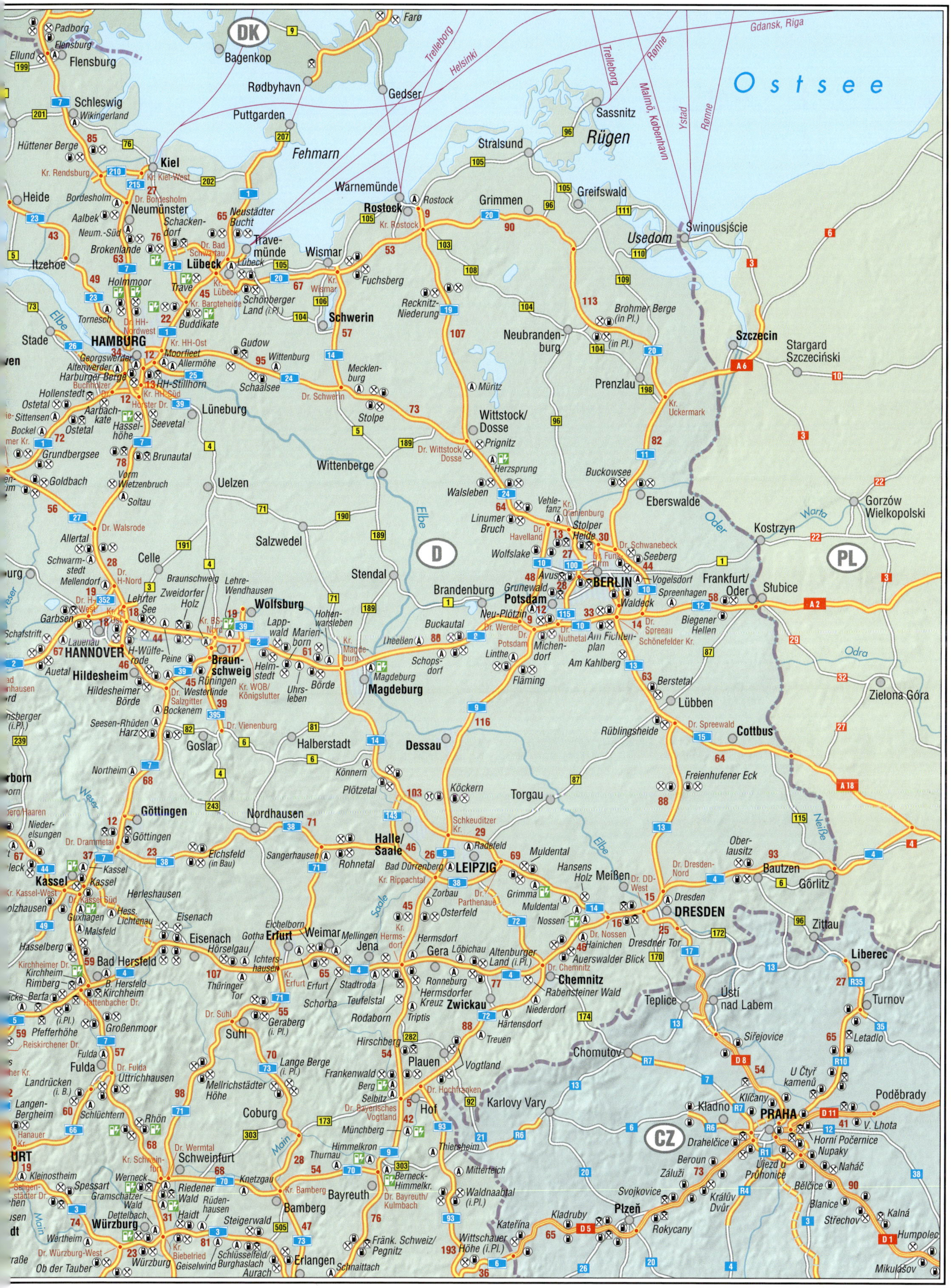
Ostsee
DK
D
PL
CZ
Flensburg
Schleswig
Kiel
Neumünster
Lübeck
Travemünde
Fehmarn
Puttgarden
Rødbyhavn
Bagenkop
Gedser
Warnemünde
Rostock
Wismar
Schwerin
Stralsund
Rügen
Sassnitz
Greifswald
Grimmen
Usedom
Swinoujście
Szczecin
Stargard Szczeciński
Neubrandenburg
Prenzlau
Hamburg
Stade
Itzehoe
Heide
Lüneburg
Uelzen
Celle
Salzwedel
Wittenberge
Wittstock/Dosse
Stendal
Eberswalde
Gorzów Wielkopolski
Kostrzyn
Frankfurt/Oder
Słubice
Berlin
Potsdam
Brandenburg
Wolfsburg
Hannover
Braunschweig
Hildesheim
Magdeburg
Goslar
Halberstadt
Dessau
Lübben
Cottbus
Zielona Góra
Göttingen
Nordhausen
Halle/Saale
Leipzig
Torgau
Kassel
Eisenach
Erfurt
Weimar
Jena
Gera
Zwickau
Chemnitz
Meißen
Dresden
Bautzen
Görlitz
Zittau
Liberec
Bad Hersfeld
Fulda
Suhl
Plauen
Hof
Coburg
Schweinfurt
Würzburg
Bamberg
Bayreuth
Erlangen
Teplice
Ústí nad Labem
Chomutov
Karlovy Vary
Kladno
Praha
Plzeň
Turnov
Poděbrady
Elbe
Oder
Odra
Warta
Neiße
Weser
Main
Saale
Gdansk, Riga
Trelleborg
Helsinki
Rønne
Malmö, København
Ystad

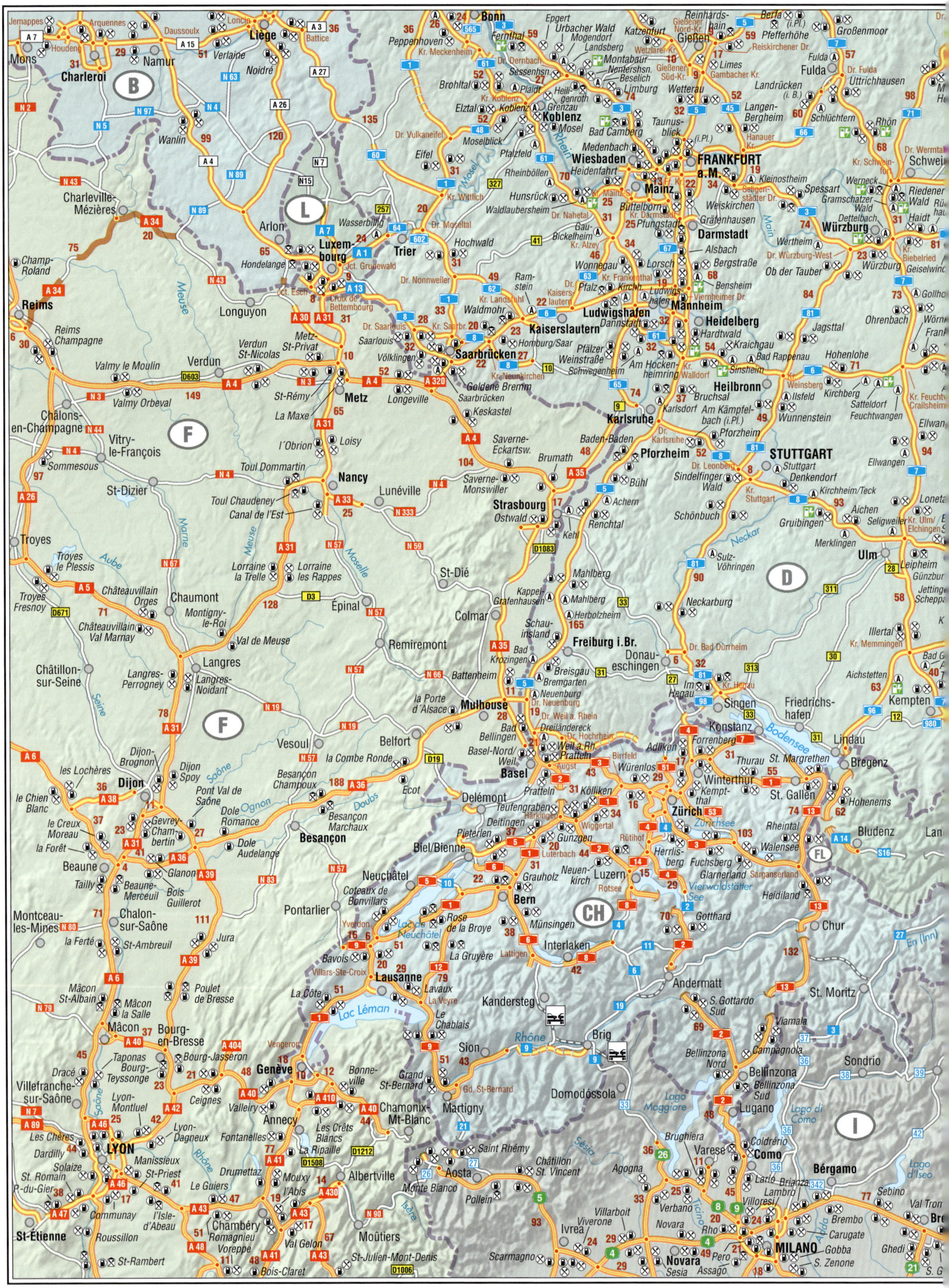

Mons
Charleroi
Namur
Liège
Bonn
Koblenz
Wiesbaden
Mainz
FRANKFURT a.M.
Darmstadt
Würzburg
Gießen
Fulda
Charleville-Mézières
Arlon
Luxembourg
Trier
Reims
Longuyon
Verdun
Metz
Saarbrücken
Kaiserslautern
Ludwigshafen
Mannheim
Heidelberg
Heilbronn
Karlsruhe
Pforzheim
STUTTGART
Châlons-en-Champagne
Vitry-le-François
St-Dizier
Nancy
Lunéville
Strasbourg
Troyes
Chaumont
Épinal
St-Dié
Colmar
Freiburg i.Br.
Ulm
Langres
Remiremont
Mulhouse
Belfort
Basel
Vesoul
Dijon
Besançon
Delémont
Zürich
Konstanz
St. Gallen
Bregenz
Lindau
Kempten
Beaune
Biel/Bienne
Neuchâtel
Bern
Luzern
Chur
Pontarlier
Lausanne
Interlaken
Andermatt
St. Moritz
Mâcon
Bourg-en-Bresse
Genève
Sion
Brig
Martigny
Chamonix-Mt-Blanc
Annecy
LYON
Chambéry
Albertville
Aosta
Domodóssola
Lugano
Bellinzona
Como
Bérgamo
Varese
MILANO
Novara
St-Étienne
Lac Léman
Bodensee
B
L
F
D
CH
FL
I

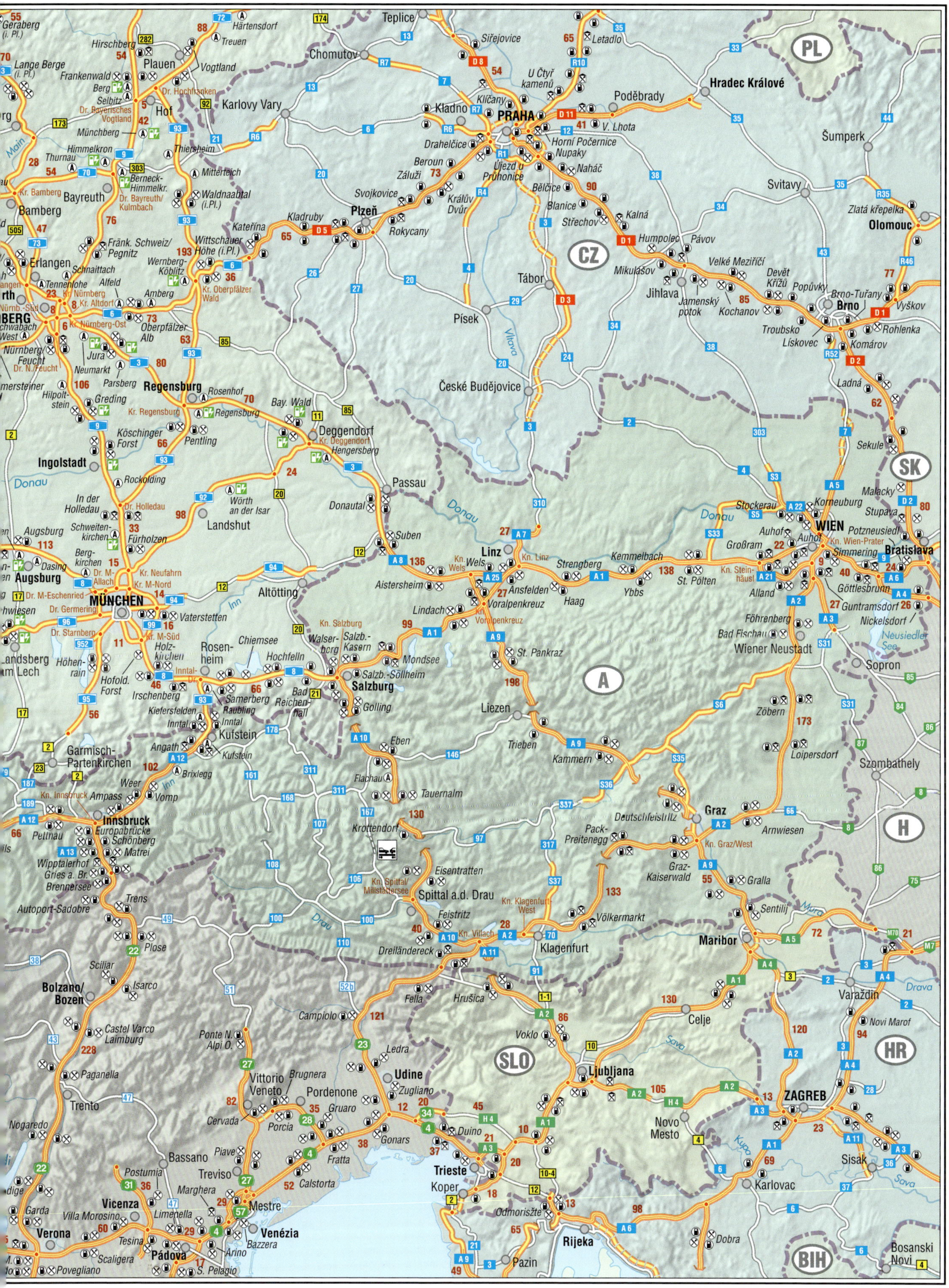
PL
CZ
SK
A
H
SLO
HR
BIH
Teplice
Chomutov
Karlovy Vary
Kladno
PRAHA
Poděbrady
Hradec Králové
Šumperk
Svitavy
Olomouc
Plzeň
Rokycany
Tábor
Písek
České Budějovice
Jihlava
Humpolec
Velké Meziříčí
Brno
Vyškov
Slupava
Bratislava
Hof
Plauen
Bayreuth
Bamberg
Erlangen
Regensburg
Deggendorf
Passau
Ingolstadt
Landshut
Augsburg
MÜNCHEN
Altötting
Rosenheim
Salzburg
Linz
Wels
Strengberg
St. Pölten
WIEN
Wiener Neustadt
Sopron
Szombathely
Liezen
Graz
Maribor
Klagenfurt
Spittal a.d. Drau
Villach
Kufstein
Innsbruck
Garmisch-Partenkirchen
Bolzano/Bozen
Trento
Verona
Vicenza
Pádova
Venézia
Mestre
Treviso
Pordenone
Udine
Trieste
Koper
Rijeka
Ljubljana
Celje
Novo Mesto
Karlovac
ZAGREB
Sisak
Varaždin
Pazin
Bosanski Novi
Donau
Inn
Drau
Mur
Sava
Drava
Kupa
Vltava

Oberhalb von Bacharach steht Burg Stahleck. Sie hat viele Herrscher kommen und gehen sehen. Zuerst waren es die erzbischöflichen Vögte von Köln, dann folgten die Pfalzgrafen, die Welfen und die Wittelsbacher.

SEHENSWÜRDIGKEITEN ENTLANG DER AUTOBAHN

UNTERWEGS AN DER OSTSEEKÜSTE

Strand auf Fehmarn an der Ostsee in Schleswig-Holstein

Östlich der Autobahn das weiße Band des Ostseestrands, westlich davon der Naturpark Holsteinische Schweiz mit grünen Höhen, Tälern, Wäldern und Seen: Auf dem ersten Abschnitt der Route, zwischen Oldenburg und Lübeck, muss man sich entscheiden; denn beide Landschaften haben ihren eigenen Reiz.

KULINARISCHES: Lübecker Marzipan und Rotspon

Im Jahr 1895 ließ sich ein Ulmer Bäcker in der Hansestadt nieder und verschrieb sich ganz der **Marzipanproduktion** – mit so großem Erfolg, dass das köstliche Mandelbrot heute von der EU-Kommission als geschütztes Warenzeichen anerkannt ist. Eine weniger bekannte Lübecker Spezialität ist der **Rotspon**, ein französischer Rotwein, der in Lübeck in Fässern gelagert wird und durch die Seeluft sein besonderes Aroma erhält. Angeboten wird er in Traditionsgaststätten wie der **Schiffergesellschaft** (Breite Str. 2) oder dem **Historischen Weinkeller des Heilig-Geist-Hospitals** (Koberg 8–9).

RAST AUF REISEN: In Lübeck und am Meer

Herberge zur alten Stadtmauer, An der Mauer 57, 23552 Lübeck, Tel. 0451/73702: mit viel Atmosphäre **(Abfahrt 22 Lübeck-Zentrum, 4 km)**. **Hotel Strandschlösschen**, Strandpromenade 7, 23570 Lübeck-Travemünde, Tel. 0 45 02/7 50 35 **(Abfahrt 20 Dr. Bad Schwartau, 15 km)**. **Hotel Wallburg**, Am Heisterbusch 4, 23730 Neustadt, Tel. 0 45 61/5 12 20 **(Abfahrt 14 Neustadt, 3 km).**

Renaissanceschloss Ahrensburg

Streckenprofil: *Die zunächst in Küstennähe verlaufende Route führt durch eine von den Eiszeiten geschaffene Moränenlandschaft, in der sich sanfte Hügel mit Flüssen und Seen abwechseln. Nach Umfahrung des Großraums Hamburg geht es bis Bremen weiter durch eine flache, etwas karg anmutende Region, die ehemals ein weites Moorgebiet war* ***(225 km, ca. 2 ¼ Std.)***

Altenkrempe: Vorgängersiedlung von Neustadt mit einer für den kleinen Ort zu groß geratenen, prächtigen Backsteinbasilika aus dem 13. Jh. Gut Hasselburg, ein prächtiges, für die Region typisches Herrenhaus, ist auch regelmäßig Veranstaltungsort für Konzerte. Informationen unter Tel. 045 61/23 33. **(Abfahrt 13 Neustadt i. Holstein/Nord 2 km)**

Oldenburg i. Holstein: auf einem Moränenhügel gelegene ehemalige Bischofsstadt. An ihre Geschichte erinnert das Wall-Museum (April – Okt.: Di–So, 10–17 Uhr). **(Abfahrt 11 Oldenburg, ca. 1 km)**

Die Insel **Fehmarn** ist über die Fehmarnsundbrücke erreichbar. Die sonnenreiche Insel verfügt über 78 km Küstenlinie. Inselmetropole ist das Ostseeheilbad Burg mit der Nikolaikirche (St. Blasiusaltar von 1480), der größten Modelleisenbahnanlage Norddeutschlands und dem Meereszentrum Fehmarn mit dem größten Haiaquarium Europas. Sehenswert auch: das Mühlen- und Landwirtschaftsmuseum in Lemkenhafen und die Backsteinkirche St. Petri in Landkirchen. **(Abfahrt Oldenburg, 28 km)**

****Lübecker Bucht:** in der Eiszeit entstandener Meeresarm der Ostsee mit einer maximalen Tiefe von 30 m. Hier liegen die Seebäder **Scharbeutz, Timmendorfer Strand** mit einer 8 km langen Strandpromenade, und **Travemünde**. Weithin sichtbares Wahrzeichen des 1802 gegründeten Kurorts mit Spielcasino ist das 158 m hohe Hotel Maritim. Mehrmals wöchentlich legen Fähren nach Schweden, Finnland, Dänemark und Polen ab. Sehenswert: die hier für immer vor Anker gegangene Viermastbark »Passat« (1911), heute ein Museumsschiff. **(Abfahrten: 16 Scharbeutz, 17 Pansdorf, 18 Ratekau)**

***Neustadt in Holstein:** Im 13. Jh. gegründeter Fischerort an der Neustädter Bucht mit idyllischem Hafenbetrieb. Sehenswert: der 1830 erbaute Kornspeicher mit Pagodendach; die gotische Kirche und das Kremper Tor, in dem heute das Ostholstein-Museum ist. **(Abfahrt 13 Neustadt i. Holstein/Nord, 3 km)**

Reinfeld: malerischer Ort mit vielen, von Mönchen angelegten Karpfenteichen. Matthias Claudius schrieb hier den Text von »Der Mond ist aufgegangen« **(Abfahrt 25 Reinfeld, 1 km)**

Hansapark: bei dem einst ruhigen Fischerort Sierksdorf gelegener Freizeitpark mit zahlreichen Attraktionen wie der Wasserachterbahn und der Delfinshow (Mitte April–Mitte Okt.). **(Abfahrt 14 Neustadt i. H./Süd, 3 km)**

***Schloss Ahrensburg:** Das im gleichnamigen Ort gelegene prächtige Renaissanceschloss (1596) mit großer Porzellan- und Gemäldesammlung zeigt eine ständige Ausstellung über die Schleswig-Holsteinischen Adelsgeschlechter. **(Abfahrt 28 Ahrensburg, 5 km)**

Hamburg:
siehe Seite 138

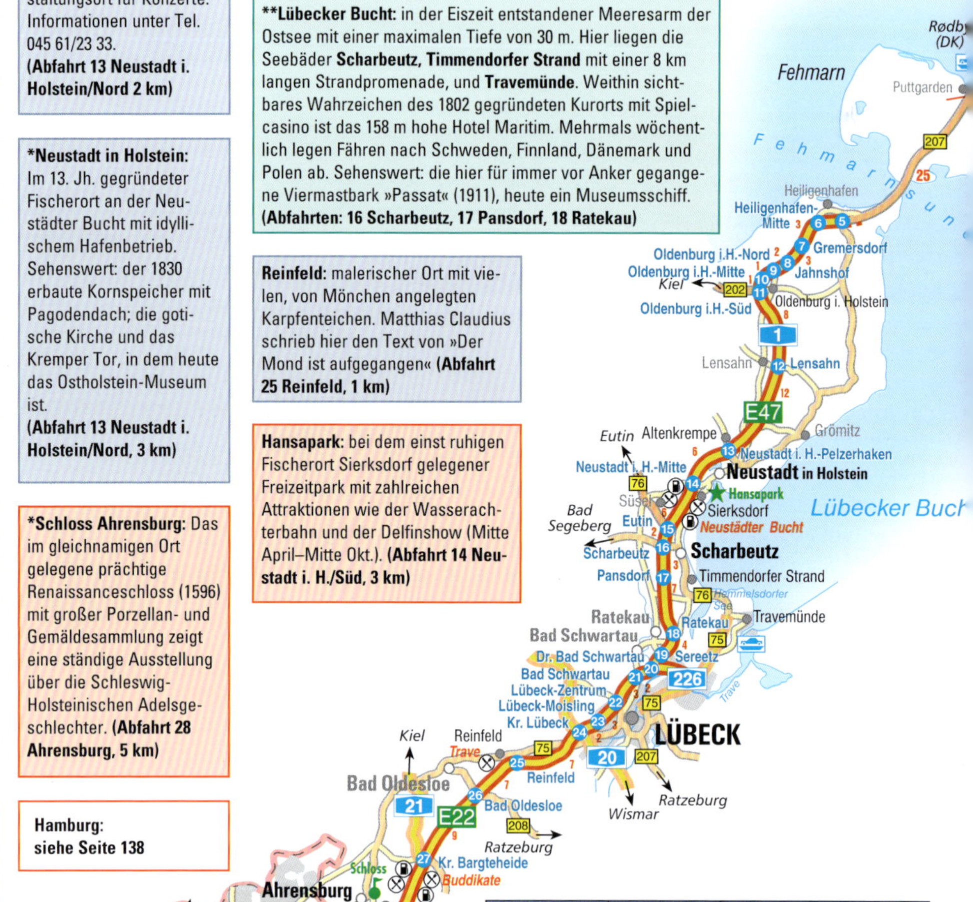

Lübeck: das Holstentor und die Petrikirche (rechts)

Ottersberg: Der kleine Ort mit einer Burg aus dem 17. Jh. liegt an der Wümme, einem Nebenfluss der Weser, der auch einer der Abflüsse der Moorgebiete östlich von Bremen ist. **(Abfahrt 50 Stuckenborstel, 2 km)**

Geest: Der weitere Verlauf der Strecke bis Bremen ist geprägt von der sogenannten Geest, einer relativ dünn besiedelten, welligen Landschaft, die von Flachmooren durchsetzt und ziemlich unfruchtbar ist.

Marschland: Südöstlich von Hamburg überquert man kurz hintereinander die Elbarme Norder- und Süderelbe. Mehrere Altarme des Flusses bewässern hier die Marschlande, eine fruchtbare Niederung, in der sich das Vogelschutzgebiet Achtermoor befindet.

*****Lübeck:** Schon von Weitem grüßen die sieben Türme der ehemaligen »Königin der Hanse«. Vor allem die 125 m hohen Zwillingstürme von St. Marien (13. Jh.), der größten gotischen Backsteinkirche der Welt, sind unübersehbar. Die Stadt, einst Dreh- und Angelpunkt für den gesamten Ostseehandel, ist ringsum von Wasser umgeben. Berühmt ist die einzigartige Backsteinarchitektur der Altstadt, die unter Denkmalschutz steht und heute Teil des UNESCO-Weltkulturerbes ist. Sehenswert in der Stadt des Marzipans: das wuchtige, doppeltürmige Holstentor (1478), das gotische Rathaus mit seinen Windlöchern in der Fassade (1484) und das »Buddenbrook-Haus« in der Mengstraße, in dem 1875 der berühmte Schriftsteller Thomas Mann geboren wurde. **(Abfahrt 22 Lübeck-Zentrum, 4 km)**

Streckenprofil: *Die zum größten Teil durch das Münsterland führende, ebene Strecke zeigt eine bäuerlich geprägte Landschaft mit weiten Feldern und vereinzelten Baumgruppen. Die Fahrt über zahlreiche Flüsschen und Kanäle endet im Nordosten des dichtbesiedelten Ruhrgebiets.* ***(220 km, ca. 2¼ Std.)***

Bremen: siehe Seite 146

***Dinklage:** Die Dietrichsburg (15. Jh.), in einem herrlichen Laubwald mit Wildgehege gelegen, ist die bedeutendste Wasserburg des Oldenburger Münsterlands. **(Abfahrt 65 Lohne/Dinklage 2 km)**

***Tecklenburg:** Die auf einem Ausläufer des Teutoburger Waldes gelegene Stadt wird von einer Burgruine (12. Jh.) überragt und ist durch romantische Fachwerkarchitektur geprägt. Sehenswert: das Puppenmuseum in der Legge (1577), einem Torhaus, in dem früher Leinenerzeugnisse aus der Umgebung geprüft wurden. **(Abfahrt 73 Lengerich/Tecklenburg, 3 km)**

Das Wasserschloss Hülshoff in Havixbeck

Mittellandkanal: Der 1938 fertiggestellte Kanal ist mit 321 km der längste in Deutschland und verbindet den Dortmund-Ems-Kanal mit der Elbe.

Flughafen Münster–Osnabrück: Ein einmaliges Erlebnis ist der 20-minütige Rundflug über das Münsterland für bis zu drei Personen. Auch ein einstündiger Flug über die Wasserschlössern ist möglich. Anmeldung unter Tel. 02571– 91110. **(Abfahrt 74 Ladbergen, 2 km)**

***Münsterland:** Die weite Landschaft wird das »Grüne Herz Westfalens« genannt. Neben alten Dörfern mit Backsteinhäusern prägen Einzelgehöfte, von kleinen Baumgruppen umgeben, das Bild. Bekannt ist die Region durch ihre vielen Wasserschlösser in großen Parks.

****Schloss Hülshoff:** Geburtsstätte der Dichterin Annette von Droste-Hülshoff (1797–1848). Die Wasserburg beherbergt ein Droste-Museum und ein Café/Restaurant. Museum geöffnet: April–Dezember, 11.00–18.30 Uhr. **(Abfahrt 77 Münster Nord, 4 km)**

Dortmund-Ems-Kanal: 269 km langer Kanal, 1899 fertiggestellt, verbindet das Ruhrgebiet mit der Nordsee.

Datteln-Hamm-Kanal: 50 km lang, 1914 in Betrieb genommen, verbindet den Dortmund-Ems- Kanal und Hamm.

Dortmund: siehe Seite 156

****Wildeshausen:** An der Hunte liegt die Alexanderkirche (13. Jh.) mit spätmittelalterlichen Fresken. Einen Abstecher lohnt auch Dötlingen, ein Bilderbuchdorf mit strohgedeckten Gehöften und 1000-jähriger Dorfeiche. **(Abfahrt 60 Wildeshausen-Nord, 5 km).** Im Naturpark Wildeshauser Geest finden sich Hünengräber wie Visbecker Braut und Bräutigam. **(Abfahrt 61 Wildeshausen-West, 2 km)**

Dammer Berge: Der bewaldete 12 km lange Höhenzug ist der Rest einer 200 000 Jahre alten Endmoräne und bis zu 145 m hoch. Dahinter liegt der Dümmer, ein von einem breiten Schilfgürtel umgebener Flachwassersee.

****Münster:** Wegen seiner vielen Kirchen nennt man die katholische Bischofsstadt auch das »niederdeutsche Rom«. In Münster, seit 1780 Universitätsstadt, wurde 1648 der Dreißigjährige Krieg mit dem »Westfälischen Frieden« beendet. Sehenswert: nach dem 2. Weltkrieg wiederaufgebauter Prinzipalmarkt mit Patrizierhäusern; die Lambertikirche (14./15. Jh.) mit den drei eisernen Käfigen am Westturm, in denen die Leichen der Wiedertäufer zur Schau gestellt wurden; romanisch-gotischer Dom St. Paul (1225–65). Einen Besuch wert ist der künstlich angelegte Aasee mit Zoo und Freilichtmuseum. **(Abfahrt 77 Münster-Nord, 7 km)**

*****Schloss Nordkirchen:** Von Ascheberg aus ist es nicht weit nach Nordkirchen zum größten barocken Wasserschloss des Münsterlandes, dem »westfälischen Versailles«. **(Abfahrt 79 Ascheberg, über B58 Abfahrt Nordkirchen, 12 km)**

Schloss Nordkirchen: Gartenseite

UNTERWEGS IM MÜNSTERLAND

Die Lambertikirche, vom Prinzipalmarkt aus gesehen

Wehrburgen und Wasserschlösser, malerische Fachwerkstädtchen und stolze Kirchen setzen die Akzente im **Münsterland**, einer noch ländlichen Region, die berühmt ist für ihre Pferde. Hochburg der Pferdezucht ist Warendorf mit seiner viel besuchten Hengstparade am letzten Septembersonntag. Am ersten Septemberwochenende trifft man sich in der hübschen Kleinstadt Telgte zu Westfalens größtem Pferdemarkt.

KULINARISCHES DER REGION: Schinken & Korn

Im Münsterland sind die deftigen Genüsse zu Hause. Den geräucherten Schinken oder die herzhafte Mettwurst isst man zum Pumpernickel, dem dunklen Brot, dessen Teig 20 Stunden gären muss, bevor er 24 Stunden lang gebacken wird. Zur Verdauung wird der hochprozentige Münsterländer Korn gereicht, ein klarer Schnaps, der sich auch als Mitbringsel bestens eignet.

RAST AUF REISEN: Übernachten in Münster

Hotel-Restaurant Überwasserhof, Überwasserstr. 3, 48143 Münster, Tel. 02 51/4 17 70: Haus der gehobenen Klasse in schöner Altstadtlage; **Hotel Martinihof**, Hörsterstr. 25/26, 48143 Münster, Tel. 02 51/4 18 620: Familienbetrieb in Altstadtnähe; **Stadthotel Münster**, Aegidistraße 21, 48143 Münster, Tel. 02 51/ 9628-9957: ruhige Lage am Rande der Innenstadt; **Haus Eggert Ringhotel Münster**, Zur Haskenau 81, 48157 Münster, Tel. 02 51/3 28 040: ehemaliger Gutshof in reizvoller Landschaft mit ausgezeichneter Münsterländer Küche. **(Abfahrt 77 Münster-Nord, 7 km)**

Kaufmannshäuser an der Trave zeugen von der einstigen Bedeutung der Hansestadt. Dahinter erheben sich die Türme der Marienkirche und der Turm der Petrikirche.

Der gotische Backsteinbau des Rathauses ist heute noch Sitz des Bürgermeisters.

Die Eingangshalle des Lübecker Rathauses ist reich verziert.

Die Marienkirche dominiert das Stadtbild von Lübeck mit, bekannt als »Stadt der Türme«.

Die Marienkirche ist auch in ihrem Inneren sehr imposant.

Das historische Rathaus in Münster war Zentrum zur Verhandlung des Westfälischen Friedens, der im Jahr 1648 die Schrecken des Dreißigjährigen Krieges beendete.

ESCADA

Heute ist das beeindruckende Schloss Nordkirchen Sitz der Fachhochschule für Finanzen NRW.

Wasseridylle, so weit das Auge reicht: Burg Vischering, …

… Schloss Raesfeld …

… und Schloss Lembeck sind umringt von ihren Spiegelbildern im umgebenden Nass.

UNTERWEGS IM BERGISCHEN LAND

Der »Bergische Dom« im Odenthaler Ortsteil Altenberg

Das **Bergische Land**, das nach der ehemaligen Grafschaft Berg zwischen Ruhr und Sieg, Rhein und Sauerland benannt ist, wird geprägt von hügeligen Höhen und sanften Tälern, von Wäldern und Flüssen. Mehrere große Talsperren haben sich zu beliebten Erholungs- und Freizeitgebieten entwickelt. Dass die Vergangenheit noch so lebendig ist, trägt viel zur Attraktivität des Bergischen Landes bei. Da finden sich romantische Dörfer, alte Kirchen, Schlösser und Burgen. Typisch sind die schwarzweißen Fachwerkhäuser mit grünen Fensterläden und Schieferdach. Und weltberühmt ist das **Neandertal**, wo man 1856 auf Knochen des Urmenschen stieß.

KULINARISCHES DER REGION: Deftig oder süß

Bergische Kost ist bodenständig und nahrhaft. Selbst für kleinere Gerichte sollte man einen kräftigen Appetit mitbringen. Beliebt sind **Panhas** (gebratene Scheiben aus Wurstbrühe, Buchweizenmehl und Speck) mit Bratkartoffeln oder Rübenkraut sowie **Pillekoche** (Eierpfannkuchen mit Kartoffeln, Zwiebeln und Speck). Das **Kottenschnitzel** ist ein mit Mettwurst, Lauch und Käse gefülltes Schnitzel. Ein kalorienhaltiges Erlebnis ist die **Bergische Kaffeetafel**.

RAST AUF REISEN: Übernachten imGrünen

Hotel-Restaurant Fischer, 42899 Remscheid-Lüttringhausen, Lüttringhauser Str. 131, Tel. 02191/95630: großzügiges Haus mit liebevoll ausgestatteten Zimmern, einem Wellness- und Fitnessbereich, gehobene gutbürgerliche Küche, in ausgesprochen ruhiger Lage **(Abfahrt 94 Wuppertal-Ronsdorf, 3 km)**. **Waldhotel Brezing**, Am Quecken 7–10, 53902 Bad Münstereifel, Tel. 02253/95300: behagliches Haus in schöner Lage mit gut ausgestatteten Zimmern und Suiten, Wellnessbereich, Gastronomie **(Abfahrt 112 Bad Münstereifel-Mechernich, 6 km)**.

Streckenprofil: *Die teilweise bergige Strecke führt zunächst in das östliche Ruhrgebiet. Durch das Bergische Land mit seinen zahlreichen Talsperren gelangt man nach Umfahrung des Großraums Köln in die Ebene der Zülpicher Börde. Ab Euskirchen geht es stetig aufwärts in die Eifel, einem Mittelgebirge vulkanischen Ursprungs mit einem ganz eigenen Reiz.* ***(210 km, 2¼ Std.)***

Kamen: Bekannt ist die Stadt wegen des nach ihr benannten Autobahnkreuzes. Doch das ehemalige Zentrum des Steinkohlebergbaus hat neben einem Wasserschloss aus dem 17. Jh. eine echte Kuriosität zu bieten: den schiefen Turm der Pauluskirche (11. Jh.). **(Abfahrt 83 Kamen-Zentrum, 3 km)**

Remscheid: Die Stadt – Zentrum der Werkzeugindustrie – hat berühmte Söhne: die Gebrüder Mannesmann, die ein Verfahren zur Fertigung nahtloser Stahlrohre entwickelten, und Wilhelm Conrad Röntgen (1845– 1923), an den das Deutsche Röntgenmuseum erinnert. **(Abfahrt 95 Remscheid, 2 km)**

***Hohensyburg:** Die Ruine der im 13. Jh. zerstörten Burg liegt ganz romantisch auf einer bewaldeten Anhöhe über dem Ruhrtal. Von dem 1858 erbauten Aussichtsturm genießt man einen herrlichen Blick über die Talsperre Hengsteysee und bis weit in das Sauerland hinein. **(Abfahrt 87 Hagen-Nord, 6 km)**

Dortmund: siehe Seite 160

***Schloss Burg:** Der frühere Sitz der Grafen von Berg ist eine der größten Burganlagen Deutschlands. Nur 4 km von hier überspannt die Müngstener Eisenbahnbrücke, mit 107 m die höchste Deutschlands, das Tal der Wupper. **(Abfahrt 94 Wermelskirchen, 4 km)**

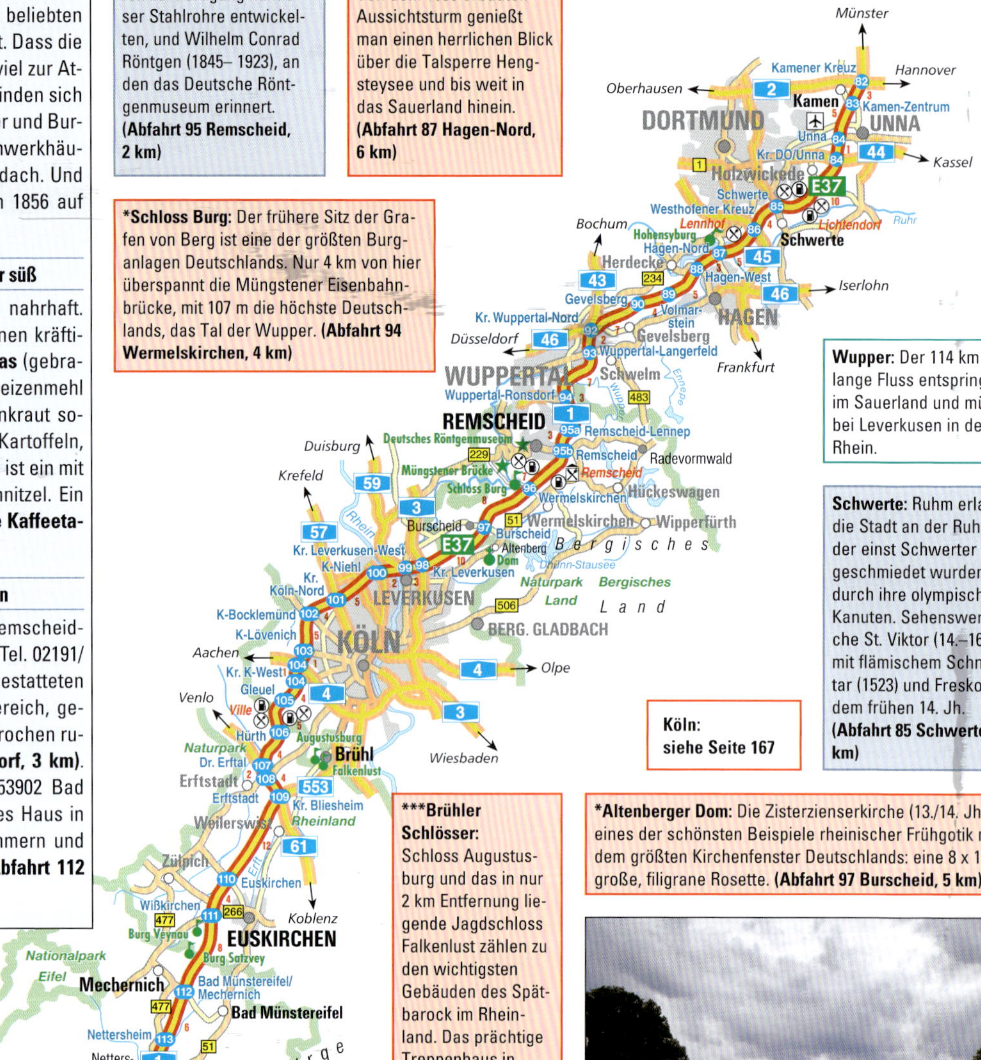

***Brühler Schlösser:** Schloss Augustusburg und das in nur 2 km Entfernung liegende Jagdschloss Falkenlust zählen zu den wichtigsten Gebäuden des Spätbarock im Rheinland. Das prächtige Treppenhaus in Schloss Augustusburg stammt von Johann Balthasar Neumann. **(Kreuz Bliesheim, über A553 bis Abfahrt Brühl-Ost, 14 km)**

Wupper: Der 114 km lange Fluss entspringt im Sauerland und mündet bei Leverkusen in den Rhein.

Schwerte: Ruhm erlangte die Stadt an der Ruhr, in der einst Schwerter geschmiedet wurden, durch ihre olympischen Kanuten. Sehenswert: Kirche St. Viktor (14.–16. Jh.) mit flämischem Schnitzaltar (1523) und Fresko aus dem frühen 14. Jh. **(Abfahrt 85 Schwerte, 2 km)**

Köln: siehe Seite 167

***Altenberger Dom:** Die Zisterzienserkirche (13./14. Jh.) ist eines der schönsten Beispiele rheinischer Frühgotik mit dem größten Kirchenfenster Deutschlands: eine 8 x 18 m große, filigrane Rosette. **(Abfahrt 97 Burscheid, 5 km)**

Das 1725–1768 errichtete Schloss Augustusburg in Brühl

***Mechernich:** Hier sind Reste eines römischen Aquädukts zu sehen, Teil der 100 km langen Wasserleitung, die Wasser aus der Eifel bis nach Köln führte. **(Abfahrt 112 Bad Münstereifel/Mechernich, dann links auf die B477 – Einfahrten beachten – und zurück auf die Autobahn bei AS 113 Nettersheim, ca. 10 km)**

***Bad Münstereifel:** Das mittelalterliche Städtchen hat eine schöne Altstadt mit gotischem Rathaus (15. Jh.), romanischer Stiftskirche St. Chrysanthus und Daria und einer gut erhaltenen Stadtmauer **(Abfahrt 112 Bad Münstereifel/ Mechernich, 8 km)**

Weiterfahrt bis Dreieck Vulkaneifel: Auf der B 258 geht es an der Ahr entlang nach Dorsel. Auf halber Strecke liegt rechts die Ruine Dollendorf. Ab Dorsel führt die kurvige, aber schöne Route auf die Hohe Eifel. Hinter Wiesemscheid, am Nürburgring, geht es auf die B 257 bis Kelberg. Ab da auf die B410 zurück auf die A1. **(52 km, ca. 50 Min.)**

Euskirchen: sehenswert: Reste einer Befestigung (14. Jh) und die romanische Martinskirche (12./ 13. Jh.). Kurz nach Euskirchen rechts: Wasserburg Veynau und die trutzige Burg Satzvey (14. Jh.). **(Abfahrt 110 Euskirchen, 2 km)**

Blankenheim: Die Hauptattraktion des malerischen Luftkurorts, der überragt wird von der Burg der Grafen von Manderscheid-Blankenheim (12. Jh), ist die Ahrquelle im Keller eines Fachwerkhauses. **(Blankenheim ist Endpunkt der A1. Weiter über die B51 bis Blankenheim, 6 km)**

***Nürburgring:** Die weltberühmte Rennstrecke liegt unter der Nürburg, die auf einem 678 m hohen Basaltkegel thront. Die 1925–1927 erbaute Strecke war 28,29 km lang, heute misst die Rennstrecke 4,5 km. Gegen Gebühr darf man die alte Strecke fahren. Sehenswert: das Rennwagen-Museum.

Streckenprofil A1: *Von der Vulkaneifel führt die waldreiche, leicht bergige Strecke an den Nordrand der Moselberge. Sie durchquert im Schwarzwälder Hochwald den Naturpark Hunsrück und endet in Saarbrücken an der Grenze zu Frankreich.* ***(140 km, 11/4 Std.)***
A48: *Die Eifelautobahn verläuft zwischen dem Moseltal und der Voreifel. Sie führt an Koblenz vorbei bis an den Rand des Westerwalds.* ***(90 km, 1 Std.)***

***Daun:** Mineralquellen haben den Ort im Herzen der Vulkaneifel zur Kurstadt gemacht. Sehenswert sind die Dauner Maare, ein Vulkanmuseum und der 220 ha große Wild- und Erlebnispark, ein Autowanderpark von 8 km Länge. **(Abfahrt 121 Mehren, 6 km)**

****Mayen:** Über der Altstadt mit dem schiefen Turm der Kirche St. Clemens erhebt sich die sagenumwobene Genovevaburg (1280). **(Abfahrt 6 Mayen, 5 km)**

Das Totenmaar in der Nähe von Daun

***Ulmen:** Direkt an der Autobahn liegt das Ulmer Maar. Die Burgruine oberhalb des Orts war Sitz des Kreuzritters Heinrich von Ulmen. **(Abfahrt 2 Ulmen, 1 km)**

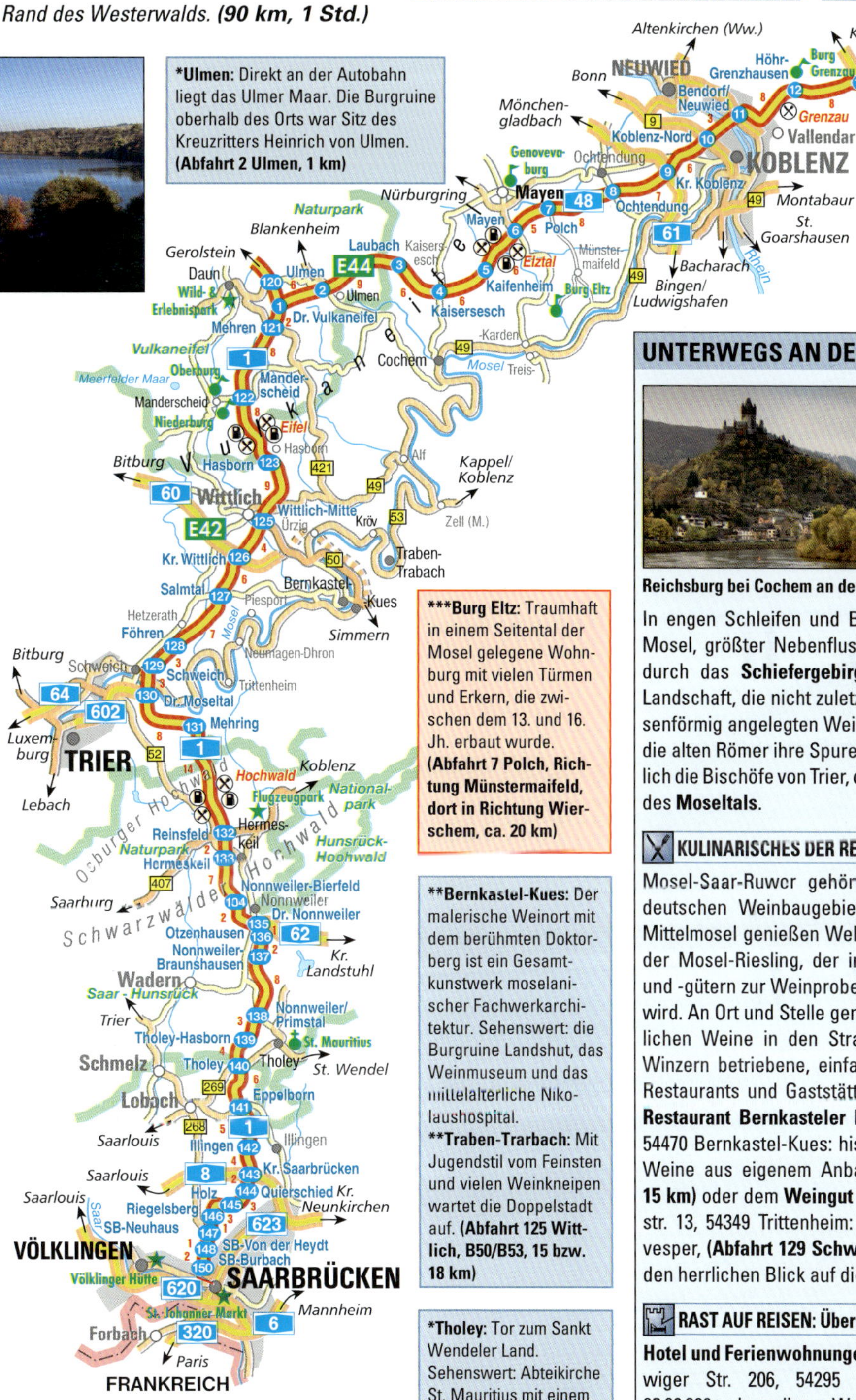

*****Burg Eltz:** Traumhaft in einem Seitental der Mosel gelegene Wohnburg mit vielen Türmen und Erkern, die zwischen dem 13. und 16. Jh. erbaut wurde. **(Abfahrt 7 Polch, Richtung Münstermaifeld, dort in Richtung Wierschem, ca. 20 km)**

***Burg Grenzau:** Die Ruine besticht durch ihren dreieckigen Bergfried und gut erhaltene Wehranlagen. **(Abfahrt 12 Höhr-Grenzhausen, 1,5 km)**

***Vulkaneifel:** Den Namen hat die waldreiche Region von ihrer bewegten erdgeschichtlichen Vergangenheit. Typisch sind die »Maare«, mit Wasser gefüllte Trichter der einst feuerspeienden Vulkane. Die kristallklaren tiefen Seen werden auch die »Augen der Eifel« genannt.

***Manderscheid:** Hoch über dem Tal der Lieser gelegener Luftkurort mit zwei bedeutenden mittelalterlichen Burganlagen: Die Ruine Oberburg und die sehr schöne Niederburg, beide aus dem 12. Jh., Stammsitz der Grafen von Manderscheid, gehören zu den Wahrzeichen der Eifel. Sehenswert ist auch das in einem Kraterkessel gelegene, mindestens 30 000 Jahre alte Meerfelder Maar. **(Abfahrt 122 Manderscheid, 5 km)**

***Hermeskeil:** touristischer Hauptort des Schwarzwälder Hochwalds. Neben einem Dampflokmuseum ist der imposante Flugzeugpark an der Hunsrück-Höhenstraße zu nennen: In Hallen und auf einem großen Freigelände sind über 100 ausgediente Flugzeuge und Hubschrauber zu besichtigen,auch eine Concorde. **(Abfahrt 133 Hermeskeil, 3 km)**

★ Ein großartiges Zeugnis der Industriegeschichte des 19. Jhs. ist die von der UNESCO zum Weltkulturerbe erklärte **Völklinger Hütte.** Das 1873 gegründete Werk kann im Rahmen von Führungen besichtigt werden: März–Nov. Di–So, 10 und 14 Uhr **(über Stadtautobahn A 620, Abfahrt 9 Völklingen, 3 km)**

****Bernkastel-Kues:** Der malerische Weinort mit dem berühmten Doktorberg ist ein Gesamtkunstwerk moselanischer Fachwerkarchitektur. Sehenswert: die Burgruine Landshut, das Weinmuseum und das mittelalterliche Nikolaushospital.
****Traben-Trarbach:** Mit Jugendstil vom Feinsten und vielen Weinkneipen wartet die Doppelstadt auf. **(Abfahrt 125 Wittlich, B50/B53, 15 bzw. 18 km)**

***Tholey:** Tor zum Sankt Wendeler Land. Sehenswert: Abteikirche St. Mauritius mit einem lächelnden Erzengel Gabriel aus dem 13. Jh. **(Abfahrt 140, 5 km)**

UNTERWEGS AN DER MOSEL

Reichsburg bei Cochem an der Mosel

In engen Schleifen und Biegungen bahnt sich die Mosel, größter Nebenfluss des Rheins, ihren Weg durch das **Schiefergebirge**. In dieser idyllischen Landschaft, die nicht zuletzt durch die häufig terrassenförmig angelegten Weinberge geprägt ist, haben die alten Römer ihre Spuren hinterlassen, und natürlich die Bischöfe von Trier, dem historischen Hauptort des **Moseltals**.

KULINARISCHES DER REGION: Berühmte Weine

Mosel-Saar-Ruwer gehört zu den bedeutendsten deutschen Weinbaugebieten. Manche Lagen der Mittelmosel genießen Weltruf! Gefragt ist vor allem der Mosel-Riesling, der in den vielen Weinkellern und -gütern zur Weinprobe und zum Kauf angeboten wird. An Ort und Stelle genießen kann man die köstlichen Weine in den Straußenwirtschaften – von Winzern betriebene, einfache Schenken – oder in Restaurants und Gaststätten wie dem historischen **Restaurant Bernkasteler Ratskeller**, Am Markt 30, 54470 Bernkastel-Kues: historisches Kellergewölbe, Weine aus eigenem Anbau **(Abfahrt 125 Wittlich, 15 km)** oder dem **Weingut Hubertushof**, Moselweinstr. 13, 54349 Trittenheim: Weinproben mit Winzervesper, **(Abfahrt 129 Schweich, 13 km)**. Hier gibt es den herrlichen Blick auf die Mosel gratis dazu!

RAST AUF REISEN: Übernachten an der Mosel

Hotel und Ferienwohnungen Weinhaus Becker, Olewiger Str. 206, 54295 Trier-Olewig, Tel. 06 51/93 80 888: ehemaliges Weingut mit Gewölbekeller **(Abfahrt über A602, Trier-Verteilerkreis, 6 km)**; **Weingut Staffelter Hof**, Robert-Schumann-Str. 208, 54536 Kröv/Mosel, Tel. 0 65 41/3708: Weinprobe und Weinfeste **(Abfahrt 125 Wittlich, B50/B53, 16 km)**; **Parkhotel**, Sehler Anlage 1, 56812 Cochem, Tel. 0 26 71/7110: Luxushotel am Moselufer mit Gourmetrestaurant **(Abfahrt 4 Kaisersesch, 15 km)**; **Hotel Moseltor**, Moselstr. 1, 56841 Traben-Trarbach, Tel. 0 65 41/65 51: Historisches Gebäude nah an der Mosel **(Abfahrt 125 Wittlich, 18 km)**; **Zur Post**, Gestade 17, 54470 Bernkastel-Kues, Tel. 0 65 31/ 9 67 00: traditionsreiches Gasthaus mit guter Küche **(Abfahrt 125 Wittlich, 15 km)**

***Saarbrücken:** Die moderne Landeshauptstadt des Saarlands liegt in einem bewaldeten, hügeligen Tal der Saar. Ihre Lage an der Grenze zu Frankreich machte sie zwar oft zum Zankapfel, hat sich aber auch in der frankophilen Wesensart ihrer Bürger niedergeschlagen. Sehenswert: St. Johanner Markt im Herzen der Altstadt; das Barockensemble am Ludwigsplatz mit der gleichnamigen Kirche (1775); der schöne Schlossplatz mit dem formal strengen Schloss (1748), das einen modernen Mittelbau erhalten hat; auch das Erbprinzenpalais, das Alte Rathaus und die Schlosskirche gehören zu den Attraktionen des Schlossplatzes. **(Abfahrt 150 SB-Burbach, 3 km)**

Das Saarbrücker Schloss

Ein Garten wie manikürt, gestutzt zu Kunstwerken und Skulpturen aus Blättern und Ästen: Der Manierismus des Barock hat sich in den Schlossanlagen von Brühl ein Denkmal geschaffen.

Eine Burg wie aus dem Bilderbuch: die 800 Jahre alte Festung Eltz.

Das größte Kirchenfenster nördlich der Alpen: das Westfenster des Altenberger Doms.

Die Weinberge an der Moselschleife bei Bremm

Das Weinfelder Maar bei Daun liegt wie ein Auge in der Landschaft.

Saarbrückens Wahrzeichen und eines der großartigsten sakralen Bauwerke des deutschen Barock: die Ludwigskirche, deren Grundriss einem griechischen Kreuz entspricht.

UNTERWEGS IM RUHRGEBIET

Die »Arena Auf Schalke« in Gelsenkirchen

Das **Ruhrgebiet,** umgangssprachlich auch **»Kohlenpott«,** ist Deutschlands größter Industrie- und Ballungsraum. Größte Anstrengungen wurden unternommen, um aus dieser alten **Industrielandschaft** eine Region mit hervorragender Lebensqualität und hohem Freizeitwert zu machen. So wurde etwa Gelsenkirchen, früher Inbegriff der grauen Tristesse, in der Erzeugung von Solarstrom führend. Einen der vorderen Plätze nimmt diese Stadt aus **Tradition im Fußball** ein. Wer diese Leidenschaft teilt, wird sich einen Besuch der **»Arena Auf Schalke«** nicht entgehen lassen, der multifunktionalen Spielstätte des FC Schalke 04 im nördlichen Gelsenkirchen **(Abfahrt Gelsenkirchen-Buer an der A2, Gelsenkirchen-Schalke an der A42).**

KULINARISCHES DER REGION: Eckkneipen

Wer plötzlich von Hunger oder Durst überfallen wird, ist im Ruhrpott gut dran. Er muss nicht lange ein Restaurant suchen und auf einen freien Tisch und Bedienung warten. Denn die reviertypische Gastronomie steht unter dem Motto »prompt und unkompliziert«. An jeder Ecke eine Kneipe, in jeder Straße eine Imbissbude, ein kühles Bier, dazu heiß und fettig **Pommes und Currywurst, Mayo, Ketchup und Senf.** Das schmeckt und macht nicht viel Umstände! Jede Wurstbude, die etwas auf sich hält, hat eine eigene Rezeptur für die Currywurstsoße. Die Pfarrerstochter Henriette Davidis aus dem Ruhrgebiet kannte die Currywurst noch nicht. Doch sie war es, die im 19. Jahrhundert erstmals die Worte »Man nehme ...« in einem Kochbuch niederschrieb. Diese und andere Küchengeschichten erfährt man im **Deutschen Kochbuchmuseum** in der Dortmunder Innenstadt. Ganz in der Nähe bietet **Wurst Willi,** ein Dortmunder Original, vor der Petrikirche seine Wurstkreationen mit Pommes an. **(Abfahrt 12 Dortmund-Mengede,11 km).**

RAST AUF REISEN: Übernachten und Speisen

Für Reisende, die sich mit einem Stehimbiss nicht zufrieden geben, hier gehobene Stadthotels mit Restaurant: **Heiner's Parkhotel,** Am Bugapark 1d, 45899 Gelsenkirchen: modernes Hotel mit mediterraner Küche und Biergarten in einem ehemaligen Zechengelände **(Abfahrt 5 Essen/Gladbeck 6 km). Best Western Parkhotel Engelsburg,** Augustinessenstr. 10, 45657 Recklinghausen, Tel 02361/2010: sorgfältig restauriertes, ehemals kurfürstliches Anwesen mit zeitgemäßem Komfort, Wellnessbereich, zentral gelegen **(Abfahrt 9 Recklinghausen-Süd, 5 km). Mercure Grand Hotel,** Lindemannstr. 88, 44137 Dortmund, Tel. 0231/91130; **Hotel Handelshof,** Mengeder Str. 664, 44359 Dortmund, Tel. 0231/33660: angenehm mit bequemen Zimmern, Restaurant, Kegelbahnen **(Abfahrt 12 Dortmund-Mengede, 8 bzw. 7 km).**

Streckenprofil:** verkehrsreiche Ost-West-Verbindung. Nach einer etwa 70 km langen Fahrt durch das Ruhrgebiet führt die danach leicht hügelige Strecke durch das ländliche Westfalen, durchquert Teutoburger Wald und Weserbergland und endet in der in einer weiten Ebene gelegenen Messestadt Hannover. **(255 km, 2½ Std.)

Hamm: der »Gläserne Elefant«

Bottrop: Revierstadt mit vielen Grünflächen. Eine Attraktion sind die ehemaligen Abraumhalden des Bergbaus wie die Halde Beckstraße mit dem Tetraeder (eine filigrane Stahlkonstruktion, die bei gutem Wetter eine herrliche Aussicht bietet) und die Halde Haniel mit Kulturarena und Pilgerpfad. Eines der schönsten und architektonisch interessantesten Bergbaurelikte im Revier ist der 1871 erbaute Malakoffturm der Schachtanlage Prosper II. **(Abfahrt 3 Bottrop, 4 km)**

Der Bottroper Künstler Josef Albers (1888–1976) wurde durch seine »Hommagen an das Quadrat« weltberühmt. Das Museumszentrum Quadrat im Stadtgarten präsentiert seine Werke im Josef-Albers-Museum, und in der »Eiszeithalle« findet sich das Museum für Urgeschichte mit dem Skelett eines Mammuts, Di.–So., 11–17 Uhr. **(Abfahrt 3 Bottrop-Zentrum Stadtgarten, 4 km)**

Das Rathaus in Werne aus dem Jahr 1514

***Hamm:** Die Attraktion der alten Stadt an der Lippe ist der »Gläserne Elefant«, eine riesige und begehbare Stahl-Glas-Konstruktion (1984) auf dem Gelände der stillgelegten Zeche Maximilian. Sehenswert in der Stadt: die Pauluskirche (14. Jh.) und das Museum des ehemaligen Kunsthändlers Gustav Lübcke mit Exponaten altägyptischer und zeitgenössischer Kunst. **(Abfahrt 18 Hamm, 7 bzw. 10 km).** Das auf der rechten Seite liegende Kernkraftwerk an der Anschlussstelle Uentrop ist seit 1988 stillgelegt.

Das Schiffshebewerk Henrichenburg (1894–99) ist eine geniale Konstruktion aus dem 19. Jh. Von einer Aussichtsplattform kann man mitverfolgen, wie die Schiffe in nur 90 Sekunden vom tiefer gelegenen Rhein-Herne- Kanal 14 m hoch in den Dortmund-Ems-Kanal gewuchtet werden. Das technische Wunderwerk wurde am 11.8.1899 von Kaiser Wilhelm II. eingeweiht. **(Abfahrt 11 Henrichenburg, 3 km)**

***Gut Eversum:** alter Gutshof mit über 1000-jähriger Geschichte. Beherbergt einen Freizeitpark und ein Waldferiendorf. **(Abfahrt 11 Henrichenburg, 15 km)**

Rheda-Wiedenbrück: Für ihre Möbelindustrie bekannte Stadt mit Wasserschloss (13. u. 18. Jh.) und Fachwerkbauten **(Abfahrt 23 Rheda-Wiedenbrück je 2 km)**

***Werne:** altes Städtchen mit liebevoll restauriertem Stadtkern. Sehenswert: gotisches Rathaus (1514) mit Bogenhalle und Renaissancegiebel, kath. Pfarrkirche (1450–1555) und barocke Kapuzinerklosterkirche. **(Abfahrt 15 Kamen, 11 km)**

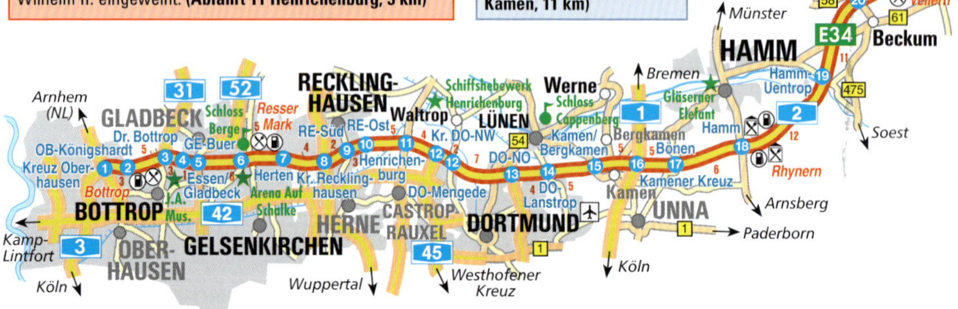

***Schloss Berge:** Das barocke Wasserschloss (18. Jh.) mit kunstvoller, in den 20er-Jahren zu einem Volkspark ausgebauten Gartenanlage liegt direkt an der Autobahn (im Schloss Gastronomie). Gleich gegenüber: die **»Arena Auf Schalke«,** seit August 2001 die neue Heimspielstätte des FC Schalke 04. Mitten in Gelsenkirchen, im Herzen des Ruhrpotts fand die Schalker Tradition ein neues Zuhause. Das Stadion bietet 62 000 Zuschauern Platz. **(Abfahrt 6 Gelsenkirchen-Buer, 1 km)**

****Schloss Cappenberg:** wunderschön in einem Park gelegenes Schloss nahe Selm. Schon in karolingischer Zeit befand sich hier der Sitz der Grafen von Cappenberg. Später wurde an dieser Stelle ein Prämonstratenserkloster gegründet. Die heutigen Gebäude wurden im 17.–19. Jh. errichtet. Der Mitteltrakt des Barockbaus geht auf das Jahr 1708 zurück. Prunkstück der Anlage ist die frei stehende und überwiegend im romanischen Stil errichtete Klosterkirche mit ihrer reichen Innenausstattung. **(Abfahrt 15 Kamen, 10 km)**

Lünen: Mit der Errichtung einer Eisenhütte 1827 begann die Industrialisierung des einstigen Landstädtchens. Sehenswert: die ev. Pfarrkirche, ehemals St. Georg und Katharina, aus dem 14. bzw. 16. Jh. mit Gewölbemalereien aus dem 16. Jh., und die Schlossanlage Schwansbell (19. Jh.) mit zwei achteckigen Türmen. Im Gesindehaus des Schlosses befindet sich das Museum der Stadt mit einer Arbeiter-Wohnküche im Originalzustand. **(Abfahrt 14 Dortmund-Lanstrop, 5 km)**

Beckum: In der 1134 erstmals erwähnten Stadt, heute ein Zentrum der Zementindustrie, ist vor allem die Kirche St. Stephanus bemerkenswert: Ihr 1230 gefertigter Prudentiaschrein ist ein eindrucksvolles Zeugnis spätromanischer Gold- und Silberschmiedekunst. Auf dem Höxberg im Süden der Stadt befindet sich eine sehenswerte Windmühle sowie die Soestwarte, ein 23 Meter hoher Aussichtsturm, dessen Baubeginn auf das 14 Jh. zurückgeht. **(Abfahrt 20 Beckum, 3 km)**

****Bückeburg:** Das große Wasserschloss (16. Jh.), Stammsitz der Grafen von Schaumburg, ist ein prächtiges Beispiel für den Stil der Weserrenaissance (Führung tägl. von 9–12 und 13–18 Uhr). Einzig in seiner Art ist auch das Hubschraubermuseum, das wirklich einige sehr skurrile Fluggeräte aufzuweisen hat (9.30-17/18 Uhr). **(Abfahrt 35 Bad Eilsen, 8 km)**

***Porta Westfalica:** Der als »Westfälisches Tor« bezeichnete Weserdurchbruch zwischen Weser- und Wiehengebirge ist die Pforte zum norddeutschen Tiefland. Der auf einer Anhöhe stehende monumentale Baldachinbau des 1896 enthüllten Kaiser-Wilhelm-Denkmals (88 m) ist von Weitem zu sehen. Nördlich davon liegt die alte Stadt ***Minden** mit dem imposanten Dom St. Petrus und Gorgonius, der bedeutendsten gotischen Hallenkirche Westfalens (10.–13. Jh). Sehenswert: am Kreuzungspunkt der Wasserstraßen überquert der Mittellandkanal in einem 341 m langen Trog aus Stahl (eröffnet 1998) die Weser. Direkt daneben befindet sich die alte mit Natursteinen verkleidete Betonbrücke aus dem Jahr 1916. **(Abfahrt 33 Porta Westfalica, 10 km)**

Die Statue von Kaiser Wilhelm I. in Porta Westfalica

Bielefeld: Wahrzeichen der Stadt, des wirtschaftlichen und kulturellen Mittelpunkts Ostwestfalens, ist die Sparrenburg. Der 37 m hohe Turm einer Befestigungsanlage aus dem 13. Jh. thront auf einer Kuppe des Teutoburger Walds und bietet eine wunderbare Aussicht auf die Universitätsstadt. Sehenswert: die bekannte Kunsthalle mit Werken des 20. Jhs., die nach schweren Kriegszerstörungen restaurierte Kirche St. Nikolai (1340) und die Marienkirche (14. Jh.). **(Abfahrt 27 Bielefeld-Zentrum, 8 km)**

Weser: Der durch die Vereinigung von Fulda und Werra entstandene Fluss ist etwa 440 km lang und mündet in die Nordsee. Die Weser ist auf ihrer gesamten Länge schiffbar, ab Bremen auch für Hochseeschiffe.

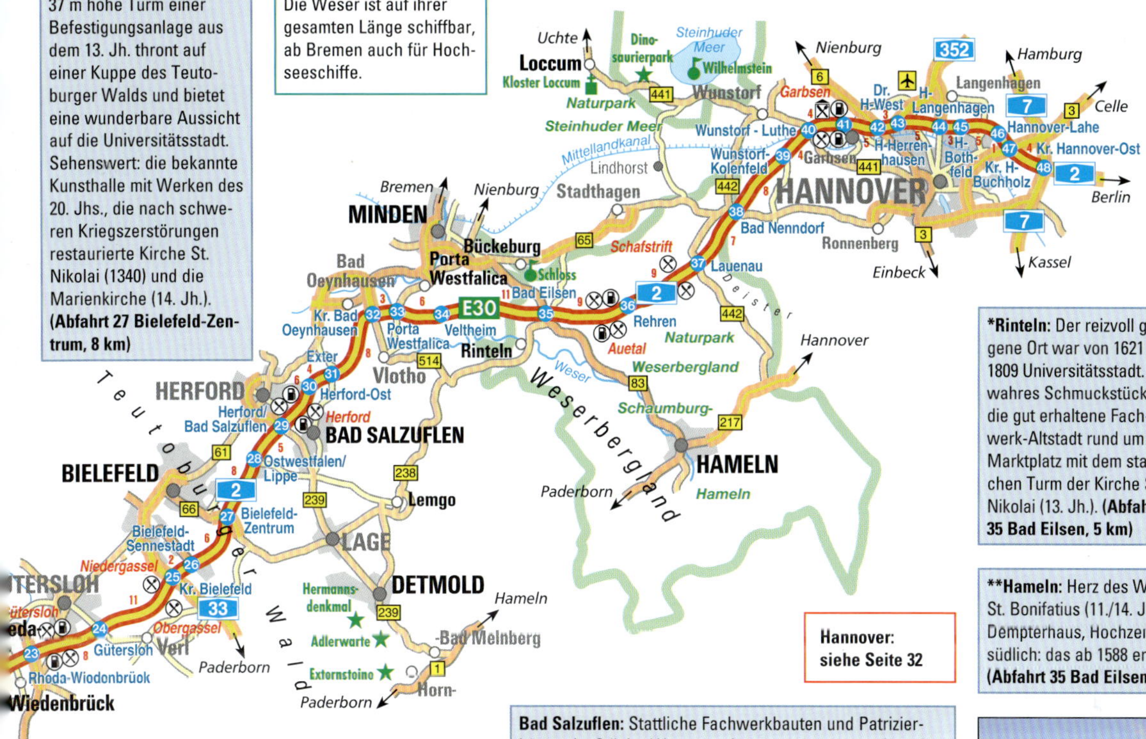

***Steinhuder Meer:** Mit 30 km² der größte Binnensee in Nordwestdeutschland. In seiner Mitte befindet sich die künstlich angelegte Insel Wilhelmstein, auf der 1765 eine Festung errichtet wurde. Wenige Kilometer entfernt: das ***Kloster Loccum** mit gotischer Pfeilerbasilika aus dem 13. Jh. **(Abfahrt 40 Wunstorf-Luthe, ca. 12 bzw. 20 km)**

***Rinteln:** Der reizvoll gelegene Ort war von 1621 bis 1809 Universitätsstadt. Ein wahres Schmuckstück ist die gut erhaltene Fachwerk-Altstadt rund um den Marktplatz mit dem stattlichen Turm der Kirche St. Nikolai (13. Jh.). **(Abfahrt 35 Bad Eilsen, 5 km)**

****Weserbergland:** Das von dichtem Wald bedeckte Bergland ist ein Quell von Märchen und Mythen. Der »Rattenfänger von Hameln« und der »Lügenbaron von Münchhausen« sind nur zwei der legendären Gestalten dieser Märchenwelt.

Hannover: siehe Seite 32

****Hameln:** Herz des Weserberglands. Sehenswert: Münster St. Bonifatius (11./14. Jh.), frühgotische Kirche St. Nicolai, Dempterhaus, Hochzeitshaus, Rattenfängerhaus (17. Jh.); südlich: das ab 1588 errichtete Schloss Hämelschenburg. **(Abfahrt 35 Bad Eilsen, auf der B83 ca. 17 bzw. 20 km)**

****Teutoburger Wald:** Das über 100 km lange Waldgebirge ist wegen seiner historischen Schlachten berühmt. Im Jahr 9 n. Chr. erlitten die Römer hier unter ihrem Feldherrn Varus eine vernichtende Niederlage gegen die von Hermann dem Cherusker angeführten germanischen Truppen. In den südlichen Ausläufern liegen die »Externsteine« zerklüftete Sandsteinfelsen, die schon in vorchristlicher Zeit als Kultstätte genutzt wurden. **(Abfahrt 27 Bielefeld, dann auf B66 und B239 Richtung Lage/Detmold. Ab dort Beschilderung folgen. 30 km, Fahrtzeit 1 Stunde)**

Bad Salzuflen: Stattliche Fachwerkbauten und Patrizierhäuser im Stil der Weserrenaissance zeugen von der reichen Vergangenheit des Staatsbads (seit 1818) mit Sol- und Thermalquellen. Sehenswert: das spätgotische Rathaus (1545) und der schöne Kurpark. **(Abfahrt 29 Herford/Bad Salzuflen, ca. 5 km)**

****Lemgo:** Die im 15. und 16. Jh. reich gewordene Handelsstadt ist für ihre Renaissancearchitektur berühmt. Sehenswert: Rathaus, zahlreiche Fachwerkhäuser, Kirche St. Nikolai, Marienkirche und das Junkerhaus.

Highlight der Weserrenaissance: Schloss Hämelschenburg

UNTERWEGS IM SCHAUMBURGER LAND

Westfälische Mühlenstraße: Ravensberger Mulde

Der zweite, nördliche Abschnitt der Strecke verlässt das Ruhrgebiet sowie das Bundesland Nordrhein-Westfalen und führt hinein nach Niedersachsen und zu dessen Landeshauptstadt Hannover. Zu Niedersachsen gehört auch das südlich der Autobahn gelegene **Schaumburger Land**. Nicht nur im Landesmuseum für Schaumburg-Lippische Geschichte in **Bückeburg (Abfahrt 35 Bad Eilsen, 5 km)** besinnt man sich auf eine lange Geschichte. Auch Tracht und Brauchtum haben sich hier noch lebendig erhalten. Von der Liebe zur Vergangenheit zeugen auch die 42 mit Wind, Wasser und Pferdekraft betriebenen Mühlen, zu denen rund um die 1200 Jahre alte Kreisstadt **Minden** die Westfälische Mühlenstraße führt. Die Funktionsweise dieser ländlichen Kulturdenkmäler kann man sich auch vor Ort erklären lassen. **(Abfahrt 35 Bad Eilsen, 15 km).**

KULINARISCHES DER REGION: Bodenständig

Nicht von ungefähr kommt der **Steinhäger**, jener schlichte Klare in der braunen Steinflasche, aus Bielefeld. Man braucht schon eine handfeste Hilfe zur Verdauung der deftigen regionalen Speisen, von denen **Schinken** und **Pumpernickel** sogar Weltruhm erlangt haben! Daneben gibt es lokale Deftigkeiten wie **Blindhuhn, Pfefferpotthast, Grünkohl, Dicke Bohnen**. Dass sich bodenständige Spezialitäten auch auf raffinierte Art variieren lassen und so zum kulinarischen Genuss ohne Reue werden, beweist das **Gasthaus Buschkamp**, Buschkampstr. 75, 33659 Bielefeld, Tel. 0521/492800. Das historische Gasthaus gehört zum Museumshof Senne und hat einen schönen Biergarten **(Abfahrt Bielefeld-Sennestadt von der A2).**

RAST AUF REISEN: Historisches Ambiente

Schlichte Hof, Osnabrücker Str. 100, 33649 Bielefeld, Tel. 0521/45588: kleines Hotel mit empfehlenswertem Restaurant. **Detmolder Hof**, Lange Str. 19, 32756 Detmold, Tel. 05231/980990: zeitgemäßer Komfort in historischem Gebäude mit Restaurant und Bistro **(Abfahrt 27 Bielefeld-Zentrum, 5 bzw. 20 km). Hotel Stadt Hameln**, Münsterwall 2, 31787 Hameln, Tel. 05151/9010: anspruchsvoller Hotelkomplex mit Restaurant in ehemaliger Gefängnisanlage mit schönem Innenhof; **Hotel Jugendstil**, Wettorstr. 15, 31785 Hameln, Tel. 05151/95580: Garni-Hotel mit guter Ausstattung in Bürgerhaus der Gründerzeit **(Abfahrt 35 Bad Eilsen, 23 km). Hotel Waldkater**, Waldkaterallee 27, 31737 Rinteln, Tel. 05751/17980: hübsch gelegener Fachwerkbau mit Gasthofbrauerei **(Abfahrt 35 Bad Eilsen, 6 km).**

Der Marktplatz von Lemgo mit dem historischen Rathaus lässt Assoziationen an das Mittelalter aufkommen.

Ein Wahrzeichen: das Kaiser-Wilhelm-Denkmal der Porta Westfalica auf dem Wittekindsberg.

Die Schlosskapelle im Schloss Bückeburg erstrahlt in goldener Pracht.

Streckenprofil:** Durch waldarme, weite Ebenen führt die Route durch den Norden der Magdeburger Börde am welligen Fläming vorbei bis an den Rand des Havellands. **(240 km – 2½ Std.)
A39:** Von der Autostadt Wolfsburg verläuft die Strecke an Braunschweig und Salzgitter vorbei auf die A7 **(55 km, 35 Min.)
A395:** Landschaftlich schöne Route bis an den Nordrand des Harzes. **(45 km, 30 Min.)

****Hannover:** Wahrzeichen der im Krieg schwer zerstörten und heute modernen Industrie- und Messestadt ist der wilhelminische Kuppelbau des Rathauses (1901–13) am Maschsee. Ein »Roter Faden« führt durch Niedersachsens Landeshauptstadt; die auf das Pflaster gemalte Linie leitet zu den Attraktionen der kulturell einst blühenden Metropole: die Altstadt um den Marktplatz mit dem gotischen Alten Rathaus (1439–55), die Marktkirche (14. Jh.); die als Mahnmal erhaltene Ruine der Aegidienkirche (14. Jh.); Leineschloss (17. Jh.), Sitz des Landtags; nahe den Passagen »Galerie Luise« und »Kröpke« liegt das klassizistische Opernhaus (1845–52). Wichtigste Museen sind das Sprengel-Museum (Moderne Kunst), das Landesmuseum (Gemälde, Völkerkunde) und das Kestner Museum (Antike). **(Abfahrt 44 Hannover-Langenhagen, 6 km)**

Das Schloss der Herzöge von Calenberg wurde zwar vollständig zerstört, doch die **Herrenhäuser Gärten,** vor allem der streng geometrisch angeordnete Große Garten, gehören zu den schönsten barocken Parkanlagen in Europa (17./18. Jh.) **(Abfahrt 42 Hannover-Herrenhausen, 6 km)**

*****Goslar:** Eine der reizvollsten historischen Städte Deutschlands, welche die Fülle ihrer Kunstschätze den Erz- und Silberminen des Rammelsbergs verdankt. Altstadt und Silberbergwerk wurden von der UNESCO zum Weltkulturerbe erklärt. Sehenswert: die romanische Kaiserpfalz (1005–15/19. Jh.) mit der St.-Ulrichs-Kapelle; das gotische Rathaus (15./16. Jh.) mit dem Huldigungssaal; Marktkirche (1170/16. Jh.), Jakobikirche (11. Jh.) und die Domvorhalle mit dem Kaiserstuhl, einem Rest des 1822 abgerissenen Sakralbaus. **(Abfahrt 16 Bad Harzburger Dreieck, 8 km)**

****Braunschweig:** Wahrzeichen ist der bronzene Löwe auf dem Burgplatz, 1166 aufgestellt von Herzog Heinrich dem Löwen (1130–95). Sehenswert: Burgplatz mit Burg Dankwarderode (1175/1887) und romanisch-gotischem Dom St. Blasii (1173–95); Rathaus (14. Jh.), Martinikirche (13. Jh.) und Gewandhaus (14. Jh.); »Insel« Michaelis mit gotischer Kirche (14. Jh.); St. Aegidien (13./14. Jh.), St. Magni (11. Jh.) und das älteste Museum Deutschlands (Herzog-Anton-Ulrich-Museum) mit großartigen Kunstschätzen. **(Abfahrt 5 Braunschweig-Lehndorf, 2 km)**

Wolfsburgs Attraktion: die Autostadt

***Wolfsburg:** Das Verwaltungshochhaus und die Fertigungshallen des VW-Werks sind die Wahrzeichen der Stadt, die 1938 um das Werk herum entstand. Sehenswert: Schloss Wolfsburg mit der Städtischen Galerie; Kunstmuseum und das Automuseum (Dieselstr. 35).

Im Erlebniszentrum »Autostadt« dreht sich alles ums Auto: Kunst, Filme, Videos, Experimente, Fahrzeugtechnik. **(Abfahrt 3 Wolfsburg-West, 3 km)**

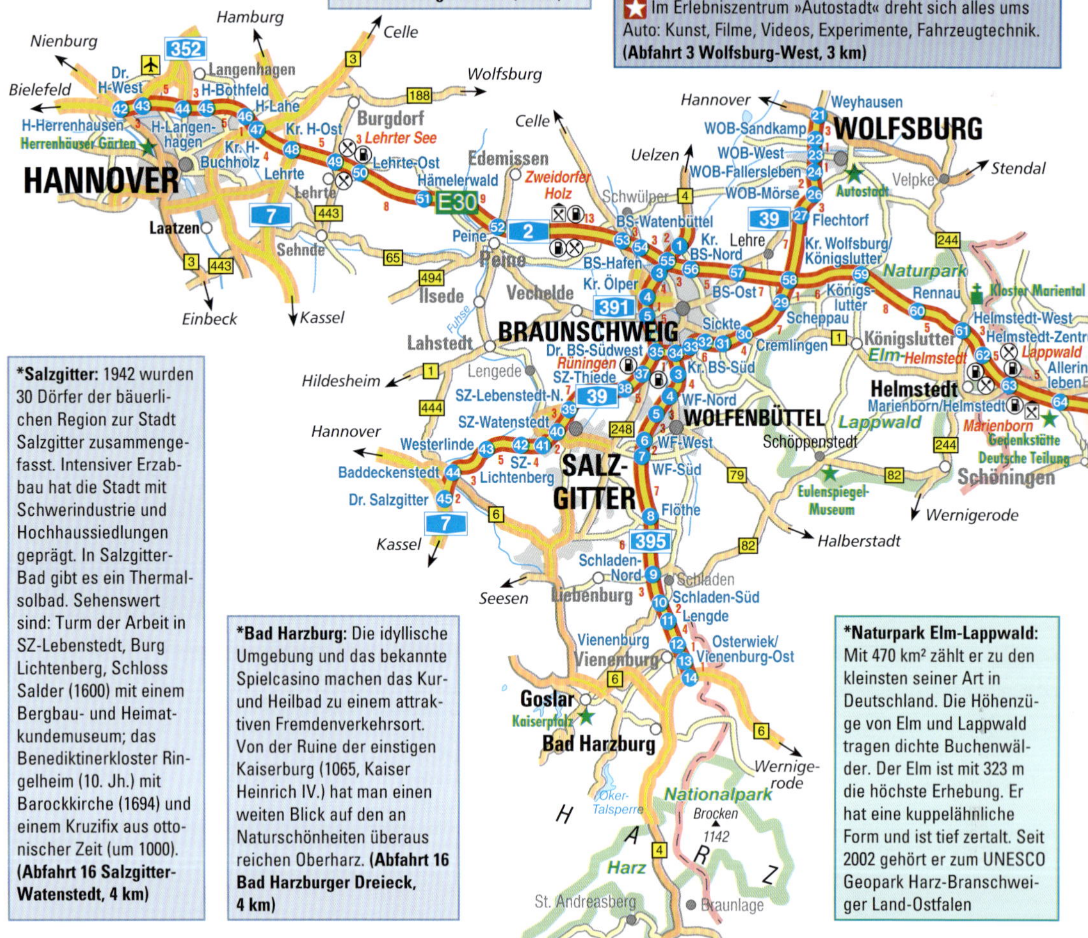

***Salzgitter:** 1942 wurden 30 Dörfer der bäuerlichen Region zur Stadt Salzgitter zusammengefasst. Intensiver Erzabbau hat die Stadt mit Schwerindustrie und Hochhaussiedlungen geprägt. In Salzgitter-Bad gibt es ein Thermalsolbad. Sehenswert sind: Turm der Arbeit in SZ-Lebenstedt, Burg Lichtenberg, Schloss Salder (1600) mit einem Bergbau- und Heimatkundemuseum; das Benediktinerkloster Ringelheim (10. Jh.) mit Barockkirche (1694) und einem Kruzifix aus ottonischer Zeit (um 1000). **(Abfahrt 16 Salzgitter-Watenstedt, 4 km)**

***Bad Harzburg:** Die idyllische Umgebung und das bekannte Spielcasino machen das Kur- und Heilbad zu einem attraktiven Fremdenverkehrsort. Von der Ruine der einstigen Kaiserburg (1065, Kaiser Heinrich IV.) hat man einen weiten Blick auf den an Naturschönheiten überaus reichen Oberharz. **(Abfahrt 16 Bad Harzburger Dreieck, 4 km)**

***Naturpark Elm-Lappwald:** Mit 470 km² zählt er zu den kleinsten seiner Art in Deutschland. Die Höhenzüge von Elm und Lappwald tragen dichte Buchenwälder. Der Elm ist mit 323 m die höchste Erhebung. Er hat eine kuppelähnliche Form und ist tief zertalt. Seit 2002 gehört er zum UNESCO Geopark Harz-Branschweiger Land-Ostfalen

UNTERWEGS VOM HERZOGTUM BRAUNSCHWEIG IN DEN HARZ

Rabenklippen bei Bad Harzburg

Von Braunschweig aus führt die A395 Richtung Süden durch das ehemalige **Herzogtum Braunschweig.** Es umfasste mehrere kleine Territorien im **Harzer Vorland** und im Harz und wurde von 1308 bis 1753 von Wolfenbüttel aus regiert, der Welfenresidenz mit der berühmten Bibliothek, an der Leibniz und Lessing wirkten. Zu den Highlights der Strecke gehört der wildromantische Abschnitt des **Ockertals** zwischen Bad Harzburg und Goslar. Von hier aus geht es in den **Harz,** das waldreiche Mittelgebirge im Herzen Deutschlands, das bereits im 19. Jahrhundert für den Fremdenverkehr entdeckt wurde und mit romantischen Tälern, steilen Felswänden und Fachwerkstädtchen lockt.

KULINARISCHES DER REGION: Für Gourmets

Die Messestadt Hannover bietet ihrem internationalen Publikum eine breite Palette von Restaurants für jeden Anspruch. Hier zwei Tipps für Feinschmecker, die sich in stilvollem Ambiente auf hohem Niveau verwöhnen lassen wollen: **Restaurant Rampoldi,** Berliner Allee 33, 30175 Hannover-Zentrum, Tel. 05 11/ 85 89 21; **Mutter Habenicht,** Papenstieg 3, 38100 Braunschweig, Tel. 05 31/45956.

Rast auf Reisen: Ruhig und verkehrsgünstig

Parkhotel Altes Kaffeehaus, Harztorwall 18, 38300 Wolfenbüttel, Tel. 0 53 31/8880: familiär und ruhige Lage am Stadtpark **(A395 Abfahrt WF- Nord, 5 km). Der Quellenhof,** Brunnenweg 19, 38350 Helmstedt, Tel. 05 351/1240: Waldlage, gutes Restaurant, Schwimmbad **(A2 Abfahrt 62 Helmstedt-Zentrum, 3 km).**

*****Wolfenbüttel:** Fachwerkbauten zieren die einstige Residenzstadt der Welfen – eine der ältesten Stadtanlagen der Renaissance. Die weltberühmte Herzog-August-Bibliothek, in der einst Leibniz und Lessing tätig waren, besitzt 500 000 kostbare Bände. Sehenswert: Renaissanceschloss (16./18. Jh.); Marienkirche (1607–23), älteste protestantische Kirche Deutschlands, Trinitatiskirche (1719); Zeughaus (1613–18) und Lessinghaus, in dem der Dichter (1729 bis 1781) 1779 den »Nathan« vollendete. **(Abfahrt 4 Wolfenbüttel-Nord, 4 km)**

Der Marktplatz in Goslar mit der Kaiserworth

Helmstedt: Ihre Blütezeit hatte die alte Fachwerkstadt von 1576 bis 1810 als bedeutende Universitätsstadt. An die lange Zeit als Grenzkontrollpunkt zur DDR erinnern das sehenswerte, 1995 eröffnete Zonengrenzmuseum und die Gedenkstätte »Deutsche Teilung« an der Abfahrt 63 in Marienborn. Sehenswert: die Renaissancebauten (16. Jh.) der Universität; Ludgerikloster mit der Doppelkapelle St. Peter und Johannes (11. Jh.); die sakralen Kunstwerke der Pfarrkirche St. Stephani (13./15. Jh.) und das auf einer Anhöhe gelegene Augustinerstift Marienberg mit Schatzkammer und Paramentenwerkstatt (12./13. Jh.). **(Abfahrt 62 Helmstedt-Zentrum, 1 km)**

***Brandenburg an der Havel:** Älteste Stadt der Mark im reizvollen Havelland. Die durch die Flussarme der Havel abgegrenzten Teile Altstadt, Neustadt und Dominsel bilden den Grundriss der einstigen Bistumsstadt, die bis Mitte des 12. Jh. eine slawische Festung war. Sehenswert: der an Kunstschätzen reiche Dom St. Peter und Paul (1165–1836), eine romanisch-gotische Basilika; das vollständig rekonstruierte Kloster St. Pauli, das Altstädtische Rathaus (1470) und die Pfarrkirche St. Katharinen (1395–1401) in der Neustadt. Markant sind die Befestigungen Plauer- und Rathenower Turm (Altstadt) und Wassertor- und Steinturm (Neustadt). **(Abfahrt 78 Brandenburg, 7 km)**

Auf einer Havelinsel: Werder mit Heilig-Geist-Kirche

***Kloster Mariental:** 1350 soll der Schelm Till Eulenspiegel hier um seine Aufnahme ersucht haben. Doch da er auch hier seinen Schalk nicht zügeln konnte, blieb seine Zeit im Kloster nur eine kurze Episode. Sehenswert: die Alvenslebensche Kapelle mit einer Ausstellung über die Zisterzienser. Die Ende des 12. Jh. aus Sandstein gebaute Pfeilerbasilika ist in ihrem romanischen Stil weitgehend unverändert geblieben. **(Abfahrt 61 Helmstedt-West, 2 km)**

Ziesar: Sehenswert die Burg, einst Residenz der Bischöfe von Brandenburg mit 35 m hohem Bergfried. Von den ehemals sieben Türmen stehen heute noch zwei. **(Abfahrt 76 Ziesar, 2 km)**

Beetzsee: eiszeitlicher Binnensee, bei Wassersportlern und Naturfreunden beliebt. An seinen Ufern oder bei einer Bootsfahrt kann man viele seltene Vogelarten beobachten.

Werder: Das ehemalige Fischerdorf ist vor allem für seinen Obst- und Blumenanbau berühmt. Ganz besonders im Mai, wenn Werder sein Baumblütenfest feiert, kommen Besucher von nah und fern in die kleine Stadt. Sehenswert: Hl.-Geist-Kirche mit dem dominierenden Turm, der 1856–58 von Stüfer erbaut wurde. **(Abfahrt 81, A10 bis Abfahrt 22 Großkreutz, 15 km)**

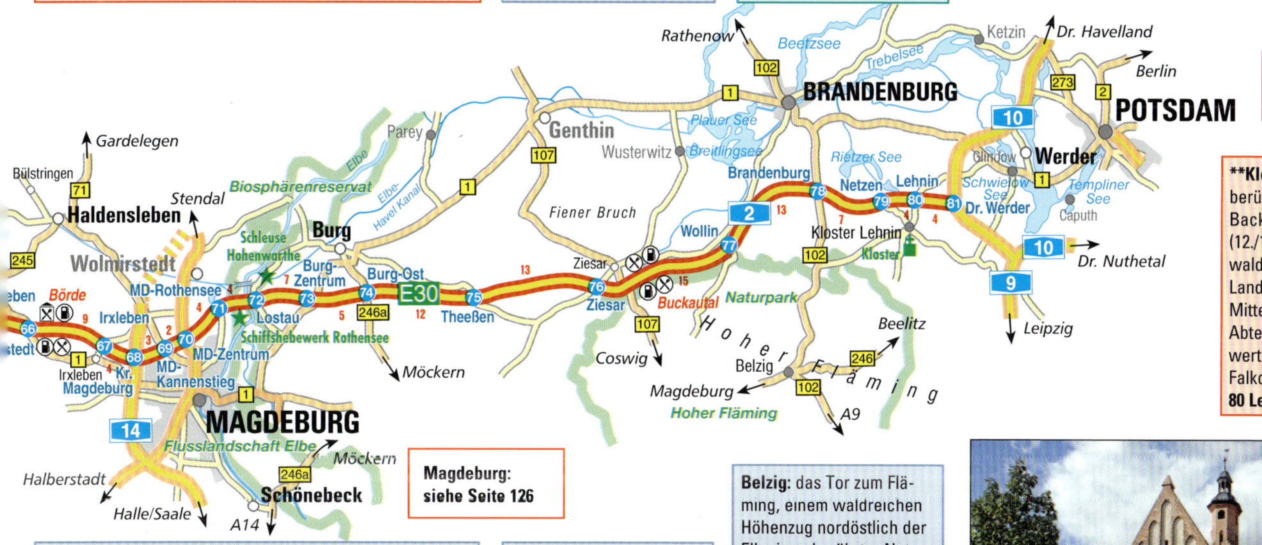

Potsdam: siehe Seite 118

****Kloster Lehnin:** Die berühmte frühgotische Backsteinbasilika (12./13. Jh.) inmitten der wald- und seenreichen Landschaft gehörte im Mittelalter zur reichsten Abtei der Mark. Sehenswert: Königshaus und Falkonierhaus. **(Abfahrt 80 Lehnin, 3 km)**

Magdeburg: siehe Seite 126

***Irxleben:** Im storchenreichen Tal zwischen Aller und Beber liegt das kleine Bördedorf, dessen romanische Burg (12. Jh.) und ein Schloss aus dem 18. Jh. fast den halben Ort einnehmen. **(Abfahrt 67 Irxleben, 1 km)**

****Schiffshebewerk Rothensee:** Die weithin sichtbare Stahlkonstruktion (1938) ist eine technische Meisterleistung. Von Aussichtsplattformen kann man beobachten, wie die Schiffe über 16 m in die Elbe gehievt oder auf das Niveau des Elbe-Havel-Kanals gehoben werden. **(Abfahrt 71 Magdeburg-Rothensee, 3 km)**

Burg: altes Städtchen am Elbe-Havel-Kanal. Sehenswert: die Unterkirche St. Nikolai, eine dreischiffige spätromanische Pfeilerbasilika und die Oberkirche (Liebfrauenkirche), eine spätgotische Hallenkirche, mit spätromanischem Westwerk. **(Abfahrt 73 Burg-Zentrum, 5 km)**

Belzig: das Tor zum Fläming, einem waldreichen Höhenzug nordöstlich der Elbe in unberührter Natur. Sehenswert: das Rathaus aus dem 17. Jh., die frühgotische Pfarrkirche (13. Jh.) und die Festung Eisenhardt mit einem Bergfried aus dem 13. Jh., dem im 15. Jh. errichteten Haupthaus und einer alten Ringmauer mit Rundtürmen. **(Abfahrt 78 Brandenburg, B102, 25 km)**

Das Kloster St. Pauli in Brandenburg

UNTERWEGS VON DER MAGDEBURGER BÖRDE IN DEN FLÄMING UND NACH BRANDENBURG

Brandenburg: Altstädter Markt mit Rathaus und Roland

Im Bauernland der Magdeburger Börde haben sich nur wenige Wälder erhalten. Wie Inseln bieten sie dem Auge im weiten flachen Land grüne Fixpunkte und empfehlen sich überdies für angenehme Spaziergänge und Wanderungen. Lichte Buchenwälder prägen die **»Magdeburger Schweiz«** zwischen Sommersdorf, Harbke und Marienborn. Ebenfalls südlich der A2 liegt das Landschaftsschutzgebiet **Hohes Holz**, das sich durch seinen dichten Bestand von Buchen, Eichen, Eschen, Ahorn, Lärchen und Fichten auszeichnet. Nördlich der A2 finden archäologisch Interessierte das größte geschlossene Großsteingräberfeld Mitteleuropas im **Haldenslebener Forst**. Die Strecke führt weiter durch den **Hohen Fläming**, ein Höhenrücken östlich von Magdeburg und nördlich der mittleren Elbe, den Kiefernforste und Ackerflächen kennzeichnen. Der Name rührt von flämischen Kolonisten, die hier im 12. Jh. siedelten.

KULINARISCHES DER REGION: Solide Küche

Von Experimenten hält man in den Küchen der Magdeburger Börde wenig. Dafür gibt es **Hausmannskost** preiswert in üppigen Portionen. Traditionell bördeländische Küche serviert der **Landgasthof zur Alten Post**, 39365 Ummendorf, Eilslebenerstr. Str. 3 **(Abfahrt 64, Alleringersleben, 7 km über Wefensleben, oder 65 Eilsleben, über B245 Eilsleben, 10 km).** Bodenständige und durchaus anspruchsvolle Küche mit regionalen Produkten bietet das **Restaurant im Burghotel Ziesar,** Frauentor 5, 14793 Ziesar, **(Abfahrt 76 Ziesar, 3 km).**

RAST AUF REISEN: Individuelle Hotels

Parkhotel Herrenkrug, Herrenkrugstr. 194, 39114 Magdeburg, Tel. 0391/85080: außerhalb der Stadt an der Elbe gelegenes Hotel mit historischem Ballsaal, auch Reitmöglichkeit **(Abfahrt 70 Magdeburg-Zentrum, über B1 Burg Dessau, 6 km). Hotel Burg Wanzleben,** Am Amt 2, 39164 Wanzleben, Tel. 039209/ 60140: charmantes Haus mit origineller Einrichtung in einer romantischen Burganlage **(Abfahrt 65 Eilsleben, über B245a Eilsleben, 20 km). Hotel Markgraf,** Friedenstraße 13, 14797 Kloster Lehnin, Tel. 03382/7650: in ruhiger Lage in der historischen Klosterstadt zwischen dem waldreichen Hohen Fläming und dem seenreichen Havelland **(Abfahrt 79 Netzen 4,5 km).**

In der Altstadt von Hannover spaziert man durch Kopfsteinpflastergassen, gesäumt von Fachwerkhäusern.

Die Niki-Saint-Phalle-Gasse, die zum Hauptbahnhof führt, lockt mit Einkaufspassagen.

Straßenbahnhaltestellen verkörpern das neue Zeitalter und zeigt die moderne Seite von Hannover.

Der Blick geht zum Neuen Rathaus, dem Wahrzeichen Hannovers, das in der Abendstimmung besonders romantisch wirkt.

Das 880 Kilogramm schwere Bronzemonument des »Burglöwen« auf seinem hohen Sockel neben dem Dom St. Blasii schmückt den Burgplatz; das Original steht in der Burg Dankwarderode.

UNTERWEGS IN SIEBENGEBIRGE UND WESTERWALD

Schloss Montabaur im Westerwald

Das **Siebengebirge** ist Deutschlands ältestes Naturschutzgebiet und vulkanischen Ursprungs. Seinen Namen hat es von den Basalt-, Trachyt- und Doleritkegeln – die bekanntesten sind der Petersberg und der Drachenfels –, die der Erosion widerstanden haben und Akzente in die Landschaft setzen. Im Süden des Siebengebirges liegt der **Westerwald,** der zum **Rheinischen Schiefergebirge** zählt und mit der Fuchskaute eine Höhe von 657 Metern erreicht.

ALTES HANDWERK DER REGION: Keramik

Das **Kannenbäckerland** im südwestlichen Westerwald wurde aufgrund seiner reichen Tonlager schon in vorchristlicher Zeit zu einem Zentrum der Keramikherstellung. Auf die hier gefertigten **Krüge** oder **»Kannen«,** meist graublaue, salzglasierte Ware, bezieht sich auch sein Name. Die bis heute fortgeführte handwerkliche Tradition ist zu einem Markenzeichen der Region geworden. Und so sind im **Keramikmuseum** Westerwald in Höhr-Grenzhausen, dem das größte europäische Lehr- und Forschungsinstitut für Keramik angeschlossen ist, neben eindrucksvollen antiken Stücken auch künstlerische Tongefäße unserer Zeit zu sehen.

KULINARISCHES DER REGION: Edle Speisen

Die dicht besiedelte Stadtlandschaft zwischen Ruhrgebiet und Köln bietet dem Feinschmecker vielfältige Gelegenheiten, sich nach allen Regeln der Kochkunst verwöhnen zu lassen. Hier einige Restauranttipps für gehobene Ansprüche: **Zur Tant,** Rheinbergstr. 49, 51143 Köln, Ortsteil Porz-Langel, Tel. 02203/81883: am Rhein gelegenes Traditionslokal mit schöner Terrasse, an der feinen österreichischen Küche orientiert **(Abfahrt 34 Köln-Flughafen, 2 km). Walsumer Hof,** Rheinstraße 16, 47179 Duisburg, Tel. 0203/491454: experimentierfreudiges Fischrestaurant mit außergewöhnlich persönlichem Service **(Abfahrt 9 Dinslaken-Süd, 10 km).**

RAST AUF REISEN: Exklusiv oder familiär

Welcome Hotel Wesel, Rheinpromenade 10, 46487 Wesel, Tel. 0281/30000: modernes Haus in ruhiger Lage, Wellnessbereich, luxuriöse Suiten, vielseitige Gastronomie **(Abfahrt 6 Wesel, 4 km); Gräfrather Hof,** In der Freiheit 48, 42653 Solingen, Tel. 0212/258000: kreative Küche mit 2 Restaurants und Hausbrauerei, **(Kreuz Hilden A46 Abfahrt 30 Haan-Ost, 10 km); Lindner Hotel BayArena,** Bismarckstr. 118, 51373 Leverkusen, Tel. 0214/86630: modernes Haus direkt am Stadion, in die Nordkurve integriert **(Abfahrt 24 Leverkusen, 2 km); Rheinhotel Loreley,** Rheinallee 12, 53639 Königswinter, Tel. 02223/9250: Neubarock-Bau mit modernstem Komfort am Rhein **(Abfahrt 33 Siebengebirge, 5 km); Hotel Weinhaus Hoff,** Löwenburgstr. 18 und 35, 53604 Bad Honnef-Rhöndorf, Tel. 02224/2342: behaglich mit Weinstube und Restaurant **(Abfahrt 34 Bad Honnef, 7 km).**

Streckenprofil:** Vom Niederrheinischen Tiefland, einem weiten grünen Weideland mit vielen kleinen Backsteinstädtchen, führt die Route direkt in die dicht besiedelten Industriegebiete an Rhein und Ruhr. Mit dem Siebengebirge südlich von Köln beginnt eine leicht bergige Fahrt durch den schönen Westerwald bis Montabaur. **(220 km, ca. 2 Std.)

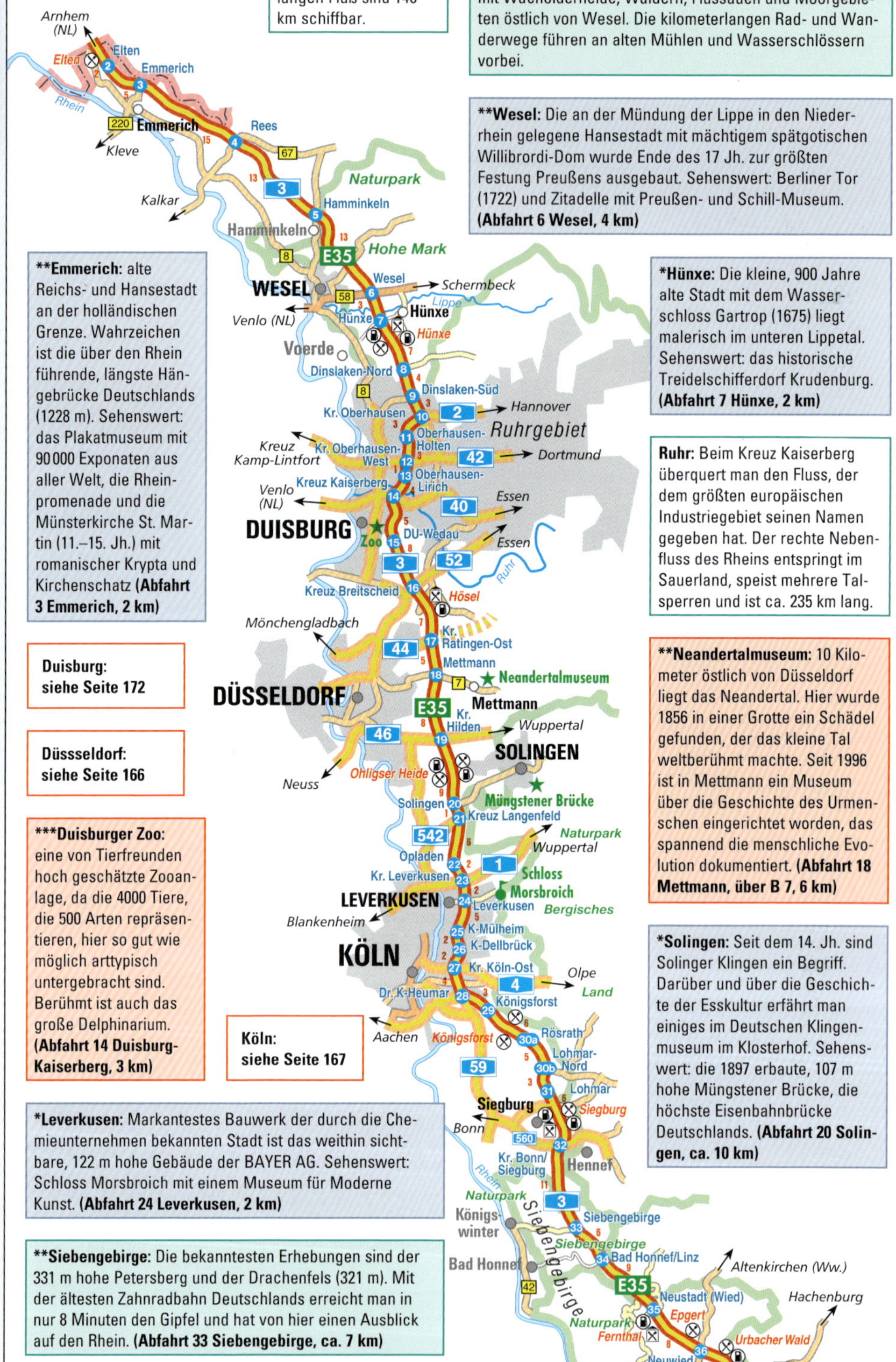

Lippe: Von dem 214 km langen Fluß sind 140 km schiffbar.

****Naturpark Hohe Mark:** abwechslungsreiche Landschaft mit Wacholderheide, Wäldern, Flussauen und Moorgebieten östlich von Wesel. Die kilometerlangen Rad- und Wanderwege führen an alten Mühlen und Wasserschlössern vorbei.

****Wesel:** Die an der Mündung der Lippe in den Niederrhein gelegene Hansestadt mit mächtigem spätgotischen Willibrordi-Dom wurde Ende des 17 Jh. zur größten Festung Preußens ausgebaut. Sehenswert: Berliner Tor (1722) und Zitadelle mit Preußen- und Schill-Museum. **(Abfahrt 6 Wesel, 4 km)**

****Emmerich:** alte Reichs- und Hansestadt an der holländischen Grenze. Wahrzeichen ist die über den Rhein führende, längste Hängebrücke Deutschlands (1228 m). Sehenswert: das Plakatmuseum mit 90 000 Exponaten aus aller Welt, die Rheinpromenade und die Münsterkirche St. Martin (11.–15. Jh.) mit romanischer Krypta und Kirchenschatz **(Abfahrt 3 Emmerich, 2 km)**

***Hünxe:** Die kleine, 900 Jahre alte Stadt mit dem Wasserschloss Gartrop (1675) liegt malerisch im unteren Lippetal. Sehenswert: das historische Treidelschifferdorf Krudenburg. **(Abfahrt 7 Hünxe, 2 km)**

Ruhr: Beim Kreuz Kaiserberg überquert man den Fluss, der dem größten europäischen Industriegebiet seinen Namen gegeben hat. Der rechte Nebenfluss des Rheins entspringt im Sauerland, speist mehrere Talsperren und ist ca. 235 km lang.

Duisburg: siehe Seite 172

Düsseldorf: siehe Seite 166

****Neandertalmuseum:** 10 Kilometer östlich von Düsseldorf liegt das Neandertal. Hier wurde 1856 in einer Grotte ein Schädel gefunden, der das kleine Tal weltberühmt machte. Seit 1996 ist in Mettmann ein Museum über die Geschichte des Urmenschen eingerichtet worden, das spannend die menschliche Evolution dokumentiert. **(Abfahrt 18 Mettmann, über B 7, 6 km)**

*****Duisburger Zoo:** eine von Tierfreunden hoch geschätzte Zooanlage, da die 4000 Tiere, die 500 Arten repräsentieren, hier so gut wie möglich arttypisch untergebracht sind. Berühmt ist auch das große Delphinarium. **(Abfahrt 14 Duisburg-Kaiserberg, 3 km)**

Köln: siehe Seite 167

***Solingen:** Seit dem 14. Jh. sind Solinger Klingen ein Begriff. Darüber und über die Geschichte der Esskultur erfährt man einiges im Deutschen Klingenmuseum im Klosterhof. Sehenswert: die 1897 erbaute, 107 m hohe Müngstener Brücke, die höchste Eisenbahnbrücke Deutschlands. **(Abfahrt 20 Solingen, ca. 10 km)**

***Leverkusen:** Markantestes Bauwerk der durch die Chemieunternehmen bekannten Stadt ist das weithin sichtbare, 122 m hohe Gebäude der BAYER AG. Sehenswert: Schloss Morsbroich mit einem Museum für Moderne Kunst. **(Abfahrt 24 Leverkusen, 2 km)**

****Siebengebirge:** Die bekanntesten Erhebungen sind der 331 m hohe Petersberg und der Drachenfels (321 m). Mit der ältesten Zahnradbahn Deutschlands erreicht man in nur 8 Minuten den Gipfel und hat von hier einen Ausblick auf den Rhein. **(Abfahrt 33 Siebengebirge, ca. 7 km)**

Der schmucke Marktplatz von Solingen

***Siegburg:** Das Benediktinerkloster Michaelsberg beherbergt den »Anno-Schrein«, ein Sakralkunstwerk aus Gold, Edelstein und Emaille. Mehr weltlich ist der bekannte, hier gebrannte Kräuterlikör. **(Abfahrt 31 Lohmar, ca. 3 km)**

Streckenprofil: *Die abwechslungsreiche Strecke mit zahlreichen sanften Steigungen beginnt in der Mittelgebirgslandschaft des Taunus, durchquert den dicht besiedelten Ballungsraum Rhein-Main und führt anschließend durch den landschaftlich reizvollen Spessart bis nach Würzburg.* ***(215 km, ca. 2 Std.)***

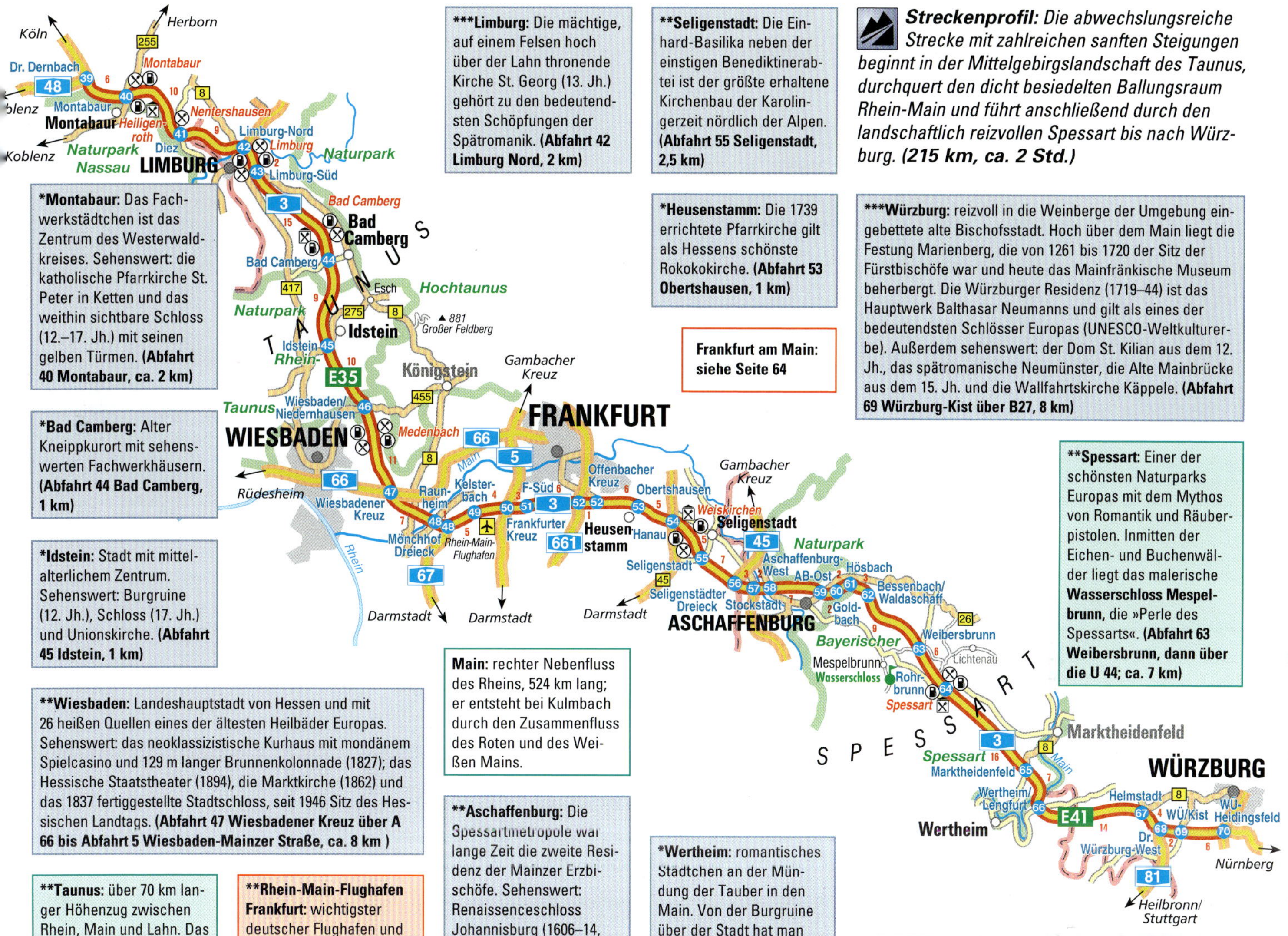

***Limburg:** Die mächtige, auf einem Felsen hoch über der Lahn thronende Kirche St. Georg (13. Jh.) gehört zu den bedeutendsten Schöpfungen der Spätromanik. **(Abfahrt 42 Limburg Nord, 2 km)**

****Seligenstadt:** Die Einhard-Basilika neben der einstigen Benediktinerabtei ist der größte erhaltene Kirchenbau der Karolingerzeit nördlich der Alpen. **(Abfahrt 55 Seligenstadt, 2,5 km)**

***Heusenstamm:** Die 1739 errichtete Pfarrkirche gilt als Hessens schönste Rokokokirche. **(Abfahrt 53 Obertshausen, 1 km)**

Frankfurt am Main: siehe Seite 64

*****Würzburg:** reizvoll in die Weinberge der Umgebung eingebettete alte Bischofsstadt. Hoch über dem Main liegt die Festung Marienberg, die von 1261 bis 1720 der Sitz der Fürstbischöfe war und heute das Mainfränkische Museum beherbergt. Die Würzburger Residenz (1719–44) ist das Hauptwerk Balthasar Neumanns und gilt als eines der bedeutendsten Schlösser Europas (UNESCO-Weltkulturerbe). Außerdem sehenswert: der Dom St. Kilian aus dem 12. Jh., das spätromanische Neumünster, die Alte Mainbrücke aus dem 15. Jh. und die Wallfahrtskirche Käppele. **(Abfahrt 69 Würzburg-Kist über B27, 8 km)**

***Montabaur:** Das Fachwerkstädtchen ist das Zentrum des Westerwaldkreises. Sehenswert: die katholische Pfarrkirche St. Peter in Ketten und das weithin sichtbare Schloss (12.–17. Jh.) mit seinen gelben Türmen. **(Abfahrt 40 Montabaur, ca. 2 km)**

***Bad Camberg:** Alter Kneippkurort mit sehenswerten Fachwerkhäusern. **(Abfahrt 44 Bad Camberg, 1 km)**

***Idstein:** Stadt mit mittelalterlichem Zentrum. Sehenswert: Burgruine (12. Jh.), Schloss (17. Jh.) und Unionskirche. **(Abfahrt 45 Idstein, 1 km)**

****Spessart:** Einer der schönsten Naturparks Europas mit dem Mythos von Romantik und Räuberpistolen. Inmitten der Eichen- und Buchenwälder liegt das malerische **Wasserschloss Mespelbrunn**, die »Perle des Spessarts«. **(Abfahrt 63 Weibersbrunn, dann über die U 44; ca. 7 km)**

****Wiesbaden:** Landeshauptstadt von Hessen und mit 26 heißen Quellen eines der ältesten Heilbäder Europas. Sehenswert: das neoklassizistische Kurhaus mit mondänem Spielcasino und 129 m langer Brunnenkolonnade (1827); das Hessische Staatstheater (1894), die Marktkirche (1862) und das 1837 fertiggestellte Stadtschloss, seit 1946 Sitz des Hessischen Landtags. **(Abfahrt 47 Wiesbadener Kreuz über A 66 bis Abfahrt 5 Wiesbaden-Mainzer Straße, ca. 8 km)**

Main: rechter Nebenfluss des Rheins, 524 km lang; er entsteht bei Kulmbach durch den Zusammenfluss des Roten und des Weißen Mains.

****Taunus:** über 70 km langer Höhenzug zwischen Rhein, Main und Lahn. Das an Mineralquellen reichste Gebiet Deutschlands gipfelt im Großen Feldberg (881 m), der auch mit dem Auto zu erreichen ist – schöner Panoramablick. **(Abfahrt 45 Idstein, über B 275 bis Esch, dann B 8 bis Abfahrt Großer Feldberg, ca. 20 km)**

****Rhein-Main-Flughafen Frankfurt:** wichtigster deutscher Flughafen und mit 52,8 Mio. Passagieren im Jahr einer der größten der Welt. Arbeitsplatz für 68 000 Menschen, über 140 000 Fluggäste am Tag.

Den Airport live erleben von der Besucherterrasse oder auf Rundfahrten. **(Abfahrt 50 F-Flughafen, 2 km)**

****Aschaffenburg:** Die Spessartmetropole war lange Zeit die zweite Residenz der Mainzer Erzbischöfe. Sehenswert: Renaissanceschloss Johannisburg (1606–14, Stiftskirche St. Peter und Alexander (13. Jh.) sowie Park Schönbusch, ein Juwel der Gartenkunst.

Eine der weltgrößten Sportwagensammlungen ist die Rosso-Bianco-Collection am südlichen Stadtrand. **(Abfahrt 58 AB-West, 4 km)**

***Wertheim:** romantisches Städtchen an der Mündung der Tauber in den Main. Von der Burgruine über der Stadt hat man einen herrlichen Ausblick. Sehenswert: der Engelsbrunnen (1574), die spätgotische Kilianskapelle und die ev. Stadtpfarrkirche (14.–16. Jh.).

Sehenswertes Glasmuseum in der Mühlenstraße. **(Abfahrt 66 Wertheim/Lengfurt, 10 km)**

Weinberg am Kloster Bronnbach in Wertheim

UNTERWEGS IM SPESSART

»Perle des Spessarts«: Schloss Mespelbrunn

Nicht zuletzt durch den Film »Wirtshaus im Spessart«, dessen Geschichte auf einem populären Märchen des 19. Jahrhunderts von Wilhelm Hauff beruht, erhielt der Spessart den Ruf einer verwunschenen Landschaft. Selbstverständlich treiben in diesem tief grünen Mittelgebirge die Räuber heute nicht mehr ihr Unwesen. Aber wer würde auf der Reise durch den romantischen **Hochspessart,** durch die dichten Laubwälder und die gewundenen Täler, nicht ins Träumen von längst vergangenen Zeiten kommen? Zu den Höhepunkten des Naturparks zählen das Waldgebiet des reizvollen **Fürstlich Löwensteinschen Parks** sowie das **Tal der Hafenlohr** mit seinen schönen alten Eichen.

KULINARISCHES DER REGION: Wein und Wild

Dass die Fürstbischöfe von Mainz, die ehemaligen Herren des Spessart, vor allem den Eichenbestand in ihren Wäldern so sorgfältig pflegten, lag nicht zuletzt daran, dass sie gerne gut aßen; die Eicheln ernährten das Wild – und zarten **Rehrücken,** ein würziges **Hirschragout** oder deftigen **Wildschweinbraten** wusste man auch damals zu schätzen. Diese kulinarische Tradition wird bis heute fortgesetzt, etwa im urgemütlichen **Gasthaus im Hochspessart,** 97840 Lichtenau, **(Abfahrt 63 Weibersbrunn, 6 km),** dessen holzgetäfelte Stube schon Kurt Tucholsky auf seiner Wanderung durch den Spessart besuchte. Die zum Wild passenden Rotweine wie **Frühburgunder, Spätburgunder** und **Domina** wachsen im Westen des Spessarts, um Klingenberg, Erlenbach und Bürgstadt (allerdings in eher geringen Mengen, denn Rotwein wird nur auf etwa vier Prozent der fränkischen Rebfläche angebaut). Ergiebiger sind die **Weißwein-Lagen** im Osten zwischen Wertheim und Marktheidenfeld, wo die für Franken typischen **Silvaner** und **Müller-Thurgau** angebaut werden.

RAST AUF REISEN: Individuell übernachten

Novum Hotel Post, Goldbacher Str. 19–21, 63739 Aschaffenburg, Tel. 06021/3340: gepflegte Hotellerie mit komfortablen Design-Zimmern in zentraler Lage **(Abfahrt 59 Aschaffenburg-Ost, 2 km). Schlosshotel Mespelbrunn,** Schlossallee 25, 63875 Mespelbrunn, Tel. 06092/6080: modern ausgestattetes Erholungs- und Tagungshotel im romantischen Hochspessart mit gepflegter Gastronomie **(Abfahrt 62 Bessenbach/Waldaschaff, 10 km).**

Limburg und sein mittelalterliches Stadtzentrum verbreiten ein ganz eigenes Flair.

Von der mittelalterlichen Lahnbrücke aus dem Jahr 1315 aus hat man einen wunderschönen Blick auf den Limburger Dom.

Die spätromanische Basilika mit sieben Türmen bestimmt das Stadtbild. Das eher schlichte Dominnere wird dominiert von Stützpfeilern bis zur Decke und ein hohes Mittelschiff.

Seit seiner Eröffnung im Jahr 1907 ist das Wiesbadener Kurhaus Mittelpunkt des gesellschaftlichen Lebens.

TIACIS

Streckenprofil: *Von Würzburg bis Nürnberg (verkehrsreiche Strecke) fährt man durch die Hügellandschaft des Steigerwalds. Beim Kreuz Nürnberg beginnt einer der reizvollsten Autobahnabschnitte Deutschlands, der durch die Fränkische Alb, am Südrand des Bayerischen Walds entlang und zum Teil dem Lauf der Donau folgend bis nach Passau führt.* ***(320 km, ca. 3 Std.)***

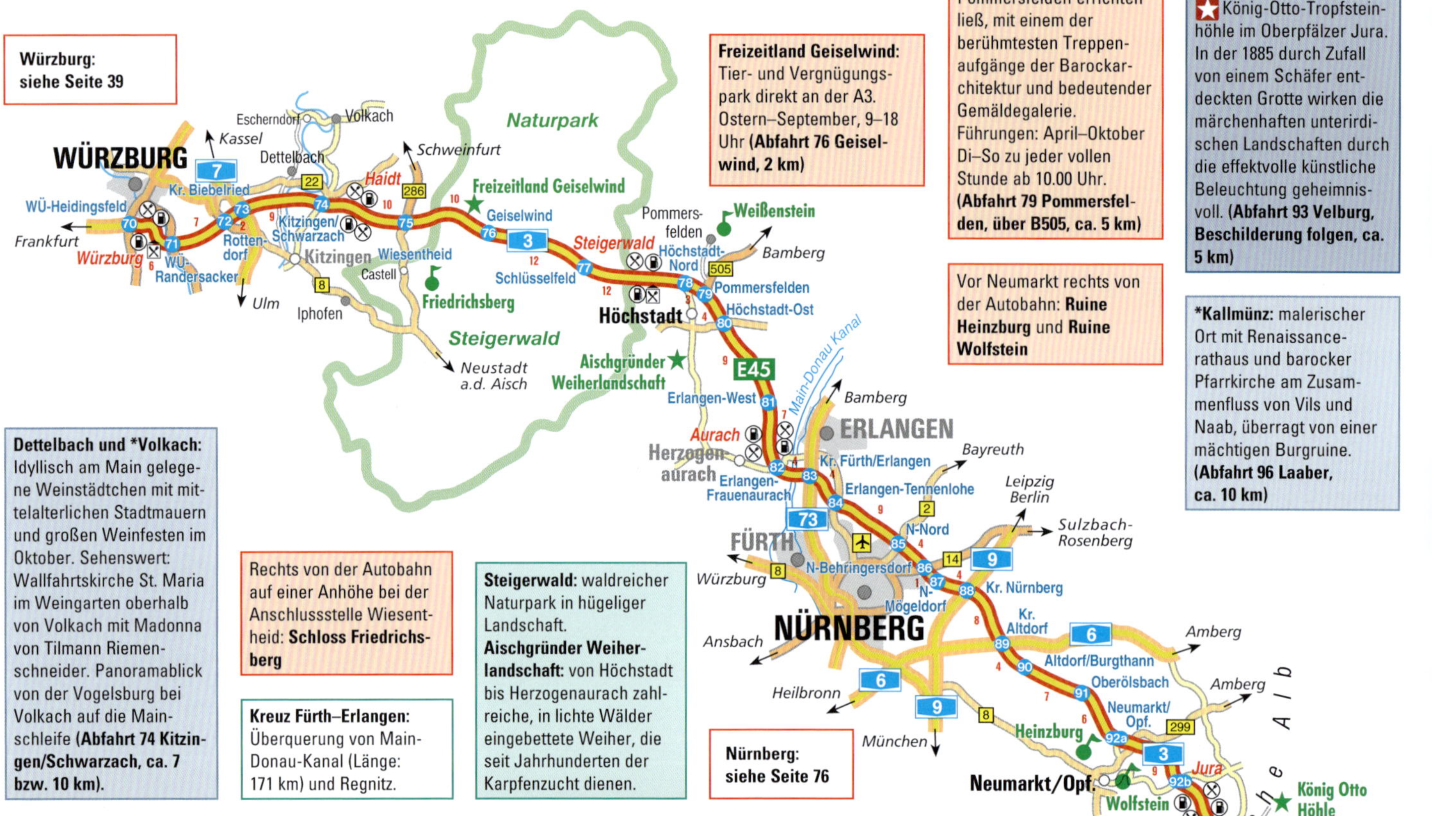

Würzburg: siehe Seite 39

Freizeitland Geiselwind: Tier- und Vergnügungspark direkt an der A3. Ostern–September, 9–18 Uhr **(Abfahrt 76 Geiselwind, 2 km)**

****Schloss Weißenstein:** Prunkvolles Schloss, das Fürstbischof Lothar Franz von Schönborn 1713–18 in Pommersfelden errichten ließ, mit einem der berühmtesten Treppenaufgänge der Barockarchitektur und bedeutender Gemäldegalerie. Führungen: April–Oktober Di–So zu jeder vollen Stunde ab 10.00 Uhr. **(Abfahrt 79 Pommersfelden, über B505, ca. 5 km)**

Velburg: kleines Städtchen mit hübschem Marktplatz am Fuß der Ruine Velburg (12. Jh.).

König-Otto-Tropfsteinhöhle im Oberpfälzer Jura. In der 1885 durch Zufall von einem Schäfer entdeckten Grotte wirken die märchenhaften unterirdischen Landschaften durch die effektvolle künstliche Beleuchtung geheimnisvoll. **(Abfahrt 93 Velburg, Beschilderung folgen, ca. 5 km)**

Vor Neumarkt rechts von der Autobahn: **Ruine Heinzburg** und **Ruine Wolfstein**

***Kallmünz:** malerischer Ort mit Renaissance-rathaus und barocker Pfarrkirche am Zusammenfluss von Vils und Naab, überragt von einer mächtigen Burgruine. **(Abfahrt 96 Laaber, ca. 10 km)**

Dettelbach und *Volkach: Idyllisch am Main gelegene Weinstädtchen mit mittelalterlichen Stadtmauern und großen Weinfesten im Oktober. Sehenswert: Wallfahrtskirche St. Maria im Weingarten oberhalb von Volkach mit Madonna von Tilmann Riemenschneider. Panoramablick von der Vogelsburg bei Volkach auf die Mainschleife **(Abfahrt 74 Kitzingen/Schwarzach, ca. 7 bzw. 10 km).**

Rechts von der Autobahn auf einer Anhöhe bei der Anschlussstelle Wiesentheid: **Schloss Friedrichsberg**

Kreuz Fürth–Erlangen: Überquerung von Main-Donau-Kanal (Länge: 171 km) und Regnitz.

Steigerwald: waldreicher Naturpark in hügeliger Landschaft.
Aischgründer Weiherlandschaft: von Höchstadt bis Herzogenaurach zahlreiche, in lichte Wälder eingebettete Weiher, die seit Jahrhunderten der Karpfenzucht dienen.

Nürnberg: siehe Seite 76

Volkach: Ortsteil Köhler schmiegt sich ans rechte Mainufer.

Barocke Formen im Treppenhaus von Schloss Weißenstein

Neumarkt in der Oberpfalz: Kreisstadt am Stufenrand der Fränkischen Alb mit schönen Kirchen. Sehenswert: Pfalzgrafenschloss (16. Jh.) und Volkssternwarte. **(Abfahrt 92 Neumarkt, 3 km)**

UNTERWEGS IN FRANKEN

Würzburg: Blick über die alte Mainbrücke

Der Dreiklang aus Landschaft, Baukunst und Lebensfreude ist es, der Franken so attraktiv macht. Würzburg ist das Zentrum **Mainfrankens.** Der Main hat hier ein breites Tal in die Kalk- und Sandsteinformationen eingeschnitten, an dessen nach Süden geneigten Flanken die berühmten Weinberge liegen mit Winzerorten wie aus dem Bilderbuch. Anschließend führt die Route durch den **Steigerwald,** dessen Nordteil wie eine geschlossene, bewaldete Mauer aufsteigt. Bis zu 500 m hohe markante Bergkuppen prägen das Bild. Nach diesem waldreichen Mittelgebirge mit uraltem Buchen- und Eichenbestand geht es weiter über die **Fränkische Alb,** die mit ihren sanften Tälern, weiten Hochflächen und bizarren Felsformationen eine der schönsten Landschaften Deutschlands ist. Auf den Kuppen dieser romantischen Karstlandschaft, die bis Regensburg reicht, erheben sich imposante Burgen.

KULINARISCHES DER REGION: Im Bocksbeutel-Land

»Schade, dass man einen Wein nicht streicheln kann«, sinnierte Tucholsky 1927 in Iphofen. Und wirklich, man gerät leicht ins Schwärmen, verkostet man fränkischen Wein in einem behaglichen Wirtshaus oder urigen Weinkeller. Angebaut werden vor allem Weißweine, die überwiegend in der typischen Bocksbeutelflasche (Gütezeichen seit 1728) angeboten werden.

Bürgerspital Weinstuben: Würzburgs bekannteste Weinstube und gleichnamiges Weingut mit historischem Innenhof, Kellergewölbe, Theaterstr. 19, **(Abfahrt 70 Würzburg-Heidingsfeld, 6 km).**

Weingut Horst Sauer: Rieslinge von erstaunlicher Finesse Bocksbeutelstr. 14, Escherndorf, **Abfahrt 74 Kitzingen-Schwarzach über Volkach, 17 km).**

Fürstlich-Castell'sches Domänenamt: renommiertes Weingut mit schönem Schlossgarten, Schlossplatz 5, Castell **(Abfahrt 75 Wiesentheid, 5 km).**

RAST AUF REISEN: Romantisch übernachten

Hotel Rebstock, komfortables Stadthotel mit Blick auf die Veste Marienberg, Neubaustr. 7, 97070 Würzburg, Tel. 0931/30930 **(Abfahrt 70 Würzb. Heidingsfeld, 6 km). Hotel und Weingut Zur Schwane** in Volkach mit alter Weinstube, Hauptstr 12, 97332 Volkach, Tel. 09381/80660 **(Abfahrt 74 Kitzingen/Schwarzach, 10 km). Hotel Zehntkeller,** einst Amtshaus des Fürstbischofs im Weinort Iphofen. Bahnhofstr. 12, 97346 Iphofen, Tel. 09323-8440 **(Abfahrt 75 Wiesentheid, 15 km). Hotel am Josephsplatz,** gemütliches Hotel in der Altstadt. Am Josephsplatz 30–32, 90403 Nürnberg, Tel. 0911/214470 **(Abfahrt 84 Tennenlohe, 11 km).**

UNTERWEGS IN OBERPFALZ UND NIEDERBAYERN

Regensburg: die Steinerne Brücke und der gotische Dom

Der Name **Oberpfalz** stammt noch aus der Zeit, als die pfälzischen Kurfürsten Landesherren dieser alten bayerischen Region waren. Die Landschaft zwischen Fränkischer Alb, Donauknie und Fichtelgebirge ist von herber, eigenartiger Schönheit mit stillen Tälern, Weihern, erloschenen Vulkankegeln und Basaltfelsen. Offene Züge besitzt das Donautal im Süden. Hieran schließt sich der **Bayerische Wald**, das zweitgrößte Mittelgebirge Deutschlands. Vor 200 Mio. Jahren entstanden die Gneis- und Granitformationen dieser attraktiven Landschaft, die dichte Fichtenwälder und versteckte Schluchten kennzeichnen. Nach Südwesten fällt der Bayerische Wald in die **Donauebene** ab. Am rechten Donauufer bei Straubing passiert man den **Gäuboden:** fruchtbar wegen des Lehms, den das Hochwasser aus den Bergen in die Ebene schwemmt. Weiter geht es durch das von Klöstern und Fürstensitzen geprägte **Donautal** bis in die Dreiflüssestadt Passau.

KULINARISCHES DER REGION: Nackerte und Zipfel

Ob Franken, Oberpfalz oder Niederbayern: Hier gehts um die Wurst. Nürnberger und Regensburger – damit sind nicht die Einwohner dieser Städte gemeint, sondern leckere Wurstspezialitäten: **Nürnberger:** herzhaft gewürzte Bratwurst aus Schweinebrät, die auf das 15. Jh. zurückgeht. Sie ist so lang wie ein kleiner Finger und wiegt 23 g. Meist werden sechs oder zwölf Stück serviert, dazu Sauerkraut. Traditionell werden sie über einem offenen Buchenholzfeuer zubereitet. **Nackerte:** Hier wird Bratwurstbrät mit Zwiebeln, Salz, Pfeffer und Paprika zu einem deftigen Brotaufstrich verarbeitet. **Blaue Zipfel:** »Zweckentfremdete« Bratwurst, die mit Zwiebeln und Karotten in Essigsud und Frankenwein gegart wird. **Knäudele:** Das ist eine abgebundene Blut- oder Leberwurst.
Wurstküchen mit Tradition: Nürnberg: **Bratwurst-Röslein**, Rathausplatz 6, Regensburg: **Historische Wurstkuchl.** An der Steinernen Brücke, 800 Jahre alt, hier war schon Goethe zum Imbiss.

RAST AUF REISEN: Romantisch übernachten

Hotel Gut Schmelmerhof, sehr schöner Gutshof in stimmungsvoller Umgebung mit eigener Quellwasserversorgung und nettem Streichelzoo, Rettenbach 24, 94379 Sankt Englmar, Tel. 09965/1890 **(Abfahrt 108 Schwarzach, Richt. Viechtach/St. Englmar, 18 km).**
Seehotel Hohenau, gemütliches Hotel in einer ehemaligen Glashütte nahe dem Nationalpark Bayerischer Wald, Bierhütte 10, 94545 Hohenau, Tel. 08558/96120 **(Abfahrt Hengersberg, 40 km).**

*****Regensburg:** Mit seinen 105 m hohen Türmen überragt der gotische Dom St. Peter die fast 2000 Jahre alte Reichsstadt an der Donau. Seit Sommer 2006 Weltkulturerbe der UNESCO. Die weltberühmte Steinerne Brücke (1146) ist ein Meisterwerk mittelalterlicher Baukunst. Aus der Zeit des Römerlagers »Castra Regina« (1.–3. Jh.) stammen die Reste der Porta Praetoria, des einstigen Nordtors. **Sehenswert:** Patrizierhäuser und Geschlechtertürme aus dem 12.–14. Jh.; Altes Rathaus (13.–18. Jh.) mit Reichstagsmuseum; Schloss der Fürsten von Thurn und Taxis sowie gegenüber die im 8. Jh. gegründete Klosterkirche St. Emmeram mit von den Brüdern Asam 1731–33 ausgestaltetem Innenraum. **(Abfahrt Autobahnkreuz Regensburg, ca. 5 km)**

****Walhalla:** Ruhmeshalle hoch über der Donau. Das im Auftrag von König Ludwig I. entstandene Bauwerk von Leo von Klenze (1842) ist dem griechischen Parthenon nachempfunden und huldigt verstorbenen Geistesgrößen. **(Abfahrt 102 Neutraubling, Richtung Donaustauf, ca. 6 km)**

****Deggendorf:** 1200-jährige Stadt mit einem 400 m langem Marktplatz. Eindrucksvoll: das Rathaus (1553) mit dem mächtigen Turm, die Hl.-Grab-Kirche (14. Jh.). Vom Ulrichsberg hat man eine wunderbare Aussicht über die Stadt und das benachbarte
****Metten:** Das Benediktinerkloster ist weltberühmt für seine herrliche Barockbibliothek (täglich Führungen nach Anmeldung, Tel: 0991/91080 **(Abfahrt 110 Kreuz Deggendorf auf A92 bis 25 Deggendorf-Mitte, 3 km)**

*****Bayerischer Wald:** Das größte und geologisch älteste Waldgebirge Mitteleuropas ist eine Landschaft von karger und herber Schönheit, in der an manchen Orten die Zeit stehen geblieben zu sein scheint. Dicht bewaldet und dünn besiedelt bietet die Region um den Großen Arber (1456 m) Lebensraum für Tiere und seltene Pflanzen. Und reichlich Stoff für Mythen und sagenumwobene Gestalten.
*****Nationalpark Bayerischer Wald:** ältester Nationalpark Deutschlands. Hochlagenwälder aus Fichten, Tannen und Buchen sind hier unter Schutz gestellt. **(Abfahrt 111 Hengersberg über Grafenau 45 km)**

Das Wahrzeichen von Straubing ist die Basilika St. Jakob.

Prachtvolle Bibliothek im Kloster Metten

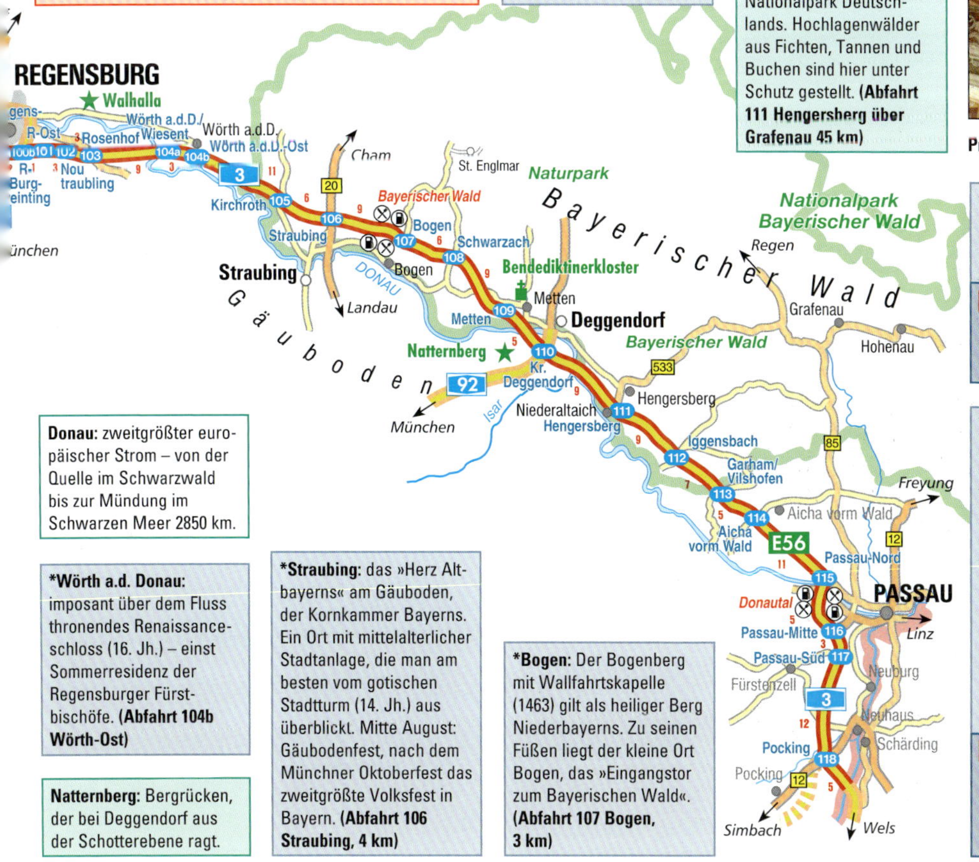

Donau: zweitgrößter europäischer Strom – von der Quelle im Schwarzwald bis zur Mündung im Schwarzen Meer 2850 km.

***Wörth a.d. Donau:** imposant über dem Fluss thronendes Renaissanceschloss (16. Jh.) – einst Sommerresidenz der Regensburger Fürstbischöfe. **(Abfahrt 104b Wörth-Ost)**

Natternberg: Bergrücken, der bei Deggendorf aus der Schotterebene ragt.

***Straubing:** das »Herz Altbayerns« am Gäuboden, der Kornkammer Bayerns. Ein Ort mit mittelalterlicher Stadtanlage, die man am besten vom gotischen Stadtturm (14. Jh.) aus überblickt. Mitte August: Gäubodenfest, nach dem Münchner Oktoberfest das zweitgrößte Volksfest in Bayern. **(Abfahrt 106 Straubing, 4 km)**

***Bogen:** Der Bogenberg mit Wallfahrtskapelle (1463) gilt als heiliger Berg Niederbayerns. Zu seinen Füßen liegt der kleine Ort Bogen, das »Eingangstor zum Bayerischen Wald«. **(Abfahrt 107 Bogen, 3 km)**

***Hengersberg:** ältester Marktflecken Altbayerns mit stattlichen Bürgerhäusern. Das direkt an der Donau gelegene Kloster *Niederalteich mit gotischer Basilika steht mit Biergarten und Schänke weltlichen Genießern offen.
Eine der schönsten Routen in den *****Nationalpark Bayerischer Wald** beginnt in Hengersberg und führt in ca. 1 Std. (45 km) über die B533 nach ****Grafenau. (Abfahrt 111 Hengersberg)**

*****Passau:** unvergleichlich schön gelegene Universitätsstadt am Zusammenfluss von Donau, Inn und Ilz. Die durch die pastellfarbenen Gebäude italienisch anmutende Architektur bildet einen wunderbaren Kontrast zur gewaltigen alten Veste Oberhaus (1219) über der Stadt. Neben der Uferpromenade und den verwinkelten malerischen Gassen besonders sehenswert: der Dom St. Stephan, das größte barocke Gotteshaus nördlich der Alpen mit weltberühmter Domorgel: Konzerte finden täglich mittags um 12 Uhr und donnerstags 19.30 Uhr statt. Zur *****Veste Oberhaus** mit herrlichem Ausblick über die Stadt ist ein Aufstieg erforderlich. Es ist eine der größten Burganlagen der Welt die mit Ausstellungen über das Mittelalter und der Stadtgeschichte Passaus.
Schönste Aussichten auf Passau hat man vom Schiff aus bei der »Drei-Flüsse-Stadtrundfahrt« (30–45 Minuten, Abfahrt an der Inn-Promenade, März–November). **(Abfahrt 115 Passau-Nord oder 116 Passau-Mitte, jeweils ca. 7 km)**

Der Dom St. Kilian, das Neumünster und die Marienkapelle bestimmen das Stadtbild von Würzburg.

»Einzigartig, außergewöhnlich, vollkommen«: Dieses enthusiastische Urteil fällte die UNESCO über die Neue Residenz der Würzburger Fürstbischöfe und erklärte sie 1981 zum Welterbe.

Die auf das Jahr 1133 zurückgehende Alte Mainbrücke wurde im 18. Jahrhundert mit zwölf überlebensgroßen Heiligenfiguren versehen.

Balthasar Neumann schuf von 1737 bis 1743 das Treppenhaus in der Würzburger Residenz.

Die engen kopfsteingepflasterten Gassen der Altstadt führen von einer zentralen Anhöhe herab, gesäumt von mehrstöckigen, teils prächtig ausgestatteten Bürgerhäusern, die heute mit Cafés,

Jenseits der Marienbrücke erstreckt sich die Altstadt mit ihren Gässchen.

In der heutigen Altstadt ließen sich bereits die Römer nieder.

Kneipen und Restaurants bestückt sind.

Die Kuppelfresken von St. Stephan schuf der Maler Carpoforo Tencalla um 1680. Ein Blickfang ist auch die vergoldete Kanzel aus dem 18. Jahrhundert.

***Streckenprofil:** Vom Nordrand der Eifel geht es durch die flache und fruchtbare Jülicher Börde in den Großraum Köln. Ab Kreuz Köln-Ost führt die Route in das hügelige, von Flusstälern durchschnittene Bergische Land mit seinen vielen Talsperren und typischen Fachwerkstädtchen.*
(150 km, 1½ Std)

***Bergisches Land:** Bewaldete Bergkuppen und malerisch in enge Täler eingebettete Stauseen prägen das landschaftliche Bild der ehemaligen Grafschaft Berg. Typisch für das Land zwischen Ruhr, Sieg, Rhein und Sauerland sind die idyllischen Städtchen mit ihren schiefergedeckten, schwarz-weißen Fachwerkhäusern.

Zwei bedeutende Tropfsteinhöhlen liegen nah an der Autobahn: die **Aggertalhöhle** in einem Wald bei Ründrath bietet auf 600 m langen Gängen mit funkelnden Kristallen und faszinierenden Korallenbänken einen Einblick in Mio. Jahre Erdgeschichte (15.3.–1.11., 10.00–17.00 Uhr). **(Abfahrt 23 Engelskirchen, 3 km);** Beeindruckend ist auch die **Wiehler Tropfsteinhöhle,** 1860 bei Sprengungen entdeckt und 1926 erschlossen (1.3.–31.10./10.00 –17.00 Uhr). **(Abfahrt 25 Gummersbach, ca. 7 km).**

Wiehltalstausee: eine der zahlreichen Talsperren des Bergischen Landes und ein reizvolles Wandergebiet. **(Kurz nach der Abfahrt 26 Bergneustadt auf der rechten Seite)**

Olpe und Biggesee: siehe Seite 162

Aachen: der Dom mit der achteckigen Pfalzkapelle

Langerwehe: Der Ort zu Füßen des Hürtgenwaldes, des nördlichsten Punkts der Eifel, war bereits im Mittelalter für seine Töpferwaren berühmt. Das Töpfereimuseum im Pastoratsweg 1 erzählt von seiner Geschichte. **(Abfahrt 5c Weisweiler, 5 km)**

Köln: siehe Seite 167

Ruine Großbernsau: Der an der Abfahrt Overath gelegene ehemalige Rittersitz ist wegen seiner schönen Aussicht ein beliebtes Ausflugsziel. 5 km von hier liegt bei Hohkeppel das von einem Wassergraben umgebene Schloss Georgshausen aus dem 15. Jh., das heute ein Hotel und Restaurant ist. **(Abfahrt 22 Overath, 1 bzw. 5 km)**

Rur: Die Quelle des Flusses liegt am Hohen Venn in der Eifel. Nach 207 km mündet er in Holland als Roer in die Maas.

Erft: 115 km langer Nebenfluss des Rheins. Er entspringt bei Tondorf in der Eifel und mündet bei Neuss.

*****Aachen:** Im Dreiländereck an den Grenzen zu Holland und Belgien liegt in einem Tal, umgeben von den Ausläufern der Eifel und der Ardennen, die Kur- und Bäderstadt Aachen. Hier wurde seit den Zeiten Karls des Großen über Jahrhunderte Weltgeschichte gemacht. Ihr Wahrzeichen ist der Dom mit der um 800 geweihten achteckigen Pfalzkapelle. Zwischen 813 und 1531 wurden hier 32 Kaiser und Könige des »Heiligen Römischen Reiches« gekrönt. Der großartige Sakralbau mit dem Thron und dem Grab Karls des Großen wurde von der UNESCO in die Liste der Weltkulturgüter aufgenommen. Sehenswert: das Rathaus (1353) mit Kaisersaal, das Suermondt-Ludwig-Museum mit Malereien und Skulpturen des Mittelalters und das Zeitungsmuseum mit einer Sammlung von über 120 000 Zeitungen in 30 Sprachen. **(Abfahrt 3 Aachen-Zentrum, 3 km)**

Kreuz Kerpen: Direkt am Autobahnkreuz liegt auf der rechten Seite das Schloss Lörsfeld und die große Braunkohlekippe Frechen. Kerpen selbst werden die meisten wegen der Kartbahn der Formel-1-Brüder Schumacher kennen, doch die Stadt hat noch mehr zu bieten: ***Schloss Türnich** (18. Jh.) lohnt einen Besuch, es ist das einzige noch erhaltene Barock-Schloss im Rheinland. Der große Schlosspark verbindet als Landschaftspark Gartenkunst und Natur harmonisch miteinander. **(Abfahrt 9 Kerpen, 4 km)**

Rhein: Der mit 1239 km längste Fluss Deutschlands ist zugleich die wirtschaftlich bedeutendste Binnenwasserstraße Europas. Der Rhein fließt durch vier Länder, grenzt an weitere drei und hat von der Römerzeit bis heute Kultur, Geschichte und Wirtschaft Europas »beeinflusst«. Als viel besungener Schicksalsstrom hat er Dichter und Komponisten zu unzähligen Werken inspiriert. Mythen und Sagen erzählen von ihm, und Burgen, Festungen, Weinberge und alte, geschichtsträchtige Städte säumen seine Ufer.

Rodenkirchen: Der 25 ha große, in den Rheinauen liegende Forstbotanische Garten lädt von 9 Uhr bis Sonnenuntergang bei freiem Eintritt zu einem Spaziergang ein. **(Abfahrt 12 Kreuz Köln-Süd, 2 km)**

Sanft gewellte Hügel prägen das Bergische Land.

UNTERWEGS IN DER NORDEIFEL

Blick über den malerischen Rur-Stausee

Wald, Wasser und weite Berghöhen kennzeichnen die Landschaft der Nordeifel. Um das Ökosystem zu erhalten, wurde der bis ins benachbarte Belgien reichende **Naturpark Nordeifel** gegründet. Mit 15 Talsperren und einem Stauinhalt von 350 Mio. m³ ist der Naturpark ein überdimensionaler **Wasserspeicher.** Das Landschaftsbild ist abwechslungsreich. Die südlich von Düren **(Abfahrt 7 Düren, 5 km)** gelegene **Rureifel** bietet große Wälder und das tiefe Rurtal. Zu den Wäldern der Rureifel gehören der **Hürtgenwald** und der **Schleidener Wald** mit dem größten Buchenwald der Nordeifel, dem **Kermeter.** Mit etwa 3100 ha ist Letzterer das Kerngebiet des **Nationalparks Eifel.** Die **Kalkeifel** am Ostrand des Naturparks ist wärmer, trockener und mehr vom Ackerbau geprägt. 3000 km Wanderwege und 300 km Radwege durchziehen den Naturpark Nordeifel.

KULINARISCHES DER REGION: Biersuppe

Bier war bis zum 18. Jahrhundert ein Volksnahrungsmittel, das in Form von **Biersuppe** und **Warmbier** schon zum Frühstück genossen wurde. Sein Alkoholgehalt war geringer, und so wurden früher bis zu vier Liter am Tag getrunken. Für die **Suppe** wird das Bier mit Zimt, Zucker und Korinthen vermischt und aufgekocht. Dann kommen Brotbrösel hinzu. Mit Zitrone und Sahne abschmecken, fertig! Empfehlenswerte Lokale: **Aachener Brauhaus,** Kapuzinengraben 4, 52062 Aachen: traditionsreiches lokal mit urig-rustikaler Atmosphäre und bodenständiger Speisekarte; **Magellan,** Pontstr.78, 52062 Aachen: Restaurant mit schönem Ambiente an der alten Stadtmauer **(Abfahrt 3 Aachen-Zentrum, 4 km); Hefter,** Kreuzstr. 82, 52349 Düren: Fantasievoll eingerichtetes Lokal mit feiner Gourmet-Küche **(Abfahrt 7 Düren, 5 km).**

RAST AUF REISEN: In der Nordeifel

Aquis-Grana Cityhotel, Büchel 32, 52062 Aachen, Tel. 02 41/44 30: moderne Zimmer und Suiten **(Abfahrt 3 Aachen-Zentrum, 4 km); Hotel Rosenpark Laurensberg,** Adele-Weidtman-Str. 83–97, 520762 Aachen, Tel. 02 41/17400: komfortables Haus mit eigenem Gesundheitszentrum **(Abfahrt 2 Aachen-Laurensberg, 3 km); Krone,** Jülicher Str. 91a, 52070 Aachen, Tel. 02 41/15 30 51: Parkplätze, Nichtraucherzimmer **(Abfahrt 3 Aachen- Zentrum, 2 km). Mariaweiler Hof,** An Gut Nazareth 45, 52353 Düren, Tel. 0 24 21/6943100: Kegelbahn **(Abfahrt 7 Düren, 3 km); Düren's Post Hotel,** Josef-Schregel-Straße 36, 52349 Düren, Tel. 0 24 21/28960: familiär geführtes Haus **(Abfahrt 7 Düren, 5 km).**

Herzstück des Aachener Doms und lange Zeit die höchste Kirchenkuppel nördlich der Alpen: das berühmte Oktogon, dessen Bau Karl der Große Ende des 8. Jahrhunderts anordnete.

Streckenprofil:** Durch das östliche Waldhessen, Land der Schlösser und Ruinen, führt die forstreiche und bergige Strecke am Nordrand des Thüringer Walds entlang bis nach Eisenach und weiter in das sanft hügelige Thüringer Becken bis Erfurt. **(130 km, 1½ Std.)

***Bad Hersfeld:** Die Kurstadt im Fuldatal hat eine schöne Altstadt mit pittoresken Gassen und Patrizierhäusern. Dort erhebt sich die grandiose Stiftsruine (11./12. Jh.); von Juni bis Anfang August dient sie als Kulisse der berühmten Festspiele. Markant: der mächtige Turm der gotischen Stadtkirche (14. Jh.). Schloss Eichhof, rechts von der Autobahn an der Fulda, war einst Sommersitz der Hersfelder Äbte. **(Abfahrt 32 Bad Hersfeld, 2 km)**

Herleshausen: Der kleine Ort an der Werra wurde überregional bekannt, weil er bis 1989 eine der wichtigsten Kontrollstellen an der innerdeutschen Grenze war. Am anderen Ufer des Flusses liegt die Ruine Brandenburg. **(Abfahrt 38 Herleshausen, 1 km)**

***Hörselberge:** Ein 7 km langer Muschelkalkzug und ein sagenumwobener Berg (484 m), Sitz von Frau Holle, Germanengott Wotan und Frau Venus, die den Ritter Tannhäuser umgarnte. Von der Anhöhe hat man eine gute Aussicht auf den **Thüringer Wald. Von dort führt der Wanderweg *Rennsteig (16 km) bis nach Bayern; er gilt als natürliche Grenze zwischen Thüringen und Franken. Das Gebiet ist eine der deutschen Wasserscheiden: Nach Osten fließt alles der Elbe und nach Westen der Weser und dem Rhein zu. **(Abfahrt 40 Eisenach-Ost, über B84 bis Großenlupnitz, dann Richtung Hörselberg, ca. 9 km)**

»Drei Gleichen«: Über bewaldeten Hügeln liegen drei mittelalterliche Festungen: von der nach dem Rittergeschlecht benannten Burg Gleichen und der Mühlburg (704) links und rechts der Autobahn, sind nur noch Reste vorhanden. Die weiter zurückliegende Wachsenburg (10. Jh.) ist heute ein Hotel. **(Abfahrt 43 Wandersleben)**

****Gotha:** Schon von Weitem erblickt man das über der alten Residenzstadt liegende Schloss Friedenstein (1643–57). Der während des 30-jährigen Krieges begonnene Barockbau ist prächtig ausgestattet und beherbergt eine umfangreiche Gemäldesammlung mit Werken von Rubens, Hals und Cranach. Das Eckhoftheater im Schloss bot seinen Schauspielern als erstes in Deutschland feste Engagements an (1774). Sehenswert: mittelalterliche Gebäude und ein Renaissancerathaus (1667–77) rund um den lang gestreckten Markt. Die **Sammlung Perthes Gotha** zeigt einzigartiges Material über die Wissenschaft der Kartografie und Geografie im 19. und 20. Jh. Sie ist nur nach Voranmeldung zugänglich. **(Abfahrt 42 Gotha, 5 km)**

Waltershausen: Bekannt als Thüringens Puppenstadt. Auf Schloss Tenneberg (1588) soll es in Vollmondnächten spuken. Tagsüber lohnt sich der Besuch im Heimatmuseum mit vielen schönen Puppen. **(Abfahrt 41 Waltershausen, 5 km)**

Werra:
siehe Seite 86

Friedewald: Kurz vor dem Ort am Dreienberg (524 m) liegt auf der rechten Seite die Ruine Gißlingskirche. Sehenswert: ein einstiges Jagdschloss der Landgrafen von Hessen, heute ein Heimatmuseum, sowie die wildromantische Ruine einer Wasserburg (1480). **(Abfahrt 33 Friedewald, 2 km)**

*****Eisenach/Wartburg:** Die Wartburg (1067), erhaben auf einem Felsplateau über der Stadt gelegen, ist der von Mythen umrankte Inbegriff der deutschen Burgen. Die berühmteste aller Festungen ist zwar nicht die schönste, doch sicher die historisch wichtigste. Über tausend Jahre hat sie deutsche Geschichte miterlebt und mitgeprägt: Hier trafen sich um 1210 die bedeutendsten Minnesänger des Mittelalters zum »Sängerkrieg«, von dem sich Richard Wagner zur Oper »Tannhäuser« inspirieren ließ. 1521 fand Martin Luther auf der Burg Zuflucht vor dem Bann des Papstes und übersetzte hier unter dem Schutz des Kurfürsten in wenigen Monaten das Neue Testament. Und über 500 Studenten versammelten sich im Oktober 1817 zum berühmten »Wartburgfest«, um die nationale Einheit Deutschlands zu fordern. (Führungen: März–Okt., 8.30–17.00 Uhr, Nov.–Februar, 9.00–15.00 Uhr). Sehenswertes in Eisenach: der schiefe Renaissanceturm des Rathauses und die Kirchen St. Nikolai und St. Georg, das Bachhaus, Geburtshaus von Johann Sebastian Bach, und das Lutherhaus, in dem Luther von 1498 bis 1501 als Schüler lebte. Zudem laden zahlreiche Museen ein, die wechselvolle Geschichte der Stadt zu erkunden. **(Abfahrt 39 Eisenach-West, 3 km)**

Schauplatz deutscher Geschichte: die Wartburg bei Eisenach.

UNTERWEGS IM THÜRINGER WALD UND THÜRINGER BECKEN

Der Hauptmarkt von Gotha mit dem Rathaus im Hintergrund

»Herrlich, herrlich!«, soll Goethe beim Blick auf die Thüringer Wälder ausgerufen haben. Eisenach liegt am nordwestlichen Rand des Thüringer Waldes im Knotenpunkt von vier Tälern und ist das Tor zum Thüringer Wald. Ausgedehnte Wälder und der abwechslungsreiche Kontrast von **Höhen** und tiefen **Tälern** kennzeichnen den landschaftlichen Reiz. Erkunden kann man ihn auf dem 168 km langen **Rennsteig (z.B. Abfahrt 40a Eisenach-Ost, 6 km),** der zu den beliebtesten Wanderwegen Deutschlands gehört. In seiner Geschichte diente der Rennsteig lange Zeit als Kurierpfad und als Landesgrenze zwischen den Thüringer Kleinstaaten. Am Rennsteig stehen noch heute zahlreiche alte **Grenzsteine,** die ältesten aus dem 16. Jahrhundert. Der Thüringer Wald bietet Schutz für zahlreiche Schlösser und Burgen, deren berühmteste die **Wartburg** ist. Doch der Thüringer Wald ist nicht nur im Sommer beliebt, sondern entwickelt sich immer mehr zum Geheimtipp für den **Winterurlaub.** Mehr als 1800 km Skiwanderwege und rund 300 km Loipen durchziehen die Höhen und Täler Thüringens. Wer es lieber gemütlich mag, fährt mit dem Pferdeschlitten durch den verschneiten Wald.

KULINARISCHES DER REGION: Rostbratwurst

Thüringer Klöße und **Thüringer Bratwürste** sind die bekannten Aushängeschilder der Region. Letztere müssen natürlich auf einem Holzkohlerost gebraten werden, um ihren vollen Geschmack zu entfalten. Die Klöße sind so beliebt, dass man ihnen in Heichelheim ein eigenes **Museum** gewidmet hat. Empfehlenswerte Lokale: **Hotel auf der Wartburg,** Auf der Wartburg, 99817 Eisenach: Restaurant mit Panoramablick über den Thüringer Wald; **Gasthof Am Storchenturm,** Georgenstr. 43a, 99817 Eisenach: Thüringer Spezialitäten aus regionalen Zutaten **(Abfahrt 39 Eisenach-West, 3 km).**

RAST AUF REISEN: Gediegen oder rustikal

Hotel Thermalis, Am Kurpark 10, 36251 Bad Hersfeld, Tel. 06621/796490: mitten im Park der Jahreszeiten **(Abfahrt 32 Bad Hersfeld, 3 km); Landhotel Alte Fliegerschule,** Am Weinberg 1, 99817 Eisenach, Tel. 03691/8680: komfortable Zimmer und Appartements, Sommerterrasse; **(Abfahrt 40a Eisenach-Ost, 2 km). Schlosshotel Eisenach,** Markt 10, 99817 Eisenach, Tel. 03691/702000: elegantes Ambiente neben dem Lutherhaus; **(Abfahrt 39 Eisenach-West, 2 km). Landhaus & Burg Hotel Romantik,** Salzgitterstr. 76, 99867 Gotha, Tel. 03621/36490: preiswert, allerdings am Ortsrand **(Abfahrt 42 Gotha, 5 km).**

Die Wartburg über dem thüringischen Eisenach ist nicht nur hinsichtlich Lage und Architektur der Inbegriff einer Burg, sie ist auch ein herausragendes Symbol deutscher Geschichte.

Der Fest- und Sängersaal in der Wartburg versetzt Besucher zurück in das Mittelalter.

Streckenprofil: *Durch das dicht bewaldete Thüringer Holzland führt die sanfthügelige Route in das erzgebirgische Becken an Chemnitz vorbei über Dresden ins wellige Hügelland der Oberlausitz bis an die polnische Grenze bei Görlitz.* ***(315 km, 3 ¼Std.)***

A17: *Quert das Erzgebirge mit zahlreichen Tunnelstrecken und Brücken vom Dreieck Dresden bis zur tschechischen Grenze.* ***(45 km, ¾Std.)***

****Erfurt:** Der Domhügel, ein einzigartiges mittelalterliches Kirchenensemble mit dem romanisch-gotischen Mariendom (12./15. Jh.) und der filigranen frühgotischen Severikirche (14. Jh.), ist das Wahrzeichen einer der ältesten und einst mächtigsten Städte Deutschlands. Die 15 m hohen farbigen Glasfenster im Chor des Doms sind ebenso beeindruckend wie der Klang einer der größten Kirchenglocken der Welt, der »Mater Gloriosa« (1497). Sehenswert in der Stadt an der Gera: die mit Fachwerkhäusern bebaute Krämerbrücke (14. Jh.), enge Fachwerkgassen, besonders am Anger, mit schönen Läden und Restaurants; der historische Fischmarkt mit stattlichen Renaissancebauten und dem neugotischen Rathaus; das Augustinerkloster (1334), wo Martin Luther 1507 die Priesterweihe empfing. **(Abfahrt 13 Erfurt-Bindersleben, 6 km)**

***Schloss Molsdorf:** Das »Thüringer Versailles«, ursprünglich eine mittelalterliche Wasserburg, wurde nach ihrem Umbau in ein Lustschloss (1733–48) eine der schönsten Rokokoanlagen des Landes. Sehenswert: eine bemerkenswerte Sammlung erotischer Kunst. (Di–So). **(Abfahrt 44 Neudietendorf, 4 km)**

Ilm: 120 km langer Nebenfluss der Saale mit Quelle im Thüringer Wald.

Weimar: das Goethe-Haus

*****Weimar:** Die im 18./19. Jh. blühende Metropole der Dichtung, Musik und der Bildenden Künste ist als einstiger Mittelpunkt des deutschen Geisteslebens längst zum Mythos geworden. In Weimar begegnet man überall den Spuren der Dichterfürsten Goethe und Schiller, der Musiker Bach und Liszt, des Philosophen Herder und vieler anderer. Wahrzeichen der Stadt an der Ilm ist das Goethe-Schiller Denkmal vor dem 1909 neu errichteten Nationaltheater. Sehenswert: Goethehaus (1709) und Schillerhaus (1777); Barockschloss (1767) mit Bildersammlung; der Platz am Markt; die Bibliotheken; Goethes Gartenhaus im Ilmpark. Ein Denkmal auf dem Ettersberg erinnert an die Verbrechen der Nazis: Im 1937 erbauten und 7 km nördlich vom Zentrum gelegenen KZ Buchenwald ermordeten sie bis zur Befreiung am 11.4.1945 durch Truppen der 3. US-Army über 56 000 Menschen. **(Abfahrt 49 Weimar, 4 km bis Zentrum)**

Jena: Berühmt ist die Stadt für die Entwicklung optischer und feinmechanischer Geräte. Neben ihrem Wahrzeichen, dem ehemaligen Universitätshochhaus (1972, 120 m) gibt es weitere Sehenswürdigkeiten: spätgotisches Rathaus (1377); Optisches Museum mit 13 000 Geräten und Informationen über Carl Zeiss; Zeiss-Planetarium (1926); Collegium Jeniense, das ehemalige Dominikanerkloster, in dem 1558 die Universität gegründet wurde. **(Abfahrt 54 Jena-Lobeda, 6 km)**

Glauchau: Zwei Schlösser der Reichsgrafen von Schönburg stehen in der kleinen Stadt. Nördlich: Schloss Waldenburg mit Gartenanlage aus dem 19. Jh. **(Abfahrt 64 Glauchau, 2 bzw. 5 km)**

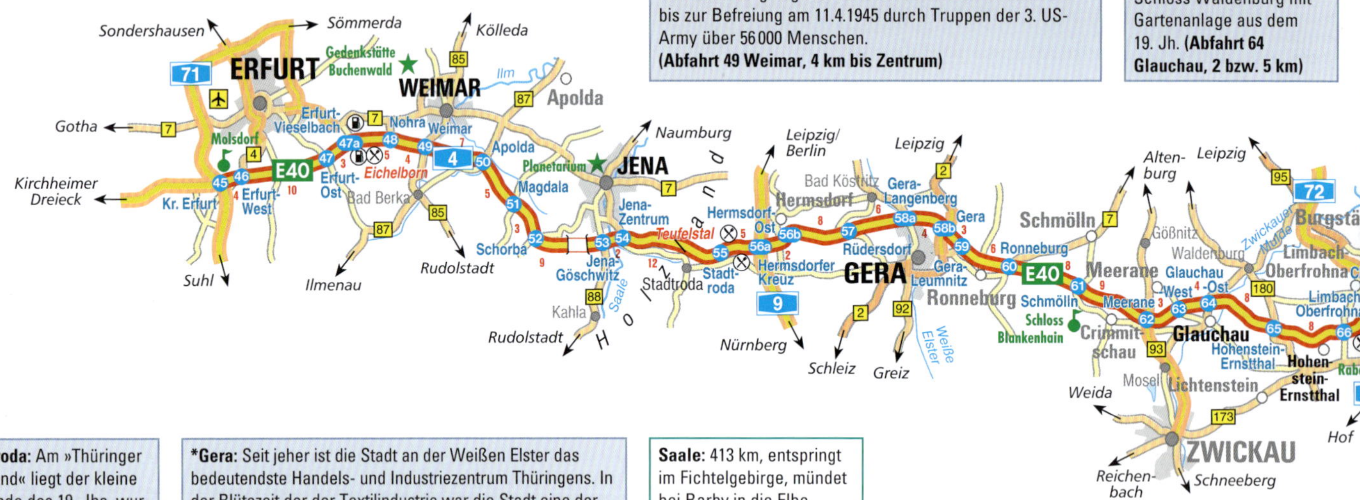

Stadtroda: Am »Thüringer Holzland« liegt der kleine Ort. Ende des 19. Jhs. wurde hier ein Haus abgetragen und nach Chicago zur Weltausstellung verschifft: angeblich das Geburtshaus des Dr. Faustus! Sehenswert: das barocke Schloss, die Klosterruine und das Rote Tor. **(Abfahrt 55 Stadtroda, 4 km)**

***Gera:** Seit jeher ist die Stadt an der Weißen Elster das bedeutendste Handels- und Industriezentrum Thüringens. In der Blütezeit der der Textilindustrie war die Stadt eine der reichsten in Deutschland. Zahlreichen Villen zeugen noch von dem wirtschaftlichen Wohlergehen dieser längst vergangenen Zeit. Wahrzeichen der Stadt ist der Simsonbrunnen (1686) gegenüber dem Renaissancerathaus (16. Jh.). Sehenswert: Stadtapotheke (1606), Trinitatiskirche (14. Jh.) und Orangerie (18. Jh.) mit Gemäldesammlung (Dix, Alte Meister). Die »Geraer Höhler« sind eine Besonderheit in der Innenstadt. In denen im 16./17 Jh. künstlich angelegten Hohlräumen wurde früher Bier gelagert. **(Abfahrt 58 Gera, 6 km)**

Saale: 413 km, entspringt im Fichtelgebirge, mündet bei Barby in die Elbe.

Weiße Elster: 247 km, entspringt im Erzgebirge, mündet bei Halle in die Saale.

Zwickauer Mulde: 128 km lang, mündet bei Dessau in die Elbe.

***Schloss Blankenhain:** das ehemalige Rittergut wurde noch zu DDR-Zeiten zu einem Landwirtschaftsmuseum umgestaltet. Heute werden in dem 11 ha großen Freilichtmuseum mit seinen 80 Gebäuden über 100 thematische Ausstellungen über das Landleben und die bäuerliche Kultur der vergangenen Jahrhunderte präsentiert. **(Abfahrt 61 Schmölln, 9 km)**

UNTERWEGS IN THÜRINGEN

Jena: spätgotisches Rathaus und Universitätsturm

Die A4 teilt Thüringen, das »grüne Herz Deutschlands«, beinahe exakt in zwei Hälften: Nördlich liegt das **Thüringer Becken**, eine weite, sanft gewellte Region mit vielen Flüssen, die von jeher landwirtschaftlich genutzt wird. Im Süden der Autobahn liegt die touristisch interessantere Region, das **Kammgebirge** des **Thüringer Waldes.** Ungewöhnlich viele tiefe Täler durchziehen diese **Mittelgebirgslandschaft,** die in ihren zentralen Teilen Höhen zwischen 800 und 900 m erreicht. Eine alte Tradition hat hier der Bergbau, der sich mittlerweile auf den Abbau von Schiefer beschränkt. Heute floriert der Fremdenverkehr. Im Winter erfreuen sich die Skifahrer an der schönen Gebirgswelt, im Sommer locken Wanderwege die Erholungsuchenden. Ein beliebter deutscher Fernwanderweg ist der **Rennsteig,** der auf einer Strecke von 160 km entlang der Grenze zu Franken über die Höhen des **Thüringer Waldes** führt.

ALTES HANDWERK DER REGION: Glas

Vereinzelt unterhielten die **Klöster** im Thüringer Wald bereits im 12. Jahrhundert kleine **Glashütten;** denn im Wald gab es die für die Glasproduktion notwendige Energie im Überfluss: Holz zur Befeuerung der Öfen und Herstellung der Pottasche. Im 16./17. Jahrhundert begann der Aufstieg der thüringischen Glasproduktion zum stabilen Wirtschaftsfaktor. Mit herzoglichen Konzessionen ausgestattet, etablierten sich wahre **Glasmacherdynastien,** die ihre Handwerkskunst immer mehr verfeinerten. So wurden ab 1760 auch künstliche Augen aus Glas hergestellt. Und als im 19. Jahrhundert der Christbaum in deutschen Landen in Mode kam, erkannte man im Thüringer Wald den Bedarf: Christbaumschmuck aus Glas. Gläser und Souvenirs in vielen Farben und Formen sind heute im Angebot der Läden zu finden.

RAST AUF REISEN: Übernachten mit Flair

Hotel Krämerbrücke, Gotthardstr. 27, 99084 Erfurt, Tel. 03 61/6 74 00: modernes Hotel mit nostalgischem Charme im Herzen der Altstadt, im Restaurant leichte deutsche Küche **(Abfahrt 46 Erfurt-West, 11 km). Hotel Elephant,** Markt 19, 99423 Weimar, Tel. 0 36 43/ 80 20: das erste Haus am Platz, mit Sicherheit eines der schönsten und traditionsreichsten Hotels in Deutschland, aufwendig im Art-déco-Stil gestaltet, mit feiner Küche, eleganter Bar und hübschem Garten **(Abfahrt 49 Weimar, 4 km).**

Meißen: Blick über die Elbe auf Albrechtsburg und Dom

Burg Rabenstein/Felsendome: Westlich von Chemnitz, in einem Erholungsgebiet mit Wildgehege, liegt die kleinste noch erhaltene Burganlage Sachsens (12. Jh.). In der Nähe der Burg (sehenswerte Waffensammlung) befinden sich die Felsendome, ein ehemaliges Kalkbergwerk, in dessen kuppelartigen Hohlräumen unterirdische Teiche und wundervolle Kristalle zu bewundern sind. Tgl. Führungen ab 10 Uhr. **(Abfahrt 67 Rabenstein, 2 km)**

****Meißen:** die Wiege Sachsens, vom historischen Stadtbild, Porzellankreationen und der Weinlandschaft des Elbtales geprägt. Hier wurden die Wettiner Fürsten einst mit der Mark Meißen belehnt – damit begann Sachsens Geschichte. Die Albrechtsburg ist der erste Schlossbau im deutschsprachigen Raum und wurde 1471 bis 1524 erstellt. Der daneben liegende gotische Dom wurde 1250 bis 1400 erbaut. 1710 wurde die Meissener Porzellanmanufaktur in der Albrechtsburg zu Meißen als erste Einrichtung ihrer Art in Europa gegründet. **(Abfahrt 78 Dresden Altstadt, Sächsische Weinstraße, 19 km)**

****Bautzen:** Die turmreiche Silhouette zeigt eines der besterhaltenen mittelalterlichen Stadtbilder in Sachsen. Der Hauptmarkt mit Rathaus (1729–1732) und prachtvolle Patrizier- und Barockhäuser sind ein Schmuckstück der 1000-jährigen Stadt über der Spree. Das Sorbische Museum (tägl. ab 10 Uhr) erzählt von Kultur und Geschichte der heute noch 100 000 Menschen zählenden slawischen Minderheit in der Region. Sehr sehenswert: Dom St. Peter (1213–1497), eine gotische Hallenkirche mit 85 m hohem Turm. Im Bautzener Gefängnis saßen zu DDR-Zeiten politische Häftlinge ein. **(Abfahrt 89 Bautzen-West, 3 km)**

Im Urzoo, einem großen Park mit Sauriergarten, können 70 der ausgestorbenen Giganten in Lebensgröße bestaunt werden. **(Abfahrt 89 Bautzen-West, 5 km)**

Königshainer Berge: Ein 3,5 km langer Autobahntunnel durchschneidet den 392 m hohen Berg, ein beliebtes Wanderziel der Oberlausitz.

*****Elbsandsteingebirge/Nationalpark Sächsische Schweiz:** Malerische Mittelgebirgslandschaft mit bizarren Felsgebilden, Schluchten, Tafelbergen und Steilwänden. Höhepunkte sind die berühmte Bastei, die Schrammsteine, Lichtenhainer Wasserfall und Kuhstall. **(Von Dresden auf der B172 nach Pirna, Königstein, Bad Schandau 20–40 km)**

Barockes Gesamtkunstwerk: der Dresdner Zwinger

Hohenstein-Ernstthal: Attraktion des Ortes ist das zum Museum umgebaute Geburtshaus von Karl May (1842–1912) in der Karl May Str. 14. Am Stadtrand liegt die ehemals berühmte Rennstrecke »Sachsenring«. **(Abfahrt 65 Hohenstein-Ernstthal, 4 km)**

*****Dresden:** Die einst »Elbflorenz« genannte Stadt mit der grandiosen Silhouette wurde in der Nacht zum 14. Febr. 1945 in Schutt und Asche gebombt. Sehenswürdigkeiten: Theaterplatz: Dresdner Zwinger (1711–1728), eine architektonische Meisterleistung barocker Baukunst (Matthäus Daniel Pöppelmann 1662–1732) mit weltbekannter Gemäldegalerie; Semperoper (1869), 1985 wiedereröffnet, die Schlossruine (18. Jh.); Frauenkirche (18. Jh.) am Neumarkt; »Fürstenzug«, ein 100 m langer und aus 24 000 Meissener Porzellanfliesen bestehender Fries in der Augustusstraße; »Brühlsche Terrasse«, die ehemalige Gartenanlage des Grafen von Brühl (1814); Albertinum (1884–87) mit Galerie Neuer Meister und »Grünem Gewölbe« (Preziosensammlung); Hofkirche (1739–55); Kreuzkirche (1764–92); Reiterstandbild (1730) Augusts des Starken am Neustädter Markt. In der Umgebung: das prächtige Jagdschloss Moritzburg (1723–36), ca. 13 km nordwestlich der Stadt; Schloss Pillnitz (1720–23), Lustschloss des Kurfürsten August, 10 km südlich an der Sächsischen Weinstrasse. **(Abfahrt 78 Dresden-Altstadt, 5 km)**

****Görlitz:** Berühmt ist der mittelalterliche Stadtkern: Neun Türme prägen das Bild der an der Neiße und damit an der polnischen Grenze gelegenen östlichsten Stadt Deutschlands. Sehenswert: Obermarkt und Untermarkt; Rathaus (1378) mit zwei kunstvollen Uhren; Kaisertrutz (1490), heute Kunstgalerie; das kunsthistorisch bedeutende Heilige Grab (1481–1504), eine Kopie des Heiligen Grabes von Jerusalem. 14 km südlich von Görlitz liegt das **Kloster Marienthal** (böhmischer Barock). **(Abfahrt 94 Görlitz, 5 km)**

UNTERWEGS IN DER OBERLAUSITZ

Bautzen: Michaeliskirche und Alte Wasserkunst

Östlich von Dresden, hin zur polnischen Grenze, erstreckt sich im Norden und Süden der Autobahn die **Oberlausitz.** Das vorwiegend landwirtschaftlich genutzte flache Gebiet mit bewaldeten Höhen ist nicht unbedingt ein landschaftliches Highlight. Dafür entschädigt es durch eine kulturelle Besonderheit! Zweisprachige Ortsschilder – etwa Budyšin für Bautzen und Zhorjelc für Görlitz – weisen darauf hin: Wir befinden uns im Land der **Sorben.** Die slawische Minderheit mit ihrer eigenen Sprache – in der Oberlausitz ist es das dem Tschechischen verwandte Obersorbisch – siedelt hier seit dem frühen Mittelalter und pflegt die alten Traditionen mit Hingabe. Die farbenfrohen sorbischen Trachten kann man bei **Brauchtumsfesten** bewundern, etwa beim Osterreiten am Ostersonntag. Überregional berühmt ist der **Osterritt** um das im 12. Jahrhundert gegründete Zisterzienserinnenkloster St. Marienstern in Panschwitz-Kuckau **(Abfahrt 87 Burkau, 11 km).** Mancherorts hat sich die sorbische Dorfstruktur erhalten, zu erkennen an den **»Umgebindehäusern«,** bei denen der Webstuhl – jahrhundertelang lebte man von der Leinenweberei – fest eingebaut ist. Sehenswertes Beispiel ist Cunewald westlich Löbau. **(Abfahrt 90 Bautzen-Ost, 27 km).**

KULINARISCHES DER REGION: Süße Genüsse

Überflüssig ihn vorzustellen, den **Dresdener Christstollen,** die üppige Köstlichkeit gehört ganz einfach zur Weihnachtszeit. Aber die schöne Stadt an der Elbe hat noch einen wesentlichen Beitrag zur deutschen Konditorenkunst geliefert, nämlich ein leckeres Teilchen, die **»Eierschecke«.** Überhaupt mögen es die Dresdener gerne süß. Dicht umlagert sind die Eisverkäufer in der Altstadt, auch wenn die Temperaturen gar nicht nach Abkühlung verlangen.

RAST AUF REISEN: Gediegen übernachten

Hotel & Restaurant Residence, Wilthener Str. 32, 02625 Bautzen, Tel. 03591/279575: gediegenes Haus in zentraler, ruhiger Lage, komfortable Zimmer, Gastronomie, Bar, Terrasse **(Abfahrt 89 Bautzen-West, 4 km, oder Abfahrt 90 Bautzen-Ost, 4 km). Hotel Stadt Löbau,** Elisenstr. 1, 02708 Löbau, Tel. 03585/861830: familiär geführtes Traditionshaus mit modernen Zimmern, bekannt gute Küche mit regionalen Spezialitäten **(Abfahrt 90 Bautzen-Ost, 19 km). Hotel & Restaurant Am Goldenen Strauss,** Struvestr. 1, 02826 Görlitz, Tel. 03581/4281810: nahe der Altstadt gelegenes, ansprechendes Hotel in renoviertem Jugendstilgebäude **(Abfahrt 94 Görlitz, 4 km).**

Dresden zeigt sich von seiner besten Seite: Die Brühlsche Terrasse und die Türme der historischen Altstadt sind die Aushängeschilder der Stadt.

Zur Abenddämmerung bekommt die Elbmetropole eine romantische Note.

Auf dem Theaterplatz thront vor der Semperoper das bronzene Reiterdenkmal für König Johann.

Die wiederaufgebaute Frauenkirche erstrahlt im neuen Glanz.

Die katholische Hofkirche wurde unter Kurfürst Friedrich August II. von Sachsen errichtet.

Das größte Porzellanbild weltweit: der Fürstenzug mit 25 000 Fliesen aus Meissener Porzellan.

Die vier Türme des Schlosses sind nach ihrer ursprünglichen Funktion benannt: Der nordöstliche Küchenturm diente zu bewohnten Zeiten der Zulieferung des Speisesaals, der nordwestliche

Backturm enthielt die Bäckerei. Südöstlich liegt der Amtsturm, südwestlich der Jägerturm.

Der wunderschön verträumte Marktplatz von Weimar

Die Krämerbrücke mit Fachwerk und Wohnungen in Erfurt führt über die Gera.

Ein architektonischer Schatz Weimars ist das eidottergelbe Schloss Belvedere.

Blick in den Rokokosaal der Anna-Amalia-Bibliothek von Weimar

Der wichtigste und älteste Kirchenbau Erfurts ist zweifellos der Dom. Schon von außen erkennt man die hochgotische Architektur.

Die große geschlossene Waldfläche im westlichen Teil des Nationalparks Sächsische Schweiz dient vielen seltenen Tierarten als Rückzugsraum. Im Bild: Schrammsteine.

Die Neurathener Felswände sind Teil des Elbsandsteingebirges in der Sächsischen Schweiz.

Eine alte Buche hat im Laufe der Jahrhunderte ihren Stamm um einige Felsen gewunden.

UNTERWEGS AUF DER BERGSTRASSE

Blick zur Starkenburg bei Heppenheim

Ab Zwingenberg (Abfahrt 29) kann man parallel zur Autobahn Richtung Süden die alte römische Bergstraße (B3) nehmen. Wegen des milden Klimas zwischen **Rheinebene** und **Odenwald** blüht hier alles früher und üppiger als sonst in unseren Breiten. Da wachsen Mandeln, Feigen und ein herrlicher Wein.

KULINARISCHES DER REGION: Feiner Spargel

Von Schwetzingen aus, wo schon im 17. Jh. erste Spargelkulturen angelegt wurden, hat das feine Gemüse Deutschland erobert. Heute gehört die Region bis Bruchsal zu den bedeutendsten Spargelanbaugebieten Mitteleuropas.

RAST AUF REISEN: Übernachten in Heidelberg

Hotel Europäischer Hof, Friedrich-Ebert-Anlage 1, 69117 Heidelberg, Tel. 06221/5150: gehobener Familienbetrieb mit Tradition, großzügige Ausstattung und persönlicher Service, breites gastronomisches Angebot; **Holländer Hof,** Neckarstaden 66, 69117 Heidelberg, Tel. 06221/60500: gediegenes Hotel Garni in der Altstadt direkt am Neckar; **Romantikhotel Zum Ritter St. Georg**, Hauptstr. 178, 69117 Heidelberg, Tel. 06221/1350: prächtiger Renaissancebau in der Altstadt, Restaurant bekannt für Wildspezialitäten. (Abfahrt 5 Kreuz Heidelberg, ca. 5 km)

****Bad Homburg:** weltberühmter Kurort, überragt vom barocken Landgrafenschloss (1680–85); Kurpark mit Spielcasino und Russischer Kapelle. **(Abfahrt 17 Bad Homburger Kreuz, über A661, 5 km)**

*****Frankfurt am Main:** Von Weitem sieht man die spektakuläre Skyline der Messe- und Bankenmetropole »Mainhattan«. Goethes Geburtsstadt war Krönungsstätte deutscher Kaiser (seit 1502) und Ort der ersten Deutschen Nationalversammlung (Paulskirche 1848/49). Die restaurierten Fachwerkensembles wie Römer (15./18. Jh.) mit Kaisersaal und Historische Ostzeile sind heute in moderne Architektur eingebettet. Sakralbauten: Kaiserdom St. Bartholomäus (13. Jh.), Nikolaikirche (1290) und Paulskirche (1789–1833), heute Festsaal. Sehenswert: die klassizistische Alte Oper (1880/1981) nahe der barocken Hauptwache; das Goethehaus mit Museum; Schirn-Kunsthalle und das Museum für Moderne Kunst. Vom Städelschen Kunstinstitut und sieben weiteren Museen auf der anderen Mainseite hat man einen eindrucksvollen Blick auf die hoch aufragenden »Kathedralen des Geldes«. Unweit liegt das »Ebbelwoi«-Viertel Sachsenhausen mit zahlreichen Kneipen und Jazzlokalen. **(Abfahrt 19 Westkreuz Frankfurt, 5 km)**

Frankfurt am Main: der Römerberg

Streckenprofil: *Die Strecke führt durch das Hessische Bergland am Nordrand des Taunus vorbei nach Frankfurt. Aus der Bankenmetropole heraus geht die Fahrt parallel zur Bergstraße bis in den Großraum Mannheim–Ludwigshafen.* ***(215 km, 2 Std.)***

****Gießen:** In der alten Universitätsstadt (seit 1607) lehrte der große Chemiker Justus von Liebig von 1824–1852 (Museum). Sehenswert: das Alte Schloss (14. Jh./1980) mit Oberhessischem Museum und Botanischem Garten (1609); das Neue Schloss (16. Jh.) mit Zeughaus (1590/1958–62); Burgmannhaus (1350) mit Stadtmuseum; romanische Pfeilerbasilika (12. Jh.) des Augustinerstifts. **(Abfahrt 10 Fernwald, 7 km)**

****Alsfeld:** Ihr geschlossenes, mittelalterliches Fachwerkbild machte die Stadt 1975 zur »Europäischen Modellstadt für Denkmalschutz«. Sehenswert: Marktplatz mit Rathaus (1512-16), Weinhaus (1538) und Hochzeitshaus (1564–71); Walpurgiskirche (13.–15. Jh.), Stumpfhaus (1609); Leonhardsturm (1386). **(Abfahrt 2 Alsfeld-Ost, 2 km)**

Frankfurt:
siehe Seite 186

***Bad Nauheim:** Das für seine Thermalsolequellen bekannte Herzheilbad am Ostrand des Taunus besitzt das größte Jugendstil-Ensemble Deutschlands (Kurhaus und Badehäuser um den Sprudelhof). **(Abfahrt 13 Bad Nauheim, B 3, 6 km)**

****Weinheim:** Die Burgruine Windeck (12. Jh.) und die Wachenburg liegen weithin sichtbar über der Altstadt an der hier bereits badischen Bergstraße. Sehenswert: das Berckheimsche Schloss mit seinem Exotenwald voll seltener Nadel- und Laubbäume. **(Abfahrt 33 Kreuz Weinheim, 5 km)**

****Butzbach:** Fachwerkstadt am Taunusrand. Sehenswert: der Bilderbuch-Marktplatz mit Giebelrathaus (16. Jh.); reich verzierte Patrizierhäuser, die Markuskirche mit der ältesten Orgel (1614) Hessens und die Holzkapelle des hl. Wendelin zeugen von der Geschichte der ehemaligen landgräflichen Residenz. **(Abfahrt 12 Butzbach, 4 km)**

****Bensheim:** Die 1000-jährige Stadt an der Bergstraße ist Zentrum des hiesigen Obst- und Weinbaugebiets. Sehenswert: alter Stadtkern mit Fachwerkhäusern und Adelshöfen, Roter Turm (16. Jh.). In der Nähe liegt die wildromantische Auerbacher Schloss-ruine (3 km vor Bensheim links von der Autobahn) und das Reichenbacher Felsenmeer. **(Abfahrt 30 Bensheim, 2 km)**

*****Heidelberg:** Inbegriff der deutschen Romantik. Das oberhalb des Neckars gelegene Schloss (17. Jh.) der pfälzischen Wittelsbacher wurde während des Erbfolgekriegs weitgehend zerstört. Den Panoramablick auf Ruine und Stadt genießt man vom Philosophenweg auf der anderen Seite des Flusses. Sehenswert: Im Schloss: Ottheinrichsbau (1557–66) und Friedrichsbau (1601– 07), beide Meisterwerke der deutschen Renaissance; das Deutsche Apothekenmuseum und das berühmte Heidelberger Fass, ein riesiges Weinfass mit einem Fassungsvermögen von 219 000 Litern. In der Stadt: der Marktplatz mit der Heiliggeistkirche (1400–41), die Peterskirche (15. Jh.), das Kurpfälzische Museum, sowie die Alte Brücke und das Karlstor (beide 18. Jh). **(Abfahrt 37 Kreuz Heidelberg, 6 km)**

Walldorf: »Astorstadt« – der 1763 hier geborene Johann Jakob Astor erwarb in Amerika ein riesiges Vermögen. Er stiftete das Astorhaus, ein Armen- und Waisenhaus, heute Heimatmuseum. **(Abfahrt 39 Walldorf, 3 km)**

Heidelberg: der Neckar, die »Alte Brücke« und das Schloss

Streckenprofil:** Die viel befahrene Nord-Süd-Verbindung führt nach dem Ballungsraum um Karlsruhe parallel zum Rhein durch den Oberrheingau und den Oberheingraben bis an die Schweizer Grenze.* ***(235 km, 2 Std.)
A98/A861: *Umfahrung Lörrach bis Grenzübergang Rheinfelden. (28 km, 20 Min.)*

Rastatt: die Hofseite des barocken Schlosses

*****Rastatt:** Am Rande der Innenstadt liegt das monumentale Schloss (1697–1707) mit einer 230 m langen Gartenfront und Museum für Wehrgeschichte. Sehenswert: die Schlosskirche (1719–23), die Pagodenburg (1722); Rathaus (1750), Alexius- und Johannesbrunnen und die Kirche St. Alexander (1756-64). Wenige Kilometer südlich, bei Kuppenheim, liegt das prächtige Lust- und Sommerschloss Favorite. Sehenswert: die teils exotisch gestalteten Säle und die Originalausstattung der Küche mitsamt der einmaligen Porzellansammlung. **(Abfahrt 49 Rastatt, 4 km)**

*****Freiburg:** Das Stadtbild wird ganz vom 116 m hohen Turm des Münsters Unserer Lieben Frau (13.–16. Jh.) beherrscht. Rund um den Münsterplatz der alten Universitätsstadt (seit 1457) laden kopfsteingepflasterte Gassen und noble Einkaufspassagen zum Bummeln ein. Sehenswert: Glasfenster und Skulpturen in der Turmvorhalle des Münsters, sowie der berühmte Hochaltar (1512–16) von Hans Baldung; das »Kaufhaus« von 1532, Renaissance-Rathaus (16. Jh.), Narrenzunfthaus und das »Haus zum Walfisch« (1516); Schwaben- und Martinstor sind Reste der mittelalterlichen Stadtbefestigung. Bedeutende Museen: das Augustinermuseum (13.–20. Jh.), Naturkundemuseum und Museum für Neue Kunst. Vom Schlossberg (425 m, Seilbahn oder 15 Min. Fußweg) herrlicher Blick auf Stadt und Umland. **(Abfahrt 62 Freiburg-Mitte, 5 km)**

****Kaiserstuhl:** Das kleine Gebirge vulkanischen Ursprungs ist berühmt für seinen Wein. Die höchste Erhebung ist der Totenkopf (557 m, Fernsehturm).

****Karlsruhe:** Ihr Grundriss charakterisiert die 1715 gegründete Stadt, die heute Sitz des Bundesverfassungsgerichts und des Bundesgerichtshofs ist: Vom Herzstück der Stadt, dem markgräflichen Schloss (1752–75), führen 32 Straßen und Alleen strahlenförmig in alle Richtungen. Sehenswert: 6,5 m hohe Sandsteinpyramide (19. Jh.) auf dem Marktplatz; Landessammlung für Naturkunde (1865–75), Stephanskirche (1814) und Erbgroßherzogliches Palais (1893–97, Sitz des Bundesgerichtshofs); Zentrum für Kunst- und Medientechnologie (ZKM) in einer denkmalgeschützten ehemaligen Fabrik westlich der Innenstadt. **(Abfahrt 45 Karlsruhe-Mitte, 5 km)**

****Offenburg:** Hauptstadt der Ortenau am Kinzigtal. Zu ihren Baudenkmälern gehören Fachwerkhäuser sowie barocke und klassizistische Bauten. Sehenswert: der Fischmarkt mit Hirschapotheke (1698) und dem Löwenbrunnen (1599); das barocke Rathaus (1741); die Heiligkreuzkirche mit Ölberggruppe (1524); das Kapuzinerkloster (17. Jh.); das Liebfrauenkloster mit Silbermann-Orgel. **(Abfahrt 55 Offenburg, 5 km)**

****Europapark Rust:** Einer der bekanntesten deutschen Freizeitparks mit über 100 spektakulären Attraktionen wie Fjord-Rafting, »Hall of Entertainment« usw. **(Abfahrt 57b Rust, bis Rust 5 km)**

***Lörrach:** Das wirtschaftliche Zentrum Oberbadens mit dem sehenswerten Heimatmuseum am Burghof: Sammlung zur Vor- und Frühgeschichte, Plastiken und Malerei des 14.–19. Jh. **(A98 Abfahrt 5 Lörrach, 4 km)**

****Bruchsal:** Spargelstadt am Westrand des Kraichgaus mit barockem Residenzschloss (1722) der Fürstbischöfe von Speyer. Sehenswert: Treppenhaus von Balthasar Neumann mit Kuppelfresko, Museum mechanischer Musikinstrumente aus dem 18.–20. Jh.; barocke Pfarrkirche St. Peter (1742–49), ebenfalls von Balthasar Neumann. **(Abfahrt 42 Bruchsal, 4 km)**

****Baden-Baden:** mondäner Prominentenkurort am Rande des Schwarzwalds. Berühmt sind das Casino im Kurhaus (1838) und die »Große Rennwoche« (Pferderennen, seit 1858 in Iffezheim). Sehenswert: Schlossruine Hohenbaden; Battertfelsen; Kirche St. Peter und Paul (14. Jh.); Lichtentaler Allee mit Gönnerlanlage; Kurgarten mit Trinkhalle (1839–42), Friedrichsbad (1877), Merkur (Standseilbahn und Aussichtsturm), Brahmshaus (Wohnhaus des Komponisten (1865–74), Kloster Lichtenthal und neues Festspielhaus (1998). **(Abfahrt 51 Baden-Baden, 6 km)**

UNTERWEGS IM SCHWARZWALD

Schwarzwaldhaus mit typischem Walmdach

Eine der berühmtesten deutschen Landschaften ist der **Schwarzwald** mit seinen dunklen Wäldern und wildromantischen Tälern. Mehrere Routen erschließen dem Autofahrer die landschaftlichen Schönheiten, wie die **Schwarzwald-Hochstraße** von Baden-Baden nach Freudenstadt. **(Abfahrt 51 Baden-Baden)**

KULINARISCHES DER REGION: Kirschwasser

Viel Obst gibt es in Deutschlands Südwesten, und das wird hier bevorzugt zu feinen **Obstbränden** verarbeitet. Weit bekannt ist das **»Echt Schwarzwälder Kirschwasser«**, das man wegen seines edlen Aromas nicht zu kalt trinken sollte. Es gilt als wichtigste Ingredienz der **»Schwarzwälder Kirschtorte«.**

RAST AUF REISEN: Luxuriös übernachten

Brenner's Parkhotel, An der Lichtentaler Allee, 76530 Baden-Baden, Tel. 07221/9000: traditionsreiches Hotel für höchste Ansprüche, die erste Adresse des bekannten Kurortes **(Abfahrt 51, Baden-Baden, 10 km); Relais & Châteaux Hotel Dollenberg,** Dollenberg 3, 7740 Bad Peterstal-Griesbach, Tel. 07806/780: Wellness-Superiorhotel mit Gourmet-Sterneküche **(Abfahrt 54 Appenweier, 34 km).**

Zwei Welten prallen aufeinander, und so erscheint Frankfurts Kulisse manchmal wie eine Fata Morgana: Der moderne Financial District mit den Hochhaustürmen leuchtet neben dem

Das Kneipenviertel Sachsenhausen mit Kopfsteinpflaster und Fachwerkarchitektur

altehrwürdigen Kaiserdom St. Bartholomäus.

Die Alte Oper ist ein Wahrzeichen der Stadt.

Die Mariensäule auf dem Heidelberger Kornmarkt stammt aus dem Jahr 1718. Von diesem Platz inmitten der Altstadt führt der Burgweg hinauf zum Heidelberger Schloss.

免税店

Das Kurhaus ist das Wahrzeichen Baden-Badens und in der weitläufigen Anlage genießen die Gäste die Ruhe des Kurbezirks, …

… während man im altehrwürdigen Casino auf seine Glückssträhne hofft.

Früher diente der Gewerbekanal in der Freiburger Altstadt vielen Handwerksbetrieben zur Wasserversorgung.

Der Hochaltar des Freiburger Münsters stammt von Hans Baldung (um 1484–1545).

Streckenprofil:** Die hügelige, abwechslungsreiche Route führt von der französischen Grenze durch das Saarland und am Nordrand des Pfälzerwalds entlang in den Großraum Mannheim-Ludwigshafen. Die A6 umfährt die industriell geprägte Peripherie des dicht besiedelten Ballungsraums, bis sie ab Kreuz Walldorf mit dem Kraichgau wieder eine landschaftlich reizvollere Region erreicht. Ab Kreuz Walldorf geht es über die Hochebenen des Hohenloher Lands bis an die waldreichen Steigungen der Frankenhöhe.* ***(290 km, 2¾Std.)

Schwetzingen: im Schlosspark

*****Schloss Schwetzingen:** Ebenso berühmt wie der Spargel aus der sandigen Rheinebene ist die von einem englischen Landschaftsgarten umgebene Sommerresidenz (18. Jh.) der Pfälzer Kurfürsten. Dazu gehören kleine Tempel, Badehaus, Rokokotheater (1746–52) und eine Moschee (1778–95). **(Abfahrt 28 Mannheim-Schwetzingen, 3 km)**

****St. Ingbert:** der Legende nach vom Mönch Ingobertus gegründet; 888 erstmals erwähnt. Seit dem 17. Jh. Kohlebergbau; 1956 eingestellt. Sehenswert: Engelbertkirche (1755), Pfarrkirche St. Josef (1890) und der Sudhausturm (1927) der Becker-Brauerei. **(Abfahrt 6 St. Ingbert-Mitte, 2 km)**

***Bexbach:** inmitten eines schönen Blumenparks liegt das Saarländische Bergbaumuseum, das anschaulich über die 200-jährige Grubengeschichte der Region informiert. **(Abfahrt 9 Homburg/Saar, 2 km)**

***Landstuhl:** Die Geschichte der Stadt ist untrennbar verbunden mit Burg Nannstein (1160) und dem Ritter Franz von Sickingen. Als Kämpfer für die Reformation fiel er hier 1523 auf seiner Burg. An ihn erinnern alljährlich die Freilichtspiele im Innern der romantischen Festung (Juni–August). Sehenswert: die St.-Andreas-Kirche mit dem Grab des Ritters und Ausmalungen des späten 15. Jh. im Chor. **(Abfahrt 11 Landstuhl-Atzel, 2 km)**

***Hockenheimring:** die Rennstrecke mit dem berühmten »Motodrom«, Schauplatz von Formel-1-Rennen, gilt als eine der schnellsten der Welt. Sehenswert: das Motorsportmuseum mit Rennboliden und Multimediashow. **(Abfahrt 30 Kreuz Hockenheim, 1 km)**

Ludwigshafen: siehe Seite 194

****Blieskastel:** Barockstadt und Kneippkurort an der Blies; kam 1337 an Trier, ab 1660 war die Stadt Residenz der Freiherren von der Leyen. Von dem 1650 erbauten Schloss ist nur noch die Orangerie erhalten. Sehenswert: Schlosskirche St. Anna und Philipp, spätbarockes Rathaus am Paradeplatz, die über der Stadt gelegene Wallfahrtskapelle Hl. Kreuz mit einem Vesperbild aus dem 14. Jh. **(Abfahrt 6 St. Ingbert-Mitte, 5 km)**

***Homburg/Saar:** Attraktion des Ortes mit seiner schönen Altstadt sind die unterirdischen Felslabyrinthe der Schlossberghöhle. Die größten Buntsandsteinhöhlen in Europa wurden zwischen dem 11. und 17. Jh. zu Verteidigungszwecken mühsam in den Berg getrieben. **(Abfahrt 9 Homburg/Saar, 4 km)**

***Kaiserslautern:** Markantester Bau unterhalb des Pfälzer Fußballmekkas »Betzenberg« ist das alles überragende, 84 m hohe Rathaus, das an historischer Stelle erbaut wurde: die Ruinen des Casimirbaus, einem 1571 von Pfalzgraf Johannes Casimir errichteten Renaissanceschloss, sind als Ausstellungsort in den Komplex integriert worden (Burgenmuseum). Casimir wiederum hatte sein Schloss auf den Ruinen der Kaiserpfalz (1152) von Kaiser Friedrich Barbarossa gebaut. Sehenswert: die spätgotische Stiftskirche (13./14. Jh.), die in florentinischem Stil erbaute Fruchthalle (1846) und die Gemäldesammlung Pfalzgalerie sowie das Theodor-Zink-Museum, das über die Stadtgeschichte informiert. **(Abfahrt 16 Kaiserslautern-Ost, 5 km)**

Kaiserslautern: Pfalzgalerie

UNTERWEGS IM PFÄLZERWALD

Das milde Klima der Region begünstigt den Weinanbau.

Südlich Kaiserslautern erstreckt sich der Pfälzerwald. Er gehört zu den größten geschlossenen Waldgebieten Deutschlands und wurde 1958 zum **Naturpark** erklärt. Viele ausgeschilderte Wege führen den Wanderer durch das reizvolle **Mittelgebirge**. Das Grün der Kiefern, Eichen und Buchen dominiert die Landschaft, leuchtend rote Kontrapunkte setzen die Buntsandsteinfelsen, die zur geologischen Masse der **Vogesen** gehören. **Buntsandstein** lässt sich gut verarbeiten; in der Römerzeit diente er als Material für Statuen und Reliefs, im Mittelalter für den Kirchenbau. Aus dem Mittelalter stammen auch die romantischen Burgruinen auf den Höhen des östlichen Pfälzer Waldes.

KULINARISCHES DER REGION: Kartoffelküche

Die Pfalz ist bekannt für die Qualität ihrer Kartoffeln, auf Pfälzisch **Grumbeeren.** Und da die traditionelle Küche immer auf das zurückgreift, was in der Region am besten gedeiht, begegnet uns in der Pfalz eine überwältigende Vielfalt an Kartoffelgerichten, die noch wie zu Großmutters Zeiten zubereitet werden. Typische Alltagsgerichte wie **Kartoffelsalat mit Speck** und **Reibekuchen** gehören dazu, auch eine besonders gehaltvolle Kartoffelsuppe, die **»Grumbeersupp«,** die mit Sahne und Majoran abgeschmeckt wird. Not macht erfinderisch: So entstand wohl in schlechteren Zeiten die **Grumbeerworscht.** Dafür wird die Wurstmasse mit reichlich Kartoffeln gestreckt, was den Fettgehalt senkt, aber den Geschmack nicht beeinträchtigt. Im Kartoffelland Pfalz enthält auch die berühmteste Spezialität Kartoffeln: Der **Pfälzer Saumagen** ist nichts anderes als ein Schweinemagen, der mit einer Mischung aus Fleisch, Zwiebeln und Majorankartoffeln gefüllt und dann gesotten oder gebraten wird.

RAST AUF REISEN: Übernachten in »Lautre«

Dorint Hotel, St.-Quentin-Ring 1, 67663 Kaiserslautern, Tel. 06 31/2 01 50: modernes Stadthotel in der Nähe des Fritz-Walter-Stadions mit empfehlenswerter Küche; **Hotel-Restaurant Barbarossahof,** Eselsfürth 10, 67657 Kaiserslautern, Tel. 06 31/41440: komfortable Unterkunft mit 150-jährige Tradition in der Nähe der Autobahn; **Hotel Blechhammer,** Am Hammerweiher 1, 67659 Kaiserslautern, Tel. 0631/4147350: historischer Gasthof in idyllischer Lage mit hübschen Zimmern und gemütlichem Restaurant mit regionaler und internationaler Küche **(Abfahrt 15 Kaiserslautern-West, ca. 5 km, Abfahrt 16 Kaiserslautern-Ost, ca. 3 km).**

****Sinsheim:** Südlich der Stadt ragt die auf einem Basaltrücken gelegene Ruine Steinsberg aus der Landschaft. Ihre exponierte Lage gab ihr den Namen »Kompass des Kraichgau«. Berühmt ist auch das hiesige Auto- und Technikmuseum mit Europas größter Formel-1-Ausstellung, Lokomotiven, über 60 Flugzeugen, 300 Oldtimern und dem ersten IMAX 3-D-Kino in Deutschland. **(Abfahrt 34 Sinsheim-Steinsfurt, 2 km)**

Mannheim: siehe Seite 188

*****Bad Wimpfen:** Eindrucksvoll erhebt sich das mittelalterliche Stadtbild der einstigen Reichsstadt über dem Steilufer des Neckars. Der massige Rote (13. Jh.) und der bis 55 m hohe Blaue Turm der historischen Befestigungsanlagen überragen die von Fachwerkhäusern gesäumten Gassen der Altstadt. Sehenswert: die Ruinen der von Friedrich Barbarossa gegründeten, einst größten staufischen Kaiserpfalz nördlich der Alpen; das Puppenmuseum im Wormser Hof und die prächtige, frühgotische Ritterstiftskirche St. Georg (13.–15. Jh.) im Stadtteil Wimpfen im Tal. **(Abfahrt 35 Bad Rappenau, 7 km)**

***Schwäbisch Hall:** alte Stadt an der Kocher. Schon in keltischer Zeit wurde hier Salz gewonnen, das den Reichtum der Stadt begründete. Enge Gassen und schmale Treppen führen zum Marktplatz, der von prächtigen Häusern begrenzt wird, unter denen das barocke Rathaus besonders auffällt. Der gotische Pranger mitten auf dem Marktplatz erinnert an den grausamen Strafvollzug im Mittelalter. Eine Freitreppe führt zur Kirche St. Michael aus dem 15. Jh. Sehenswert ist auch das Hällisch-Fränkische Museum mit seiner umfangreichen Sammlung von Schützenscheiben. Östlich von Schwäbisch Hall: das ehemalige Benediktinerkloster Comburg, das 1079 gegründet wurde und im 12. Jh. seine Blütezeit erlebte. **(Abfahrt 43 Schwäbisch Hall, B14, dann B19, 10 km)**

***Öhringen – Neuenstein – Waldenburg:** In den drei nah beieinander liegenden Orten im Hohenloher Land stehen sehenswerte Schlösser des gleichnamigen Fürstenhauses, wobei das auf dem 500 m hohen Bergsporn Waldenburg gelegene Schloss sicher das imposanteste ist. In dem weitgehend im Renaissancestil errichteten Gebäude ist das Siegelmuseum mit europäischen Siegeln und Urkunden aus über 1000 Jahren untergebracht. **(Abfahrt 40 Öhringen, 2 km; Abfahrt 41 Neuenstein, 3 km; Abfahrt 42 Kupferzell, Waldenburg 2 km)**

Ein Zifferblatt der astronomischen Uhr am Heilbronner Rathaus.

Benediktinerkloster Comburg bei Schwäbisch Hall

Crailsheim: Mit über 200 000 Besuchern ist das Fränkisches Volksfest das größte seiner Art in der Region Hohenlohe-Franken. Es findet immer im September statt. **(Abfahrt 46 Crailsheim 6 km)**

***Kochertalbrücke:** Der Viadukt der Superlative ist eine der größten Stahlbetonbrücken Europas. Sie ist 1128 m lang und bis zu 180 m hoch. Während der 2-jährigen Bauzeit sind die acht Pfeiler zum Teil 45 m tief in die Erde gesetzt worden. **(Zwischen Abfahrt 43 Schwäbisch-Hall und 44 Wolpertshausen)**

***Heilbronn:** Die Industrie- und Handelsstadt mit einem großen Binnenhafen musste nach dem Zweiten Weltkrieg fast ganz neu aufgebaut werden. Um die bereits 741 erstmals urkundlich erwähnte Stadt liegt ein bedeutendes Weinbaugebiet. Sehenswert: die astronomische Kunstuhr von 1580 am wiederhergestellten Renaissancerathaus (16. Jh.), der Götzenturm (1392), die barocken Gebäude des Deutschhofs, die Kilianskirche (13./15. Jh.) mit dem Brunnen, dessen Quelle der Stadt ihren Namen gab. **(Abfahrt 37 Heilbronn-Neckarsulm, 4 km)**

Neckarsulm: Industriestadt am Neckar; gehörte einst dem Deutschen Orden. Sehenswert: ehemaliges Deutschordensschloss (um 1364 gegründet), die katholische Pfarrkirche St. Dionys, eine barocke Saalbaukirche.

Im ehemaligen Deutschordensschloss in Neckarsulm gewährt das Deutsche Zweiradmuseum mit über 350 Exponaten einen historischen und technischen Überblick über die Geschichte des Fahrrads, die Entwicklung der Motorräder und der Geschichte der ehemaligen Firma NSU. **(Abfahrt 37 Heilbronn-Neckarsulm, 3 km)**

***Burg Weibertreu:** Die Burg erhebt sich stolz auf einem Basaltkegel inmitten von Weinbergen. Seit 1824 kümmert sich der Frauenverein Weinsberg um die Burg. Als 1140 der Stauferkönig Konrad III. im Kampf gegen die Welfen die Burg einnahm, sollten alle männlichen Bewohner sterben. Die Frauen verschonte er und gewährte ihnen, ihre liebste Habe mitzunehmen: Sie überlisteten den König und trugen ihre Männer auf dem Rücken den Burgberg hinab. Daher der spätere Name. **(Abfahrt 38 Kreuz Weinsberg, 2 km)**

UNTERWEGS VON DER DEUTSCHEN WEINSTRASSE DURCH DEN KRAICHGAU INS HOHENLOHER LAND

Bad Wimpfen ist reich an Fachwerkstadthäusern.

Bei der Abfahrt 19 Grünstadt kreuzt die A6 die Deutsche Weinstraße. Die 83 km lange **Touristikroute** (die Hinweisschilder zeigen eine stilisierte Weintraube) wurde 1935 eingeweiht und führt, am burgenreichen Ostrand des Pfälzerwaldes entlang durch eines der größten und bedeutendsten **Weinbaugebiete** der Bundesrepublik. Wichtigste Station ist Neustadt, heute die größte Winzergemeinde Deutschlands, aber auch das romantische Städtchen Deidesheim oder der Kurort Bad Dürkheim lohnen einen Besuch. Weiter führt die Strecke nach dem Großraum Mannheim in den **Kraichgau,** ein waldarmes, dichtbesiedeltes Hügelland zwischen Schwarzwald und Odenwald. Dieser fruchtbaren und landwirtschaftlich intensiv genutzten Region folgt das **Hohenloher Land,** ein flachwelliges Hügelland, das die windungsreichen Flussläufe von Kocher und Jagst umfasst, an deren Hängen vor allem Obst- und Weinbau betrieben wird.

KULINARISCHES DER REGION: Pfälzer Wein

Der Weinbau hat in der Pfalz eine Tradition, die bis in die römische Antike zurückreicht. Weiß und trocken, so ist der Pfälzer heute beliebt und bekannt. Bevorzugt wird **Riesling** ausgebaut, daneben **Silvaner** und **Weißburgunder,** aber auch kräftige Sorten wie der **Gewürztraminer.** In den letzten Jahren kam verstärkt der **Dornfelder** hinzu. Zahlreiche Winzer bieten Weinproben und Verkauf an. Zu den bekanntesten Weingütern gehören Müller Catoir in Haardt, einem Ortsteil von Neustadt a. d. Weinstraße **(Abfahrt 19 Grünstadt, 11 km)** sowie **Fitz-Ritter** in Bad Dürkheim **(Abfahrt 19 Grünstadt, 25 km).** Zum trockenen Pfälzer Wein passen hervorragend die deftigen Traditionsgerichte, der Saumagen etwa oder ein Hasenpfeffer, die in fast allen Gaststätten und Weinstuben auf der Speisekarte stehen. Eine erste Adresse ist der Schwarze Hahn im Hotel Deidesheimer Hof (Information siehe unten), wo hohe Kochkunst auch aus einfachen regionalen Spezialitäten ein kulinarisches Erlebnis macht.

RAST AUF REISEN: Übernachten im Weingebiet

Deidesheimer Hof, Am Marktplatz 1, 67146 Deidesheim, Tel. 06326/96870: renommierte Adresse im Zentrum des Weinbauorts, mit gehobenem Komfort **(Abfahrt 19 Grünstadt, 18 km). Alte Pfarrey,** Untergasse 54, 67271 Neuleiningen, Tel. 06359/86066: romantisches Hotel in historischen Gemäuern mit Innenhof, Erkern und Laubengängen, im Restaurant mit Terrasse ideenreiche regionale Küche in der auch Kochkurse angeboten werden. **(Abfahrt 19 Grünstadt, 5 km).**

Schwäbisch Hall an der Kocher mit seinen Fachwerkhäusern aus dem 15./16. Jahrhundert.

Schloss Mannheim gehört zu den größten Barockschlössern überhaupt und sollte die Macht der pfälzischen Kurfürsten demonstrieren.

Streckenprofil:** Über die Frankenhöhe und am Ballungsraum Nürnberg vorbei führt die zunächst hügelige, später leicht bergige Strecke in den Oberpfälzer Wald bis an die Grenze zu Tschechien. **(196 km, 2 Std.)

Das Brunnendenkmal in Wolframs-Eschenbach

*****Ansbach:** Die prächtigen Barockbauten in der von dichten Wäldern umgebenen Stadt lassen noch etwas vom höfischen Glanz der Markgrafen von Brandenburg-Ansbach (1460–1791) ahnen. Besonders eindrucksvoll sind die Rokoko-Festspiele im Juli. Sehenswert: das markgräfliche Schloss (16./18. Jh.) mit der Sammlung »Ansbacher Fayencen und Porzellan«, die herrliche Barockfassade schuf Gabriel de Gabrieli. Beeindruckend sind der Prunksaal von 1734 mit den Fresken von Carlo Carlone und das Spiegelkabinett mit seinen Porzellanfiguren sowie der Hofgarten mit Orangerie (1726–34) und dem Gedenkstein für den hier 1833 ermordeten Kaspar Hauser. Noch heute sind seine genaue Herkunft und der Name des Mörders ungeklärt. Die Altstadt um die Gumbertuskirche (11./18. Jh.) ist ein Beispiel für vorbildliche Restauration. Ein besonderes prächtiges Naturdenkmal ist die 500 Jahre alte Kreuzeiche im Nordwesten der Stadt mit einem Stammumfang von 6 Metern. **(Abfahrt 52 Ansbach, 4 km)**

*****Nürnberg:** Die berühmte vieltürmige Silhouette der Frankenmetropole wird geprägt von der mächtigen Kaiserburg (12. Jh.) mit der Burggrafenburg (11. Jh.), dem »Luginsland« (1377) und der Kaiserstallung (1495), einst ein Kornspeicher. Bei einem Gang durch die von zahlreichen Gassen, Kirchen und schönen Plätzen geprägte Altstadt begegnet man bei jedem Schritt der deutschen Geschichte. Zu der Dürer- und Meistersingerstadt gehören aber auch Lebkuchen, Christkindlmarkt, Spielzeug und Bratwürste. Sehenswert: der Hauptmarkt, auf dem im Advent der Christkindlmarkt stattfindet, mit dem »Schönen Brunnen« (1385), der gotischen Frauenkirche (1352–61) und der Kunstuhr »Männleinlaufen« (1509, Spiel täglich um 12 Uhr), der Rathausplatz mit Rathaus (1616–22), spätromanischer Sebalduskirche (1225–73) mit Sebaldusgrab und das Fembohaus (16. Jh.). Die spätgotische St.-Lorenz-Kirche (13.–15. Jh.) beherbergt mehrere großartige Werke von Veit Stoß. Weiter: das Germanische Nationalmuseum; das Verkehrsmuseum mit dem »Adler«, der ersten deutschen Eisenbahn und das Spielzeugmuseum. Unterhalb der Burg, am Tiergärtner Tor, liegt das Albrecht-Dürer-Haus (15. Jh., Museum), wo der Maler von 1509 bis zu seinem Tod 1528 lebte. **(Abfahrt 58 Nürnberg-Süd, 8 km)**

Der Nürnberger Tierpark am östlichen Stadtrand gilt als einer der bestgeführten und artgerechtesten Zoos Deutschlands. Er beherbergt rund 2000 Tiere aus allen Kontinenten in einer weitläufigen Parkanlage mit Weiherlandschaften und Felsformationen. Zu den großen Attraktionen zählen das Delphinarium und die Freigehege für Gorillas, Seelöwen, Pinguine, für Otter, Biber und Elefanten. Das Aquarium zeigt 60 Arten von Meer- und Süßwasserfischen. Der Kinderzoo lockt mit Spielplatz und Streichelgehege.

Der schmucke Marktplatz von Feuchtwangen

***Feuchtwangen:** Mittelpunkt der einstigen Reichsstadt ist der barocke Röhrenbrunnen auf dem von stattlichen Bürgerhäusern umgebenen Marktplatz. Vor dem romanischen Kreuzgang eines ehemaligen Benediktinerstifts finden im Sommer Freilichtspiele statt. Sehenswert: Stiftskirche (8./14. Jh.) mit historischen Handwerkerstuben um den Kreuzgang; Volkskunstmuseum das die Entwicklung der Wohnkultur vom Barock bis zum Jugendstil veranschaulicht, umfangreicher Fayencensammlung mit über 700 Exponaten. **(Abfahrt 49 Feuchtwangen-Nord, 10 km)**

****Wolframs-Eschenbach:** Zu Ehren des »Parzival-Dichters« Wolfram von Eschenbach (um 1170–1220) wurde Eschenbach 1917 umbenannt. In der Pfarrkirche der noch von einem Wall umgebenen mittelalterlichen Stadt soll der berühmte Minnesänger begraben sein. Sehenswert: das Neue Literaturmuseum im Fachwerk-Rathaus **(Abfahrt 53 Lichtenau, 6 km)**

***Schwabach:** Einer der schönsten Marktplätze Frankens (mit eindrucksvollem Brunnen) sowie die spätgotische Stadtkirche aus dem 15. Jh. sind die Attraktionen dieser südlich von Nürnberg gelegenen Stadt. Sehenswert: der kunsthistorisch bedeutende Hochaltar (1508) mit Schnitzereien, die wahrscheinlich von Veit Stoß stammen. **(Abfahrt 56 Schwabach-Süd, 3 km)**

UNTERWEGS IN MITTELFRANKEN

Ansbach: In Rokoko schwelgt man im Markgrafenschloss

Nahe der Ausfahrt Roth quert die A6 den **Main-Donau-Kanal,** der 1992 nach 32-jähriger Bauzeit eröffnet wurde. Er stellt die direkte Schifffahrtsverbindung zwischen Nordsee und Schwarzem Meer her und dient in erster Linie dem Großfrachtverkehr, wird aber auch von Kreuzfahrt- und Ausflugsschiffen genutzt. Geplant hatte schon Karl der Große eine derartige Wasserstraße, scheiterte dann aber an den Mängeln der mittelalterlichen Bautechnik. Mitte des 19. Jahrhunderts gelang dem Bayernkönig Ludwig I. die Fertigstellung eines 170 Kilometer langen Kanals zwischen Bamberg und Kelheim. Doch stellte sich bald heraus, dass dessen Dimensionen den immer größer werdenden Frachtschiffen nicht genügten. Links und rechts von der Autobahn findet der Reisende eine vielfältige **Mittelgebirgslandschaft,** teils hübsch und hügelig mit stillen Tälern und dann wieder ganz schroff mit rauen Höhenzügen und Bergkuppen. Mittelalterliche Städtchen und Dörfer locken den Kunstliebhaber mit spätgotischen Schnitzaltären von Veit Stoß und anderen Meistern des ausgehenden Mittelalters.

KULINARISCHES DER REGION: Wurst & Vesper

Ein kalter Imbiss, die Vesper, gehört zu den Lieblingsmahlzeiten der Franken. Kein Wunder, sucht doch die fränkische **Wurstauswahl,** was Vielfalt und Qualität anbelangt, ihresgleichen. Typisch ist der rote oder weiße Gelegte, etwa der **Ansbacher,** der aus Stücken von gekochtem Schweinskopf und fein gemahlener Schwarte zubereitet und kalt in Scheiben geschnitten, serviert wird. **Geräucherte Leberwurst, Presssack** und **Stadtwurst,** Essiggurken und ein reich gefüllter Brotkorb vervollständigen die Vesper. Ebenfalls eine herzhafte Spezialität der mittelfränkischen Küche ist das **»Schäufele«,** ein Stück Schweineschulter mit Schwarte, das mit **Klößen** serviert wird. Dazu und natürlich zur Vesper passt gut ein Glas **Wein** oder **Bier** aus Franken.

RAST AUF REISEN: Übernachten in Ansbach

Hotel Bürger-Palais, Neustadt 48, 91522 Ansbach, Tel. 0981/95131: nobles Ambiente in historischem Bau der Barockzeit in unmittelbarer Umgebung des Markgrafenschlosses, Hotelgastronomie mit fränkischer Küche; **Hotel zur Windmühle,** Rummelsberger Str. 1, 91522 Ansbach, Tel. 0981/972000: traditionsreicher Familienbetrieb mit typisch fränkischem Restaurant. **(Abfahrt 52 Ansbach, 7 km).**

Pfreimd: erstmals 1118 urkundlich erwähnt. Vom einstigen Schloss ist nur ein schlichter Bau mit zwei Renaissanceportalen aus Sandstein (16. Jh.) erhalten, das heutige Rathaus. Eines der ältesten Gebäude ist der Turmmaurerturm (14. Jh.). Sehenswert: die Klosterkirche (Spätrenaissance) und das ehemalige Franziskanerkloster (1728). **(Abfahrt 29 Pfreimd, 1 km)**

***Vohenstrauß:** Das stattliche Renaissanceschloss »Friedrichsburg« stammt aus der Zeit, als das Städtchen an der »Goldenen Straße« die Residenz des Pfalzgrafen Friedrich III. (1586–1608) war. **(Abfahrt 74 Vohenstrauß-Ost, 1 km)**

****Burg Leuchtenberg:** Die imposante Ruine in beherrschender Höhenlage ca. 10 km westlich von Vohenstrauß ist eine der schönsten Burganlagen der Oberpfalz und bietet einen großartigen Rundblick auf den Oberpfälzer Wald. **(Abfahrt 72 Leuchtenberg, 4 km)**

****Pleystein:** beliebter Erholungsort am Ausgang des romantischen Zottbachtals. Wahrzeichen ist der 38 m hohe Kreuzberg, ein Rosenquarzfelsen mit Amethysteinlagen, gekrönt von einer 1903 erbauten Wallfahrtsbasilika. **(Abfahrt 75 Pleystein, 4 km)**

Blick über die Naab auf das mittelalterliche Nabburg

Schwandorf: siehe Seite 201

***Monte Kaolino:** Mehr als 35 Millionen Tonnen Quarzsand, ein Abfallprodukt aus der Kaolingewinnung, wurden zu einer Halde mit 120 Metern Höhe bei Hirschau aufgeschüttet. Am Südhang wurde ein Freizeitpark mit einer Sandskistrecke eingerichtet. **(Abfahrt 65 Amberg-West, 22 km)**

Wernberg-Köblitz: Die Burg Wernberg ist die Hauptattraktion des Ortes. Sie wurde im 13. Jh. zur Absicherung wichtiger Handelswege erbaut. Heute dient sie als Seminarhotel in gehobener Kategorie und beherbergt ein feines Gourmetrestaurant. **(Abfahrt 71 Wernberg-Ost, 2 km)**

****Nabburg:** Das Obere Tor und weitere gut erhaltene Wehrtürme geben der auf einem steilen Höhenzug über der Naab gelegenen Stadt ein mittelalterliches Flair. Der 929 erstmals erwähnte Ort erhielt 1296 das Stadtrecht. Sehenswert: das malerische Rathaus (16. Jh.) und die später umgestaltete Basilika St. Johann Baptist aus der ersten Hälfte des 14. Jh. mit besonders kunstvollen Glasgemälden. Außerdem: einige alte Bürgerhäuser mit sehr hohen Giebeln. Von der früheren Stadtbefestigung sind der Dechanthof, der Pulverturm sowie das Ober- und das Mähntor erhalten. **(Abfahrt 30 Nabburg, 1 km)**

Im Ortsteil Perschen ist der ehemalige Pfarrhof (1605) zu einem Bauernmuseum umgebaut. Mit dem Museum im benachbarten Neusath bildet es zusammen das ***Oberpfälzer Freilandmuseum.** In ihm leben – wie in vergangenen Zeiten – alte, vom Aussterben bedrohte Haustierrassen. **(Abfahrt 30 Nabburg, 3 km)**

***Poppberg:** Die verfallene Burg hoch über der Autobahn auf dem von Höhlen durchzogenen Poppberg bewachte im Mittelalter die Heer- und Handelsstraße zwischen Bayern und Böhmen. **(Kurz nach Abfahrt 63 Alfeld)**

***Bergbau- und Industriemuseum Ostbayern:** Eisenhammerwerk, Glasschleifwerk und andere regionaltypische ausrangierte Industrieanlagen sind in diesem Museum vorzufinden und dokumentieren damit die Industriegeschichte Ostbayerns. **(Abfahrt 66 Amberg-Süd, 2 km)**

****Amberg:** Von 1338 bis 1628 war der Ort an der Vils die Hauptstadt der Oberpfalz. Innerhalb der unversehrt erhaltenen Befestigungsanlage bietet die als Oval angelegte Altstadt, deren malerische Wehrbrücke wegen ihrer Spiegelung im Fluß »Stadtbrille« genannt wird, zahlreiche Sehenswürdigkeiten: das prachtvolle Rathaus am Marktplatz, die gotische Basilika St. Martin und die Wallfahrtskirche Maria Hilf (1697–1703) mit Fresken von Cosmas Damian Asam. Das Alte Schloss der Pfalzgrafen beherbergt ein Vorgeschichtsmuseum. Von den ehemals 30 Brauereien des Ortes existieren nur noch vier. **(Abfahrt 65 Amberg-West, über B299, 7 km)**

St. Martin am Ufer der Vils in der Amberger Altstadt

UNTERWEGS IM OBERPFÄLZER WALD

Nördlicher Oberpfälzer Wald: Burgruine bei Flossenbürg

Im Nordosten Bayerns liegt der **Oberpfälzer Wald,** ein herbes, hauptsächlich mit Fichten bestandenes **Mittelgebirge.** Das Gebiet mit einer kargen Landwirtschaft ist eher dünn besiedelt. Bis zum Fall des »Eisernen Vorhangs« war der Oberpfälzer Wald ein abgelegenes Grenzland, heute ist er ein stark genutzter Durchgangsbezirk in Richtung **Tschechien.** Trotzdem kann man abseits der Hauptverkehrswege auch heute noch die Stille der Natur genießen. Viele Kilometer ausgewiesener Wanderwege machen die Region zum Paradies für alle vom Stress Geplagten. Trotzdem sie nie reich war, bietet die **Oberpfalz** eine Fülle an Kunst und Kultur, ein eigenes Kapitel deutscher Geschichte zwischen Klöstern und Kirchen, alten Burgen und romantischen Ruinen.

KULINARISCHES DER REGION: Wild & Fisch

Wer arm ist, muss Fantasie walten lassen, um mit geringen Mitteln wohlschmeckende Gerichte auf den Tisch zu bringen. Und die karge Natur der Oberpfalz hat nicht allzu viel herzugeben. Doch aus dem Wenigen werden wahre Köstlichkeiten zubereitet, meist mit viel **Schmalz** als Geschmacksträger und Kalorienlieferant. Neben der **Kartoffel** – für die kennt man in der Region rund 100 verschiedene Zubereitungsarten – haben süße Mehlspeisen wie **»Hollerkücherl«** oder **»Arme Ritter«** große Bedeutung für die traditionelle Küche, außerdem alles, was der Wald bietet, also **Wild, Pilze und Beeren**. Eine wichtige Rolle spielt von jeher der **Karpfen.** Er stammt aus den unzähligen Fischteichen, die die Zisterziensermönche des Klosters Waldsassen seit dem Mittelalter hier anlegen ließen.

RAST AUF REISEN: Preiswert übernachten

Hotel Restaurant Drahthammer Schlöß'l, Drahthammerstr. 30, 92224 Amberg, Tel. 0 96 21/70 30: sehr gut ausgestattetes Hotel mit empfehlenswertem Restaurant und Gartenlokal; **Eh'häusl,** Seminargasse 8, 92224 Amberg, Tel. 0 96 21/37854: »Das kleinste Hotel der Welt« für maximal zwei Personen, von Hochzeitspaaren gern gebucht. **Hotel Brunner,** Batteriegasse 3, 92224 Amberg, Tel. 096 21/49 70: ein familiäres Haus in ruhiger Innenstadtlage. **Vienna House Easy Amberg,** Schießstätteweg 10, 92224 Amberg, Tel. 0 96 21/48 30: Hotel garni mit zeitgemäßem Komfort. **(Abfahrt 65 Amberg West, 6 km).**

Blick auf den Hauptmarkt und den monumentalen Bau der Stadtkirche St. Sebald

In der Adventszeit putzt sich der Handwerkerhof heraus.

Blick auf die Pegnitz, über die der Henkersteg zum Henkersturm führt.

Wie in einem gigantischen Säulenwald fühlt es sich zwischen den Pfeilern von St. Sebald an.

Die Nürnberger Kaiserburg entstand ursprünglich als salische Königsburg um die Mitte des 11. Jahrhunderts.

UNTERWEGS IM NATURPARK AUKRUG

Eine Eichenallee im Naturpark Aukrug.

Im Herzen von Holstein wechseln sich flache Geest und hügeliges Jungmoränenland ab. **Der Naturpark Aukrug** ist eine **Geestlandschaft** wie aus dem Bilderbuch: das in breiten Schlingen durch die Lande ziehende Flüsschen **Au,** unzählige große und kleine Fischteiche, ab und an ein Stückchen Heide und dann wieder dichte Wälder. Vom Kiefernforst über wunderbaren Laubmischwald bis hin zum **Kratt,** dem lichten Eichengehölz mit seinen bizarren Stämmen und Zweigen, findet man hier alles vor. Wenn noch die Rapsfelder in voller Blüte stehen, Schafherden über die satten Weidegründe ziehen und der blaue Himmel von weißen Wolken durchzogen ist, dann zeigt sich Holstein von seiner schönsten Seite **(Abfahrt 14 Neumünster-Mitte, 15 km).** Wer sich für das traditionelle **Tuchmacherhandwerk** der Region interessiert, der sollte einen Abstecher in das Textilmuseum von Neumünster einplanen. Hier erfährt man sogar, wie man sich in der Bronze- oder Eisenzeit kleidete **(Abfahrt 14 Neumünster-Mitte, 5 km).**

KULINARISCHES DER REGION: broken söt

Wie die Dänen haben auch die Friesen eine ganz spezielle Vorliebe für **»broken söt«:** In Schleswig-Holstein schwört man auf deftige Gerichte, deren kräftiger Geschmack von etwas Süßem oder Fruchtigem »gebrochen« wird. Paradebeispiele sind **Birnen mit Grünkohl und Speck** oder **Grünkohl mit Kasseler, Kochwurst, Schweinebacke und karamellisierten Bratkartoffeln.** Auch bei den Suppen herrscht die süß-säuerliche Geschmacksrichtung vor: **Süße Buttermilchsuppe** wie auch die berühmte **Fliederbeersuppe mit Klößchen und Äpfeln** sind bei den Friesen sehr beliebt. Empfehlenswerte Lokale: **Hof Bucken,** 24613 Aukrug, Wilkenblock: im Naturpark gelegenes Gasthaus mit einfacher, bodenständiger Küche, Spezialität: frische Forelle und Wild **(Abfahrt 14 Neumünster-Mitte, 11 km). Osterkrug,** 24896 Treia, Treenestr. 30: gemütliche Gaststätte im Landhausstil, hervorragende regionale Gerichte, Spezialität: Krabben mit Bratkartoffeln, Grünkohlgerichte **(Abfahrt 5 Schleswig-Schuby, 10 km).**

RAST AUF REISEN: Bequem und ruhig

Hotel-Restaurant »Am Wasserturm«, Blasberg 13, 24943 Flensburg, Tel. 04 61/3 15 06 00: Prädikat »Gastliches Haus«, modern ausgestattete Zimmer, ruhige Lage, Sauna, Swimmingpool **(Abfahrt 3 Flensburg, ca. 5 km). Salz & Pfeffer Gasthaus Frörup,** Stapelholmer Weg 43, 24988 Oeversee, Tel. 0 46 38/89 4 50: wohnliche und moderne Zimmer, familiäre Atmosphäre **(Abfahrt 4 Tarp, 4 km). Seehotel Försterhaus,** Beekstr. 41, 24811 Owschlag, Tel. 0 43 36/9 97 70: Drei-Sterne-Hotel in ruhiger Lage, Zimmer mit Balkon; Sauna, Solarium, Sonnenterrasse **(Abfahrt 7 Owschlag, 4 km). Landhotel Schimmelreiter,** Hauptstr. 58–60, 24887 Silberstedt, Tel. 0 46 26/184860: ruhiges Landhotel **(Abfahrt 5 Schleswig-Schuby, 4 km).**

Streckenprofil A7: *Von der nördlichsten Stadt Deutschlands an der Grenze zu Dänemark führt die Route durch die von Wind und Meer geformte Landschaft mit windschiefen Bäumen und reetgedeckten Backsteinhäusern bis in das weltstädtische Hamburg.* ***(155 km, ca. 1¾ Std.)*** ***A210:*** *30 km, 25 Min.;* ***A215*** *25 km, 20 Min.*

Nord-Ostsee-Kanal: Der 97 km lange, 162 m breite und 11 m tiefe Kanal ist eine der meistbefahrenen künstlichen Wasserstraßen der Welt. Er wurde in acht Jahren erbaut (1887–95) und führt von Brunsbüttel an der Elbe bis zur Kieler Förde.

***Naturpark Hüttener Berge:** Wellige Hügelketten, Wiesen und fischreiche Seen sind die Hauptmerkmale der 22 000 ha großen Region zwischen Schleswig und Kiel. Ein Vogelparadies ist der im Süden schilfgesäumte Wittensee. **(Abfahrt 7 Owschlag, 8 km b. Wittensee)**

***Rendsburg:** Unübersehbares Wahrzeichen des von alters her bedeutenden Handelsplatzes ist die Eisenbahnhochbrücke, eine grandiose 42 m hohe technische Meisterleistung von knapp 2,5 km Länge (1911–13). Ein Erlebnis ist die Fahrt über den Kanal mit der unter der Brücke installierten Schwebebahn! **(Abfahrt 9 Kreuz Rendsburg, 6 km)**

Bad Bramstedt: Im Zentrum des kleinen Moorheilbades steht eine Hallenkirche aus tiefrotem Backstein aus dem 14. Jh. **(Abfahrt 17 Bad Bramstedt 4 km)**

Hamburg: siehe Seite 138

Schloss Gottorf in Schleswig

****Flensburg:** Wappen und Wahrzeichen der historischen Stadt an der Ostsee ist das Nordertor (1596). Sehenswert in der liebevoll restaurierten Altstadt mit Patrizierhäusern, Kaufmannshöfen und Speichergebäuden: Südermarkt mit der Kirche St. Nikolai (14./16. Jh.); der Nordermarkt und die gotische Marienkirche (13./15. Jh.); Städtisches Museum und Schifffahrtsmuseum. Etwa 9 km nordöstlich liegt das prächtige weiße Wasserschloss **Glücksburg,** das 1582–87 erbaut wurde. **(Abfahrt 3 Flensburg, 6 km)**

****Schleswig:** Wuchtig überragt der Dom die alte evangelische Bischofsstadt. Auf einem Handelsplatz der Wikinger gegründet, ist die malerische Altstadt mit der Fischersiedlung Holm eine Attraktion. Sehenswert: der romanisch-gotische Dom St. Petri (12.–15. Jh.) mit Bordesholmer Altar (1514–1521); Schloss Gottorf (16./18. Jh.) mit Archäologischem und Schleswig-Holsteinischem Landesmuseum.

Der ehemalige Wikingerhafen **Haithabu** ist seit 1985 ein Museumskomplex mit zahlreichen schönen Ausgrabungsfunden. **(Abfahrt 6 Schleswig/Jagel, 3 km)**

****Naturpark Westensee:** wald- und seenreiches Hügelland mit steinzeitlichen Hügelgräbern. In der Nähe des idyllischen Sees: die Herrenhäuser Emkendorf, Deutsch-Nienhof und Schierensee. **(Abfahrt 5 Achterwehr, 7 km zum See, 8 km bis Wittensee)**

***Bordesholm:** Vor der Kirche des ehemaligen Augustinerklosters (14.–16. Jh.) steht eine 600 Jahre alte »Gerichtseiche«. **(Abfahrt 11 Bordesholm, 5 km)**

****Freilichtmuseum Molfsee:** Brauchtum und Handwerk Schleswig-Holsteins dokumentiert der Erlebnispark vor den Toren Kiels. 5 km westlich in einem englischen Landschaftspark das leuchtend rote Herrenhaus Schierensee (1776–82). **(Abfahrt Kreuz Kiel-West, über Hammer 6 km)**

***Neumünster:** Verkehrsknotenpunkt im Herzen Holsteins und seit 400 Jahren geprägt von seiner Textilindustrie. Sehenswert: klassizistische Vicelinkirche und das Textilmuseum Tuch und Technik. **(Abfahrt 14 Neumünster-Mitte, 4 km)**

Der historische Hafen von Lüneburg

Streckenprofil A7: *Über den Hamburger Hafen führt die Strecke am Alten Land vorbei, dann durch die Lüneburger Heide in die weite Ebene um Hannover.* ***(150 km, ca. 1½ Std.)*** ***A39:*** *30 km, 25 Min.*

Elbe – mit 1094 km Länge einer der größten und bedeutendsten Flüsse Mitteleuropas. Von Prag bis an die Nordsee ist der Strom, der im Riesengebirge entspringt, mehr als 800 km schiffbar. Der seit dem 13. Jh. wichtige Handelsweg erreicht bei Cuxhaven mit seinem Mündungstrichter eine Breite von 15 km.

****Altes Land**: schönste aller Elbmarschen. Zur Kirschblüte verwandelt sich Deutschlands größtes geschlossenes Obstanbaugebiet (157 km²) in ein einziges Blütenmeer. Empfehlenswert: Grüne Küstenstraße ab **Abfahrt 31 HH-Moorburg.**

****Lüneburger Heide**: Von Birken gesäumte Sandwege bestimmen das Bild. Die Heide mit ihren zahlreichen Hügelgräbern ist Deutschlands ältester Naturschutzpark (1920) und hat seinen Mittelpunkt in der alten Handelsstadt Lüneburg. **(Ab Kreuz Maschen üb. A39, ca. 30 km)**

****Lüneburg**: Stadt an der Ilmenau, zählte durch den Salzhandel im Mittelalter zu den bedeutenden Hansestädten. Sehenswert: Rathaus mit barocker Fassade und Gerichtslaube aus dem 14. Jh. mit bemalter Renaissanceholztonnendecke, Johanniskirche (13.–14. Jh.) mit reicher Ausstattung (Orgel!), Deutsches Salzmuseum, Museum für das Fürstentum Lüneburg. In der Nähe Kloster Lüne (malerische Anlage, 14.–18. Jh.). **(A39 Abfahrt 6 Lüneburg-Nord, 4km)**

****Heidemuseum Wilsede**: Über Egestorf, das eine schöne Fachwerkkirche mit hölzernem Glockenturm (1645) hat, gelangt man an reetgedeckten Höfen vorbei ins malerische Undeloh. Ab hier geht es per Kutsche, Fahrrad (Leihmöglichkeiten) oder zu Fuß an den Wilseder Berg (169 m) ins Museum »Dat ole Huus«. **(Abfahrt 41 Egestorf, 9 km bis Undeloh)**

***Bad Fallingbostel/Walsrode**: Zwischen den beiden Orten an der Böhme liegt in einem idyllischen Wacholderhain das Grab des Heidedichters Hermann Löns (1866–1914). Über 5000 Vögel aus allen Kontinenten sind im nur wenige Kilometer entfernten Vogelpark Walsrode zu bewundern. **(Abfahrt 47 Bad Fallingbostel, 5 bzw. 9 km)**

Hannover: siehe Seite 32

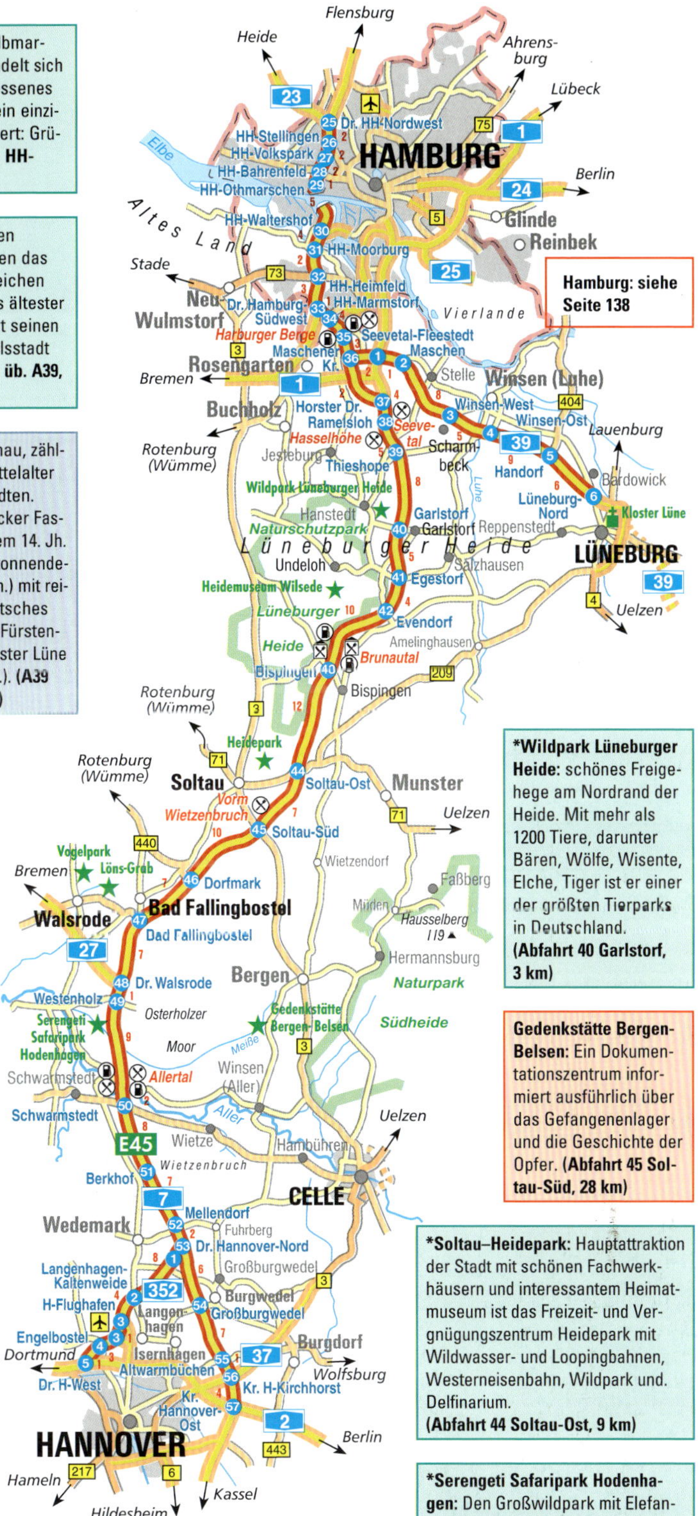

***Wildpark Lüneburger Heide**: schönes Freigehege am Nordrand der Heide. Mit mehr als 1200 Tiere, darunter Bären, Wölfe, Wisente, Elche, Tiger ist er einer der größten Tierparks in Deutschland. **(Abfahrt 40 Garlstorf, 3 km)**

Gedenkstätte Bergen-Belsen: Ein Dokumentationszentrum informiert ausführlich über das Gefangenenlager und die Geschichte der Opfer. **(Abfahrt 45 Soltau-Süd, 28 km)**

***Soltau–Heidepark:** Hauptattraktion der Stadt mit schönen Fachwerkhäusern und interessantem Heimatmuseum ist das Freizeit- und Vergnügungszentrum Heidepark mit Wildwasser- und Loopingbahnen, Westerneisenbahn, Wildpark und Delfinarium. **(Abfahrt 44 Soltau-Ost, 9 km)**

***Serengeti Safaripark Hodenhagen:** Den Großwildpark mit Elefanten, Giraffen, Löwen und Zebras kann man mit dem Auto durchfahren. Angeschlossen ist ein Freizeitland. **(Abfahrt 49 Westenholz, 5 km)**

UNTERWEGS IN DER LÜNEBURGER HEIDE

Alte Scheune im Naturschutzgebiet

Sanft gewellte, rosa blühende Heideflächen, sandige Feldwege und dunkelgrüne, würzig duftende Wacholderbüsche, das ist das klassische Bild der Lüneburger Heide, Deutschlands ältestem **Naturschutzgebiet.** Was heute so lieblich anmutet, ist jedoch das Ergebnis jahrelangen Raubbaus. Noch im frühen Mittelalter wuchsen in dem Gebiet zwischen Elbe und Aller dichte Eichen-, Kiefern- und Birkenwälder. Doch die Menschen verheizten das Holz in den Lüneburger Salinen. Zurück blieb eine Steppe, auf deren sandigem Boden sich **Heidekraut** und **Wacholder** ausbreiteten. Auch sie wurden zurückgedrängt zugunsten von Weiden und Äckern. In einigen Landstrichen jedoch, wie im Naturschutzpark am **Wilseder Berg** oder im **Wendland** blieb die herbschöne Heidelandschaft mit ihren Schnuckenherden und den Bienenstöcken erhalten und lädt den Besucher zum Verweilen ein. Auf gepflegten Spazierwegen lässt sich hier das Herzstück der Lüneburger Heide erwandern. Vor allem Großstädter werden in dieser beschaulichen Landschaft mit ihren typischen altslawischen Rundlingsdörfern Ruhe und Erholung finden und den herben Charme der Landschaft genießen, der zur **Heideblüte** im August und September am besten zur Geltung kommt. **(Abfahrt 40 Garlstorf oder Abfahrt 41 Egestorf).**

KULINARISCHES DER REGION: Heidehonig

Das Heidekraut ist nicht nur eine vorzügliche Bienenweide, auch die Heidschnucken finden hier günstige Lebensbedingungen. So sind der cremige **Honig** und der mit Wacholderbeeren gewürzte **Heidschnuckenbraten** die herausragenden Spezialitäten der Region. Empfehlenswerte Lokale: **Acht Linden,** 21272 Egestorf, Alte Dorfstr. 1: romantisches Restaurant am Naturschutzpark gelegen, Spezialität: Heidschnuckenbraten, Plückfleisch **(Abfahrt 41 Egestorf, 2 km). Niemeyer's Heidehof,** 21376 Garlstorf am Walde, Winsener Landstr. 4: bodenständige Küche mit Wild, Forellen, Geflügel und Heidschnuckenspezialitäten **(Abfahrt 40 Garlstorf, 4 km).**

RAST AUF REISEN: Übernachten in der Heide

Gasthaus Kruse, Scharmbecker Dorfstr. 19, 21423 Scharmbeck, Tel. 04171/5118: sehr ruhig, gutbürgerliche Küche mit Biergarten, Sauna, Solarium **(Abfahrt 39 Thieshope,7km). Wittes Hotel-Restaurant-Ringhotel Undeloh,** Zum Loh 2, 21274 Undeloh, Tel. 04189/813360: im Naturschutzpark, wohnliche Zimmer, gutbürgerliche Küche **(Abfahrt 40 Garlstorf, 7 km). Hotel Zur Grünen Eiche,** Mühlenstr. 6, 29646 Behringen, Tel. 05194/98580: sehr gut ausgestattete Zimmer, Konferenzräume, Spezialitätenrestaurant, Steakhouse **(Abfahrt 43 Bispingen, 1 km). Hotel & Restaurant König-Stuben,** Luheweg 25, 29646 Bispingen. Tel. 05194/98100: gut ausgestattete preiswerte Zimmer, Hallenbad, Sauna, feinbürgerliche Küche mit Heidespezialitäten **(Abfahrt 43 Bispingen, 2 km).**

Im St.-Petri-Dom zieht der von Hans Brüggemann geschnitzte zwölf Meter hohe Altar von 1521 die Blicke auf sich.

362
725
341 1-3
4-5+7
345 1-2+4-5

Bereits im 16. Jahrhundert gehörte Lüneburg zu den reichsten Städten Norddeutschlands. In der alten Salzstadt gibt es eine Fülle von Backsteingebäuden aus Spätgotik und Renaissance.

Backsteingotik par excellence: Panorama des Chorumgangs von St. Nicolai, die zwischen 1407 und 1440 erbaut wurde.

Die charakteristische, fast mystisch scheinende Heidelandschaft.

Die wohl traditionellste Methode, die Heide zu pflegen, ist die Beweidung mit Heidschnucken.

UNTERWEGS IN HARZ UND WESERTAL

Sagenumwobener Harz: der »Hexenaltar« auf dem Brocken

Auf der Route von Hannover nach Süden fährt man am Westrand des Harzes entlang. Seine Wälder und Hochmoore, die Flüsse, Seen und Teiche, die romantischen Täler und schroffen Bergrücken machen dieses nördlichste deutsche Mittelgebirge zur beliebten Erholungsregion. Aber nicht nur die abwechslungsreichen Landschaften locken die Reisenden; denn auch kulturell hat der **Harz** viel zu bieten: mittelalterliche Fachwerkstädtchen, romantische Burgen und stolze Schlösser, großartige Sakralbauten sowie eine Vielzahl kunsthistorischer Sehenswürdigkeiten und nicht zuletzt die geschichtsträchtigen Spuren des Bergbaus, der den Harz fast ein Jahrtausend lang geprägt hat. Weitere landschaftliche Highlights dieser Strecke sind die Höhenzüge **Solling, Vogler** und **Reinhardswald,** die die Autobahn im Westen bis Kassel begleiten. Sie gehören zum **Weserbergland,** das im Osten in das Leinebergland und im Süden in das **Hessische Bergland** übergeht. Diese Mittelgebirgslandschaften zeichnen sich durch weite Hochflächen aus und sind dicht mit Laub- und Nadelhölzern bewaldet. Wanderer und Naturfreunde finden in dieser reizvollen Region Stille und Abgeschiedenheit.

KULINARISCHES DER REGION: Käse & Knieste

Da der Profit aus dem Bergbau nur den Fürsten zugute kam, zählte der Harz für Jahrhunderte zu den armen Gegenden. So gestaltete sich die traditionelle Küche sehr bescheiden. Man machte das Beste aus Kartoffeln, Kohl und Steckrüben, etwa den **Eintopf »Runx-Munx«,** der, mit Speck und Schweinefleisch angereichert, die nötigen Kalorien für die harte Arbeit lieferte. Eine simple Köstlichkeit sind die **Knieste:** halbierte, ungeschälte Kartoffeln, die mit Salz und Kümmel auf dem Blech gebacken und mit Specksauce serviert werden. Weit bekannt ist der **Harzer Käse.** Er wird aus Sauermilch hergestellt und zu runden Laibchen geformt. Ihren Geschmack entfalten die **»Stinkadores«** erst, wenn sie richtig schön durch sind und zu »laufen« beginnen. Am liebsten essen die Harzer ihren Käse auf einer dick mit Gänseschmalz bestrichenen Scheibe Schwarzbrot.

RAST AUF REISEN: Romantisch übernachten

Van der Falk Hotel, Markt 4, 31134 Hildesheim, Tel. 0 51 21/30 00: sorgfältig restaurierter Fachwerkbau am historischen Marktplatz, sehr gut ausgestattete Zimmer, Restaurant und Bar **(Abfahrt 62 Hildesheim, ca. 2 km). Der Achtermann,** Rosentorstr. 20, 38640 Goslar, Tel. 0 53 21/7 00 00: komfortables Haus nahe der Altstadt, mit Fitness- und Saunabereich, Bar und Restaurants **(Abfahrt 66 Rhüden, 20 km). Villa Feise,** Rudolf-Huch-Str. 20, 38667 Bad Harzburg, Tel. 0 53 22/9 67 00: stilvolle Villa im Zentrum der Kurstadt, bequeme Zimmer und Ferienwohnungen, eigener Garten **(Abfahrt 66 Rhüden, 30 km). Romantik Hotel Gebhard,** Goetheallee 22/23, 37073 Göttingen, Tel. 05 51/4 96 80: Familienbetrieb in zentraler Lage am alten Stadtgraben, Wellnessbereich, Restaurant und Bar **(Abfahrt 73 Göttingen, 4 km).**

Streckenprofil: *waldreiche und bergige Route mit vielen Steigungen die von der weiten Ebene um Hannover in die Kasseler Berge führt.* ***(165 km, ca. 1¾ Std.)***

Das Rathaus von Hannoversch Münden

Hannover: siehe Seite 32

****Hildesheim:** Die alte katholische Bischofsstadt (815) ist für ihre frühromanische Architektur berühmt. Sehenswert: Dom (9.–12. Jh.) mit 1000-jährigem Rosenstock und Michaelskirche (1001–33) (beide Teil des UNESCO-Weltkulturerbes). Die »Rosenroute« führt zu weiteren Sehenswürdigkeiten der Stadt: Kirchen mit Kunstschätzen des frühen Mittelalters; der Marktplatz mit Fachwerkzeilen und »Wernerhaus«. Die ägyptologische Sammlung des Roemer und Pelizaeus-Museums hat internationales Renommee. **(Abfahrt 62 Hildesheim, 2 km)**

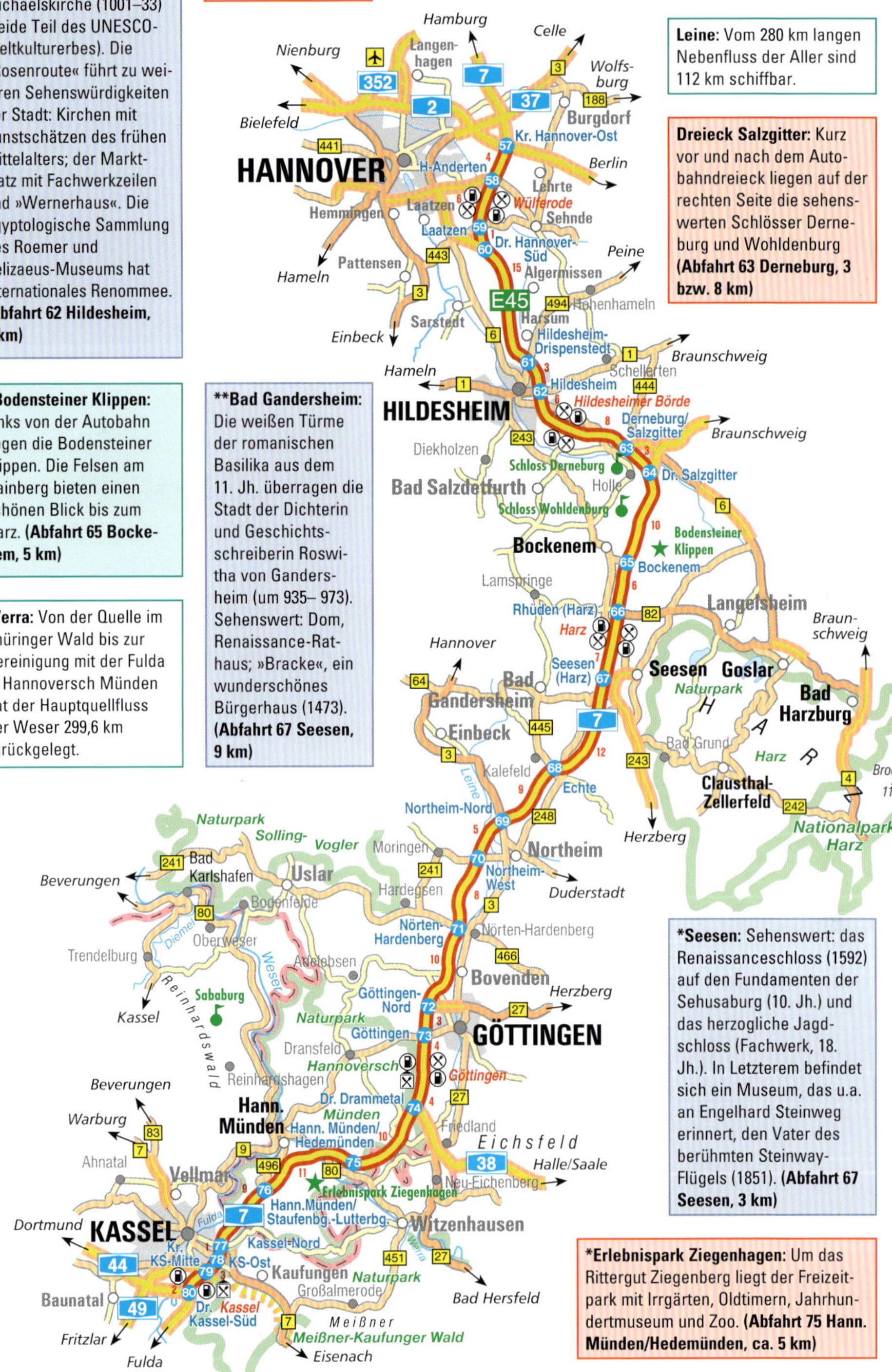

Leine: Vom 280 km langen Nebenfluss der Aller sind 112 km schiffbar.

Dreieck Salzgitter: Kurz vor und nach dem Autobahndreieck liegen auf der rechten Seite die sehenswerten Schlösser Derneburg und Wohldenburg **(Abfahrt 63 Derneburg, 3 bzw. 8 km)**

***Bodensteiner Klippen:** Links von der Autobahn liegen die Bodensteiner Klippen. Die Felsen am Hainberg bieten einen schönen Blick bis zum Harz. **(Abfahrt 65 Bockenem, 5 km)**

****Bad Gandersheim:** Die weißen Türme der romanischen Basilika aus dem 11. Jh. überragen die Stadt der Dichterin und Geschichtsschreiberin Roswitha von Gandersheim (um 935– 973). Sehenswert: Dom, Renaissance-Rathaus; »Bracke«, ein wunderschönes Bürgerhaus (1473). **(Abfahrt 67 Seesen, 9 km)**

Werra: Von der Quelle im Thüringer Wald bis zur Vereinigung mit der Fulda in Hannoversch Münden hat der Hauptquellfluss der Weser 299,6 km zurückgelegt.

***Seesen:** Sehenswert: das Renaissanceschloss (1592) auf den Fundamenten der Sehusaburg (10. Jh.) und das herzogliche Jagdschloss (Fachwerk, 18. Jh.). In Letzterem befindet sich ein Museum, das u.a. an Engelhard Steinweg erinnert, den Vater des berühmten Steinway-Flügels (1851). **(Abfahrt 67 Seesen, 3 km)**

***Erlebnispark Ziegenhagen:** Um das Rittergut Ziegenberg liegt der Freizeitpark mit Irrgärten, Oldtimern, Jahrhundertmuseum und Zoo. **(Abfahrt 75 Hann. Münden/Hedemünden, ca. 5 km)**

****Göttingen:** alte Universitätsstadt – ihre Universität (1737) hat über 30 Nobelpreisträger hervorgebracht. Tafeln erinnern noch heute an berühmt gewordene Absolventen. Sehenswert: Rathaus (14./15. Jh.) und die Kirchen St. Johannis (1300–44), St. Jacobi (1459), Marienkirche (14. Jh.), Albanikirche (15. Jh.). **(Abfahrt 73 Göttingen, 4 km)**

In der klassizistischen Aula (1835–76) liegt der Karzer, in dem Studenten früher ihre Strafen verbüßen mussten, darunter Otto von Bismarck, der hier immerhin 18 Tage wegen verbotener Duelle »einsaß«.

****Hann. Münden:** Nicht nur 700 Fachwerkbauten vom 15.–17. Jh. machen den Ort am Zusammenfluss von Fulda und Werra zu einer Stadt wie aus dem Bilderbuch. **(Abfahrt 76 Hann. Münden, 9 km)**

****Wesertal:** Zwischen Hannoversch Münden und Bad Karlshafen liegt das idyllische Tal der Oberweser mit Burgruinen und Fachwerkstädtchen. **(Ab Hann. Münden B 8: Deutsche Märchenstraße)**

Streckenprofil A7:** Die bergige, waldreiche Strecke führt quer durch die Hessischen Mittelgebirge Knüll, Vogelsberg und Rhön bis nach Unterfranken in Bayern. Mehrfach kreuzt die Route die technisch imposante Hochgeschwindigkeitstrecke des ICE. **(205 km, 2 Std.)

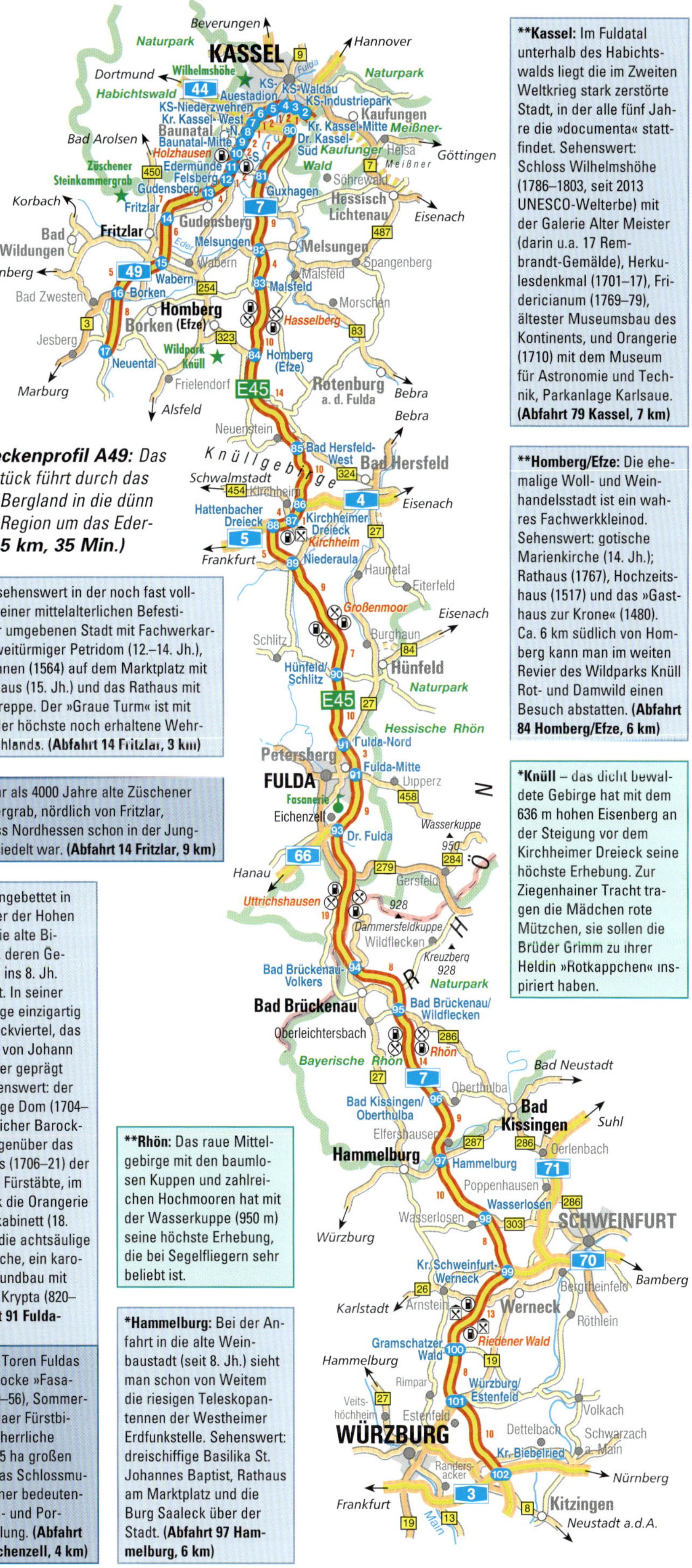

Streckenprofil A49:** Das Teilstück führt durch das Hessische Bergland in die dünn besiedelte Region um das Edergebirge. **(45 km, 35 Min.)

*****Fritzlar:** sehenswert in der noch fast vollständig von einer mittelalterlichen Befestigungsmauer umgebenen Stadt mit Fachwerkarchitektur: zweitürmiger Petridom (12.–14. Jh.), Rolandsbrunnen (1564) auf dem Marktplatz mit Altem Kaufhaus (15. Jh.) und das Rathaus mit großer Freitreppe. Der »Graue Turm« ist mit 35 m Höhe der höchste noch erhaltene Wehrturm Deutschlands. **(Abfahrt 14 Fritzlar, 3 km)**

Das mehr als 4000 Jahre alte Züschener Steinkammergrab, nördlich von Fritzlar, beweist, dass Nordhessen schon in der Jungsteinzeit besiedelt war. **(Abfahrt 14 Fritzlar, 9 km)**

*****Fulda:** Eingebettet in die Ausläufer der Hohen Rhön liegt die alte Bischofsstadt, deren Geschichte bis ins 8. Jh. zurückreicht. In seiner Gesamtanlage einzigartig ist das Barockviertel, das maßgeblich von Johann Dientzenhofer geprägt wurde. Sehenswert: der doppeltürmige Dom (1704–12) mit herrlicher Barockfassade; gegenüber das Stadtschloss (1706–21) der Reichs- und Fürstäbte, im Schlosspark die Orangerie mit Spiegelkabinett (18. Jh.); ferner die achtsäulige Michaelskirche, ein karolingischer Rundbau mit kreisrunder Krypta (820–22). **(Abfahrt 91 Fulda-Nord, 4 km)**

Vor den Toren Fuldas liegt die barocke »Fasanerie« (1730–56), Sommersitz der Fuldaer Fürstbischöfe. Die herrliche Anlage im 35 ha großen Park birgt das Schlossmuseum mit einer bedeutenden Antiken- und Porzellansammlung. **(Abfahrt 93 Fulda-Eichenzell, 4 km)**

****Rhön:** Das raue Mittelgebirge mit den baumlosen Kuppen und zahlreichen Hochmooren hat mit der Wasserkuppe (950 m) seine höchste Erhebung, die bei Segelfliegern sehr beliebt ist.

***Hammelburg:** Bei der Anfahrt in die alte Weinbaustadt (seit 8. Jh.) sieht man schon von Weitem die riesigen Teleskopantennen der Westheimer Erdfunkstelle. Sehenswert: dreischiffige Basilika St. Johannes Baptist, Rathaus am Marktplatz und die Burg Saaleck über der Stadt. **(Abfahrt 97 Hammelburg, 6 km)**

****Kassel:** Im Fuldatal unterhalb des Habichtswalds liegt die im Zweiten Weltkrieg stark zerstörte Stadt, in der alle fünf Jahre die »documenta« stattfindet. Sehenswert: Schloss Wilhelmshöhe (1786–1803, seit 2013 UNESCO-Welterbe) mit der Galerie Alter Meister (darin u.a. 17 Rembrandt-Gemälde), Herkulesdenkmal (1701–17), Fridericianum (1769–79), ältester Museumsbau des Kontinents, und Orangerie (1710) mit dem Museum für Astronomie und Technik, Parkanlage Karlsaue. **(Abfahrt 79 Kassel, 7 km)**

****Homberg/Efze:** Die ehemalige Woll- und Weinhandelsstadt ist ein wahres Fachwerkkleinod. Sehenswert: gotische Marienkirche (14. Jh.); Rathaus (1767), Hochzeitshaus (1517) und das »Gasthaus zur Krone« (1480). Ca. 6 km südlich von Homberg kann man im weiten Revier des Wildparks Knüll Rot- und Damwild einen Besuch abstatten. **(Abfahrt 84 Homberg/Efze, 6 km)**

***Knüll** – das dicht bewaldete Gebirge hat mit dem 636 m hohen Eisenberg an der Steigung vor dem Kirchheimer Dreieck seine höchste Erhebung. Zur Ziegenhainer Tracht tragen die Mädchen rote Mützchen, sie sollen die Brüder Grimm zu ihrer Heldin »Rotkappchen« inspiriert haben.

UNTERWEGS IN DER RHÖN

Impression von der Wasserkuppe in der Rhön

Die **Rhön,** das **Mittelgebirge im Dreiländereck Hessen, Bayern und Thüringen,** weist viele Berge und Bergmassive vulkanischen Ursprungs auf, die teils kegelförmig, teils abgeflacht geformt sind. Dazu gibt es sanfte Kuppen mit Laubwäldern und Täler mit Wiesen und Obstbäumen. Ein ideales Gelände für erholsame Wanderungen auf gut ausgeschilderten Wegen! Wer Glück hat, trifft auf eine Herde schwarzköpfiger **Rhönschafe,** die beinahe ausgestorben waren, heute aber wieder vermehrt gezüchtet werden. Ihnen kann das oft strenge Klima der **Hochrhön** nichts anhaben, und auch so mancher Zweibeiner freut sich über die rauen Winde. So trifft sich auf den unbewaldeten Höhen alles, was Flügel hat – Segelflieger, Motorflieger, Drachen- und Gleitschirmflieger. Besonders beliebt ist die **Wasserkuppe,** mit 950 m die höchste Erhebung **(Abfahrt 93 Fulda-Süd/ Eichenzell, 30 km).** Bekannt ist die Region auch für ihre Heilquellen. Bad Kissingen, in hübscher Landschaft am südlichen Rand der Rhön im Tal der fränkischen Saale gelegen, erfreute sich einst bei der vornehmen Gesellschaft Europas größter Beliebtheit. Und auch heute noch umweht ein Hauch von Nostalgie den Kurort **(Abfahrt 97 Hammelburg, 12 km).**

KULINARISCHES DER REGION: Einfach gut

Zwischen Kassel und Fulda passiert die A7 Nordhessen, eine Region, die für ihre einfache Küche bekannt ist. Eine wichtige Rolle spielen **Wurstspezialitäten** wie der **Schwartenmagen,** außerdem der **Schmand,** wie hier der Sauerrahm heißt, die heimischen Gemüse und die Kartoffel. Als Pellkartoffel begleitet sie den Schmandhering, als Belag kommt sie auf würzige Blechkuchen. Einigen Aufwand verlangt die Zubereitung der typischen **Kartoffelklöße,** die aus geriebenen rohen und gekochten Kartoffeln sowie zerbröckeltem Weißbrot bestehen und gern mit luftgetrockneter Mettwurst, der **»Ahle Wurst«,** gefüllt werden. Wenn sie dann mit einer Specksauce serviert werden, ist die Kalorienzufuhr gesichert!

RAST AUF REISEN: Übernachten mit Komfort

Romantik-Hotel Goldener Karpfen, Simpliziusbrunnen 1, 36037 Fulda, Tel. 06 61/8 68 00: traditionsreicher Familienbetrieb in ruhiger Lage mit Restaurant und Bar **(Abfahrt 91 Fulda-Nord, 5 km); Landhotel Am Trätzhof,** Trätzhofstr. 23, 36041 Fulda-Trätzhof, Tel. 0661/953220: familiäre Atmosphäre in ländlicher Umgebung, bequeme Zimmer, bekannt gute regionale und preiswerte Küche **(Abfahrt 91 Fulda-Nord, 6 km). Dorint Resort & Spa Bad Brückenau,** Heinrich-von-Bibra-Str. 13, 97769 Bad Brückenau, Tel. 0 97 41/93 86 00: gepflegte Gastlichkeit in der ehemaligen Residenz von Ludwig I. von Bayern, Wellnessbereich mit Innen- und Außenpools **(Abfahrt 94 Bad Brückenau-Volkers, 9 km). Hotel Restaurant Dreistelzhof,** Dreistelz 5, 97789 Oberleichtersbach, Tel. 09741/911500: Landgasthof mit komfortablen Zimmern und bekannt guter regionaler Küche mit Wildspezialitäten, Biergarten, Terrasse mit Fernsicht **(Abfahrt 95 Bad Brückenau-Wildflecken, 5 km).**

Der historische Marktplatz in Hildesheim ist mit Bauten aus sechs Jahrhunderten dicht umstellt.

Würfelkapitelle, Rundbogen, Stützenwechsel und offener Holzdachstuhl sind romanische Bauelemente, die im Innenraum des Doms auffallen.

Eine prächtige Version des Bildmotivs des Jessebooms zeigt die Decke von St. Michael.

Er ist der Herrscher über den Park und das Wahrzeichen der Stadt Kassel: Herkules thront als Kupferstatue seit dem frühen 18. Jahrhundert auf einem Oktagon und lässt das Wasser zu Tal fließen.

In den engen Gassen von Rothenburg finden sich eine Fülle geschichtsträchtiger Bauten.

Stadtpfarrkirche St. Jakob mit dem Zwölfbotenaltar

Ältester Turm der Stadt: Burgtorturm aus dem 12. Jahrhundert.

In traumhafter Lage am Fuße des Ammergebirges erbaut, prunkt Schloss Neuschwanstein.

Eingebettet in eine herrliche Landschaft ist Füssen. Schöne Bürgerhäuser und viele barocke Kirchen bilden den historischen Rahmen.

Die Wieskirche ist im Jahr 1983 von der UNESCO zum Welterbe ernannt worden.

Im Inneren der Wieskirche strahlen das üppige Dekor und eine gelungene Architektur.

Streckenprofil: *Von der luxemburgischen Grenze durchquert die Route das Saarland und die Westpfalz. Ab Pirmasens geht es auf der mittlerweile gut ausgebauten B10 durch den Pfälzerwald. Ab Landau führt die A65 bis Karlsruhe und dann zurück auf die A8 Richtung Stuttgart. Von der Schwabenmetropole führt die Strecke über die Schwäbische Alb und endet in der Donauniederung bei Ulm.* ***(350 km, 3¾Std.)***

****Mettlach:** Die Wurzeln der Keramikstadt an der Saar reichen bis ins 7. Jh. zurück. Im sandsteinroten barocken Backsteinbau (1788) der im 7. Jh. gegründeten Benediktinerabtei residiert heute das weltweit bekannte Unternehmen Villeroy & Boch. Sehenswert: Schloss Ziegelberg (19. Jh.) mit Restaurant, Keramikmuseum in der Abtei und Schinkel-Brunnen im Abteipark. **(Abfahrt 5 Merzig-Schwemlingen, 6 km)**

*****Saarschleife:** Wenige Kilometer westlich von Mettlach liegt die von waldigen Höhen umgebene Saarschleife. Die schönste Aussicht auf die berühmte, malerische Flusswindung hat man von der imposanten Ruine der Burg Montclair (15. Jh.).

Alter Turm im Park der Alten Abtei von Mettlach

Saar: Der 235 km lange Fluss entspringt in den Vogesen und mündet bei Konz in die Mosel.

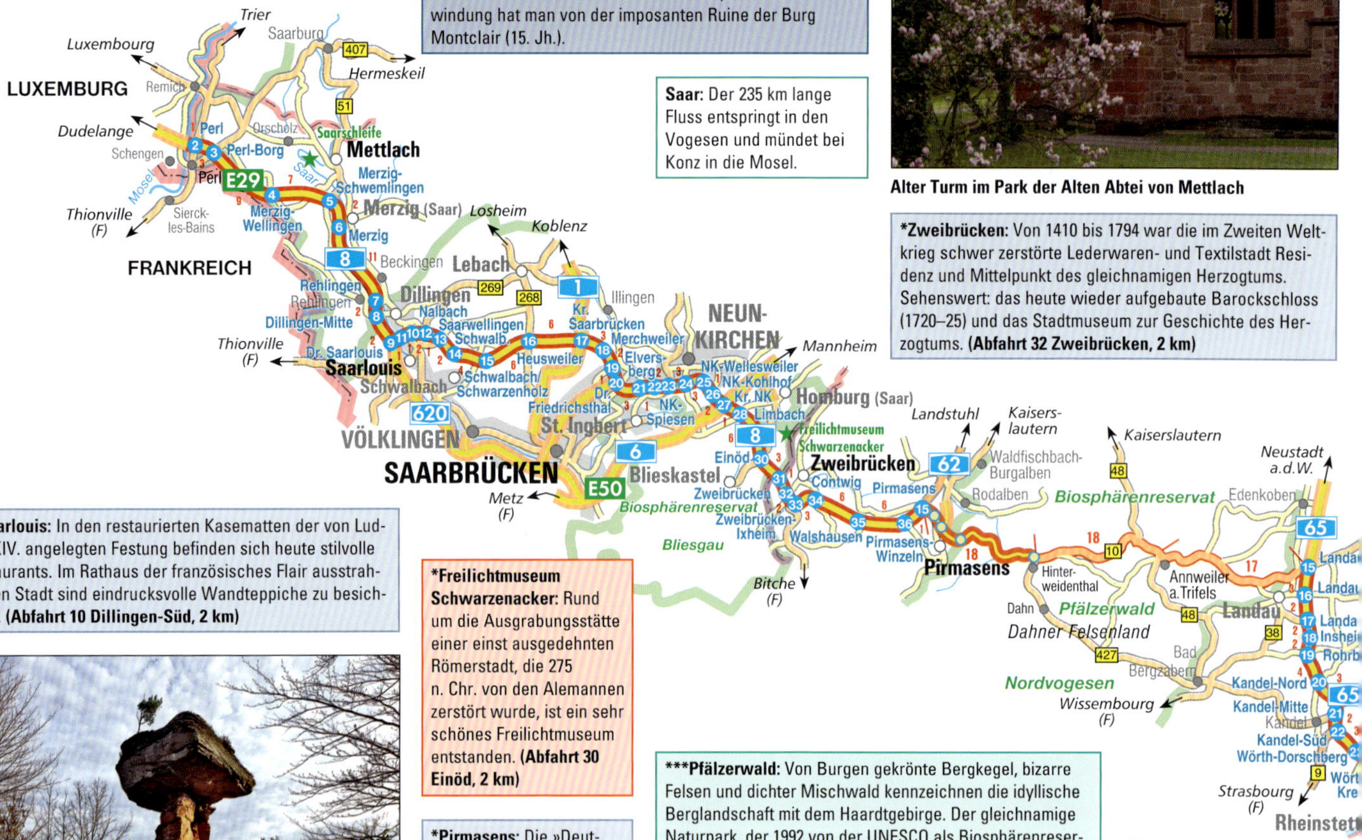

***Zweibrücken:** Von 1410 bis 1794 war die im Zweiten Weltkrieg schwer zerstörte Lederwaren- und Textilstadt Residenz und Mittelpunkt des gleichnamigen Herzogtums. Sehenswert: das heute wieder aufgebaute Barockschloss (1720–25) und das Stadtmuseum zur Geschichte des Herzogtums. **(Abfahrt 32 Zweibrücken, 2 km)**

****Saarlouis:** In den restaurierten Kasematten der von Ludwig XIV. angelegten Festung befinden sich heute stilvolle Restaurants. Im Rathaus der französisches Flair ausstrahlenden Stadt sind eindrucksvolle Wandteppiche zu besichtigen. **(Abfahrt 10 Dillingen-Süd, 2 km)**

***Freilichtmuseum Schwarzenacker:** Rund um die Ausgrabungsstätte einer einst ausgedehnten Römerstadt, die 275 n. Chr. von den Alemannen zerstört wurde, ist ein sehr schönes Freilichtmuseum entstanden. **(Abfahrt 30 Einöd, 2 km)**

Pfälzerwald: der Teufelstisch bei Hinterweidenthal

***Pirmasens:** Die »Deutsche Schuhmetropole« am Pfälzerwald war im 18. Jh. eine bedeutende Garnisonsstadt. Die heutige Attraktion ist das einzigartige Schuhmuseum im Alten Rathaus (1770). **(Abfahrt 15 Pirmasens, 5 km)**

*****Pfälzerwald:** Von Burgen gekrönte Bergkegel, bizarre Felsen und dichter Mischwald kennzeichnen die idyllische Berglandschaft mit dem Haardtgebirge. Der gleichnamige Naturpark, der 1992 von der UNESCO als Biosphärenreservat ausgewiesen wurde, ist 1800 km² groß und der größte geschlossene Mittelgebirgswald Deutschlands. Das Dahner Felsenland im Süden des Naturparks gehört mit seinen imposanten Felsformationen aus Buntsandstein (herrliche Aussichtsberge!), den trutzigen Burgen, sanften Hügeln und stillen Seen zu den romantischsten Landschaften Europas. Eindrucksvolles Naturmonument: der Teufelstisch bei Hinterweidenthal (daneben ein Spielpark mit Felsenrutsche und Wasserspielplatz). **(B 10, B 427 bis Hinterweidenthal)**

Weiterfahrt: Von Pirmasens führt die B10 durch den Pfälzerwald am historischen Annweiler und dem berühmten Trifels vorbei bis Landau. Weiter geht es auf der A65 bis Karlsruhe und dort wieder auf die A8.

UNTERWEGS IM SAARLAND UND DER WESTPFALZ

Spektakulärer Blick auf die Saarschleife bei Mettlach

Das an Frankreich grenzende Bundesland kam durch seine reichen Kohlegruben zu Wohlstand und entwickelte sich zum Zentrum der Stahlindustrie. Aber fast die Hälfte der Fläche wird landwirtschaftlich genutzt und ein Drittel ist von Wald bedeckt. Die zwei Seiten des Saarlands, die »graue« und die »grüne«, zeigt auch die **Saar.** In ihrem Oberlauf fließt sie in fast unberührter Schönheit durch einsame Waldlandschaft – berühmt ist der Blick auf die große **Saarschleife** bei Mettlach **(Abfahrt 5 Merzig-Schwemlingen, 15 km).** Doch auf ihrem Weg durch die Industriestädte Dillingen, Saarlouis und Völklingen wandelt sie sich in einen grauen Strom mit zubetonierten Ufern.

KULINARISCHES DER REGION: Einfach raffiniert

Die Küche des Saarlands hat zwei Seiten. Da gibt es die traditionellen Gerichte der Bergleute, die vor allem preiswert und nahrhaft sind. Aber sie schmecken auch! Ein Beispiel sind die **»Kerschdscher«,** für die rohe Kartoffeln in kleine Würfel geschnitten, in Fett scharf angebraten und dann bei kleiner Hitze im geschlossenen Topf gegart werden. Dazu gibt es **Lyoner,** eine herzhaft gewürzte **Fleischwurst.** Auch **Dibbelabbes** ist ein Kartoffelgericht. Es wird mit Dörrfleisch oder Mettwurst, Zwiebeln und in Milch eingeweichtem Brot vermengt und gebraten. Die andere Seite der heimischen Küche orientiert sich an Frankreich. So isst man **Stangenweißbrot,** und der **Saarbrücker Speckkuchen** ist nichts anderes als eine Quiche Lorraine. Auch die Gastronomie setzt auf Nachbarschaft: Neben »deutscher« Bodenständigkeit findet sich »französisches« Raffinement. Aus dieser gelungenen Mischung entstand eine Küche, die zu den besten Deutschlands zählt.

RAST AUF REISEN: Übernachten im Saarland

Hotel Saarpark, Bahnhofstr. 31, 66693 Mettlach, Tel. 06864/9200: modernes, großzügiges Haus in landschaftlich schöner Lage unmittelbar an der Saarschleife, gehobene Gastronomie **(Abfahrt 5 Merzig-Schwemlingen, 8 km); Altes Pfarrhaus Beaumarais,** Hauptstr. 2-4, 66740 Saarlouis, Tel. 06831/6383: stilvolles Ambiente in einem spätbarocken Anwesen mit schönen Zimmern und Suiten, ausgezeichnete Küche **(Abfahrt 12 Saarlouis, 3 km); Romantik Hotel Fasanerie,** Fasanerie 1, 66482 Zweibrücken, Tel. 06332/9730: gepflegtes Haus am Waldrand, gemütliche Zimmer, 2 Restaurants **(Abfahrt 32 Zweibrücken, 2 km); Hotel Kunz,** Bottenbacher Str. 74, 66954 Pirmasens-Winzeln, Tel. 06331/8750: angenehme Atmosphäre, gepflegte Gastronomie, Gartenlokal **(Abfahrt 15 Pirmasens, 7 km).**

UNTERWEGS ZUM BLAUTOPF

Vielbesungen: der Blautopf in Blaubeuren

Eine der schönsten **Quellen** Deutschlands findet der Reisende in Blaubeuren: der von Eduard Mörike in seiner »Historie von der schönen Lau« besungenen **Blautopf.** Mit 116 m Umfang, bis zu 21 m Tiefe und einem Inhalt von 6000 m³ ist der Blautopf auch eine der größten Quellen. Aber das malerische Städtchen am Südrand der **Mittleren Alb** besitzt nicht nur dieses einzigartige Naturdenkmal. Einen Besuch lohnt die Kirche des im 11. Jahrhundert gegründeten Benediktinerinnenklosters, die nahe beim Blautopf steht und sich in seinem Wasser spiegelt. In der Kirche verdienen zwei spätgotische Kunstwerke besondere Aufmerksamkeit: der Flügelaltar des Ulmer Bildschnitzers Gregor Erhart sowie das prächtige Chorgestühl von Jörg Syrlin d.Ä. **(Abfahrt Ulm-West, 21 km)**

KULINARISCHES DER REGION: Feine Festtagssuppe

Neben **Spätzle** und **Knöpfle, Bubaspitzle** und **Maultäschle,** den berühmtesten Erzeugnissen schwäbischer Mehlspeisenkunst, hat sich die **Festtagssuppe** auch außerhalb Schwabens längst einen Platz im Herzen der Genießer erobert. Allerdings bedarf ihre Zubereitung einiger Mühe, denn in die Fleischbrühe kommen Griesklößchen, Brätklößchen und fein geschnittene Flädle – und alles hausgemacht! Wer schwäbische Spezialitäten in »zünftigem« Ambiente genießen möchte, kann das in Ulm. Im ehemaligen **Zunfthaus der Schiffleute,** Fischergasse 31, hält man auf altschwäbische Tradition. Hier gibt es keine Speisekarte, sondern eine Speisen-Zeitung. Bekannt für seine idyllische Lage am plätschernden Flüsschen Blau und seine feine regionale Küche ist das alte Ulmer **Gasthaus Forelle,** Fischergasse 25.

RAST AUF REISEN: Übernachten und genießen

Hotel Europa, Kronprinzenstr. 1, 75177 Pforzheim, Tel. 07231/125850: gepflegtes Hotel garni in zentraler, aber ruhiger Lage, komfortable Zimmer, Parkplätze **(Abfahrt 44 Pforzheim-Nord, 3 km). Zur Weinsteige,** Hohenheimer Str. 28–30, 70184 Stuttgart, Tel. 0711/2367000: familiär geführtes Haus in der Innenstadt, mit geräumigen Zimmern, Gourmetrestaurant, Rebgarten und Terrasse **(Abfahrt 52 Stuttgart-Degerloch, 6 km). Hotel Gasthof Ochsen,** Marktstr. 4, 89143 Blaubeuren, Tel. 07344/969890: zentral gelegen, mit solide ausgestatteten Zimmern, klassisch-schwäbischer Küche und Biergarten **(Abfahrt 62 Ulm-West, 21 km). Goldenes Rad,** Neue Str. 65, 89073 Ulm, Tel. 0731/800184. Hotel garni in der Altstadt, gut ausgestattete Zimmer und Appartements, Wellnessbereich mit Sauna **(Abfahrt 63 Ulm-Ost, 6 km).**

Brunnenhaus des Klosters Maulbronn

****Stuttgart:** Die reizvoll in einen Talkessel eingebettete und von Bergwald umgebene Landeshauptstadt Baden-Württembergs ist Sitz der Weltkonzerne Bosch, Daimler-Benz und Porsche. Der weithin sichtbare Fernsehturm (1956) war der erste seiner Art aus Stahlbeton. Sehenswert: der im Herzen der Stadt gelegene, von Renaissancebauten umgebene Schillerplatz mit Altem Schloss (1746–1807); das Neue Schloss (1746–1807) am Schlossplatz mit dem klassizistischen Königsbau (1860), Stiftskirche (15. Jh.), der Zoologisch-Botanische Garten »Wilhelma« und die Staatsgalerie. **(Abfahrt 52 Stuttgart-Degerloch, über B27, ca. 8 km)**

***Kirchheim unter Teck:** Um die mächtige Martinskirche (14./15. Jh.) zeigt sich eine malerische Altstadt mit Fachwerkrathaus (1724) und Kornhaus (16. Jh.), heute Stadtmuseum. Wichtigste Sehenswürdigkeit ist das unweit in Holzmaden gelegene Urwelt-Museum Hauff, das in seiner einmaligen Fossiliensammlung versteinerte Saurier, Echsen, Schnecken und andere Fossilien aus der Alb zeigt. **(Abfahrt 57 Kirchheim-Teck Ost, 2 km, Holzmaden, 7 km)**

Aichelberg: Hier beginnt die berühmt-berüchtigte Steige, die hinauf zur Schwäbischen Alb führt. Für LKWs eine Tortur, und selbst für PS-starke PKWs noch eine spürbare Kraftanstrengung. Der Neubau dieses Streckenabschnittes wird vor 2025 nicht fertiggestellt sein.

Ulmer Münster mit dem höchsten Kirchturm der Erde

*****Ulm:** Wahrzeichen der Geburtsstadt Albert Einsteins (1879–1955) ist das in 500 Jahren erbaute und so gewaltig wie filigran wirkende Ulmer Münster (1377–1890), dessen Kirchturm mit 161 m der höchste der Welt ist. Das alte Ulm mit pittoresken Fachwerkhäusern und urigen Lokalen liegt im malerischen Fischer- und Gerberviertel um das kleine Flüsschen Blau. Sehenswert: das farbenprächtig bemalte gotische Rathaus (1370) mit astronomischer Uhr (1520); Kornspeicher und Kornhaus (beide 16. Jh.) und das postmoderne Stadthaus des amerikanischen Architekten Richard Meier (1993) sowie das Ulmer Museum und das originelle Deutsche Brotmuseum. **(Abfahrt 62 Ulm-West, über B10, 7 km)**

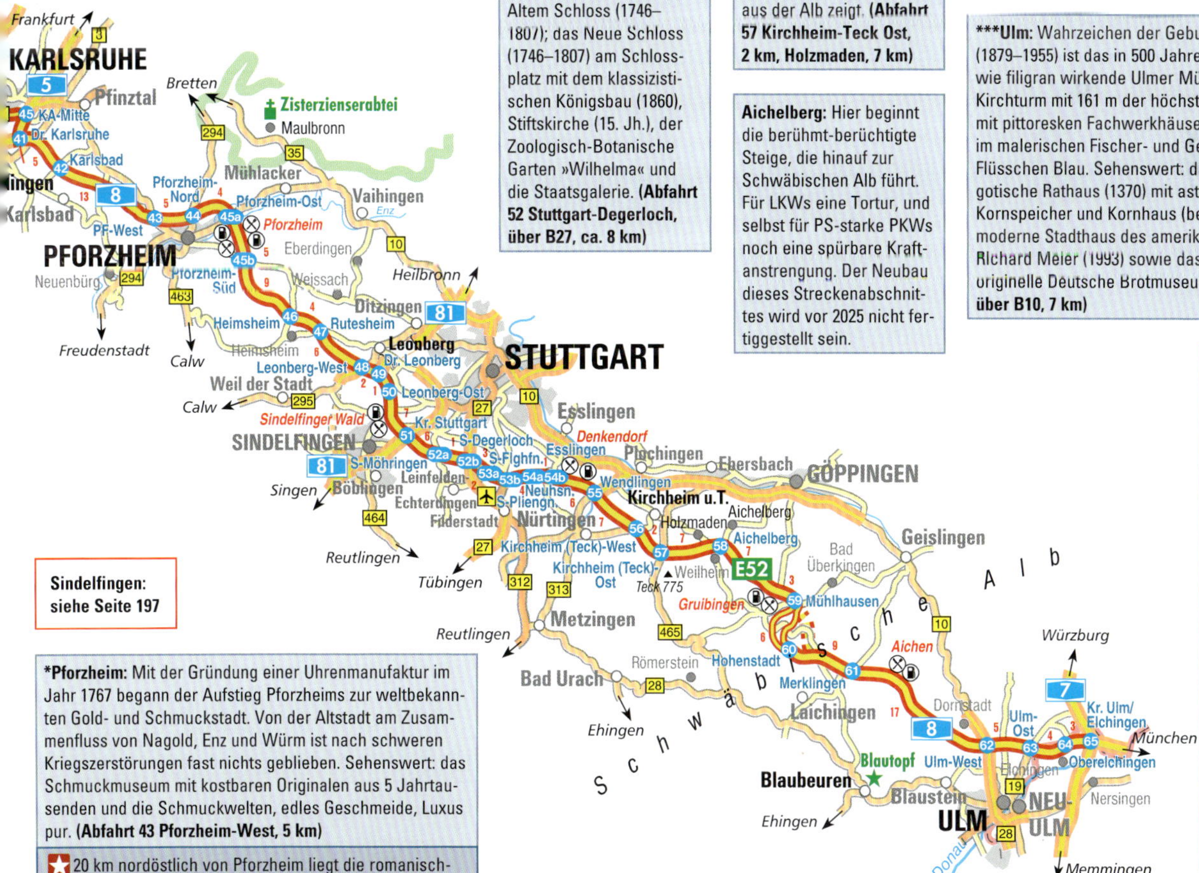

Sindelfingen: siehe Seite 197

***Pforzheim:** Mit der Gründung einer Uhrenmanufaktur im Jahr 1767 begann der Aufstieg Pforzheims zur weltbekannten Gold- und Schmuckstadt. Von der Altstadt am Zusammenfluss von Nagold, Enz und Würm ist nach schweren Kriegszerstörungen fast nichts geblieben. Sehenswert: das Schmuckmuseum mit kostbaren Originalen aus 5 Jahrtausenden und die Schmuckwelten, edles Geschmeide, Luxus pur. **(Abfahrt 43 Pforzheim-West, 5 km)**

20 km nordöstlich von Pforzheim liegt die romanisch-frühgotische Zisterzienserabtei *****Maulbronn** (1147); die schönste erhaltene Klosteranlage Deutschlands ist seit 1993 UNESCO-Weltkulturerbe. **(Über B10 bis Mühlacker, Beschilderung folgen)**

*****Schwäbische Alb:** Die größte Karstlandschaft Mitteleuropas mit ihren markanten Gesteinsschichten umfasst ein 220 km langes und bis zu 40 km breites Gebiet von durchschnittlich 700 m Höhe. Kahle Kuppen und steile Klippen machen die höhlenreiche Landschaft zu einem idealen Revier für Segelflieger. Die Staufer und Hohenzollern haben die Region, auf deren ausgedehnten Wacholderheiden auch heute noch Schafherden weiden, zu einem der burgenreichsten Landstriche ganz Deutschlands gemacht. Wanderern gewähren die vielen Felsaussichtspunkte entlang des Albtraufs immer wieder phantastische Panoramablicke ins Umland.

Vom gusseisernen Musikpavillon vor dem Königsbau blickt man auf den Schlossplatz und das dreiflügelige Neue Schloss, in dessen Innenhof zahlreiche Veranstaltungen stattfinden.

Die geschwungene Glasfassade ist das charakteristische Markenzeichen am Eingang der Neuen Staatsgalerie.

Die Stuttgarter Stiftskirche mit der Schillerstatue auf dem Schillerplatz

Der große Brunnen auf dem Schlossplatz in Stuttgart

Blick auf Hauptschiff und Kreuzrippengewölbe der Kirche des Klosters in Maulbronn

Im Ulmer Münster finden sich sechs Buntglasfenster im Chor, die noch aus dem Mittelalter stammen. Das älteste wurde 1390 von der Zunft der Weber gestiftet.

Streckenprofil: *Die zu den meistfrequentierten deutschen Autobahnen gehörende Strecke führt durch die Donauauen an Augsburg vorbei nach München. Über die Umgehungsautobahn A99 gelangt man am Kreuz München-Süd zurück auf die A8. Von da geht es durch teils welliges, teils hügeliges Voralpenland durch den reizvollen Chiemgau an die österreichische Grenze bei Salzburg.* ***(290 km, 3 Std.)***

***Burgau:** Wahrzeichen der Stadt, die von 1301 bis 1805 zum Besitz der Habsburger gehörte, sind die schlanken Zwiebelhauben auf dem Rathaus (1711), der Pfarrkirche (18. Jh.) und dem Stadttor. Das wuchtig wirkende Schloss stammt aus dem Jahr 1787. Sehenswert auch das Auto- und Motorradmuseum **(Abfahrt 69 Burgau, 5 km)**

Dachauer Schloss: 1715 von Joseph Effner barock umgestaltet

****Dachau:** Über der Stadt mit schönem alten Kern und barockisiertem Renaissanceschloss (16./18. Jh.) liegt seit 1939 ein Schatten: In dem Konzentrationslager der Nazis wurden bis Kriegsende 32 000 Menschen ermordet. Die Gedenkstätte mit Museum erinnert an diese Verbrechen. **(Abfahrt 2 Oberschleißheim, 6 km)**

Ulm: siehe Seite 99

***Günzburg:** Das imposante Schloss (1609) stammt aus der Zeit, als die Donaustadt habsburgische Residenz der Markgrafschaft Burgau war. Auf einer Anhöhe steht die Liebfrauenkirche (1735–40) von Dominikus Zimmermann. **Abfahrt 67 Günzburg, 3 km)**

Legoland: Sealife, Piratenland,Ballonfahrten und vieles mehr, für jeden ist etwas dabei. Mehr als 40 Attraktionen begeistern große und kleine Besucher.

****Augsburg:** Die über 2000-jährige Metropole im bayerischen Schwaben war im Mittelalter an der Kreuzung wichtiger Fernstraßen von Italien nach Nordeuropa eine Weltstadt des Handels. Viele Bauten stammen aus dieser wirtschaftlich-kulturellen Blütezeit und wurden von den Bankiers- und Kaufmannsdynastien Fugger und Welser gefördert. Sehenswert: Maximiliansstraße als historische Hauptachse mit dem italienisch anmutenden Rathausplatz als Mittelpunkt: Renaissancerathaus (1615–20), Perlachturm (11./12. Jh.) und Augustus-Brunnen (1594), der romanische Dom (9.–14. Jh.) mit den ältesten figürlichen Glasmalereien (12. Jh.) Deutschlands, die spätgotische Benediktinerkirche St. Ulrich und Afra sowie die Annakirche (14./18. Jh.) mit der Grabkapelle der Familie Fugger. Die 1516 für verarmte Bürger gegründete Fuggerei östlich des Rathausplatzes ist eine der ältesten Sozialsiedlungen der Welt. Weiter: das »Schaezler-Palais« (1765–70, Werke des 17./18. Jh.) und das Geburtshaus des Dichters und Dramatikers Bertolt Brecht. **(Abfahrt 73a Augsburg-Ost, 4 km)**

Maria Birnbaum: Juwel des bayerischen Barock in idyllischer Landschaft: die originelle, 1665 fertig gestellte Wallfahrtskirche Maria Birnbaum. **(Abfahrt 74 Dasing, B300 Ri. Aichach, nach 600 m rechts, über Laimering nach Sielenbach, 4 km)**

München: siehe Seite 209

Mangfallbrücke: Die Brücke über die Mangfall, einem Nebenfluss (58 km) des Inns, ist 68 m hoch und 288 m lang.

Augsburger Puppentheatermuseum: Seit 2001 haben Jim Knopf und all die anderen Stars der Augsburger Puppenkiste ihr eigenes Museum im denkmalgeschützten Heilig-Geist-Spital direkt neben der Augsburger Puppenkiste, Spitalgasse 13, Di–So 10–18 Uhr.

Die barocke Wallfahrtskirche Maria Birnbaum

***Weyarn:** Größter Schatz der barocken Klosterkirche St. Peter und Paul im malerisch gelegenen Ort sind die meisterhaften Plastiken des Bildhauers Ignaz Günther. Johann Baptist Zimmermann schuf die Fresken und Stuckaturen in dem ehemaligen Augustiner-Chorherrenstift. **(Abfahrt 98 Weyarn, 2 km)**

Irschenberg: Kurz nach dem kleinen Freizeitparadies Seehamer See beginnt der Aufstieg zum Irschenberg (731 m), der besonders im Winter für LKWs zu einer Herausforderung wird.

UNTERWEGS IM NATURPARK AUGSBURG–WESTLICHE WÄLDER

Licht durchflutet die Region der Westlichen Wälder um Augsburg

Vor den Toren der Römer- und Fuggerstadt Augsburg erwartet den Reisenden nicht nur der **Schwäbische Pfaffenwinkel,** eine traditionsreiche Kulturlandschaft mit dörflichem Flair, sondern auch der **Naturpark Westliche Wälder,** der auf 250 Kilometern markierten Wegen zu Wanderungen einlädt. Die anmutige Hügellandschaft des Naturparks gliedert sich in den waldreichen Nordteil **»Holzwinkel«,** in die südlichen **»Stauden«** und den zentralen Talkessel **»Reischenau«,** der sich aus dem Schwemmland des Flüsschens Zusam gebildet hat. Der Wechsel zwischen stillen Tälern und waldigen Hügeln (Riedel) machen den besonderen Charme dieser Schotter- und Riedellandschaft der »Westlichen Wälder« aus.

KULINARISCHES DER REGION: Viel Historie

Historisch ist nicht nur das Stiermannhaus selbst, in dem das Restaurant **Welser Kuche** (Maximiliansstr. 83, 86150 Augsburg, Tel. 0821/33930; Reservierung wird empfohlen) beheimatet ist. Historisch ist auch die Einrichtung mit den großen, rohen Holztischen, und historisch sind die Rezepte, nach denen hier gekocht wird. Viele der urtümlichen und schmackhaften Gerichte, die in handgetöpfertem Geschirr serviert werden, gehen zurück auf das 16. Jahrhundert. Sie stammen aus der Feder der schönen Patriziertochter Philippine Welser, die dem Lokal auch seinen Namen gab. So kann man hier tafeln wie in alten Zeiten, als die Tischsitten wohl noch weniger streng waren als heutzutage. Von der Autobahn aus leicht zu erreichen und auch mit historischem Flair präsentiert sich das **Schloss Odelzhausen** mit Schlossbräustüberl. **(Abfahrt 76 Odelzhausen, 1 km).** In dem Gebäude aus dem 17. Jahrhundert befindet sich heute auch eine Brauerei; den frisch gebrauten Gerstensaft kann man im gemütlichen Braugasthof probieren.

RAST AUF REISEN: Stilvoll übernachten

Hotel Zettler, Ichenhauser Straße 26a, 89312 Günzburg, Tel. 08221/36480: geschmackvoll eingerichtes Haus mit Wintergarten und Sonnenterrasse, preisgekrönte Küche **(Abfahrt 67 Günzburg, 3 km). Steigenberger Drei Mohren,** Maximilianstr. 40, 86150 Augsburg, Tel. 0821/50360: ruhiges Stadthotel mit Restaurant, Bar und modernem Wellnessangebot; **Romantikhotel Augsburger Hof,** Auf dem Kreuz 2, 86152 Augsburg, Tel. 0821/343050 zentral gegenüber dem Mozarthaus gelegen, in historischen Mauern, mit gemütlichen Gasträumen **(Abfahrt 73a Augsburg-Ost, 4 km).**

UNTERWEGS IM CHIEMGAU

Historisches Museum Prien am Chiemsee

Der **Chiemgau** ist nicht nur eine der bekanntesten Landschaften Bayerns, sondern auch eine der ältesten. Bereits unter Karl dem Großen wurden seine Grenzen beschrieben. So umfasst der Chiemgau das **Voralpenland** zwischen dem Inn im Westen und den Flüssen Traun und Alz im Osten und wird im Süden durch die **Alpenkette** begrenzt. Herzstück der Region ist der **Chiemsee,** mit 82 Quadratkilometern Fläche der größte See Bayerns, auch **»Bayerisches Meer«** genannt. Von jeher war Traunstein das städtische Zentrum des Chiemgau. Schon in der Römerzeit wichtiger Flussübergang der Verbindungsstraße Salzburg–Augsburg, wurde diese Stadt reich durch den Handel und die Aufbereitung von **Salz,** dem »weißen Gold« des Mittelalters. Eine lange Tradition hat der **Chiemgau** auch als Urlaubsziel. Von den Malern des 19. Jahrhunderts als ländliche Voralpenidylle entdeckt, wurde er bald zur beliebten Sommerfrische der Städter. Auch kulturell und kunsthistorisch reizvoll ist diese Landschaft mit ihrer alten Geschichte. Ein Juwel für die an Kirchengeschichte Interessierten und auch für Spaziergänger ist das **Kloster Seeon** (994). Idyllisch gelegen am Seeoner See spiegeln sich seine Zwiebeltürme im klaren Wasser des einstigen Gletschersees.

KULINARISCHES DER REGION: Frische Fische

Andernorts heißen sie Felchen, die hochwertigen Speisefische, die am Chiemsee als **Renken** auf den Tisch kommen. Sie zeichnen sich durch festes, saftiges Fleisch aus und sind zum Dünsten, Braten und Räuchern geeignet. Eine andere Fischspezialität aus dem Chiemsee sind die **Schratzen,** die hier gerne im Biergarten zu einer frischen Maß Bier genossen werden.

RAST AUF REISEN: Romantisch übernachten

Inselhotel zur Linde, 83256 Fraueninsel im Chiemsee, Tel. 08054/90366. Traditionshaus mit einmaliger Atmosphäre, zum Gasthaus gehört ein herrlicher Biergarten; **Malerwinkel,** 83358 Seebruck-Lambach, Tel. 08667/88800. Am See gelegene Idylle mit Badestrand und Bootssteg sowie einem Restaurant mit bayerischer und internationaler Küche; **Landgasthof Hotel Post,** Ludwig-Thoma-Straße, 83358 Seebruck, Tel. 086967/8870. Zeitgemäßer Komfort, bodenständig-deftige Küche, großer Biergarten; **Gutsgasthof Zum Goldenen Pflug,** 83339 Gut Ising, Tel. 08667/790: nobles Ambiente mit Biergarten, Golfplatz und Poloclub in herrlicher Lage über dem See **(Abfahrt 109 Grabenstätt, bis Gstadt 30 km, Seebruck 23 km, Ising 22 km).**

***Rosenheim:** Am Zusammenfluss von Mangfall und Inn gelegene Messe- und Einkaufsstadt, die schon im Mittelalter durch Salzhandel zum wohlhabenden Wirtschaftszentrum Oberbayerns wurde. Ihren Weltruf als »Holzstadt« verdankt sie der renommierten Fachhochschule für Holztechnik. Sehenswert: der Max-Josef-Platz als Herz der Altstadt mit schmucken Arkadenhäusern (Inn-Salzach-Stil) und dem Holztechnischen Museum; das Mittertor (14. Jh., Museum) und die Heiliggeistkirche (1449, im 17. Jh. barockisiert). Das Inn-Museum zeigt eine interessante Sammlung zur Geschichte der Flößerei und Schifffahrt auf dem Inn. **(Abfahrt 102 Rosenheim, 6 km)**

*****Chiemsee:** Das fischreiche »Bayerische Meer« ist herrlicher Mittelpunkt der Voralpenregion Chiemgau. Von Moorgebieten und eiszeitlichen Moränenenhügeln umgeben, ist der 82 km² große See fast 14 km breit und bis zu 74 m tief. Bei den Chiemseefischern heißt der größere Ostteil des Sees »Weitsee«, der kleinere Westteil mit den drei Inseln (Fraueninsel, Herreninsel und Krautinsel) ist der »Inselsee«. Der Chiemsee ist nicht nur ein beliebtes Segel- und Surfrevier, sondern auch ein Badesee mit guter Wasserqualität. Öffentlich zugängliche Badeplätze gibt es bei Prien, Rimsting, Breitbrunn, Gstadt, Gollenshausen, Seebruck, Chieming, Übersee und Bernau.

Die dreistündige, eindrucksvolle Seerundfahrt mit der Chiemseeflotte umfasst auch Sightseeing-Stopps auf der Herren- und Fraueninsel. 5 x täglich von Prien. **(Abfahrt 106 Bernau am Chiemsee, bis Prien 5 km)**

Chiemsee: Blick von Gstadt auf die Fraueninsel

Streckenprofil A93: *Die viel befahrene Inntalautobahn führt an die österreichische Grenze und weiter zum Brenner* ***(42 km, ½Std.)***

Inn: Der 517 km lange, smaragdgrüne Fluss, der in den Rätischen Alpen in der Schweiz entspringt, mündet bei Passau in die blaue Donau.

Herrenchiemsee: Auf der Herreninsel liegt das Prunkschloss (1878), bei dessen Planung Versailles Pate stand. Besonders seine mit Gold und Marmor ausgestatteten Säle machen den von Ludwig II. in Auftrag gegebenen Bau zu einem Juwel. Mit dem Bau des **»Bayerischen Versailles«** wurde 1878 begonnen. Ludwig II. erlebte die Vollendung allerdings nicht mehr. Über den Märchenkönig informiert das Museum im Südflügel des Neuen Schlosses. **Frauenchiemsee:** Im idyllisch zwischen Linden, Fischerhäusern und Gasthöfen gelegenen Benediktinerinnenkloster St. Marie (gegr. 766) auf der Fraueninsel vereinigen sich romanischer, gotischer und barocker Baustil; sehenswert: die Fresken in der karolingischen Torhalle.

***Bad Reichenhall:** Traditionsreiches bayerisches Staatsbad in einem Talkessel der Saalach. Zahlreiche Hochhäuser und das moderne Kurgastzentrum mit Spielbank, Theatersaal und Geschäften prägen das heutige Bild der alten Salzstadt. Sehenswert: das Münster St. Zeno (13. Jh.) des ehemaligen Augustiner-Chorherrenstifts und die Alte Saline (19. Jh.), ein Meisterwerk der Bergbautechnik, dessen Wasserräder und Pumpen noch immer funktionsfähig sind. **(Abfahrt 115 Bad Reichenhall, 8 km)**

***Brannenburg:** Kurort mit Talstation der Wendelstein-Zahnradbahn (1925, Fahrtzeit 25 Min.). Vom Gipfel (1838 m) des Berges hat man eine herrliche Aussicht auf Chiemgau, Kaisergebirge und Karwendel. Sehenswert: St. Magdalenklause mit Kapelle (1629) und Rokoko-Wallfahrtskirche St. Maria Schwarzlack (1767, Spaziergang 1 Std.). **(Abfahrt 58 Brannenburg, 2 km)**

Von **Hohenaschau** (Schloss) führt eine Seilbahn auf die 1668 m hohe Kampenwand. **(Abfahrt 105 Frasdorf, 4 km)**

***Kiefersfelden:** Attraktion des Grenzdorfs in den Sommermonaten: kerniges, bayerisches Volkstheater bei den farbenprächtigen »Ritterspielen« der bereits 1618 gegründeten Bühne. **(Abfahrt 60 Kiefersfelden, 2 km)**

****Berchtesgaden:** Luftkurort am 2713 m hohen Watzmann. Besonders sehenswert: romanisch-gotische Stiftskirche, Marktplatz mit Stiftsgebäuden, Schloss mit Museum, Salinenmuseum. Empfehlenswert: Ausflug zum Königssee mit seinem berühmten Echo und der Kirche St. Bartholomä. **(Abfahrt 115 Bad Reichenhall, auf B20, 27 km)**

*****Nationalpark Berchtesgaden:** In einer der schönsten Alpenlandschaften um Watzmann, Königssee und Hochkalter liegt der 210 km2 große Nationalpark. Zur artenreichen Flora gehören Enziane, Edelweiß und Silberdistel. Gämse, Steinbock, Murmeltier und Steinadler sind typisch für die Tierwelt. Inmitten der Schutzzone: der tiefgrüne Königssee, den steil aufragende Felswände rahmen.

Berchtesgaden und der Watzmann

Das Rathaus und der Perchaturm bilden Augsburgs Wahrzeichen.

Das Standbild des Götterboten Merkur, ein Sinnbild des Handels

Ein Netz- und Sterngewölbe überspannt die Decken des Kirchenschiffs von St. Ulrich und Afra.

Die prachtvolle Kassettendecke ist ein faszinierender Blickfang im Rathaus.

Jakob Fugger stiftete eine heute noch bewohnte Siedlung, die Fuggerei.

Der Inbegriff monarchistischen Glanzes – der perfekte Nachbau der Schloss- und Gartenanlage von Versailles.

Als Berchtesgaden im Jahr 1810 zu Bayern kam, wurde St. Bartholomä einer der beliebtesten Aufenthaltsorte der bayerischen Könige.

Auf seine Weise ein »König« unter den bayerischen Bergen ist der Watzmann. Das Feriendorf Ramsau ist ein idealer Ausgangspunkt für Wandertouren und Ausflüge ins Berchtesgadener Land.

UNTERWEGS IM UNSTRUTTAL

Der frühgotische Naumburger Dom

Die Unstrut bildet im Norden von Naumburg, wo sie sich mit der Saale vereinigt, ein landschaftlich höchst reizvolles Tal. Enge Abschnitte wechseln sich mit weiten Senken ab, wodurch sich immer wieder neue Perspektiven ergeben.

KULINARISCHES DER REGION: Unstrutwein

Zu den nördlichsten Weinbaugebieten Europas gehört das Unstruttal. In den Senken des Unterlaufs, kurz vor ihrer Mündung in die Saale bei Naumburg, wird an den sonnigen Südhängen Wein angebaut, der »Saale-Unstrut-Wein«. In der Hauptsache sind es Weißweinsorten wie Müller-Thurgau, Bacchus, Gutedel, Silvaner und Weißburgunder.

RAST AUF REISEN: Romantisch übernachten

Falkenhof, Falkenhofstr. 9, 06618 Naumburg-Gieckau, Tel. 034445/20276: familiär geführtes, im toskanischen Landhausstil erbautes Hotel garni **(Abfahrt 21a Naumburg, 8 km).**

Dessau: das Bauhausgebäude von Walter Gropius

Streckenprofil: *Die Route führt durch den teilweise hügeligen Fläming, durchquert die Leipziger Tieflandsbucht und endet am Nordrand des Thüringer Waldes.* ***(185 km, 2 Std.)***

****Dessau:** 1925/26 erbaute Walter Gropius das weltberühmte Hochschulgebäude für das von Weimar in die alte Handelsstadt an der Elbe verlegte Staatliche Bauhaus. Das sehenswerte Gebäude an der Gropiusallee, dem Sitz der Akademie, erklärte die UNESCO 1996 zum Weltkulturerbe. **(Abfahrt 10 Dessau-Ost, 5 km)**

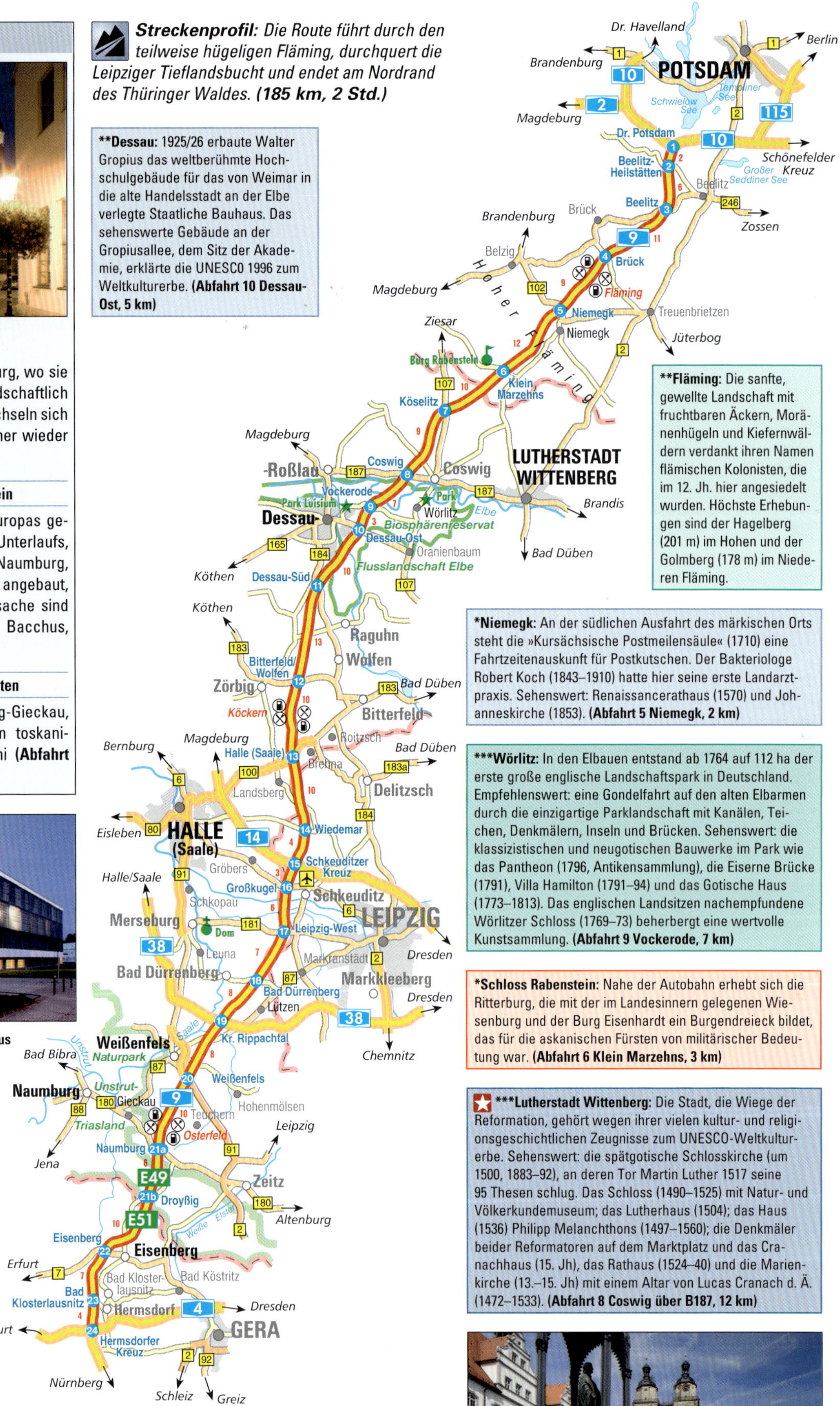

****Fläming:** Die sanfte, gewellte Landschaft mit fruchtbaren Äckern, Moränenhügeln und Kiefernwäldern verdankt ihren Namen flämischen Kolonisten, die im 12. Jh. hier angesiedelt wurden. Höchste Erhebungen sind der Hagelberg (201 m) im Hohen und der Golmberg (178 m) im Niederen Fläming.

***Niemegk:** An der südlichen Ausfahrt des märkischen Orts steht die »Kursächsische Postmeilensäule« (1710) eine Fahrtzeitenauskunft für Postkutschen. Der Bakteriologe Robert Koch (1843–1910) hatte hier seine erste Landarztpraxis. Sehenswert: Renaissancerathaus (1570) und Johanneskirche (1853). **(Abfahrt 5 Niemegk, 2 km)**

*****Wörlitz:** In den Elbauen entstand ab 1764 auf 112 ha der erste große englische Landschaftspark in Deutschland. Empfehlenswert: eine Gondelfahrt auf den alten Elbarmen durch die einzigartige Parklandschaft mit Kanälen, Teichen, Denkmälern, Inseln und Brücken. Sehenswert: die klassizistischen und neugotischen Bauwerke im Park wie das Pantheon (1796, Antikensammlung), die Eiserne Brücke (1791), Villa Hamilton (1791–94) und das Gotische Haus (1773–1813). Das englischen Landsitzen nachempfundene Wörlitzer Schloss (1769–73) beherbergt eine wertvolle Kunstsammlung. **(Abfahrt 9 Vockerode, 7 km)**

***Schloss Rabenstein:** Nahe der Autobahn erhebt sich die Ritterburg, die mit der im Landesinnern gelegenen Wiesenburg und der Burg Eisenhardt ein Burgendreieck bildet, das für die askanischen Fürsten von militärischer Bedeutung war. **(Abfahrt 6 Klein Marzehns, 3 km)**

*****Lutherstadt Wittenberg:** Die Stadt, die Wiege der Reformation, gehört wegen ihrer vielen kultur- und religionsgeschichtlichen Zeugnisse zum UNESCO-Weltkulturerbe. Sehenswert: die spätgotische Schlosskirche (um 1500, 1883–92), an deren Tor Martin Luther 1517 seine 95 Thesen schlug. Das Schloss (1490–1525) mit Natur- und Völkerkundemuseum; das Lutherhaus (1504); das Haus (1536) Philipp Melanchthons (1497–1560); die Denkmäler beider Reformatoren auf dem Marktplatz und das Cranachhaus (15. Jh), das Rathaus (1524–40) und die Marienkirche (13.–15. Jh) mit einem Altar von Lucas Cranach d. Ä. (1472–1533). **(Abfahrt 8 Coswig über B187, 12 km)**

Lutherstadt Wittenberg: Rathaus und Marienkirche

****Weißenfels:** Der Turm des imposanten Barockschlosses Neu-Augustusburg (1660–94) überragt die Dächer der ehemaligen Residenzstadt des Herzogtums Sachsen-Weißenfels (1680– 1746). Sehenswert: das barocke Rathaus, die spätgotische Marienkirche (15. Jh.), die Schlosskapelle, das Haus des Dichters Novalis (Friedrich von Hardenberg, 1772–1801) in der Klosterstraße 24. **(Abfahrt 20 Weißenfels, 4 km)**

****Naumburg:** Sehenswert: der frühgotische Dom mit lebensgroßen Stifterfiguren am Lettner des Westchors (um 1250) und das Renaissance-Rathaus. **(Abfahrt 21a Naumburg, 14 km)**

*****Eisenberg:** Ein wahres Kleinod ist der mittelalterliche Stadtkern der einstigen Residenzstadt. Die zum barocken Schloss Christianenburg (1678–92) gehörende Schlosskirche (1680–92) ist ein Meisterwerk sakraler Architektur. Sehenswert: das Renaissancerathaus (1579/1593), die spätgotische Peterskirche (15. Jh.), der Mohrenbrunnen (1727) und die auffällig geschmückte Superintendantur (1580). **(Abfahrt 22 Eisenberg, 3 km)**

****Lützen:** Trotz gewonnener Schlacht gegen die kaiserlichen Truppen unter Wallenstein verlor König Gustav II. Adolf am 16. 11. 1632 hier sein Leben. Eine Kapelle und ein Denkmal (K. F. Schinkel) erinnern an seinen Tod (rechts an der Straße nach Markranstädt). In dem schönen Lützener Schloss (13. Jh.) ist in einer Zinnfigurenlandschaft die Schlacht bei Lützen nachgestellt. **(Abfahrt 19a Bad Dürrenberg, Richtung Leipzig, an der B87 rechts, 6 km)**

Streckenprofil: *Nach der Durchquerung des Thüringer Waldes führt die hügelige und verkehrsreiche Strecke zwischen Frankenwald und Fichtelgebirge an den Rand der Fränkischen Schweiz und endet im dicht besiedelten Ballungsraum Nürnberg.* ***(210 km, 2 Std.)***

***Schleiz:** Nahe dem Ort im Tal der Wisenta liegt an der B2 die legendäre Motorradrennstrecke »Schleizer Dreieck«, der ältesten Naturrennstrecke Deutschlands. Die wichtigste Sehenswürdigkeit der Stadt, in der Konrad Duden Schuldirektor war (1869–76) und der Alchimist Johann Friedrich Böttger (1682–1719), Erfinder des europäischen Porzellans, geboren wurde, ist die etwas außerhalb gelegene, reich ausgestattete Burgkirche (15. Jh.): Ihr Altar trägt das Motiv des Pelikans, der sich für seine Jungen so opfert wie Jesus für die Menschen. Sehenswert: die Alte Münze (16. Jh.) am Neumarkt und die Pfarrkirche St.Georg (15./16. Jh.). **(Abfahrt 28 Schleiz, 4 km)**

Schloss Burgk: Die ehemalige Sommerresidenz der Fürsten Reuß liegt malerisch auf einem steilen Felsen. Sehenswert sind die Schlosskapelle mit Silbermann-Orgel (1743) und der Rittersaal; im Sommer finden hier Konzerte unterschiedlicher Musikrichtungen statt. **(Abfahrt 28 Schleiz, 7 km)**

Das markgräfliche Opernhaus in Bayreuth

*****Bayreuth:** Schon seit 1876 steht die alte Residenzstadt im Zeichen der Wagnerfestspiele. Während der Festspielzeit ist das eher schmucklose Festspielhaus (1872–76) auf dem Grünen Hügel durch eine brillante Akustik und eine riesige Bühne besticht, gilt das Markgräfliche Opernhaus (1745–48) als eines der schönsten Barocktheater der Welt und gehört seit 2012 zum Weltkulturerbe der UNESCO. Sehenswert: Das Neue Schloss (1753/54) mit Fayencenmuseum, die Stadtkirche und natürlich »Haus Wahnfried« (1873), das Domizil Richard Wagners (1813–83). **(Abfahrt 41 Bayreuth-Nord, 3 km)**

****Bleilochtalsperre:** Der reizvoll gewundene Saalestausee ist mit einem Fassungsvermögen von 215 Mio m³ Wasser die größte Talsperre in Deutschland. **(Abfahrt 28 Schleiz, 9 km bis Saalburg)**

****Bad Berneck:** Unterhalb der Ruinen Wallerode und Hohenberneck (14. Jh.) liegt der Kurort mit einer wunderbaren Kolonnade. Sehenswert: Marktplatz; Schlossturm (29 m hoch), einst Bergfried der Walpotenburg (12. Jh.). Von Bad Berneck empfehlen sich Ausflüge ins Fichtelgebirge nach Bischofsgrün und zum 1051 m hohen Schneeberg sowie 1023 m hohen Ochsenkopf **(Abfahrt 39 Bad Berneck-Himmelkron, 5 km)**

****Lauf an der Pegnitz:** Das von Kaiser Karl IV. auf einer Insel der Pegnitz erbaute »Wenzelsschloss« (1360) ist Mittelpunkt der alten Fachwerkstadt. **(Abfahrt 50 Lauf a. d. Pegnitz, 2 km)**

Pegnitz: Der 113 km lange Fluss mit Quelle am Schlossberg in Pegnitz wird ab Fürth mit der Rednitz zur Regnitz.

Nürnberg: siehe Seite 76

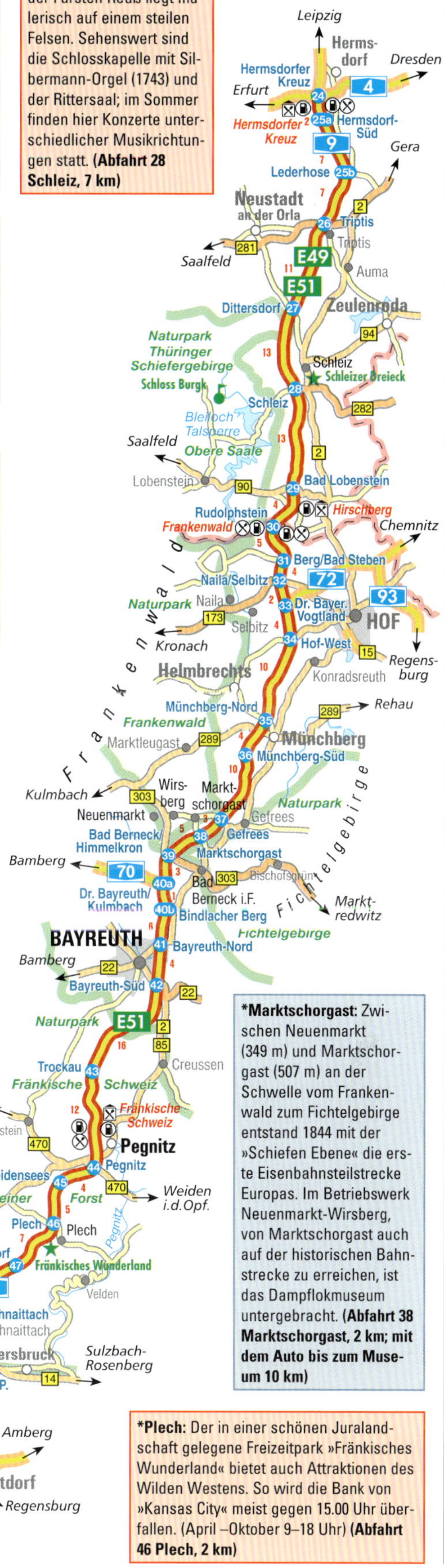

***Marktschorgast:** Zwischen Neuenmarkt (349 m) und Marktschorgast (507 m) an der Schwelle vom Frankenwald zum Fichtelgebirge entstand 1844 mit der »Schiefen Ebene« die erste Eisenbahnsteilstrecke Europas. Im Betriebswerk Neuenmarkt-Wirsberg, von Marktschorgast auch auf der historischen Bahnstrecke zu erreichen, ist das Dampflokmuseum untergebracht. **(Abfahrt 38 Marktschorgast, 2 km; mit dem Auto bis zum Museum 10 km)**

***Plech:** Der in einer schönen Juralandschaft gelegene Freizeitpark »Fränkisches Wunderland« bietet auch Attraktionen des Wilden Westens. So wird die Bank von »Kansas City« meist gegen 15.00 Uhr überfallen. (April –Oktober 9–18 Uhr) **(Abfahrt 46 Plech, 2 km)**

UNTERWEGS ZWISCHEN FRANKENWALD UND FICHTELGEBIRGE

Der Wanderweg auf den Ochsenkopf

Mit dem Thüringer Wald bilden Frankenwald und Fichtelgebirge das **Thüringisch-Fränkische Schiefergebirge.** Für die Menschen hier bedeutete das in der Vergangenheit vor allem: karge Böden, schweres Leben. Mittlerweile hat sich das durch den Tourismus verändert; denn diese waldreichen, dünn besiedelten **Mittelgebirge** bieten Erholungsuchenden und Naturfreunden abwechslungsreiche Landschaften, Ruhe und bezahlbare Gastfreundlichkeit. Zwischen dem **Dreieck Bayerisches Vogtland (Abfahrt 33)** und **Bayreuth (Abfahrt 41 und 42)** nutzt die A9 die Senke zwischen Frankenwald und Fichtelgebirge und gibt dem Reisenden die Möglichkeit, die beiden geologisch zusammengehörenden und doch so verschiedenen Mittelgebirgsregionen zu vergleichen. Während der Frankenwald nur Höhen bis zu 600 m erreicht und seinen Reiz vor allem durch die tief eingeschnittenen Flusstäler erhält, steigt das Fichtelgebirge mit seinen höchsten Bergen **Ochsenkopf** und **Schneeberg** auf über 1000 m an. Als Quellgebiet des Mains, der Saale, der Eger und der Naab bildet das Fichtelgebirge eine Wasserscheide zwischen Rhein, Elbe und Donau. Berühmt gemacht haben das Fichtelgebirge jedoch die malerischen Felsformationen, die durch die sogenannte **»Wollsackverwitterung«** auf den Bergrücken entstanden sind.

KULINARISCHES DER REGION: Bier & Wurst

Auch wenn die politische Einteilung Ober-, Mittel- und Unterfranken lautet, kennt der Gaumen nur **Weinfranken** mit der Hauptstadt Würzburg und **Bierfranken** mit seinen Metropolen Kulmbach und Bayreuth. Die A9 führt direkt ins Herz von Bierfranken, und da der Gerstensaft eine deftige Küche verlangt, wird die Kalorientabelle fürs Erste beiseite gelegt. Den Spitzenplatz der kulinarischen Freuden belegt die **Bratwurst,** die je nach Region kurz oder lang, dünn oder dick sein kann, aber immer Meisterklasse hat. Auf dem Holzkohlengrill schön braun gebraten oder in einem sauren Sud gesotten, begleitet von einem frisch gezapften Bier, wird die Bratwurst zum wahren Genuss.

RAST AUF REISEN: Das besondere Hotel

Reiterhof Wirsberg, Sessenhofer Str. 50, 95339 Wirsberg, Tel. 09227/2040: Komfortables Wellnesshotel mit Schwimmbad, Sauna, Beautyfarm. Restaurant mit regionaler und internationaler Küche **(Abfahrt 37 Gefrees, 7 km), Zur Mühle,** Kolonadenweg 1, 95460 Bad Berneck i.F., Tel. 09273/500650: Komfortable moderne Zimmer, drei Restaurants unterschiedlicher Stilrichtungen. Man hat die Wahl zwischen einer edlen, einer zünftig fränkischen oder einer einfachen italienischen Küche **(Abfahrt 39 Bad Berneck, 4 km), Hotel Residenzschloss Bayreuth,** Erlanger Str. 37, 95444 Bayreuth, Tel. 0921/75850: Spitzenhotel mit großzügig angelegten Zimmern, Restaurant im speziell umgebauten Ambiente eines alten Sudhauses, exquisite fränkische Küche **(Abfahrt 41 Bayreuth-Nord, 4 km).**

Im Jahr 1800, nach insgesamt 35 Jahren Arbeit, waren die Wörlitzer Anlagen vollendet. In dem 112 Hektar großen Reich finden sich exotische Blumen, Büsche und Bäume.

In der Anlage befinden sich zahlreiche Kulissenbauten wie Schloss Wörlitz.

Zur Anlage gehört auch die Felseninsel.

Das Gotische Haus

Villa Hamilton

Die festlich beleuchtete Fassade des Neuen Bayreuther Schlosses und das Eingangsportal mit dem opulenten Brunnen erstrahlen in barocker Eleganz.

Hauptattraktion für die meisten Besucher des Neuen Schlosses ist der Sonnentempel im Hofgarten der Eremitage.

Villa Wahnfried, das ehemalige Wohnhaus Richard Wagners

UNTERWEGS IM FRÄNKISCHEN SEENLAND UND ALTMÜHLTAL

Naturpark Altmühltal

Weite Wasserflächen und Sandstrände, Liegewiesen und Spielplätze, Sportanlagen und Campingplätze, Liegeplätze für Segelboote und Boots- sowie Fahrradverleih machen das **Fränkische Seenland** um Gunzenhausen **(Abfahrt 55 Allersberg, 45 km, oder Abfahrt 57 Greding, 34 km)** zu einem riesigen **Freizeitpark** für Wasserratten. Entstanden ist die künstliche Seenlandschaft – **Altmühlsee, Großer und Kleiner Brombachsee** sowie der **Igelsbachsee** als Seitenarm des Brombachsees gehören dazu – in den 1980er Jahren aus wasserwirtschaftlichen Überlegungen, wobei die touristische Nutzung von Anfang an mitgeplant wurde. Eine wesentliche Rolle spielt der **Naturschutz.** So findet sich im Altmühlsee bei Muhr eine 120 Hektar große **Vogelinsel,** in der Störche, Graureiher, Haubentaucher, Habichte, Fischadler und andere seltene Arten Nistplätze finden. Die Aussichtswarte zur Vogelbeobachtung steht auch interessierten Laien zur Verfügung. Ergänzend zur Vogelinsel wurde am Nordufer des Sees eine 800 Hektar große **Feuchtwiesenfläche** unter Naturschutz gestellt, die den Zusammenhang mit dem südlich gelegenen **Naturpark Altmühltal** herstellt.

KULINARISCHES DER REGION: Gutes Bier

Rund um das hübsche Städtchen Spalt (Abfahrt 55 Allersberg, 30 km) liegt eines der wichtigsten fränkischen Hopfenanbaugebiete. Hier werden Bierseminare angeboten, die eine vorzügliche Ergänzung zum Besuch des Brauereimuseums in Pleinfeld **(Abfahrt 55 Allersberg, 26 km)** bieten. Dass die alte fränkische Biertradition auch heute noch lebendig ist, beweisen die zahlreichen kleinen Brauereien der Umgebung. Gerühmt werden sie vor allem wegen ihres ungespundeten Biers.

RAST AUF REISEN: Ländlich und rustikal

Landgasthof Jägerhof, Deutschordenstr. 4, 91720 Absberg, Tel. 09175/865: familiäre Atmosphäre, komfortable Zimmer und gepflegte Küche, eigene Brennerei und Pralinenherstellung **(Abfahrt 55 Allersberg, 35 km); Landgasthof Schuster,** Marktplatz 23, 91171 Greding, Tel. 08463/275: Traditionsgasthof im 350-jährigen Haus am Marktplatz mit fränkischer Küche **(Abfahrt 57 Greding); Gasthof Bögl,** Zwingerstr. 8, 91161 Hilpoltstein, Tel. 09174/1205: traditionsreicher Gasthof mit Zimmern und Appartements nahe dem Rothsee **(Abfahrt 56 Hilpoltstein, 7 km); Hirschenwirt,** Brückenstraße 9, 85072 Eichstätt-Wasserzell. Tel. 08421/9680: rustikales Hotel und Restaurant auf dem Land, eigene Metzgerei, familiäre Atmosphäre **(Abfahrt 58 Altmühltal, 20 km bis Eichstätt und von da ca. 3 km bis Wasserzell); Hotel und Brauereigasthof »Müllerbräu«,** Hauptplatz 2, 85276 Pfaffenhofen an der Ilm, Tel. 08441/49370: authentische, gute bayerische Küche, urig rustikales Bayernstüberl, Außenterrasse neben dem historischen Rathaus **(Abfahrt 66 Pfaffenhofen, 8 km).**

Streckenprofil: *Die hügelige, verkehrsreiche Nord-Süd-Verbindung ist durchgehend dreispurig. Sie führt über die lang gezogenen Steigungen der Fränkischen Alb in das Donautal und durch die Hallertau bis in die Voralpenmetropole München.* ***(150 km, 1½ Std.)***

***Hilpoltstein:** 1142 erstmals erwähntes Städtchen. Erhalten sind noch Teile der mittelalterlichen Ringmauer mit dem mächtigen Döderleinsturm; im Ort schöne spätmittelalterliche Bürgerhäuser, Wohnhaus der herzoglichen Residenz (Amtsgericht); die spätgotische Stadtkirche wurde barock umgestaltet. **(Abfahrt 55 Allersberg, 7 km)**

Nürnberg: siehe Seite 76

****Ingolstadt:** In einer weiten Ebene an der Donau gelegen, ist die alte Herzogsresidenz heute ein wichtiger Industriestandort Süddeutschlands (Audi und vier Erdölraffinerien). Eine mittelalterliche Stadtmauer umgibt die schöne Altstadt (18. Jh.). Sehenswert: Liebfrauenmünster (15./16. Jh.), die größte spätgotische Hallenkirche Bayerns, Kirche Maria de Victoria (18. Jh.) in schönstem bayerischem Rokoko mit einem Deckenfresko der Brüder Asam, siebentürmiges Kreuztor (1385), Altes Rathaus (1882), Museum für Konkrete Kunst (1950 bis Gegenwart) und Medizinhistorisches Museum. Im gotischen Herzogschloss (15. Jh.) ist das Bayerische Armeemuseum untergebracht. Große Teile der Festungsanlagen des 19. Jh. sind erhalten, besonders erwähnenswert ist die Reduit Tilly. **(Abfahrt 61 Ingolstadt-Nord, 3 km)**

*****Eichstätt:** Barock- und Bischofsstadt. Sehenswert: die Willibaldsburg (14. Jh.) mit dem Jura-Museum und dem Prunkstück Archaeopteryx, der romanisch-gotische Dom St. Salvator aus dem 14./15. Jh. und der barocke Residenzplatz, der zu den schönsten Stadtplätzen in Deutschland zählt. **(Abfahrt 58 Altmühltal, Jura-Hochstraße, 20 km)**

***Pfaffenhofen an der Ilm:** Das Städtchen ist das Zentrum des Hopfenhandels in der Holledau. Der Marktplatz mit alten Bürger- und Wirtshäusern wird überragt von den spätgotischen Türmen der Johanneskirche. **(Abfahrt 66 Pfaffenhofen, 7 km)**

Ingolstadt: das gotische Liebfrauenmünster

Eichstätt: Willibaldsbrunnen am Markt

Main-Donau-Kanal: Der 171 km lange Kanal ist Teil des ca. 3500 km langen Binnenwasserstraßensystems, das die Nordsee mit dem Schwarzen Meer verbindet.

*****Naturpark Altmühltal:** 2965 km² großer Naturpark. Bei Kinding überquert man die Altmühl, einen 227 km langen Nebenfluss der Donau, der auf der Frankenhöhe entspringt. Sein in den Weißjurakalk der Fränkischen Alb gegrabenes, kurviges Tal zählt zu den landschaftlich reizvollsten Regionen in Deutschland.

München: siehe Seite 209

Der Bau des Neuen Schlosses von Ingolstadt wurde 1418 begonnen.

Die Kanzel des Doms zu Eichstätt passt sich gut der hoch- und spätgotischen Formensprache des Gotteshauses an.

Streckenprofil A10: *Ringautobahn um Berlin. Die Fahrt geht im Uhrzeigersinn vom Dreieck Schwanebeck bis Abfahrt 38 Berlin-Weißensee.* ***(200 km, 1¾ Std.) A12*** *Die vielbefahrene Hauptverkehrsader führt in die osteuropäischen Länder.* ***(60 km, 45 Min.)***

****Caputh:** Die Stadt an der Nahtstelle zwischen Templiner und Schwielowsee hat ein hübsches Barockschloss (1662) und war letzter Wohnort Albert Einsteins (1879–1955, Waldstraße 7) vor seiner Emigration in die USA. **(Abfahrt 17 Potsdam-Süd, 7 km)**

Berlin: siehe Seite 139

****Oranienburg:** Über der Stadt mit dem leuchtend weißen Barockschloss (17. Jh.) liegt ein dunkler Schatten: Im KZ Sachsenhausen haben die Nazis mehr als 100 000 Menschen ermordet. Mahnmal und Museum erinnern an die Verbrechen des »Dritten Reichs«. **(Abfahrt 33 Birkenwerder, 6 km)**

Oranienburg: Schloss der Kurfürstin Luise Henriette

***Dahlwitz-Hoppegarten:** Galopprennbahn, auf der Bismarck schon 1868 Rennen besuchte. **(Abfahrt 4 Berlin-Hellersdorf, 5 km)**

****Müggelsee:** seit über 100 Jahren die Berliner Sommerfrische. **(Abfahrt 6 Erkner, 11 km)**

*****Babelsberg:** berühmt für die hier seit 1917 betriebenen Filmstudios der UFA und DEFA. In dem von Lenné und Fürst Pückler angelegten Park Babelsberg stehen das neugotische Schloss (1834–49), das Kleine Schloss (1841/42), die Gerichtslaube (13. Jh., 1872 hierhin versetzt) und der 46 m hohe Flatowturm (1856). **(A115 Abfahrt 6 P.-Babelsberg, 4 km)**

***Fürstenwalde:** sehenswert: die spätgotische Marienkirche, Weberhäuser (16. Jh.) und Rathaus. 6 km südlich, am Scharmützelsee, liegt der Kur- und Badeort Bad Saarow. **(Abfahrt 4 Fürstenwalde, 2 km; Bad Saarow 6 km)**

***Frankfurt (Oder):** Die Handels- und Hansestadt (1430–1515) ist die Geburtsstadt von Heinrich von Kleist (1777–1811) und wichtigster Grenzübergang nach Polen. **(Abfahrt 9 Frankfurt (Oder) Süd, 3 km)**

A115: Hauptverkehrsader für den Verkehr aus Westen und Süden nach Berlin-Mitte (ca. 30 km).

*****Potsdam:** Die alte Garnisons- und Residenzstadt Friedrichs II. des Großen wurde in den letzten Kriegstagen fast völlig zerstört. Sehenswert: die Flaniermeile zwischen Brandenburger Tor (1770) und Peter-Paul-Kirche (1867–70); Nauener Tor (1755), Holländisches Viertel (um 1740), Alter Markt mit Nikolaikirche (1831–48) und Altem Rathaus (1753–55), der Marstall (17./18. Jh.), die Russische Kolonie Alexandrowka (1826/27), Neuer Garten mit Marmorpalais (1787–91) und Schloss Cecilienhof (1913–17), Glienicker Brücke (1905), die fast 30 Jahre lang zum Austausch von Agenten diente. **(Abfahrt 17 Michendorf bzw. 25 Potsdam-Nord, ca. 10 km)**

****Köpenick:** Die durch Zuckmayers »Hauptmann von Köpenick« berühmt gewordene Berliner Vorstadt besitzt eine hübsche Altstadt. Sehenswert: Rathaus (1901–04) und Barockschloss (17. Jh.). **(Abfahrt 11 Schönefelder Kreuz, bis Dreieck Treptow 10 km, dann bis Köpenick 7 km)**

****Königs Wusterhausen:** Von einem der 14 bis zu 234 m hohen Sendemasten wurde am 22.11.1920 das erste Mal ein Rundfunkkonzert in den Äther geschickt. Von den Masten steht heute nur noch einer und dient als Museum. Das schlichte Schloss (16. Jh./1717) war die Lieblingsresidenz des sparsamen Soldatenkönigs Friedrich Wilhelms I., der hier oft mit seinen Vertrauten zum berühmten Tabakkollegium zusammensaß. **(Abfahrt 10 Königs Wusterhausen, 3 km)**

*****Schloss Sanssouci:** Kulturlandschaft, Teil des UNESCO-Weltkulturerbes: Schloss Sanssouci (1745–47), Neues Palais (1763–69), Orangerie (1851–62), Römische Bäder (1829–35) mit Pergola, Bildergalerie (1755–64, Alte Meister), Chinesisches Teehaus (1754–57) und klassizistische Friedenskirche (1845–54). **(A115 Abfahrt 6 Potsdam-Babelsberg, 4 km)**

Potsdam: das Marmorpalais im Neuen Garten

Spree und Oder-Spree-Kanal: Kurz hintereinander überquert man den Fluss und dann seinen Kanal. Die Spree mit ihrer Quelle im Lausitzer Bergland nahe Tschechien ist bis zur Mündung in die Havel 400 km lang . Der Kanal verbindet den Fluss mit der Oder und ist 85 km lang.

UNTERWEGS AM SCHARMÜTZELSEE

Der Scharmützelsee im Südosten Berlins

Der Scharmützelsee oder **»Märkisches Meer«** ist mit seinen fast 14 Quadratkilometern Fläche der größte der rund 3000 brandenburgischen Seen. Hauptort ist das an der Nordspitze gelegene Bad-Saarow-Pieskow **(Abfahrt 4 Fürstenwalde-West, 8 km)** mit Kurhaus, Strandbad und Campingplatz. Die Umgebung, das **Saarower Hügelland,** ist von Laub- und Nadelwäldern geprägt. Es steigt im Norden des Sees an zu den **Rauenschen Bergen** mit ihren zwei markanten Findlingen aus der Eiszeit, den Markgrafensteinen.

Wer vom Scharmützelsee weiter nach Süden fährt, entdeckt eine zauberhafte Seenlandschaft, die in das **Biosphärenreservat Spreewald** übergeht.

KULINARISCHES DER REGION: Beliebter Fisch

Zwar wurde die Mark Brandenburg wegen ihrer kargen, sandigen Böden einst als »Streusandbüchse« bezeichnet. Doch kaum anderswo gibt es so viele Seen, Flüsse und Kanäle wie im Spreewald. Und so ist der Fisch aus der heimischen Küche nicht wegzudenken. Eine ungewöhnliche, aber typische Kombination ist **Fisch mit Meerrettich,** etwa ein gebackener Karpfen mit feiner Meerrettichsauce. Gerne bereitet man den Fisch in einem **Sud aus Wurzelgemüse** zu, wobei die Sauce mit saurer Sahne abgeschmeckt wird. Auch beliebt ist die gehaltvollere Variante: **Panierte Fischstücke** werden gebraten und anschließend noch mit Bratfett übergossen. Dazu gibt es ein **Eieromelett** mit Kräutern und angeschwitzten Zwiebelwürfeln. Die bekanntesten Spezialitäten sind aber geräucherter Aal und frisch gebratener Zander, zu dem gern Bratkartoffeln als Beilage gereicht werden.

RAST AUF REISEN: Übernachten am See

Sport & Spa Resort a-Rosa Scharmützelsee, Scharmützelsee, Parkallee 1, 15526 Bad Saarow-Pieskow, Tel. 03 36 31/60: Nobelherberge mit Wellness-, Fitness- und Beautyangeboten, Golf, Sport und Seezugang; **Palais am See,** Karl-Marx-Damm 23, 15526 Bad Saarow-Pieskow, Tel. 03 36 31/86 10: sehr gutes, kleineres Hotel garni; **Hotel Raueneck,** Ahornallee 5, 15526 Bad Saarow, Tel. 03 36 31/598040: kleines, preiswertes Hotel in einem renovierten Fachwerkhaus mit einfacher Küche. **Hotel am Werl,** Silberberger Str. 51, 15526 Bad Saarow-Pieskow, Tel. 033631/ 8690: freundliches familiengeführtes Haus in Saarow-Dorf mit Restaurant; **Landhaus Alte Eichen,** Alte Eichen 21, 15526 Bad Saarow-Pieskow, Tel. 033631/ 43090: sehr gepflegtes Wellness-Hotel mit feiner Landküche **(Abfahrt Fürstenwalde-West, 8 km).**

Der Blick geht auf die Häuserreihe in der Friedrich-Ebert-Straße im Holländischen Viertel von Potsdam.

Durch das Potsdamer Brandenburger Tor hindurch hat man einen schönen Blick auf die katholische Kirche Peter-und-Paul.

Das Neue Palais ist das letzte pompöse Barockschloss Preußens, danach wurden keine vergleichbaren Bauten mehr errichtet.

Architektur und Natur vereinen sich im Park Sanssouci zu einem Gesamtkunstwerk.

Gotische Bibliothek am Heiligen See

Schloss Babelsberg

Pfaueninsel mit dem Weißen Schloss

UNTERWEGS IM NATIONALPARK UNTERES ODERTAL

Nationalpark Unteres Odertal

Als **Grenzland** zu Polen blieb die einzigartige **Auenlandschaft** der Oder mit ihrer reichen Pflanzen- und Vogelwelt fast unberührt erhalten. Zum Schutz der zwei bis vier Kilometer breiten **Flussaue** wurde das untere Odertal 1990 als Nationalpark ausgewiesen.

KULINARISCHES DER REGION: Süß & lecker

Vor gut 100 Jahren hat ein hiesiger Bäcker die süße Spezialität der Stadt kreiert: die **Eberswälder Spritzkuchen,** locker-leichte **Brandteigkränzchen,** die in heißem Fett herausgebacken und mit Zuckerguss überzogen werden. Wer sie zu Hause selbst zubereiten möchte, erhält in der Stadtinformation Eberswalde gratis das **Rezept. (Abfahrt 12 Finowfurt, 12 km).**

RAST AUF REISEN: Übernachten am See

Haus Chorin, Neue Klosterallee 10, 16230 Chorin, Tel. 03 33 66 / 5 00: idyllisch im Waldpark am Amtssee gelegenes, modernes Hotel mit behaglicher Atmosphäre und aufmerksamem Service, 300 Meter vom Kloster entfernt **(Abfahrt 9 Joachimsthal, 8 km). See Park Wandlitzsee,** Kirchstr. 10, 16348 Wandlitz, Tel. 03 33 97/7 50: sehr gut ausgestattetes Kurhotel am historischen Dorfplatz mit hoteleigenem Seeufer in einer Wald- und seenreiche Umgebung **(Abfahrt 14 Wandlitz, 7 km).**

Streckenprofil:** Von der polnischen Grenze bei Stettin verläuft die Strecke durch die Uckermark und die waldreiche Schorfheide bis an den Nordostrand von Berlin.* ***(110 km, 1 Std.)

***Penkun:** In dem landschaftlich reizvoll zwischen mehreren Seen gelegenen Städtchen steht ein großes dreiflügeliges Renaissanceschloss, das im 16. Jh. auf den Mauerresten einer alten Grenzburg erbaut wurde. Die Geschichte des Ortes, die als slwawische Siedlung gegründet wurde, reicht bis in das 12. Jh. zurück. **(Abfahrt 3 Penkun, 4 km)**

****Uckermark:** Das alte Grenzland zwischen Pommern und Mecklenburg ist eine von der Eiszeit geformte weite, seenreiche Landschaft. Viele stille Flüsse durchziehen die Region, auf deren ertragreichen Böden Weizen und Zuckerrüben angebaut werden.

Zisterzienserkloster Chorin

*****Biosphärenreservat Schorfheide-Chorin:** Seit Jahrhunderten ist Mitteleuropas größtes zusammenhängendes und sehr wildreiches Waldgebiet (1258 km²) ein vor allem bei den jeweils Mächtigen des Landes beliebtes Jagdrevier. 1990 wurde die Region, in der Biber, Schwarzstörche und Seeadler ein Refugium gefunden haben, zum Biosphärenreservat erklärt. Sehenswert: der Grimnitzsee und der Werbellinsee, an dessen Westufer König Friedrich Wilhelm IV. 1850 das Jagdschloss Hubertusstock erbauen ließ. Spätere Nutznießer waren Göring und Honecker. **(Abfahrt 9 Joachimsthal, bis zum Schloss 12 km)**

***Angermünde:** Das Städtchen in der südlichen Uckermark wurde Mitte des 13. Jhs. von Johann I. und Otto III. von Brandenburg gegründet. Sehenswert: die gotische Pfarrkirche St. Marien aus dem 13.–15 Jh. mit mächtigem Westturm und einem interessanten bronzenen Taufbecken aus dem 14. Jh. im Inneren. **(Abfahrt 9 Joachimsthal, 16 km)**

***Bernau:** Bis zu 8 m hoch ist die mittelalterliche Befestigungsmauer aus dem 14. Jh., die den Ort im wald- und wasserreichen Barnim noch fast vollständig umschließt. Innerhalb der sehenswerten Befestigung hat jedoch die sozialistische Stadtplanung zugeschlagen. Sehenswert: Hungerturm, Steintor und Henkerhaus (alle 15. Jh.), jetzt Museen. Die spätgotische Stadtkirche St. Marien (16. Jh.) hat einen Flügelaltar (1519) aus der Cranach-Werkstatt. **(Abfahrt 15 Bernau-Nord, 2 km)**

Technisches Meisterwerk: Schiffshebewerk in Niederfinow

***Wandlitz:** Seit den 1920er-Jahren ist der verwinkelte Ort am gleichnamigen See ein beliebtes Ausflugsziel. An die DDR-Zeiten des Städtchens erinnert außer dem zum Museum umgewandelten Erich-Honecker-Haus kaum noch irgend etwas. Bis November 1989 war die streng abgeschirmte Waldsiedlung das Refugium für die SED-Oberen. Die einstmals »verbotene« Stadt dient mittlerweile als Sanatorium. **(Abfahrt 14 Wandlitz, 6 km)**

****Kloster Chorin:** Unbedingt sehenswert ist das ehemalige Zisterzienserkloster Chorin (1273), eines der schönsten Bauwerke der märkischen Backsteingotik. Nach der Auflösung des Klosters 1542 verfiel der großartige Bau über Jahrhunderte zusehends und diente als Viehstall und Steinbruch. Auf Initiative von Karl Friedrich Schinkel wurde die Ruine Mitte des 19. Jahrhunderts. zum Denkmal erhoben und bis in unsere Zeit restauriert und Instandgesetzt. Im Sommer finden hier klassische Konzerte statt. **(Abfahrt 9 Joachimsthal, Richtung Chorin, 10 km)**

***Eberswalde:** Die im 2. Weltkrieg fast völlig zerstörte Stadt ist Brandenburgs ältestes Industriezentrum. Seit dem 15. Jh. ist hier das Metall verarbeitende Gewerbe ansässig. Eines der wenigen erhaltenen Baudenkmäler im »Märkischen Wuppertal« ist die gotische Stadtkirche Maria Magdalena (13. Jh.), in der im 30-jährigen Krieg Schwedenkönig Gustav Adolf II. aufgebahrt war (18.–20.12.1632). **(Abfahrt 12 Finowfurt, 6 km)**

Etwa 10 km östlich von Eberswalde – am Rande des Oderbruchs – liegt das Schiffshebewerk Niederfinow (1927–34), ein technisches Meisterwerk und eine Touristenattraktion. Am Ortsausgang von Eberswalde folgt man der Straße nach Niederfinow und befindet sich kurz darauf am Schiffshebewerk. In einem 60 m hohen Fahrstuhl für Schiffe werden die 36 m Höhenunterschied zwischen Oder-Havel-Kanal und einem Seitenarm der Oder überwunden.

Ein imposantes Zeugnis märkischer Backsteingotik stellt die Kirche des Klosters Chorin dar.

Durch die Schorfheide verläuft die Nordsee-Ostsee-Wasserscheide.

Streckenprofil A13: *Von der südlichen Peripherie der Hauptstadt führt die Route am märchenhaften Spreewald vorbei und durch die vom Braunkohleabbau geprägte Niederlausitz bis an den Nordrand von Dresden.* ***(180 km, 1¾ Std.)***
A15: *Am Südrand des Spreewalds verlaufende Autobahn die an die polnische Grenze führt.*
(65 km, 35 Min.)

***Mittenwalde:** Fachwerkstadt an der Nette, vom Turm der spätgotischen Moritzkirche (14./15. Jh.) überragt. Sehenswert: Berliner Tor (15. Jh.). **(Abfahrt 3a Mittenwalde, 3 km)**

Das Ständische Landhaus Lübben

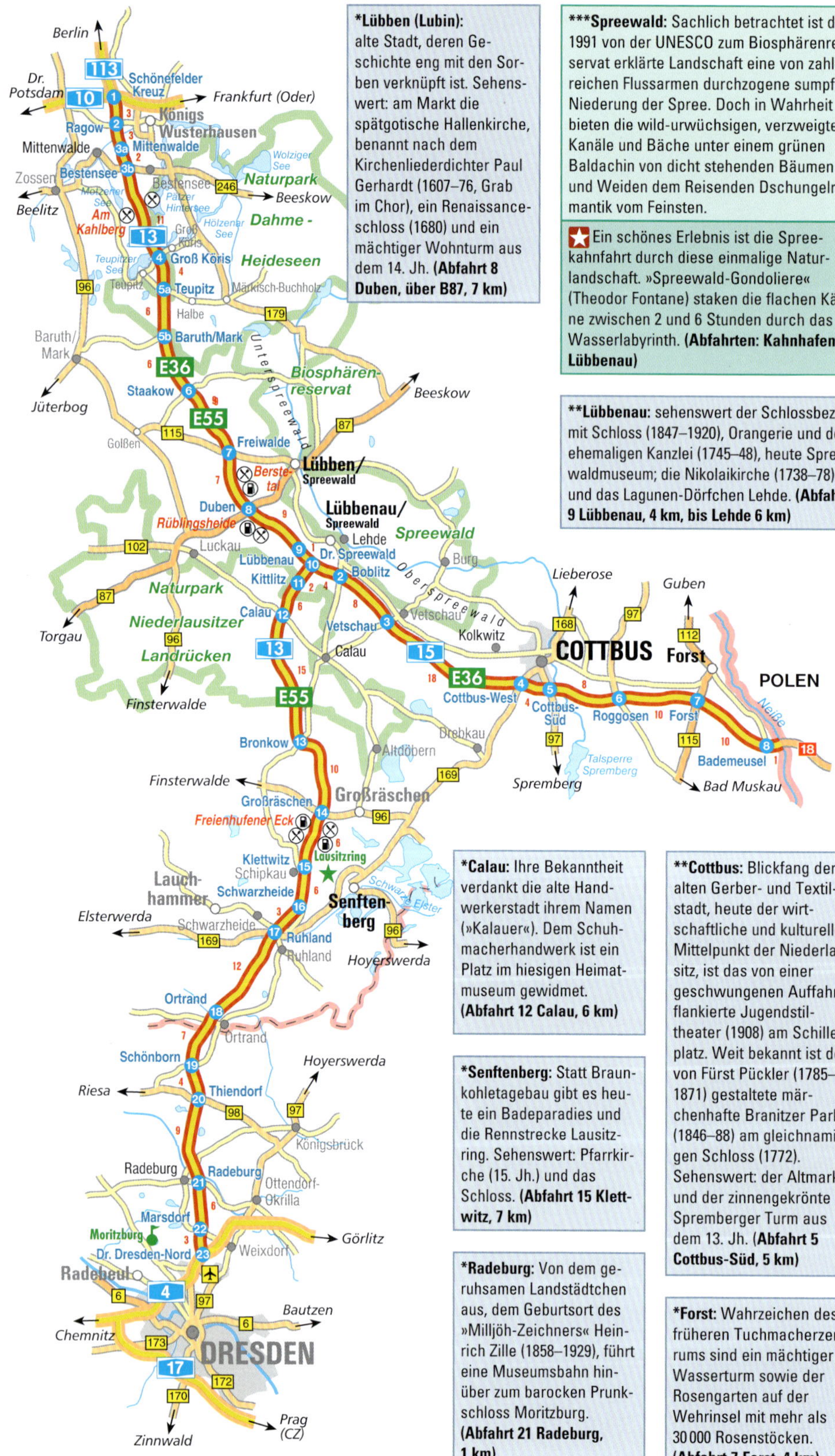

***Lübben (Lubin):** alte Stadt, deren Geschichte eng mit den Sorben verknüpft ist. Sehenswert: am Markt die spätgotische Hallenkirche, benannt nach dem Kirchenliederdichter Paul Gerhardt (1607–76, Grab im Chor), ein Renaissanceschloss (1680) und ein mächtiger Wohnturm aus dem 14. Jh. **(Abfahrt 8 Duben, über B87, 7 km)**

*****Spreewald:** Sachlich betrachtet ist die 1991 von der UNESCO zum Biosphärenreservat erklärte Landschaft eine von zahlreichen Flussarmen durchzogene sumpfige Niederung der Spree. Doch in Wahrheit bieten die wild-urwüchsigen, verzweigten Kanäle und Bäche unter einem grünen Baldachin von dicht stehenden Bäumen und Weiden dem Reisenden Dschungelromantik vom Feinsten.

Ein schönes Erlebnis ist die Spreekahnfahrt durch diese einmalige Naturlandschaft. »Spreewald-Gondoliere« (Theodor Fontane) staken die flachen Kähne zwischen 2 und 6 Stunden durch das Wasserlabyrinth. **(Abfahrten: Kahnhafen Lübbenau)**

****Lübbenau:** sehenswert der Schlossbezirk mit Schloss (1847–1920), Orangerie und der ehemaligen Kanzlei (1745–48), heute Spreewaldmuseum; die Nikolaikirche (1738–78) und das Lagunen-Dörfchen Lehde. **(Abfahrt 9 Lübbenau, 4 km, bis Lehde 6 km)**

***Calau:** Ihre Bekanntheit verdankt die alte Handwerkerstadt ihrem Namen (»Kalauer«). Dem Schuhmacherhandwerk ist ein Platz im hiesigen Heimatmuseum gewidmet. **(Abfahrt 12 Calau, 6 km)**

***Senftenberg:** Statt Braunkohletagebau gibt es heute ein Badeparadies und die Rennstrecke Lausitzring. Sehenswert: Pfarrkirche (15. Jh.) und das Schloss. **(Abfahrt 15 Klettwitz, 7 km)**

***Radeburg:** Von dem geruhsamen Landstädtchen aus, dem Geburtsort des »Milljöh-Zeichners« Heinrich Zille (1858–1929), führt eine Museumsbahn hinüber zum barocken Prunkschloss Moritzburg. **(Abfahrt 21 Radeburg, 1 km)**

****Cottbus:** Blickfang der alten Gerber- und Textilstadt, heute der wirtschaftliche und kulturelle Mittelpunkt der Niederlausitz, ist das von einer geschwungenen Auffahrt flankierte Jugendstiltheater (1908) am Schillerplatz. Weit bekannt ist der von Fürst Pückler (1785–1871) gestaltete märchenhafte Branitzer Park (1846–88) am gleichnamigen Schloss (1772). Sehenswert: der Altmarkt und der zinnengekrönte Spremberger Turm aus dem 13. Jh. **(Abfahrt 5 Cottbus-Süd, 5 km)**

***Forst:** Wahrzeichen des früheren Tuchmacherzentrums sind ein mächtiger Wasserturm sowie der Rosengarten auf der Wehrinsel mit mehr als 30 000 Rosenstöcken. **(Abfahrt 7 Forst, 4 km)**

UNTERWEGS IM SPREEWALD

Lübbenau: Kahnkorso beim Spreewaldfest

Eine der faszinierendsten Landschaften Europas liegt etwa 100 km südöstlich von Berlin. Natürliche Wasserarme, die **»Fließe«,** und zahllose **Kanäle** winden sich labyrinthartig durch Wiesen, Wälder und Äcker, führen zu Dörfern und einzelnen Gehöften. So gilt der Spreewald als das **»Venedig Brandenburgs«.** Ein Erlebnis sind die Kahnfahrten. Dabei liegt das hübsche Städtchen Lübbenau **(A13, Abfahrt 9 Lübbenau, 4 km)** ganz vorn; denn so viele »Gondoliere«, die sich gerne als originelle Fremdenführer betätigen, umwerben die Gäste kaum anderswo. Die **Kahnfahrten** haben eine lange Tradition: Bereits 1882 wurden sie für Berliner Sommerfrischler organisiert. In Lübbenau befindet sich auch das **Spreewaldmuseum,** das über die Entwicklung der Region, ihre Bräuche und Trachten informiert. Gleich außerhalb der Stadt liegt das denkmalgeschützte Dorf Lehde, in dem noch die für den Spreewald charakteristischen Blockbauten erhalten sind.

KULINARISCHES DER REGION: Feine Gurken

In dieser wasserreichen Region gehört **Fisch** selbstverständlich zu den kulinarischen Highlights. Dazu gibt es die **Spreewaldsauce,** für die fast jeder Koch und jede Hausfrau ein **Geheimrezept** hat. Aber immer sollte als Grundlage ein Sud aus sieben verschiedenen Fischen dienen. Auch **Wild** fehlt nicht auf den Speisekarten, doch berühmt ist der Spreewald für sein Gemüse. Neben Meerrettich und Kohl sind es vor allem die **Gurken,** sauer eingelegt und somit haltbar. Gurken im Glas, als Gewürz- und Senfgurken, Knoblauch- und Pfeffergurken sind auch als Mitbringsel bestens geeignet. In Lübbenau **(Abfahrt 9 Lübbenau, 4 km)** gibt es ein originelles Gurkenmuseum, An der Dolzke 4–6, in dem man die beliebten Spezialitäten nicht nur probieren kann, sondern auch Informationen über das Gurkeneinlegen erhält.

RAST AUF REISEN: Übernachten am Spreewald

Hotel Stephanshof, Lehningsberger Weg 1, 15907 Lübben, Tel. 035 46/27 210: neues Haus mit komfortablen Zimmern, Restaurant, Bar, Kahnhafen **(A13, Abfahrt 7 Freiwalde, 9 km, 9 km). Schloss Lübbenau,** Schlossbezirk 6, 03222 Lübbenau, Tel. 035 42/87 30: Nobelherberge, gediegene Zimmer und Suiten, anspruchsvolle Küche **(A13, Abfahrt 9 Lübbenau, 4 km). Hotelanlage Starick,** An der Dolzke 6, 03222 Lehde, Tel. 03542 89990: 4 Häuser, regionale Küche, Kahnfahrten, Gurkenmuseum **(A13, Abfahrt 9 Lübbenau, 7km). Hotel Pension Christa,** Berliner Str. 44, 03099 Kolkwitz bei Cottbus, Tel. 03 55/2 83 49: kleines familiär geführtes Haus **(A15 Abfahrt Cottbus-West, 5 km). SORAT Hotel,** Schlosskirchplatz 2, 03046 Cottbus, Tel. 03 55/7 84 40: wohnliches Hotel im alten Stadtzentrum, Zimmer teils in einem Gründerzeithaus, mit Restaurant, Bar, Gewölbekeller, Sommerterrasse **(A15 Abfahrt 4 Cottbus-West, 4 km).**

Kähne sind das Transportmittel der Wahl im Spreewald.

Undurchdringlich wie ein Dschungel wirkt der Spreewald bei Lübbenau.

Idyllisch liegt dieses Haus am Fließ.

Inmitten eines herrlichen Landschaftsgartens liegt Schloss Branitz mit dem Fürst-Pückler-Museum.

Streckenprofil: *Nach der flachen Magdeburger Börde führt die Route durch die Leipziger Tieflandsbucht bis zum Anschluss an die A4 bei Nossen.* ***(195 km, 2½ Std.)***

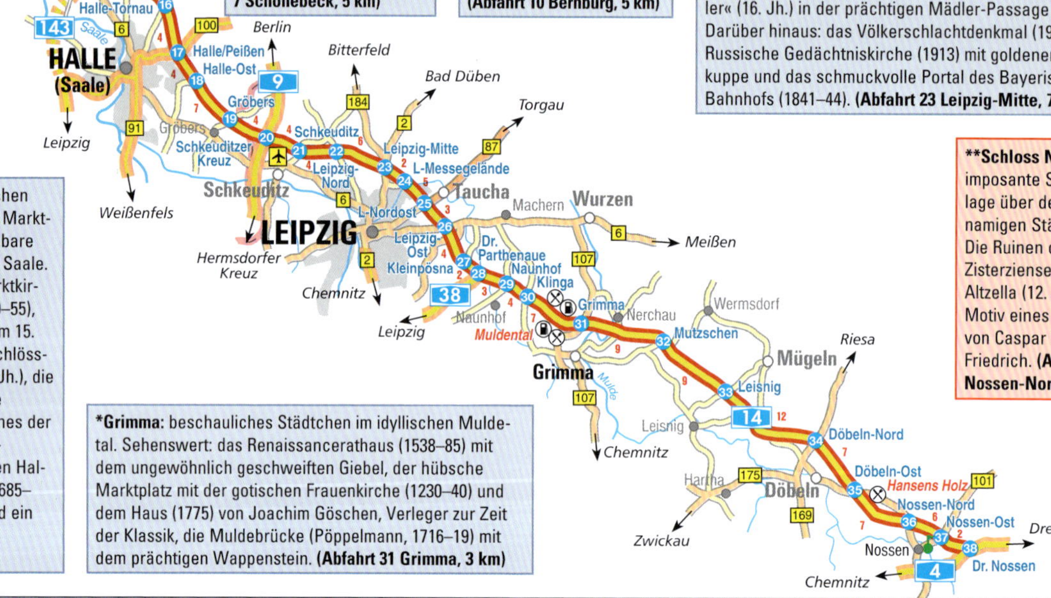

****Magdeburg:** Weithin sichtbar ist der mächtige Dom St. Mauritius (1209–1520), die erste gotische Kathedrale auf deutschem Boden. Das ehemalige Kloster »Unserer Lieben Frauen« (1064–1160) zählt zu den schönsten romanischen Anlagen Deutschlands, mit einem Konzertsaal, der dem 1681 in Magdeburg geborenen Komponisten Georg Friedrich Telemann gewidmet ist. Sehenswert: der Dom mit dem Grabmal Kaiser Ottos I., der Alte Markt mit barockem Rathaus (1691–98) und dem Magdeburger Reiter (1240), die Ruine der gotischen Johanniskirche (Mahnmal für das Bombeninferno von 1945). Am Elbufer liegt der zum Museum umgebaute Schaufelraddampfer MS Württemberg (1909). **(Abfahrt 3 Magdeburg-Stadtfeld, 6 km)**

***Schönebeck:** Fachwerkhäuser und die frühgotische Basilika mit zwei Barocktürmen prägen das Bild der Stadt. Im eingemeindeten Nachbarort Bad Salzelmen (erstes deutsches Solbad) sind das Gradierwerk (1756–65) und die Johanniskirche (1430–1519) sehenswert. **(Abfahrt 7 Schönebeck, 5 km)**

****Bernburg:** Wahrzeichen ist das über der Saale thronende, giebelreiche Renaissanceschloss derer von Anhalt-Bernburg (1538–70). Die mittelalterliche Stadtmauer umgibt Bernburg noch fast vollständig. Sehenswert: Altstadtmarkt und gotische Marktkirche (13. Jh.). **(Abfahrt 10 Bernburg, 5 km)**

Das Renaissancerathaus in Grimma

*****Leipzig:** Die Leipziger nennen das Ende der 1960 er Jahre entstandenen Universitätsgebäude den »Weisheitszahn«, es überragt mit 142 m Höhe die alte Buch- und Messemetropole. Der zu einem Konsumtempel ausgebaute größte Kopfbahnhof Europas (1907–15) und die supermoderne Glashalle der Leipziger Messe sind Symbole des Aufbruchs der Boomtown des Ostens. Blickfang am Markt ist das im Renaissancestil erbaute Alte Rathaus (1556) mit einer barocken Haube auf dem buntem Uhrturm. Sehenswert: die gotische Thomaskirche (13./15. Jh.), Wirkungsstätte von J.S. Bach und Heimat des weltberühmten Thomanerchors, die wunderbar lichte Nikolaikirche (12. Jh./14.–16. Jh.), der Naschmarkt mit alter Börse (1678–87) und dem durch Goethes Faust bekannten »Auerbachs Keller« (16. Jh.) in der prächtigen Mädler-Passage (1912–14). Darüber hinaus: das Völkerschlachtdenkmal (1913), die Russische Gedächtniskirche (1913) mit goldener Zwiebelkuppe und das schmuckvolle Portal des Bayerischen Bahnhofs (1841–44). **(Abfahrt 23 Leipzig-Mitte, 7 km)**

Saale: Der 413 km lange Fluss entspringt im Fichtelgebirge und mündet südlich von Magdeburg bei Barby in die Elbe.

*****Halle:** Das Ensemble aus Kirchen und historischen Bauwerken am Marktplatz bestimmt die unverwechselbare Silhouette der alten Stadt an der Saale. Sehenswert: die viertürmige Marktkirche Unserer Lieben Frauen (1529–55), der 84 m hohe Rote Turm aus dem 15. Jh., der Ratshof und das Marktschlösschen. Der gotische Dom (13./16. Jh.), die Moritzkirche (14.–16. Jh.) und die Moritzburg (1484–1503), heute eines der wichtigsten Kunstmuseen in Ostdeutschland. Dem prominentesten Hallenser Georg Friedrich Händel (1685–1759) sind ein Denkmal (1859) und ein Museum gewidmet. **(Abfahrt 17 Halle-Peißen, 6 km)**

***Grimma:** beschauliches Städtchen im idyllischen Muldetal. Sehenswert: das Renaissancerathaus (1538–85) mit dem ungewöhnlich geschweiften Giebel, der hübsche Marktplatz mit der gotischen Frauenkirche (1230–40) und dem Haus (1775) von Joachim Göschen, Verleger zur Zeit der Klassik, die Muldebrücke (Pöppelmann, 1716–19) mit dem prächtigen Wappenstein. **(Abfahrt 31 Grimma, 3 km)**

****Schloss Nossen:** imposante Schlossanlage über dem gleichnamigen Städtchen. Die Ruinen des Zisterzienserklosters Altzella (12. Jh.) sind Motiv eines Gemäldes von Caspar David Friedrich. **(Abfahrt 36 Nossen-Nord, 3 km)**

UNTERWEGS IM SAALETAL

Bernburg: die Saale und das Renaissanceschloss

Ein grünes Gegengewicht zur Industrieregion Leipzig-Halle bietet sich entlang der Saale. Von der Autofähre in Rothenburg lohnt sich ein Blick auf die leuchtend roten Felsen beim Saaledurchbruch **(Abfahrt 12 Könnern, 9 km).** Das größere Naturerlebnis bietet ein vier Kilometer langer Wanderweg, der ab Gimritz durch den **Naturpark Unteres Saaletal führt (Abfahrt 13 Löbejün, 10 km).** Die regenarme Region weist sehenswerte Steppenlandschaft auf, am Wegesrand wachsen seltene Blumen und Gräser. Markant sind die roten Felswände und die kleinen Bäche, die der Saale zufließen und die Landschaft durchschneiden.

KULINARISCHES DER REGION: Deftige Genüsse

Die kulinarische Vielfalt dieser Region ist beeindruckend. Kenner gönnen sich ein **Eisbein mit Sauerkraut,** das in Sachsen-Anhalt am besten schmeckt. Wer die Grenze nach Sachsen überschritten hat, kann mit einem alten Vorurteil aufräumen: **»Leipziger Allerlei«** ist kein kraftloses Dosengemüse. Laut Originalrezept werden alle frischen Zutaten einzeln gegart – das ist zwar aufwändig, aber geschmackvoller. Eine deftige Alternative ist das **Sächsische Zwiebelfleisch,** ein würziges Essen mit viel Zwiebeln und Kümmel. Als Nachtisch empfehlen sich **»Leipziger Lerchen«** – kleine Mürbeteigtörtchen mit süßen Füllungen. Empfehlenswerte Lokale: **Hallesche Spezialitätenbrauerei,** Große Nikolaistr. 2, 06108 Halle: In dem gemütlichen Lokal isst man am besten Eisbein! **(Abfahrt 17 Halle/Peißen, 8 km). Apels Garten,** Kolonadenstraße 2, 04109 Leipzig: Elegantes, traditionsreiches Restaurant mit feinster Küche **(Abfahrt 23 Leipzig-Mitte, 5 km). Gosenschänke Ohne Bedenken,** Menckestr. 5, 04155 Leipzig: Gose, ein leicht säuerliches, obergäriges Bier als Spezialität **(Abfahrt 23 Leipzig-Mitte, 5 km).**

RAST AUF REISEN: Übernachten im Saaletal

Hotel Goldener Ring, Bernburger Str. 4, 06420 Könnern, Tel. 03 46 91/43 10: gutbürgerliches Haus **(Abfahrt 12 Könnern, 2 km). Gasthaus Familie Werbig,** Burgstr. 29, 06193 Löbejun, Tel. 03 46 03/7 82 71: kleine Pension an der Stadtkirche, italienisches Restaurant **(Abfahrt 13 Löbejun, 3 km). Landgasthaus Sattelhof,** Sattelhof 1, 06198 Neutz, Tel. 03 46 03/3 19-0 **(Abfahrt 13 Löbejun, 6 km). City Hotel Am Wasserturm,** Lessingstr. 8, 06114 Halle, Tel. 03 45/2 98 20: Sauna, Konferenzräume **(Abfahrt 17 Halle/Peißen, 4 km). Radisson Blu Hotel Leipzig,** Augustusplatz 5/6, 04109 Leipzig, Tel. 03 41/2 14 60: vis-à-vis von Oper und Gewandhaus **(Abfahrt 23 Leipzig-Mitte, 5 km).**

Der Magdeburger Dom gilt als das älteste gotische Gotteshaus in Deutschland.

Bundesverwaltungsgerichtshof und Neues Rathaus bestimmen die Kulisse Leipzigs.

Altes und Neues verbindet sich gelungen in der Mädlerpassage in Leipzig.

Auf dem Augustusplatz in Leipzig blickt man auf den Mendebrunnen und die Oper.

Streckenprofil: *Von der alten Hansestadt an der Ostseeküste führt die Strecke quer durch die leicht wellige, landschaftlich äußerst reizvolle Region der Mecklenburgischen Seenplatte bis zum Anschluss an die A24.*
(120 km, 1 ¼ Std.)

12 km nördlich von Rostock liegt das Ostseebad Warnemünde mit Pensionen, die hier schon seit 1817 Gäste beherbergen. Die Fisch-, Bernstein- und Ausflugskutter am Alten Strom vermitteln noch immer den Charme eines kleinen Fischerdorfs. Bad Doberan, ehemalige Sommerresidenz des Mecklenburger Hofs, berühmt für die reich ausgestattete gotische Klosterkirche (13./14. Jh.), liegt 15 km westlich. **(Warnemünde üb. B103, Bad Doberan üb. B105)**

*****Rostock:** Beherrscht wird das Bild der alten Hafen- und Hansestadt von der gotischen Marienkirche (1260–1450) mit Astronomischer Uhr, die seit 1472 funktioniert. Sehenswert die prächtigen Giebelhäuser zwischen Kröpeliner Tor (13./14. Jh., 54 m) und dem Neuen Markt; die »Fünte«, ein 3 m hoher Bronzetaufkessel (1290) in der Marienkirche, Kirche und Kloster des Heiligen Kreuzes (14. Jh.), Universität (1867–70, gegr. 1419), gotisches Rathaus mit barockem Vorbau (1729) sowie Kulturhistorisches Museum und Schifffahrtsmuseum. **(Abfahrt 7 Rostock-Süd, 6 km)** Hinweis: Ab Autobahnende Rostock-Ost (Abfahrt 6) sind es über die E55 noch 7 km bis zu den Auto- und Eisenbahnfähren nach Dänemark und Schweden.

Das mächtige Renaissanceschloss in Güstrow

****Krakow am See:** Von Hügel- und Megalithgräbern umgebener Luftkurort am gleichnamigen See, dessen Südteil als Brutplatz seltener Wasservögel unter Naturschutz steht. **(Abfahrt 14 Krakow, 9 km)**

*****Güstrow:** Eingebettet in die Seenlandschaft am Flüsschen Nebel liegt die einstige Residenzstadt, deren Schloss (1558–94) das größte Renaissancebauwerk Mecklenburg-Vorpommerns ist. In der unter Denkmalschutz stehenden Altstadt liegen, umrahmt von Bürgerhäusern, das klassizistische Rathaus (1798) und die vierschiffige Hallenkirche St. Marien (1503–22). Etwas abseits: der gotische Backsteindom (1226). Sehenswert: Schlossmuseum, Stadtmuseum und die Ernst-Barlach-Gedenkstätte in der Gertrudenkapelle mit berühmten Plastiken des Bildhauers (1910–1938). **(Abfahrt 13 Güstrow, 10 km)**

****Alt Schwerin:** Das Agrarhistorische Freilichtmuseum im von alten Eichen umgebenen denkmalgeschützten Dorf am Nordufer des Plauer Sees, ist einen Besuch wert: Von Weitem sieht man die große Holländer-Windmühle. **(Abfahrt 16 Malchow, über B192, 3 km)**

*****Mecklenburgische Seenplatte:** Die herrliche Naturlandschaft mit ihren zahlreichen Seen zeigt die Vielfalt eiszeitlicher Landschaftsformen. Moränenhügel, sumpfige Niederungen, Dünen im Binnenland, mit Kiefern bewachsene Heideböden und von Schilfgürteln umgebene Seen machen die Region zu einem Land von beeindruckender Vielfalt. Typisch für das gesamte Gebiet bis Ostmecklenburg sind auch die von Birken oder Linden gesäumten Alleen.

****Malchow:** Zwischen Fleesensee und Plauer See mit altem Fachwerk. Sehenswert: die Klosterkirche mit weithin sichtbarem Turm (1844–49), das Rathaus (18. Jh.) und eine Drehbrücke (1846, nach 1945 modernisiert). **(Abfahrt 16 Malchow, 4 km)**

****Wittstock:** Die einstige Bischofsresidenz ist von einer mittelalterlichen Wallanlage umgeben. Dahinter verbergen sich kunstvolle Fachwerkbauten und enge Gassen. Sehenswert: die gotische Marienkirche (13. Jh.) mit der Wittstocker Madonna. **(Abfahrt Wittstock (Dosse), 3 km)**

*****Müritz:** Mit einer Fläche von rund 113 km² ist sie nach dem Bodensee der zweitgrößte See Deutschlands und wie der Bodensee ist sie ein Relikt der letzten Eiszeit. Der Nationalpark am Ostufer gehört zu den schönsten Landschaften Norddeutschlands. Sehenswert: der idyllische Luftkurort Waren mit Müritzmuseum und dem größten Süßwasseraquarium Deutschlands. **(Abfahrt 17 Waren-Müritz, über B192, ca. 25 km)**

UNTERWEGS IN DER MECKLENBURGISCHEN SEENPLATTE

Unendlich erscheint hier die Seenwelt.

Eine der schönsten deutschen Landschaften hat sich in jüngster Zeit zum beliebten Urlaubsziel gemausert. Über **650 Seen,** zahlreiche Flüsse, wilde Heiden und dunkle Moore begeistern jeden Naturliebhaber. Der **Naturpark Nossentiner Schwinzer Heide** bietet sich mit seiner Fläche von 320 km² als Einstieg an. Das wasserreiche Gebiet reicht von Goldberg bis Waren und grenzt dort an den **Müritz-Nationalpark.** Die Naturparkverwaltung in Karow **(Abfahrt 16 Malchow, 11 km)** gibt Informationen über die Natur des Parks und die Möglichkeiten, ihn zu erkunden. Wer sich nach einer Abkühlung sehnt, hat nicht nur den **Plauer** und den **Krakower See,** sondern viele kleine Seen in direkter Reichweite. Ein Naturerlebnis bietet der 20 km lange, rotweiß markierte **Wanderweg** um den Krakower See **(Abfahrt 14 Krakow, 8 km),** dessen Südteil unter Naturschutz steht. Acht kleine Inseln bieten Kormoranen, Eisvögeln, Graureihern und Seeadlern ein Refugium. Vogelfreunde sollten den Beobachtungsturm in Glave nicht auslassen. Einen gemütlichen Blick auf die Natur ermöglicht eine Dampferfahrt über den nördlichen Teil des Sees.

KULINARISCHES DER REGION: Aal ist Trumpf

Krönendes Glanzlicht jeder guten Speisekarte ist in Mecklenburg-Vorpommern Aal in allen Formen. Klassisch ist der **Räucheraal,** zu dem man Schwarzbrot und Bier genießt. Von Rügen aufs Festland hat sich eine andere Spezialität verbreitet: die sahnehaltige **»Rügener Aalsuppe«.** Beliebt ist auch der in einem Zwiebelsud gegarte **Aal in Aspik.** Doch auch wer keine Lust auf Fisch hat, kommt auf seine Kosten. Der **»Mecklenburger Rippenbraten«** ist die köstliche Alternative zum Aal: Schweinerippchen, mit Äpfeln, Pflaumen und Brötchenstücken gefüllt.

RAST AUF REISEN: Hotels an der Seenplatte

Van der Falk Golfhotel Serrahn, Dobbiner Weg 24, 18292 Serrahn, Tel. 038456/66920: geschmackvolle Zimmer, landestypische regionale Küche, **(Abfahrt 14 Krakow, 1 km). Van der Valk Resort,** Krakower Chaussee 1, 18292 Dobbin/Linstow, Tel. 03 84 57/70: 1000 Zimmer, Sauna, Solarium, Whirlpool, Hallen- und Freibad, 7 Restaurants. **(Abfahrt 15 Linstow, 2 km). Kiwi,** Fischweg 1, 17214 Alt Schwerin, Tel. 039932/46122: Haus mit skandinavischem Flair, Strandbad, Massage, Wellness, Sauna, **(Abfahrt 16 Malchow, 4 km). Hotel&Restaurant Der Insulaner,** Lange Str. 7, 17213 Malchow, Tel. 039932/ 820740: familiär geführtes Hotel mit Seeblick, klasssische deutsche Küche; **Sporthotel Malchow,** Schulstr. 6, 17213 Malchow, Tel. 039932/890: Restaurant, Hallentennisplätze, Kegelbahnen, Sauna, Dampfbad **(Abfahrt 16 Malchow, 4 km). Am Röbeler Thor,** Am Dosseteich 1, 16909 Wittstock/Dosse, Tel. 03394/40046: komfortable Zimmer, regionale Küche **(Abfahrt 20 Wittstock, 3 km).**

Der Rostocker Stadthafen lädt zu einem gemütlichen Bummeln direkt an den historischen Anlagen ein.

Am Möwenbrunnen auf dem Rostocker Neuen Markt sind die vier Wassergötter Triton, Nereus, Neptun und Proteus dargestellt.

Der Erlebnispfad im Müritz-Nationalpark von Serrahn nach Zinow

Ein Kranich in seinem Nest

Streckenprofil:** Die so genannte Ostseeautobahn führt von Lübeck durch das Hinterland der Ostseeküste Mecklenburg-Vorpommers bis nach Prenzlau in der Uckermark und trifft dort auf die A11 **(330 km, 3 Std.).

Hansestadt Wismar: farbenfrohe Fassaden und Backsteingotik

***Warnemünde:** Der breite Strand mit feinem weißen Sand zieht in den Sommermonaten Besucher magnetisch an. Ausgezeichnete Wasserqualität und flache Strände garantieren auch für Kinder pures Badevergnügen. **(Abfahrt 14 Rostock-West, B103, 19 km)**

***Grevesmühlen:** Wahrzeichen des Ortes, der im Mittelalter Rastplatz an der Landstraße von Lübeck nach Russland war, ist die weithin sichtbare Mühle aus slawischer Zeit. Sehenswert: die hübsche Altstadt mit kopfsteingepflasterten Gassen und einem stattlichen Marktplatz. **(Abfahrt 6 Grevesmühlen, 3 km)**

Rostock: siehe Seite 128

****Ratzeburg:** Die Inselstadt besticht durch ihre Lage im Ratzeburger See. Vom Aussichtspunkt in der Nähe des romanischen Doms von 1170 (gestiftet von Heinrich dem Löwen) hat man einen beindruckenden Blick auf die Stadt und die Seenlandschaft. Auch sehenswert: Ernst Barlach Mueum **(Abfahrt 2b, B207, 12 km)**

***Dorf Mecklenburg:** Ein 12 m hoher Ringwall ist Überrest des »castrum michelenburg«, einst Königsburg der Obotriten (Ostseeslawen), später Hauptburg der Fürsten von Mecklenburg und Namensgeberin für das ganze Land. **(Abfahrt 8 Wismar-Mitte, nach 1 km rechts Richtung Dorf Mecklenburg, 4 km)**

***Neukloster:** Am waldumsäumten gleichnamigen See liegt die romanische Kirche (1230–35) des ehemaligen Zisterzienserklosters Sonnenkamp mit Glasmalereien aus dem 12. Jh. **(Abfahrt 11 Neukloster, 3 km)**

*****Wismar:** alte Hafen- und Hansestadt an der gleichnamigen, tief ins Land hineinragenden Bucht. Blickfang auf dem wunderschönen, von prächtigen Giebelhäusern gesäumten Marktplatz ist die »Wasserkunst« (1580–1602), ein kleiner tempelartiger Renaissancepavillon, der noch bis Ende des 19. Jh. die Versorgung mit Quellwasser garantierte. Sehenswert: das Staffelgiebelhaus »Alter Schwede« (1380), flankiert von einem weiteren Giebelhaus (19. Jh.) und der »Gaststätte Reuterhaus«, das monumentale klassizistische Rathaus (1817–19) und der fast an einen italienischen Palazzo erinnernde Fürstenhof (1553–56). Das imposante Mittelschiff der reich ausgestatteten Nikolaikirche (14./15. Jh.) gehört mit seinen 37 m zu den höchsten in Deutschland. Im »Schabbelhaus« (1570, holländische Renaissance) ist das Stadtgeschichtliche Museum untergebracht. Der Hafen wird von den mächtigen Kränen der Werftanlagen beherrscht; der Teil im Norden der Altstadt lohnt einen Besuch. Seit 2002 gehört Wismar zusammen mit Stralsund zum Welterbe der UNESCO. **(Abfahrt 8 Wismar-Mitte, 3 km)**

***Schönberg:** Rund um die gotische Backsteinkirche St. Laurentius und St. Katharina (14. Jh.) prägen klassizistische Bürgerhäuser und kleine Backsteinhäuser mit schmiedeeisernen Balkonen das Bild der ruhigen Kleinstadt. In der Kirche mit einem großen Taufbecken von 1357 finden alljährlich Konzerte im Rahmen des »Schönberger Musiksommers« statt. **(Abfahrt 5 Schönberg, 7 km)**

***Grimmen:** Von drei erhaltenen spätgotischen Toren beeindruckt besonders das Stralsunder Tor (15. Jh.); überragt wird die Altstadt von der gotischen Pfarrkirche St. Marien (1280) mit Rats- und Zunftgestühl aus dem 16. und 17. Jh. Sehenswert: gotisches Rathaus (um 1400) mit siebenteiligem Staffelgiebel und barocken Türmchen; der Altstadtkern ist rasterförmig angelegt; Heimatmuseum zur Geschichte der Stadt. **(Abfahrt 23 Grimmen-Ost, B194, 5 km)**

Stargarder Tor in Neubrandenburg

UNTERWEGS IM KLÜTZER WINKEL

Windmühle im Bauernland Klützer Winkel

Der Klützer Winkel, benannt nach seinem Hauptort Klütz **(Abfahrt 6 Grevesmühlen, 16 km)**, hieß wegen seiner Fruchtbarkeit früher auch **»Speckwinkel«.** Das Land zwischen **Lübecker** und **Wismarer Bucht** besticht durch seine anmutige Ländlichkeit und die Nähe zum Meer. So ist Boltenhagen, nördlich von Klütz, das zweitälteste **Seebad** an der **Ostsee.** Es lockt mit nostalgischem Flair, moderner Infrastruktur und einem herrlichen Sandstrand – in den Sommermonaten herrscht hier Hochbetrieb! Das Kontrastprogramm dazu bildet der stille **Everstorfer Forst** im Osten von Grevensmühlen. Hier kann man auf einem Spaziergang vorgeschichtliche Megalithgräber besuchen, deren bekanntestes der Teufelsbackofen ist, der sich aus 19 Monolithen zusammensetzt.

KULINARISCHES DER REGION: Rum für die Seele

Die Seefahrt und der Handel mit fernen Ländern prägen nicht nur die Geschichte der deutschen Küsten, sondern auch deren kulinarische Gepflogenheiten. Und da die tägliche Ration Rum für die Seeleute selbstverständlich war, wollte man auch zu Hause nicht auf den **Zuckerrohrschnaps** aus der Karibik verzichten. Wobei der Rum nicht unbedingt pur genossen wurde. Eher streckte man ihn mit heißem Wasser und gab Zucker dazu: Der **Grog** war geboren, ein beliebter Seelentröster im rauen Klima an der See. Kaum aufwändiger ist der **»Pharisäer«** zubereitet: Ein Gläschen Rum in den Kaffee, ein hübsches Sahnehäubchen obendrauf und schon lässt sich die heiße Köstlichkeit genießen, die auch an den kältesten Tagen das Herz erwärmt.

RAST AUF REISEN: Übernachten in Meeresnähe

Seehotel Großherzog von Mecklenburg, Ostseeallee 1, 23946 Ostseebad Boltenhagen, Tel. 03 88 25/5 00: Neubau am Strand, elegantes Ferienhotel mit stilvoll eingerichteten Zimmern, Panorama-Spa mit Ostseeblick, Bio-Restaurant mit Produkten aus regionalem ökologischen Landbau, Bar, Café, Kinderbetreuung **(Abfahrt 6 Grevesmühlen, 22 km). Bei der Malzfabrik,** 23936 Grevesmühlen, Lübecker Str. 20, Tel. 03881/78090: Hotel garni und Appartementhaus im ehemaligen Direktionssitz der alten Malzfabrik, einer Villa des 19. Jahrhundert. **»Altes Rathaus« Hotel&Restaurant,** August-Bebel-Str. 1, 23936 Grevesmühlen, Tel. 03881/7565527: individuelle Zimmer mit modernem Komfort im einstigen Rathaus, einem der ältesten Gebäude der Stadt, bodenständige mecklenburgische Küche **(Abfahrt 6 Grevesmühlen, 4 km).**

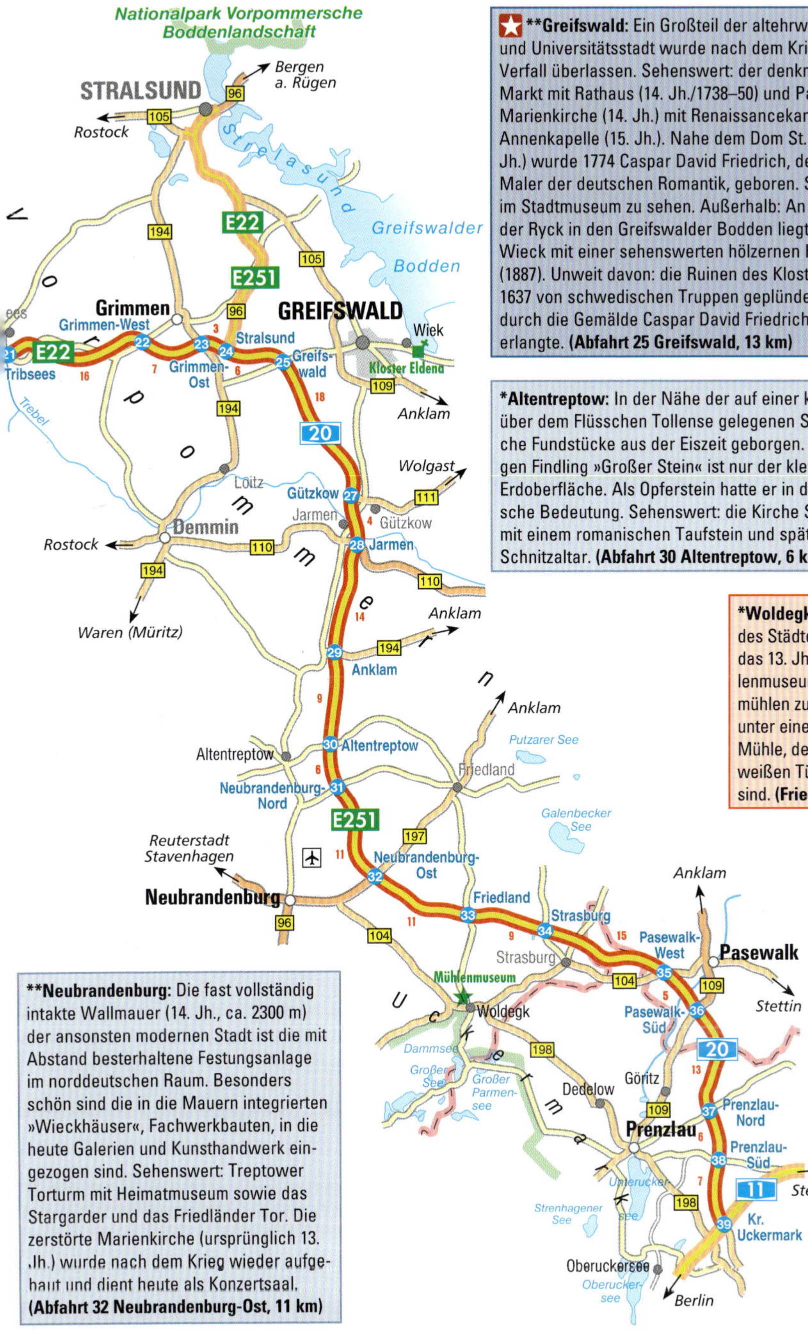

Greifswald: Ein Großteil der altehrwürdigen Hanse- und Universitätsstadt wurde nach dem Krieg leider dem Verfall überlassen. Sehenswert: der denkmalgeschützte Markt mit Rathaus (14. Jh./1738–50) und Patrizierhäusern, Marienkirche (14. Jh.) mit Renaissancekanzel (1587) und Annenkapelle (15. Jh.). Nahe dem Dom St. Nikolai (13./15 Jh.) wurde 1774 Caspar David Friedrich, der berühmteste Maler der deutschen Romantik, geboren. Seine Bilder sind im Stadtmuseum zu sehen. Außerhalb: An der Mündung der Ryck in den Greifswalder Bodden liegt das Fischerdorf Wieck mit einer sehenswerten hölzernen Klappbrücke (1887). Unweit davon: die Ruinen des Klosters Eldena, das 1637 von schwedischen Truppen geplündert wurde und durch die Gemälde Caspar David Friedrichs Berühmtheit erlangte. **(Abfahrt 25 Greifswald, 13 km)**

***Altentreptow:** In der Nähe der auf einer kleinen Anhöhe über dem Flüsschen Tollense gelegenen Stadt wurden etliche Fundstücke aus der Eiszeit geborgen. Von dem mächtigen Findling »Großer Stein« ist nur der kleinere Teil an der Erdoberfläche. Als Opferstein hatte er in der Frühzeit kultische Bedeutung. Sehenswert: die Kirche St. Petri (14. Jh.) mit einem romanischen Taufstein und spätgotischem Schnitzaltar. **(Abfahrt 30 Altentreptow, 6 km)**

***Woldegk:** Die Gründung des Städtchens geht auf das 13. Jh. zurück. Im Mühlenmuseum sind 5 Windmühlen zu bestaunen, darunter eine 100 Jahre alte Mühle, deren Flügel mit weißen Tüchern bespannt sind. **(Friedland, 10 km)**

****Neubrandenburg:** Die fast vollständig intakte Wallmauer (14. Jh., ca. 2300 m) der ansonsten modernen Stadt ist die mit Abstand besterhaltene Festungsanlage im norddeutschen Raum. Besonders schön sind die in die Mauern integrierten »Wieckhäuser«, in die heute Galerien und Kunsthandwerk eingezogen sind. Sehenswert: Treptower Torturm mit Heimatmuseum sowie das Stargarder und das Friedländer Tor. Die zerstörte Marienkirche (ursprünglich 13. Jh.) wurde nach dem Krieg wieder aufgebaut und dient heute als Konzertsaal. **(Abfahrt 32 Neubrandenburg-Ost, 11 km)**

Der Museumshafen von Greifswald

Romantisch: Ruinen des Klosters von Eldena

***Pasewalk:** Die Stadt an der Uecker mit den zwei stattlichen Pfarrkirchen St. Marien (14. Jh.) und St. Nikolai (13./14. Jh.) hatte im Mittelalter durch das hier gebraute Bier, die »Pasenelle«, einen florierenden Fernhandel. Sehenswert: ein Spital aus dem 16. Jh. und Teile der Stadtbefestigung mit dem Prenzlauer Tor (um 1480), heute Städtisches Museum zur Frühgeschichte der Region. **(Pasewalk-West, 7 km)**

****Prenzlau:** Das Stadtbild des Zentrums der Uckermark beherrscht der gewaltige Doppelturm der Marienkirche (13./14. Jh). Seine Turmspitzen haben die Form von Miniaturhäusern, und der Ostgiebel (1340) der dreischiffigen Kirche gehört zu den Meisterwerken der Backsteingotik. Sehenswert: die Türme der Stadtmauer, besonders der Mitteltorturm; die frühgotische Dominikanerkirche zum Heiligen Kreuz (1275–1343) mit Heimatmuseum und die einst gotische Sabinerkirche (1817 umgebaut) mit einem Kanzelaltar von 1597. Der 7 km lange Unteruckersee südlich der Stadt ist fest in der Hand von Seglern und Surfern. **(Abfahrt 37 Prenzlau-Nord, 10 km)**

UNTERWEGS IN DER UCKERMARK

Großer Lychensee

Am Endpunkt der Route, im äußersten Nordosten Deutschlands, liegt die Uckermark. Das Grenzland (**»Mark«**) am Fluss **Ucker** oder **Uecker** verbindet die alten Länder Brandenburg, Mecklenburg und Pommern. Von jeher wurden hier Forstwirtschaft und Ackerbau betrieben, im 18. Jahrhundert war die Uckermark die **Kornkammer Berlins.** Später wurde sie zum beliebten Naherholungsgebiet der Berliner. Das schöne **Hügelland** mit Seen, großen Kiefernwäldern und Heidelandschaften bietet Platz für Spaziergänge, Badefreuden, Spiel und Spaß in der freien Natur. Guter Ausgangspunkt ist die Stadt Prenzlau.

KULINARISCHES DER REGION: Süß & sauer

In Mecklenburg-Vorpommern, dem nordöstlichsten Bundesland, zeigt die heimische Küche eine große Vorliebe für kulinarische Genüsse, die das **Süße** mit dem **Sauren** oder Würzigen verbinden. Man kombiniert Fleisch mit Obst, Backobst und Rosinen. Vor allem sind es Äpfel und Backpflaumen, die den Saucen ihren besonderen Geschmack verleihen oder als Füllung in Schweinebraten und Geflügel dienen. So eine Gaumenfreude mit Überraschungseffekt ist der beliebte **Mecklenburger Rippenbraten,** der auf keiner Speisekarte fehlt. Dabei handelt es sich um Schweinerippchen, die mit Semmelbröseln, Äpfeln und Backpflaumen gefüllt sind. Auch die leckeren und berühmten **pommerschen Gänse** werden so gefüllt. Das Schwarzsauer, eine besondere Spezialität aus Gänseklein und Gänseblut, erhält durch die Zugabe von Backobst sein typisches süßes Aroma.

RAST AUF REISEN: Übernachten in der »Mark«

Hotel Uckermark, Friedrichstr. 2, 17291 Prenzlau, Tel. 03984/36400: nah am Unteruckersee, komfortable Zimmer, Restaurant mit regionalen Spezialitäten, Keller-Lounge (Bar) **(Abfahrt 37 Prenzlau-Nord 6 km). Gästehaus Göritz,** 17291 Göritz, Tel. 03 98 51 / 2 52: ruhige Lage, bequeme Zimmer, Restaurant mit gut bürgerlicher Küche, Biergarten **(Abfahrt 36 Pasewalk-Süd, 10 km). Pension am Tanger,** Basedower Str. 10, 17291 Dedelow, Tel. 03 98 53 / 20 68: günstige Zimmer, Frühstücksbüffet, preiswerter Mittagstisch **(Abfahrt Prenzlau-Nord, 15 km). Panoramahotel Uckermark,** Quastweg 2, 17291 Oberuckersee, Tel. 039863/63923: ehemalige Erholungsstätte der Bauakademie der DDR, jetzt Wellnesshotel mit exklusiven Zimmern und Seeblick, Seeterrasse, Restaurant uckermärkisch und mediterran **(Abfahrt 38 Prenzlau-Süd, 20 km).**

Der Wismarer Markt ist mit 10 000 Quadratmetern der größte Marktplatz in Norddeutschland. Von dem fast quadratischen Platz aus führen Zufahrtsstraßen in alle Richtungen.

Am Alten Hafen in Wismar sind neben dem Wassertor und der Nikolaikirche vor allem die historischen Segler sehenswert.

Im Zentrum steht die sogenannte Wasserkunst, ein Prunkbau aus der Renaissancezeit, der viele Jahrhunderte lang der Wasserversorgung der Stadt diente.

Blick in das Hauptkirchenschiff der Nikolaikirche in Wismar mit der modernen Orgel.

UNTERWEGS IN DER HOLSTEINISCHEN SCHWEIZ

Blühende Rapsfelder in der Holsteinischen Schweiz

Das liebliche **Hügelland** der Holsteinischen Schweiz mit ihren für norddeutsche Verhältnisse imposanten **Bergen** und den zahlreichen **Seen** bietet dem Besucher etwas ganz Besonderes: Ruhe, Erholung und Ursprünglichkeit. Nur 167 Personen leben hier pro km² im Gegensatz zu 226 im Bundesdurchschnitt. Zwar hat der Fremdenverkehr mit 20 Millionen Übernachtungen pro Jahr auch hier deutlich zugenommen, in weiten Teilen ist jedoch Schleswig-Holstein **Agrarland.** Dort, wo der Boden jung und fruchtbar ist, finden sich vornehme Landsitze wohlhabender Gutsherren mit prächtigen Alleen und Parks. Auf der von Natur aus etwas benachteiligten **Geest** sind behäbige Bauerndörfer angesiedelt, die sich im Schutz von Baumgruppen eng zusammendrängen. Wer sich mehr für städtebauliche Kleinode interessiert, dem dürfte die ehemalige Residenzstadt Plön **(Abfahrt 8 Bornhöved, 19 km)** einen Abstecher wert sein. Das auf die Inseln und Halbinseln der malerischen Seenlandschaft ausgedehnte Städtchen wird von einem Schloss im Stil der italienischen Spätrenaissance beherrscht. Auch die hübsche verwinkelte Altstadt lädt zu einem gemütlichen Bummel ein.

KULINARISCHES DER REGION: Der Große Hans

Der »Große Hans« oder **»Dithmarscher Mehlbüdel«** (Mehlbeutel) ist eine kulinarische Besonderheit, die in keinem Kochbuch in Schleswig-Holstein fehlt. Man kann ihn auf deftig-würzige Art oder süß als leckeres Dessert zubereiten. Der deftige Große Hans wird als Riesenkloß aus einem Mehlteig hergestellt, den man in einem Leinentuch zusammen mit Speck im Wasserbad kocht. Als Beilage serviert man Pellkartoffeln. Die süße Variante besteht aus altbackenen Brötchen, Milch, Eiern, Zucker, Mandeln und Rosinen. Je nach Jahreszeit gibt man Blaubeeren, Rhabarber, Kirschen oder Erdbeeren dazu.

RAST AUF REISEN: Stilvoll oder gemütlich

Maritim Hotel Bellevue, Bismarckallee 2, 24105 Kiel, Tel. 04 31/3 89 40: komfortables Hotel mit großzügigen Zimmern und Suiten, an der Ostsee mit Aussicht auf die Kieler Förde, gehobenes Restaurant; **Hotel Consul,** Walkerdamm 11, 24103 Kiel, Tel. 04 31/53 53 70: gepflegtes Hotel, schöne, moderne Zimmer, großzügige Gesellschaftsräume. **Flair Hotel Neeth,** Preetzerstr. 1–3, 24211 Preetz-Dammdorf, Tel. 04342/82374: familiengeführtes Haus, schöne Zimmer, ruhige Lage, gutes Restaurant mit schleswig-holsteinischer Küche, sonnige Gartenterrasse; **Parkhotel Seeufer,** Prinzenstr. 9, 24306 Plön, Tel. 04522/2319: kleines Haus im Villenstil am kleinen Plöner See mit Boots- und Badesteg, liebevoll eingerichtete Zimmer **(B76 Abfahrt Plön). Hotel Bürgerstuben,** Lübeckerstr. 12a, 23795 Bad Segeberg, Tel. 0 45 51/74 75: komfortable Zimmer, gemütliche Atmosphäre, Spezialität im Restaurant ist das hausgemachte Sauerfleisch **(Abfahrt 12 Bad Segeberg Nord, ca. 3 km).**

Streckenprofil: *Ein Teil der Route führt über die B404. Die leicht hügelige, von Wäldern, Seen und Feldern geprägte Landschaft ist in den Monaten Mai und Juni während der Rapsblüte in ein leuchtendes Gelb getaucht.* ***(95 km, davon 45 km B404, ca. 1½ Std.)***

***Kiel:** Der Reiz der Landeshauptstadt Schleswig-Holsteins liegt in ihrer Lage am südlichen Ende der Kieler Förde, einer der schönsten Buchten der Ostsee. Hier findet seit 1882 jedes Jahr Ende Juni die neuntägige Kieler Woche statt, ein kulturelles Event und eines der größten Segelsportereignisse der Welt. Sehenswert: Alter Markt mit gotischer Nikolaikirche (im 19. Jh. verändert) und Barlach-Plastik »Geistkämpfer« (1929), Kunsthalle (Malerei des 17. bis 20. Jhs.) und Schifffahrtsmuseum. Das Institut für Meereskunde mit beachtlichem Aquarium gehört zur Universität (gegr. 1665). Empfehlenswert: Kieler Hörn und Hörnbrücke (Dreifeldzugklappbrücke) mit ausgezeichnetem Blick auf Kiel. Hafen- und Förderundfahrten vom Ostseekai, z. B. nach Laboe zum 72 m hohen Marinedenkmal mit Aussichtsplattform. **(Ab Wankendorf über B 404 noch 26 km)**

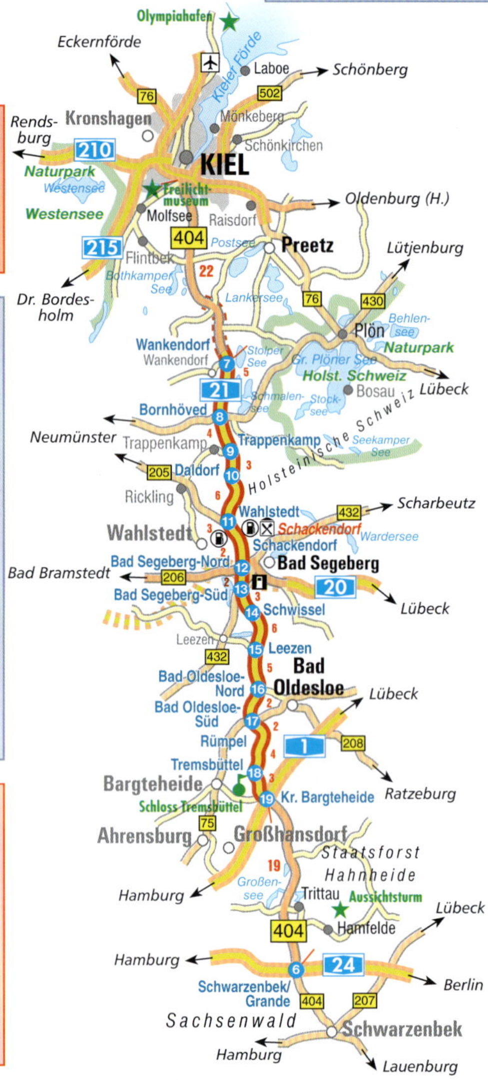

****Freilichtmuseum Molfsee:** Brauchtum und Handwerk Schleswig-Holsteins dokumentiert der Erlebnispark vor den Toren Kiels. **(Ab Wankendorf über B 404 noch 27 km)**

***Bad Segeberg:** Die Attraktion der Kurstadt mit nostalgischem Charme sind die im Juli und August stattfindenen Karl-May-Festspiele. Seit 1952 zieht es alljährlich Zehntausende auf die Naturbühne in den ehemaligen Gipssteinbruch, der die Kulisse für das Spektakel bildet. Sehenswert: die imposante Aussicht vom 91 m hohen Felsen der Kalkberghöhlen; die romanische Kirche St. Marien (12. Jh.) mit schönem Schnitzaltar (1515). **(Abfahrt 12 Bad Segeberg-Nord, 3 km)**

***Schloss Tremsbüttel:** Nur einen Katzensprung von der Autobahn entfernt liegt in einer schönen Parklandschaft das Märchenschloss aus dem 19. Jahrhundert, in dem heute ein elegantes Hotel mit Restaurant und Tagungszentrum untergebracht ist. Tel. 04532/264-0. **(Abfahrt 18 Tremsbüttel, 2 km)**

****Holsteinische Schweiz:** In sanfte Hügel und sattes Grün eingebettete Seen und die ausgedehnten Laubwälder machen den Naturpark zu einer der reizvollsten Regionen Deutschlands. Sehenswerte Orte:
***Preetz,** eine alte Schuhmacherstadt zwischen Post- und Lankersee. Interessant: das Zirkusmuseum in der Nähe der gotischen, turmlosen Backsteinkirche (1325). Inmitten von sieben Seen liegt der Luftkurort
****Plön,** ein touristisches Zentrum und Wassersporteldorado. Das auf einer Anhöhe gelegene prächtige Barockschloss (1633–36) war einst die Sommerresidenz der Dänischen Könige.
(Etwa 25 km Umweg: ab Kleinberkau Ri. Preetz; über B76 bis Plön; dann B430 bis Bornhöved: Anschluss B404)

***Bad Oldesloe:** Von einem Stadtbrand im Jahre 1798 fast gänzlich zerstört, wirkt die lebhafte Kreisstadt jünger als sie ist. Sehenswert: das »Blaue Haus« (15. Jh.), ehemaliger Warenspeicher; das von Rapsfeldern umgebene Travetal ist ein reizvolles Wandergebiet. **(Abfahrt 16 Bad Oldesloe-Nord, 4 km)**

***Sachsenwald, Auffahrt A24:** Wenige km südlich von Trittau, an der Auffahrt Schwarzenbek/Grande zur A24, beginnt das größte geschlossene Waldgebiet Schleswig-Holsteins. Der 70 km² große, nach Farn und Moos duftende Mischwald mit dunklen Fichten und knorrigen Eichen ist ein ideales Revier für schöne Wander- und Fahrradtouren.

***Staatsforst Hahnheide:** Naturbelassene, stille Wälder, grüne Wiesen und viele Teiche sind charakteristisch für den kleinen Forst östlich von Trittau. Vom Aussichtsturm »Langer Otto« (94 Stufen) hat man an klaren Tagen einen Blick bis Lübeck. **(Ab Trittau über Hamfelde bis Parkplatz Hasenberg, 5 km)**

Kiel: Rathaus mit »Campanile«

Holsteinische Schweiz: das Barockschloss in Plön

Ein Segelboot auf dem Großen Plöner See

Plöns Wahrzeichen ist das Schloss mit dem Prinzenhaus (im Bild).

Streckenprofil B5: *Die Fahrt führt durch die extrem flache, einzigartige Koog- und Marschenlandschaft Nordfrieslands. Typisch sind die verstreut liegenden Bauernhöfe mit Kühen und Schafen auf saftigem Weideland.* ***(90 km, 1 ¼ Std.)***
A23: *Aus Nordfriesland mit seinen touristischen Zielen Sylt und St. Peter Ording führt die Strecke durch das flache Bauernland Dithmarschen in das weltstädtische Hamburg.* ***(100 km, ca. 1 Std.)***

*****Sylt:** Die Insel in der Nordseebrandung ist mit 110 km Küstenlinie, 40 km Strand, malerischen Kliffs und schönen Friesenhäusern die »Königin der Nordsee«. Neben Trubel und teuren Luxustreffs bietet sie auch viel Natur. **(Ab Niebüll mit dem Autozug nach Westerland)**

***Niebüll:** Autoverladestation nach Sylt. Während der Fahrt über den am 1.6.1927 eröffneten Hindenburgdamm passiert man den mit zahlreichen Windkrafträdern bebauten Windpark am Friedrich-Wilhelm-Lübke-Koog. **(An der B5)**

***Bredstedt:** einstiger Handelsort mit dreieckigem Marktplatz und gotischem Rathaus. Sehenswert: Apotheke (1611), Kirche (1467), Wattenmeer-Diorama. **(An der B5)**

****Husum:** Hauptstadt Nordfrieslands. Sehenswert: Alter Hafen, Theodor-Storm-Museum, Marktplatz mit Giebelhäusern (16./17. Jh.), Marienkirche (1829–33), Schloss (16. Jh., 1752); Nordfriesisches u. Schifffahrtsmuseum. **(An der B5)**

*****Friedrichstadt:** Holländische Siedler, die im 17. Jh. wegen ihres Glaubens aus den Niederlanden flüchten mussten, erbauten die malerische Grachtenstadt an der Eider. **(Von B5 ab auf B202, 5 km)**

***Tönning:** Überragt wird das verträumte Städtchen mit alten Giebelhäusern und malerischem Krabbenkutterhafen vom barocken Turm der Laurentiuskirche (um 1220). Sehenswert: das Packhaus (1783) mit Museum zur Stadtgeschichte von der Wikingerzeit bis heute. **(Von B5 ab auf B202, 1 km)**

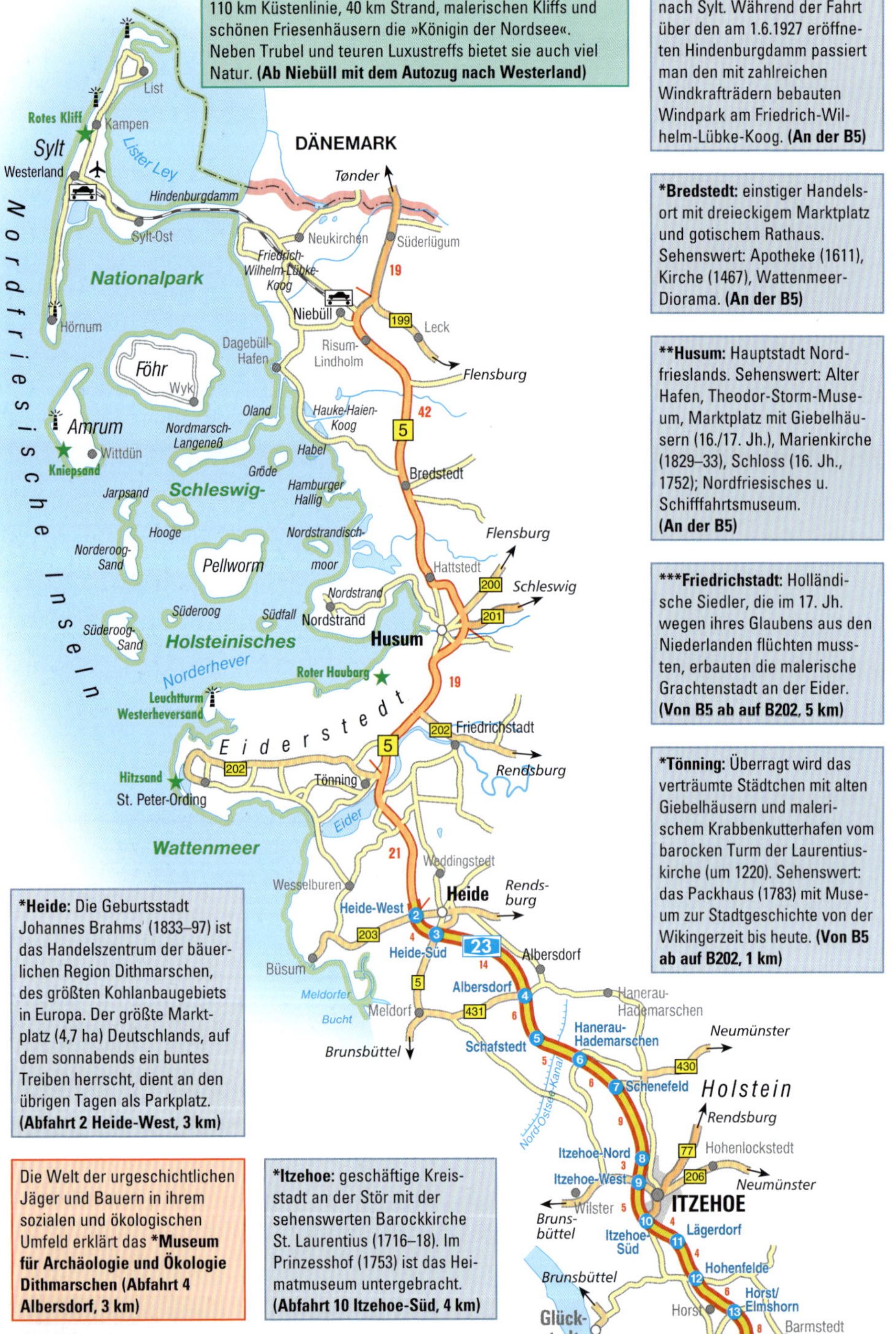

***Heide:** Die Geburtsstadt Johannes Brahms (1833–97) ist das Handelszentrum der bäuerlichen Region Dithmarschen, des größten Kohlanbaugebiets in Europa. Der größte Marktplatz (4,7 ha) Deutschlands, auf dem sonnabends ein buntes Treiben herrscht, dient an den übrigen Tagen als Parkplatz. **(Abfahrt 2 Heide-West, 3 km)**

Die Welt der urgeschichtlichen Jäger und Bauern in ihrem sozialen und ökologischen Umfeld erklärt das ***Museum für Archäologie und Ökologie Dithmarschen (Abfahrt 4 Albersdorf, 3 km)**

***Itzehoe:** geschäftige Kreisstadt an der Stör mit der sehenswerten Barockkirche St. Laurentius (1716–18). Im Prinzesshof (1753) ist das Heimatmuseum untergebracht. **(Abfahrt 10 Itzehoe-Süd, 4 km)**

Husum: der Schlosspark zur Zeit der Krokusblüte

UNTERWEGS IM NATIONALPARK SCHLESWIG-HOLSTEINISCHES WATTENMEER

Sylt: der Leuchtturm am Ellenbogen

Deutschlands größter **Nationalpark** beginnt an der Nordspitze von Sylt und reicht mit seiner ausgedehnten Landschaft bis zur Elbmündung hinunter. Am besten lernt man die Schätze dieser rauen, aber sehr reizvollen Naturlandschaft mit einer Fläche von 441 500 ha, auf einer **Wattwanderung** kennen. Salzwiesen, Schlickwatten, Seehundbänke und Seevogelkolonien sind nur einige der Besonderheiten, die sich den staunenden Augen des Besuchers bieten. Bei zahlreichen **Schutzstationen** auf den Inseln und auf dem Festland kann man sich für eine solche Exkursion in die »Kinderstube der Nordsee« anmelden. Auch der **Hitzsand** in der Nähe des Urlaubsortes St. Peter-Ording bietet Badeurlaubern wie Spaziergängern ein weites Betätigungsfeld. Mit 14 km Länge und bis zu 2 km Breite ist er fast so groß wie der Amrumer **Kniepsand,** Deutschlands längster Sandstrand. Doch während dieser nur noch bei Sturmfluten Land unter meldet, wird der Hitzsand doch des öfteren von den gewaltigen Wellen überspült. Dann flüchtet Groß und Klein auf die typischen Pfahlbauten und wartet, bis die Fluten vorüber sind. Hat sich das Meer wieder zurückgezogen, dann ist der Moment für die Strandsegler gekommen, die dreirädrig und leicht wie Federn pfeilschnell über den tischebenen Sandboden gleiten.

KULINARISCHES DER REGION: Der Pharisäer

Bei rauen Winden und hohen Fluten greift man im Norden gerne auf **Hochprozentiges** zurück. Starker, schwarzer **Kaffee** mit einem gehörigen Schuss **Rum,** das Ganze unter einem flauschigen **Sahnehäubchen** versteckt – das ist der berühmte nordfriesische »Pharisäer«. Das Sahnehäubchen diente den trinkfreudigen Bauern angeblich einst dazu, bei Kindstaufen oder ähnlichen Festivitäten vor dem Pastor zu verbergen, dass sie schon zur Kaffeetafel Alkohol zu sich nahmen. **»Oh, ihr Pharisäer!«** soll der Pastor dann gerufen haben, als er den Schwindel durch einen dummen Zufall endlich entdeckte. Empfehlenswert: **Strandcafé Halligblick,** Norderhafen 18, 25845 Nordstrand: Wer seinen Pharisäer hier zu sich nimmt, der sollte sich gut wappnen: Denn es ist Tradition, dass jeder Gast, der sieben Pharisäer getrunken hat, den achten gratis erhält. Nur Vorsicht: Hinters Steuer sollte man sich nach diesem hochprozentigen Genuss nicht mehr setzen. **(Husum Abfahrt Hattstedt, 14 km).**

RAST AUF REISEN: Übernachten in Husum

Hotel & Spa Rosenburg, Schleswiger Chaussee 65, 25813 Husum, Tel. 04841/96050: Wellnesshotel, komfortable Zimmer, ruhig, sehr viele Fischgerichte auf der Speisekarte des ausgezeichneten Restaurants **(B5 Abfahrt Husum, 4 km). Nordseehotel,** Dockkoogstr. 26, 25813 Husum, Tel. 0 48 41/50 21: modernes Hotel am Strand, Restaurant, Sauna, Swimmingpool **(Husum Abfahrt Hafen-Südufer, Rödemis, 4 km).**

Vor und nach der Hauptsaison im Sommer zeigt sich Sylt in seiner menschenleeren Ursprünglichkeit.

Ein kleiner Wanderpfad führt auf dem Roten Kliff entlang.

Sehr hübsch und ursprünglich sind die Friesenhäuser im idyllischen Keitum.

Wie ein Puppenhaus wirkt die Inneneinrichtung des Altfriesischen Hauses in Keitum.

***Streckenprofil:** Die Route durch die flach welligen, dünn besiedelten Landschaften Mecklenburgs und Brandenburgs verbindet die Metropolen Hamburg und Berlin.*
(245 km, 2½ Std.)
***A14:** Autobahnteilstück Dr. Schwerin – Dr. Wismar verbindet A24 mit A20.*
(56 km, 25 Min.)

*****Naturpark Lauenburgische Seen:** Buchtenreiche Seen machen die Region zu einem Paradies für Wassersportler. Mitten in der an seltener Flora und Fauna reichen Landschaft liegt – auf einer Insel – das malerische Ratzeburg mit dem imposanten romanischen Dom. Sehenswert auch die 10 km südlich liegende »Eulenspiegel-Stadt« Mölln. **(Abfahrt 7 Talkau, über B207, 10 km bis Mölln, 20 km bis Ratzeburg)**

*****Schwerin:** Blickfang ist das überdimensionale, auf einer vorgelagerten Insel gelegene Schloss Schwerin (1843–57) mit seinen 365 Türmchen. Sehenswert: gotischer Dom St. Maria und St. Johannes (ab 1280/15. Jh.), Markt mit Bürgerhäusern (18./19. Jh.), klassizistisches Staatstheater (1883–86) und Staatliches Museum im »Alten Garten« mit einer herausragenden Sammlung niederländischer und flämischer Malerei. **(A14, Abfahrt 5 Schwerin-Ost, 3 km)**

***Schwerin-Mueß:** Sehenswert ist das Mecklenburgische Volkskundemuseum, ein Freilichtmuseum am original hier angesiedelten Ort am Pinnower See. **(A14, Abfahrt Schwerin-Ost, 2 km)**

*****Schweriner Seenland:** Größter und schönster der zahlreichen Seen in der abwechslungsreichen sanft gewellten Landschaft Westmecklenburgs ist mit 65 km² Wasserfläche der Schweriner See. Mit den Fahrgastschiffen der Weißen Flotte kann man unvergessliche Seerundfahrten machen. **(Anlegestelle in Schwerin zwischen Schlossinsel und Marstall)**

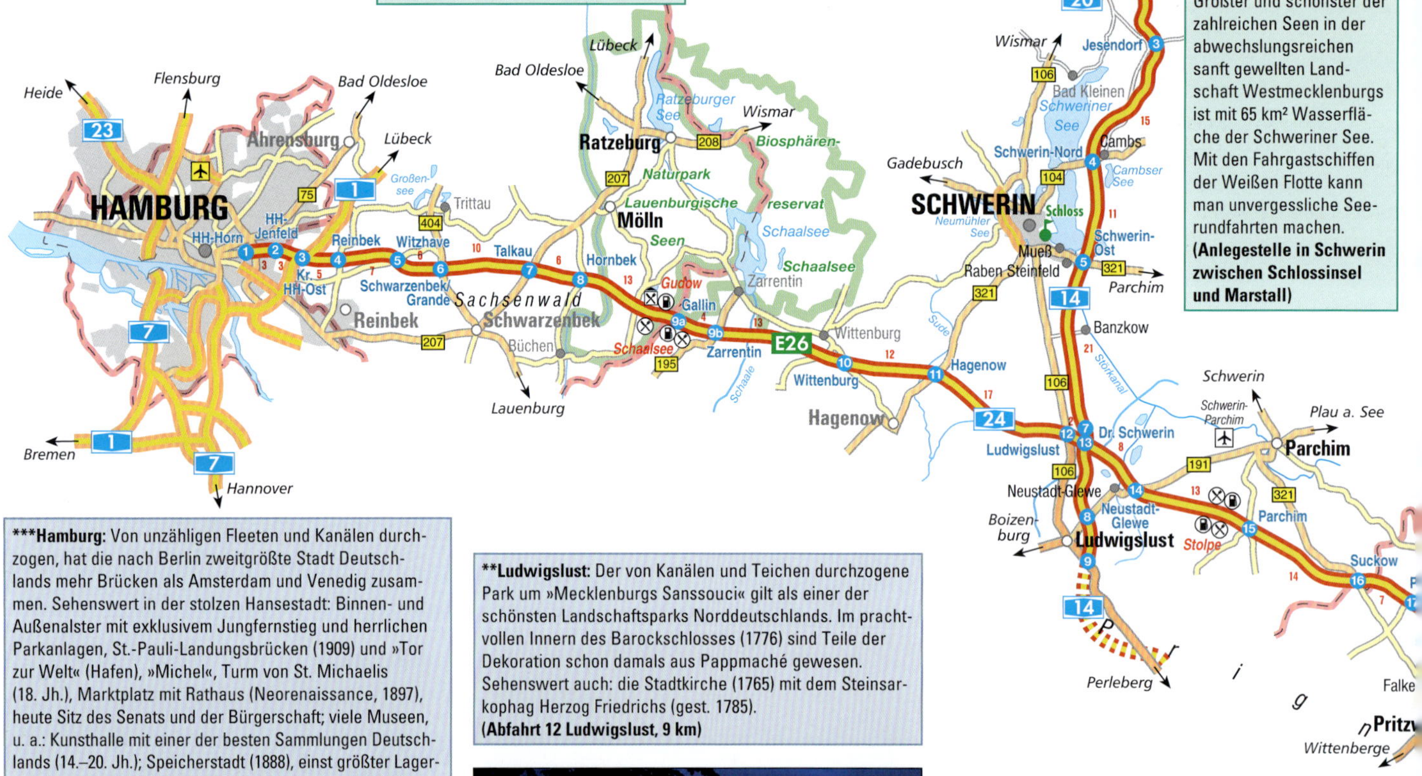

*****Hamburg:** Von unzähligen Fleeten und Kanälen durchzogen, hat die nach Berlin zweitgrößte Stadt Deutschlands mehr Brücken als Amsterdam und Venedig zusammen. Sehenswert in der stolzen Hansestadt: Binnen- und Außenalster mit exklusivem Jungfernstieg und herrlichen Parkanlagen, St.-Pauli-Landungsbrücken (1909) und »Tor zur Welt« (Hafen), »Michel«, Turm von St. Michaelis (18. Jh.), Marktplatz mit Rathaus (Neorenaissance, 1897), heute Sitz des Senats und der Bürgerschaft; viele Museen, u. a.: Kunsthalle mit einer der besten Sammlungen Deutschlands (14.–20. Jh.); Speicherstadt (1888), einst größter Lagerhauskomplex der Welt (seit 2015 Welterbe der UNESCO); Miniatur Wunderland, größte Modelleisenbahn der Welt; Reeperbahn; Tierpark Hagenbeck – der erste Privatzoo der Welt (1907). **(Abfahrt 1 Hamburg-Horn, 6 km)**

Ein Muss ist ein Besuch des Fischmarkts an einem Sonntagmorgen zwischen 5.00 und 9.30 Uhr. Sehr empfehlenswert ist auch die einzigartige Fleetfahrt durch die Flüsse und Kanäle der Speicherstadt, die seit 2015 zum Welterbe der UNESCO gehört **(Abfahrt Alsterpavillon)**. Und natürlich eine Hafenrundfahrt auf einer kleinen Barkasse vorbei an gewaltigen Ozeanriesen und alten Windjammern. **(Abfahrt Landungsbrücken)**

****Ludwigslust:** Der von Kanälen und Teichen durchzogene Park um »Mecklenburgs Sanssouci« gilt als einer der schönsten Landschaftsparks Norddeutschlands. Im prachtvollen Innern des Barockschlosses (1776) sind Teile der Dekoration schon damals aus Pappmaché gewesen. Sehenswert auch: die Stadtkirche (1765) mit dem Steinsarkophag Herzog Friedrichs (gest. 1785). **(Abfahrt 12 Ludwigslust, 9 km)**

Hamburg: derJungfernstieg mit Rathaus und St. Nikolai

***Neustadt-Glewe:** Im kleinen Städtchen an der Elde mit schönen Giebelfachwerkhäusern (18./19. Jh.) liegt mit einer gut erhaltenen gotischen Burg (14./15. Jh.) eine der ältesten mittelalterlichen Burganlagen Mecklenburgs. **(Abfahrt 14 Neustadt-Glewe, 2 km)**

***Prignitz:** Von Ludwigslust bis Dreieck Wittstock durchfährt man die nördliche Prignitz, eine leicht gewellte, waldarme Landschaft mit weiten Feldern und verwunschen daliegenden Orten.

UNTERWEGS VOM HERZOGTUM LAUENBURG NACH LUDWIGSLUST

Das spätbarocke Schloss Ludwigslust

Leicht hügeliges, seenreiches **Jungmoränenland** im Norden und in früheren Eiszeiten abgelagerte, heute weitgehend eingeebnete, **Altmoränen** im Süden zeichnen den Grenzsaum der jüngsten Vereisung in weiten Teilen Norddeutschlands aus. Die Geschichte des Landes an der Grenze zwischen **Schleswig-Holstein** und **Mecklenburg-Vorpommern** hat jedoch ihre ganz eigene Prägung. Da ist der Name, der an das alte Sachsenherzogtum Heinrichs des Löwen erinnert, da sind die verwitterten Feldsteinkirchen, die prächtigen Herrenhäuser und da ist vor allem die **Alte Salzstraße (Abfahrt 8 Hornbek)**, auf der man einst das »weiße Gold« von Lüneburg nach Lübeck transportierte und auf deren Trasse man heute durch die **Strecknitzniederung** wandern kann. Herrliche Spaziergänge kann man auch im 130 Hektar großen Schlosspark von Ludwigslust machen, der im 19. Jh. als Landschaftspark englischen Stils gestaltet wurde, mit idyllischen Kanälen und Teichen, romantischen Brücken und Parkbauten.

KULINARISCHES DER REGION: Einfach & gut

Fischerei und Landwirtschaft wurden in diesem fruchtbaren Landstrich schon immer groß geschrieben. Nach althergebrachter Tradition bereitet man seit jeher einfache und schmackhafte Gerichte aus dem zu, was Land und Gewässer zu bieten haben. **Aal in Aspik,** die so genannten **Wruken** (besser bekannt als Steckrüben) mit **Gänsekeulen** oder der **Mecklenburger Rippenbraten mit Backpflaumenfüllung** sind aus der regionalen Küche nicht wegzudenken. Empfehlenswert in Schwerin: **Restaurant Wallenstein,** Werderstr. 140: mecklenburgisch speisen mit Blick auf See und Schloss; **Seglerheim** Werderstr. 120: preiswerte regionale Küche mit vielen Fischgerichten **(A14 Abfahrt 5 Schwerin-Ost)**.

RAST AUF REISEN: Traditionsreich

Quellenhof, Hindenburgstr. 16, 23879 Mölln, Tel. 04542/85420: schönes, behagliches Hotel mit gepflegter Gastronomie **(Abfahrt 7 Talkau, 5 km); Wittlers Hotel,** Große Kreuzstr. 11, 23909 Ratzeburg, Tel. 0 45 41/32 04: traditionsreiches Haus im Domviertel **(Abfahrt 7 Talkau, 10 km). Hotel Lewitzmühle,** An der Lewitzmühle 40, 19079 Schwerin-Banzkow, Tel. 0 38 61/50 50: Komforthotel in alter Mühle, rustikales Restaurant in der Mühle mit Blick über das Naturschutzgebiet »Lewitz«, Garten, Wellnessangebot, Gesellschaftsräume **(Abfahrt 12 Ludwigslust, B106 Ri. Schwerin, nach 9 km Ri. Hasenhäge/Banzkow).**

*****Berlin:** Wahrzeichen der alten und neuen Hauptstadt ist das Brandenburger Tor (1788–91). Das seit dem Mauerbau (13.8.61) weltberühmte Symbol der Teilung und des Kalten Kriegs ist heute Mittelpunkt einer pulsierenden Weltmetropole. Die Stadt an Spree und Havel hat soviel an Architektur und Kultur zu bieten, dass hier nur eine sehr unvollständige Aufzählung Platz hat. Sehenswert: Pariser Platz hinter dem Brandenburger Tor mit Prachtallee Unter den Linden, Staatsoper (1743), das barocke Zeughaus (1695–1706), Humboldt-Universität und Staatsbibliothek (1774–1780), Hedwigs-Kathedrale (1747–73), Gendarmenmarkt mit Französischem (1701–05) und Deutschem Dom (1701–08) und dem Schinkelschen Schauspielhaus; Museumsinsel mit Pergamonmuseum, Bodemuseum, Alter Nationalgalerie und Neuem Museum (seit 1999 UNESCO-Weltkulturerbe); Berliner Dom (1894–1905), größter protestantischer Zentralbau Deutschlands; der vollkommen neu gestaltete Potsdamer Platz; Alexanderplatz mit Fernsehturm (365 m) und Rotes Rathaus; »Straße des 17. Juni« mit der Siegessäule (1894–73); Reichstagsgebäude (1884–94) am Platz der Republik mit begehbarer Gläserner Kuppel und Dachgartenrestaurant; Friedrichstraße, Kurfürstendamm, Tauentzienstraße und Breitscheidplatz mit der Kaiser-Wilhelm-Gedächtniskirche (1891–95) und Europa-Center; Szeneviertel Prenzlauer Berg, Hamburger Bahnhof, Hackesche Höfe; Gedenkstätte Plötzensee in Charlottenburg; Mauer-Gedenkstätte in der Bernauer Straße; Jüdisches Museum, die Gedenkstätte »Topographie des Terrors«, Holocaust-Denkmal; Neue Nationalgalerie (1968) und die Philharmonie (1963); weitere Museen: Gemäldegalerie und Museum für Völkerkunde in Dahlem; Ägyptisches Museum in Charlottenburg; Märkisches Museum; Schloss Charlottenburg, Schloss Bellevue und Jagdschloss Grunewald. **(Von der A24 Dreieck Havelland über die A10 und A111 bis Berlin-Mitte noch ca. 30 km)**

Berliner Dom – die ehemalige Hofkirche der Hohenzollern

Das barocke Schloss Charlottenburg in Berlin

Neuruppin: Durch den Wiederaufbau nach einem verheerenden Brand 1787 bekam die Stadt am schönen Ruppiner See ein einheitlich klassizistisches Stadtbild mit breiten rechtwinkligen Straßen. Ältestes Gebäude und Wahrzeichen der Heimatstadt Theodor Fontanes (1819–98) und Karl Friedrich Schinkels (1781–1841) ist die frühgotische Klosterkirche am See. Sehenswert: das Heimatmuseum mit einer großen Sammlung der im 19. Jh. berühmten Neuruppiner Bilderbogen. **(Abfahrt 22 Neuruppin, 6 km)**

Klosterstift Heiligengrabe: die Blutkapelle

****Klosterstift Heiligengrabe:** Das in eine Parkanlage eingebettete Zisterzienserkloster (Backsteingotik) wurde um 1290 errichtet. Sehenswert: Staffelgiebel über Eingang, Blutkapelle und alter Friedhof mit Grabsteinen adeliger Stiftsdamen. **(Abfahrt 19 Pritzwalk, 4 km)**

***Fehrbellin:** Ca. 4 km nach der Abfahrt Fehrbellin erinnert links von der Autobahn ein Denkmal und eine Siegessäule an die Schlacht von Fehrbellin 1675, in der die brandenburgische Kavallerie die schwedischen Truppen besiegte. Kommandeur war Friedrich Wilhelm von Homburg, Held des Kleistschen Dramas »Prinz von Homburg«. **(Abfahrt 24 Fehrbellin, 5 km)**

UNTERWEGS VON DEN SCHWERINER SEEN IN DIE RUPPINER SCHWEIZ

Neuruppin: die Klosterkirche am Ruppiner See

Die **Seenlandschaft** um die Hauptstadt Mecklenburg-Vorpommerns Schwerin bietet ein schönes Wald- und Naturgebiet. Zwölf Seen liegen allein innerhalb der Stadtgrenze. An der Ostseite des **Schweriner Sees,** dem drittgrößten Binnensee Deutschlands, erstreckt sich bis zum **Pinnower** und **Cambser See** eine urwüchsige Naturlandschaft. Auch das Südufer des Schweriner Sees hat einiges zu bieten: Wer hier einmal den idyllischen **Franzosenweg** vom Schlossgarten zum Seebad Zippendorf gegangen ist, wird von dieser sanften Landschaft begeistert sein. Doch auch die Innenstadt der alten, Bischofs- und Residenzstadt besitzt Sehenswertes. Viele Seen und die abwechslungsreiche Landschaft der **Ruppiner Schweiz** zeichnen die Gegend um Neuruppin aus. Von hier empfiehlt sich auch ein Ausflug nach Kyritz **(Abfahrt 22 Neuruppin, 30 km),** den hübschen alten Hauptort der **Prignitz** und der malerischen **Kyritzer Seenkette.**

KULINARISCHES DER REGION: Kartoffel & Co.

Neben deftigen Fleisch- und Schlachtfestgerichten spielt die **Kartoffel** in der Küche Mecklenburg-Vorpommerns eine dominierende Rolle. Noch im 18. Jahrhundert, als Friedrich der Große seine Untertanen mit allen Mitteln zum Kartoffelanbau bewegen wollte, galt sie dort als ungenießbare Knolle. Inzwischen ist die Kartoffel hier zur beliebtesten Beilage aufgestiegen, und auch so manches leckere Hauptgericht wie **Stampfkartoffeln mit Buttermilch** oder **Heringskartoffeln** bereitet man daraus zu. Aus alter Jagdtradition nimmt die Zubereitung von **Wild** in der regionalen Küche einen wichtigen Platz ein. Vor allem Schwarzwild, aber auch Reh, Hirsch und **Federwild** sind auf der Speisekarte traditionsreicher Gasthäuser zu finden. Empfehlenswert: **Zum Kaiserlichen Postamt – Brauhaus Restaurant,** Schuhmarkt 5, 19370 Parchim: Mecklenburger Köstlichkeiten und Bier aus der Hausbrauerei **(Abfahrt 14 Parchim, 16 km).**

RAST AUF REISEN: Ruhig und schön

Hotel Rabennest, Peckatelerstr. 5, 19065 Schwerin-Raben Steinfeld, Tel. 0 38 60/80 11: neues Hotel in ruhiger Lage, komfortable Zimmer **(Abfahrt Schwerin-Süd, 1 km). Hotel Alago,** Cambser Seeweg 5, 19067 Cambs, Tel. 0 38 66/6 60: sehr ruhiges Hotel am Cambser See, komfortable Zimmer mit TV und Minibar **(Abfahrt Schwerin-Nord, 1 km). Hotel-Restaurant Falkenhagen,** Rapshagener Str. 2, 16928 Falkenhagen, Tel. 03 39 86/8 21 23: gutes Hotel, behagliche Zimmer, 2 Konferenzräume **(Abfahrt 18 Meyenburg, 4 km). Waldhotel Forsthaus Hainholz,** Hainholz 2, 16928 Pritzwalk, Tel. 0 33 95/3 00 790: Gründerzeitidylle am Waldrand, schöne Restaurant-Café-Terrasse **(Abfahrt 18 Meyenburg, 9 km). Hotel-Restaurant Röbler Thor,** Am Dosseteich 1, 16909 Wittstock, Tel. 0 33 94/4 00 46: Komforthotel im Stadtpark, regionale Küche, Wintergarten, Terrasse, Fahrradverleih **(Abfahrt 20 AB-Dreieck Wittstock, 4 km).**

An den St. Pauli-Landungsbrücken nahe des Hamburger Fischmarkts legen die Fahrgastschiffe an. Der Turm beherbergt auf der Wasserseite eine Pegelanzeige für den Wasserstand der Elbe.

Die Alsterarkaden mit den dahinterliegenden Häusern entstanden von 1843 bis 1846.

Das Wasserschloss thront auf einer Halbinsel zwischen den Fleeten in der Speicherstadt.

Der Blick auf die St. Michaeliskirche – den Michel

Das Chilehaus im Kontorhausviertel

Wie siamesische Zwillinge: An den für die Stadt ungewöhnlichen Türmen der Nikolaikirche erkennt man das nach ihr benannte Viertel (Bildmitte).

Skulptur »Berlin« auf der Tauentzienstraße, im Hintergrund die Gedächtniskirche

Das Brandenburger Tor aus dem Jahr 1791 wurde zum Symbol der überwundenen Teilung Berlins.

Fast alle Wolkenkratzer am Potsdamer Platz haben im Erdgeschossbereich Arkaden.

Altes Museum: Die Vorhalle wird von 18 ionischen Säulen getragen.

Schloss Schwerin ist ein in über 1000 Jahren gewachsenes historisches Bauwerk, das heute als Museum und als Sitz des Landtags dient.

Die Schlossbrücke führt zum Wahrzeichen der Stadt, dem Schweriner Schloss.

Der Schweriner Dom

Das Mecklenburgische Staatstheater Schwerin

Streckenprofil:** Von der Elbmündung geht es durch das von Kanälen durchzogene Wurster Marschland über Bremerhaven in die alte Hanse- und Reichsstadt. Die Region bis zum Anschluss an die A7 ist geprägt von welliger Moor- und Heidelandschaft. **(160 km, ca. 1½ Std.)

****Bremerhaven:** Die Stadt an der Wesermündung mit Europas größtem Fischerei- und Containerhafen, war früher die Brücke nach Amerika. Von der Columbuskaje, auch »Pier der Tränen« genannt, brachen seit 1847 über 10 Millionen Europäer in die Neue Welt auf. Sehenswert: das Deutsche Schifffahrtsmuseum mit Museumshafen, das Historische Museum; der Zoo am Meer mit Nordseeaquarium. **(Abfahrt 7 Bremerhaven-Mitte, 3 km)**

Der riesige Containerterminal in mit seinen abertausenden Lichtern ist abends ein beeindruckender Anblick. Ein Erlebnis sind die Hafenrundfahrten durch den Fischereihafen und den Überseehafen.

****Klimahaus Bremerhaven 8° Ost:** Ein futuristisch anmutendes Science Center, das eine virtuelle Weltreise entlang des 8. östlichen und seinem Pendant auf der anderen Seite der Weltkugel, dem 172. Breitengrad erlaubt. Es geht durch 8 Klimazonen. Der besondere Clou: Temperaturen und Luftfeuchtigkeit sind den tatsächlichen Bedingungen in den Klimazonen angepasst. Polarklima, tropisches Regenwaldklima, Wüsten- und Hochgebirgsklima lassen sich bequem durchlaufen. Wissenschaftlich wird das Klimahaus unter anderem vom renommierten Alfred-Wegener-Institut aus Bremerhaven betreut. **(Abfahrt 7 Bremerhaven-Mitte, 4 km)**

****Bremen:** Wahrzeichen der Freien Hansestadt an der Weser, die zusammen mit Bremerhaven das kleinste Bundesland bildet, ist der Roland (1404), Symbolfigur der Unabhängigkeit. Er ist dem Dom St. Petri (ab 1042) zugewandt. Daneben das Alte Rathaus (1405–09) mit herrlicher Renaissancefassade (1609–12), in dessen Keller Deutschlands größte Weinsammlung (600 Sorten) lagert. Unter dem Nordwestturm erinnern die »Bremer Stadtmusikanten« an das Grimmsche Märchen. Sehenswert: Böttcherstraße, eine Laden- und Museumsgasse; das reizvolle Schnoorviertel (14. Jh.), der älteste Teil der Stadt; das Bremer Landesmuseum für Kunst- und Kulturgeschichte und das Überseemuseum, das anschaulich fremde Länder und Kulturen präsentiert. **(Abfahrt 18 Bremen-Freihafen, 4 km)**

Hafenrundfahrt: Der zweitgrößte Hafen Deutschlands ist Seehandelsplatz für Fahrzeuge, Wolle, Kaffee, Tee und Tabak. Rundfahrten zu den stadtbremischen Häfen am nostalgischen Dreimaster »Deutschland« vorbei, beginnen am Martini-Anleger an der Weserpromenade Schlachte unweit des Marktplatzes.

***Achim:** Laurentiuskirche (12./14. Jh.) und die bekannte Achimer Windmühle (1761) sind die Sehenswürdigkeiten der Stadt. Von der Hünenburg, einer uralten Ringwallanlage am Weserhang hat man einen weiten Blick auf die Marsch. **(Abfahrt 23 Achim-Nord, 2 km)**

Walsrode: siehe Seite 81

Aller: Der 260 km lange Nebenfluss der Weser entspringt in der Magdeburger Börde.

*****Wattenmeer:** In der großartigen Naturlandschaft, seit 2009 UNESCO Weltnaturerbe, bestimmen Ebbe und Flut den Tagesablauf. Im 358.500 ha. großen Biotopkomplex vor der Küste zwischen Ems- und Elbemündung leben über 250 Tierarten, darunter als einzige Säugetiere auch Seehunde und Schweinswale; Informationen gibt das Nationalpark-Haus in Dorumer Neufeld. Der nahe Kutterhafen am Dorumer Tief ist der größte der Wurster Marsch. **(Abfahrt 3 Nordholz, über Spieka 12 km)**

****Cuxhaven:** An der Spitze der Landzunge zwischen Elb- und Wesermündung gelegen, gehört das alte Nordseeheilbad zu den größten Fischereihäfen Deutschlands. Vom »Alte Liebe«-Kai hat man den besten Blick auf die Ozeanriesen. Bei Ebbe fahren Pferdekutschen übers Watt zur Insel Neuwerk. Sehenswert: das einzigartige Wrackmuseum mit Funden aus gesunkenen Schiffen, Schloss Ritzebüttel (14. Jh.) und der kostbar ausgestattete »Bauerndom«, die Feldsteinkirche St. Jacobi (13./16. Jh.) in Lüdingworth. **(Abfahrt 1 Cuxhaven, 4 km)**

Das Dielenhaus in Verden mit seiner Fachwerkfassade

****Verden:** Der romanisch-gotische Backsteindom (10. Jh./1270–1490) beherrscht die Silhouette der Fachwerkstadt an der Aller, die für ihre Pferdezucht international bekannt ist. Sehenswert: die Andreaskirche und die romanisch-gotische Johanniskirche. Beliebt ist auch der Freizeitpark Verden. **(Abfahrt 26 Verden-Ost, 3 km)**

UNTERWEGS IM TEUFELSMOOR

Das Teufelsmoor: eine Landschaft von herber Schönheit

Von Osterholz-Scharmbeck **(Abfahrt 14 Schwanewede, 5 km)** bietet sich ein Abstecher in das reizvolle Teufelsmoor an. Eine stille, bisweilen melancholische **Moorlandschaft** erwartet den Reisenden, von idyllischen Kanälen durchzogen, mit reicher Fauna. Nachdem das Teufelsmoor im 18. Jahrhundert kolonisiert worden war, entstanden Dörfer wie etwa Worpswede **(Abfahrt 16, HB-Burglesum, über Ritterhude 11 km)**, das an der Wende vom 19. zum 20. Jahrhundert zur Künstlerkolonie wurde und auch Rainer Maria Rilke oder Paula Modersohn-Becker anzog. Und wenn die zahlreichen Besucher hauptsächlich der Kunst wegen nach Worpswede kommen, so empfiehlt sich doch ein Blick in das Torfschiffswerft-Museum, das an die Zeit der **Moorkolonisation** erinnert. Wie die Worpsweder Zionskirche stammt auch die Kirche des Moordorfs Grasberg **(Abfahrt 19 HB-Horn/Lehe, über Lilienthal, 10 km)** aus jener Epoche, als die Menschen mit viel Mühe der Natur neuen Siedlungsraum abrangen.

KULINARISCHES DER REGION: Feines am Hafen

Ein besonderes gastronomisches Erlebnis bietet Bremerhaven mit der **Seute Deern**, einem denkmalgeschützten Windjammer, der zum Bestand des Deutschen Schifffahrtsmuseums gehört und im Alten Hafen liegt. Heute kann man in den Fracht-, Mannschafts- und Kapitänsräumen in stimmungsvollem Ambiente schlemmen und **Feste feiern.** Die Speisekarte bietet alles, was das Seemannsherz begehrt, **Schwarzbrot mit Matjes, Labskaus,** aber auch anspruchsvolle Fischgerichte und feine Menüs **(Abfahrt 7 Bremerhaven-Mitte, 6 km).**

RAST AUF REISEN Stilvoll übernachten

Hotel Pflug, Steinmarner Str. 43–45, 27476 Cuxhaven-Döse, Tel. 04721/47678: familiär geführtes Haus in Strandnähe **(Abfahrt 1 Cuxhaven, 6 km). Atlantik Hotel am Flötenkiel,** Nordstr. 80, 27580 Bremerhaven, modernes helles Haus mit persönlichem Service und großzügigem Frühstücksbuffet. **(Abfahrt 7 Bremerhaven-Mitte, 5 km). Buchenhof,** Ostendorfer Str. 16, 27726 Worpswede, Tel. 04792/93390: stimmungsvoll mit antikem Ambiente **(Abfahrt 17 HB-Industriehäfen, Ritterhude/Osterholz-Scharmbeck). Hotel Lichtsinn,** Rembertistr. 11, 28203 Bremen, Tel. 0421/368070: ruhiges, zentrales Stadthotel mit stilvollem Ambiente **(Abfahrt 19 HB-Horn-Lehe, 6 km). Thöles Stadtgut-Hotel,** Reeperbahn 1, 27383 Verden, Tel. 04231/80080: zentrale Lage, komfortable Zimmer, reichhaltiges Frühstücksbuffet **(Abfahrt 25 Verden-Nord, 5 km).**

Auch in den Abendstunden, wenn das Rathaus und all die umliegenden Bürgerhäuser kunstvoll beleuchtet sind, ist der Bremer Marktplatz eine besondere Augenweide.

Zu den wohl weltweit bekanntesten Einwohnern der Stadt gehören die Bremer Stadtmusikanten, in einer Skulptur am Rathausplatz verewigt.

Der Roland auf dem Bremer Marktplatz

Streckenprofil A28: *Die Strecke führt durch die sanft wellige Geestlandschaft Ostfrieslands an der alten Residenzstadt Oldenburg vorbei bis in den Großraum um Bremen.* ***(110 km, 1 Std.)***
A29: *Vom Jadebusen führt die Route in die Geest- und Moorlandschaft des Oldenburger Münsterlandes.* ***(95 km, 1 Std.)***

Feuerschiff in Wilhelmshaven

***Wilhelmshaven:** Die 1856 als preußischer Marinehafen gegründete Stadt ist noch heute wichtigster Hafen der Bundesmarine und größter Erdölumschlaghafen Deutschlands. Am Ausgang des Jadebusens steht hier seit 1900 die Kaiser-Wilhelm-Brücke, mit 159 m die größte Drehbrücke Europas. Sehenswert: Küstenmuseum; Seewasseraquarium; Freizeit- und Umweltpark »Störtebeker«. **(Abfahrt 3 Wilhelmshaven, 4 km)**

Dangast: Der am Jadebusen gelegene Ort mit seinem knallroten Leuchtturm »Arngast« empfängt schon seit 1797 Badegäste und war Anfang des 20. Jhs. ein beliebter Treffpunkt deutscher Künstler. **(Abfahrt 8 Varel-Bockhorn, 6 km)**

***Varel:** Viel besuchter Luftkurort, der von der auf einer Düne stehenden Vareler Mühle überragt wird. In der Schlosskirche (12./13. Jh.) beeindruckt der meisterhafte Altar (1613–18) von Ludwig Münstermann. **(Abfahrt 8 Varel-Bockhorn, 2 km)**

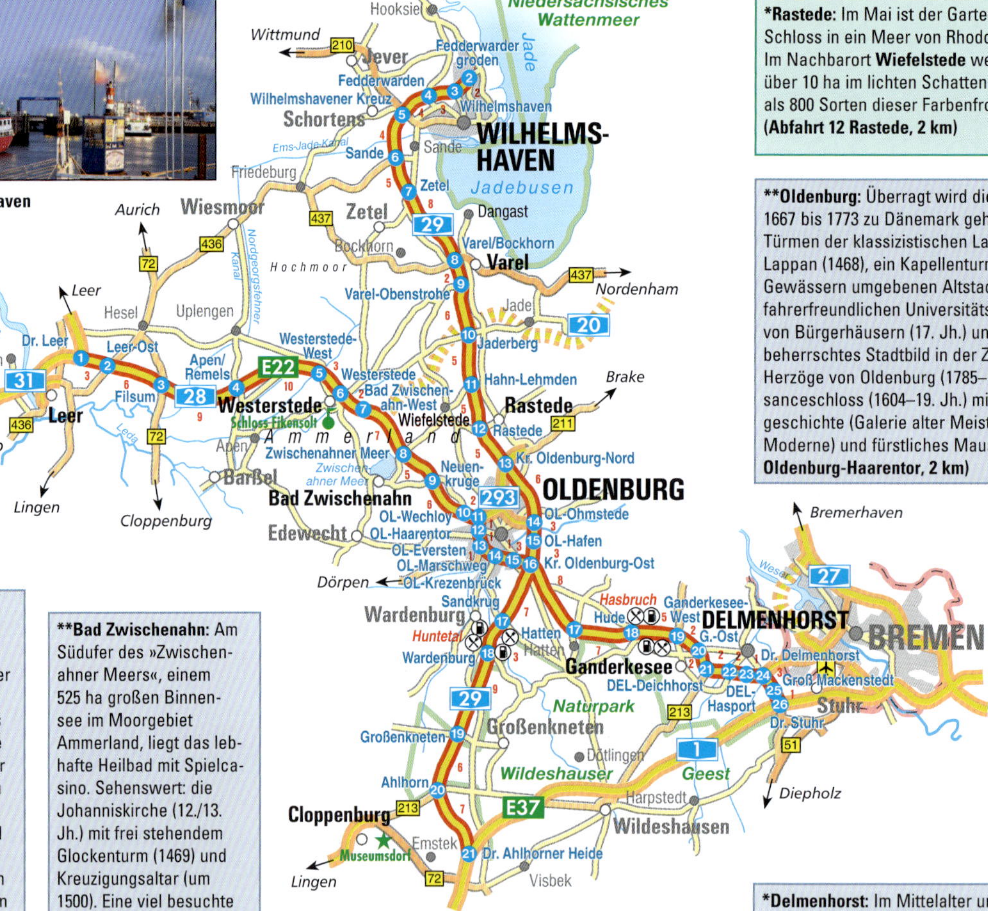

***Rastede:** Im Mai ist der Garten um das klassizistische Schloss in ein Meer von Rhododendronblüten getaucht. Im Nachbarort **Wiefelstede** werden auf einer Fläche von über 10 ha im lichten Schatten eines Kiefernwaldes mehr als 800 Sorten dieser Farbenfrohen Pflanzen gezeigt. **(Abfahrt 12 Rastede, 2 km)**

****Oldenburg:** Überragt wird die Stadt an der Hunte, die von 1667 bis 1773 zu Dänemark gehörte, von den schlanken Türmen der klassizistischen Lambertikirche (1797). Der Lappan (1468), ein Kapellenturm am Nordrand der von Gewässern umgebenen Altstadt, ist Wahrzeichen der radfahrerfreundlichen Universitätsstadt. Geprägt wurde ihr von Bürgerhäusern (17. Jh.) und klassizistischen Gebäuden beherrschtes Stadtbild in der Zeit als Residenzstadt der Herzöge von Oldenburg (1785–1918). Sehenswert: Renaissanceschloss (1604–19. Jh.) mit Landesmuseum für Kunstgeschichte (Galerie alter Meister), Augusteum (Klassische Moderne) und fürstliches Mausoleum (1786). **(Abfahrt 11 Oldenburg-Haarentor, 2 km)**

Leer: siehe Seite 152

***Westerstede:** Stadt im Ammerland, die für ihre Rhododendronzucht bekannt ist (sehenswerter Rhododendronwaldpark, der größte Deutschlands auf 65 ha.). Der mächtige Turm der Kirche St. Peter (12. Jh.) ist der größte im Umland. Bekannt ist der Ammerländer Vogel- und Landschaftspark. Etwas weiter südlich findet man das Schloss Fikensolt, ein Barockschlösschen aus dem 18. Jh., dessen Vorgängerbauten auf das Mittelalter zurückgehen. **(Abfahrt 6 Westerstede, etwa 1 km)**

****Bad Zwischenahn:** Am Südufer des »Zwischenahner Meers«, einem 525 ha großen Binnensee im Moorgebiet Ammerland, liegt das lebhafte Heilbad mit Spielcasino. Sehenswert: die Johanniskirche (12./13. Jh.) mit frei stehendem Glockenturm (1469) und Kreuzigungsaltar (um 1500). Eine viel besuchte Attraktion ist das Ammerländer Freilichtmuseum mit Schmiede, Windmühle und einem Hof von 1605. **(Abfahrt 8 Zwischenahner Meer, 7 km)**

***Cloppenburg:** Hauptattraktion der Stadt an der Soeste ist das 1934 gegründete Museumsdorf. Auf dem 20 ha großen Gelände mit jährlich etwa 350 000 Besuchern sind über 50 Gebäude, Windmühlen und Handwerkshäuser aus dem 16.–19. Jh. zu besichtigen. **(Abfahrt 28 Ahlhorn, 8 km)**

***Ganderkesee:** Der im Waldgebiet Hasbruch gelegene Ort hat in der 900-jährigen Gaukirche eine prächtige Arp-Schnitger-Orgel vorzuweisen. Im Ortsteil Schönemoor zählt die Kirche St. Katharinen aus dem Jahr 1342 zu den am besten erhaltenen mittelalterlichen Kirchen im Norddeutschen Tiefland. **(Abfahrt 19 Ganderkesee-West, 2 km)**

***Delmenhorst:** Im Mittelalter um eine Burg entstanden, die 1711 abgebrochen wurde, ist die geschäftige Stadt heute industriell geprägt. Sehenswert: das 1913 im Jugendstil erbaute Rathaus neben einem 42 m hohen Wasserturm, die Stadtkirche mit den Gräbern der Delmenhorster Grafen und die Städtische Galerie im Haus Coburg. **(Abfahrt 24 Delmenhorst-Adelheide, 3 km)**

UNTERWEGS IM AMMERLAND

Kappenwindmühle in Bad Zwischenahn

Das Ammerland, die Kernlandschaft des **Oldenburger Landes** im Nordwesten Deutschlands, ist ein reizvolles **Geest-** und **Hochmoorgebiet**. Berühmt sind die herrlichen **Rhododendronparks,** die im Mai und Juni in voller Blüte stehen. Diese Gegend mit dem gesunden, mäßig maritimen Klima ist ideal für Wanderer und Radfahrer, Spaziergänger und Erholungssuchende. Und auch die Wasserfreunde kommen nicht zu kurz: Das Binnengewässer **Zwischenahner Meer (A28, Abfahrt 8 Zwischenahner Meer, 2 km)** zählt zu den schönsten Seen Deutschlands. Am Südufer liegt das Moorheilbad Bad Zwischenahn **(A28 Abfahrt 8, Zwischenahner Meer 7 km),** das sich als Ausgangspunkt für Ausflüge ins Ammerland oder für eine Rast anbietet.

KULINARISCHES DER REGION: Kohl und Pinkel

Wenn sich mit kalten Bodentemperaturen der Winter ankündigt, ist Kohl-und-Pinkel-Zeit; denn im ersten Nachtfrost reift der **Grünkohl,** eine der wesentlichen Zutaten dieses einfachen, in norddeutschen Landen sehr beliebten Gerichts. Die beiden anderen sind **Salzkartoffeln** und die kräftig gewürzte **Pinkelwurst.** So mancher schwört, dass zu dieser Speise auch ein **Korn** gehört; denn Kohl und Pinkel liegen schwer im Magen und verlangen geradezu nach einem Verdauungsschnaps. Und da diese Speise mit reichlich Salz und Pfeffer Durst macht, wird man auch einem kühlen **Bier** nicht abgeneigt sein. Ein beliebtes Freizeitvergnügen sind die Kohl- und Pinkelfahrten: Kleine Gruppen machen sich auf, ziehen mit einem Wägelchen, das mit Bier und Korn bestückt ist, übers Land und kehren im Gasthaus zum Grünkohlessen ein, wenn der große Hunger kommt.

RAST AUF REISEN: Romantisch übernachten

Romantik Hotel Jagdhaus Eiden am See, Eiden 9, 26160 Bad Zwischenahn, Tel. 0 44 03/6 98000: nobles Hotel in einem historischen Fachwerkhaus direkt am Zwischenahner Meer, mit Gourmet-Spitzenrestaurant Apicius und dem Feinschmeckerrestaurant Jäger- und Fischerstuben mit umfangreicher Weinauswahl **(A28, Abfahrt 9, Neuenkruge 3 km). Hotel Backenköhler-Stenum,** Dorfring 40, 27777 Ganderkesee-Stenum, Tel. 0 42 23/7 30: ländlich-idyllisches Hotel mit Restaurant im alten Forsthaus im Naturpark Wildeshauser Geest, komfortable Zimmer und Suiten, Blockhaussauna, Biergarten, Wintergarten, Sonnenterrasse, internationale und regionale Küche. **(A28 Abfahrt 20 Ganderkesee-Ost, 4 km).**

Wilhelmshaven: Das Wahrzeichen der Stadt, die 1905 bis 1907 errichtete Kaiser-Wilhelm-Brücke, galt einst als größte Drehbrücke auf europäischem Boden.

Am zentralen Marktplatz von Oldenburg säumen Cafés die Straßenränder. Von hier kann man den Blick über die herrschaftlichen Hausfassaden und das Alte Rathaus schweifen lassen.

Streckenprofil A30: *Von der holländischen Grenze führt die Route am Nordrand des Teutoburger Walds bis zur Porta Westfalica.* ***(125 km, 1¼ Std.)***
A33: *Die Strecke verläuft parallel zum Teutoburger Wald. Zwischen Abfahrt 15 Borgholzhausen und Anschlussstelle BI-Brackwede geht die Fahrt ca. 24km über die Bundesstrasse 68.* ***(110 km, 1¼ Std.)***

***Melle:** Das vom Türmepaar der St.-Matthäus- und-Petri-Kirche überragte Solbad besitzt einen schönen Kurpark und ein bekanntes Auto- und Motorradmuseum. Von der Dietrichsburg oberhalb der Stadt blickt man bis zum Teutoburger Wald. **(Abfahrt 23 Melle-West, 2 km)**

***Bünde:** Die Stadt mit Fachwerkhäusern aus dem 18.–19. Jh. ist das Zentrum der westfälischen Tabakindustrie. Darüber gibt auch das Tabak- und Zigarrenmuseum im Striedicker Hof Auskunft; u.a mit der weltgrößten rauchbaren Tabakspfeife. **(Abfahrt 27 Bünde, 2 km)**

***Dörenther Klippen:** Die bizarren Felsen im äußersten Nordwesten des Teutoburger Walds sind ein beliebtes Wanderziel. **(Abfahrt 11b Ibbenbüren, 3 km)**

****Osnabrück:** Sehenswert: Freitreppe des Rathauses (um 1500), auf der 1648 mit dem Westfälischen Frieden der 30-jährige Krieg beendet wurde, Dom St. Peter (13. Jh.). Altstadt; Hegertor mit Bocksturm (13. Jh.), Fürstbischöfliches Schloss (1667–73); Kultur- und Diözesanmuseum. **(Abfahrt 16 Osnabrück-Hellern, 3 km)**

***Bad Oeynhausen:** für seine Thermalquellen bekanntes Heilbad (seit 1839). Neben Kurpark, Kurhaus (1908) und Spielcasino sehenswert: das Deutsche Märchen- und Wesersagenmuseum sowie der Museumshof im Siekertal, ein kleines Freilicht- und Heimatmuseum. **(Abfahrt 32 Gohfeld, 2 km)**

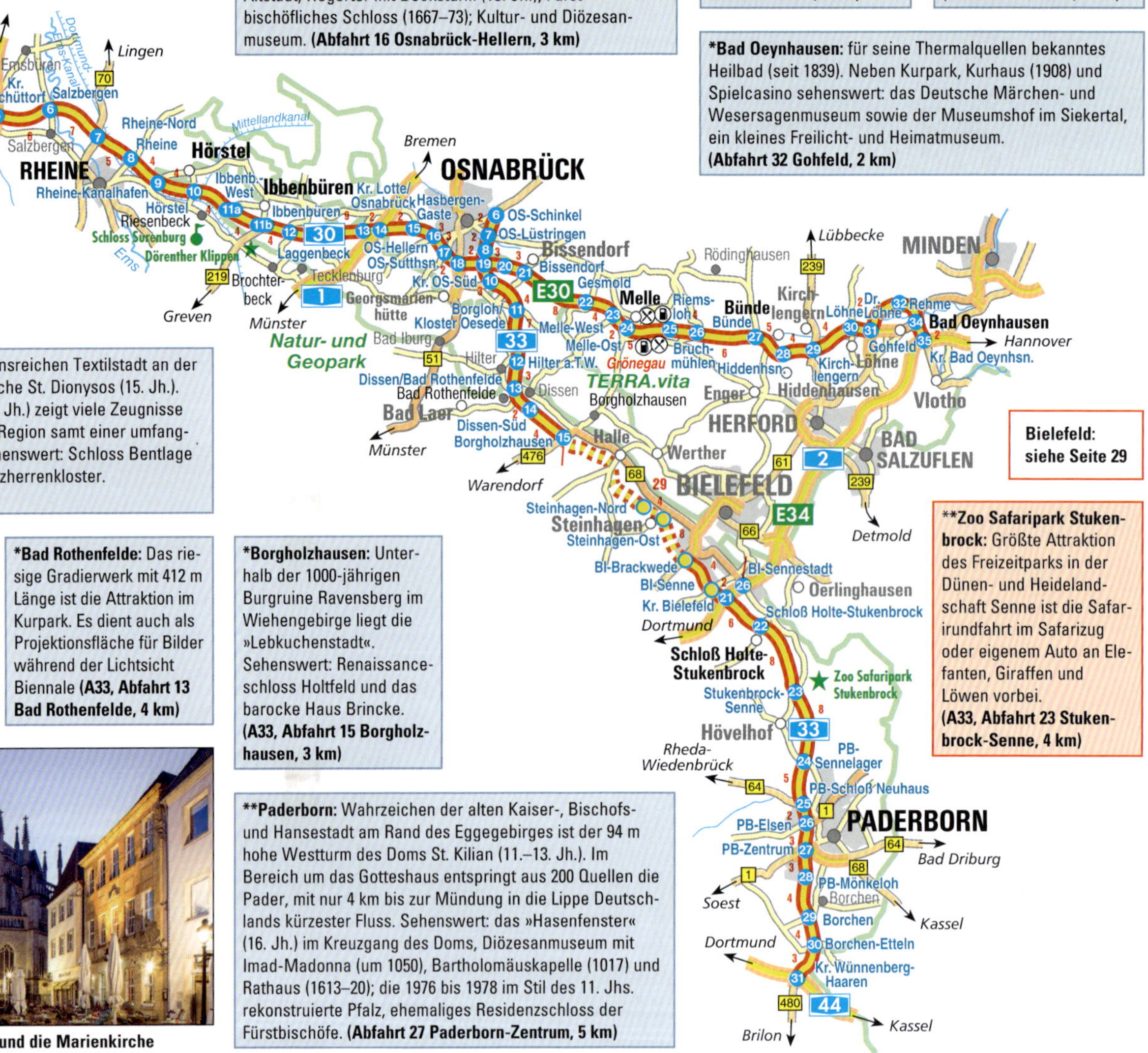

***Rheine:** Blickfang der traditionsreichen Textilstadt an der Ems ist die wuchtige Hallenkirche St. Dionysos (15. Jh.). Das Museum im Falkenhof (16. Jh.) zeigt viele Zeugnisse zur Geschichte und Kunst der Region samt einer umfangreichen Waffensammlung. Sehenswert: Schloss Bentlage (ab 1437), ein ehemaliges Kreuzherrenkloster. **(A30, Abfahrt 8 Rheine, 5 km)**

Bielefeld: siehe Seite 29

***Hörstel:** Schloss Surenburg heute ein exklusives Hotel mit einem nicht minder exklusiven Restaurant ist das größte Wasserschloss im Tecklenburger Land. **(A30, Abfahrt 10 Hörstel, 3 km)**

***Bad Rothenfelde:** Das riesige Gradierwerk mit 412 m Länge ist die Attraktion im Kurpark. Es dient auch als Projektionsfläche für Bilder während der Lichtsicht Biennale **(A33, Abfahrt 13 Bad Rothenfelde, 4 km)**

***Borgholzhausen:** Unterhalb der 1000-jährigen Burgruine Ravensberg im Wiehengebirge liegt die »Lebkuchenstadt«. Sehenswert: Renaissanceschloss Holtfeld und das barocke Haus Brincke. **(A33, Abfahrt 15 Borgholzhausen, 3 km)**

****Zoo Safaripark Stukenbrock:** Größte Attraktion des Freizeitparks in der Dünen- und Heidelandschaft Senne ist die Safarirundfahrt im Safarizug oder eigenem Auto an Elefanten, Giraffen und Löwen vorbei. **(A33, Abfahrt 23 Stukenbrock-Senne, 4 km)**

Osnabrück: Blick auf den Dom und die Marienkirche

****Paderborn:** Wahrzeichen der alten Kaiser-, Bischofs- und Hansestadt am Rand des Eggegebirges ist der 94 m hohe Westturm des Doms St. Kilian (11.–13. Jh.). Im Bereich um das Gotteshaus entspringt aus 200 Quellen die Pader, mit nur 4 km bis zur Mündung in die Lippe Deutschlands kürzester Fluss. Sehenswert: das »Hasenfenster« (16. Jh.) im Kreuzgang des Doms, Diözesanmuseum mit Imad-Madonna (um 1050), Bartholomäuskapelle (1017) und Rathaus (1613–20); die 1976 bis 1978 im Stil des 11. Jhs. rekonstruierte Pfalz, ehemaliges Residenzschloss der Fürstbischöfe. **(Abfahrt 27 Paderborn-Zentrum, 5 km)**

UNTERWEGS IM TEUTOBURGER WALD

Die Dörenther Klippen im Tecklenburger Land

In Ibbenbüren im Teutoburger Wald kommen die Kletterfreunde auf ihre Kosten. Wind und Wetter haben im Lauf der Jahrtausende die **Dörenther Klippen (Abfahrt 11 Ibbenbüren, 3 km)** geformt. Bekannteste Sehenswürdigkeit ist das **Hockende Weib**, ein 25 m hoher Felsen aus Kreidesandstein. Auch im Sommer kann man hier Schlitten fahren. Stolze 120 m misst die **Sommerrodelbahn** im örtlichen Freizeitpark. Außerdem gibt es einen Märchenwald, Wasserspiele und eine »Reise um die Welt«.

Fast der gesamte Höhenzug gehört zum Natur- und Geopark TERRA.vita, einer von weltweit 120 Geoparks der UNESCO

KULINARISCHES DER REGION: Pumpernickel

Wurstspezialitäten sind das Aushängeschild der Region. Heinrich Heine bezeichnete Westfalen als »Vaterland des Schinkens«. Bis in die Zeit der Römer reicht der Ruf des westfälischen **Schinkens,** damals ein lukrativer Exportartikel. Seinen nussigen Geschmack verdankt er der traditionellen Räuchertechnik: Er wird über Buchenholz und Wachholderbeeren rund zwei Wochen lang kalt geräuchert. Bekannt ist auch die westfälische Mettwurst aus magerem Schweinefleisch und Speck. Die Wahl des passenden Brots zu diesen Spezialitäten ist einfach: Pumpernickel galt früher als Brot der armen Leute. Doch spätestens als er auf dem Tisch des Preußenkönigs Friedrich Wilhelm IV. landete, war die Verbreitung nicht mehr aufzuhalten. Als Bordverpflegung großer Schifffahrtsunternehmen wurde der Pumpernickel in der ganzen Welt bekannt. Heute loben Ernährungswissenschaftler das schwarze Sauerteigbrot aus Roggenschrot aufgrund seiner reichhaltigen Nähr- und Ballaststoffe.

RAST AUF REISEN: Hotels im Teutoburger Wald

Hotel Hubertushof, Münsterstraße 222, 49479 Ibbenbüren, Tel. 0 54 51/9 41 00: in einem Park gelegen; **Hotel Leugermann,** Osnabrücker Straße 33, 49477 Ibbenbüren, Tel. 0 54 51/93 50: traditionsreiches Haus im Grünen; **Landgasthof Mühlenkamp,** Bocketalerstr. 142, 49479 Ibbenbüren, Tel. 0 54 51/99 64 20: schönes Steingebäude mit rustikaler Atmosphäre **(Abfahrt 11 Ibbenbüren). Ringhotel Teutoburger Wald,** Im Bokketal 2, 49545 Tecklenburg/Brochterbeck, Tel. 0 54 55/ 9 30 00: Schwimmbad, Sauna **(Abfahrt 12 Ibbenbüren-Laggenbeck, 11 km). advena Hotel Hohenzollern,** Th.-Heuss-Platz 5, 49074 Osnabrück, Tel. 0541/33170: zentrale Lage **(Abfahrt 16 Osnabrück/Hellern, 4 km).**

Im Dom St. Peter von Osnabrück fällt der Blick vom Kirchenschiff auf den Flügelaltar und das mächtige Triumphkreuz.

Eine Detailaufnahme der kunstvoll verzierten Fassade des Paderborner Adam-und-Eva-Hauses.

Streckenprofil: *Die parallel zur holländischen Grenze verlaufende Strecke führt von der ostfriesischen Küste durch das von Moorlandschaften geprägte Emsland bis ins Münsterland am Nordrand des Ruhrgebiets.* ***(245 km, 3 Std.)***

***Boekzeteler Meer:** In dem Gebiet um den hübschen Binnensee mit seinen Wiesen und Kanälen kann man interessante Wasserausflüge unternehmen: Boote gibt es am Campingplatz von Timmel. **(Abfahrt 7 Neermoor, 6 km)**

****Emden:** Imposante Werften, riesige Kräne und eine der weltgrößten Autoverladeanlagen (VW) bestimmen das Bild der Hafenstadt. Die kulturelle Attraktion ist die von Henri Nannen (1912–96) gestiftete Kunsthalle mit einer beachtlichen Sammlung deutscher Expressionisten. Sehenswert: Altes Rathaus (16. Jh.); Landesmuseum im Haus. Am Ratsdelft liegt das Feuerschiff »Deutsche Bucht« (1917) und »Dat Otto Huus« mit einer Kuriositätensammlung des Emdener Komikers Otto Walkes.

Hafenrundfahrten starten gegenüber vom Rathaus an der Delftbrücke. (April–Oktober). **(Abfahrt 1 Emden-West oder 5 Emden-Ost, jeweils 3 km)**

Ems: Vom Teutoburger Wald bis zu ihrer Mündung in den Dollart an der Nordsee legt der Fluss 371 km zurück.

***Emsland Moormuseum:** Am Rande des Bourtanger Moores, einem der größten Hochmoore Europas, sind hier die ausgedienten Großgeräte der Moorkultivierung wie Dampflokomobile und Tiefpflüge zu bestaunen. **(Abfahrt 22 Twist, 7 km)**

***Nordhorn:** Wahrzeichen der Stadt ist die alte Kirche am Markt. Das Textilmuseum im Povelturm erinnert an die ehemalige Bedeutung der Textilstadt als Produktionsstandort von weltberühmten Markenstoffen. **(Abfahrt 25 Lingen 12 km)**

****Bad Bentheim:** Thermalquellenbad mit Burg der Grafen von Bentheim (1116 erstmals erwähnt); Schlossmuseum und »Herrgott von Bentheim« (Steinkruzifix 11. Jh.). **(Abfahrt 28 Schüttorf-Ost 8 km)**

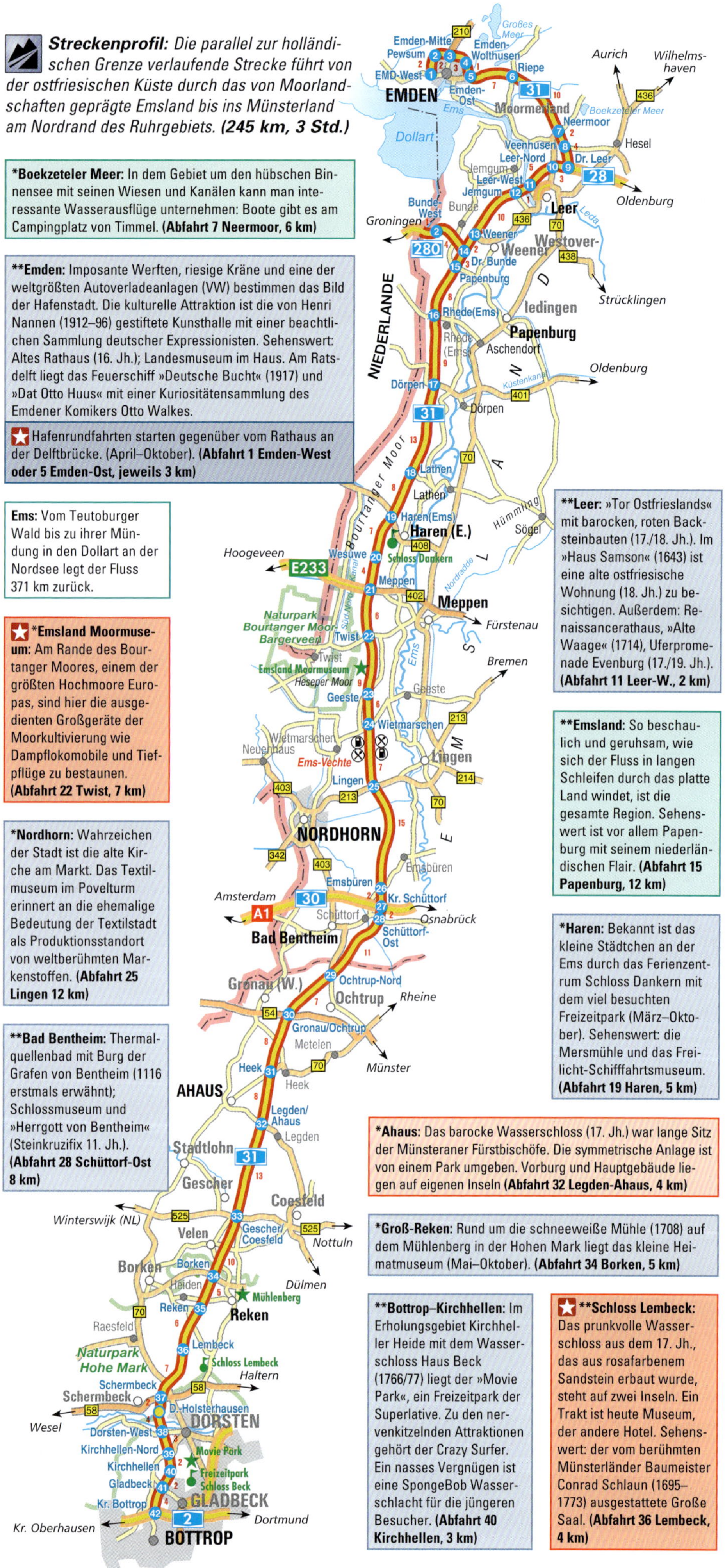

****Leer:** »Tor Ostfrieslands« mit barocken, roten Backsteinbauten (17./18. Jh.). Im »Haus Samson« (1643) ist eine alte ostfriesische Wohnung (18. Jh.) zu besichtigen. Außerdem: Renaissancerathaus, »Alte Waage« (1714), Uferpromenade Evenburg (17./19. Jh.). **(Abfahrt 11 Leer-W., 2 km)**

****Emsland:** So beschaulich und geruhsam, wie sich der Fluss in langen Schleifen durch das platte Land windet, ist die gesamte Region. Sehenswert ist vor allem Papenburg mit seinem niederländischen Flair. **(Abfahrt 15 Papenburg, 12 km)**

***Haren:** Bekannt ist das kleine Städtchen an der Ems durch das Ferienzentrum Schloss Dankern mit dem viel besuchten Freizeitpark (März–Oktober). Sehenswert: die Mersmühle und das Freilicht-Schifffahrtsmuseum. **(Abfahrt 19 Haren, 5 km)**

***Ahaus:** Das barocke Wasserschloss (17. Jh.) war lange Sitz der Münsteraner Fürstbischöfe. Die symmetrische Anlage ist von einem Park umgeben. Vorburg und Hauptgebäude liegen auf eigenen Inseln **(Abfahrt 32 Legden-Ahaus, 4 km)**

***Groß-Reken:** Rund um die schneeweiße Mühle (1708) auf dem Mühlenberg in der Hohen Mark liegt das kleine Heimatmuseum (Mai–Oktober). **(Abfahrt 34 Borken, 5 km)**

****Bottrop–Kirchhellen:** Im Erholungsgebiet Kirchheller Heide mit dem Wasserschloss Haus Beck (1766/77) liegt der »Movie Park«, ein Freizeitpark der Superlative. Zu den nervenkitzelnden Attraktionen gehört der Crazy Surfer. Ein nasses Vergnügen ist eine SpongeBob Wasserschlacht für die jüngeren Besucher. **(Abfahrt 40 Kirchhellen, 3 km)**

****Schloss Lembeck:** Das prunkvolle Wasserschloss aus dem 17. Jh., das aus rosafarbenem Sandstein erbaut wurde, steht auf zwei Inseln. Ein Trakt ist heute Museum, der andere Hotel. Sehenswert: der vom berühmten Münsterländer Baumeister Conrad Schlaun (1695–1773) ausgestattete Große Saal. **(Abfahrt 36 Lembeck, 4 km)**

UNTERWEGS IM EMSLAND

Papenburg im Emsland: im Museumshafen

Der Landkreis Emsland erstreckt sich über 2880 km² von der nordrhein-westfälischen Landesgrenze bei Rheine bis zur Grenze Ostfrieslands bei Papenburg. Er ist flächenmäßig der zweitgrößte Landkreis der Bundesrepublik, größer als das Bundesland Saarland. Entlang der holländischen Grenze bahnt sich die **Ems,** der kleinste Strom Deutschlands, seinen Lauf. Die Landschaft ist einmalig: gelbe, wacholderbewachsene **Uferdünen,** dann wieder ein breiter **Schilfgürtel,** in dem selten gewordene Vögel brüten, und Schafherden, die friedlich auf dem Deich grasen. Das Emsland ist geprägt von seiner urtümlichen **Moorlandschaft,** die man gut zu Fuß oder per Fahrrad erkundet. Über 1000 km beschilderte **Radwege** führen zu Naturschönheiten und kulturhistorischen Schätzen der Region. In Papenburg **(Abfahrt 15 Papenburg, 12 km)** zeigt sich die Nachbarschaft zu Holland an endlosen Kanälen und den hölzernen Klappbrücken im niederländischen Stil. Am Hauptkanal liegt das **Schifffahrtsmuseum,** direkt vor dem Rathaus kann man das Binnenschiff »Friederike« bestaunen. Das Emsland ist nicht nur Ziel von Naturtouristen. Technikbegeisterte werden die Meyer Werft besichtigen, in der riesige Luxusliner zusammen gebaut werden. Faszinierend zu beobachten wie bei der Ausschiffung zur Nordsee Millimeterarbeit mit diesen großen Pötten auf der schmalen Ems geleistet werden muss.

KULINARISCHES DER REGION: Buchweizen

Die harte Natur forderte den Bauern all ihre Kräfte ab. Stärkung für die Arbeit auf dem Feld bietet aber noch heute »Stipp in de Pann« – in der Pfanne gebratene Räucherspeckscheiben. Wie geschaffen für die nährstoffarmen Böden ist Buchweizen, der heute nur noch selten angebaut, aber immer noch gerne gegessen wird. Buchweizenpfannkuchen zählen dabei zu den beliebtesten Gerichten. Empfehlenswerte Lokale: **Ostfriesen-Hof,** Groninger Str. 109, 26789 Leer: ostfriesische Hausmannskost **(Abfahrt 11 Leer-West, 4 km). Altes Gasthaus Giese,** Römer Str. 1, 49716 Meppen, Tel. 05931/6610: 300 Jahre alter Gasthof direkt an der Hase **(Abfahrt 21 Meppen, 13 km). Haus Nordendorf,** Rekener Str. 72, 46286 Dorsten, Tel. 0 23 63/71 74: im Naturpark Hohe Mark, regionale Küche **(Abfahrt 38 Dorsten-West, 8 km).**

RAST AUF REISEN: Übernachten im Emsland

Tierlings, Hüntestr. 80, 26871 Papenburg-Aschendorf, Tel. 0 49 62/5562: einfaches Haus mit Biergarten an einem Park mit Forellenteich; **Hotel Graf Luckner,** Hümmlinger Weg 2–4, 26871 Papenburg, Tel. 0 49 61/ 76 0 57: modernes Backsteinhaus nahe dem Stadtzentrum **(Abfahrt 15 Papenburg, 10 km). Hotel Schmidt am Markt,** Am Markt 17, 49716 Meppen, Tel. 0 59 31/98 100: familiäres Haus in ruhiger, zentraler Lage, hervorragendes Restaurant (Spezialität Buchweizenblinis mit Rächerlachs) **(Abfahrt 21 Meppen, 9 km). Brauhaus Hotel,** Gladbecker Str. 78, 46236 Bottrop, Tel. 0 20 41/774460: Innenstadt, verkehrsgünstig, gute Ausstattung **(Abfahrt 3 Bottrop, 2 km).**

In den Kanälen von Papenburg liegen historische Schiffe vertäut.

Das neugotische Wasserschloss Evenburg liegt im Leeraner Ortsteil Loga.

Streckenprofil A38 *Zwischen den Harzausläufern im Norden und den waldigen Hügeln des Eichsfeldes im Süden führt die Strecke von der A7 vorbei am Kyffhäuser in die Leipziger Tieflandsbucht. Als Verkehrsprojekt der Deutschen Einheit wurde sie in den Jahren zwischen 1997 und 2009 gebaut.* ***(219 km, 2 Std)***

** Einzigartig ist das **Europäische Brotmuseum in Ebergötzen,** das mit der Dauerausstellung »Vom Korn zum Brot« die 8000-jährige Kulturgeschichte des Brotes sehr anschaulich zeigt. Besucher können bei museumspädagogischen Aktionen die römische oder auch mittelalterliche Backweise in originalgetreu nachgebauten Öfen ausprobieren. Funktionsfähige Wind- und Wassermühlen vervollständigen den Museumsbesuch. In unmittelbarer Nähe des Museums steht die **Wilhelm Busch Mühle.** Der weltbekannte Humorist lebte hier in seinen Kindertagen und einige Erlebnisse dieser Zeit finden sich in Max&Moritz wieder. **(Abfahrt 3 Friedland, 30 km, Abfahrt 6 Leinefelde-Worbis 31 km)**

*** **Duderstadt:** Die ehemalige Großstadt des Mittelalters besitzt einen historischen Kern mit über 600 Fachwerkhäusern. Das Rathaus ist eines der ältesten in Deutschland, sehenswert sind der »Eichsfelder Dom« St. Cyriakus, die Ringwallanlage und der Westerturm mit der gedrehten Spitze. Erlebnisreich sind eine Nachtwächterführung oder »Auf ein Stündchen mit dem Scharfrichter« ein besonderer Gang ins Mittelalter (nur nach Voranmeldung bei der Gästeinformation der Stadt) **(Abfahrt 6 Leinefelde-Worbis, 15 km)**

* **Nordhausen:** Guter Branntwein machte die Stadt schon im Mittelalter reich. Geschichte und Technologie des Kornbrennens zeigt heute noch die Nordhäuser Traditionsbrennerei, wo man den feinen alten Doppelkorn auch verkosten kann. Der wird auch im Schienenbistro gereicht, die Partyausgabe eines Straßenbahnwagens, der auf einem der kleinsten Straßenbahnnetzte Deutschlands verkehrt. **(Abfahrt 11 Nordhausen, 4 km)**

***Heimkehle:** eine der großen deutschen Gipshöhlen, die in einer 45-minütigen Führung mit Lichteffekten und Musik besichtigt werden kann. Der Schaubereich ist 600 Meter lang. Wenige Kilometer weiter die mächtige **Burg Hohnstein,** Heimat des gleichnamigen (Tri, Tra, Trullala) Kaspers, der von hier als Handspielpuppe die Welt eroberte und auch noch heute im Smartphonezeitalter Kinderherzen erfreut. **(Abfahrt 13 Berga, 5/10 km)**

***Göttingen:** In der traditionsreichen Universitätsstadt haben bislang 45 Nobelpreisträger gewirkt oder werden mit ihr in Verbindung gebracht. Robert Koch studierte hier, Max Planck verbrachte seine letzten Jahre hier, ist hier begraben, ebenso Otto Hahn. Nur drei der vielen Naturwissenschaftler die dem »Göttinger Nobelpreiswunder« angehören. Sehenswert: Das Baukulturensemble in der Innenstadt mit acht Kirchen. Sehenswert in der Universität sind die Aula und der Karzer, in dem entgegen aller Mythen Otto von Bismarck nicht einsaß. **(Abfahrt 3 Friedland, 12 km)**

***Witzenhausen:** ist das Herz des größten Kirschenanbaugebietes Deutschlands. Sehenswert: Historischer Stadtkern mit vielen Fachwerkhäusern **(Abfahrt 3 Friedland, 9 km)**

***Heiligenstadt:** Hauptstadt des Eichsfeldes, seit 1929 Kurort und seit 1950 anerkanntes Heilbad. Der Name geht auf eine **»Heilige Stätte«** zurück, die an diesem Ort schon vor mehr als 1000 Jahren existiert haben soll. Heute reklamiert der malerische und sehenswerte Ort für sich genau in der Mitte Deutschlands zu liegen. Berühmtester Sohn der Stadt ist Tilman Riemenschneider, dessen Schnitzkunst in vielen Altären verewigt ist. **(Abfahrt 5 Heilbad Heiligenstadt, 2 km)**

** **Alternativer Bärenpark Worbis:** In Leinefelde-Worbis finden auf einer Fläche von rund 4 ha Bären, Wölfe und Waschbären ein artgerechtes Zuhause in einer großzügigen Freianlage. Die meisten Tiere wurden aus zu kleinen Zwingern oder Zirkuspferchen gerettet. Ein Bärenlehrpfad informiert über die Lebensweise der bedrohten Tiere. **(Abfahrt 6 Leinefelde-Worbis, 3 km)**

*** **Kyffhäuser:** Ein monumentales, 81 m hohes Denkmal mit der Figur des schlafenden Kaiser Friedrich I. »Barbarossa« (1122 bis 1190) erinnert an die größte Burg des deutschen Mittelalters. Auf der Südwestseite des Höhenzugs bei Rottleben befindet sich die riesige Barbarossa-Höhle mit bizarren Gipsformationen und Barbarossas »Tisch« und »Stuhl«. **(Abfahrt 13 Berga, 12 km)**

***Sangerhausen:** Wallfahrtsort für Rosenfreunde mit einem 13 ha großen Rosarium und über 8500 verschiedenen Rosenarten. **(Abfahrt 16 Sangerhausen-Süd)**

***Artern** besitzt eines der kleinsten Naturschutzgebiete Deutschlands: Die ehemalige Saline speist heute noch den Solgraben, in dem seltene Orchideenarten gedeihen. **(Abfahrt 16 Sangerhausen-Süd, 9 km)**

****Naturpark Eichsfeld-Hainich-Werratal:** Der 870 km² große Naturpark umfasst die Hügelketten und urigen Wälder des Hainich und die Muschelkalkplateaus des Eichsfeldes. Burg Hanstein und Teufelskanzel mit einmaligem Ausblick, Lutterwasserfall und Dieteröder Klippen sind nur einige der vielen Sehenswürdigkeiten. Die Lage an der ehemaligen deutsch-deutschen Grenze führte ungeplant zu einem Schutz der Naturlandschaft. Seltene Biotope blieben so erhalten und wurden nach der Wende unter Schutz gestellt. **(Abfahrt 5 Heilbad Heiligenstadt, 3km)**

UNTERWEGS SÜDLICH VOM HARZ

Der schlafende Barbarossa auf dem Kyffhäuserdenkmal.

Ausgedehnte **Naturparks** säumen die Autobahn auf dem Weg vom **südlichen Niedersachsen** nach **Sachsen-Anhalt.** Herrliche Wälder, grüne Höhenzüge und teils ursprüngliche Landschaften mit interessanten **geologischen Formationen** lohnen den Abstecher. Wertvolle **Fachwerkensembles** wurden mit großem Aufwand restauriert und viele kleine Städte und Dörfer haben ihren historischen Ortskern mit Sorgfalt bewahrt und ihre Geschichte in unzähligen kleinen **Heimatmuseen** dokumentiert.

KULINARISCHES DER REGION: Vom Schwein

Das Eichsfeld ist eine historische Landschaft südlich und nördlich der Autobahn, die aus den ehemals kargen Lebensverhältnissen auf dem Lande eine eigene Küche wachsen ließ. Die Hausschlachtung war **Festtag** und die traditionellen Spezialitäten sind Würste, die direkt nach dem Schlachten hergestellt werden: Für **»Eichsfelder Feldgieker«** wird das gehackte, gewürzte Schweinfleisch noch schlachtwarm in Därme gefüllt, um dann bis zu zwölf Monate zu reifen. Die Rezeptur der Gewürzmischung wird vom Schlachter geheim gehalten und von Generation zu Generation weiter gegeben. Das Fleisch aus Mastbetrieben ist für die Herstellung eines echten **»Feldgiekers«** nicht geeignet, nur traditionell gefütterte Schweine liefern ein geeignetes Fleisch. **»Eichsfelder Kälberblase«** ist eine ebenfalls lang gereifte Wurst, die auf Graubrot mit sauer eingelegten Gurken schmeckt. Und zum Nachtisch: **»Schmandkuchen«,** saftig bestrichener Hefeteig nach überlieferten Rezepten, die sich von Dorf zu Dorf unterscheiden.

RAST AUF REISEN: Mit Tradition

Hotel Zum Löwen, Marktstr. 30, 37115 Duderstadt, Tel. 05527/849000: sehr gepflegtes historisches Haus mitten im Fachwerk-Ensemble von Duderstadt mit gepflegter Gastronomie und rustikaler Bierstube **(Abfahrt 6 Leinefelde-Worbis, 15 km). Hotel Eichsfelder Hof,** Wilhelmstr. 56 37308 Heiligenstadt, Tel. 03606/66030: Traditionshotel mit eleganten Zimmern und benachbartem Vitalpark an der historischen Flaniermeile des Heilbades **(Abfahrt 5 Heilbad Heiligenstadt, 3 km). Alte Hämmelei,** Bornstr. 33, 06567 Bad Frankenhausen, Tel. 034671/5120: historische Herberge nahe dem Kyffhäuser mit gemütlichen Zimmern und rustikalem Gasthaus direkt an der alte Stadtmauer **(Abfahrt 13 Berga, 5 km).**

*** **Lutherstadt Eisleben:** 1996 wurden die Lutherstätten in Sachsen-Anhalt von der UNESCO als Weltkulturerbe anerkannt. Dazu gehören in Eisleben Luthers Geburtshaus mit einer Gedenkstätte und sein Sterbehaus. Sehenswert sind aber auch das schöne Marktensemble mit Lutherdenkmal, das Rathaus und die Andreaskirche. Seit 1990 wurden sehr viele Gebäude mit großem Aufwand saniert. **(Abfahrt 19 Eisleben 12 km)**

** **Naturpark Saale-Unstrut-Triasland:** Weinberge in Steillagen, Streuobstwiesen, Trockenrasen und Wäldern sind die Komponenten für eine Naturlandschaft, die ergänzt werden durch zahlreiche Burgen, Schlösser und Dörfer und damit zu einer Kulturlandschaft ersten Ranges verschmelzen. Triasland (Buntsandstein, Muschelkalk, Keuper) steht für den geologischen Bezug zu diesem Naturpark **(Abfahrt 19 Eisleben B 180)**

Halle:
siehe Seite 126

*** **Querfurt:** Die ertragreichen Schwarzerdeböden ließen den Ort zu einem begehrten Siedlungsplatz werden. Die etwa um 900 erbaute Burg ist eine der ältesten und größten Anlagen in Deutschland, siebenmal so groß wie die Wartburg. Innere und äußere Stadtmauern des weitgehend im Barockstil nach dem zwei großen Bränden im 17. Jh. wiedererrichteten Stadt wurden in den letzten Jahren aufwändig saniert. **(Abfahrt 19 Eisleben, 8 km)**

Leipzig:
siehe Seite 126

** **Himmelsscheibe von Nebra:** Selten ist ein archäologischer Fund so oft diskutiert und präsentiert worden wie die Himmelsscheibe von Nebra. Sie zeigt, welche Kenntnisse unsere Vorfahren vor 3600 Jahren über astronomische Phänomene besaßen. Das Original ist im Landesmuseum für Vorgeschichte in Halle ausgestellt. In der Nähe des Fundortes wurde die »Arche Nebra« mit einer Planetariumshow gebaut Am Fundort in 3 km Entfernung wurde ein astronomischer Aussichtsturm errichtet. **(Abfahrt 19 Eisleben, 26 km)**

Wittenberg und Eisleben (im Bild) haben Luthers wichtigste Lebensstationen bewahrt.

** **Belantis:** Ostdeutschlands größter Vergnügungspark liegt direkt an der A 38. Auf 27 ha Fläche des ehemaligen Braunkohletagebaus Zwenkau gibt es 60 Attraktionen und Shows in acht Themenwelten. Private deutsche Radiosender investierten rund 50 Mio. Euro in Vergnügungen wie die Wildwasserfahrt aus Europas größter Pyramide oder der Quad Offroad Parcour. Der 2003 eröffnete Familien- und Freizeitpark wird in den nächsten Jahren sowohl in der Fläche wie auch mit neuen Fahrattraktionen erweitert werden. **(Abfahrt 30 Leipzig Neue Harth-Belantis)**

** **Moritzburg:** Das befestigte Schloss im Stil der Spätgotik und Frührenaissance ist eines der imposantesten Bauwerke der Saalestadt Halle. Heute enthält es die umfangreiche Kunstsammlung der Stiftung Moritzburg und zählt zu den führenden Museen in Sachsen-Anhalt. Zu sehen sind u.a. erlesene historische Sammlungen des Kunsthandwerks aber auch eindrucksvolle Bestände der Klassischen Moderne und ihrer Wegbereiter im 19. Jahrhundert. Mo, Di, Do–So und feiertags von 10 bis 18 Uhr geöffnet **(Abfahrt 22 Dr. Halle-Süd, A143 Halle, 16 km)**

** **Burg Giebichenstein:** Die Burganlage gehört wegen ihrer idyllischen Lage zu den schönsten Ausflugszielen der Region. Von der Alten Burg sind keine Reste mehr vorhanden, von der Oberburg sind romanisch-gotische Teile zu sehen, die Unterburg ist gut erhalten und seit 1991 Sitz der Hochschule für Kunst und Design, die Besucher mit zahlreichen »Kunststücken« überrascht. 9–18 Uhr **(Abfahrt 22 Dr. Halle-Süd, A143 Halle, 17 km)**

Schloss Moritzburg

* **Bad Dürrenberg:** Das größte zusammenhängende Gradierwerk Europas, mit 636 m Länge ist ein einzigartiges technisches Denkmal und der Stolz der Stadt. Die Freiluftinhalation mit der salzhaltigen Luft lässt sich gut mit einem Spaziergang in dem weitläufigen Kurpark verbinden. Das Borlachmuseum informiert über die Geschichte des Salzes in der Region, im Ortsteil Fährendorf steht die älteste Kirche Mitteldeutschlands. **(Abfahrt 26 Leuna, B 91 Leuna Bad Dürrenberg, 8 km)**

*****Merseburg:** Die vieltürmige Silhouette über der Saale ist berühmt, seit dem 10. Jahrhundert hielten hier immer wieder deutsche Könige und Kaiser Hof. Der Dom mit der romanischen Krypta wurde ab 1015 gebaut. In der Domstiftsbibliothek werden die mittelalterlichen Schriften der »Merseburger Zaubersprüche« aufbewahrt, das Schloss beeindruckt als Gesamtanlage, enthält aber keine nennenswerten Kunstschätze mehr. **(Abfahrt 25 Mersburg-Süd, 5 km)**

UNTERWEGS NACH LEIPZIG

Vor der Alten Börse am Naschmarkt steht der unsterbliche Dichterfürst Goethe.

»Kummerland« war lange Jahre der Beiname des Industriegebietes zwischen **Halle an der Saale** und **Leipzig.** Braunkohleabbau und chemische Industrie zerstörten die Landschaft und verschmutzten die Luft. Mittlerweile hat sich die Lage total verändert, an den Flüssen des Industriegebietes kann man sogar wieder Angeln gehen. Eines der spektakulärsten Rekultivierungsprojekte ist der Geiseltalseee im Braunkohlenrevier Geiseltal-Mücheln südlich von **Merseburg.** Aus der ehemaligen Mondlandschaft entstand durch Flutung mit Saalewasser ein riesiger Seen-Komplex. Von drei 14 Meter hohen Aussichtstürmen hat meinen einen einzigartigen Rundblick auf diese neue Seenlandschaft.

KULINARISCHES DER REGION: Kaffee & Kuchen

Die typischen deftigen Genüsse der Region sind auf Seite 114 beschrieben. Die legendären **»Kaffee-Sachsen«** verstehen aber auch viel von Süßem: **Zuckerkuchen, Streuselkuchen, Bienenstich** werden in den traditionellen Bäckereien meist als **»Platte«** statt als einzelnes Stück verkauft. **Baumkuchen** ist eine Spezialität der Sachsen-Anhaltischen Bächerei. Weltberühmt wurden die »Halloren«-Kugeln aus Deutschlands ältester **Schokoladenfabrik** in Halle an der Saale. Benannt wurden die feinen Confiserie-Kugeln nach den Silberknöpfen auf den Festtagsgewändern der Halloren-Bruderschaft, einer Art mittelalterlicher Gewerkschaft der Salinenarbeiter in der Region. Mehr erzählt die **Halloren Schokoladenfabrik** mit einem Schokoladenzimmer wie aus dem Schlaraffenland und einer Schauproduktion, Delitzscher Str. 70, Halle an der Saale.

RAST AUF REISEN: Mit Tradition

Hotel Graf von Mansfeld, Markt, 06295 Eisleben, Tel. 03475/66300: liebevoll eingerichtetes Traditionshotel im 500 Jahre alten Stadtschloss mitten in der Eisleber Altstadt **(Abfahrt 19 Eisleben 12 km). Hotel Querfurter Hof,** Merseburger Str. 5, 06268 Querfurt, Tel. 034771/5240: neu erbautes freundliches Haus mit Restaurant im historischen Stadtkern von Querfurt **(Abfahrt 19 Eisleben, 8 km). Altes Badehaus,** Fährstr. 6, 06231 Bad Dürrenberg, Tel. 03462/99800: Hotel im historischen Gemäuer des ehemaligen Badehauses mit exquisitem preiswerten Restaurant **(Abfahrt 26 Leuna, B 91 Leuna Bad Dürrenberg, 8 km).**

Streckenprofil: *Von der Grenze zu den Niederlanden und aus der niederrheinischen Tiefebene kommend durchschneidet die Strecke ab Moers das dichtbesiedelte Ruhrgebiet in West-Ost-Richtung. Von Duisburg bis Dortmund wird die Route auch Ruhrschnellweg genannt.*
(100 km, 1 Std.)

***Oberhausen:** Ende des 18. Jh. entstand hier die erste moderne Eisenhütte, weshalb die Stadt noch heute »Wiege der Ruhrgebietsindustrie« genannt wird. Sehenswert: das Rathaus im Stil des Expressionismus; das Rheinische Industriemuseum und die laut Guinessbuch höchste Ausstellungshalle Europas, der 117 m hohe »Gasometer«, ein ehemaliger Gasbehälter, in dem nun Kulturveranstaltungen stattfinden. Das Freizeitzentrum CentrO gilt als einer von Europas größten Einkaufsparks. **(Abfahrt 16 Mühlheim-Styrum, 2 km)**

Das mittelalterliche Münster in Essen

***Moers:** Die ehemalige Hauptstadt der gleichnamigen Grafschaft. Neben der sanierten mittelalterlichen Altstadt sehenswert: Schloss (14./15. Jh.) und Park mit Museum zur Geschichte der Grafschaft. Auf der über 100 Meter hohen Halde Rheinpreussen bildet das »Geleucht«, ein begehbarer und leuchtender Turm in der Form einer Grubenlampe eine weithin sichtbare Landmarke **(Abfahrt 9 Moers-Zentrum, 2 km)**

Duisburg: siehe Seite 172

Dortmund: siehe Seite 160

***Nettetal:** Ein idyllisches Kleinod in dem wild- und waldreichen Schwalm-Nettetal sind die Netteseen in der feuchten Flussniederung mit dem Wasserschloss Kriekenbeck und der alten Leuther Mühle aus dem 18. Jh. **(Abfahrt 2 Straelen, über B221, 5 km)**

***Grefrath:** Das Niederrheinische Freilichtmuseum erzählt von der bäuerlichen Tradition dieser Region. Ein Besuchermagnet im Freizeitpark ist das auch die Erwachsenen begeisternde Spielzeugmuseum mit Puppenhäusern und das Bügelspiel. **(Abfahrt 3 Wankum, 5 km)**

****Essen:** Die größte Reviermetropole und Kulturhauptstadt 2010 erstreckt sich von der Ruhr im Süden bis zur Emscher im Norden. Wahrzeichen der einst bedeutendsten Bergbaustadt Europas ist der rostrote Förderturm der 1986 stillgelegten Zeche Zollverein. Die »schönste Zeche des Ruhrpotts« ist heute Museum und zählt zum UNESCO-Weltkulturerbe. Als Sitz des Designzentrums NRW und Messestadt gilt Essen als Musterbeispiel für das grüne Ruhrgebiet. Sehenswert: im Schatten von Deutschlands höchstem Rathaus (106 m): das mittelalterliche Münster (10. Jh.) der katholischen Bischofsstadt (Schatzkammer!), Abteikirche St. Ludgerus (943 geweiht) in Essen-Werden, Alte Synagoge (1911–13), heute Gedenkstätte; Folkwangmuseum mit bedeutendster Sammlung des Ruhrgebiets (Malerei ab 1800); Villa Hügel, repräsentative und prunkvolle Villa der Familie Krupp, Führungen Apr.–Okt. sonntags 11.00 und 14.00 Uhr. **(Abfahrt 23 Essen-Zentrum,2 km)**

Gruga Park und Villa Hügel: siehe Seite 166

****Duisburg-Ruhrort:** Unzählige Verladekräne säumen die Becken des größten Binnenhafens der Welt, der auch gleichzeitig den weltgrößten Container-Umschlagplatz im Binnenland hat (ca. 3,5 Mio. Container jährlich). Mehr als 300 Logistikunternehmen sind hier ansässig und sorgen für den Ab- und Antransport an die 44 km Kaianlagen die jährlich von mehr als 30 000 Schiffen angelaufen werden. »Duisburg Ruhrort«, so hieß auch der erst Schimanski-Tatort mit dem legendären Schauspieler Götz George, der hier 1981 gedreht wurde.

Ein eindrucksvolles Erlebnis sind die zweistündigen Hafenrundfahrten mit der MS Rheinfels. (2 x tgl. Apr–Okt., mittwochs–sonntags, Tel. 0203/8070677) Sehenswert: das an der Schifferbörse verankerte Museumsschiff »Oskar Huber« und das Deutsche Binnenschifffahrtsmuseum im Stadtteil Laar. **(Abfahrt 12 Duisburg-Häfen, 2 km)**

***Bochum:** Ein Relikt der einst bedeutenden Bergbaustadt im Herzen des Reviers ist der »Malakow-Turm« (1857/58) der 1973 stillgelegten Zeche Hannover, heute ein Standort des Westfälischen Industriemuseums. Zur kulturellen Hochburg wurde Bochum durch das renommierte Schauspielhaus und die Musicalbühne »Starlight Express«. Die 1961 gegründete Universität ist die größte Hochschule des Ruhrgebiets. Sehenswert: Deutsches Bergbau-Museum und Planetarium. **(Abfahrt 35 Bochum-Zentrum, 3 km)**

Das Museum Küppersmühle für Moderne Kunst in Duisburg

UNTERWEGS AUF DER »ROUTE DER INDUSTRIEKULTUR«

Licht-Event in der Kokerei Zollverein in Essen

Dass aus dem Ruhrgebiet, dem einstigen »Kohlenpott«, eine Landschaft mit hoher Lebensqualität geworden ist, zeigt die **»Route der Industriekultur«**. Seit 1999 gibt es den 400 km langen touristischen **Rundkurs,** der technische und bauliche Denkmäler der über 150-jährigen industriellen Vergangenheit des »Potts« miteinander verbindet. Highlights sind die 25 »Ankerpunkte«, etwa der **Landschaftspark Duisburg-Nord** mit seinem Kultur- und Freizeitangebot, die ehemalige **Zeche Zollverein XII** in Essen-Katernberg oder das **Deutsche Bergbau-Museum** in Bochum. Von den Ankerpunkten aus bietet die **»Ruhr Tour«** verschiedene Themenrouten an, die sich der frühen Industrialisierung oder der Schifffahrt widmen.

KULINARISCHES DER REGION: Deftig & nahrhaft

Wer schwer arbeitet, braucht Kalorien! So hat sich im Ruhrgebiet eine Küche entwickelt, die den Kumpels gerecht wurde. Die Gerichte sind einfach, sättigend und preiswert, wobei **Kartoffeln, Graupen, Kohl und Hülsenfrüchte** den Hauptanteil ausmachen. Als im 19. Jahrhundert Bergleute aus Schlesien und Polen ins Ruhrgebiet umsiedelten, brachten sie auch ihre heimischen Leibgerichte mit. So kamen **»Schlesisches Himmelreich«,** ein Eintopf mit Backobst, und **»Bigosch«,** ein Sauerkrauteintopf, nach Westdeutschland. Das Lieblingsgetränk in der Region ist und bleibt natürlich das **Bier,** auch wenn in Dortmund, der ehemals zweitgrößten Bierstadt der Welt, von 30 Brauereien nur noch eine übrig geblieben ist.

RAST AUF REISEN: Übernachten im Ruhrgebiet

Hotel Express by Holiday Inn, Thea-Leymann-Str. 11, 45127 Essen, Tel. 02 01/1 02 60: neues 3-Sterne-Hotel in Citylage **(Abfahrt 23 Essen-Zentrum, 2 km). Acora Hotel,** Nordring 44–50, 44787 Bochum, Tel. 02 34/ 6 89 60: sympathisches Haus im Stadtzentrum mit geräumigen Zimmern, Fitnessraum und Restaurant **(Abfahrt 35 Bochum-Zentrum, 1 km). Hotel Plaza,** Düsseldorfer Str. 54, 47051 Duisburg, Tel. 02 03/2 82 20: Komfort mit Stil, gute Küche, Swimmingpool, Zentrale Lage **(Abfahrt 12 Duisburg-Häfen, 2 km): Hotel Ambiente,** Am Gottesacker 70, 44143 Dortmund, Tel. 02 31/ 4 77 37 70: neues Hotel, dezenter Luxus, große Zimmer **(Abfahrt 42 Kreuz Dortmund-West, über B1, 6 km). Hotel Moers,** Krefelder Str. 169, 47447 Moers, Tel. 02841/ 1460: komfortable Zimmer, gutes Restaurant, Bar **(Abfahrt 8 Moers, 1 km).**

Streckenprofil A42:** Nach der Überquerung des Rheins bei den stillgelegten Thyssen-Stahlwerken ist die Strecke durch das nördliche Ruhrgebiet identisch mit dem Emscher-Schnellweg. **(60 km, 45 Min.)
A43:** Aus dem Münsterland führt die Strecke durch die dicht besiedelte Mitte des Ruhrgebiets in das bewaldete Bergische Land **(105 km, 1 ¼ Std.)

****Merfelder Bruch:** Moor und Heide bilden ein wunderbares Terrain für Europas größtes Wildpferdgehege. Die über 400 ungezähmten und völlig sich selbst überlassenen Tiere sind ein faszinierender Anblick, ganz besonders am letzten Samstag im Mai, wenn die einjährigen Hengste eingefangen werden. (Öffnungszeiten März–Okt.: Sa und So 10–18 Uhr) **(A43, Abfahrt 6 Dülmen, 8 km)**

***Haltern:** An einer seit Urzeiten wichtigen Furt durch den Fluss Lippe liegt die nördlichste Stadt des Ruhrgebiets. Sehenswert: das berühmte Gabelkruzifix »Halterner Kreuz« (14. Jh.) in der Sixtuskirche (1877). Das Römermuseum zeigt Funde aus dem hiesigen Römerlager. **(A43, Abfahrt 8 Haltern, 3 km)**

***Revierpark Vonderort:** Der weitläufige Park mit seinem großen Angebot an Fitness- und Freizeiteinrichtungen ist ein beliebter Erholungsort für stressgeplagte Ruhrgebietler. **(A42, Abfahrt 12 Bottrop-Süd, 2 km)**

***Herten:** Zu den schönsten Gebäuden des Reviers gehört das aufwändig sanierte Wasserschloss Herten aus dem 16. Jh. inmitten eines englischen Landschaftsgartens. Der Ziegelbau der Hauptburg ist vollständig von einer Gräfte umgeben. **(A43 Abfahrt 11 Recklinghausen-Herten, 4 km)**

****Kloster Kamp:** Das »Sanscoussi vom Niederrhein« war 1122 das erste Zisterzienserkloster in Deutschland und hat das spirituelle und kulturelle Leben am Niederrhein nachhaltig beeinflusst. Sehenswert: das Ordensmuseum mit dem Altartuch »Kamper Antependium« aus dem 14. Jh., der barocke Terrassengarten und der neuzeitliche Kräutergarten neben der Abteikirche **(über A57 Ri. Goch, Abfahrt 8 Kamp-Lintfort, 3 km)**

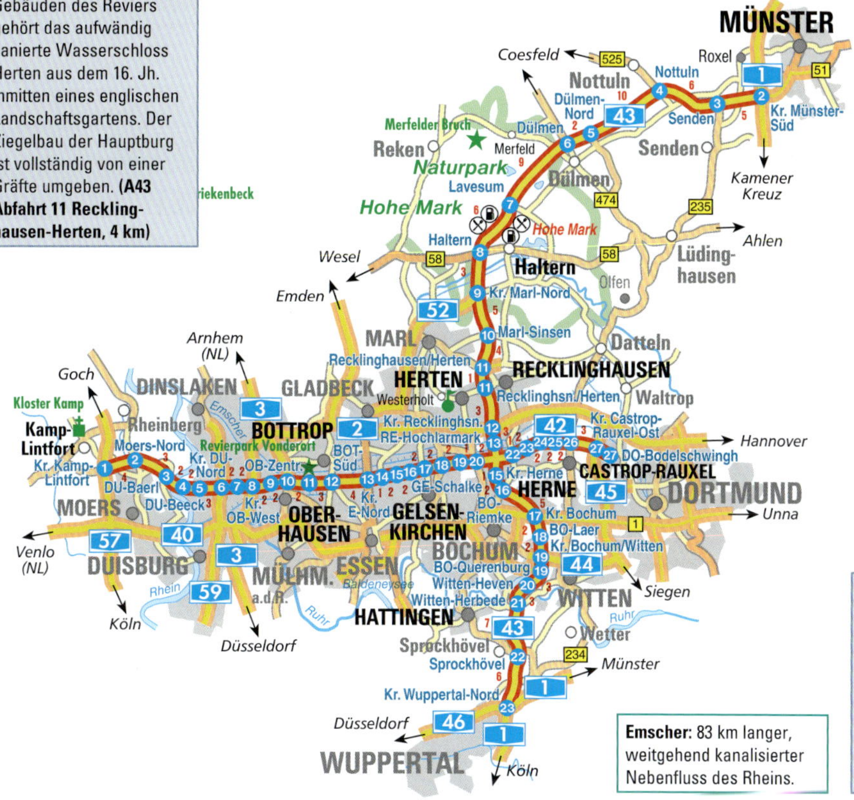

Rhein-Herne-Kanal
Die 45,4 km lange Wasserstraße mit 5 Schleusen (1906–14) verbindet Duisburg-Ruhrort mit dem Dortmund-Ems-Kanal.

Emscher: 83 km langer, weitgehend kanalisierter Nebenfluss des Rheins.

***Recklinghausen:** Wahrzeichen der Stadt, die im Mai und Juni zu den Ruhrfestspielen einlädt, ist die von modernen Gebäuden und alten Fachwerkhäusern umgebene Probsteikirche St. Peter (13.–17. Jh.) mit ihrem hellgrünen Patinadach. Das einzigartige Ikonenmuseum ist die größte Sammlung dieser Art außerhalb Russlands. Außerdem: das stilistisch eigenwillige Rathaus, die Westfälische Volkssternwarte und der bekannte Zoo. **(A43, Abfahrt 11 Recklinghausen-Herten, 2 km)**

***Castrop-Rauxel:** Wie in Herne, so hat auch hier der Ire William Thomas Mulvany Mitte des 19. Jh. die ersten Schächte für den Bergbau anlegen lassen. 1983 wurde die letzte Anlage stillgelegt. Sehenswert: die Lambertuskirche (13. Jh.) und Schloss Bladenhorst (16. Jh.). **(A42, Abfahrt 26 Castrop-Rauxel, 2 km)**

Kamp Lintfort: Terrassengarten des Klosters Kamp

***Gelsenkirchen:** Mit den grauen Etiketten Kohle und Rohöl wird man der Stadt des Traditionsclubs Schalke 04 nicht gerecht. Sehenswert: die Zoom-Erlebniswelt, der Landschaftspark auf dem Areal der Zeche Nordstern, Städtische Kunstsammlung (deutsche und französische Kunst des 19. und 20. Jh.), Wasserschloss Horst (1552–78, westfälischer Renaissancestil) sowie Schloss Berge. **(A42, Abfahrt 18 Gelsenkirchen-Bismarck, 2 km)**

***Hattingen:** Die alte Stadt mit dem »Malerwinkel« bestehend aus 300 Fachwerkhäusern, dem schiefen Kirchturm von St. Georg (13.–15. Jh.) und dem Bügeleisenhaus (1611) liegt am Wassersportparadies Kemnader See. Sehenswert: das Wasserschloss Kemnade (17. Jh.) mit großer Uhrensammlung, Burg Blankenstein (13. Jh.), die spätromanische Marienkirche in Stiepel mit Wandmalereien (12.–16. Jh.) **(A42, Abfahrt 21 Witten-Herbede, 2 km; Stiepel 5 km)**

***Herne:** Im August lockt das spektakulärste Volksfest des Reviers, die Cranger Kirmes in Wanne-Eickel, über 4 Mio. Besucher in die Stadt mit der größten Bevölkerungsdichte der Region. Sehenswert: Wasserschloss Strünkede (16./17. Jh.) mit dem Emschertalmuseum (Vor- und Frühgeschichte) die Teutoburgia-Siedlung im Ortsteil Börnig, eine der schönsten ehemaligen Bergarbeitersiedlungen mit Kunstwald und Förderturm. **(A42, Abfahrt 22 Herne-Baukau, 2 km)**

UNTERWEGS IM RUHRGEBIET

Industriedenkmal im Jugendstil: Zeche Zollern in Dortmund

Die wirtschaftliche Bedeutung des Ruhrgebiets beruht auf der **Steinkohle.** Bereits im Mittelalter wurde sie hier abgebaut, aber erst im 19. Jahrhundert waren die Fördermengen groß genug, um die Grundlage für die Eisenindustrie im **»Kohlenpott«** zu bilden. Nach den schweren Zerstörungen im Zweiten Weltkrieg erholte sich das Ruhrgebiet erstaunlich schnell. Doch importierte Energien, vor allem das Erdöl, machten den Kohlebergbau seit Ende der 1950er Jahre immer weniger rentabel, die Stahlkrise folgte. Heute stehen die Fördertürme still, und das Ruhrgebiet hat seine Tristesse abgelegt. Der **»Ruhrpott«** ist heute mit seinem vielfältigen Freizeit- und Kulturangebot auch für Touristen interessant.

KULINARISCHES DER REGION: Mettwurst

Die westfälische **Mettwurst** aus magerem Schweinefleisch und zartem Speck dient in der Region nicht nur als Brotbelag, der besonders gut zu **Pumpernickel** passt. Hier kommt sie auch in Eintöpfe. Typisch ist das aus Mairüben hergestellte **Stielmus** mit Mettwurststreifen. Mettwurst gibt es auch zum **Grünkohl** oder zu **Dicken Bohnen.** Allseits geschätzt wird der **Dortmunder Rosenkranz:** Geräucherte Mettwürste werden ringförmig in eine Pfanne gelegt, in die Mitte kommen Kartoffelscheiben und dann wird das Ganze knusprig braun gebrutzelt. Die Mettwurst hat auch ihren Weg auf die Pizza gefunden, ein neuzeitliches Gericht, das mit den italienischen Gastarbeitern in den 60er Jahren in die Region kam.

RAST AUF REISEN: Romantisch übernachten

Romantik-Hotel Hof zur Linde, Handorfer Werseufer 1, 48157 Münster-Handorf, Tel. 02 51/3 27 50: familiär geführtes Haus in historischem Ambiente mit modernem Komfort, kreative Küche **(Abfahrt 2 Kreuz Münster-Süd, 18 km). Parkhotel Schloss Hohenfeld,** Dingbänger Weg 400, 48161 Münster/Roxel-Hohenfeld, Tel. 0 25 34/80 80: schöne Parkanlage mit alten Bäumen, komfortable Zimmer und Appartements, feine Küche **(Abfahrt 3 Senden, 4 km). Best Western Parkhotel Engelsburg,** Augustinessenstr. 10, 45657 Recklinghausen, Tel. 0 23 61/20 10: schön restauriertes, barockes Anwesen mit individuellen Zimmern und Suiten, Gartenterrasse **(Abfahrt 11 Recklinghausen-Herten, 3 km). Grosse Teichsmühle,** Borkenbergestr. 78, 48249 Dülmen, Tel. 02594/94350: komfortable Zimmer, westfälische Küche **(Abfahrt 6 Dülmen, 7 km).**

Das Wahrzeichen der Zeche Zollverein ist der gewaltige Doppelbock-Förderturm von Schacht XII.

Das beliebte Deutsche Bergbau-Museum in Bochum zeigt Montangeschichte.

»Totems« von Agustín Ibarrola stehen auf der ehemaligen Halde Haniel in Bottrop.

Die Zeche Consolidation in Gelsenkirchen dient heute als Ort für kulturelle Veranstaltungen.

Der Gasometer am Rhein-Herne-Kanal ist ein unübersehbares Wahrzeichen von Oberhausen.

Streckenprofil A44:** Von der Landesgrenze zu Belgien geht es durch die flache Jülicher Börde, durch das südliche Ruhrgebiet, dann durch die fruchtbare Soester Börde und das Eggegebirge nach Kassel. Die A44 weist in ihrem Verlauf mehrere Lücken auf, die Strecke von Kassel nach Herleshausen befindet sich noch überwiegend im Bau. **(415 km, ca. 4,5 Std.)

***Flughafen Düsseldorf International:** Unmittelbar an der A44 liegt der ehemalige Rhein-Ruhr-Flughafen. Aussichtsterrassen bieten einen guten Blick auf das stark frequentierte Flugfeld. **(Abfahrt 31 Düsseldorf-Flughafen, 1 km)**

***Tiergarten Odenkirchen:** beliebter Tierpark, der sich mit wenigen Ausnahmen seltenen europäischen Tierarten widmet. **(Abfahrt 13 Mönchengladbach-Odenkirchen, über B59, ca. 4 km)**

***Jülich:** Der für seine Kernforschungsanlage bekannte Ort geht auf die Römersiedlung »Juliacum« zurück. Sehenswert: das von einer Zitadelle umgebene Schloss im Stil der italienischen Hochrenaissance (16. Jh., Alessandro Pasqualini) und der um 1340 erbaute Hexenturm. **(Abfahrt 7 Jülich-West, 3 km)**

****Schloss Rheydt:** Das Wasserschloss aus dem 16. Jh. mit seinen reich verzierten Renaissancefassaden gilt als eines der prächtigsten Bauwerke am Niederrhein. Im Gebäude ist das Städtische Museum für Kunst- und Kulturgeschichte untergebracht. **(Durchfahrt Rheydt-Korschenbroich, Beschilderung folgen)**

****Dortmund:** Die westfälische Ruhrmetropole am größten Kanalhafen Europas hat den Wandel von der Kohlenpottstadt zum Ort bedeutender Bildungs- und Forschungsinstitute vollzogen. Sie war eine der größten Bierbrauerstädte der Welt und weist stolze 21 mittelalterliche Kirchen auf. Sehenswert: das Wahrzeichen, die Reinoldikirche (13. Jh.) mit 104 m hohem Turm, Marienkirche (12. Jh.) mit Marienaltar (1420) von Konrad von Soest; Petrikirche (14. Jh.) mit Antwerpener Schnitzaltar (um 1520), Museum für Kunst- und Kulturgeschichte sowie Museum am Ostwall (20. Jh.), Brauereimuseum, Fernsehturm »Florian« (212 m), Westfalenpark mit Stadion und Westfalenhalle (1949–52). **(An der B1 auf dem Weg zur Anschlussstelle Kreuz Unna)**

Das ****Westfälische Industriemuseum** in der Zeche Zollern, einer schlossartigen Anlage aus Stahl und Glas, zeigt Architektur und Geschichte des Ruhrgebiets.

Die Zeche Zollverein in Essen wurde 1986 stillgelegt.

Mönchengladbach Durchfahrt: ab Kreuz Jackerath A61 bis Kreuz MG-Wanlo, weiter auf der A46 bis Dreieck Holz, nach MG-Ost über A44, B59 u. B57.

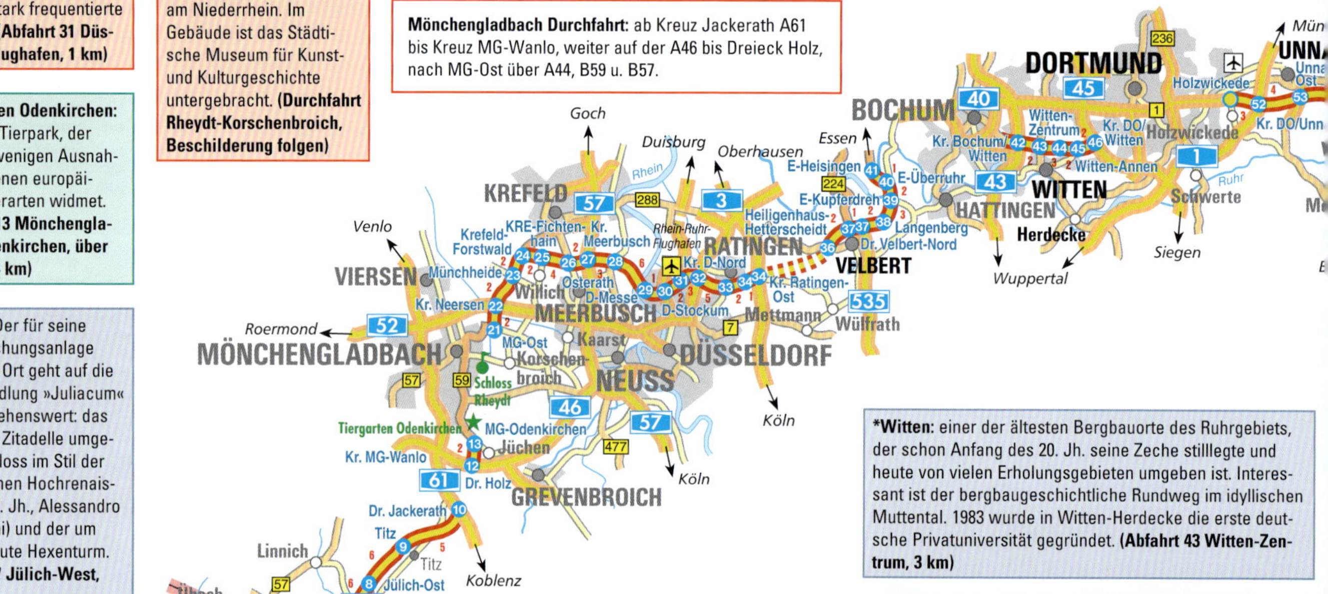

***Witten:** einer der ältesten Bergbauorte des Ruhrgebiets, der schon Anfang des 20. Jh. seine Zeche stilllegte und heute von vielen Erholungsgebieten umgeben ist. Interessant ist der bergbaugeschichtliche Rundweg im idyllischen Muttental. 1983 wurde in Witten-Herdecke die erste deutsche Privatuniversität gegründet. **(Abfahrt 43 Witten-Zentrum, 3 km)**

***Velbert:** Die Stadt südlich des Baldeneysees bietet eine Vielzahl an »Schlüsselerlebnissen«. Das Schloss- und Beschlägemuseum informiert über Schließ- und Sicherheitstechnik und über die örtliche Produktion in diesem Bereich. Die lokale Gastronomie bietet passenderweise Schlüsselgerichte an. **(An der B227)**

Dortmund: Westfalenpark und Fernsehturm »Florian«

UNTERWEGS IN DER JÜLICHER BÖRDE

Renaisscancefassade von Schloss Rheydt

Nordrhein-Westfalen ist das bevölkerungsreichste Bundesland. Da sich die Bevölkerung in den städtischen **Ballungsräume** konzentriert, bleibt viel Freiraum. So nehmen 78 Prozent der Fläche Äcker, Wälder und Wiesen ein – Platz genug, um sich von einer Autofahrt zu erholen. Zu den **Kornkammern Westdeutschlands** gehört die fruchtbare Jülicher Börde **(Abfahrt 7 Jülich-West und Abfahrt 8 Jülich-Ost)**, ein dünn besiedeltes, flaches Gebiet, das zur niederrheinischen Bucht gehört.

KULINARISCHES DER REGION: Feine Printen

Die Lebkuchenspezialität **»Aachener Printen«** gehört ganz einfach in die Weihnachtszeit, so wie Nüsse und Glühwein! Schon im Mittelalter wurden in der Kaiserstadt Aachen Printen gebacken. Damals hat man den mit **Sirup, Zimt, Nelken, Zitronat** und **Orangeat** verfeinerten Teig zu fantasievollen Figuren geformt und ausgestochen. Daher kommt auch der Name, vom niederländischen prenten = drücken. Heute ist das Gebäck, das sich wegen seiner Haltbarkeit auch hervorragend als Mitbringsel für die Lieben daheim eignet, in rechteckiger Form bekannt, überzogen mit **Zuckerguss** oder **Schokolade.**

RAST AUF REISEN: Wohlfühlen

Pullmann Hotel Quellenhof, Monheimsallee 52, 52062 Aachen, Tel. 02 41/9 13 20: Luxushotel mit eleganter Fassade im neoklassischen Stil, Wellness-, Freizeit- und Thermaleinrichtungen, Restaurant mit internationaler Küche, Bar im Kolonialstil, direkt neben Spielcasino und Kurpark; Mercure Hotel Aachen am Dom, Peterstr. 1, 52062 Aachen, Tel. 0241/18010, komfortables Hotel mit Sauna, Solarium, beheiztem Außenpool, Bar **(Abfahrt 3 Aachen-Brand, 9 km). Romantik Parkhotel Am Hammerberg,** 52222 Stolberg, Hammerweg 11, Tel. 0 24 02/1 23 40: gut geführtes gepflegtes Haus in herrlicher Lage am Waldrand, behagliche Zimmer, Hallenbad und Sauna. Die guten Restaurants **Burghof** und **Gut Schwarzenbruch** befinden sich in der Nähe **(Abfahrt 3 Aachen-Brand, 8 km). Hotel zur Traube,** Friedrichstr. 233, 42551 Velbert, Tel. 0 20 51/9 20 60: familiengeführtes Haus, geschmackvoll eingerichtet **(Abfahrt 37 Velbert-Nord, 7 km). Parkhotel Witten,** Bergerstr. 23, 58452 Witten, Tel. 0 23 02/5 88-0 sehr persönlich geführtes modernes Haus mit allem Komfort, Kaminrestaurant, Panorama-Café, zentrale Lage **(Abfahrt 45 Witten-Annen, 5km).**

***Unna:** von Fachwerkbauten geprägte Stadt mit den Resten einer mittelalterlichen Befestigung. Die Lage am Hellweg, einer uralten Handelsstraße zwischen Duisburg und Paderborn, machte sie zu einem wichtigen Mitglied der Hanse. In der Saline im Ortsteil Königsborn ging 1799 die erste Dampfmaschine des Reviers in Betrieb. In der Burg (14. Jh.) befindet sich das Hellweg-Museum. **(Abfahrt 53 Kreuz Unna-Ost, 2 km)**

***Werl:** Ein gotisches Gnadenbild aus dem 13. Jh., das 1611 aus dem Heiligen Land hierher gelangte, machte die sehenswerte Kleinstadt am Hellweg berühmt. Seit dem 17. Jh. ist die Madonna in der Franziskanerkirche »Mariä Heimsuchung« eine bekannte Wallfahrtsstätte mit ca. 100 000 Pilgern pro Jahr. Sehenswert: das Missionsmuseum »Forum der Völker« der Franziskaner. **(Abfahrt 54 Kreuz Werl, über A445, 4 km)**

****Soest:** Inmitten der gleichnamigen Bördelandschaft liegt die vom Dom St. Patrokli (10.–12. Jh.) überragte alte Hansestadt. Innerhalb des fast vollständig erhaltenen kreisrunden Stadtwalls liegen Fachwerkhäuser, barockes Rathaus (1713–18) und zahlreiche Sakralbauten. Sehenswert: die Petrikirche (1150–1220) mit Wandmalereien (12.–15. Jh.), Nikolaikapelle (12. Jh.), Kirche St. Maria zur Wiese (14.–15. Jh.), ein Meisterwerk der Gotik mit dem »Westfälischen Abendmahl« (um 1500). **(Abfahrt 56 Soest, 3 km)**

****Wewelsburg:** Weithin sichtbar erhebt sich die wuchtige Wewelsburg (1604–07), ein dreieckiger Renaissancebau, über dem Almetal; ihr massiger Nordturm ist das Wahrzeichen des Paderborner Landes. **(Abfahrt 60 Büren, nach dem Flughafen Paderborn-Lippstadt rechts, ca. 8 km)**

****Warburg:** Das Stadtbild der unterhalb einer gewaltigen Ruine (12./13. Jh.) gelegenen ehemaligen Hansestadt an der Diemel wird von spätmittelalterlichen Zunftgebäuden und Bürgerhäusern beherrscht. Sehenswert: die Neustädter Pfarrkirche (13. Jh.) mit schönem spätgotischen Chor und das »Haus derer von Calenburg« (1340), Museum zur Stadtgeschichte. **(Abfahrt 65 Warburg, 4 km)**

***Hessisch Lichtenau:** hat sich ganz Frau Holle verschrieben. Der Sage nach schüttete die aus Grimm's Märchen weltbekannte Figur am Hohen Meißner ihre Betten aus. Auf Schritt und Tritt trifft man sie in Hess.-Lichtenau an, im »Frau-Holle-Park«, auf dem »Frau-Holle-Rundweg« und im »Frau-Holle-Land«. Wenn man das alles durch hat, kann man sich auf dem »Frau-Holle-Stuhl« am Fuße des Hohen Meißners ausruhen. Es sind zwei Basaltblöcke auf denen sie in den Sommertagen in ihrem weißen Kleid gesessen haben soll. **(Abfahrt 77 Hess.-Lichtenau-Mitte 2 km)**

Die Soester Teichsmühle; im Hintergrund die evangelische Kirche St. Maria

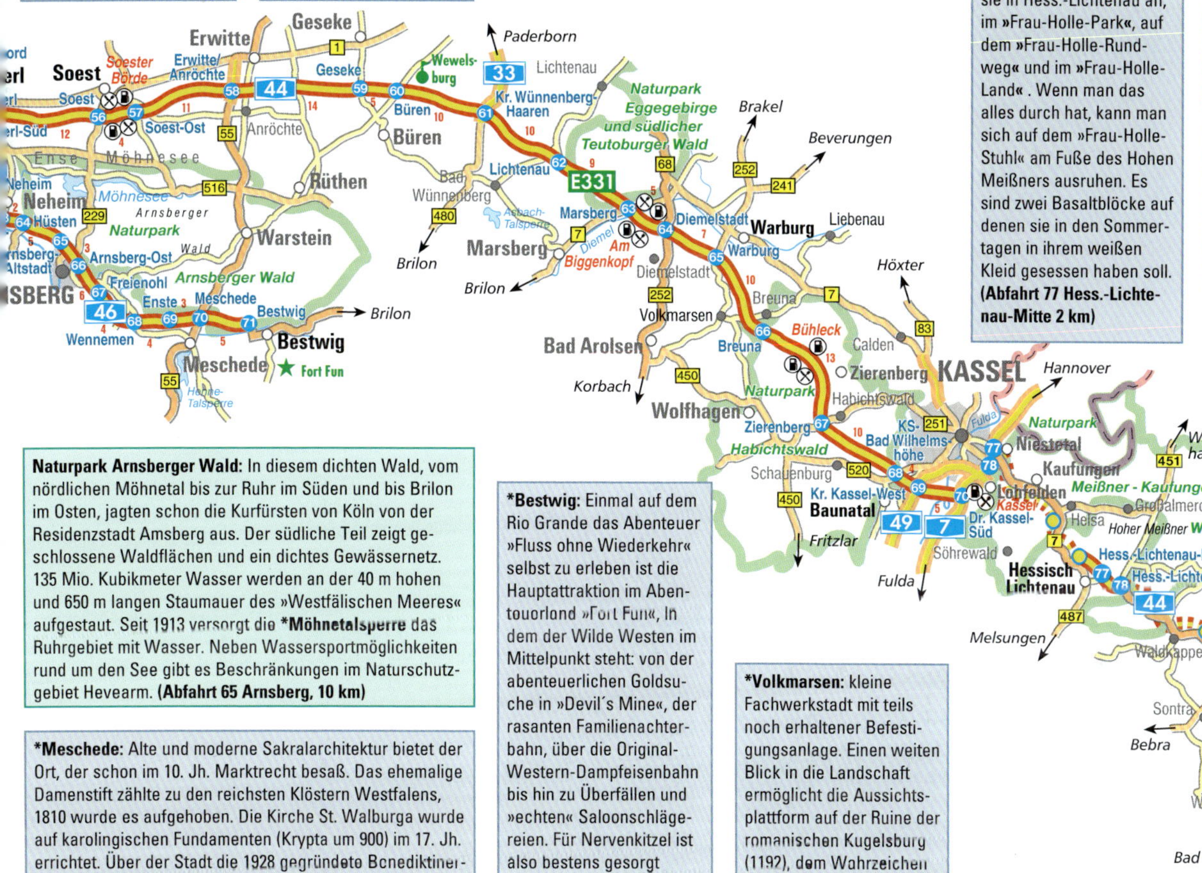

Naturpark Arnsberger Wald: In diesem dichten Wald, vom nördlichen Möhnetal bis zur Ruhr im Süden und bis Brilon im Osten, jagten schon die Kurfürsten von Köln von der Residenzstadt Arnsberg aus. Der südliche Teil zeigt geschlossene Waldflächen und ein dichtes Gewässernetz. 135 Mio. Kubikmeter Wasser werden an der 40 m hohen und 650 m langen Staumauer des »Westfälischen Meeres« aufgestaut. Seit 1913 versorgt die ***Möhnetalsperre** das Ruhrgebiet mit Wasser. Neben Wassersportmöglichkeiten rund um den See gibt es Beschränkungen im Naturschutzgebiet Hevearm. **(Abfahrt 65 Arnsberg, 10 km)**

***Meschede:** Alte und moderne Sakralarchitektur bietet der Ort, der schon im 10. Jh. Marktrecht besaß. Das ehemalige Damenstift zählte zu den reichsten Klöstern Westfalens, 1810 wurde es aufgehoben. Die Kirche St. Walburga wurde auf karolingischen Fundamenten (Krypta um 900) im 17. Jh. errichtet. Über der Stadt die 1928 gegründete Benediktinerabtei mit der 1964 erbauten Friedenskirche. **(Abfahrt 70 Meschede, 2 km)**

***Bestwig:** Einmal auf dem Rio Grande das Abenteuer »Fluss ohne Wiederkehr« selbst zu erleben ist die Hauptattraktion im Abenteuerland »Fort Fun«. In dem der Wilde Westen im Mittelpunkt steht: von der abenteuerlichen Goldsuche in »Devil's Mine«, der rasanten Familienachterbahn, über die Original-Western-Dampfeisenbahn bis hin zu Überfällen und »echten« Saloonschlägereien. Für Nervenkitzel ist also bestens gesorgt **(Abfahrt 71 Bestwig, über die B7, ca. 9 km)**

***Volkmarsen:** kleine Fachwerkstadt mit teils noch erhaltener Befestigungsanlage. Einen weiten Blick in die Landschaft ermöglicht die Aussichtsplattform auf der Ruine der romanischen Kugelsburg (1192), dem Wahrzeichen der Stadt. **Abfahrt 65 Warburg, 6 km)**

UNTERWEGS ZUM MÖHNESEE

Die Möhnetalsperre im Naturpark Arnsberger Wald

Ein 1910 angelegter riesiger **Wasserspeicher** von gut 1000 Hektar Fläche ist das größte stehende Gewässer Westfalens. So lockt der zwischen der **Soester Börde** und dem **Arnsberger Wald** gelegene Möhnesee **(A44, Abfahrt 56 Soest, 10 km, oder A46, Abfahrt 66 Arnsberg-Ost, 13 km)** im Sommer die Wassersportler in Scharen an. Im Winter nehmen die Vögel Besitz von dem fischreichen Gewässer: Der Möhnesee gilt als wichtigster **Überwinterungsplatz** für Wasservögel in der gesamten Region. Zu jeder Jahreszeit empfiehlt sich ein Abstecher in den südlich gelegenen **Naturpark Arnsberger Wald,** dessen dichte Wälder sich über mehrere Bergrücken des **Rheinischen Schiefergebirges** ziehen.

KULINARISCHES DER REGION: Traditionelles

Das letzte Stück der Route führt durch Nordhessen, eine Region, in der sich die traditionelle Küche noch großer Beliebtheit erfreut – nicht nur der gepökelte und geräucherte **»Kasseler Rippenspeer«.** Zu den Favoriten gehören **Blechkuchen** mit einem würzigen Belag aus geriebenen Kartoffeln, Sauerrahm, Eigelb und Kümmel. Saure Sahne hat dem **»Schmandhering«** seinen Namen gegeben, einem erfrischenden kalten Imbiss aus Salzheringen, Zwiebeln und Roten Beten. Handfeste Spezialitäten wie **»Weckewerk«,** eine Art Brotsuppe mit Pellkartoffeln, den duftenden **Handkäse mit Musik** oder hausgemachte Sülzen in althessischem Ambiente genießen kann man beispielsweise im **Gasthaus zum Berggarten,** Zentgrafenstr. 178 im Kasseler Stadtteil Kirchditmold **(Abfahrt 67 Zierenberg, 10 km durch den Naturpark Habichtswald).**

RAST AUF REISEN: Übernachten in Kassel

Schlosshotel Wilhelmshöhe, Schlosspark 8, 34131 Kassel, Tel. 05 61/3 08 80: sehr gepflegtes, ruhig gelegenes Traditionshotel im Bergpark Wilhelmshöhe mit eleganten Zimmern und stilvollem Restaurant; **Grand Hotel La Strada,** Raiffeisenstr. 10, 43121 Kassel, Tel. 05 61/2 09 00: vielfach ausgezeichnetes, modernes, großzügig angelegtes Haus mit mediterraner Küche, Sauna und Fitnessbereich; **Hotel Gude,** Frankfurter Str. 299, 34134 Kassel, Tel. 05 61/4 80 50: familiär geführtes Hotel mit individuell eingerichteten Zimmern, Wellness- und Freizeitangebot und gemütlichem Restaurant »Pfeffermühle«; **Hotel Schweizer Hof,** Wilhelmshöher Allee 288, 34131 Kassel, Tel. 05 61/9 36 90: zeitgemäßes Stadthotel mit viel Komfort in verkehrsgünstiger Lage **(Abfahrt 69 Kreuz Kassel-West, 6 km).**

Dortmund:
siehe Seite 160

Streckenprofil: *Die landschaftlich abwechslungsreiche Sauerlandlinie mit lang gezogenen Brücken führt aus dem Ruhrgebiet am waldreichen, bergigen Sauerland und Westerwald entlang in die Wetterau nordöstlich von Frankfurt.* ***(260 km, 2½ Std.)***

*****Freudenberg**: ehemalige Bergmannsiedlung im Siegerland mit einem einzigartigen Stadtbild von harmonischer Geschlossenheit. Der Ortsteil »Alter Flecken« ist wegen seiner gut erhaltenen Fachwerkbauten ein besonderes Architekturdenkmal. **Abfahrt 20 Freudenberg, 4 km)**

Fachwerkstädtchen Freudenberg

***Hagen**: In der von bewaldeten Hügeln umgebenen Stadt mit vielen Jugendstilbauten hat die deutsche Fernuniversität seit 1976 ihren Sitz. Sehenswert: die evangelische Johanniskirche (10./18. Jh.) und das Osthaus-Museum (Henry van de Velde) mit Werken des 20. Jhs. mit Werken von Kirchner, Marc und Feininger. **(Abfahrt 11 Kreuz Hagen, 5 km)**

Das **Westfälische Freilichtmuseum** rund um eine weithin sichtbare Turmwindmühle zeigt vor- und frühgeschichtliches Handwerk und die technische Entwicklung vom 30-jährigen Krieg bis zur industriellen Revolution. (Vom 1.4. bis zum 31.10.)

***Lüdenscheid**: Das sehenswerte Schloss Neuenhof stammt aus dem 17. Jh. **(Abfahrt 15 Lüdenscheid-Süd, 4 km)**

***Olpe** und ****Biggesee**: Die Stadt mit barocker Kreuzkapelle (18. Jh.) liegt am Südrand des in eine grüne Hügellandschaft eingebetteten Biggesees. Am Ufer des größten Stausees Nordrhein-Westfalens liegt die einstige Hansestadt **Attendorn** mit der »Sauerländer Dom« genannten gotischen Kirche St. Johannes (14. Jh.), der Burg Schellenberg (13.–17. Jh.) und der drucksvollen **Attahöhle** mit ihren Tropfsteingebilden. Auf der doppelstöckigen Listertal brücke fahren oben die Autos und eine Etage tiefer die Züge. **(Abfahrt 18 Olpe, 2 km. Seerundfahrten ca. 2 Std.)**

***Dillenburg**: Der massige Wilhelmsturm (1875) erinnert an Wilhelm von Oranien, Stammvater des holländischen Königshauses und gebürtiger Dillenburger. Vom Schloss der Fürsten Nassau-Oranien sind nur Mauerreste geblieben. Sehenswert: die Stadtkirche (15. Jh.) mit Fürstengräbern und die Kasematten (Führungen in den Sommermonaten). **(Abfahrt 25 Dillenburg, 3 km)**

****Siegen**: Die alte Erzbergbaustadt mit zwei Schlössern des Hauses Nassau-Siegen ist von den sanften Höhen des Siegerlandes umgeben. Sehenswert: Unteres Schloss (1690–1714), Oberes Schloss (16.–18. Jh.), heute Siegerland-Museum, Martinskirche (10. Jh.), Nikolaikirche (13. Jh.) mit goldenem »Krönchen« (1658). Berühmter Sohn der Stadt ist der Maler Peter Paul Rubens (1577–1640). **(Abfahrt 21 Siegen, 3 km)**

****Herborn**: Malerisch liegt das Schloss (13./14. Jh.) über der verwinkelten Fachwerkstadt an der Dill. Sehenswert: das Renaissancerathaus (16. Jh.) am Marktplatz, der Kornmarkt und das Heimatmuseum in der Hohen Schule (16. Jh.). **(Abfahrt 26 Herborn-West, 2 km)**

5 km nordwestlich von Herborn, in **Uckersdorf**, besteht seit 1973 ein sehenswerter, von Störchen, Kranichen und Flamingos bewohnter Vogelpark.

****Wetzlar**: Hoch über der alten Reichsstadt am Zusammenfluss von Dill und Lahn thront die Burgruine Kalsmut (12. Jh.). Nicht weniger eindrucksvoll ist der Dom (12.–16. Jh.) über der von engen Gassen und malerischen Plätzen geprägten Altstadt. Sehenswert: der Fischmarkt mit den Insignien des Reichskammergerichts, an dem auch Goethe 1772 tätig war; das »Lottehaus«, Wohnsitz der vom Dichter geliebten Charlotte Buff, »Jerusalemhaus«, in dem Karl-Wilhelm Jerusalem lebte, dessen Selbstmord Goethe zu »Die Leiden des jungen Werther« inspirierte. **(Abfahrt 29 Wetzlarer Kreuz, 4 km)**

***Burg Münzenberg**: Die massige Burgruine (1150–74) der Ritter von Arnsburg-Hagen oberhalb des Buchbergs ist weithin sichtbar. Während der Glanzzeit des Adelsgeschlechts im 12. und 13. Jh. fanden im Burghof zahlreiche Ritterturniere statt. **(Abfahrt 36 Münzenberg, 3 km)**

UNTERWEGS IM SAUERLAND

Märchenhafte Tropfsteingebilde in der Attahöhle

Im Sauerland gibt es über 900 (Tropfstein-)Höhlen, zahlreiche Stauseen, Schlösser und Burgen. Rund um Attendorn **(Abfahrt 16 Meinerzhagen, 21 km)** erstreckt sich der 3826 km² große **Naturpark Sauerland-Rothaargebirge** mit zahlreichen Waldlehrpfaden und Schutzhütten. Höhepunkt ist ein Besuch der 1907 entdeckten **Atta-Höhle.** Bei Attendorn liegt eine Märchenwelt aus glitzernden Tropfsteinen in fantastischen Formen. Mit 3 km Länge zählt sie zu den größten Höhlen Deutschlands. Bei einem Rundgang erlebt man die Pracht von Stalagmiten und Stalaktiten, die bis zu 4 m hoch gewachsen sind.

KULINARISCHES DER REGION: Bier und Korn

Das Sauerland ist ein traditionsreiches **Bierland.** Einen guten Ruf haben auch die **Brände** aus den Hochsauerländer Kornbrennereien.

RAST AUF REISEN: Hotels im Sauerland

Koch's Hotel, Bruchstr. 16, 57462 Olpe, Tel. 0 27 61/ 8 25 20: modern und sehr gepflegt mit einem Restaurant, das die leichte Küche bevorzugt; **Hotel Albus,** Auf der Griesemert 17, 57462 Olpe, Tel. 0 27 61/68 85: weiter Blick über das Sauerland, ruhige Zimmer, ausgezeichnetes, stilvolles Restaurant, Hallenbad, Sauna, finnisches Dampfbad **(Abfahrt 18 Olpe, 3 km).**

Erholungszentrum: der Biggesee südlich von Attendorn

Wetzlarer Dom: Das Wahrzeichen der mittelhessischen Universitäts- und Industriestadt ist seit 1290 im Bau und immer noch nicht vollendet.

Imposant ist der Wetzlarer Dom sowohl von außen als auch von innen.

Streckenprofil: *Von West nach Ost führt die Strecke an Düsseldorf vorbei nach Wuppertal ins Bergische Land. Vom Kreuz Wuppertal geht es über die A1 durch das südliche Ruhrgebiet bis zum Westhofener Kreuz, dann auf die A45 bis zum Kreuz Hagen und hier zurück auf die A46, die kurz hinter Iserlohn endet.* ***(155 km, 1½ Std.)***

***Heinsberg:** Bekanntestes Bauwerk der am Rande des idyllischen Naturparks Maas-Schwalm-Nette gelegenen Stadt ist eine Hallenkirche (15. Jh.) mit romanischer Krypta (13. Jh.). Im nahen ***Wassenberg** (6 km) ist eine dreischiffige romanische Basilika (12. Jh.) mit dem Gnadenbild der »Liebenswürdigen Mutter« seit 1350 ein beliebter Wallfahrtsort für Pilger. **(Abfahrt 4 Heinsberg, 4 km)**

****Schloss Dyck:** Der herrliche Park rund um den Stammsitz der Herren von Dyck bietet ein farbenprächtiges Blütenmeer und Bäume aus China, Japan und Amerika. Eine umfangreiche Waffensammlung (von 1600 bis 1900) ist im Schloss zu besichtigen. **(Abfahrt 13 Grevenbroich, 6 km)**

Das in den Erftauen gelegene private Museum **»Insel Hombroich«** präsentiert auf zehn Pavillons verteilt eine vielseitige Sammlung an orientalischer, afrikanischer und europäischer Kunst (u. a. Matisse, Cézanne, Klimt). **(Abfahrt 14 Vierwinden, üb. Kapellen ca. 4 km)**

***Erkelenz:** In der industriell geprägten Stadt wurden nach dem Krieg viele historische Bauten wieder errichtet. Sehenswert: Altes Rathaus (16. Jh.) und die Reste der Alten Burg (14. Jh.). Richtung Mönchengladbach im Stadtteil Wickrath: Schloss Wickrath. **(Abfahrt 9 Erkelenz-Ost, 2 km)**

Symbol der Wirtschaftsgeschichte: Fabrik in Iserlohn

Mönchengladbach: siehe Seite 176

Düsseldorf: siehe Seite 166

Neuss: siehe Seite 167

***Schloss Hohenlimburg:** Die im 13. Jh. erbaute Festung ist die einzige mittelalterliche Höhenburg in Westfalen, die noch weitgehend im Ursprungszustand erhalten ist. Sehenswert: das Deutsche Kaltwalzmuseum im Pallas der Burg. Interessant: Nachtwächterführungen (nach Voranmeldung, Tel. 02334/2771). **(Abfahrt 43 Hohenlimburg, 4 km)**

***Felsenmeer:** Zwischen uralten Buchen ist das 200 x 800 m messende Labyrinth von Kalkfelsen ein imposantes Naturerlebnis. Dieses sagenumwobene Trümmerfeld entstand durch den Einsturz von Höhlen. 10 Minuten Fussweg von hier liegt, bewacht von einem 10 000 Jahre alten Bärenskelett, die urwüchsige **Heinrichshöhle**, eine der interessantesten Höhlen im davon reichen Sauerland. (Führungen März–Okt., tgl. außer Fr.). (Abfahrt 49 Hemer, 5 km)

Felsenmeer bei Hemer

***Solingen-Gräfrath:** Verschieferte Häuserfassaden im bergischen Stil verschönern den fast dörflich anmutenden Marktplatz. Sehenswert: das Deutsche Klingenmuseum im Gräfrather Kloster mit einer einzigartigen Sammlung von Schneidegeräten aller Epochen und vieler Kulturen. Deutschlands größtes Oberleitungsbussystem mit einer Streckenlänge von ca. 57 km lässt die Besucher und die Einwohner der Stadt mit dem im Volksmund »Stangentaxi« genannten O-Busse elektrisch fahren. **(Abfahrt 30 Haan-Ost, 2 km)**

****Wuppertal:** Das Wahrzeichen der schön gelegenen Stadt im Tal der Wupper ist eines der originellsten Transportmittel der Welt: Die 1898 bis 1901 erbaute Schwebebahn befördert 12 m über dem Fluss auf 13 km und 19 Stationen bis zu 70 000 Fahrgäste täglich. Sehenswert: das Von-der-Heydt-Museum (deutsche und europäische Malerei des 19./20. Jhs.), das Uhrenmuseum mit über 2000 Zeitmessern, die 1670 gestiftete Wallfahrtskirche in Neviges, der landschaftlich schön gelegene Zoo. **(Abfahrt 35 Wuppertal-Barmen, 2 km zur Bahn)**

****Iserlohn:** Größte Attraktion der an den bewaldeten Ausläufern des Lennegebirges gelegenen Stadt ist die 1868 entdeckte märchenhafte **Dechenhöhle** (bei Iserlohn-Letmathe), benannt nach dem Geologen Heinrich von Dechen. Neben der bizarren Tropfsteinwelt informiert ein Höhlenkundemuseum über geologische Zusammenhänge. Seit dem frühen Mittelalter wurde in Iserlohn das Handwerk der Drahtzieherei ausgeübt, im 17. Jh. kam die Produktion und der Handel mit Nadeln hinzu. In der **Historischen Fabrikanlage Maste-Barendorf** kann man einen Einblick in dieses alte Handwerk gewinnen. Zischend und dampfend wird vorgeführt, wie glutflüssiges Messing verarbeitet wird und wie aus einer Rolle Draht Haarnadeln entstehen. Auch sehenswert: die spätgotische Marienkirche aus dem 14. Jh. mit einem flandrischen Schnitzaltar (um 1400). **(Abfahrt 47 Iserlohn-Zentrum, 3 km)**

UNTERWEGS VOM RHEINLAND INS SAUERLAND

Die Dechenhöhle

Wer dem Ballungsraum im Rheinland entfliehen will, fährt nach Iserlohn in den 3826 km² großen **Naturpark Sauerland-Rothaargebirge** mit romantischen Wanderpfaden. Zu den Höhepunkten zählt die **Dechenhöhle (Abfahrt 46 Iserlohn-Oestrich, 2 km)** mit märchenhaften Tropfsteingebilden und kleinen Seen. Kein Wunder, dass bereits Millionen von Menschen die unterirdische **Wunderwelt** im Kalkgestein zwischen Letmathe und Iserlohn besichtigt haben. Auch heute noch entdecken Forscher hier neue Höhlen und Gänge, so dass die Dechenhöhle nun inmitten eines über 17 km langen **Höhlensystems** liegt. In den mehrere Meter tiefen Bodenschichten wurden Knochen und Zähne der Tierwelt des **Eiszeitalters** entdeckt. Zur Adventszeit finden hier Konzerte bei Kerzenschein statt.

KULINARISCHES DER REGION: Der Halve Hahn

Zu den großen kulinarischen Überraschungen im Rheinland gehört ein **»Halver Hahn«.** Denn hinter dem Namen verbirgt sich nur ein **Roggenbrötchen** mit Gouda, Edamer oder Limburger, das mit Senf bestrichen wird. Deftiger ist die rheinische **Blutwurst** im Brötchen: **»Flöns met Ölk«.** Ob man dazu ein **Düsseldorfer Altbier** oder ein **Kölsch** genießt, ist dem persönlichen Geschmack überlassen. Empfehlenswerte Lokale: **Evita im Alten Schloss:** Schlossstr. 13, 41515 Grevenbroich: regionale Küche und Wildgerichte im ehemaligen Palastbau mit mittelalterlicher Dekoration. **(Abfahrt 14 Grevenbroich-Kapellen, 5 km). Brauerei zum Schiffchen,** Hafenstr. 5, 40213 Düsseldorf: ist das älteste Restaurant der Stadt, hier wird mit rheinischem Humor serviert ; **Weinhaus Tante Anna,** Andreasstr. 2, 40213 Düsseldorf: alte Säulen und Eichenholztische im frisch renovierten historischen Weinhaus; **Im Füchschen,** Ratinger Str. 28, 40213 Düsseldorf: hausgebrautes Alt und gutbürgerliche rheinische Küche **(Abfahrt 24 Düsseldorf-Wersten).**

RAST AUF REISEN: Traditionsreich

Hotel Corsten, Hochstr. 160, 52525 Heinsberg, Tel. 0 24 52/18 60: gepflegte Gastlichkeit mit Steakhouse **(Abfahrt 4 Heinsberg, 4 km). Hotel Drei Könige,** Neusser Straße 49; 41516 Grevenbroich, Tel. 0 21 82/81 21 53: 1734 war das Haus noch Poststation, heute bietet es moderne Zimmer und kulinarisch Anspruchsvolles **(Abfahrt 13 Grevenbroich, 6 km). Vier Jahreszeiten,** Seilerwaldstr. 10, 58636 Iserlohn, Tel. 02371/9720: idyllisch am Seilersee, vielfältige Gastronomie. **Literaturhotel Franzosenhohl,** Danzweg 25, 58644 Iserlohn, Tel. 02371/820720: gute Küche **(Abfahrt 47 Iserlohn, 3 km).**

Schwebebahn in Wuppertal

Streckenprofil: *Von dem durch seine vielen alten Mühlen geprägten Land an der Schwalm geht die Fahrt durch das niederrheinische Tiefland hinein ins moderne Düsseldorf. Der weitere Verlauf führt quer durch das Ruhrgebiet bis an den Südrand des Münsterlands.* ***(110 km, 1¼ Std.)***

Wasserschloss Hugenpoet in Essen

***Grugapark:** Der 1929 angelegte Park ist mit 70 ha eine der größten Gartenanlagen Europas. Mit Botanischem Garten, Tierpark, Gradierwerk, Niedrigseilparcours u.v.m. bietet er ein vielfältiges Angebot für die Freizeitgestaltung. Hinzu kommen eine große Skulpturensammlung und Konzertveranstaltungen. **(Abfahrt 28 Essen-Rüttenscheid, 2 km)**

***Schloss Wittringen:** An der B224, liegt in einer ausgedehnten Parkanlage das Wasserschloss aus dem 16. Jh. (Restaurant und Café). Im ehemaligen Wirtschaftstrakt und im Torhaus ist das Museum der 1161 erstmals urkundlich genannten Stadt Gladbeck untergebracht.

***Marl:** Die Attraktion der Chemiestadt mit High-Tech-Zukunft ist das einzigartige Skulpturenmuseum »Glaskasten«: In einer Parkanlage sind 60 Großplastiken, u. a. von Max Ernst, Hans Arp und Richard Serra, zu bewundern. Vor dem Stadttheater befindet sich, auf drei Seiten von einer Betonmauer umgeben, Europas größte Plastik »La Tortuga« (Die Schildkröte), eine auf den Kopf gestellte Lokomotive (Wolf Vostell). Vom hier ansässigen Institut für Medienforschung wird alljährlich der renommierte Adolf-Grimme-Preis für herausragende Fernsehproduktionen verliehen. **(Abfahrt 48 Marl-Zentrum, 2 km)**

Durchfahrt Essen: ab Abfahrt 28 Essen-Rüttenscheid auf der B224 über Essen Nord und Essen/Gladbeck nach ca. 18 km wieder direkt auf die A52.

****Naturpark Schwalm-Nette:** Mit seinen zahlreichen ausgedehnten Korn- und Ölmühlen verbreitet diese 425 km² große wald- und wasserreiche Naturlandschaft einen Hauch von Romantik. Die Mühlen an dem von Weiden und Pappeln gesäumten Ufer der 43 km langen Schwalm sind heute zum größten Teil Gasthäuser oder Kulturdenkmäler. Ein dichtes Netz von Wander- und Radwanderwegen verbindet sie miteinander.**(Abfahrt 3 Niederkrüchten)**

***Schloss Hugenpoet:** Wasserschloss (16. Jh.) in den Ruhrauen, heute ein Nobelhotel, wurde als Königsgut Karls des Großen bereits 778 in Urkunden erwähnt. **(Abfahrt 26 Essen-Kettwig, 5 km)**

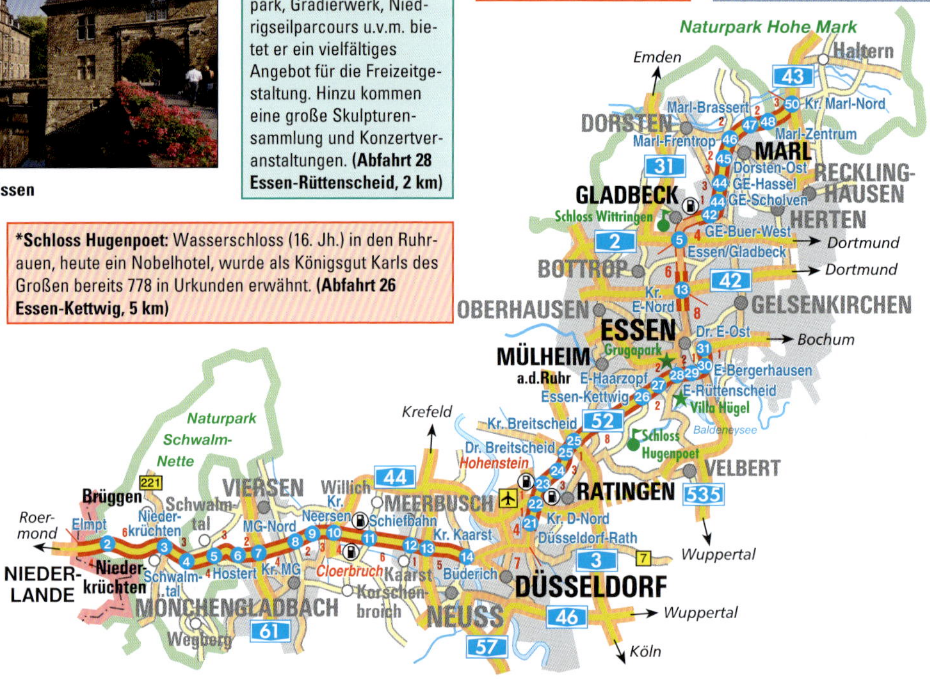

****Villa Hügel:** Bis 1945 war die hoch über dem Baldeneysee gelegene klassizistische Villa 1870–73) war Wohnsitz und Unternehmensrepräsentanz der Familie Krupp. Der repräsentative Prunkbau mit 269 Zimmern auf insgesamt 8300 m², der zu Spitzenzeiten von 640 Bediensteten versorgt wurde, liegt in einem 28 ha großen Park und glänzt heute mit renommierten Kunst- und Kulturveranstaltungen. **(Abfahrt 29 Essen-Rüttenscheid, 3 km)**

***Niederkrüchten:** Neben der idyllisch gelegenen Pannenmühle bezaubert vor allem die prachtvolle, flämische Barockausstattung der spätgotischen Bartholomäuskirche. Zum kulturell wertvollsten Erbe des Ortes gehört die St. Georgs-Kapelle von Brempt, die etwa um 1500 im spätgotischen Stil als einschiffiger Ziegelbau mit dreiseitigem Chor errichtet wurde. **(Abfahrt 3 Niederkrüchten, 1 km)**

****Brüggen:** Die von den Jülicher Grafen erbaute mittelalterliche Burg (1264) beherbergt ein interessantes Naturkundemuseum, das über die Geschichte der Jagd von der Eiszeit bis zur Gegenwart informiert. Sehenswert: Schwalmpforte (Stadttor), historisches Rathaus (ehemals spätbarockes Kreuzherrenkloster), Brüggener Mühle (Korn- und Ölmühle). **(Abfahrt 3 Niederkrüchten, 5 km)**

Düsseldorf: Altes Rathaus und Kurfürst Johann Wilhelm

****Düsseldorf:** Elegant wie ihre Rheinpromenaden präsentiert sich die Landeshauptstadt Nordrhein-Westfalens. So mondän sich die exklusive Einkaufsmeile Königsallee gibt, so leger geht es an der »längsten Theke Europas«, in den 260 Kneipen der Altstadt zu. Wahrzeichen der Stadt sind der Schlossturm und die Lambertuskirche (14. Jh.) am Rheinufer. Zeitgenössische Akzente setzen der futuristische Bau des Landtags und der 234 m hohe Rheinturm (1982). Sehenswert: Altes Rathaus (1570–73), Schloss Jägerhof (18. Jh.), heute Goethe-Museum, Kunstsammlung Nordrhein-Westfalen mit Werken des 20. Jhs., Heinrich-Heine-Institut mit Dokumenten über den 1797 in Düsseldorf geborenen Dichter. **(Durchfahrt Düsseldorf: Von der A52 kommend überquert die Theodor-Heuss-Brücke den Rhein. Nach ihr geht es rechts ins Zentrum oder über B7 und B1 an die Anschlussstelle D-Rath weiter auf die A52.)**

UNTERWEGS IM RUHRGEBIET

Grüne Oase: Schloss und Park Borbeck in Essen

Vor allem historisch gesehen ist das Ruhrgebiet eine interessante Region. Der **»Ruhrpott«** hat eine vielfältige Entwicklung erlebt: vom Neandertaler über den römischen Legionär bis zum mittelalterlichen Hansebund, über die **»Industriebarone«** des 19. Jahrhunderts, über die Zerstörungen im Bombenkrieg bis hin zur Stahlkrise und zum **Strukturwandel** in den letzten Jahrzehnten. Heute ist das Ruhrgebiet längst kein Land der Steinkohlezechen und rauchenden Schlote mehr. Imposante Industrieanlagen, weitläufige Einkaufszentren, abwechslungsreich gestaltete Wohnsiedlungen, ein dichtes Netz von Schnellstraßen, Eisenbahnen und Kanälen haben die vielfältigen Facetten dieser Landschaft geschliffen. Reizvolle **Seen,** weite **Grünflächen** und große **Wälder** verleihen dem Städtegeflecht auch einen unverwechselbaren landschaftlichen Reiz.

KULINARISCHES DER REGION: Blauer Heinrich

Im Ruhrpott hat sich im Laufe der Jahrzehnte eine eigene, auf die Bedürfnisse der Arbeiter in der Kohle- und Stahlindustrie zugeschnittene Küche entwickelt. Ein typisches Gericht, das der Bergmann in seinem blechernen **Henkelmann** gerne mit in die Grube nimmt, ist der **»Blaue Heinrich«,** eine noch heute im Ruhrgebiet sehr beliebte **Graupensuppe** mit Fleisch, Zwiebeln, Lauch, Mohrrüben und Kartoffeln. Der Name dieses deftigen Gerichts stammt wohl von der Farbe der Arbeiteranzüge der Bergleute. Wenn es die Arbeit erlaubt, trinkt man dazu ein kräftiges Bier aus der Region, am besten einen **»Dortmunder«,** ein süffiges untergäriges helles Bier. Nach getaner Arbeit genehmigt man sich schließlich noch den typischen, aus Steinhagen stammenden, Wacholderschnaps, den **»Steinhäger«.**

RAST AUF REISEN: Übernachten im »Pott«

Novum Winters Hotel Handelshof Essen, Am Hauptbahnhof 2, 45127 Essen, Tel. 0800/6008081: zentrales Hotel, moderne, komfortable Zimmer, frisch renoviert **(Abfahrt 25 AB-Dreieck Essen-Ost, 2 km). Hotel-Restaurant Mintarder Wasserbahnhof,** August-Thyssen-str. 129, 45481 Mühlheim-Mintard, Tel. 02054/95950: einfaches Hotel, ruhige Lage, einfache Speiskarte, schöner Biergarten **(Abfahrt 25 Breitscheid, 2 km). Hotel Haus Kronenthal,** Brachterstr. 85, 40882 Ratingen, Tel. 02102/85080: wohnlich ausgestattete Zimmer, Restaurant mit ausgezeichneter, reichhaltiger internationaler Küche im Haus, schöner Biergarten **(Abfahrt 23 Ratingen, 3 km).**

Streckenprofil: *Von der holländischen Grenze führt die Route durch die weiten linksrheinischen Niederungen direkt in das Herz der Domstadt Köln am Rhein.* ***(115 km, 1 ¼ Std.)***

***Goch:** Die von Wäldern umgebene Stadt geht auf eine alte Römersiedlung zurück. Sehenswert: Backsteingiebelhäuser um die Pfarrkirche St. Maria Magdalena, das Steintor und Schloss Kalbach. 6 km südlich liegt das alte **Weeze** (9. Jh.) mit dem hübschen Schloss Wissen. **(Abfahrt 3 Goch, 3 km)**

***Kleve:** Wahrzeichen der »Lohengrin-Stadt« ist die Schwanenburg (13.–17. Jh.), die an den Sagenhelden erinnert. Ebenso sehenswert: die Stiftskirche (14./15. Jh.) mit der Grablege der Herzöge von Kleve. **(Abfahrt 2 Kleve, 11 km)**

***Kalkar:** Stadt am Rand der Gocher Heide mit spätgotischer Pfarrkirche St. Nikolai, gotischem Rathaus und, wo einstmals der »Schnelle Brüter« stand, dem Freizeitpark Kernwasser Wunderland. Unweit: das Wasserschloss Moyland mit moderner Kunst. **(Abfahrt 3 Goch, 13 km)**

*****Xanten:** einzige Römerstadt nördlich der Alpen, die nie überbaut wurde. Eine Attraktion ist der »Archäologische Park« mit der Rekonstruktion der einstigen römischen Zivilsiedlung. Xanten wurde im Nibelungenlied als Heimat Siegfrieds genannt. Sehenswert: der gotische Dom St. Viktor (1263) und die Altstadt mit dem Klever Tor (1393). **(Abfahrt 5 Sonsbeck, ca. 10 km)**

Wasserschloss Moyland bei Kalkar

***Rheinberg:** An der Peripherie der Stadt am Niederrhein liegt Europas größtes Salzbergwerk. Sehenswert: die Kirche St. Peter (12. Jh.) und das Rathaus (1449). Der Stadtteil Orsoy wartet mit einem mittelalterlichen Ortskern, den Resten einer Stadtbefestigung und einer schönen Rheinpromenade mit Schiffsanleger auf. **(Abfahrt 7 Rheinberg, 4 km)**

*****Köln:** Wuchtig und filigran zugleich überragt der große majestätische Dom die alte Metropole am hier 400 m breiten Rhein. Über 500 Jahre (1248–1880) dauerte es, bis das gotische Meisterwerk vollendet war. Im Innern des grandiosen Sakralbaus mit seinen 157 m hohen Türmen und der größten freischwingenden Glocke der Welt sind eindrucksvolle Schätze aufbewahrt: Gerokreuz (967), Dreikönigsschrein (1225), der größte Goldsarkophag des mittelalterlichen Abendlands, die Mailänder Madonna und die Domschatzkammer. Überall in der Stadt des Karnevals stößt man auf Spuren ihrer römischen Vergangenheit. Sehenswert: das Römisch-Germanische Museum, schönste Antikensammlung Europas; neben dem Dom unter einer sehr eigenwilligen Dachkonstruktion: das bedeutende Wallraff-Richartz-Museum (Europäische Malerei 13.–19. Jh.) und die der modernen Kunst gewidmete Sammlung Ludwig; Basilika St. Martin (1172) und romanische Kirche St. Gereon (12. Jh.). Auch die schönen Gassen der Altstadt mit Rathaus (14. Jh.) und Gürzenich (15. Jh.), einst Kaufmannstreff, heute Konzertbau, laden zu einem Spaziergang ein. **(Abfahrt 30 Köln-Ehrenfeld, bis Zentrum 3 km)**

Romanik und Gotik: Groß St. Martin und der Kölner Dom

***Krefeld:** Seit der Gründung der Seidenmanufaktur (1658) ist die Stadt am Niederrhein bekannt für die Herstellung wertvoller Stoffe. Zahlreiche Schlösser und Häuser der »Seidenbarone« zeugen von der Blüte der von Parks und Grünanlagen geprägten Stadt. **(Abfahrt 13 Krefeld, 5 km)**

Neben der mächtigen Wasserburg Linn (14./15. Jh.) mit dem Museum für Volkskunde und Archälogie, zeigt das Deutsche Textilmuseum 2000 Jahren Textilgeschichte mit über 30 000 Exponaten aus allen Teilen der Welt. **(Burg Linn Abfahrt 14 Krefeld-Oppum, 1 km)**

****Neuss:** Die aus dem römischen Legionslager »Novaesium« (12 v. Chr.) hervorgegangene Stadt mit über 2000-jähriger Geschichte wird überragt vom Dom St. Quirin (13. Jh.), einer der prächtigsten Schöpfungen der Spätromanik. Sehenswert: die Krypta (11. Jh.) der Basilika, das Clemens-Sels-Museum mit Funden aus der Römerzeit. **(Abfahrt 19 Neuss, 2 km)**

****Zons:** Hinter zinnenbestückten mittelalterlichen Mauern liegt die alte Feste Zons, die einst die Zölle von den Rheinschiffern kassierte. Sehenswert: enge, malerische Gassen mit vielen Wirtsstuben und Antiquitätenläden. Hinter den rot-weißen Fensterläden des gelben Schlösschens verbirgt sich das Kreismuseum mit einer bedeutenden Zinnsammlung. **(Abfahrt 25 Dormagen, 6 km)**

UNTERWEGS AM NIEDERRHEIN

Die Schwanenburg in Kleve

Niederrhein – das ist die unendliche Weite der Landschaft, geprägt von langen **Pappelreihen** und bizarren **Kopfweiden.** Mittendrin windet sich der Rhein breit und behäbig dem Horizont entgegen. Altrheinarme bieten einer seltenen Tier- und Pflanzenwelt geschützte Lebensbedingungen. Greifvögel, Wildgänse und Feldhasen haben hier ihr Refugium. Wo weniger Überschmemmungen drohen, grasen die Kühe auf den Weiden der landwirtschaftlich intensiv genutzten Ebene. Wer gerne Radwandertouren unternimmt, kann auf der **Via Romana,** der alten römischen Fernhandelsstraße am Niedergermanischen Limes, auf 257 km Wegstrecke von Xanten nach Nijmegen eine Zeitreise durch die letzten 2000 Jahre unternehmen. Deutsche und europäische Geschichte vom Mittelalter bis in die Zeit der Industrialisierung und die aktuelle Gegenwart kann man hier in vielerlei Facetten nachvollziehen.

KULINARISCHES DER REGION: Sauerbraten

Einer Umfrage zufolge ist der Rheinische Sauerbraten im Rheinland das mit Abstand beliebteste Fleischgericht. Das Fleisch muß drei Tage lang in einer **Marinade** mit zahlreichen Gewürzen eingelegt werden, die Sauce wird mit Rosinen und Brösel von Lebkuchen oder Aachener Printen angereichert – sonst ist es kein echt Rheinischer Sauerbraten. Als Beilagen serviert man Kartoffelklöße oder Reibekuchen sowie Apfelmus. Wobei der **»Rievkooke«** natürlich auch ohne Beiwerk als eine der beliebtesten kleinen Mahlzeiten im gesamten Rheinland hoch geschätzt wird, egal ob man ihn an der Stehbude isst oder selbst zu Hause in der gusseisernen Stielpfanne zubereitet.

RAST AUF REISEN: Übernachten am Rhein

Hotel Nibelungen Hof, Niederstr. 1, 46509 Xanten,Tel. 0 28 01/780: komfortable Zimmer, Restaurant mit Gartenterrasse **(Abfahrt 5 Sonsbeck, 12 km). Hotel-Restaurant Meerbuscher Hof,** Meerbuscherstr. 223, 40670 Meerbusch-Osterath, Tel. 02159/9 22 90: wohnliche Zimmer, Restaurant mit Biergarten **(Abfahrt 16 Meerbusch). Comfort Business Hotel,** 41460 Neuss-Hafen, Tel. 0 21 31/12 58 80: Zimmer mit Komfort, Hotelbar **(Abfahrt 22 Neuss-Hafen). Hotel Stadt Dormagen,** Robert-Boschstr. 2, 41541 Dormagen, Tel. 02133/78 28: ruhige Lage, wohnliche Zimmer, einfach, aber gute Küche **(Abfahrt 25 Dormagen, 3 km). Hotel Landgut Ramshof,** Ramshof 1, 47877 Willich-Neersen, Tel. 0 21 56/9 58 90: komfortable Zimmer, exquisite Gastronomie aus der Küchenmeisterey **(Abfahrt 16 Meerbusch, 10 km).**

Die Königin der Kölner Brücken ist die Hohenzollernbrücke. Die Eisenbahnbrücke ist auf den Dom ausgerichtet und beschert Zugreisenden einen einmaligen Blick.

Die Oper Köln ist das Opernhaus der Bühnen der Stadt Köln, auf der rechten Seite das Stammhaus von 4711 in der Glockengasse 4.

Museum Ludwig in dem repräsentativen Gebäude zwischen Rhein und Dom

St. Maria im Kapitol

Architektonisches Highlight Düsseldorfs ist unter anderem der Funkturm im Medienhafen.

Eines der spektakulärsten Bauwerke Düsseldorfs ist der von Frank O. Gehry erbaute Zollhof mit den heraustretenden Zargenfenstern.

In den Lokalen der Düsseldorfer Altstadt lässt sich wunderbar ein gemütlicher Abend verbringen.

Einkaufspassagen und -zentren an der Königsallee

Einkaufszentrum Sevens an der Königsallee

Streckenprofil: *Die Strecke führt von den industriell geprägten Regionen im Nordwesten des Ruhrgebiets an Düsseldorf und Köln vorbei bis in die ehemalige Bundeshauptstadt Bonn. Sie weicht in zwei Abschnitten auf andere Autobahnen aus.* ***(110 km, ca. 1 ¼ Std.)***

***Dinslaken:** An der Mündung der Emscher werden auf der einzigen Halbmeilenbahn Deutschlands Rennpferde auf Trab gebracht. Sehenswert: Kirche St. Vincentius (15. Jh.) und Reste der mittelalterlichen Burg. **(Abfahrt 1 Dinslaken-West, 1 km)**

***Duisburg:** Eine Ruine besonderer Art sind die gigantischen Stahlkolosse und 60 m hohen Hochöfen der 1986 stillgelegten Thyssen-Hütte. Das 180 Hektar große Areal im Norden der Stadt, das zu einem gigantischen Zentrum der Eisen- und Stahlindustrie gehörte, ist heute spektakuläre Kulisse für Lasershows, Theater und Konzerte: Landschaftspark Nord **(Abfahrt 7 Duisburg-Meiderich, 3 km).** Die Salvatorkirche (15. Jh.) ist das bedeutsamste religiöse Bauwerk in Duisburg. Der berühmte Kartograph Gerhard Mercator (1512–94) ist hier begraben. **(Abfahrt 11 Duisburg-Zentrum, 2 km).** Rund um die Horst-Schimanski-Gasse werden »Schimmi-Touren« angeboten, mit einer Curry-Wurst oder mit einer Kneipen-Kiez-Tour kann man hier auf den Spuren des legendären Tatort-Kommisars wandeln Anmeldung Tel: 0211/3858217. **(Abfahrt 8 Duisburg-Ruhrort, 3 km).**

****Tour de Ruhr:** Informativ und spannend sind die organisierten Tagestouren zu den industriekulturellen Highlights des Reviers. Info Duisburg: Tel. 0203/4291919 Internet: www.tour-de-ruhr.de

Ab Kreuz Duisburg-Süd: Auf A524 bis Kreuz Breitscheid, dann A3 bis Kr. Hilden, anschließend A46 bis Dr. Düsseldorf-Süd und weiter auf A59.

Ab Kreuz Leverkusen-West: Auf A1 bis Kreuz Leverkusen, dann A3 bis Dreieck Köln-Heumar und von dort weiter auf die A59.

****Bonn:** Trotz des Zwischenspiels als Bundeshauptstadt (1949–1991) hat sich Bonn den Charme einer alten Residenzstadt bewahrt. Sehenswert: barockes Rathaus (1738), Münster (11.–13. Jh.), Beethovenhaus (Bonngasse 20), Universität (gegr. 1786) im einst kurfürstlichen Schloss (1697–1725); Villa Hammerschmidt und Palais Schaumburg; das einstige Regierungsviertel mit Parlament, Kanzleramt und dem Abgeordnetenhochhaus »Langer Eugen«; Museumsmeile an der Adenauer- und Friedrich-Ebert-Allee: Haus der Geschichte; Kunstmuseum Bonn (Kunst des 20. Jhs.), Zoologisches Museum Alexander König, Kunst- und Ausstellungshalle mit Skulpturengarten auf dem Dach; Poppelsdorfer Schloss (1715–30) mit Mineralogischem Museum. **(Abfahrt 41 Bonn-Beuel Ost, über St. Augustiner Str. und Kennedybrücke, 4 km)**

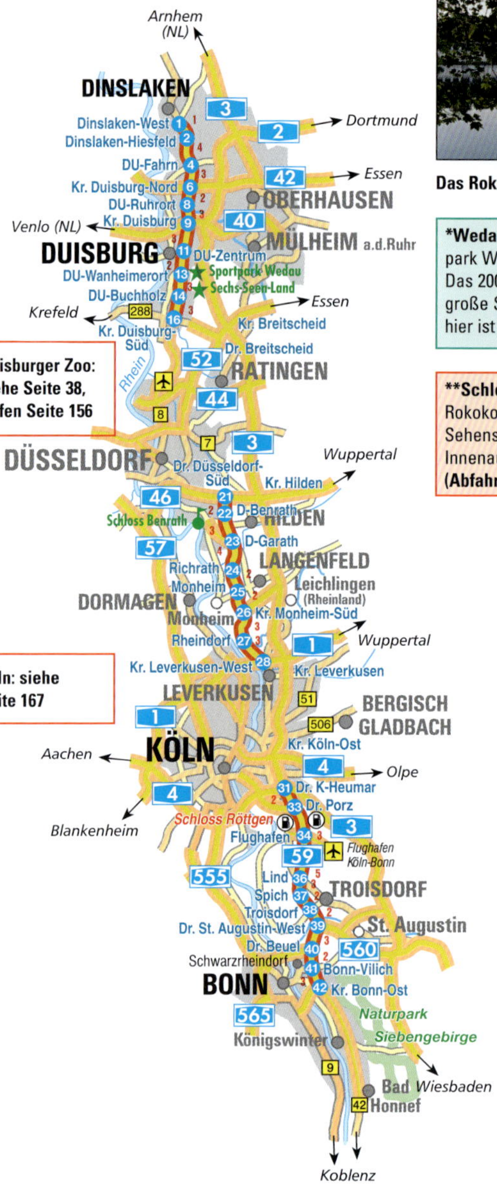

Duisburger Zoo: siehe Seite 38, Hafen Seite 156

Köln: siehe Seite 167

Das Rokoko-Schloss Benrath im Süden Düsseldorfs

***Wedau:** Ein Eldorado für Sportler ist der Duisburger Sportpark Wedau mit seiner berühmten Ruderregattastrecke. Das 200 ha. große Sportgelände geht über in die 283 ha große Sechs-Seen-Platte. Baden, segeln, grillen, spazieren hier ist alles möglich. **(Abfahrt 14 Duisburg-Buchholz, 2 km)**

****Schloss Benrath:** Das kurfürstliche Jagdschloss (1756, Rokoko) ist von einem schönen barocken Garten umgeben. Sehenswert: die Wasserspiele im Park und die prächtige Innenausstattung mit einer Kuppel aus Marmor. **(Abfahrt 22 Benrath, 3 km)**

Flughafen Köln-Bonn: Auf dem Airport im Forstgebiet Wahner Heide wurden bis 1999 die Staatsgäste empfangen. Heute dient er hauptsächlich als Frachtflughafen und der deutschen Luftwaffe. Er ist einer der wenigen Flughäfen ohne Nachtflugverbot. **(Abfahrt 34 Flughafen, 2 km)**

***Schwarzrheindorf:** Ein Kuriosum und eines der schönsten Werke der Romanik ist die Doppelkirche aus dem Jahr 1150. Die untere Etage war fürs Gefolge bestimmt, die obere für die Herrschaften. **(Abfahrt 41 Bonn-Beuel Ost, 2 km)**

Bonn: Beethoven-Denkmal auf dem Münsterplatz

UNTERWEGS IM RHEINLAND

Im Brauhaus in der Kölner Altstadt

Völlig zu Unrecht steht die flache, weite Stromniederung des **Rheins** im Ruf, eintönig zu sein. Ganz im Gegenteil, die grüne **Stromaue** mit ihren **Pappeln** und saftigen **Weiden** hat ihren ganz eigenen, romantischen Charme. Die sanfte Landschaft bietet wie die Binnendünen der erhöhten **Rhein-Niederterrasse** noch vielen Lebewesen einen natürlichen Lebensraum. So manches malerische Kleinstädtchen mit einer hübschen roten Backsteinkirche fügt sich hier harmonisch in die Landschaft ein. Auch das **Bergische Land** mit seinen Hügeln und bewaldeten Höhen, den vielen Flüssen und Bächen bietet dem Besucher gute Erholungsmöglichkeiten.

KULINARISCHES DER REGION: Kölsch & Alt

Trotz der geographischen Nähe zu Belgien und Frankreich gibt es in der rheinländischen Küche kaum fremdländische Einflüsse. Die typisch rheinische Küche ist deftige **Hausmannskost,** die man am liebsten in einer gemütlichen Altstadtkneipe isst. Da-zu trinkt man eine der bekannten Bierspezialitäten. Das **Düsseldorfer Altbier (Düssel)** und das **Kölsch** sind beides obergärige Biere, die nach einer alten Tradition gebraut und nur im **0,2-Liter-Glas** serviert werden. Während das Düssel einen eher fruchtigen, herbsüßen Geschmack hat, schmeckt das helle Kölsch süffig und leicht. Als nahrhafte Grundlage zum Bier bietet sich ein deftiges **Eisbein mit Sauerkraut** an. Rustikale Brauhaus-Lokale mit Kölner Speisen: **Em golde Kappes** in der Neusserstr. 295 im Stadtteil Nippes und das **Päffgen** in der Altstadt.

RAST AUF REISEN: Individuell übernachten

Das kleine Stapelhäuschen, Fischmarkt 1–3, 50667 Köln, Tel. 02 21/2727777: Altstadthotel mit Charme in einem Haus aus dem 13. Jh., grandiose Aussicht über den Rhein, preiswerte, individuelle Zimmer, gute Küche, exquisiter Weinkeller; **Hotel Hopper,** Brüsseler Str. 26, 50674 Köln, Tel. 02 21/924400: Altstadthotel im Belgischen Viertel, edel eingerichtete Zimmer (Eukalyptusparkett, Marmorbäder), feines französisch-internationales Restaurant **(über A3 bis Abfahrt 27 Kreuz Köln-Ost). Hotel Königshof,** Adenauerallee 9, 53111 Bonn, Tel. 02 28/2 60 10: direkt am Rhein, im Herzen der Stadt gleich neben dem Stadtgarten, mit Terrasse und Biergarten; **Hotel Consul,** Oxfordstr. 12–16, 53111 Bonn, Tel. 02 28/7 29 20: modernes Haus im Zentrum mit ansprechend eingerichteten Zimmern **(Abfahrt 41 Bonn Beuel-Ost, über B56 ins Zentrum, 6 km).**

Mittelpunkt der Altstadt von Bonn ist der Marktplatz mit dem 1738 fertiggestellten Alten Rathaus, dessen Grundstein Kurfürst Clemens August legte.

Zwei spektakuläre Neubauten beherbergen die bedeutendsten Kunstschätze Bonns (hier die Eingangshalle des Kunstmuseums).

Streckenprofil A60: *Von der belgischen Landesgrenze führt die leicht bergige Strecke durch die sehr waldreiche Südeifel bis zu den Moselbergen.* ***(75 km, 1 Std.)***
A62: *landschaftlich äußerst reizvolle Strecke vom idyllischen Schwarzwälder Hochwald bis zum Pfälzerwald.* ***(94 km, 1 Std.)***
A64: *kurzer Abschnitt zwischen der Grenze zu Luxembourg und Trier.* ***(15 km, 15 Min.)***

***Prüm:** In der herben, im Winter tief verschneiten Eifel, liegt der kleine Ort mit einer stattlichen Barockkirche: die weiß und rosa leuchtende Salvatorbasilika (18. Jh.) mit dem Grabmal Kaiser Lothars I., Enkel Karls des Großen. Jährlich richtet die Europäische Vereinigung Bildender Künstler eine vielbeachtete Kunstaustellung in Prüm aus. **(Abfahrt 4 Prüm, 5 km)**

***Bitburg:** In dem auf einer Hochfläche der Eifel gelegenen und als Bierstadt bekannten Ort sind noch Teile einer römischen Stadtmauer erhalten. **(Abfahrt 6 Bitburg, 6 km)**

Unweit von Bitburg liegt unterhalb der Ruine Pfalzkyll der ***Eifelpark Gondorf** mit der imposanten Bärenschlucht, einer naturbelassenen Felsarena, in der Braunbären zu beobachten sind. **(Über B50, ca. 12 km)**

*****Trier:** An der Mosel, von Weinbergen umgeben, liegt die älteste Stadt Deutschlands mit prächtigen Baudenkmälern aus Römerzeit und Mittelalter. Wahrzeichen der 16 v. Chr. von Kaiser Augustus gegründeten römischen Metropole ist die Porta Nigra (2. Jh.) aus dunkel gefärbtem Sandstein. Das katholische Erzbistum war Residenz mehrerer römischer Kaiser. Die wichtigsten Sehenswürdigkeiten liegen in der Nähe des Hauptmarkts: der romanische Dom St. Peter, einer der ältesten Sakralbauten des Abendlands, die Liebfrauenkirche (13. Jh.) und St. Paulin (1754); römische Bauten: die imposante Konstantinsbasilika (Aula Palatina, 4. Jh.), Kaiserthermen (4. Jh.), Amphitheater und Römerbrücke. Ferner: das Rheinische Landesmuseum und das Geburtshaus von Karl Marx. Dom, Liebfrauenkirche und die Römerbauten wurden von der UNESCO zum Weltkulturerbe erklärt. **(Abfahrt 3 Trier, 3 km)**

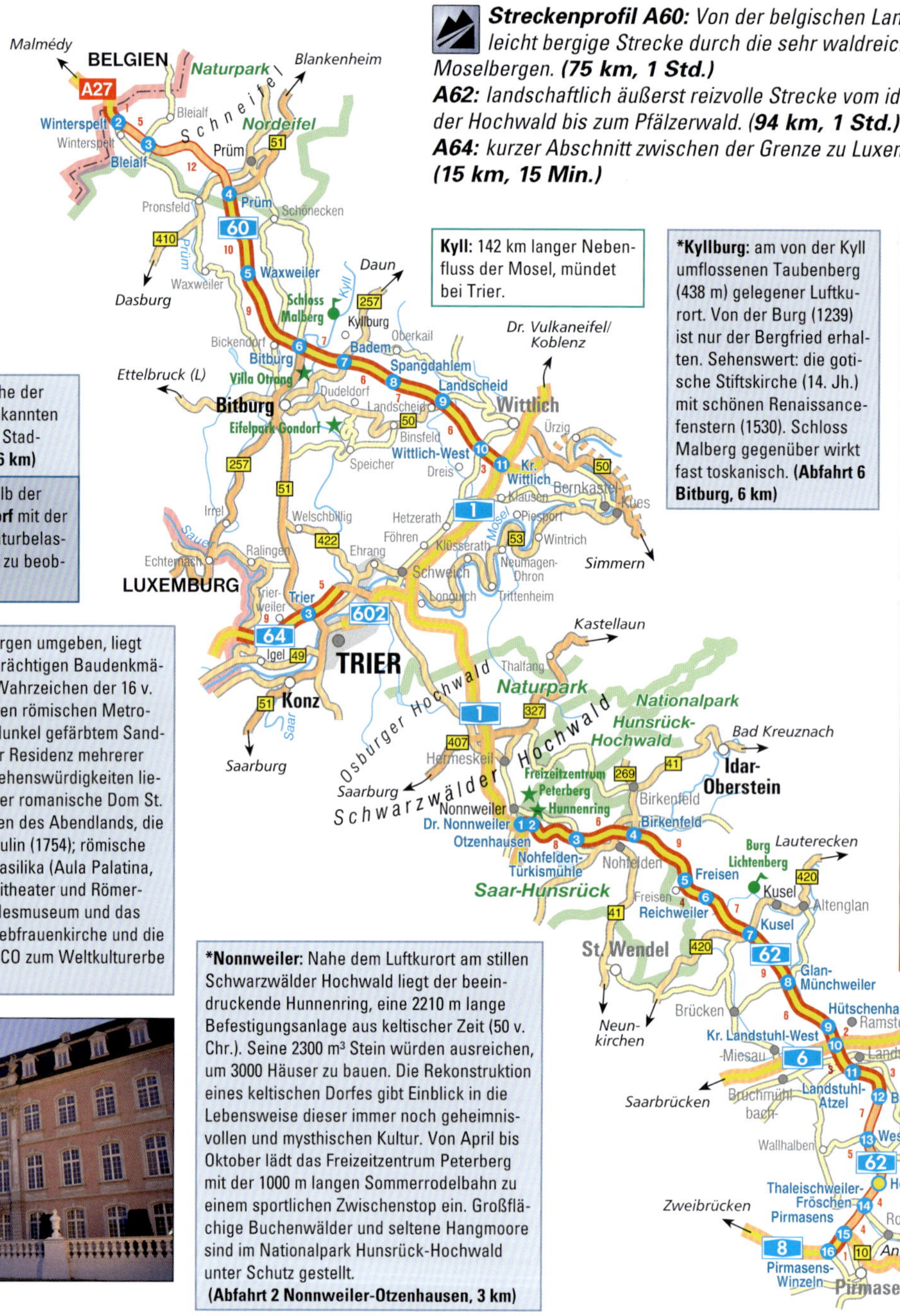

Kyll: 142 km langer Nebenfluss der Mosel, mündet bei Trier.

***Kyllburg:** am von der Kyll umflossenen Taubenberg (438 m) gelegener Luftkurort. Von der Burg (1239) ist nur der Bergfried erhalten. Sehenswert: die gotische Stiftskirche (14. Jh.) mit schönen Renaissancefenstern (1530). Schloss Malberg gegenüber wirkt fast toskanisch. **(Abfahrt 6 Bitburg, 6 km)**

****Villa Otrang:** Die1825 von einem Bauern entdeckten Steine eines Mosaikbodens erwiesen sich als Fundament einer der interessantesten Ausgrabungsstätten der Eifel: die römische Anlage eines Herrenhauses mit Tempelbereich und Gräberfeld gehört mit einer Fläche von mehr als 3600 m² zu den größten nördlich der Alpen. **(Abfahrt 6 Bitburg, über B51, ca. 3 km)**

***Burg Lichtenberg:** Mit 425 m Länge ist die weithin sichtbare Festung (1214–1444) eine der größten deutschen Burgruinen. Sie wurde nie durch feindliche Angriffe zerstört, selbst im pfälzischen Erbfolgekrieg nicht. Erst ein Großbrand machte sie 1799 zur Ruine.Heute befinden sich in der Burg ein sehenswertes Naturkundemuseum und ein Restaurant. **(Abfahrt 7 Kusel, 6 km)**

***Nonnweiler:** Nahe dem Luftkurort am stillen Schwarzwälder Hochwald liegt der beeindruckende Hunnenring, eine 2210 m lange Befestigungsanlage aus keltischer Zeit (50 v. Chr.). Seine 2300 m³ Stein würden ausreichen, um 3000 Häuser zu bauen. Die Rekonstruktion eines keltischen Dorfes gibt Einblick in die Lebensweise dieser immer noch geheimnisvollen und mysthischen Kultur. Von April bis Oktober lädt das Freizeitzentrum Peterberg mit der 1000 m langen Sommerrodelbahn zu einem sportlichen Zwischenstop ein. Großflächige Buchenwälder und seltene Hangmoore sind im Nationalpark Hunsrück-Hochwald unter Schutz gestellt. **(Abfahrt 2 Nonnweiler-Otzenhausen, 3 km)**

Pirmasens: siehe Seite 98

Trier: das Kurfürstliche Palais

UNTERWEGS IM SÜDLICHEN HUNSRÜCK

Die Felsenkirche in der Edelsteinstadt Idar-Oberstein

Während im Westen an den sonnigen Talhängen von **Mosel** und **Saar** bereits seit der Römerzeit edle Tropfen heranreifen, liegen im Osten die rauen, wirtschaftlich lange Zeit vernachlässigten **Hochflächen** des **Hunsrücks** sowie das **Saar-Nahe-Bergland.** Kaum anderswo findet man derart krasse Gegensätze auf so engem Raum. Wie die Landschaft ist auch die kulturelle Prägung: Noch heute glänzt im **Moseltal** die Stadt Trier, bereits vor 2000 Jahren zu einer Römermetropole emporgestiegen, während Städtchen wie Tholey und die Edelsteinstadt Idar-Oberstein eher beschaulich wirken. In Idar-Oberstein kann man in Europas einziger öffentlich zugänglicher Edelsteinmine Achate, Amethysten und glitzernde Bergkristalle betrachten. **(Abfahrt 4 Birkenfeld, 27 km).**

KULINARISCHES DER REGION: Wein & »Viez«

Im Jahreslauf finden im Anbaugebiet **Mosel-Saar-Ruwer** eine Vielzahl von Weinfesten, Weinproben und Weinmessen statt. Die edelste und teuerste Weinlage an der Mosel ist der weltberühmte **Bernkasteler Doctor.** Einst soll sogar ein todkranker Kurfürst durch die Heilkräfte dieses Rieslings wieder genesen sein. Das muss man nicht ernst nehmen, ist aber werbewirksam und hebt den Preis. Regelmäßig werden hohe Erlöse für den Wein aus dieser Lage erzielt. Wem der edle Tropfen zu teuer ist, der kann sich an dem weniger kostspieligen, aber sehr süffigen leicht säuerlichen **Apfelwein,** dem **»Viez«,** gütlich tun. Der **Winzereintopf** aus Speck, Stampfkartoffeln und Sauerkraut ist ein idealer Begleiter für den süffigen Apfelwein. Empfehlenswert: **Zum Domstein,** Hauptmarkt 5, 54290 Trier: Weinstube und alter römischer Weinkeller mit Gerichten aus der Römerzeit, über 200 Moselweine **(Abfahrt 3 Trier, 4 km). Ratskeller,** Am Markt 11, 54329 Konz: rustikale Gaststube mit Gartencafé, regionale Speisen, Spezialität: moselfränkische Schneckensuppe **(Abfahrt 3 Trier, 10 km).**

RAST AUF REISEN: Hotels in und um Trier

Berghotel Kockelsberg, Kockelsberg 1, 54293 Trier, Tel. 0651/82480: ruhige Einzellage mit Blick auf Trier und das Moseltal, gutbürgerliche, gehobene Küche mit kulinarischen Finessen, Terrasse **(Abfahrt 3 Trier, ca. 3,5 km). Hotel Restaurant Igeler Säule,** Trierstr. 41, 54298 Igel, Tel. 06501/92610: Sauna, Hallenbad, Restaurant mit Fisch- und Wildspezialitäten **(Abfahrt 3 Trier, über B49 8 km).**

Dom und Konstantinsbasilika in Trier.

Der Dom St. Peter in Trier.

Die Stadtpfarrkirche St. Gangolf ist nach dem Dom der älteste Kirchenbau von Trier.

Die Trierer Porta Nigra erhielt ihren Namen (»Schwarzes Tor«) von der dunklen Verfärbung ihres verwitterten Sandsteins.

***Viersen:** von Wäldern umgebene Stadt mit traditionsreicher Textilindustrie und schönen Bürgerhäusern aus der Gründerzeit. Sehenswert: die große Pfarrkirche St. Remigius (15. Jh.) und die Narrenmühle in Dülken, ein Kuriositätenmuseum. **(Abfahrt 7 Viersen, 2 km)**

***Mönchengladbach:** Ein mächtiger Jugendstilwasserturm (1908) überragt das Zentrum der Textil- und Tuchindustrie. Von seinen Aussichtsplattformen hat man einen wunderbaren Blick über die grüne Stadt, deren ausgedehnte Parkanlagen zwei Drittel der Fläche ausmachen. Sehenswert: der geschäftige Alte Markt; das spätromanische Münster St. Vitus (13. Jh.) mit wertvollen Glasmalereien, das in seiner Architektur außergewöhnliche Museum Abteiberg (Hans Hollein, 1982) mit einer Sammlung moderner Kunst. **(Abfahrt 11 Mönchengladbach-Holt, 3 km)**

Der Innenraum der Pfarrkirche St. Laurentius in Ahrweiler

****Bad Neuenahr-Ahrweiler:** Doppelort mit zwei Gesichtern: Während Bad Neuenahr eine elegante Kurstadt mit Parks und Spielcasino ist, präsentiert sich das von einer mittelalterlichen Stadtmauer (13. Jh.) umgebene Ahrweiler, ein Zentrum des Rotweinhandels, als malerischer Ort mit engen Gassen und hübschem Fachwerk. **(Abfahrt 30 Bad Neuenahr-Ahrweiler, 4 km)**

****Ahrtal:** Von Ahrweiler bis Altenahr zeigt sich das idyllische, burgenreiche und von steilen Weinhängen gesäumte Flusstal von seiner schönsten Seite. Romantische Weinorte wie Mayschoss oder Altenahr an der Saffenburg haben einen hervorragenden Spätburgunder zu bieten. **(Über B267 auf ca. 20 km)**

Highlight der Romanik: die Benediktinerabtei Maria Laach

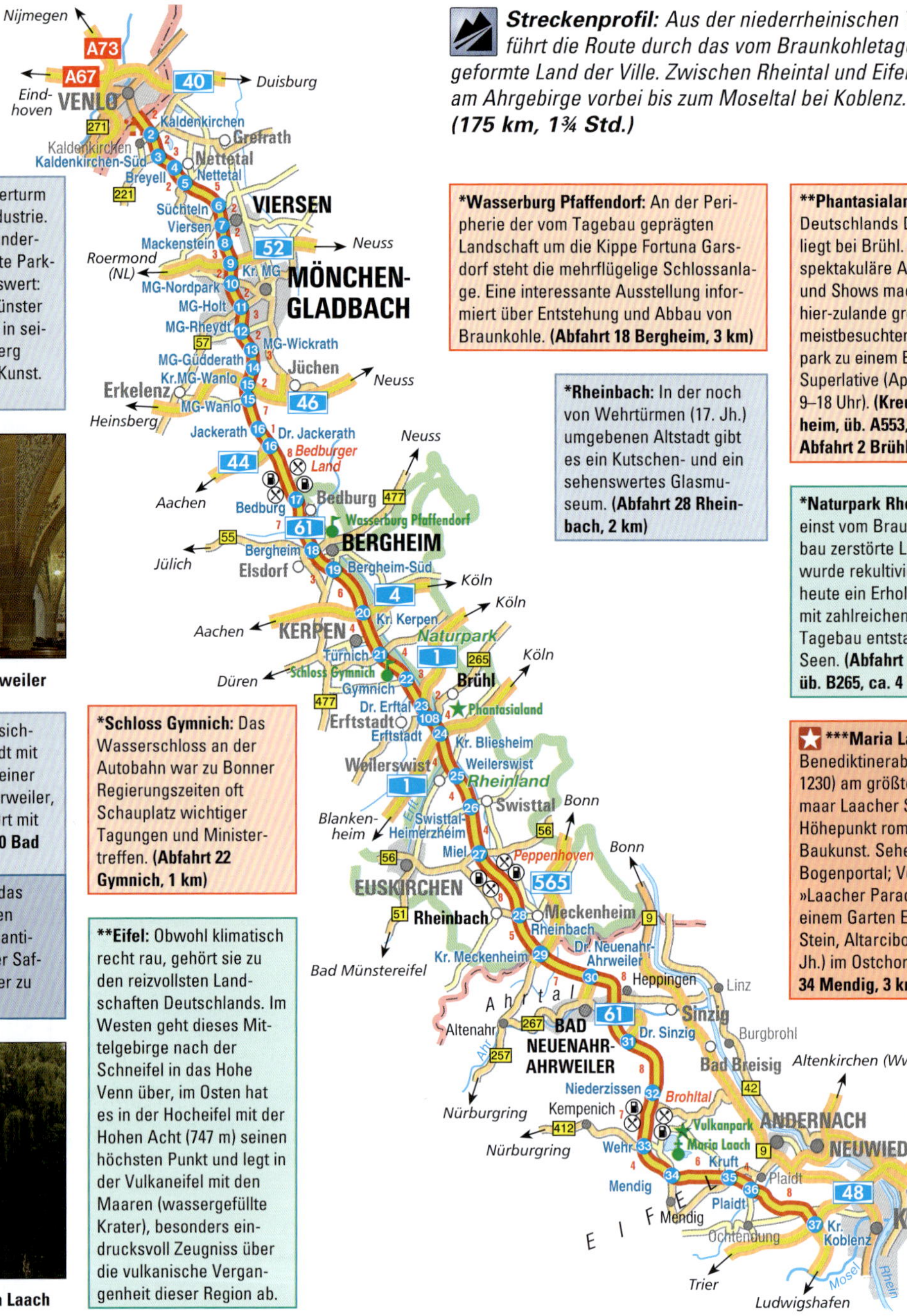

Streckenprofil: *Aus der niederrheinischen Tiefebene führt die Route durch das vom Braunkohletagebau geformte Land der Ville. Zwischen Rheintal und Eifel geht es am Ahrgebirge vorbei bis zum Moseltal bei Koblenz.* ***(175 km, 1¾ Std.)***

***Wasserburg Pfaffendorf:** An der Peripherie der vom Tagebau geprägten Landschaft um die Kippe Fortuna Garsdorf steht die mehrflügelige Schlossanlage. Eine interessante Ausstellung informiert über Entstehung und Abbau von Braunkohle. **(Abfahrt 18 Bergheim, 3 km)**

****Phantasialand:** Deutschlands Disneyland liegt bei Brühl. Unzählige spektakuläre Attraktionen und Shows machen den hier-zulande größten und meistbesuchten Freizeitpark zu einem Erlebnis der Superlative (April – 31.10., 9–18 Uhr). **(Kreuz Bliesheim, üb. A553, 4 km bis Abfahrt 2 Brühl-Süd)**

***Rheinbach:** In der noch von Wehrtürmen (17. Jh.) umgebenen Altstadt gibt es ein Kutschen- und ein sehenswertes Glasmuseum. **(Abfahrt 28 Rheinbach, 2 km)**

***Naturpark Rheinland:** Die einst vom Braunkohleabbau zerstörte Landschaft wurde rekultiviert und ist heute ein Erholungsgebiet mit zahlreichen, durch den Tagebau entstandenen Seen. **(Abfahrt Erftstadt, üb. B265, ca. 4 km)**

***Schloss Gymnich:** Das Wasserschloss an der Autobahn war zu Bonner Regierungszeiten oft Schauplatz wichtiger Tagungen und Ministertreffen. **(Abfahrt 22 Gymnich, 1 km)**

****Eifel:** Obwohl klimatisch recht rau, gehört sie zu den reizvollsten Landschaften Deutschlands. Im Westen geht dieses Mittelgebirge nach der Schneifel in das Hohe Venn über, im Osten hat es in der Hocheifel mit der Hohen Acht (747 m) seinen höchsten Punkt und legt in der Vulkaneifel mit den Maaren (wassergefüllte Krater), besonders eindrucksvoll Zeugniss über die vulkanische Vergangenheit dieser Region ab.

*****Maria Laach:** Die Benediktinerabtei (um 1230) am größten Eifelmaar Laacher See ist ein Höhepunkt romanischer Baukunst. Sehenswert: Bogenportal; Vorhalle mit »Laacher Paradies«, einem Garten Eden aus Stein, Altarciborium (13. Jh.) im Ostchor. **(Abfahrt 34 Mendig, 3 km)**

UNTERWEGS IN DER OSTEIFEL

Krater eines einstigen Vulkans: der Laacher See

Bis vor 10 000 Jahren spuckten in der sanften **Hügellandschaft** der Osteifel Vulkane Asche und Lava. Viele der niedrigen Hügel und Kuppeln der Eifel sind **»Vulkanbauten«.** Bei den rund 100 Vulkanen der Eifel handelt es sich überwiegend um Schlackenkegel und Maare, die heute meist herrliche Seen bilden. Ein schönes Beispiel ist der **Laacher-See-Vulkan.** Im Bereich der **»Alten Burg«** am Ostufer des Sees tritt immer noch Kohlendioxid aus. Der **Vulkanpark Brohltal-Laacher See (Abfahrt 34 Mendig, 3 km)** liegt am Rande von **Laacher Kopf** und **Krufter Ofen,** zwei über 400 m hohen Bergen. Die Steinbrüche und Gruben stellen einzigartige Schaufenster in die vulkanische Vergangenheit dar und sind erstklassige Forschungsobjekte. Ein **Infozentrum** führt in die Welt der Feuerspeienden Ungeheuer ein, es gibt auch geführte Touren. Alternativ kann man die Gegend auf Schmalspurschienen in einer Dampflok, dem »Vulkan-Express«, erkunden. Der Park gibt einen Einblick in die mehrtausendjährige Geschichte der Steingewinnung: Schon die alten Römer betrieben in Mayen einen Steinbruch zum Abbau von Mühlsteinen.

KULINARISCHES DER REGION: Ahrwein

Hirschbraten, Wildschwein oder **Hase** gehören zu den verlockenden Angeboten der Gegend. Dazu genießt man einen einheimischen **Rotwein.** Die **Ahr** gehört mit ihren 520 ha Rebfläche zu den kleineren der 13 deutschen Weinanbaugebiete. Dem mittelmeerähnlichen Mikroklima in den Weinbergen verdankt die Gegend die oft prämierten roten **Spät-** und **Frühburgunderweine** sowie den **Portugieser.** Empfehlenswertes Lokal: **Steinheuers Restaurant zur Alten Post,** Landeskroner Str. 110, 53474 Heppingen: eines der zehn besten Restaurants in Deutschland mit sehr feiner Gourmetküche und ausgezeichneter Weinkarte. **(Abfahrt 30 Bad Neuenahr-Ahrweiler, 3 bzw. 6 km).**

RAST AUF REISEN: In der Osteifel

Seehotel Maria Laach, 56653 Maria Laach, Tel. 0 26 52/58 40: gehobenes Haus, feine Küche **(Abfahrt 34 Mendig, 3 km). Eifel-Gasthof Kleefuß,** In der Hardt 1, 56746 Kempenich, Tel. 02655/941880: zwischen Nürburgring und Vulkanpark, gutbürgerliche Küche **(Abfahrt 33 Wehr, 9 km). Hansa,** Laacher-See-Str. 11, 56743 Mendig/Niedermendig, Tel. 02652/97080: günstig, Restaurant, Sauna, Solarium; **Felsenkeller, Bahnstr. 35,** 56743 Mendig, Tel. 02652/ 97060: Zimmer mit guter Ausstattung, gute regionale Küche, Gartenterrasse **(Abfahrt 34 Mendig, 2 km).**

Streckenprofil:** Die waldreiche, hügelige Route führt linksrheinisch an Hunsrück und Rheingau vorbei bis in den Ballungsraum Mannheim-Ludwigshafen. **(165 m, 1¾ Std.)

*****Mosel – Moseltal:** Die 544 km lange Mosel entspringt in den Vogesen, durchquert Lothringen und fließt zwischen Hunsrück und Eifel zur Mündung in den Rhein. Ihr burgenreiches Tal mit malerischen Weinorten am windungsreichen Unterlauf gehört zu den reizvollsten Landschaften Deutschlands. Hier pflanzten schon die Römer an den steilen, schieferhaltigen Hängen die ersten Reben.

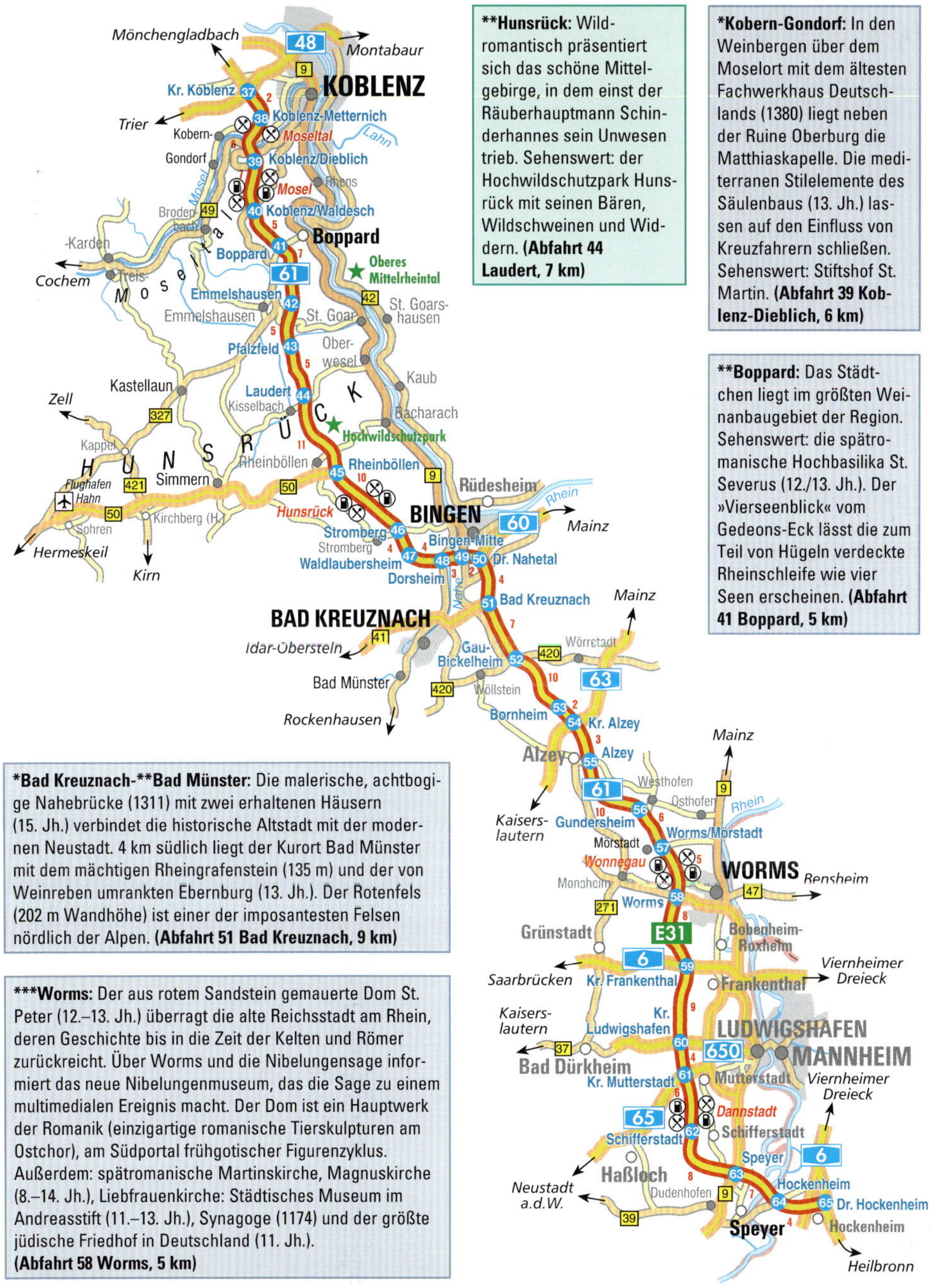

***Bad Kreuznach-**Bad Münster:** Die malerische, achtbogige Nahebrücke (1311) mit zwei erhaltenen Häusern (15. Jh.) verbindet die historische Altstadt mit der modernen Neustadt. 4 km südlich liegt der Kurort Bad Münster mit dem mächtigen Rheingrafenstein (135 m) und der von Weinreben umrankten Ebernburg (13. Jh.). Der Rotenfels (202 m Wandhöhe) ist einer der imposantesten Felsen nördlich der Alpen. **(Abfahrt 51 Bad Kreuznach, 9 km)**

*****Worms:** Der aus rotem Sandstein gemauerte Dom St. Peter (12.–13. Jh.) überragt die alte Reichsstadt am Rhein, deren Geschichte bis in die Zeit der Kelten und Römer zurückreicht. Über Worms und die Nibelungensage informiert das neue Nibelungenmuseum, das die Sage zu einem multimedialen Ereignis macht. Der Dom ist ein Hauptwerk der Romanik (einzigartige romanische Tierskulpturen am Ostchor), am Südportal frühgotischer Figurenzyklus. Außerdem: spätromanische Martinskirche, Magnuskirche (8.–14. Jh.), Liebfrauenkirche: Städtisches Museum im Andreasstift (11.–13. Jh.), Synagoge (1174) und der größte jüdische Friedhof in Deutschland (11. Jh.). **(Abfahrt 58 Worms, 5 km)**

Der Kaiserdom St. Maria und St. Stephan in Speyer

****Koblenz:** Von der mächtigen Festung Ehrenbreitstein (10. Jh./1816–32) hat man den besten Blick auf die 2000-jährige Stadt und ihr Wahrzeichen, das »Deutsche Eck« am Zusammenfluss von Rhein und Mosel. Die symbolträchtige Stelle mit dem Reiterstandbild (1897) Kaiser Wilhelms I. trägt ihren Namen schon seit 1216, als die Deutschordensritter hier ihren Stammsitz gründeten. Sehenswert: die große Stiftskirche St. Kastor (1208), Florinsmarkt mit dem Mittelrhein-Museum (Kunst vom Mittelalter bis 20. Jh.), der Münzplatz mit dem Geburtshaus des Staatsmanns Fürst Metternich (1773–1859). Das am Rheinufer gelegene kurfürstliche Schloss (1777–86) ist heute Sitz einer Behörde. **(Abfahrt 37 Kreuz Koblenz, 7 km)**

****Hunsrück:** Wildromantisch präsentiert sich das schöne Mittelgebirge, in dem einst der Räuberhauptmann Schinderhannes sein Unwesen trieb. Sehenswert: der Hochwildschutzpark Hunsrück mit seinen Bären, Wildschweinen und Widdern. **(Abfahrt 44 Laudert, 7 km)**

***Kobern-Gondorf:** In den Weinbergen über dem Moselort mit dem ältesten Fachwerkhaus Deutschlands (1380) liegt neben der Ruine Oberburg die Matthiaskapelle. Die mediterranen Stilelemente des Säulenbaus (13. Jh.) lassen auf den Einfluss von Kreuzfahrern schließen. Sehenswert: Stiftshof St. Martin. **(Abfahrt 39 Koblenz-Dieblich, 6 km)**

****Boppard:** Das Städtchen liegt im größten Weinanbaugebiet der Region. Sehenswert: die spätromanische Hochbasilika St. Severus (12./13. Jh.). Der »Vierseenblick« vom Gedeons-Eck lässt die zum Teil von Hügeln verdeckte Rheinschleife wie vier Seen erscheinen. **(Abfahrt 41 Boppard, 5 km)**

*****Speyer:** Vom Altpörtel, einem unzerstörten Torturm (13. Jh.) der einstigen Reichsstadt, hat man den besten Blick auf den Kaiserdom St. Maria und St. Stephan (1030–1112). Das größte erhaltene romanische Bauwerk der Welt ist Grabstätte acht deutscher Kaiser und wurde 1981 von der UNESCO zum Weltkulturerbe erklärt. Sehenswert: die Krypta (1041) mit einer überbauten Fläche von 850 m² und einer Höhe von 7 m, die harmonische Halle des sechstürmigen Meisterwerks salischer Baukunst, das Historische Museum der Pfalz; die spätbarocke, protestantische Dreifaltigkeitskirche (1701–07), das wunderbare Judenbad (12. Jh.), ehemals Teil einer Synagoge, das barocke Rathaus (18. Jh.). **(Abfahrt 63 Speyer, 4 km)**

UNTERWEGS IM HUNSRÜCK UND DEN RHEIN ENTLANG

Der Rhein bei Bacharach

Die Strecke verläuft von Koblenz durch den **Hunsrück** teils parallel zum Rhein bis in den **Rheingau.** Der **Mittelrhein** durchfließt vom Binger Loch bis Bonn in einem schmalen Durchbruchstal das **Rheinische Schiefergebirge.** Dieser Teil gehört nicht nur zu den reizvollsten Landschaften Deutschlands, sondern seit 2002 auch zum **Welterbe** der UNESCO **(zum Rheintal in den Winzerort Bacharach: Abfahrt 45 Rheinböllen, 14 km).** Der Hunsrück ist ein Bergland mit durchschnittlichen Höhen von 400 bis 500 Metern. Er liegt links des Rheins, zwischen Mosel, Saar und Nahe, und ist der südlichste Teil des Rheinischen Schiefergebirges. Die schönsten Abschnitte dieses Mittelgebirges erschließt die Hunsrück-Höhenstraße Sie führt von Kastellaun **(Abfahrt 42, Emmelshausen, 15,5 km)** nach Südwesten in den malerisch zerklüfteten Höhenrücken, der aus **Idarwald** und **Hochwald** besteht und mit dem **Erbeskopf** (816 m) den höchsten Berg des linksrheinischen Schiefergebirges aufweist. Diese Region gehört zu den größten deutschen Waldgebieten und ist aufgrund ihrer **Edelstein-** und **Schiefervorkommen** auch geologisch interessant. Zu den größeren Orten gehört Simmern **(Abfahrt 45 Rheinböllen, 14 km).** Wahrzeichen des alten Städtchens ist der Schinderhannesturm, in dem der Räuberhauptmann 1799 gefangen gehalten wurde.

KULINARISCHES DER REGION: Hausmannskost

Im 18. und 19. Jh. wanderten Hunderttausende aus dem Hunsrück aus. Grund war die schiere Not; denn die felsigen Böden warfen nie genug Erträge ab. So fällt die hiesige Küche eher bescheiden aus, mit **Gemüse, viel Kartoffeln** und wenig **Fleisch.** Damit kommt diese Hausmannskost modernen Ernährungsgrundsätzen durchaus entgegen, ist schmackhaft und abwechslungsreich. Vor allem in der **Suppenküche** zeigt man sich im Hunsrück erfinderisch. Spitzenreiter sind die **Kartoffelsuppe** mit Sellerie, Lauch und Karotten sowie die **Gemüsesuppe** mit dem schönen Namen **»Quer durch de Gaade«.**

RAST AUF REISEN: Übernachten am Rhein

Diehls Hotel, Rheinsteigufer 1, 56077 Koblenz, Tel. 0261/97070: familiäres Hotel mit Restaurant direkt am Rhein **(Abfahrt 37 Kreuz Koblenz, 10 km). Hotel Konditorei Café Köppel,** Kapuzinerstr. 12, 55411 Bingen, Tel. 06721/14770: zentral und ruhig zu Füßen der Burg Klopp, familiär geführt, gute Zimmer **(Abfahrt 49 Bingen, 4 km). Hotel Engel im Salinental,** Heinrich-Held-Str. 10, 55543 Bad Kreuznach, Tel. 0671/3810: gemütliche, stilvolle Zimmer **(Abfahrt 51 Bad Kreuznach, 12 km). Wonnegauer Hotel & Landgasthof,** Kriegsheimer Str. 17, 67591 Mörstadt, Tel. 06247/1051: Familienbetrieb, komfortable Zimmer, vielseitige Küche **(Abfahrt 57 Worms-Mörstadt, 2 km). Lindner Hotel & Spa Binshof,** Binshof 1, 67346 Speyer, Tel. 06232/647602: gehobenes Haus mit ausgezeichneter, variantenreicher Küche **(Abfahrt 63 Speyer, 4 km).**

Speyer: Die Krypta präsentiert sich als Säulenhalle.

Speyer: Der Kaiserdom beeindruckt durch seine strengen romanischen Formen.

Das Innere des Benediktinerkloster in Maria Laach: Beeindruckend ist das Apsismotiv des Weltenherrschers im byzantinischen Goldgrundmosaik.

Die Krypta im Benediktinerkloster Maria Laach ist ein romanisches Gotteshaus mit Burgcharakter.

Auf rund 70 Kilometern erstreckt sich das Obere Mittelrheintal mit seinen Windungen, Schleifen, schroffen Felsen und bewaldeten Höhen. Zu dieser Rheinromatik gehört auch Burg Katz.

Die Marksburg bei Braubach ist die einzige Höhenburg der Region, die im Lauf ihrer Geschichte niemals zerstört wurde.

Der sagenumwogene Loreleyfelsen

Streckenprofil A60:** Südlich des Rheingaus verläuft die Strecke bis in das dicht besiedelte Rhein-Main-Gebiet. **(55 km, 45 Min.)
A63:** Durch das wellige Rheinhessische Hügelland führt die Route bis an den Rand des Pfälzerwalds. **(80 km, 1 Std.)

Wiesbaden: siehe Seite 39

***Ingelheim:** Das für seinen Rotwein bekannte Winzerstädtchen ist umgeben von einem Spargel- und Obstanbaugebiet. Sehenswert: die Überreste einer Kaiserpfalz Karls des Großen nahe der Saalkirche (12. Jh.). **(Abfahrt 15 Ingelheim-West, 3 km)**

****Bingen am Rhein:** Die über dem Weinbauort gelegene Burg Klopp (13./19. Jh.), einst Schiffskontrollstation, heute Museum, bietet einen weiten Blick auf das Rheintal und das Wahrzeichen der Stadt – den sagenumwobenen Mäuseturm (13. Jh.) auf einer Felsklippe am tückischen Binger Loch, einer für die Schifffahrt gefährlichen Untiefe. Sehenswert: die gotische Pfarrkirche (15./16. Jh.) und die alte Nahebrücke mit einer Kapelle im Brückenpfeiler. Über das Leben und Wirken der heiligen Hildegard von Bingen informiert das Museum am Strom.**(Abfahrt 14 Bingen-Gaulsheim, 4 km)**

Mit der Fähre von Bingen oder Ingelheim erreicht man die traditionsreichen Weinorte im Rheingau am rechten Rheinufer.

****Rüdesheim:** Bilderbuchweindorf mit der weltberühmten Drosselgasse. Die uralte Brömserburg (9. Jh.) beherbergt ein bedeutendes Weinmuseum. Über dem Ort das Niederwalddenkmal, das nach dem Deutsch-Französischen Krieg (1870/71) errichtet wurde.
****Assmannshausen:** In den Hanglagen um den malerischen Ort reifen die blauen Spätburgunder, die Rotweinfreunde in den historischen Weinlokalen der urigen Altstadt kredenzt werden. (Von Rüdesheim 3 km)
***Oestrich-Winkel:** Oberhalb des Winzerorts liegen die bekannten Weingüter Schloss Vollrads und das weithin sichtbare Schloss Johannisberg (1757–59).
****Eltville:** Im »alta villa« der Römer residierten 150 Jahre lang die Kurfürsten von Mainz. Über der malerisch gelegenen Stadt erhebt sich die kurfürstliche Burg (1330–45). Sehenswert: Adelshöfe und Fachwerkhäuser (16. Jh.), St. Peter und Paul (14. Jh.); Kloster Eberbach (4 km nördlich), das Weinversteigerungen organisiert.

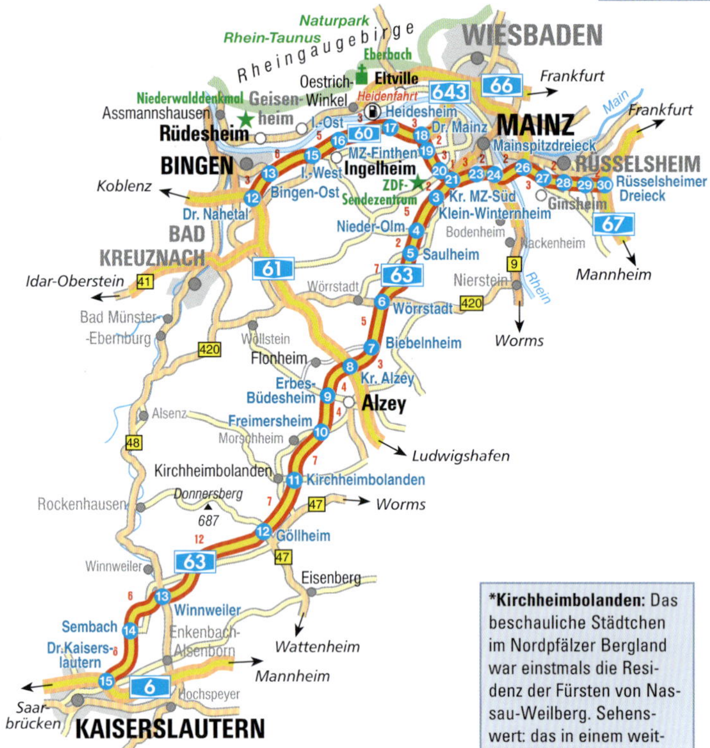

Auf einem Riff im Rhein: der Mäuseturm bei Bingen

Kaiserslautern: siehe Seite 72

***Donnersberg:** Der mächtige Berg (687 m) mit dem schlanken Fernsehturm ist die höchste Erhebung der Pfalz. Auf seinem Rücken liegen die Reste eines auf weiten Strecken sehr gut erhaltenen Keltenwalls mit einer Viereckschanze im Inneren. Malerisch die Ruinen Wildenstein und Falkenstein (1133). Am Osthang der Adlerbogen, stählernes Denkmal, das an den Deutsch-Französichen Krieg (1870/71) erinnert. **(Abfahrt 12 Göllheim, 6 km)**

***Kirchheimbolanden:** Das beschauliche Städtchen im Nordpfälzer Bergland war einstmals die Residenz der Fürsten von Nassau-Weilberg. Sehenswert: das in einem weitläufigen Park gelegene Schloss aus dem 18. Jh. mit der ehemaligen Hofkirche und die Kirche St. Peter. **(Abfahrt 11 Kirchheimbolanden, 1 km)**

***Alzey:** Stadt an der oberen Selz, inmitten des fruchtbaren Rheinhessischen Hügellands. Sehenswert: Nicolaikirche (15. Jh.), Rathaus (1586) und das 1902 wieder aufgebaute Schloss (1689 zerstört), das über einer älteren Burganlage im 15./16. Jh. als eine Residenz der Pfalzgrafen bei Rhein errichtet worden war. Beliebtes Fotomotiv ist der Rossmarktbrunnen mit der üppig ausgefallenen Bronzestatue des Pferdes Max. **(Abfahrt 9 Erbes-Büdesheim, 3 km)**

****Mainz:** Der Dom St. Peter und St. Stephan (975–1236) ist einer der herrlichsten romanischen Kirchenbauten Europas. Mit seinen sechs weithin sichtbaren Sandsteintürmen beherrscht er das Bild der Landeshauptstadt von Rheinland-Pfalz. Berühmtester Sohn der Stadt ist der Erfinder des Buchdrucks, Johannes Gutenberg (1397–1468). Seinen Namen trägt die schon 1476 gegründete Universität der Stadt. Als Sitz der Sendeanstalten des ZDF, ist Mainz auch eine bedeutende Medienmetropole. Sehenswert: der Marktplatz mit Hunnensäule (11. Jh.) und prächtigem Renaissancebrunnen (1526); die einzigartigen Glasfenster von Marc Chagall in der Kirche St. Stephan (14. Jh.); die Zitadelle; das Deutschhaus (heute Sitz des Landtags); das kurfürstliche Renaissanceschloss mit dem Römisch-Germanischen Zentralmuseum. Aus den Festsälen des Schlosses werden alljährlich die Karnevalssitzungen übertragen. In der verwinkelten Altstadt um den Dom liegen zahlreiche Weinstuben. **(Abfahrt 19 Mainz-Finthen, 4 km)**

7 km südlich der Stadt liegt das **ZDF-Sendezentrum** Mainz-Lerchenberg. Bei Führungen kann man einen Blick hinter die Kulissen werfen. **(Abfahrt 20 Mainz-Lerchenberg, 2 km)**

UNTERWEGS IN DER PFALZ

Mainz: der romanische Dom St. Peter und St. Stephan

Wälder, Wiesen, Bäche und Weinberge sind charakteristisch für die Pfalz. Einen Besuch lohnt die **Rheinhessische Schweiz,** das größte Weinanbaugebiet Deutschlands. Rund 2,5 Mio. hl Wein fließen jedes Jahr in die Fässer. Zu dem Gebiet zählen auch **Weindörfer** wie Nack, Siefersheim, Gumbsheim, Stein-Bockenheim oder Gau-Bickelheim mit schönen Kirchen. In Flonheim **(Abfahrt 7 Biebelnheim, 10 km),** dem »Tor zur Rheinhessischen Schweiz«, gibt es **Wanderwege** mit herrlichem Ausblick über die sanften Hügel bis zum **Donnersberg (Abfahrt 12 Göllheim, 7 km),** der größten Erhebung der Pfalz.

KULINARISCHES DER REGION: Pfälzer Wein

Rheinland-Pfalz ist das Bundesland mit dem höchsten Pro-Kopf-Verbrauch an Kartoffeln. Einfach, aber beliebt sind **Pellkartoffeln** mit **Leber-** oder **Griebenwurst.** Eine Brücke zur flüssigen Spezialität der Pfalz schlagen in **Wein aufgegossene Bratkartoffeln. Wein** ist aus dieser Gegend nicht wegzudenken, und die Pfälzer Weinstuben sind Teil der Lebensart. Gewöhnungsbedürftig ist der **»Pfälzer Schoppen«** im Halbliterglas. Getrunken werden der edle **Riesling,** der fruchtige **Silvaner** und der milde **Müller-Thurgau.** Empfehlenswert zur Einkehr: **Wein-Zinken,** Klosterstr. 9, 55232 Alzey: Pfälzer und internationale Küche **(Abfahrt 9 Erbes-Büdesheim, 2 km). Zum Engel,** Hauptstr. 114, 67304 Eisenberg: Gute Pfälzer Küche und Pfälzer Weine **(Abfahrt 12 Göllheim, 10 km). Spinnrädl,** Schillerstr. 1, 67655 Kaiserslautern: klassische pfälzische Küche im Herzen der Altstadt **(Abfahrt 15 Dreieck Kaiserslautern, 3 km).**

RAST AUF REISEN: Übernachten in der Pfalz

Best Western Hotel, Karlheinz-Kipp-Str. 13, 55232 Alzey, Tel. 06731/4030: Kegelbahnen, Tennisplätze, Squashcourts, Freizeitangebote; **Am Schloß,** Amtsgasse 39, 55232 Alzey, Tel. 06731/94224: ruhige Zimmer im schönsten Winkel der Innenstadt **(Abfahrt 55 Alzey, 2 km). Espenhof,** Hauptplatz 76, 55237 Flonheim/Uffhofen, Tel. 06734/962730: sehr gut bewertetes, außergewöhnliches und stilvolles Landhotel mit Weinrestaurant **(Abfahrt 7 Biebelnheim, 11 km). Parkhotel Schillerhain,** Schillerhain 1, 67292 Kirchheimbolanden, Tel. 06352/7120: ruhige Lage in einem Park, frisch renoviert, neue zeitgemäße Bäder, Schlemmerrestaurant, Sonnenterrasse **(Abfahrt 11 Kirchheimbolanden, 2 km).**

Die von Fachwerkhäusern gesäumte Mainzer Augustinerstraße erstrahlt bei Nacht im Lichterglanz.

Der Dom gibt der Stadt auch tausend Jahre nach seiner Erbauung ihr Gesicht, und er hat ihre Geschichte geprägt.

Streckenprofil: *Aus dem Ballungsraum Ludwigshafen führt die schöne Route am Pfälzerwald entlang in die Rheinebene bei Karlsruhe.* ***(60 km, 45 Min.)***

*****Deutsche Weinstraße:** 80 km lange Strecke von Bockenheim bei Worms bis an die Grenze zum Elsass. An der nah am burgenreichen Pfälzerwald verlaufenden Route liegen an den dicht bewachsenen Weinbergen wie an einer Perlenkette aufgereiht romantische Winzerorte und üppige Obstgärten. Das sonnenreiche Klima lässt hier sogar Mandeln, Kiwis, Feigen und Zitronen reifen. Höhepunkte: Bad Dürkheim, Deidesheim, Hambacher Schloss, Bad Bergzabern, und die alte Reichsstadt Annweiler am Trifels mit dem Panorama der Burgendreifaltigkeit Trifels, Anebos und Scharfenberg. **(Annweiler von Landau über B10 zu erreichen, ca. 15 km)**

***Ludwigshafen:** Das Gesicht der im 17. Jh. als Brückenkopf der Festung Mannheim gegründeten Stadt prägen die gigantischen Industrieanlagen des Chemiekonzerns BASF. Ihren Namen hat sie vom bayerischen König Ludwig I., der im 19. Jh. ihren Ausbau vorantrieb. Sehenswert: das BASF-Hochhaus (1957), der als Mahnmal erhaltene zerstörte Turm der Lutherkirche, das Schillerhaus in Oggersheim, zeitweiliger Wohnsitz des Dichters, und das Wilhelm-Hack-Museum (Klassische Moderne). **(Abfahrt 5 Dreieck Ludwigshafen-Süd, 2 km)**

Kreuzgang der Augustinerkirche in Landau

****Hambacher Schloss:** Um ihr Verlangen nach einem einigen, freien und souveränen Deutschland zu demonstrieren, sind 1832 beim Hambacher Fest 30 000 Menschen zum Schloss hinaufgezogen und haben hier erstmals die schwarz-rot-goldene Flagge gehisst. Die »Wiege der deutschen Demokratie« steht auf dem Fundament einer alten Salierburg (um 1000). Eine multimediale Daueraustellung informiert in spannender Weise über die Demokratiegeschichte Deutschlands. **(Abfahrt 13 Neustadt an der Weinstraße-Süd, 6 km)**

Karlsruhe: siehe Seite 65

St. Martin an der Südlichen Weinstraße

***Maikammer: **St. Martin:** Kurz hinter dem Winzerstädtchen mit schmucken Fachwerkhäusern liegt unter der schönen Ruine Kropsburg, von Weinreben umgeben, das malerische St. Martin. Sehenswert: die gotische Dorfkirche (1488), das Renaissanceschlösschen (17. Jh.) und viele enge mittelalterliche Gassen. **(Abfahrt 14 Edenkoben, 3 bzw. 6 km)**

****Neustadt an der Weinstraße:** Von romantischen Burgruinen umgeben liegt die größte Weinbaugemeinde Deutschlands am Fuße des Haardtgebirges. In der hübschen historischen Altstadt wird im Oktober zur Weinlese die Deutsche und Pfälzische Weinkönigin gekürt. Sehenswert: die zweitürmige Stiftskirche Unserer Lieben Frau (13./15. Jh.) und das Rathaus (1728–39) gegenüber, früher ein Jesuitenkolleg. Das Eisenbahnmuseum mit seinen mehr als 20 Lokomotiven und das Kuckucksbähnel sind überregional bekannt. **(Abfahrt 12 Neustadt an der Weinstraße-Nord, 4 km)**

Das Hambacher Schloss

***Edenkoben:** 2 km westlich oberhalb des traditionsreichen Weinorts liegt das äußerlich klassizistisch schlichte, aber innen prunkvolle Schloss Ludwigshöhe (1846–56) mit Bildern des Malers Max Slevogt (1868–1932). Von der ehemaligen Sommerresidenz des Bayernkönigs Ludwig I. erreicht man mit der ältesten pfälzischen Sesselbahn den 556 m hohen Rietberg mit einem herrlichen Blick auf den Pfälzer Wald. **(Abfahrt 14 Edenkoben, 5 km)**

***Landau in der Pfalz:** Barocke Bürgerhäuser prägen das Bild der Universitätsstadt die gleichzeitig eine der größten Weinbaugemeinden Deutschlands ist. Sehenswert: Reste der 1687 angelegten Befestigungen mit Deutschem und Französischem Tor, ehemalige Augustinerkirche, heute Pfarrkirche Hl. Kreuz (1405–19) mit Kreuzgang (15. Jh.) und Stiftskirche (1300–1458), altes Kommandaturgebäude (1827), heute Rathaus. **(Abfahrt 16 Landau-Zentrum, 2 km)**

UNTERWEGS IM PFÄLZERWALD UND AUF DER DEUTSCHEN WEINSTRASSE

Blick auf Klingenmünster bei Bad Bergzabern

Westlich der Autobahn liegt der große Pfälzerwald mit einer Fläche von fast 180 000 ha. Viele Kilometer Wanderwege durchziehen den landschaftlich schönsten Teil, der als **Biosphärenreservat** ausgewiesen ist. Vor allem sind es die dichten **Mischwälder** und die bizarren **Felsformationen** des aus **Buntsandstein** aufgebauten **Mittelgebirges,** die den Reiz dieser Region ausmachen. Parallel zur A65 baut sich die **Haardt** auf, der steile Osthang des Pfälzerwaldes mit seinen malerischen Burgruinen. Zu Füßen der Haardt verläuft die **Deutsche Weinstraße,** die bei Bockenheim beginnt und am **Deutschen Weintor** in Schweigen endet. Für Ausflüge bieten sich weltbekannte Winzerorte an: Deidesheim **(Abfahrt 11 Deidesheim, 5 km)** mit dem altem Rathaus, in dem das Museum für Weinkultur untergebracht ist; Neustadt a. d. Weinstraße **(Abfahrt 13 Neustadt a. d. Weinstraße-Süd, 6 km),** die größte Weinbaugemeinde Deutschlands und Edenkoben **(Abfahrt 14 Edenkoben, 2 km).** Mittelalterliche Geschichte wird lebendig in Annweiler am Trifels **(Abfahrt 15 Landau-Nord, 15 km),** dem Fachwerkstädtchen, über dem sich die Reichsveste Trifels erhebt.

KULINARISCHES DER REGION: Feiner Riesling

Die Lage am Rand des Haardtgebirges mit rund 2000 Sonnenstunden pro Jahr macht **Deidesheim** zu einer der erfolgreichsten Weinbaugemeinden Deutschlands. Bereits 1898 wurde der **Winzerverein,** die älteste Genossenschaft der Pfalz, gegründet. Hauptrebsorte ist der **Riesling;** auch die meisten der über 100 Weine sowie Sekte beim Winzerverein (Prinz-Rupprecht-Str. 8, Tel. 06326/96880) sind Rieslinge. **(Abfahrt 11 Deidesheim, 5 km)**

RAST AUF REISEN: Hotels an der Weinstraße

Deidesheimer Hof, Am Marktplatz 1, 67146 Deidesheim, Tel. 06326/96870: renommierte Adresse, exquisite Küche im Restaurant Schwarzer Hahn, Pfälzer Küche im Restaurant St. Urban, Kochkurse für Gäste **(Abfahrt 11 Deidesheim, 5 km). Hotel Tenner,** Mandelring 216, 67433 Neustadt-Haardt, Tel. 06321/9660: komfortables Hotel garni, ruhige Zimmer, schöner Blick **(Abfahrt 12 Neustadt a. d. Weinstraße-Nord, 6 km). Achat Premium,** Exterstr. 2, 67433 Neustadt, Tel. 06321/8980: modernes Hotel mit französisch-elsässischer Küche, Wintergarten und Innenhof **(Abfahrt 13 Neustadt a. d. W., 6 km). Landhaus Trifels,** Kurhausstr. 25, 76855 Annweiler, Tel. 06346/308860: denkmalgeschütztes Jugendstilhaus, schönes Ambiente, gepflegte Küche **(Abfahrt 15 Landau-Nord, 15 km).**

Im Abendlicht bieten Häuser in der Altstadt von Neustadt an der Weinstraße einen wundervollen Anblick.

Das Alte Rathaus in der Neustädter Altstadt

Streckenprofil: *Nach dem urbanen, verkehrsreichen Rhein-Main-Gebiet und einem kleinen Stück durch Frankfurt verläuft die Strecke ab Hanau nördlich des waldreichen Spessarts entlang der Kinzig bis zur A7 bei Fulda.* ***(132 km, 2 Std.)***

****Steinau a. d. Straße:** Kurz nach der Kinzigtalsperre im Bergwinkel liegt rechter Hand das romantische Steinau. Im alten Fachwerkamtshaus, heute Museum, verbrachten die Brüder Grimm ihre Kindheit. Sehenswert: Renaissanceschloss der Grafen von Hanau mit Brüder-Grimm-Museum und Marionettentheater, Rathaus aus dem Jahr 1561. **(Abfahrt 47 Steinau, 3 km)**

Die 1797 von einem Kind enddeckte **»Teufelshöhle«** ist die einzige Tropfsteinhöhle Hessens. Im 30 m unter der Erde liegenden »Dom« sind bizarre und fantastische Steingebilde zu bestaunen. **(Abfahrt 47 Steinau, Richtung Norden 3 km)**

***Höchst:** Der durch die Farbwerke bekannte Ort hat eine hübsche, von Fachwerkbauten geprägte Altstadt. Sehenswert: das Schloss mit Museum und der kolossale Bolongaro-Palast. Ein bekannter Veranstaltungsort ist die Jahrhunderthalle. **(Abfahrt 16 Höchst, 2 km)**

Frankfurt: Ein imposanter Blick auf die Skyline Frankfurts mit dem Messeturm, einem der höchsten Bürogebäude Europas, bietet sich bei der Einfahrt über das Nordwestkreuz. **Durchfahrt:** Ab Autobahnende Ffm-Miquelallee über die B8 bis Anschluss 33 Maintal-Bischofsheim und zurück auf A66.

Zoologischer Garten Frankfurt: Der für seinen Artenreichtum berühmte Zoo trägt noch immer die Handschrift seines langjährigen Leiters, Prof. Grizmek. Außergewöhnlich: das Grzimek-Haus mit seinen nachtaktiven Tiere.n **(Abfahrt 33 Maintal-Bischofsheim – hier eine Park-and-ride-Möglichkeit, über B8 Frankfurter bzw. Hanauer Landstr., Beschilderung folgen, 10 km; nur wenige, kostenlose Parkplätze am Zoo, Alfred-Brehm-Platz 16)

Wiesbaden: siehe Seite 39

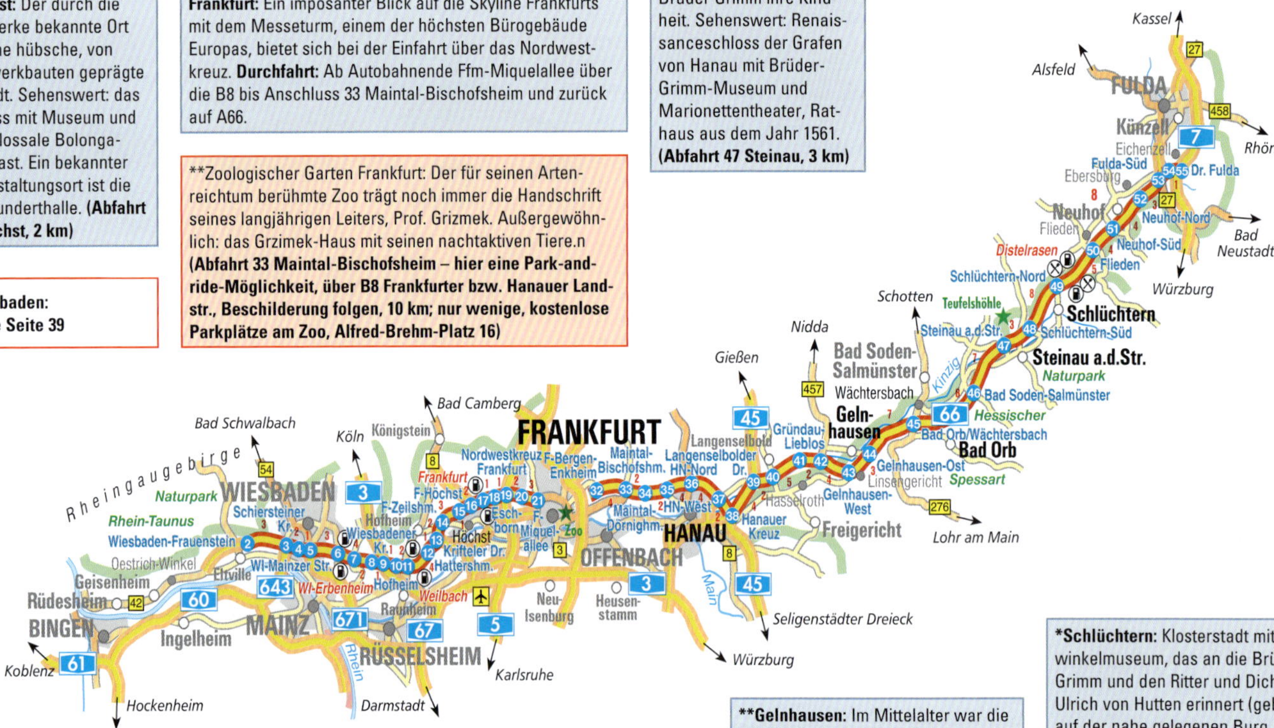

Bad Orb: schmucke Fachwerkhäuser in der Kirchgasse

***Hanau:** Berühmteste Söhne der Industriestadt an der Mündung der Kinzig in den Main sind die Brüder Jakob und Wilhelm Grimm. Ihr Denkmal am Marktplatz ist der Ausgangspunkt der 595 km langen Deutschen Märchenstraße bis nach Bremen. Sehenswert: der Markt mit dem Neustädter Rathaus (1725–32, 1965) und dem Deutschem Goldschmiedehaus (1538–50), der Stadtteil Wilhelmsbad mit Englischen Garten und dem Hessischen Puppenmuseum; das am Main gelegene Schloss Philippsruhe mit dem thematisch bunt gewürfelten Historischen Museum Hanau. **(Abfahrt 36 Hanau-Nord, 3 km)**

****Gelnhausen:** Im Mittelalter war die schöne Fachwerkstadt Kreuzungspunkt wichtiger Handelsstraßen. Kaiser Friedrich I. Barbarossa erhob sie 1170 zur freien Reichsstadt und ließ hier, auf einer Insel in der Kinzig, eine der besterhaltenen staufischen Kaiserpfalzen (1170–80) erbauen, sie trägt heute seinen Namen:Barbarossaburg. Sehenswert: die viertürmige Marienkirche (Ende 12./Anfang 13. Jh.), Altstadt mit vielen alten Häusern, u.a. einem Fachwerkhaus von 1356 (Kuhgasse 1); Rathaus (14. Jh.). Geboren wurden hier der Erfinder des Telefons, Johann Philipp Reis, und H. J. C. Grimmelshausen, der Autor des »Simplicissimus«. **(Abfahrt 44 Gelnhausen-Ost, 1 km)**

***Schlüchtern:** Klosterstadt mit Bergwinkelmuseum, das an die Brüder Grimm und den Ritter und Dichter Ulrich von Hutten erinnert (geb. 1488 auf der nahe gelegenen Burg Steckelberg). Beliebtes Ausstellungsstück ist die der Bergwinkellandschaft nachempfundene 42 m² große Modelleisenbahn. **(Abfahrt 48 Schlüchtern-Süd, 6 km)**

***Bad Orb:** Wenige Kilometer südlich von Wächtersbach, das sich den Charme einer alten Residenzstadt bewahrt hat, liegt das Solbad Orb im Naturpark Hessischer Spessart. Rund um die Martinskirche (1350) zeigt sich die Altstadt mit reichverzierten Fachwerkfassaden. Ein Museum in der Burg informiert u.a. über die Salinen und die Salzgewinnung. **(Abfahrt 45 Bad Orb-Wächtersbach, 5 km)**

UNTERWEGS ZWISCHEN VOGELSBERG UND SPESSART

Das ehemalige Kloster Johannesberg im Süden Fuldas

Große Anstrengungen unternimmt die Region, um sich als **Erholungslandschaft** abseits der großen Ballungsräume anzubieten. Wiesen, Äcker und Felder prägen das Landschaftsbild. In Hanau kann man zu lohnenswerten Entdeckungsreisen durch diese starten: Hier beginnt die 600 km lange **Deutsche Märchenstraße (z.B. Abfahrt 48 Schlüchtern-Süd).** Sie bietet Kunst und Geschichte, führt zu Fachwerkstädten, Schlössern, Burgen und Museen. Ein anderes Highlight der Region sind die **Naturparke Bayerischer und Hessischer Spessart.** Eine **Buntsandsteinplatte** von bis zu 400 m Höhe bildet deren geologische Grundlage. Abziehende Meere und Klimaeinflüsse haben in Millionen Jahren Täler in den Stein geschnitten. Sanfte Hänge und Höhen kennzeichnen die Spessartlandschaft. Große Teile des Spessarts sind von **Laubwäldern** bedeckt. Ein gutes **Wanderwegenetz** führt durch die Wälder.

KULINARISCHES DER REGION: Kartoffelspeisen

»Grie Soß« nennen die Frankfurter eines der urtypischen Gericht dieser Region. Traditionell werden sieben frische Kräuter benötigt: **Borretsch, Kerbel, Kresse, Petersilie, Pimpinelle, Sauerampfer** und **Schnittlauch**. Vermischt werden sie mit feingehackten Eiern, Salz und Pfeffer, Sauerrahm, Öl und Essig. Die Soße wird kalt zu heißen Kartoffeln und hartgekochten Eiern gereicht, dazu darf ein guter »Ebbelwoi« natürlich nicht fehlen. Empfehlenswerte Lokale: **Lug ins Land,** Schloßstr. 1, 63456 Hanau: im Herzen der Altstadt, regionale Traditionsküche neu komponiert **(Abfahrt 36 Hanau-Nord). Restaurant Rosengarten,** Brüder-Grimm-Str. 84, 36396 Steinau a.d.Str.: in einem der ältesten Häuser des Ortes, gute regionale Küche **(Abfahrt 47 Steinau a.d.Str.). Zum Ritter,** Kanalstr. 18–20, 36037 Fulda: Manufaktur für feine Speisen **(Abfahrt 53 Fulda-Süd).**

RAST AUF REISEN: Übernachten im Kinzigtal

Burgmannenhaus, Brüder-Grimm-Str. 49, 36396 Steinau an der Straße, Tel. 06663/9112902: Hotel in einem 400 Jahre alten Söldnerhaus, Restaurant mit vielen Wildgerichten **(Abfahrt 48 Schlüchtern-Süd, 1 km). Grüner Baum,** Leipziger Str. 45, 36396 Steinau an der Straße, Tel. 06663/9110993: gutes Preis-Leistungs-Verhältnis, Restaurant mit regionaler Küche **(Abfahrt 48 Schlüchtern-Süd, 2 km). Hotel Stadt Schlüchtern,** Breitenbacher Str. 5, 36381 Schlüchtern, Tel. 06661/747880: modernes, gut ausgestattetes Hotel **(Abfahrt 49 Schlüchtern-Nord, 2 km).**

Gerade in der Abenddämmerung, wenn alle Hochhäuser beleuchtet sind, strahlt die Skyline von Frankfurt am Main wie das nächtliche Manhattan.

Streckenprofil: *Aus dem Rhein-Main-Gebiet führt die Strecke am Rand des Oberrheintales durch das Hessische Ried in den Ballungsraum Mannheim-Ludwigshafen. Parallelautobahn zur viel befahrenen A5.* ***(65 km, 45 Min.)***

***Rüsselsheim:** Die industriell geprägte Stadt am Main ist untrennbar verbunden mit den Werken der Adam Opel AG. Sehenswert: die Opel Erlebniswelt mit Werkstour und das in der imposanten Festung untergebrachte Stadtmuseum zur Kulturgeschichte der Industrialisierung. Zwischen der Festung und dem sehenswerten spätromantischen Verna-Park liegen die Opelvillen. Hier ist ein Zentrum der Kunst entstanden, in dem vor allem Werke der klassischen Moderne gezeigt werden. **(Abfahrt 2 Rüsselsheim-Ost, 3 km)**

***Groß-Gerau:** Kreisstadt und Standort pharmazeutischer Industrie. Bekanntestes Bauwerk ist das Alte Rathaus, ein Fachwerkbau aus dem 16. Jh., sehenswert die gotische Stadtkirche mit Barockdach. **(Abfahrt 4 Gross-Gerau, 2 km)**

***Mannheim:** Der wirtschaftliche und kulturelle Mittelpunkt des Rhein-Neckar-Raums ist eine Stadt der Gegensätze: Umgeben von gigantischen Industrieanlagen am Hafen, liegt dahinter das von eleganter Barockarchitektur geprägte Zentrum der ehemaligen Residenzstadt pfälzischer Kurfürsten. Ihr Wahrzeichen, der 60 m hohe Wasserturm, ist Mittelpunkt eines Jugendstilensembles am Friedrichsplatz. Seit dem frühen 17. Jh. hat die Stadt einen in Quadrate eingeteilten, schachbrettartigen Grundriss, sodass die Häuserblöcke nach Ziffern und Zahlen benannt werden. Sehenswert: das Kurfürstliche Schloss (1720–60), eine der größten barocken Schlossanlagen Europas; das Alte Rathaus (1700–11) und die Jesuitenkirche (18. Jh.), bedeutendster Barockbau Südwestdeutschlands; die Sternwarte (1772–74), das Palais Bretzenheim (1782–88), das ehemalige Zeughaus (1777–79) mit dem Städtischen Reiss-Museum (Block C 5, Gemäldesammlung) und die Kunsthalle (Werke des 19. und 20. Jhs.). Der Luisenpark gilt als eine der schönsten Grünanlagen Deutschlands. **(Ab Viernheimer Dreieck über A6 bis Abfahrt 26 Viernheimer Kreuz, 5 km)**

Mannheim: Paradeplatz mit Brunnen und neuer Stadthalle

****Deutsche Bergstraße:** Darmstadt ist der Ausgangspunkt der Römerstraße »strata montana« am Westhang des von dichten Wäldern überzogenen Odenwalds. An zahlreichen Burgen und Weinorten vorbei führt die landschaftlich herrliche Route bis nach Heidelberg. **(Darmstadt–Heidelberg, ca. 65 km)**

*****Benediktinerabtei Lorsch:** Ein Juwel frühmittelalterlicher Baukunst ist das 764 gegründete Kloster. Es war eines der einflussreichsten Klöster des Mittelalters. Unter Karl dem Großen avancierte die Benediktinerabtei zum Reichskloster, und der Abt wurde zum Reichsfürsten. Erhalten blieb nur die Torhalle aus der karolingischen Blütezeit, ein in Deutschland einzigartiges Baudenkmal, das im Obergeschoss kunstgeschichtlich wichtige Wandmalereien beherbergt. Die mit roten und weißen Steinplatten verkleidete Königshalle wurde von der UNESCO zum Weltkulturerbe erklärt. **(Abfahrt 9 Lorsch, 2 km)**

Die Orangerie im Darmstädter Schlosspark

****Darmstadt:** Die vornehm-gediegene Provinzstadt am Rande des Odenwalds war ehemalige Hauptstadt des Großherzogtums Hessen und um die Jahrhundertwende ein bedeutendes Zentrum des Jugendstils. Zahlreiche renommierte Museen und Bildungseinrichtungen zeugen vom hohen kulturellen Anspruch der Stadt, die auch Sitz der Akademie für Sprache und Dichtung und der Schriftstellervereinigung PEN-Club ist. Sehenswert: der Inbegriff des Jugendstils, die Mathildenhöhe mit Hochzeitsturm (1908) und der mit goldenen Kuppeln verzierten russischen Kapelle. Die mittelalterlich geprägte Altstadt mit Marktplatz, Stadtkirche (14. Jh.) und Rathaus (1588); der Luisenplatz mit dem Wahrzeichen der Stadt, der Statue des Großherzogs von Darmstadt, Ludwig I. Das Schloss (16./19. Jh.) mit Museum im Glockenbau; das Hessische Landesmuseum; das Rokokopalais Prinz Georg (1710) mit einer Porzellansammlung berühmter Manufakturen; die Kunstgalerie mit einer Gemäldesammlung deutscher und niederländischer Meister. **(Abfahrt 6 Darmstädter Kreuz, 5 km)**

****Grube Messel:** nordöstlich von Darmstadt; der Wandel dieser Grube ist enorm. Zu Anfang eine Rohstofflagerstätte in der Ölschiefer abgebaut wurde, dann als Mülldeponie verplant, dann dank Bürgerengagement als Fossilienfundstätte unter Schutz gestellt, nun UNESCO-Weltnaturerbe und Touristenmagnet. Im Besucherzentrum erfährt man alles über die gefundenen Fossilien und deren Bedeutung. **(Abfahrt 6 Darmstadt/Griesheim, durch Darmstadt, 6 km)**

Lorsch: die karolingische Torhalle

UNTERWEGS IM HESSISCHEN RIED

Der Marktplatz des Fachwerkstädtchens Heppenheim

Umgrenzt von **Rhein, Main, Neckar** und dem **Odenwald** liegt das **Hessische Ried.** Die riesigen Schotterkörper und Sandmassen, die vom Rhein und seinen Nebenflüssen im Lauf der Jahrtausende in den absinkenden **Oberrheingraben** geschwemmt wurden, bilden den natürlichen Speicherraum für die großen Grundwasservorkommen. Das **Hessische Ried** ist eine klimatisch begünstigte Region, da die mittlere Jahrestemperatur über dem Durchschnitt Deutschlands liegt. Auf den kargen Böden wurde früher Tabak angebaut. Am Rhein wuchsen einst **Auenwälder,** die bis auf Reste zurückgedrängt wurden. Man findet sie noch im **Naturschutzgebiet Kühkopf-Knoblochsaue (Abfahrt 5 Büttelborn, 13 km),** das die UNESCO zum »Europareservat« erklärte – mit 2370 ha Fläche das größtes Schutzgebiet Hessens.

KULINARISCHES DER REGION: Obstwein

Den **Apfelwein** kennt jeder – aber **Kirsch-** oder **Heidelbeerwein?** Als Alternative stehen exzellente Weine aus dem **Rheingau** zur Verfügung. Empfehlenswerte Lokale: **Restaurant Riedstern,** Stahlbaustr. 17, 64560 Riedstadt: Spargelspezialitäten **(Abfahrt 5 Büttelborn, 11 km). Landgasthof Herrenhaus im Fürstenlager,** 64625 Bensheim/Auerbach: außergewöhnliche, abwechslungsreiche Küche, großherzoglicher Weinkeller; **Schloss Auerbach,** 64625 Bensheim/Auerbach: Erlebnisgastronomie in der Burg aus dem 13. Jh. **Poststuben,** Schlossstr. 28–32, 64625 Bensheim: traditionelle Gastfreundschaft, individueller Service mit saisonalen Spezialitäten **(Abfahrt 9 Lorsch, 5 km).**

RAST AUF REISEN: Übernachten im Ried

Hotel Bett & Frühstück, Backhausstr. 28, 64560 Riedstadt, Tel. 06158/7487737: gemütliches Hotel in einem umgebauten ehemaligen landwirtschaftlichen Hof **(Abfahrt 5 Büttelborn, 9 km). Präsenzhof,** Wambolterhofstr. 7, 64625 Bensheim, Tel. 06251/4256: gemütliches Hotel in der Altstadt, Fußgängerzone, Sauna, Solarium; **Hotel Rheingold,** Schifferstr. 2, 64579 Gernsheim, Tel. 06258/94900: kleines Hotel am Rhein mit vielen Fischgerichten im hauseigenen Restaurant **(Abfahrt 8 Gernsheim, 6 km). Hotel Jäger Lorsch,** Bahnhofstr. 79, 64653 Lorsch, Tel. 06251/52244: charmantes familiengeführtes Hotel; **Am Bruchsee,** Am Bruchsee 1, 64646 Heppenheim, Tel. 06252/9600: sehr komfortables Haus mit Wellnessbereich, Restaurant mit Terrasse am See **(Abfahrt 9 Lorsch, 7 km).**

Neben der Russischen Kapelle steht auf der Darmstädter Mathildenhöhe zur Erinnerung an die Hochzeit des Großherzogs Ernst Ludwig der Hochzeitsturm.

Die Russische Kapelle auf der Mathildenhöhe in Darmstadt bei Nacht

Streckenprofil A70:** Von der A7 bis nach Bamberg folgt die hügelige Strecke dem Obermain. Weiter führt sie durch den Naturpark Fränkische Schweiz-Veldensteiner Forst bis an den Rand des Fichtelgebirges. **(130 km, 1¼ Std.)

***Haßfurt:** Wahrzeichen der Stadt mit der lebendigen fränkischen Lebensart ist die spätgotische Ritterkapelle St. Maria mit einem Fries aus insgesamt 248 Adelswappen. Sehenswert: die Kirche am Markt mit der Skulptur Johannes des Täufers von Tilman Riemenschneider. Von der ehemaligen Stadtbefestigung sind noch zwei Tortürme erhalten. **(Abfahrt 10 Haßfurt, 7 km)**

****Königsberg in Bayern:** Das Städtchen im Naturpark Haßberge ist bekannt für seine Fachwerkhäuser. Der zentrale Salzmarkt ist noch heute ein Ensemble von seltener Geschlossenheit und steht komplett unter Denkmalschutz. Ebenfalls sehenswert: die hochgotische Marienkirche, eine der ansehnlichsten Hallenkirchen in Franken. **(Abfahrt 11 Knetzgau, 12 km)**

Naturpark Haßberge: Auf 804 km² hügeliger Landschaft wechseln sich Mischwald, Grünland, alte Weinberge und Trockenbiotope ab. Der »Burgen- und Schlösserwanderweg« führt über 212 km Länge durch diese prachtvolle Landschaft, vorbei an 25 Burgen, Schlössern, Ruinen und mehreren Aussichtspunkten die herrliche Ausblicke ins Grabfeld und das Maintal gewähren. Etappenwanderungen sind von jedem Ort im Naturpark möglich. **(Abfahrt 12 Eltmann)**

***Zeil am Main:** An den Südhängen des Maintals liegt der Fachwerkort mit gemütlichen Weinstuben. Am anderen Flussufer liegt Sand mit der Wallfahrtskirche Marien-Limbach. **(Abfahrt 11 Knetzgau, 2 km bis Sand, 5 km bis Zeil. Bei der Abfahrt auf der rechten Seite: Ruine Ebersberg)**

***Thurnau:** fränkisches Marktstädtchen mit alter Töpfertradition und einem wuchtigen Schlossbau der Reichsgrafen von Giech. Zahlreiche Keramikwerkstätten laden zum Besuch ein. **(Abfahrt 23 Thurnau-West, 1 km)**

****Kleinziegenfelder Tal:** eines der schönsten fränkischen Täler mit bizarren Felsformationen. Sehenswert: die Weihersmühle, deren Mühlrad sich vor den steil abfallenden Felsen dreht. **(Abfahrt 20 Stadelhofen, ca. 15 km die schönste Route führt bis Weismain)**

****Kulmbach:** Biermetropole mit der im 16. Jh. wieder neu aufgebauten Plassenburg (13. Jh.) mit dem außergewöhnlichen Renaissancehof im Inneren der Burg. Gleich drei Museen sind in dieser Festungsanlage untergebracht, von der man einen schönen Blick hinunter auf die Stadt mit dem sehenswerten Marktplatz mit dem Luitpoldbrunnen und dem Rokokorathaus (1752)hat. Im Bayerischen Brauereimuseum erfährt man alles über die Geschichte und die Kunst des Bierbrauens. **(Abfahrt 24 Kulmbach-Neudrossenfeld, 8 km)**

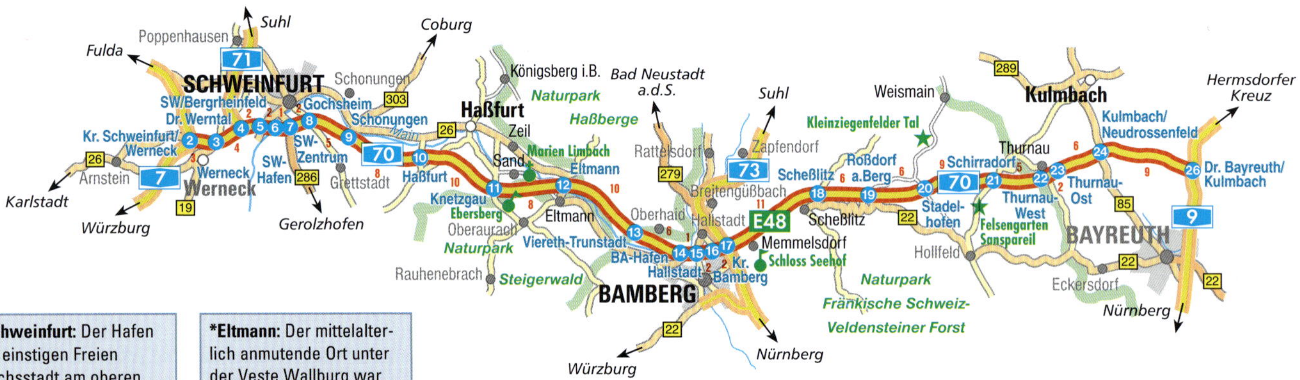

***Schweinfurt:** Der Hafen der einstigen Freien Reichsstadt am oberen Mittelmain ist Umschlagplatz der Rhein-Main-Donau-Schifffahrt. Sehenswert: Markt mit Renaissancerathaus (1570–72), das Rückert-Denkmal am Rande dieses Platzes, Altes Gymnasium mit imposanter Renaissancefassade von 1582/83, die Pulvertürme, mehrere Museen wie die Sammlungen Schäfer oder das Naturkundliche Museum im Schrotturm (1611/19. Jh.). **(Abfahrt 7 Schweinfurt-Hafen Ost, 2 km)**

***Eltmann:** Der mittelalterlich anmutende Ort unter der Veste Wallburg war früher die Zollstation an der Grenze zwischen den beiden Bistümern Bamberg und Würzburg. **(Abfahrt 12 Eltmann, 1 km)**

***Scheßlitz:** von barocken Amts- und Bürgerhäusern geprägter Ort. **(Abfahrt 18 Scheßlitz, 1 km)**

Fränkische Schweiz: Die Fränkische Schweiz ist großflächig durch die Flüsse Main im Norden, Regnitz im Westen und Pegnitz im Osten eingefasst. Die Szenerie ist geprägt durch die Kalkfelsen des Weißen Jura, eine typische Karstlandschaft mit tief eingeschnittenen Schluchten und kargen Hochflächen. Eine Fundgrube für Fossiliensammler und mit über 6000 Routen einer der am besten erschlossenen Klettergärten der Welt. Im säurelöslichen Gestein sind zahlreiche Höhlen mit reichen Tropfsteinformationen entstanden. Das Fränkische Schweiz Museum in Tüchersfeld gibt interessante Informationen zu Geologie und Heimatkunde der Region. Der Weg lohnt sich nicht nur wegen der landschaftlich schönen Strecke: Das Museum unter steil aufragenden Felsen ist ein Symbol für die Fränkische Schweiz und war als solches bereits Motiv einer Sonderbriefmarke. **(Abfahrt 20 Stadelhofen, Hollfeld, Waischenfeld, 30 km)**

****Schloss Seehof in Memmelsdorf** wurde ab 1686 als Sommerresidenz der Bamberger Fürstbischöfe nach Plänen von Antonio Petrini errichtet. Für Besucher sind neun Schauräume zugänglich, darunter der Weiße Saal mit dem virtuosen Deckengemälde von Gisueppe Appiani. Im Rokokogarten vermitteln die Wasserspiele der Kaskaden eine Ahnung der einstigen Pracht. **(Abfahrt 17 Kreuz Bamberg, Memmelsdorf, 3 km)**

Bayreuth: **siehe Seite 111**

****Felsengarten Sanspareil:** Um die Felsen unterhalb der spätromanischen Burg Zwernitz ließ Markgräfin Wilhelmine von Bayreuth, Schwester des Alten Fritz, 1748 einen Landschaftsgarten anlegen. Die vorhandenen Felsformationen wurden Kulisse für Gebäude und Wege im Garten. **(Abfahrt 21 Schirradorf, 6 km)**

UNTERWEGS DURCH FRÄNKISCHES HÜGELLAND

Marktplatz von Kulmbach mit Luitpoldbrunnen

Links und rechts des **Mains**, den die Autobahn zwischen Schweinfurt und Bamberg begleitet, erstrecken sich hügelige Landschaften mit unterschiedlichem Charakter. Im Norden ist es der vom Tourismus noch kaum entdeckte **Naturpark Haßberge,** eine bäuerliche Region mit stillen Dörfern und romantischen Städtchen in alter Fachwerkarchitektur wie etwa Königsberg i. Bay. **(Abfahrt 10 Haßfurt, 12 km).** Im Süden erhebt sich über dem Main der **Steigerwald,** an dessen Westhängen Wein angebaut wird. Von Eltmann aus **(Abfahrt 12),** wo Kunstfreunde die Wallfahrtskirche Maria Limbach anzieht, lässt sich das waldreiche **Mittelgebirge** auf einer landschaftlich reizvollen Strecke erschließen.

KULINARISCHES DER REGION: Würziges Bier

Der im Bocksbeutel abgefüllte Wein aus Franken genießt Weltruf. Ebenso bekannt ist, dass in Franken in unzähligen kleinen **Privatbrauereien,** aber auch in traditionsreichen Großbrauereien hervorragende **Biere** gebraut werden. Ein Zentrum moderner Brauindustrie ist die Stadt Kulmbach mit der mächtigen Plassenburg, einem Stammsitz der Hohenzollern. Bekannt für ihre Braukunst ist auch die alte Bischofsstadt Bamberg. Und hier gibt es eine ganz eigene Spezialität: das **Rauchbier.** Auch wenn sein würziger Geschmack manchem Biertrinker gewöhnungsbedürftig erscheint – probieren sollte man es allemal. Dafür empfiehlt sich die urige Brauereigaststätte **Schlenkerla** in der Dominikanerstraße oder, im Sommer, der Biergarten vom **Spezial-Keller** in der Sternwartstraße mit phantastischer Aussicht auf Bamberg.

RAST AUF REISEN: Übernachten in Bamberg

Romantik-Hotel Weinhaus Messerschmitt, Lange Str. 41, 96047 Bamberg, Tel. 09 51/2 78 00: historisches Haus mit modernem Komfort in der Stadtmitte, im Restaurant regionale Fisch- und Wildspezialitäten, beste Weine; **Hotel Bamberger Hof Bellevue,** Schönleinsplatz 4, 96047 Bamberg, Tel. 09 51/9 85 50: zentral und ruhig gelegen, gediegener Charme; **Alter Goldener Anker,** Untere Sandstr. 13, 96047 Bamberg, Tel. 0 9 51/ 2080225: historischer Gasthof im denkmalgeschützten Haus; **Hotel Alt-Ringlein,** Dominikanerstr. 9, 96049 Bamberg, Tel. 09 51/9 53 20: historisches Haus in der Altstadt mit Barockflügel, Fachwerk, gemütliches Restaurant mit regionalen, fränkischen Spezialitäten. **(Abfahrt 16 Bamberg, 4 km)**

Streckenprofil: *Die Strecke führt an der Unstrut und Erfurt vorbei durch das grüne Herz Deutschlands, den Thüringer Wald. Die abwechslungsreiche und landschaftlich schöne Route endet bei Schweinfurt.* ***(195 km, 2½ Std.)***

**** Drei Gleichen:** Das dreiteilige Burgensemble hat seinen Namen der Überlieferung nach aus einer Mai-Nacht des Jahres 1231, als ein Kugelblitz alle drei Burgen auf einmal entzündet haben soll. Wahrscheinlich gab aber die Burg Gleichen (11. Jhd.) dem Gebiet seinen Namen, auf den benachbarten Burgbergen stehen die Mühlburg und die Wachsenburg (10. Jhd.) mit Restaurant. Die Landschaft zählt zu den schönsten in Thüringen, u.a. sind seltene Orchideen zu finden. **(Abfahrt 14 Arnstadt-Süd, 10 km)**

***** Bauernkriegspanorama:** Das Panorama-Museum auf dem Schlachtberg bei Bad Frankenhausen zeigt das monumentale Panoramabild (offizieller Titel: Frühbürgerliche Revolution in Deutschland) des Leipziger Malers und Kunstprofessors Werner Tübke. Das Werk entstand 1976–87 zum Gedenken an den Deutschen Bauernkrieg (1524–25) und den Bauernführer Thomas Müntzer. Mit einer Fläche von 1722 m² zählt es zu den größten Tafelbildern der Welt: 123 m lang, 14 m hoch, über 3000 Figuren, die teils über 3 Meter groß sind. Auftraggeber war das Kulturministerium der DDR, die Gedenkstätte wurde wenige Wochen vor dem Mauerfall eröffnet und erhielt wegen ihrer überdimensionierten Ausmaße schnell Spitznamen wie »Elefantenklo«, zieht aber mit etwa 120 000 Besuchern pro Jahr ein so großes Publikum an wie nur wenige Gemälde in Deutschland. 10–17/18 Uhr, Mo geschlossen. **(Abfahrt 2 Artern nach Bad Frankenhausen, 10 km)**

*****Rennsteiggarten:** Der Rennsteiggarten Oberhof ist als Botanischer Garten für Gebirgsflora über die Grenzen Thüringens hinaus bekannt geworden. Auf einer Fläche von 7 ha rund um den 868 m hohen Pfanntalskopf kann man etwa 4000 Pflanzenarten aus den Gebirgen Europas, Asiens, Nord- und Südamerikas kennenlernen. Hobbygärtner können Steingarten- und Gebirgspflanzen als Souvenirs kaufen, Café Enzian bietet Erfrischungen an. 21.4.–4.11. 9–17/18 Uhr. **(Abfahrt 18 Oberhof, 1km)**

***Meiningen:** In der Zeit seines politischen Exils war der junge Schiller häufig zu Gast in Meiningen, vielleicht ist deshalb Theater die große Spezialität der kleinen Stadt geworden. Interessant ist aber auch das traditonelle Dampflokwerk Meiningen mit Werksführungen an 1. und 3. Sa im Monat.

**** Schloss Elisabethenburg** steht mitten in der Stadt mit Theatermuseum, Musikmuseum und dem Arbeitszimmer von Max Reger, der 1911–1914 die Meininger Hofkapelle leitete. **(Abfahrt 21 Meiningen-Nord, 4km)**

*** Runneburg bei Weißensee:** 1168 gegründet, oft belagert, nie erobert, mit 1,5 ha Innenfläche die größte Burg im heutigen Thüringen. Die Landgrafen-Schänke tischt Produkte aus der Region auf und bietet deftige Mittelalter-Spektakel (Winterpause von Januar bis März). **(Abfahrt 5 Sömmerda-Ost, 8 km)**

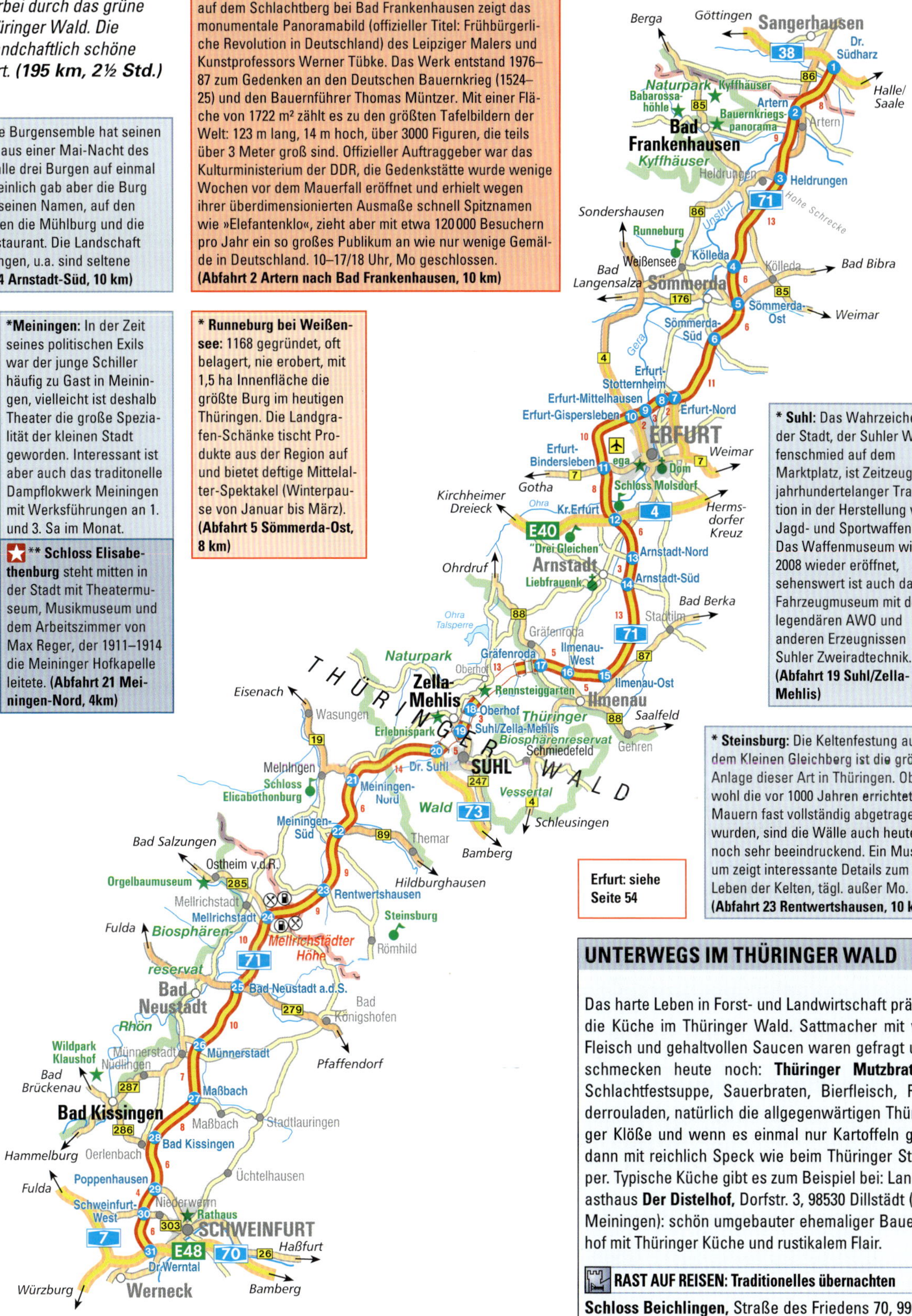

*** Suhl:** Das Wahrzeichen der Stadt, der Suhler Waffenschmied auf dem Marktplatz, ist Zeitzeuge jahrhundertelanger Tradition in der Herstellung von Jagd- und Sportwaffen. Das Waffenmuseum wird 2008 wieder eröffnet, sehenswert ist auch das Fahrzeugmuseum mit der legendären AWO und anderen Erzeugnissen Suhler Zweiradtechnik. **(Abfahrt 19 Suhl/Zella-Mehlis)**

*** Steinsburg:** Die Keltenfestung auf dem Kleinen Gleichberg ist die größte Anlage dieser Art in Thüringen. Obwohl die vor 1000 Jahren errichteten Mauern fast vollständig abgetragen wurden, sind die Wälle auch heute noch sehr beeindruckend. Ein Museum zeigt interessante Details zum Leben der Kelten, tägl. außer Mo. **(Abfahrt 23 Rentwertshausen, 10 km)**

Erfurt: siehe Seite 54

**** Bad Kissingen:** Das weltberühmte bayerische Staatsbad verdankt sein elegantes Ambiente den Prachtbauten der bayerischen Könige. Gekrönte Häupter führten im 19. Jahrhundert die Gästelisten an. Schon sie gingen durch den Regentenbau, Europas größte Wandelhalle, erfreuten sich an der Pflanzenpracht in den Gartenanlagen oder versuchten ihr Glück beim beliebten Roulette im Luitpold-Spielcasino. Mit der KissSalis-Therme besitzt die Kurstadt seit 2004 auch eine Heilbadelandschaft. Gern angenommen wird der Kissinger Sommer, der seit über 20 Jahren hochkarätige Konzertereignisse mit bekannten Künstlern bietet. Sehenswert ist der Wildpark Klaushof, 4 km nördlich, mit einheimischen Arten auf 35 ha, Luchsgehege und Geiervoliere. **(Abfahrt 28 Bad Kissingen, 8km)**

UNTERWEGS IM THÜRINGER WALD

Das harte Leben in Forst- und Landwirtschaft prägte die Küche im Thüringer Wald. Sattmacher mit viel Fleisch und gehaltvollen Saucen waren gefragt und schmecken heute noch: **Thüringer Mutzbraten,** Schlachtfestsuppe, Sauerbraten, Bierfleisch, Rinderrouladen, natürlich die allgegenwärtigen Thüringer Klöße und wenn es einmal nur Kartoffeln gibt, dann mit reichlich Speck wie beim Thüringer Stupper. Typische Küche gibt es zum Beispiel bei: Landgasthaus **Der Distelhof,** Dorfstr. 3, 98530 Dillstädt (bei Meiningen): schön umgebauter ehemaliger Bauernhof mit Thüringer Küche und rustikalem Flair.

RAST AUF REISEN: Traditionelles übernachten

Schloss Beichlingen, Straße des Friedens 70, 99625 Beichlingen, Tel. 03635/600718: gepflegte Zimmer im 1000-jährigen Schloss **(Abfahrt 5 Sömmerda-Ost nach Kölleda, 17 km). Hotel Waldmühle,** Lubenbachstr. 2, 98544 Zella-Mehlis, Tel. 03682/89890: im Landschaftsschutzgebiet an der Südseite des Rennsteigs mit traditioneller Thüringer Küche **(Abfahrt 19 Suhl / Zella-Mehlis, 7 km). Pension Henneberger Haus,** Georgstr. 2, 98617 Meiningen, Tel. 03693/508990: behagliche Atmosphäre in einem sehr schönen Fachwerkhaus **(Abfahrt 21 Meiningen-Nord, 6 km).**

Schweinfurt: siehe Seite 190

**** Biosphärenreservat Vessertal:** Das Vessertal gehört zu den Landschaften von besonderer Schönheit und wurde bereits 1939 unter Naturschutz gestellt. 1979 erkannte die UNESCO das Gebiet als erstes deutsches Biosphärenreservat an. Im Sommer blühen hier Trollblumen, Arnika und Orchideen. Eine gute Übersicht liefert der Infogarten Schmiedefeld, Mai–Okt. **(Abfahrt 19 Suhl/Zella-Mehlis, 8 km)**

*** Erlebnispark Meeresaquarium Zella-Mehlis:** Die farbenprächtige Unterwasserwelt tropischer Ozeane, bizarre Korallen, Seeanemonen, seltene Fische, Reptilien, lebende Steine und ein einzigartiges Hai-Aquarium belohnen für den Abstecher, tgl. 10–18 Uhr. **(Abfahrt 19 Suhl/Zella-Mehlis)**

**** Orgelbaumuseum Ostheim:** Im restaurierten Schloss Hanstein befindet sich das europaweit einzigartige Museum mit etwa 700 Ausstellungsstücken zur 2000-jährigen Orgelbaugeschichte. Auch sehenswert: die größte und besterhaltene Kirchenburg Deutschlands. **(Abfahrt 24 Mellrichstadt, 12 km)**

****Zwickau:** Bis 1990 sind in der Industriestadt an der Mulde 3 Mio. »Trabbis« gebaut worden. Mit dem Silberbergbau im Erzgebirge und der Tuchmacherei reich geworden, war die Stadt im späten Mittelalter ein blühendes Handelszentrum. Davon zeugen die eleganten Patrizierhäuser rund um den Hauptmarkt. Haus Nr. 5, heute ein Museum, ist das Geburtshaus des Komponisten Robert Schumann (1810–56). Sehenswert: der reich verzierte Giebel des Gewandhauses (1522–25), der Dom St. Marien (15. Jh.), einer der schönsten Bauten deutscher Spätgotik mit herrlicher Renaissancekanzel und einem Hochaltar (1479). Das Automobilmuseum »August Horch« zeigt Modelle der Unternehmen Horch und Audi und bringt alles Wissenswerte über den »Trabbi«. **(Abfahrt 11 Zwickau-Ost , 8 km)**

****Vogtland:** Das sanft bis auf 700 m Höhe ansteigende Bergland mit einer waldreichen Kuppenlandschaft ist traditionell Heimstatt von Tuchgewerbe und Instrumentenbau. Lebensraum für viele seltene Tiere und Pflanzen bietet der urwüchsige Naturpark Erzgebirge-Vogtland.

***Talsperre Pöhl:** Das »Vogtländische Meer« ist ein Stausee (1958–64) mit einer 50 m hohen Staumauer. 7 km lang und bis zu 2 km breit, bietet der von Wäldern und Wiesen umgebene See viele Wassersportmöglichkeiten. **(Abfahrt 7 Plauen-Ost, ca. 9 km)**

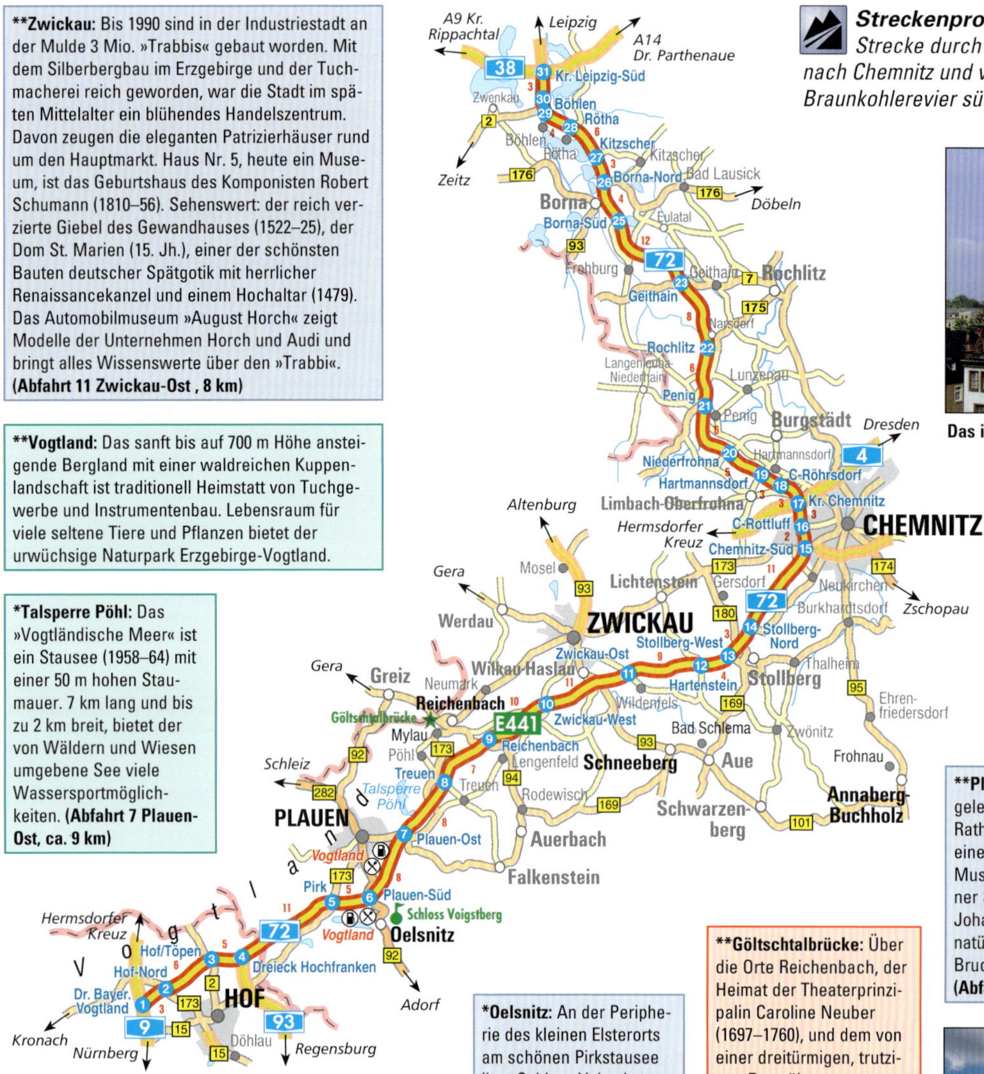

Streckenprofil:** waldreiche, landschaftlich ansprechende Strecke durch das ursprüngliche, hügelige Vogtland bis nach Chemnitz und von dort in das teilweise bereits rekultivierte Braunkohlerevier südlich von Leipzig **(172 km, 1¾ Std.)

Das imposante Alte Rathaus in Chemnitz

***Chemnitz:** Die am nördlichen Rand des Erzgebirges gelegene Stadt ist im 2. Weltkrieg stark zerstört worden und wurde als sozialistische »Musterstadt« wieder neu aufgebaut. Heutiges Wahrzeichen ist das 11,40 m hohe Karl-Marx-Monument (1971). Von 1953 bis 1990 trug die Stadt seinen Namen. Sehenswert: der mittelalterliche »Rote Turm«; das Ensemble am Theaterplatz mit Oper (1909) und König-Albert-Museum (1909) mit den versteinerten Bäumen (ca. 250 Mio. Jahre alt); Altes (1498/16. Jh.) und Neues Rathaus (1907/11) und der Schlossberg mit einer spätgotischen Hallenkirche (1514–26). **(Abfahrt 15 Chemnitz-Süd, 5 km)**

****Plauen:** Wahrzeichen der reizvoll im Tal der Elster gelegenen Klöppel- und Tuchmacherstadt ist das »Alte Rathaus« (1548) mit prächtigem Renaissancegiebel und einer kunstvollen Nürnberger Uhr (1548). Im Haus ist ein Museum mit Exponaten der feinen, weltberühmten »Plauener Spitze« untergebracht. Sehenswert: die spätgotische Johanniskirche (13.–16. Jh.), die Alte Elsterbrücke (1244) und natürlich die Friedensbrücke, Europas größte frei tragende Bruchsteinbogenbrücke, die 1905 eröffnet wurde. **(Abfahrt 6 Plauen-Süd, 5 km)**

Plauen: Marktplatz und Altes Rathaus

***Hof:** Die Stadt am relativ unberührten Frankenwald war durch ihre Grenzlage zur DDR lange unbeachtet. Das einheitliche Biedermeier-Stadtbild entstand bei dem Wiederaufbau nach einem Brand, der den Ort an der Saale 1823 in Schutt und Asche legte. Überregional bekannt sind die im Spätherbst stattfindenden »Hofer Filmtage«. Sehenswert: die Pfarrkirche St. Michael (14. Jh. und 1826–29), die gotische Spitalkirche mit einer barocken Kassettendecke (1689), das Rathaus (1563–66) und der Botanische Garten im Stadtpark Theresienstein. **(Abfahrt 2 Hof-Nord, 5 km)**

***Oelsnitz:** An der Peripherie des kleinen Elsterorts am schönen Pirkstausee liegt Schloss Voigtsberg aus dem 13. Jh. mit einem interessanten Museum über die hier seit dem Mittelalter angesiedelte Teppich- und Tuchweberkunst. Wahrzeichen des Orts ist das schlanke Turmpaar der Stadtkirche St. Jakobi (um 1340). **(Abfahrt 5 Pirk, 5 km)**

****Göltschtalbrücke:** Über die Orte Reichenbach, der Heimat der Theaterprinzipalin Caroline Neuber (1697–1760), und dem von einer dreitürmigen, trutzigen Burg überragten Mylau, erreicht man die imposante größte Ziegelbrücke der Welt: Für den Bau der Eisenbahnlinie Leipzig–Hof türmten 1700 Arbeiter 26 Mio. Ziegel auf 4 Etagen mit 81 Bogen übereinander (1846– 51). **(Abfahrt 9 Reichenbach, über B94 ca. 10 km)**

UNTERWEGS IN VOGTLAND UND ERZGEBIRGE

Sanftes Morgenlicht an einem Bach mitten im Vogtland

Das **Vogtland** ist eine wellige Hochfläche beiderseits der oberen **Saale** und oberen **Weißen Elster** mit teils tiefen steilwandigen Tälern. In der Stauferzeit wurde das reichsunmittelbare Gebiet von Reichsvögten verwaltet. Beherrschende Rolle hatten die Reichsvögte von Weida. Für ihren Herrschaftsbereich wurde seit dem 13. Jh. der Name Vogtland üblich. Das namengebende Erz war nur einer der Bodenschätze, die im **Erzgebirge** seit dem Mittelalter gefördert wurden. Auch **Silber** hat man abgebaut und auf Fuhrwerken in die Städte gebracht. Heute sind die alten Transportwege des kostbaren Edelmetalls zur kulturell und landschaftlich interessanten Ferienstraße geworden: Von Zwickau aus geht es auf der **Silberstraße** durch das Tal der **Zwickauer Mulde** ins westliche Erzgebirge **(Abfahrt 11)**. Erste Station ist das barocke Schneeberg, die sächsische Bergstadt, in der das Brauchtum noch hochgehalten wird.

ALTES HANDWERK DER REGION: Holzspielzeug

Nussknacker, Weihnachtspyramiden und **Lichterengel, Räuchermännchen** und **Schwibbögen, Schaukelpferde** und **Baukästen** – in Handarbeit aus Holz gefertigt und bunt lackiert, das sind die liebenswerten Erzeugnisse, die das östliche Erzgebirge weltberühmt gemacht haben. Zahlreiche Werkstätten entstanden, als nach dem Dreißigjährigen Krieg die große Zeit des Bergbaus vorbei war und die Menschen neue Verdienstmöglichkeiten suchten. So wurde die Region zum **»Spielzeugland«**. An diese alte Tradition der kleinen Werkstätten und Familienbetriebe hat man nach 1990 mit viel Elan wieder angeknüpft. In hübsch gestalteten Läden macht das Einkaufen Spaß. Hier einige Adressen: **Annaberger Kunststube,** Große Kirchgasse 4b, 09456 Annaberg-Buchholz **(Abfahrt 15 Chemnitz-Süd, 25 km); Langs Erzgebirgshaus,** Sehmatalstr. 10, 09456 Frohnau **(Abfahrt 15 Chemitz-Süd, 25 km).**

RAST AUF REISEN: Hotels an der Silberstraße

Berghotel Steiger, Am Mühlberg 2A, 08289 Schneeberg, Tel. 03772/39490: gut ausgestattetes Hotel, bodenständiges Restaurant mit erzgebirgischer Küche, von der Terrasse bietet sich ein herrlicher Ausblick **(Abfahrt 11 Zwickau-Ost, 12 km). Parkhotel,** M.-Semmler-Str. 73, 08301 Bad Schlema, Tel. 03771/215000: modernes Haus mit allem Komfort und gepflegtem Restaurant, Ergo- und Physiotherapeutische Einrichtungen, Trainingsräume, Sauna **(Abfahrt 11 Zwickau-Ost, 12 km).**

Wiesenschaumkraut wächst auf einer Lichtung im Erzgebirge

Die Rissfälle im Vogtland in Sachsen

Die markanten Greifensteine ragen aus den Wäldern um Ehrenfriedersdorf.

Streckenprofil:** Vom Thüringer Wald geht es durch das Coburger Land nach Bamberg und von dort entlang der Regnitz in den Ballungsraum Nürnberg. Zahlreiche Fachwerkstädte, Burgen, Kirchen und Klöster säumen den Weg und sorgen für eine kurzweilige und abwechslungsreiche Fahrt.* ***(170 km, 2 Std.)

***Schloss Bertholdsburg:** Die trutzige Bilderbuchburg wurde 1226–32 erbaut, der Mode folgend zwischen 1478–1559 zum Renaissanceschloss umgebaut und enthält heute sämtliche naturkundlichen Sammlungen Südthüringens **(Abfahrt 4 Schleusingen, 2 km)**

***Werraquelle** in Fehrenbach: Die »Fehrenbacher Schweiz« ist, wie der Name andeutet, eine felsenreiche Landschaft mit schönen Buchen- und Fichtenwäldern. Die Werraquelle am Zeupelsberg in 760 m Höhe ist ein beliebtes Ausflugsziel mit Thüringer Wurstbude und originellen Freisitzen. **(Abfahrt 5 Eisfeld-Nord, 14 km)**

*****Coburg:** Die fränkische Krone ist ein Ehrenname der Veste Coburg, die zu den größten Burganlagen Deutschlands zählt. Martin Luther hielt sich hier 1530 auf, in seiner damaligen Studierstube hängt sein lebensgroßes Bildnis, von Lucas Cranach gemalt. Außerdem sehenswert: die Morizkirche, die im 14. Jh. begonnen wurde und Schloss Ehrenburg mit dem Hofgarten. Ein außergewöhnliches Museum befindet sich in Rödental. Das »Europäische Museum für modernes Glas und Keramik« präsentiert im sehenswerten Kulturpark Schloss Rosenau Glas in allen Variationen. **(Abfahrt 7 Coburg, 6 km)**

****Kloster Banz:** Das ehemalige Benediktinerkloster ist heute im Besitz der Hanns Seidel Stiftung. Der Besuch der barocken Klosterkirche lohnt sich allein schon durch die besondere Raumwirkung der raffiniert kurvierten Wandflächen. **(Abfahrt 14 Bad Staffelstein-Kurzentrum, 3km)**

Vierzehnheiligen ist einer der bedeutendsten Wallfahrtsorte Deutschlands. Die vierzehn Nothelfer, deren Fürsprache hier erbeten wird, haben allerdings auch einen einzigartigen Wohnsitz: eine der schönsten Kirchen im Stil des Barock und Rokoko aus der Hand von Meister Balthasar Neumann. **(Abfahrt 14 Bad Staffelstein-Kurzentrum, 3km)**

*****Bamberg:** Auf sieben Hügeln erbaut, wird das viel besuchte Stadtjuwel (UNESCO-Weltkulturerbe) an der Regnitz auch das »Fränkische Rom« genannt. Der Fluss trennt die mittelalterliche Bürgerstadt von der Bischofsstadt auf dem Domhügel. Unverwechselbar: die Silhouette des viertürmigem Doms (13. Jh.). Berühmteste Schätze: der Bamberger Reiter (vor 1237, Künstler unbekannt), der Marienaltar von Veit Stoß (1523), das einzige Papstgrab nördlich der Alpen (Clemens II., gest. 1047) und der Sarkophag Heinrichs II. (Tilman Riemenschneider, 1513). Außerdem: das Alte Rathaus (1463/18. Jh.) mit vorgebautem Rottmeisterhaus (1688), auf der Regnitzbrücke schöner Blick auf die Fischersiedlung »Klein Venedig«; weiter die Kaiser- und Bischofssitze Alte Hofhaltung (16. Jh.) und Neue Residenz (17. Jh); Benediktinerabtei Michaelsberg (gegr. 1050), das Karmeliterkloster (12. Jh.) und das Schloss Geyerswörth. Schöner Aussichtspunkt: die südwestlich gelegene Altenburg (12. Jh.). **(Abfahrt 23 Bamberg, 4 km)**

*****Das Levi Strauss Museum** in Buttenheim ist nicht nur für Jeansträger interessant. Im Geburtshaus von Levi Strauss wird unterhaltsam die Geschichte des großen Selfmademan und die Historie des blauen Tuchs bis in die Neuzeit erzählt. Di, Do 14–18 Uhr, Wochenende 11–17 Uhr. **(Abfahrt 26 Buttenheim, 2km)**

****Forchheim:** einstige karolingische Kaiserpfalz und »Tor zur Fränkischen Schweiz«. Die Häuserfassaden um den Marktplatz sind wahre Schmuckstücke fränkischer Fachwerkkunst. Sehenswert: das heiter wirkende Alte Rathaus (14.–16. Jh.) mit Magistratsanbau (15. Jh.) und die gotische Martinskirche (14./15. Jh.). Im Bischofsschloss (1353–83), einer qadratischen Wasserburg, ist heute das Pfalzmuseum. **(Abfahrt 27 Forchheim-Nord, 2 km)**

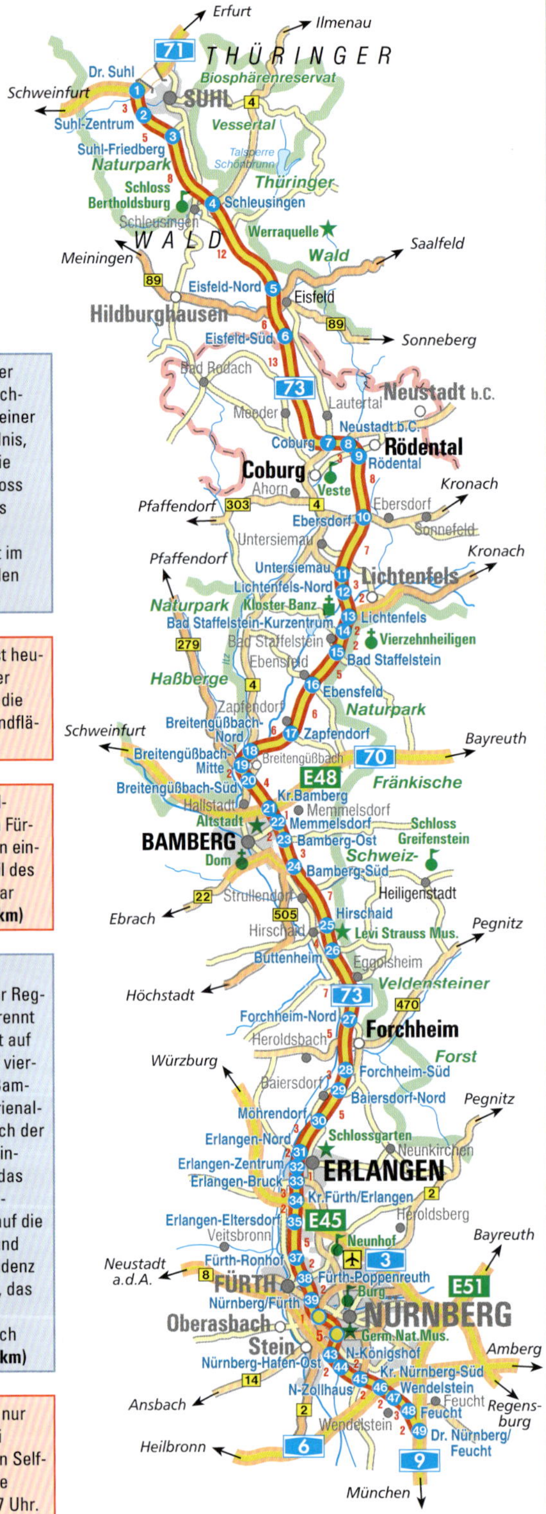

Nürnberg: siehe Seite 76

***Erlangen:** sehenswert in der Universitätsstadt: die Dreifaltigkeitskirche (1709–21), das Rathaus (1333–35), das Schloss (1700–04), die Hugenottenkirche (1686–93) und das barocke Palais Stutterheim (1728–30) mit Sammlung moderner Kunst. **(Abfahrt Erlangen, 1 km)**

UNTERWEGS IN FRANKEN

Forchheim: Fachwerkensemble mit dem Alten Rathaus

Als **»Entdecker«** der Fränkischen Schweiz gelten die Reisenden der Romantik, Ludwig Tieck und Wilhelm Heinrich Wackenroder, die im Jahr 1793 mit einem Bericht ihre Zeitgenossen begeisterten. Getauft wurde die Region 1820 im Buch »Die kleine Schweiz« von **Jakob Reiselsberger,** mit »Schweiz« bezeichnete man damals gerne Landschaften mit Bergen, Tälern und Felsen. Bald pilgerten »Prominente« zur Erholung in die Fränkische Schweiz: Richard Wagner, Ernst Moritz Arndt und Viktor von Scheffel schwärmten vom »Schlupfwinkel des deutschen Gemüts«. Die schöne Gegend zieht heute Tausende von Erholungssuchenden, Wanderern und Naturfreunden an. Besonders bei Motorradfahrern sind die engen kurvenreichen Nebenstraßen beliebt, Drachenflieger schätzen das **»Walberla«** östlich von Forchheim, auch wenn sie ihr Fluggerät zu Fuß hoch ins Naturschutzgebiet bringen müssen. »Hier läuft der Weg von einem Paradies ins andere«, schrieb der Dichter Jean Paul. »Franken ist wie ein Zauberschrank, immer neue Schubfächer tun sich auf und zeigen bunte, glänzende Kleinodien, und das hat kein Ende« schrieb der Dichter Karl Leberecht.

KULINARISCHES DER REGION: Naturverbunden

Gute Produkte aus regionaler Erzeugung, artgerechter Tierhaltung und ökologischem Anbau feiern in der Fränkischen Schweiz bei einfachen Gastwirten und bei ambitionierten Köchen Erfolge. Die fränkische Küche präsentiert sich immer öfter fein bei aller Schlichtheit und wer nur Bratwürste probiert, ist selber schuld. Einige empfohlene Adressen gute Küche aus landfrischen Produkten: **Brauerei Gasthof Pfister,** Eggerbachstr. 22, 91330 Eggolsheim: Rindfleisch von Ökobauern, Jura. Lamm, Karpfen und Forellen aus benachbarten Gewässern **(Abfahrt Buttenheim, 6 km). Landgasthof Krone,** Talblick 5, 91056 Erlangen-Hüttendorf: feine fränkische Küche, eigene Metzgerei **(Abfahrt Erlangen-Eltersdorf, 3km). Landgasthof Mörsbergei,** Hauptstr. 14, 91088 Bubenreuth: fränkische Küche aus saisonalen Produkten **(Abfahrt Möhrendorf, 2km). Fischküche Reck,** Oberndorf 7, 91096 Möhrendorf: ausgesuchte Fischgerichte in der urigen Stube oder draußen am Fischteich **(Abfahrt Möhrendorf, 1,5 km).**

RAST AUF REISEN: Edel & schön

Romantik Hotel Goldene Traube, Am Viktoriabrunnen 2, 96450 Coburg, Tel. 09561/8760: historisches Haus (seit 1756) mit zwei Restaurants, eins davon mit Michelin Stern, Bar und Vinothek, Wellnessbereich mit Sauna **(Abfahrt 7 Coburg). Landhotel und Gasthaus Polster,** Am Deckersweiher 26, 91056 Erlangen-Kosbach, Tel. 09131/75540: Traditionshaus in dörflicher Idylle in historischem Fachwerkensemble, vorzügliche, vielseitige fränkische Küche, individuell gestaltete, erstklassige Gästezimmer **(Abfahrt Möhrendorf, Dechsendorf-Kosbach, 7 km).**

Die Stadtsilhouette Bambergs ist von den Türmen des gotischen Doms geprägt.

Auf dem Marktplatz von Coburg steht das Prinz-Albert-Denkmal, ein Geschenk der Königin Victoria an die Heimatstadt ihres verstorbenen Gatten im Jahr 1865.

Streckenprofil: *Die hügelige und waldreiche Strecke quert das Taubertal und führt nahe des Neckars am Naturpark Schwäbisch-Fränkischer Wald vorbei in die Schwabenmetropole Stuttgart.* ***(135 km, 1¼ Std.)***

Rathaus und Ulrichsbrunnen in Bietigheim

****Hessigheim:** Im Weingebiet bei Mundelsheim am Neckar liegen die Hessigheimer Felsengärten. Die im Volksmund »Schwäbische Dolomiten« genannten Muschelkalkriffe werden von einer 200 m langen Spalte durchzogen und bieten einen großartigen Ausblick auf den Fluss und die umliegenden Weinberge. **(Abfahrt 13 Mundelsheim, 4 km)**

***Bietigheim:** Neben sorgfältig restaurierten Bauten (16.–18. Jh.) der Altstadt wie dem Hornmoldhaus (1536), heute Museum, hat die kleine Stadt seit 1998 eine besondere Attraktion zu bieten: In der großen denkmalgeschützten Rommelmühle (um 1900) hat ein großes Öko-Kaufhaus seine Pforten geöffnet. Auf 8500 m² wird vom Bio-Apfel bis zu Einrichtung, Brauhaus und Restaurant alles geboten, was streng ökologischen Maßstäben gerecht wird. **(Abfahrt 14 Pleidelsheim, 6 km)**

***Leonberg:** Rund um den alten Stadtkern des im Mittelalter bedeutenden Orts, in dem der Astronom Johannes Kepler (1571–1630) zur Schule ging, findet man noch sehr gut erhaltene Fachwerkensembles. Im Steinhaus (12. Jh.) tagte 1457 der erste Württembergische Landtag. Sehenswert: das Schloss (16. Jh.) mit den Renaissanceterrassengärten über der Stadt. **(Abfahrt 18 Stuttgart-Feuerbach, 6 km)**

****Tauberbischofsheim:** Die Winzerstadt im Taubertal ist auch Hochburg des deutschen Fechtsports. Barocke Stadtpaläste wie das Weinhändlerhaus Mackert (1746) und hübsche Fachwerkensembles (18. Jh.) prägen das Stadtbild. Sehenswert: das Kurmainzische Schloss (14.–16. Jh.) aus der Herrschaftszeit der Mainzer Fürstbischöfe (13.–19. Jh.) mit dem Landschaftsmuseum (sakrale Kunst, Pfeifensammlung) und das neugotische Rathaus (1866). **(Abfahrt 3 Tauberbischofsheim, 3 km)**

Heilbronn: siehe Seite 73

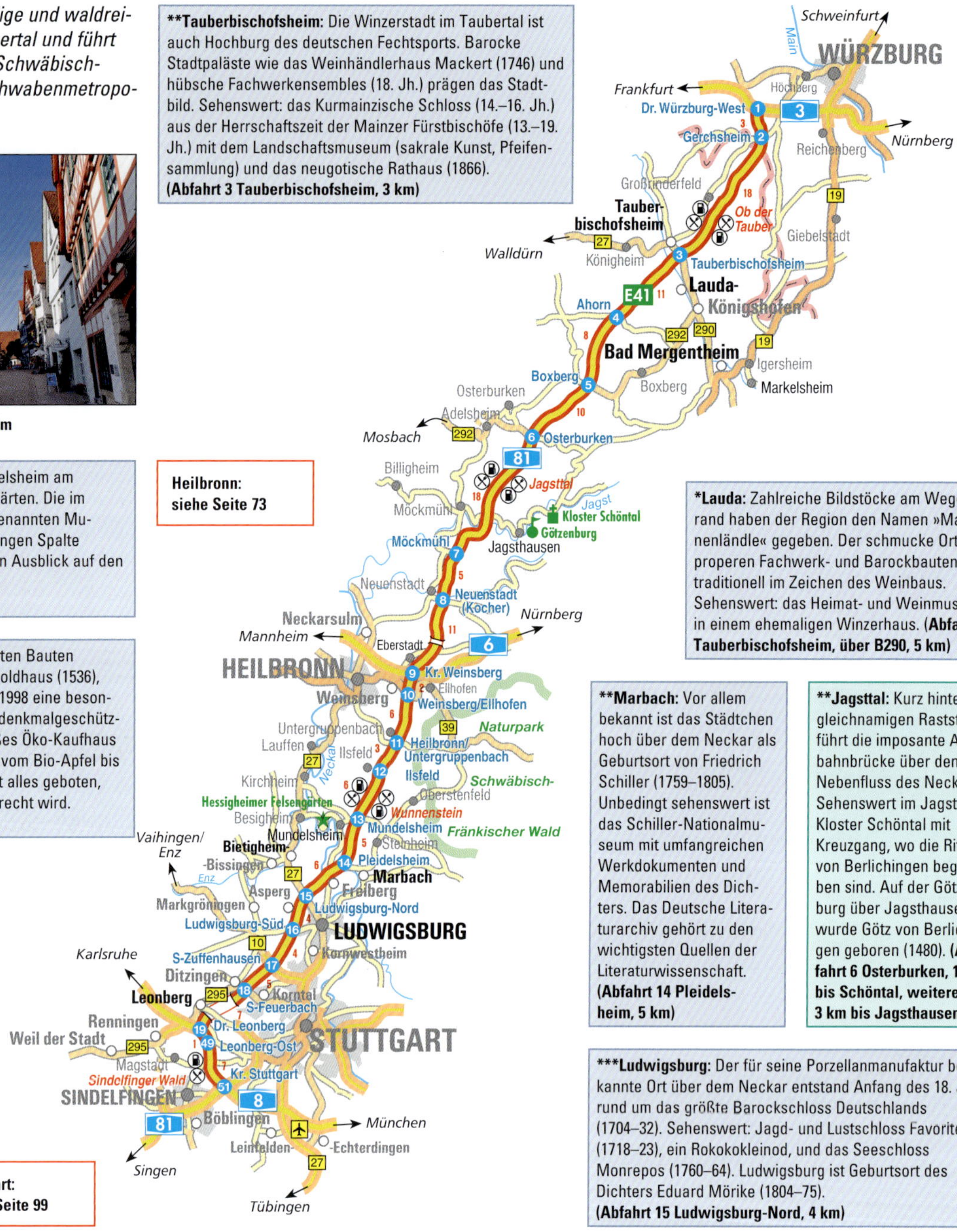

****Lauda:** Zahlreiche Bildstöcke am Wegesrand haben der Region den Namen »Madonnenländle« gegeben. Der schmucke Ort mit properen Fachwerk- und Barockbauten steht traditionell im Zeichen des Weinbaus. Sehenswert: das Heimat- und Weinmuseum in einem ehemaligen Winzerhaus. **(Abfahrt 3 Tauberbischofsheim, über B290, 5 km)**

****Marbach:** Vor allem bekannt ist das Städtchen hoch über dem Neckar als Geburtsort von Friedrich Schiller (1759–1805). Unbedingt sehenswert ist das Schiller-Nationalmuseum mit umfangreichen Werkdokumenten und Memorabilien des Dichters. Das Deutsche Literaturarchiv gehört zu den wichtigsten Quellen der Literaturwissenschaft. **(Abfahrt 14 Pleidelsheim, 5 km)**

****Jagsttal:** Kurz hinter der gleichnamigen Raststätte führt die imposante Autobahnbrücke über den Nebenfluss des Neckars. Sehenswert im Jagsttal: Kloster Schöntal mit Kreuzgang, wo die Ritter von Berlichingen begraben sind. Auf der Götzenburg über Jagsthausen wurde Götz von Berlichingen geboren (1480). **(Abfahrt 6 Osterburken, 10 km bis Schöntal, weitere 3 km bis Jagsthausen)**

Stuttgart: siehe Seite 99

*****Ludwigsburg:** Der für seine Porzellanmanufaktur bekannte Ort über dem Neckar entstand Anfang des 18. Jhs. rund um das größte Barockschloss Deutschlands (1704–32). Sehenswert: Jagd- und Lustschloss Favorite (1718–23), ein Rokokokleinod, und das Seeschloss Monrepos (1760–64). Ludwigsburg ist Geburtsort des Dichters Eduard Mörike (1804–75). **(Abfahrt 15 Ludwigsburg-Nord, 4 km)**

UNTERWEGS VOM TAUBERTAL INS SCHWÄBISCHE

Barockschloss Ludwigsburg

Der Taubergrund ist eine romantische, weinselige Gegend. Im Tal der unteren **Tauber** wie an den Uferhängen des **Mains** und an den sanften Bergrücken des **Steigerwalds** reift der Frankenwein heran. In Würzburg, der Perle Frankens, beginnt die **Romantische Straße,** die mit Städten wie Rothenburg ob der Tauber und Dinkelsbühl jedes Jahr Heerscharen von Touristen aus aller Herren Länder anzieht. Doch nicht nur entlang der Touristikroute, sondern auch an vielen unscheinbaren Orten trifft man auf verwinkelte, mauerumwehrte **Fachwerkstädtchen,** die noch heute ihren altfränkischen Charme bewahrt haben. Weiter führt die Route durch das herbe teils verkarstete **Bauland** (östlicher Teil des Odenwalds), in dem vorwiegend Getreide angebaut wird, in den **Schwäbisch-Fränkischen Wald** mit seinen dichten Mischwäldern, lieblichen Tälern, Mühlen und Bächen, schmucken Städtchen und idyllischen Orten – eine stille, verträumte Landschaft, ganz im Gegensatz zur quirligen Kultur- und Industriestadt Stuttgart.

KULINARISCHES DER REGION: Deftig & solid

Die Franken lieben deftiges, schweres Essen mit soliden Zutaten. Auch beim **Fisch** mögen sie es handfest. Kein Wunder also, dass der **Karpfen** der krönende Höhepunkt der regionalen Küche ist. Man brät ihn in **Bierteig** heraus oder backt ihn in **Butterschmalz.** Dadurch kommt der Geschmack des Karpfens gut zur Geltung, und seine Farbe gleicht dem schimmernden Heiligenschein in einer Barockkirche, sagt man. Im Schwäbischen dagegen setzt man auf **Spätzle** mit viel Soße, **Maultaschen, Linsen** oder **Zwiebelrostbraten** mit Spätzle und trinkt dazu einen Trollinger oder Lemberger. Empfehlenswert: **Backöfele** in Würzburg, Ursulinergasse 2: Gaststube in einem zauberhaften, alten Hof **(Abfahrt 68 Dreieck Würzburg-West, 20 km). Kronen Stuben,** Kronenstr. 2, 71634 Ludwigsburg: gepflegtes bürgerliches Haus mit schwäbischer Küche **(Abfahrt 15 Ludwigsburg-Nord, 4 km).**

RAST AUF REISEN: Übernachten im Taubertal

Flair-Hotel-Restaurant Weinstube Lochner, Hauptstr. 30, 97980 Bad Mergentheim-Markelsheim, Tel. 0 79 31/93 90: Komforthotel, Hallenbad, Sauna, Solarium, Restaurant mit Wild- und Fischspezialitäten, regionale Weine; **Hotel Restaurant Am Brenner,** Goethestr. 10, 97941 Tauberbischofsheim, Tel. 0 93 41/ 9 21 30: ruhige, schöne Aussichtslage, das Restaurant verbindet regionale mit internationaler Küche **(Abfahrt 3 Tauberbischofsheim, 22 bzw. 3 km).**

Streckenprofil: *Aus dem Großraum Stuttgart führt die Route zwischen dem Schwarzwald und der Schwäbischen Alb in die alte Vulkanlandschaft des Hegaus nordwestlich des Bodensees.* ***(155 km, 1½Std.)***

***Sindelfingen:** Ein »Stadtgeschichtlicher Weg« führt durch Gassen mit Fachwerkhäusern zu den Sehenswürdigkeiten der im frühen Mittelalter entstandenen Stadt: Dazu zählen romanische Martinskirche (11. Jh.), Altes Rathaus (1478) und Salzhaus (1592). **(Abfahrt 21 Sindelfingen-Ost, 4 km)**

Tübingen: altehrwürdige Universitätsstadt am Neckar

*****Tübingen:** Über die Schwäbische Dichterstraße (B28) am Rand des waldreichen Naturparks Schönbuch erreicht man Deutschlands berühmteste Universitätsstadt (seit 1477). Die charmante Altstadt mit Bursagasse, Ammergasse, dem Rathaus (1435) mit der Astronomischen Uhr (1511), der gotischen Stiftskirche (15. Jh.) und dem Marktplatz mit Neptunbrunnen ist den Abstecher wert. Über den Burgsteig erreicht man Schloss Hohentübingen (16. Jh.). Wunderschön ist die von Trauerweiden gesäumte Neckarfront mit dem Hölderlinturm, in dem der Dichter von 1807 bis zu seinem Tod 1843 lebte. **(Abfahrt 28 Herrenberg, B28 20 km)**

*****Rottweil:** Berühmt ist die älteste Stadt Baden-Württembergs für die Alemannische Fasnet. Sehenswert: Altstadt mit dem »Schwarzen Tor« (13. Jh.), das Heilig-Kreuz-Münster (13.–15. Jh.), die Kapellenkirche mit einem der schönsten Türme der Gotik (70 m) und die Lorenzkapelle (1580) mit Steinplastiken aus dem 14. Jh. . Neueste Attraktion ist die Aussichtsplattform auf dem 246 m hohen Testturm für Aufzüge der Fa. Thyssen-Krupp. **(Abfahrt 34 Rottweil, 4 km)**

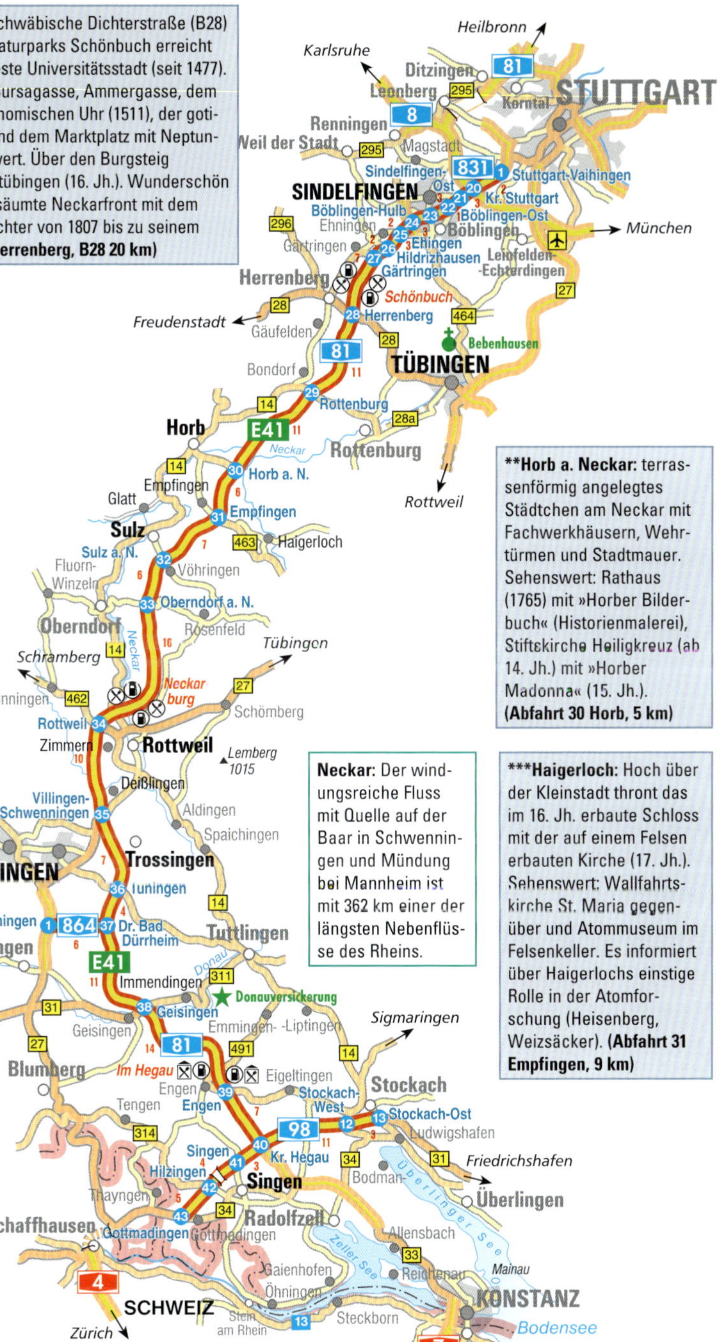

****Horb a. Neckar:** terrassenförmig angelegtes Städtchen am Neckar mit Fachwerkhäusern, Wehrtürmen und Stadtmauer. Sehenswert: Rathaus (1765) mit »Horber Bilderbuch« (Historienmalerei), Stiftskirche Heiligkreuz (ab 14. Jh.) mit »Horber Madonna« (15. Jh.). **(Abfahrt 30 Horb, 5 km)**

Neckar: Der windungsreiche Fluss mit Quelle auf der Baar in Schwenningen und Mündung bei Mannheim ist mit 362 km einer der längsten Nebenflüsse des Rheins.

*****Haigerloch:** Hoch über der Kleinstadt thront das im 16. Jh. erbaute Schloss mit der auf einem Felsen erbauten Kirche (17. Jh.). Sehenswert: Wallfahrtskirche St. Maria gegenüber und Atommuseum im Felsenkeller. Es informiert über Haigerlochs einstige Rolle in der Atomforschung (Heisenberg, Weizsäcker). **(Abfahrt 31 Empfingen, 9 km)**

****Donauversickerung:** Zwischen Immendingen und Möhringen versickert die Donau und erscheint erst wieder am 12 km entfernten »Aachtopf« **(Abfahrt 38 Engen, 7 km, Abfahrt 35 Geisingen, 7 km; Beschilderung folgen)**

****Villingen-Schwenningen:** Die 1972 durch Zusammenlegung entstandene Doppelstadt ist Mittelpunkt einer Region, die sich traditionell der Uhrmacherei verschrieben hat. Sehenswert: die von einer Stadtmauer umgebene Altstadt Villingens mit dem Liebfrauenmünster (ab 12. Jh.), dem Alten Rathaus (ab 1306) und dem Kloster. In Schwenningen: Muslenplatz mit schönem Fachwerk und Uhrenmuseum im Lehrerhaus. Ein Luftfahrtmuseum liegt 3 km außerhalb am Flugplatz. **(Abfahrt 35 Villingen-Schwenningen, 10 bzw. 6 km)**

****Singen:** Weithin sichtbares Wahrzeichen des Hegaus und der Stadt mit einem gräflichen Schloss (1810, Hegaumuseum) ist der spektakulär aufragende, 686 m hohe Hohentwiel (ein Vulkankegel der auf jungtertiären Vulkanismus zurückgeht) mit einer der größten Festungsruinen (11. Jh.) Deutschlands. Die riesige Burg mit gewaltigen Bollwerken auf der Südseite wurde 1801 auf Befehl Napoleons zerstört. Heute bietet sie einen herrlichen Blick über den Hegau und das schwäbische Meer, den Bodensee. **(Abfahrt 41 Singen, 4 km)**

UNTERWEGS IM SÜDSCHWARZWALD

Blick vom Knopfmacherfels auf das Donautal

Begrenzt vom **Oberrheingraben** im Westen und der Hochebene der **Baar** im Osten erstreckt sich südlich des Kinzigtals der **Mittlere** und der **Südschwarzwald.** Dunkle Waldhöhen und tiefe Täler charakterisieren diese kontrastreiche Region. Wen es zur närrischen Zeit hierher verschlägt, der sollte einen Abstecher nach Rottweil nicht versäumen. Die Stadt verwandelt sich alljährlich zur Hochburg der schwäbisch-alemannischen Fastnacht, der »Fasnet«. Jedes Jahr ziehen Narrengestalten mit Holzmasken und Flickenkostümen in farbenprächtigen Umzügen durch die Straßen. **(Abfahrt 34 Rottweil, 4 km).** Vorbei an der lebhaften Doppelstadt Villingen-Schwenningen, eines der größten Ballungsgebiete im Schwarzwald, und dem **Naturpark Obere Donau** führt die Route in die alte Kulturlandschaft des **Hegau** nordwestlich des Bodensees. Hauptort der mit vielen Bergkegeln vulkanischen Ursprungs wie dem Hohentwiel oder dem Mägdeberg durchsetzten Region ist Singen.

KULINARISCHES DER REGION: Knöpfle & mehr

Der Einfluß Österreichs hat in der Küche der Region deutliche Spuren hinterlassen, so die ausgeprägte Vorliebe für **Mehlspeisen.** Da gibt es z. B. die **»Knöpfle«**, die badische Version der Spätzle, und die beliebten **»Bubaspitzle«** oder Schupfnudeln, spitz zulaufende Nudelröllchen aus Kartoffelteig. Gekocht passen sie ebenso wie die Knöpfle hervorragend zu **Fleischgerichten,** die in der regionalen Küche mit einer sahnigen Sauce gereicht werden. Die **Schupfnudeln** kann man nach dem Kochen auch noch knusprig mit ein wenig Fett in der Pfanne ausbraten und mit Sauerkraut und Speckwürfeln servieren. Ein ganz besonders pikantes Gericht der Region ist das **»Schwarzwälder Schäufele«,** eine gepökelte oder geräucherte Schweineschulter, die auch mit Sauerkraut und abgebräunten Schupfnudeln serviert wird. Als flüssige Ergänzung empfiehlt sich ein frisches **Rothaus-Pils.**

RAST AUF REISEN: Übernachten am Neckar

Landgasthof zum Adler, Hauptstr. 21, 78658 Zimmern/Rottweil, Tel. 07 41/3 18 04: kleines, familiäres Hotel, wohnliche Zimmer; **(Abfahrt 34 Rottweil, 2 km). Hotel Steiglehof,** Steigle 35, 72160 Horb a.N., Tel. 07451/3380: familiär geführtes, gemütliches Hotel mit Restaurant **(Abfahrt 30 Horb 5 km). Forellengasthof Waldeck,** Mühlstr. 33, 72160 Horb-Isenburg, Tel. 07451/5550: helle freundliche Zimmer, Restaurant mit fangfrischen Forellen aus eigener Zucht **(Abfahrt 30 Horb 7 km). Hotel-Restaurant Kaiser,** Oberamtstr. 23, 72172 Sulz-Glatt, Tel. 0 74 82/92 20: wohnliche Zimmer, Gourmetküche, Hallenbad **(Abfahrt 31 Empfingen). Hotel Bären,** Hohnerstr. 25, 78647 Trossingen, Tel. 0 74 25/60 07: renommiertes Haus mit gutbürgerlicher Küche **(Abfahrt 35 Villingen-Schwenningen, 3 km). Hotel Hirt,** Oberhofenstr. 5, 78652 Deißlingen, Tel. 07420/92910: moderne Zimmer, badisch-schwäbische Küche **(Abfahrt 35 Villingen-Schwenningen, 4,5 km).**

Fachwerkhäuser und Kopfsteinpflaster: In Tübingen scheint die Zeit stillzustehen.

Der Marmorsaal des Schloss Ludwigsburg mit seinem illusionistischem Deckengemälde

Beeindruckend sind auch die üppigen und detailgenauen, barocken Figuren.

Im Schlosstheater von Ludwigsburg werden auch heute noch Opern aufgeführt.

Streckenprofil: *Aus dem bayerischen Vogtland führt die Route nahe der tschechischen Grenze quer durch das von Fichten und Kiefern bedeckte Fichtelgebirge. Waldreich und bergig geht es weiter am Oberpfälzer Wald entlang bis zur A6.* ***(115 km, 1¼ Std.)***

Felsenlabyrinth Luisenburg im Naturpark Fichtelgebirge

***Neustadt an der Waldnaab:** In der Stadt des Bleikristalls erinnern am Marktplatz das Alte (1543) und das Neue Schloss (1720) an die Residenzzeit der Fürsten Lobkowitz; auch sehenswert: Pfarrkirche St. Georg (17. Jh.). Zur hiesigen alten Kunst der Glasbläserei gibt es täglich (außer So.) Vorführungen in mehreren Glashütten. 6 km westlich liegt der 594 m hohe Parkstein, ein Basaltkegel mit Wallfahrtskirche. **(Abfahrt 21 Neustadt an der Waldnaab, 1 km)**

Windischeschenbach: Westlich von der im stillen Tal der Waldnaab gelegenen Stadt wurden durch eine Tiefbohrung neue Erkenntnisse über die Erdgeschichte gewonnen. Am weithin sichtbaren Bohrturm befindet sich ein Informationszentrum, das über die Geologie informiert. **(Abfahrt 20 Windischeschenbach, 7 km)**

****Weiden:** Die Renaissancebauten des 16. und 17. Jh. am breiten Straßenmarkt bestimmen das Bild der traditionell von Textil- und Glasindustrie lebenden Stadt. Reich geschmückte Giebelhäuser und das von Storchennestern gekrönte Rathaus (16. Jh./1915) zeugen von dem Reichtum, den die Stadt an der Waldnaab im Mittelalter durch ihre Lage an der Goldenen Straße zwischen Prag und Nürnberg erwarb. Sehenswert: die Pfarrkirche St. Michael und die katholische Josephskirche mit ihrer außergewöhnlichen Jugendstilausstattung; im siebengeschossigen Alten Schulhaus (1566) erinnert die Stadt mit einer Ausstellung an den Komponisten Max Reger (1873–1916), der hier seine Jugend verbrachte. Das renommierte Internationale Keramikmuseum zeigt eine fast alle Epochen und Kulturkreise umfassende Sammlung. **(Abfahrt 23 Weiden-West, 2 km)**

***Ruine Leuchtenberg:** Die sagenumwobene »Akropolis der Oberpfalz« (um 1300), einst Sitz eines Landgrafengeschlechts, ist die besterhaltene Burganlage in der an Ruinen reichen Region. **(Abfahrt 26 Luhe-Wildenau, Richtung Vohenstrauß, 9 km)**

***Selb:** In der Hochburg der Keramikindustrie nahe der tschechischen Grenze steht ein Brunnen aus Porzellan. Im Porzellanikon im Norden der Stadt erfährt man alles wissenswerte über die Herstellung des »Weißen Goldes« und kann eine außergewöhnliche Sammlung betrachten. **(Abfahrt 9 Selb-West, 2 km)** Die unübersehbare grüne Bergkuppe rechts von der Autobahn ist der 827 m hohe Große Kornberg, eine der markantesten Erhebungen des Fichtelgebirges.

***Marktredwitz:** Beschaulicher Ort mit zwei Rathäusern (14. bzw. 18. Jh.) und der von Kaiserin Maria Theresia den Egerländer Kompanien gestifteten Kirche (1776) **(Abfahrt 13 Marktredwitz-Nord, 2 km)**

***Burg Falkenberg:** Die weithin sichtbare, auf einem Granitsporn erbaute Burg (12. Jh.) wurde 1934 von Werner Graf von der Schulenburg erworben und restauriert. Er wurde als Mitverschwörer des »20. Juli« 1944 in Berlin hingerichtet. **(Abfahrt 19 Falkenberg, 3 km)**

****Wunsiedel:** Hauptort des Fichtelgebirges. Sehenswert: das Fichtelgebirgsmuseum im Hospitalhof (15. Jh.) und das Geburtshaus des Dichters Jean Paul (1763–1825). **(Abfahrt 13 Marktredwitz-Nord, 12 km)**

Unweit von Wunsiedel liegt eines der großartigsten Felslabyrinthe des Fichtelgebirges, die **Luisenburg.** Das Meer aus Granitblöcken ist auf Pfaden und Treppen zu erkunden und von Juni bis August Schauplatz der Luisenburg-Festspiele. **(Von Marktredwitz, über B303, 8 km)**

****Waldsassen:** Über die Glasmacherstadt Mitterteich gelangt man nach Waldsassen mit der prunkvoll barocken Zisterzienserbasilika (1681–1704). Sehenswert: der Marmor-Hochaltar von Battista Carlone (1696) und die kostbare Rokokobibliothek (1726). 3 km nördlich liegt in stiller Landschaft die schöne Dreifaltigkeitskirche »Kappel«, 1682–89 von Georg Dietzenhofer erbaut. **(Abfahrt 16 Mitterteich-West, über B299, 11 km bis Waldsassen)**

Weiden in der Oberpfalz: das Alte Rathaus am Marktplatz

UNTERWEGS IM FICHTELGEBIRGE

Die Rokoko-Bibliothek des Klosters in Waldsassen

Im Nordosten Bayerns, zwischen **Erzgebirge, Frankenwald** und **Oberpfälzer Wald,** erstreckt sich das vor allem mit Fichten und Kiefern bewachsene **Fichtelgebirge.** Reich an **Bodenschätzen** wie Erz und Braunkohle, Silber und Gold wies die Region schon vor Jahrhunderten mehr als 100 Bergwerke und über 300 Steinbrüche auf. Aber seit ca. 1900 sind die Gruben geschlossen, in der rauen Gebirgswelt trat Stille ein, die wenigstens dem Fremdenverkehr hier zugute kommt. Ab Marktredwitz-Nord **(Abfahrt 13)** bietet sich die Fichtelgebirgsstraße **(B303)** für einen Ausflug in die schöne **Mittelgebirgslandschaft** an. Sie führt am **Felsenlabyrinth Luisenburg** vorbei, einem großartigen Naturdenkmal, in dem jeden Sommer zur Festspielzeit (Juni–August) die älteste Naturbühne Deutschlands bespielt wird. Am Ostabhang der Luisenburg liegt das Mineral- und Moorheilbad Alexandersbad mit dem hübschen Barockbadehaus. Nach einem Abstecher nach Wunsiedel hinein, der Geburtsstadt des Dichters Jean Paul, geht es weiter auf der Fichtelgebirgsstraße zum **Fichtelberg.** Nun ist es nicht mehr weit nach Bischofsgrün, dem bei Wanderern und Skifahrern gleichermaßen beliebten Urlaubsort. Bischofsgrün liegt am Fuß des 1024 m hohen Ochsenkopfs, auf den zwei Seilbahnen führen.

KULINARISCHES DER REGION: Frischer Fisch

Das Fichtelgebirge gehört zu den Landschaften, in denen die Natur noch weitgehend intakt ist. Das bedeutet, dass das Wasser der Bäche und Flüsse klar ist und die **frisch gefangenen Fische** entsprechend gut schmecken. Wenn sich also eine Forelle auf der Speisekarte findet, ob gebraten, blau oder à la Müllerin, dann sollte man unbedingt zugreifen!

RAST AUF REISEN: Hotels im Fichtelgebirge

Meister Bär Hotel Wunsiedler Hof, Jean-Paul-Str. 1, 95632 Wunsiedel, Tel. 09232/99880: Hotel in zentraler Lage; **Hotel Alexandersbad,** Markgrafenstr. 24, 95680 Bad Alexandersbad, Tel. 0 92 32 /88 90: Hotel mit allem Komfort in einem der höchst gelegenen Badeorte Deutschlands, exquisite fränkische Küche **(Ausfahrt 13 Marktredwitz-Nord, 3 km). Landhotel Juliushammer,** Juliushammer 1, 95632 Wunsiedel, Tel. 09 32/ 97 50: hübsch gelegenes Hotel außerhalb der Stadt. **(Abfahrt 12 Wunsiedel, 6 km). Schönblick,** Gustav-Leutelt-Str. 18, 95686 Fichtelbergl, Tel. 09272/97800: Genusshotel mit Wildkräuterrestaurant in schönem Ambiente. **(Abfahrt 13 Marktredwitz-Nord, 23 km).**

Streckenprofil:** Am Oberpfälzer Wald entlang und an der alten Reichs- und Bistumsstadt Regensburg vorbei führt die Strecke in das Hopfenland Hallertau bis zum Anschluss an die Nord-Süd-Route A9* ***(130 km, 1¼ Std.)

****Oberpfälzer Wald:** wasser- und waldreiches, in den Höhen klimatisch raues Bergland. Bizarre Felsformationen, klare Bäche und Flüsse und das hier traditionell angesiedelte Glas- und Porzellanhandwerk machen die burgenreiche Region zu einem beliebten Urlaubsziel für Natur- und Kulturfreunde.

***Schwandorf:** Die fast 1000-jährige Stadt südöstlich der fischreichen Charlottenhofer Weiher geriet Mitte der 1980er-Jahre wegen der von Bürgerinitiativen verhinderten atomaren Wiederaufbereitungsanlage Wackersdorf in die Schlagzeilen. Sehenswert: Schloss Fronberg (16. Jh.) und der historische Marktplatz mit der katholischen Pfarrkirche St. Jakob (um 1400). **(Abfahrt 33 Schwandorf, 4 km)**

****Burglengenfeld:** Stadt im Naabtal unterhalb einer Wittelsbacher Burg (13. Jh.). Erhalten sind die Ringmauer, der Friedrichsturm und auch der Bergfried. Sehenswert: das Allmannsche Schlösschen aus dem 16. Jh. und das Oberpfälzer Volkskundemuseum (Maxhütter Straße). **(Abfahrt 35 Teublitz, 8 km)**

***Kelheim:** Befreiungshalle: Auf dem Michelsberg in der alten Wittelsbacherstadt Kelheim, am Zusammenfluss von Donau und Altmühl gelegen, ließ Bayernkönig Ludwig I. zum Gedenken an die Befreiungskriege gegen Napoleon die Befreiungshalle, einen monumentalen Rundbau, errichten. **(Abfahrt 45 Regensburg-Süd, über B16, 15 km)**

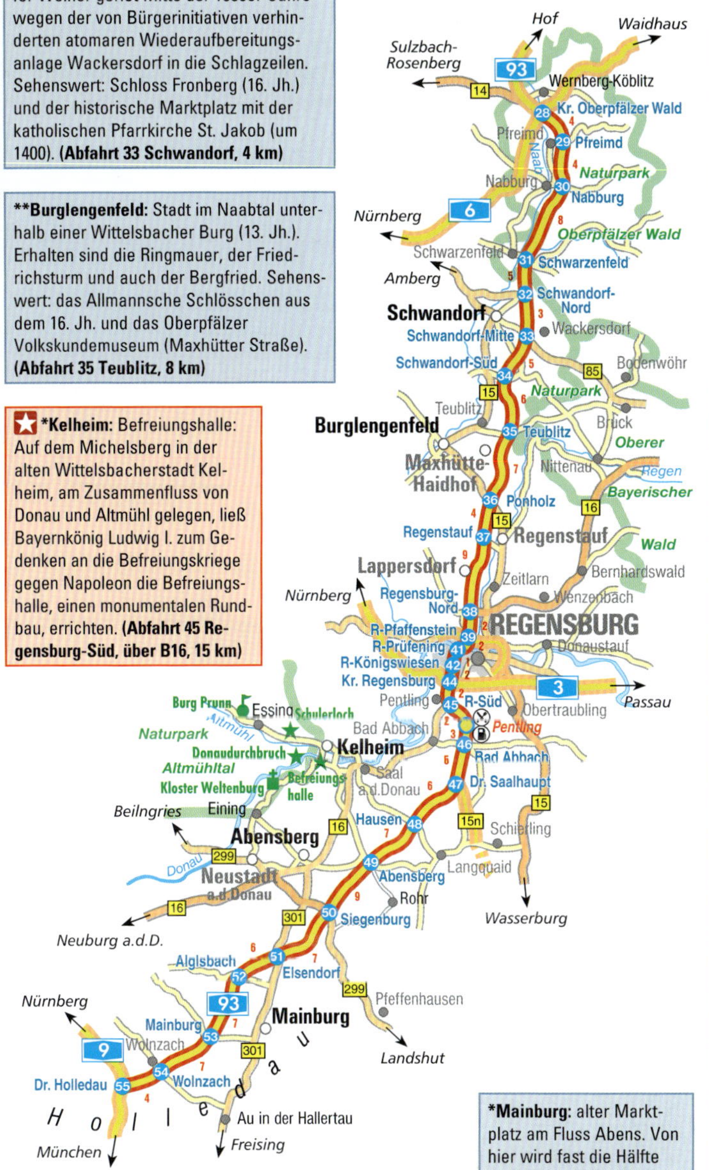

Naab: Der 165 km lange Nebenfluss der Donau hat drei Quellflüsse. Die Haide- und Fichtelnaab entspringen im Fichtelgebirge, die Waldnaab im Oberpfälzer Wald.

Nabburg: siehe Seite 77

Regensburg: siehe Seite 45

Abensberg – ***Kloster Weltenburg: Von der Spargelstadt Abensberg, deren teils noch vorhandene Stadtmauer einst von 40 Türmen gesichert war, gelangt man über den Ort Eining zu dem spektakulären, felsgesäumten Durchbruchstal der Donau. Sehenswert: das von Kaiser Titus angelegte Kastell Abusina (1. Jh.) bei Eining und das berühmte, unter weißen Kalksteinfelsen direkt an der Donau gelegene Kloster Weltenburg, ein Meisterwerk des Rokoko. Die herrliche Barockkirche St. Georg wurde von 1716 bis 1721 von den Brüdern Asam erbaut. **(Abfahrt 49 Abensberg, 7 km. Von da bis Eining 7 km, bis Weltenburg ca. 14 km)**

***Mainburg:** alter Marktplatz am Fluss Abens. Von hier wird fast die Hälfte der Hallertauer Hopfenernte in über 90 Länder der Welt geliefert. Sehenswert: die barocke Salvatorkirche (17. Jh.). **(Abfahrt 53 Mainburg, 6 km)**

****Benediktinerabtei Rohr:** Die prunkvolle Abtei am Nordrand der Hallertau besitzt mit dem Bildnis »Mariä Himmelfahrt« ein großartiges Zeugnis der Stuckateurskunst der Gebrüder Asam. **(Abfahrt 49 Abensberg, Richtung Rohr, 6 km)**

****Holledau:** Die auch Hallertau genannte Region ist das größte Hopfenanbaugebiet der Welt. Typisch sind die schlanken, hohen Stangengerüste, an denen Abermillionen grüner Ranken emporwachsen.

Feinstes Rokoko: Marienaltar in der Benediktinerabtei Rohr

Kloster Weltenburg und der Donaudurchburch

UNTERWEGS INS UNTERE ALTMÜHLTAL

Die monumentale Befreiungshalle in Kelheim

Bei der alten Wittelsbacher Herzogstadt Kelheim **(Abfahrt 45 Regensburg-Süd, B16, 15 km)** bietet sich die Gelegenheit, den 1992 fertiggestellten **Main-Donau-Kanal** auf seiner landschaftlich schönsten Strecke mit dem Auto flußaufwärts zu begleiten. Das Untere Altmühltal gehört zu den berühmten **Flusslandschaften** Bayerns. Zwar hat der Kanal dem engen Tal viel von seiner Ursprünglichkeit genommen, doch naturbelassene Altmühlarme, Altwasser und Inselchen vermitteln noch immer eine einzigartige Atmosphäre. Auch die malerischen Burgen hoch oben auf steilen Felsen, wie die mittelalterliche Burg Prunn, machen den Zauber der Region aus. Unten im Tal laden Städtchen wie Beilngries oder das schön gelegene Dietfurt zum Besuch ein. Beim Marktflecken Essing erregt ein Bauwerk der Moderne die Aufmerksamkeit: In weitem Bogen schwingt sich die längste **Holzbrücke** Europas über den Kanal. In vorgeschichtliche Zeiten führt ein Besuch der **Tropfsteinhöhle Schulerloch,** die einst als Wohnhöhle diente und ein erstrangiges **Naturdenkmal** darstellt.

KULINARISCHES DER REGION: Bester Hopfen

Seit rund 900 Jahren wird in der **Hallertau** Hopfen angebaut, heute ist sie das **größte Hopfenanbaugebiet der Welt:** So weit das Auge reicht, ragen die sieben Meter hohen Stangen, an denen sich der Hopfen emporrankt, in den weiß-blauen Himmel. Die Hopfenernte wird nicht allein in Bayern verarbeitet, sondern geht in aller Herren Länder; denn in puncto Qualität schlägt der Hallertauer Hopfen die internationale Konkurrenz um Längen. Das Geheimnis eines wohlschmeckenden Biers liegt in der Zugabe von Hopfen, dessen Dolden die besonderen Aroma- und Bitterstoffe liefern. Wer den **Brauprozess** aus der Nähe miterleben möchte, kann in der traditionsreichen **Schlossbrauerei in Au/Hallertau (Abfahrt 54 Wolnzach, 15 km)** an einem aufschlussreichen Rundgang mit dem Braumeister durch Sudhaus, Lagerkeller, Filtration und Abfüllerei teilnehmen (Kontakt: Tel. 0 87 52/8 63 20).

RAST AUF REISEN: Übernachten in Kelheim

Dormero, Donaustr. 22–26, 93309 Kelheim, Tel. 09441/77050: außergewöhnliches Hotel mit Blick auf die Befreiungshalle, im Restaurant zum »Roten Eichhörnchen« gibt es klassische bayerische Spezialitäten; **Brauerei-Gasthof Frischeisen,** Regensburger Str. 69, 93309 Kelheim, Tel. 09441/50490: typisch bayerischer Gasthof, mit typisch bayerischer Küche und hauseigener Brauerei; **Weißes Lamm,** Ludwigstr. 12, 93309 Kelheim, Tel. 09441/20090: komfortable preiswerte Zimmer, deftige bayerische Küche; **Hotel Gasthof Sperger,** Regensburger Str. 190, 93309 Kelheim, Tel. 09441/3420: familiäre Atmosphäre, zweckmäßig eingerichtete Zimmer, einfaches Restaurant, Biergarten **(Abfahrt 46 Bad Abbach, 14 km).**

Malerisch liegt das Kloster an einer Biegung der Donau. Schiffe legen von hier ab und passieren den nahe gelegenen Donaudurchbruch.

Im Innern der Klosterkirche St. Georg fasziniert die Ausstattung. Besonders gelungen ist der Hauptaltar mit einem Bild des heiligen Georg, der mit dem Drachen kämpft.

Das riesige barocke Kuppelgemälde des Klosters.

Streckenprofil:** Vom Nordrand Münchens führt die flachwellige Strecke parallel zur Isar nach Niederbayern bis an den Südrand des Bayerischen Walds. Sie durchquert dabei zunächst das Erdinger Moos und schließlich den Gäuboden, die Kornkammer Bayerns.* ***(140 km, 1½Std.)

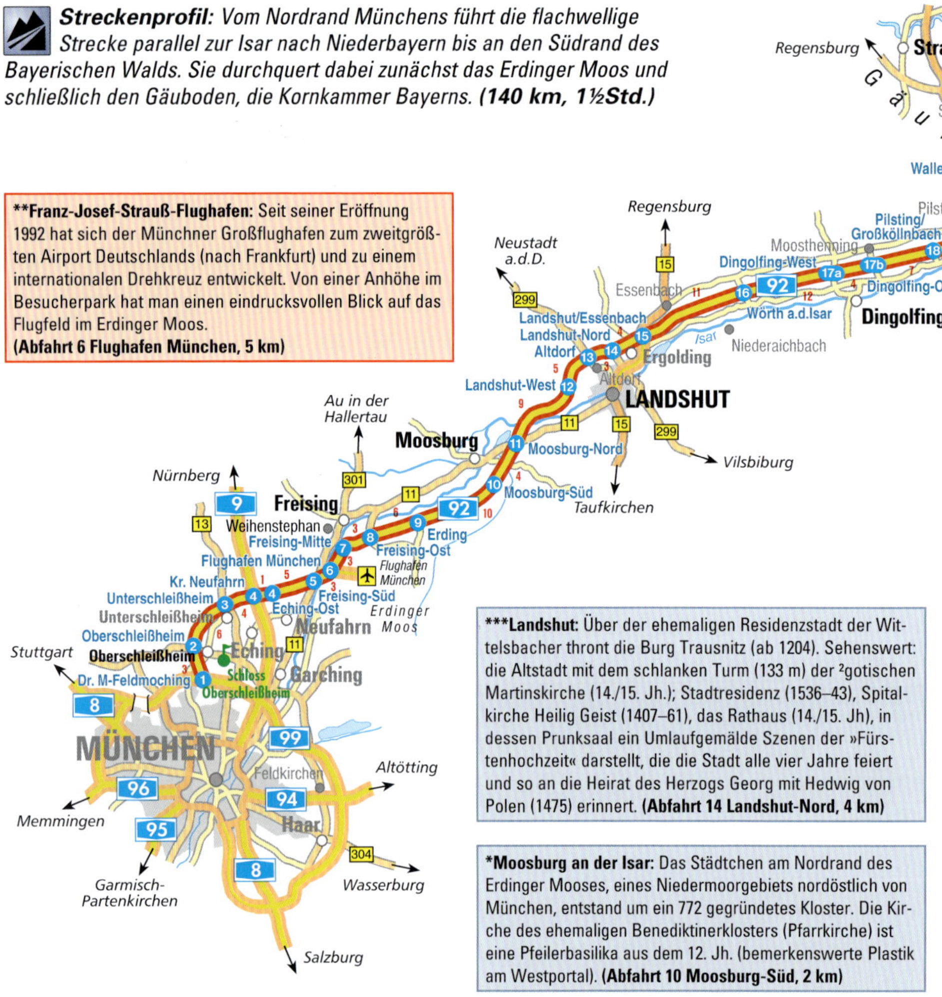

****Franz-Josef-Strauß-Flughafen:** Seit seiner Eröffnung 1992 hat sich der Münchner Großflughafen zum zweitgrößten Airport Deutschlands (nach Frankfurt) und zu einem internationalen Drehkreuz entwickelt. Von einer Anhöhe im Besucherpark hat man einen eindrucksvollen Blick auf das Flugfeld im Erdinger Moos. **(Abfahrt 6 Flughafen München, 5 km)**

Isar: Von seiner Quelle im Karwendelgebirge bis zur Mündung bei Deggendorf fließt der linke Nebenfluss der Donau 263 km durch Bayern.

Deggendorf: siehe Seite 45

***Dingolfing:** Blickfang der betriebsamen Stadt an der Isar ist der spätgotische Backsteinbau der Herzogsburg. Im Kontrast dazu stehen die hochmodernen Fertigungshallen des BMW-Werks und das Freizeit- und Erlebnisbad »Caprima« am Isarhang. **(Abfahrt 17 Dingolfing, 3 km)**

*****Landshut:** Über der ehemaligen Residenzstadt der Wittelsbacher thront die Burg Trausnitz (ab 1204). Sehenswert: die Altstadt mit dem schlanken Turm (133 m) der ²gotischen Martinskirche (14./15. Jh.); Stadtresidenz (1536–43), Spitalkirche Heilig Geist (1407–61), das Rathaus (14./15. Jh), in dessen Prunksaal ein Umlaufgemälde Szenen der »Fürstenhochzeit« darstellt, die die Stadt alle vier Jahre feiert und so an die Heirat des Herzogs Georg mit Hedwig von Polen (1475) erinnert. **(Abfahrt 14 Landshut-Nord, 4 km)**

Der Münchner Flughafen im Erdinger Moos

***Moosburg an der Isar:** Das Städtchen am Nordrand des Erdinger Mooses, eines Niedermoorgebiets nordöstlich von München, entstand um ein 772 gegründetes Kloster. Die Kirche des ehemaligen Benediktinerklosters (Pfarrkirche) ist eine Pfeilerbasilika aus dem 12. Jh. (bemerkenswerte Plastik am Westportal). **(Abfahrt 10 Moosburg-Süd, 2 km)**

****Schloss Oberschleißheim:** Ein streng symmetrischer Park verbindet das große und prunkvoll ausgestattete Neue Schloss (1701–04) mit dem sehr viel kleineren Gartenschloss Lustheim (1684–88), das für seine Meißner Porzellansammlung berühmt ist. Beide Prachtbauten wurden nach Plänen des italienischen Baumeisters Enrico Zuccalli (1642–1724) errichtet.

Unmittelbar neben den Schlössern ist in einer alten Flugwerft ein Großteil der Flugzeugsammlung des Münchner Deutschen Museums untergebracht. 60 Flugzeuge sowie mehrere Motoren und Simulatoren erwarten die Besucher. **(Abfahrt 2 Oberschleißheim, 3 km)**

*****Freising:** Hoch auf dem Domberg thront der zweitürmige Mariendom (12./18. Jh.), dessen prachtvolle barocke Gestaltung von den Brüdern Asam geschaffen wurde. Er ist Wahrzeichen der alten Stadt, die von 739 bis ins 19. Jh. Sitz der Freisinger Fürstbischöfe war. Bis heute hat sie viel bauliche Substanz und den mittelalterlichen Charme ihrer Glanzzeit erhalten. Sehenswert: Krypta und Kreuzgang (12. Jh.) der Basilika, die Fürstbischöfliche Residenz (1519) und die gotische Johanneskirche (1319–21). Berühmt ist Weihenstephan, in dessen ehemaliger Benediktinerabtei (1020/1671–1705) die wohl älteste Brauerei der Welt (gegr. 1146) ihren Sitz hat (Bräustüberl und Biergarten!) **(Abfahrt 7 Freising-Mitte, 3 km)**

Freising: Innenraum des Doms St. Maria und St. Korbinian

UNTERWEGS IM NIEDERBAYERISCHEN BAUERNLAND

Landshut: Die Burg Trausnitz steht auf dem Hofberg.

Eine spektakuläre Landschaft darf man nicht erwarten, aber es gibt einiges zu entdecken im bäuerlichen **Niederbayern.** Denn links und rechts der Isar, zwischen Landshut und Deggendorf, erstreckt sich eine sanft gewellte **Kulturlandschaft,** in der die Kirche noch im Dorf steht und das Korn kräftig gelb auf den Feldern. Die Hauptstadt Niederbayerns ist Landshut die einstige bayerische Herzogsresidenz, in der alle vier Jahre eines der ältesten Feste Deutschlands, die **»Landshuter Fürstenhochzeit«,** gefeiert wird. Zentrum des **Gäubodens,** der Kornkammer Bayerns, ist Straubing eine schöne alte Stadt, die ihren Wohlstand dem Handel mit dem bäuerlichen Umland verdankt.

KULINARISCHES DER REGION: Geliebte Knödel

Der Barock hat Altbayern, und damit sind vornehmlich Ober- und Niederbayern gemeint, wie kein anderer Stil geprägt. Diese Vorliebe für das harmonisch Runde findet sich auch im Kochtopf wieder: Es ist der Knödel, der in seinen Variationen als Begleiter aller erdenklichen Gerichte geliebt wird. Der typische bayerische Knödel ist ein **Semmelknödel,** zubereitet aus zerbröselten altbackenen Semmeln, warmer Milch und rohen Eiern, mit den Händen in die runde Form gebracht, dann in sprudelndem Wasser gekocht und sofort serviert. Eine Variante ist der **Leberknödel;** dabei wird dem Teig durchgedrehte rohe Leber und Majoran zugefügt. Es gibt aber auch den **Kartoffelknödel,** bei dem sich der Anteil roher geriebener und zerdrückter gekochter Kartoffeln die Waage hält. Gegessen wird der Knödel zu allem, was nicht allzu trocken ist, dient er doch in erster Linie dazu, die Sauce aufzunehmen. Der Semmelknödel gehört zum **Schweinebraten,** der Kartoffelknödel zu **Ente** und **Gans,** der Leberknödel bevorzugt zum **Kraut,** wird aber auch als Suppeneinlage genossen. Eine Leibspeise sind **Schwammerl mit Knödel,** also Pilze in Rahmsauce mit einem Semmelknödel.

RAST AUF REISEN: Romantisch übernachten

Romantik-Hotel Fürstenhof, Stethaimer Str. 3, 84034 Landshut, Tel. 08 71/9 25 50: liebevoll eingerichtete Jugendstilvilla für gehobene Ansprüche, behagliche Atmosphäre und freundlicher Service, Restaurant mit zwei Räumen, das eine elegant und das andere urig-bayerisch, Wintergarten, Koch- und Grillschule für Gäste **(Abfahrt 12 Landshut-West, 5 km).**

Zum Promenieren vorbei an mittelalterlichen Giebelhäusern lädt die Landshuter Altstadt ein. Im Bild das gotische Rathaus (vorn links) und die gotische Kirche St. Martin (im Hintergrund).

Die Dombibliothek Freising zählt zu den größten kirchlichen Bibliotheken Deutschlands.

Streckenprofil:** An Wochenenden sehr viel befahrene Route durch das hügelige Voralpenland bis in das Werdenfelser Land mit dem Wettersteingebirge und Deutschlands höchstem Berg, der Zugspitze. **(85 km, 1 Std.)

*****Starnberger See:** Eingebettet in das sanft hügelige Alpenvorland liegt der 20 km lange und bis zu 127 m tiefe See. Sehenswert: **Starnberg – das einstige Fischerdorf ist heute ein nobler Wohnort. Über der Stadt: das ehemalige Schloss (16. Jh.) der Herzöge von Bayern.

****Berg:** am Ostufer gelegener Ort mit gleichnamigem Schloss. Ein Kreuz im See markiert die Stelle, an der König Ludwig II. und sein Arzt Dr. Gudden am 13.6.1886 unter mysteriösen Umständen den Tod fanden. **(Abfahrt 4 Dreieck Starnberg, 6 km; Starnberg–Berg 6 km)**

****Kloster Schäftlarn:** Das im Isartal gelegene Benediktinerkloster (1702–60) ist ein beliebtes Ausflugsziel (Biergarten). Die barocke Klosterkirche (1760 geweiht) stammt aus der Wessobrunner Schule von Johann Baptist Zimmermann. **(Abfahrt 5 Schäftlarn, 5 km)**

****Murnau – Staffelsee:** Der idyllische Luftkurort zwischen Staffelsee und dem Murnauer Moos zog um die Jahrhundertwende berühmte Maler und Literaten an. Sehenswert: die barocke Nikolauskirche (1717–32), das Schlossmuseum und besonders das Kunst- und Regionalmuseum. Im Gabriele-Münter-Haus (heute Museum) gibt es eine von Wassily Kandinsky (1866–1944) bemalte Treppe. **(Abfahrt 10 Murnau-Kochel, 8 km)**

*****Kloster Ettal:** Vor dem steil aufragenden Ettaler Mandl (1634 m) liegt das große Benediktinerkloster (1330 gegr./ 1710–90), ein glänzendes Beipiel süddeutschen Rokokos. Herausragend: das Kuppelfresko (1746–69, Johann Jakob Zeiller) mit 431 Figuren auf 1300 m² und das Gnadenbild (14. Jh.) aus Carraramarmor. **(Abfahrt B2 Oberau, 7 km)**

Idyllisch liegen die Bootshäuser am Kochelsee.

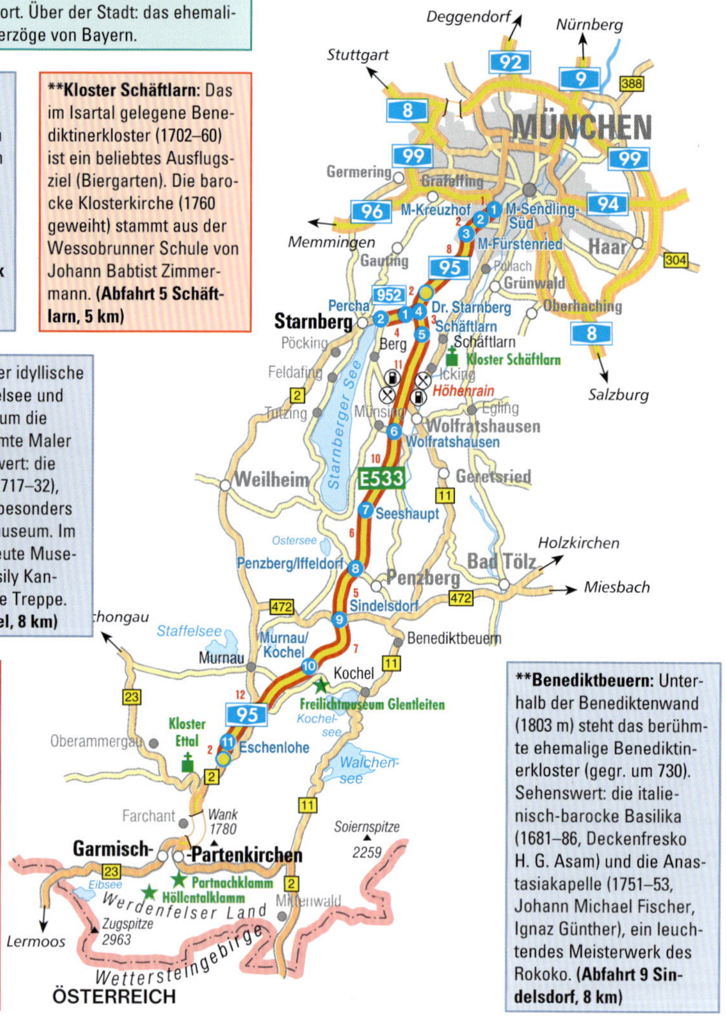

****Benediktbeuern:** Unterhalb der Benediktenwand (1803 m) steht das berühmte ehemalige Benediktinerkloster (gegr. um 730). Sehenswert: die italienisch-barocke Basilika (1681–86, Deckenfresko H. G. Asam) und die Anastasiakapelle (1751–53, Johann Michael Fischer, Ignaz Günther), ein leuchtendes Meisterwerk des Rokoko. **(Abfahrt 9 Sindelsdorf, 8 km)**

****Garmisch-Partenkirchen:** Der Kurort am Fuß der Zugspitze ist ein internationaler Sommer- und Wintersportort. Zahlreiche Sport- und Freizeitmöglichkeiten machen den Austragungsort der Olympischen Spiele 1936 seit über 100 Jahren zum beliebten Touristenziel. Sehenswert: die Alte (1340–1523) und die Neue (1730–34) Pfarrkirche St. Martin, die historische Ludwigstraße und das Werdenfelser Museum (Kunst und Brauchtum) in Partenkirchen. Weiter: die wildromantische Partnachklamm (3 km, feste Schuhe!) und die abenteuerliche Höllentalklamm (6 km). Die Wallfahrtskirche St. Anton (1704–39) liegt am Westhang des Wanks (1780 m) mit atemberaubendem Panoramablick auf das Wettersteingebirge. **(Ab Autobahnende bei Eschenlohe Richtung Garmisch-Partenkirchen, 16 km)**

Panoramablick vom Gipfel der 2962 m hohen Zugspitze

****Freilichtmuseum Glentleiten:** Eindrücke von urtümlichem Brauchtum, vom Alltagsleben und der Architektur Oberbayerns bietet das reizvoll über dem Kochelsee gelegene Freilichtmuseum an der Glentleiten. **(Abfahrt 10 Murnau-Kochel, Richtung Schlehdorf, 2 km)**

Über Schlehdorf mit Kloster und Stiftskirche St. Tertulin (1727–80) gelangt man durch weites Moorgebiet am Fuß des Herzogstands (1761 m) in den Luftkurort **Kochel am See.** Sehenswert: das Franz-Marc-Museum mit Werken des Malers (1880–1916), der hier eine Zeit lang lebte. Von Kochel geht es in kurviger Fahrt über die Kesselbergstraße bergauf an Deutschlands höchsten (802 m), tiefsten (192 m) und größten (16 km²) Alpensee: den von einer grandiosen Bergwelt umgebenen Walchensee. Das Walchensee-Kraftwerk (1918–24) nutzt den Höhenunterschied zwischen den Seen zur Stromerzeugung. **(Abfahrt 10 Murnau-Kochel, 9 km bis Kochel; Kochel-Walchensee 9 km)**

*****Werdenfelser Land und Bergpanorama bei der Anfahrt auf Garmisch:** Das Bergpanorama des Wettersteingebirges erhebt sich majestätisch über das Werdenfelser Land: Dreitorspitze (2633 m), Alpspitze (2628 m) und der höchste Berg Deutschlands, die Zugspitze (2963 m). Das dem Bergmassiv zu Füßen liegende Werdenfelser Land hat seinen Namen von der ehemaligen Burg (1180) und jetzigen Ruine Werdenfels (»Wehr den Fels«).

UNTERWEGS VOM FÜNFSEENLAND INS WERDENFELSER LAND

Blick über den Starnberger See und das Voralpenland

Das Starnberger **Fünf-Seen-Land** vor den Toren Münchens besteht aus dem Starnberger-, dem Ammer-, dem Weßlinger-, dem Pilsen- und dem Wörthsee. Die insgesamt 100 km Seeufer sind ideal für Wassersport in jeglicher Form und für erholsame Spaziergänge. Mit ihren sanften Steigungen wirkt die Landschaft niemals eintönig. Darüber hinaus verlocken Landgaststätten und Biergärten zu einer Zwischenstation. Die Strecke verläuft weiter durch das hügelige **Voralpenland** vorbei an **Staffel-** und **Riegsee** auf der einen, **Kochel-** und **Walchensee** auf der anderen Seite bis ins **Werdenfelser Land,** der Region um Garmisch-Partenkirchen am Fuß des **Wettersteingebirges** mit seinen mächtigen Alpengipfeln. Eine landschaftlich reizvolle Nebenstrecke ist die Kesselbergstraße **(Abfahrt 10 Murnau-Kochel, ab Kochel B11)** diese Verbindungsstraße zwischen **Kochelsee** und **Walchensee** wurde bereits Ende des 19. Jahrhunderts, als man noch auf echte Pferdestärken angewiesen war, angelegt. Sie bietet herrliche Ausblicke auf Alpen, Kochelsee und den geheimnisvollen Walchensee, der bis zu 200 Meter tief und von dunklen Bergwäldern umsäumt ist.

KULINARISCHES DER REGION: Brotzeitvielfalt

Wer es eilig hat, holt sich schnell eine Semmel mit **warmem Leberkäs,** die man in Oberbayern fast in jeder Metzgerei bekommt. Aber für eine richtige Brotzeit braucht es schon Ruhe, sie soll ja Leib und Seele zusammenhalten und nicht nur den Magen füllen. Große Umstände werden ansonsten nicht gemacht. Brotzeitbrett und scharfes Messer reichen, um **Wurst** und **Käse, Radieschen** und **Essiggurke** in mundgerechte Stücke zu schneiden. Senf oder Meerrettich gibt es dazu und ein frisch gezapftes Bier. Viele bayerische Wirtshäuser haben eine eigene **Brotzeitkarte.** Sie bietet eine Vielfalt kalter Gerichte wie den **O'bazda** (angemachter Camembert). Wer an den Seen unterwegs ist, dem seien vor allem die vielseitigen **Fischgerichte** empfohlen, ob Zander, Renke oder Forelle, ob warm serviert oder geräuchert. Empfehlenswert: **Zum Fischmeister** in Ambach, Restaurant mit Biergarten am Starnberger See **(Abfahrt 6 Wolfratshausen, 11 km).**

RAST AUF REISEN: Mit Aussicht

Landgasthof Osterseen, Hofmark 9, 82293 Iffeldorf, Tel. 08856/92860: schöne Lage am Rand der Osterseen, komfortable Unterkunft, Restaurant und Caféterrasse **(Abfahrt 8 Penzberg-Iffeldorf, ca. 6 km)** **Wittelsbacher Hof,** Von-Brug-Str. 24, 82467 Garmisch-Partenkirchen, Tel. 08821/53096: first-class Hotel, zentral, Blick auf die Zugspitze; **Alpenhotel Forsthaus Graseck,** Graseck 4, 82467 Garmisch-Partenkirchen, Tel. 08821/943240: über dem Ort in Naturschutzgebiet gelegen, Blick auf die Wettersteinwand; **ATLAS Grand Hotel,** Ludwigstr. 49, 82467 Garmisch-Partenkirchen, Tel. 08821/93630: nobles Haus im Barockstil **(Ausfahrt 11 Eschenlohe, 15 km).**

Das Murnauer Moos ist das größte Alpenrandmoor Mitteleuropas. Es entstand aus einem Ausläufer des Loisachgletschers.

Die Marktgemeinde Garmisch-Partenkirchen ist ein beliebtes Sommer- und Winterziel.

Streckenprofil: *Vom Bodensee verläuft die Strecke zwischen Donau und Alpen durch hügeliges Voralpenland, kreuzt die großen Donauzuflüsse Iller und Lech und endet in der bayerischen Metropole München.* ***(175 km, 2 Std.)***

*****Bodensee:** Mit einer Fläche von 536 km² und einer 273 km langen Küste ist das »Schwäbische Meer«, gerahmt vom Panorama der Allgäuer und Schweizer Alpen, der zweitgrößte See Westeuropas. Das fast mediterrane Klima lässt an den Ufern, an denen uralte Pfahlbauten entdeckt wurden, subtropische Pflanzen, Wein und vielfältige Obstsorten gedeihen. Die Legende erzählt, dass der liebe Gott einst eine bittere Träne weinte, als er Adam und Eva aus dem Paradies vertreiben musste. Sie fiel auf die Erde, und es wurde der Bodensee daraus. Tatsächlich entstand der See, den sich als einzigen Binnensee der Erde drei Anrainerstaaten teilen, durch den eiszeitlichen Rheingletscher. An seiner breitesten Stelle hat der sehr fischreiche See einen Durchmesser von 64 km; der tiefste Punkt (zwischen Immenstaad und Romanshorn) beträgt 252 m, die Meereshöhe 395 m.

****Lindau:** Wahrzeichen der vom Bodensee umspülten Inselstadt, die seit 1805 zu Bayern gehört, sind der 33 m hohe Leuchtturm (1856) und das Standbild des bayerischen Löwen (1856) an der Mole zum Seehafen. Die vollständig unter Denkmalschutz stehende Altstadt mit schmalen Gassen und schmucken spätgotischen und barocken Patrizierhäusern ist reich an Sehenswürdigkeiten: das Alte Rathaus (1430/1578), Mangturm (um 1200, ehemaliger Leuchtturm), ehemalige Stiftskirche Mariä Himmelfahrt aus der Mitte des 18. Jhs., die evangelische Pfarrkirche St. Stephan (1180, 1782 umgestaltet) und die ehemalige Kirche St. Peter aus dem 11. Jh. mit dem Passionszyklus von Hans Holbein d. Ä. (seit 1928 Kriegergedenkstätte). Das barocke Gebäude »Zum Cavazzen« gilt als schönstes Haus am Bodensee (heute Stadtmuseum). Interessant: das Friedensmuseum in der Villa Lindenhof am See. **(Abfahrt 2 Lindau, 3 km)**

Lindau am schönen Bodensee

***Schloss Wolfegg:** Schon von Weitem ist das Schloss der Fürsten von Waldburg zu Wolfegg zu sehen (16./17. Jh.). **Abfahrt 5 Wangen-West, 15 km)**

Bad Wurzach: Moorheilbad. Im barocken Schloss ist vor allem das aufwändig gestaltete Treppenhaus sehenswert. Herrlich die Rokokokapelle des Klosters Maria Rosengarten. Vielfältig ist die Hochmoorlandschaft des Wurzacher Rieds. **(Abfahrt 9 Leutkirch-West, 14 km)**

Wasserburg: In dem kleinen Ort am Bodensee mit dem sehenswerten Schloss wurde der berühmte Schriftsteller Martin Walser geboren. **(Abfahrt 3 Sigmarszell, 15 km)**

***Kißlegg:** von Moorseen umgebene Marktgemeinde. Sehenswert: mittelalterliche, im Barock umgestaltete Kirche St. Gallus und Ulrich mit wertvollen Silberarbeiten. Im barocken Neuen Schloss befindet sich das Museum Expressiver Realismus. **(Abfahrt 7 Dettishofen, 5 km)**

***Leutkirch:** Schmuckstück der einstigen Freien Reichsstadt ist das barocke Rathaus (1741) am Marktplatz. Sehenswert: das Bockhaus neben dem Bockturm (Heimatmuseum) und Schloss Zeil (1598–1888). **(Abfahrt 8 Leutkirch-Süd, 3 km)**

***Mindelheim:** Den besten Blick auf Tore und Türme der alten Stadtbefestigung (12.–16. Jh.) hat man von der alles beherrschenden Mindelburg (15./16. Jh.), die einst Sitz des Landsknechtsführers Georg von Frundsberg (1473–1528) war. Zu seinen Ehren wird im Herzen der hübschen Altstadt alle drei Jahre das historische Frundsbergfest gefeiert. Sehenswert: die barocke Pfarrkirche St. Stephan (1713) mit dem gotischen Doppelgrabmal (um 1430) des Herzogspaars Ulrich und Ursula von Teck und das Turmuhrenmuseum in der ehemaligen Silvesterkirche. **(Abfahrt 19 Mindelheim, 2 km)**

****Freilichtmuseum Illerbeuren:** Das 1954 zur Rettung alter Bauernhäuser gegründete Schwäbische Bauernhof-, Schützen- und Brotmuseum ist das älteste Freilichtmuseum Bayerns. **(Abfahrt 10 Aichstetten, 8 km bis Lautrach)**

Memmingen: siehe Seite 93

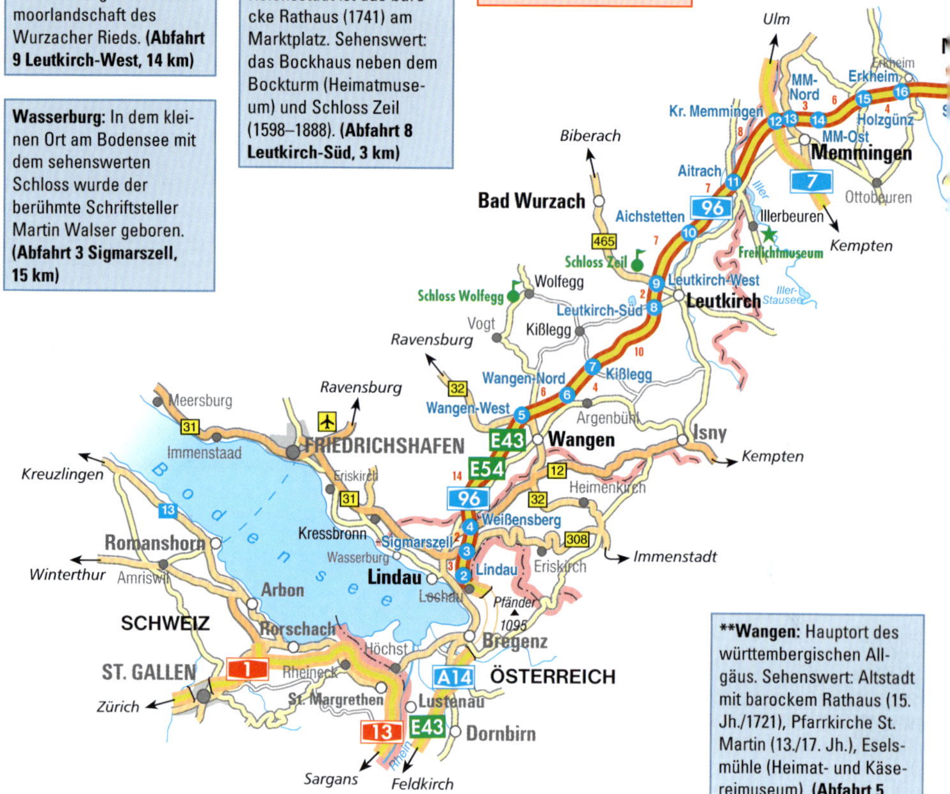

****Wangen:** Hauptort des württembergischen Allgäus. Sehenswert: Altstadt mit barockem Rathaus (15. Jh./1721), Pfarrkirche St. Martin (13./17. Jh.), Eselsmühle (Heimat- und Käsereimuseum). **(Abfahrt 5 Wangen-West, 3 km)**

UNTERWEGS IM UNTERALLGÄU

Memmingen: der Marktplatz mit dem Steuerhaus

Längst vorbei ist die Zeit, in der allein die Landwirtschaft das Unterallgäu prägte. Moderne Industriebetriebe haben sich angesiedelt, und der Tourismus ist mit jährlich über 1,2 Millionen Übernachtungen ein wichtiger Wirtschaftsfaktor. Zu den Perlen Deutschlands gehört die liebliche Gegend mit dem **Bodensee** oder **»Schwäbischem Meer«**; der mit einer Fläche von 536 km², einer Länge von 64 km und einer Breite von 15 km der drittgrößte See Europas ist. Vor allem der Dreiklang **Barock, reichsstädtische Architektur** und **bäuerliche Kultur** macht das Unterallgäu zu einem Erlebnis. Eine reiche Museenlandschaft und viele kulturelle Angebote bietet die Region. Das **Kneippland** blickt auf eine bewegte Vergangenheit zurück: Kelten, Römer, Alemannen, Staufer, Pappenheimer und Fugger haben ihre Spuren hinterlassen.

KULINARISCHES DER REGION: Käsespätzle

Dass die **Spätzle** nicht nur in Schwaben zu Hause sind, ist bekannt. Der würzige **Käse,** der im Allgäu hergestellt wird, ist für die Küche dieses Landstrichs geprägt, und so werden auch die **Allgäuer Käsespätzle** mit **Allgäuer Emmentaler** oder einem anderen **Bergkäse** der Region zubereitet. Zu den Kässpätzle, die nach einer reichhaltigen Krone gebräunter Zwiebeln verlangen, serviert man im Winter Kartoffelsalat, im Sommer frischen Kopf- oder Eisbergsalat. Und am besten mundet diese Allgäuer Köstlichkeit mit einem Glas trockenen **Weißweins.** Empfehlenswerte Lokale: **Engelkeller,** Königsgraben 9, 87700 Memmingen: mehrfach ausgezeichnete regionale Küche mit leichten Fisch- und Fleischgerichten sowie schwäbische Schmankerl **(Abfahrt 13 Memmingen-Nord). Gasthof Bayerischer Hof,** Kemptener Str. 53, 88290 Leutkirch: familiär geführtes Haus direkt neben dem Badeweiher der Stadt, reichhaltige bodenständige Allgäuer Küche, Sonnenterrasse **(Abfahrt 9 Leutkirch, 3 km).**

RAST AUF REISEN: Im Unterallgäu

Seehotel Kressbronn, Seestr. 50, 88079 Kressbronn, Tel. 07543/933630: komfortable, moderne Zimmer mit Balkon, Liegewiese mit Restaurant Kretzergrund **(Abfahrt 3 Sigmarszell, 13 km). Hotel Gasthof Stern,** 87719 Mindelheim, Frundsbergstr. 17, Tel. 08261/5055: moderne Zimmer, Frühstücksbüffet **(Abfahrt 19 Mindelheim, 2 km). Hotel-Landgasthof Mohren,** Bodenseestr. 7, 88239 Wangen-Neuravensburg, Tel. 07528/9500: wohnliche Zimmer, gutbürgerliche Küche, Sauna, Hallenbad **(Abfahrt 5 Wangen-West, 11 km).**

In der Altstadt von Landsberg am Lech

Fürstenfeldbruck: Stadt an der Amper. Sehenswert: die 1701–26 erbaute Kirche des ehemaligen Zisterzienserklosters Fürstenfeld, eine der schönsten Barockkirchen Altbayerns mit Fresken von Cosmas Damian Asam. Jenseits der Amper: die Magdalenenkirche aus dem 17. Jh. mit schönem Rokokostuck. **(Abfahrt 30 Inning am Ammersee, 17 km)**

Luftfahrtzentrum Oberpfaffenhofen: Rechts von der Abfahrt Oberpfaffenhofen liegt das deutsche Raumfahrtzentrum.

***Inning am Ammersee:** Sehenswert: St. Johannes Baptist (1768) mit Fresken von Christian Wink. **(Abfahrt 30 Inning am Ammersee, 1 km)**

Das 1850 errichtete Siegestor in München

*****Schloss Nymphenburg:** Die Sommerresidenz der bayerischen Könige und Kurfüsten in München ist eines der berühmtesten spätbarocken Schlösser Deutschlands (1664–1730). Dem vom berühmten Gartenbauarchitekten Dominique Girard konzipierten französischen Garten, schließt sich ein weitläufiger Park mit den vier Lustschlössern Badenburg (1721), Pagodenburg (1719), Magdalenenklause (1725) und dem Rokokomeisterwerk Amalienburg (1739) an. Sehenswert: Prunkkarossen und Schlitten des Königshauses im Marstall-Museum und die Porzellanmanufaktur. **(Abfahrt 38 München-Laim, 4 km)**

***Bad Wörishofen:** berühmtes Heilbad, in dem Pfarrer Sebastian Kneipp (1821–97) 1855 seine Wasserkuren einführte. Sehenswert: der Kurpark mit Falknerei und Rosarium. **(Abfahrt 20 Bad Wörishofen, 5 km)**

Lech: Von vielen Staustufen aufgehalten fließt der 264 km lange Donaunebenfluss mal wild, mal beschaulich von seiner Quelle in den Lechtaler Alpen bis zur Mündung bei Donauwörth.

****Landsberg am Lech:** Wie eine wehrhafte Festung thront die alte Stadt stolz über dem Lech. Der Weg in die Altstadt führt durch eines der mittelalterlichen Stadttore des noch weitgehend erhaltenen Mauerrings. Im Kontrast zu den Toren und Türmen weist der Stadtkern spitzgiebelige Bürgerhäuser und barocke Kirchen auf. Sehenswert: Altes Rathaus (um 1700) mit prächtiger Stuckfassade (1720) und Johanniskirche (1750–52), beide von Dominikus Zimmermann; zinnengekröntes Bayertor (1425) und Schmalzturm (13. Jh.); Stadtpfarrkirche (um 1700 barockisiert); die über der Stadt gelegene spätbarocke Heilig-Kreuz-Kirche (1752–54) sowie das Lechwehr (13. Jh.) und die Lechstaustufen nördlich und südlich der Stadt. **(Abfahrt 25 Landsberg/Lech, 3 km)**

****Ammersee:** Der in ländlicher Idylle gelegene und mit rund 48 km² Wasserfläche drittgrößte See Bayerns ist wegen seiner günstigen Windverhältnisse ein Paradies für Segler und Surfer. Von **Herrsching**, dem Hauptort des Sees **(Abfahrt 30 Inning am Ammersee, 11 km)**, führen alle Wege auf den »Heiligen Berg« zum berühmten **Kloster Andechs**, das seine Popularität nicht nur der Benediktinerabtei mit großartiger Rokokokirche (1751/55, mit Stuck und Fresken von Johann Baptist Zimmermann) verdankt, sondern vor allem dem Bier und der Klosterbrauerei. Auf der Westseite des Sees sehenswert: **Dießen** mit dem 1732–39 von Johann Michael Fischer errichteten Marienmünster und dem Orff-Museum. **(Abfahrt 29 Greifenberg, 15 km)**

Von **Stegen** bei Inning legen die Ausflugsschiffe zur großen Seerundfahrt ab (April–Okt., ca. 3 Std., Zeiten: Schifffahrt Ammersee, Tel. 08143/94021). Wer weniger Zeit hat: Vom Parkplatz in Stegen kann man auch zu einer kleinen Wanderung am schönen Ostufer des Sees starten und sich anschließend im Restaurant oder im Biergarten in Stegen stärken. **(Abfahrt 30 Inning am Ammersee, 4 km)**

*****München:** Die drittgrößte Stadt Deutschlands ist reich an Sehenswürdigkeiten und bietet neben dem spektakulären Oktoberfest eine Fülle an Entertainment und Kunstgenuss. Sehenswert: Wahrzeichen Frauenkirche (15. Jh., Türme 99 m hoch), Marienplatz mit der Mariensäule (1638), dem Alten Rathaus (1470–74) und dem neugotischen Neuen Rathaus (1867–1908); Kirche St. Peter (11.–14. Jh., Aussichtsturm 300 Stufen) und Viktualienmarkt; Stadttore: Sendlinger Tor (1310) nahe der prunkvollen Asamkirche (1746), Isartor (1337) und Karlstor (1302) am Stachus; Maximilianstraße mit Nationaltheater (1811–18), Völkerkundemuseum und Maximilianeum (1857–74, Landtag); die vom Odeonsplatz mit Residenz (16.–18. Jh.), Hofgarten, Feldherrnhalle (1841–44) und Theatinerkirche (1663–1768) zum Siegestor (1850) führende Ludwigstraße mit Staatsbibliothek, Ludwigskirche und Universität (zwischen 1829–44); die Prinzregentenstraße mit Prinz-Carl-Palais, Haus der Kunst, Nationalmuseum, Friedensengel (1896) und dem angrenzenden 373 ha großen Englischen Garten (1781 angelegt); der Königsplatz mit Propyläen, Glyptothek, Antikensammlung und Lenbachhaus (1890); die Alte (1836) und Neue (1853/1981) Pinakothek mit berühmten Gemälden; die Pinakothek der Moderne, das Deutsche Museum (1903), weltgrößtes Museum für Wissenschaft und Technologie; der Olympiapark mit einem 290 m hohen Fernsehturm; die Bavaria (1850) mit Ruhmeshalle (1843–53) an der Theresienwiese; über 100 auf die Stadt verteilte Biergärten; Tierpark Hellabrunn und Bavaria Filmstadt in Geiselgasteig.
(Abfahrt 39 München-Sendling)

UNTERWEGS VOM ALLGÄU IN DIE BAYERNMETROPOLE

Pilgerziel am Ammersee: Kloster Andechs

Bis zum **Ammersee** ziehen sich die Vororte und Ausläufer der Bayernmetropole München hin. Doch lässt man die Geschäftigkeit der »Weltstadt mit Herz« einmal hinter sich, entdeckt man schnell die urige Schönheit der bayerischen **Naturlandschaft:** Wie in Puderzucker getauchte schneebedeckte Gipfel der **Alpen,** die grünen Hügel der **Vorgebirgslandschaft,** dichte Wälder, stille Seen und üppige Felder prägen den herbromantischen Landstrich. Kein Wunder, dass die Münchner an sonnigen Tagen und an den Wochenenden bereits frühmorgens ins Umland ausschwärmen. Doch trotz der Nähe zur Stadt hält sich am Ammersee, dem drittgrößten See Bayerns, der Freizeitbetrieb in Grenzen. Schon im Frühjahr erreicht der See eine angenehme Badetemperatur und lädt am Ufer zum Sonnenbaden ein **(Abfahrt 30 Inning 3 km).** Auch der **Wörthsee** mit seinen weiten, flachen Ufern ist für Familien ein empfehlenswertes Ausflugsziel **(Abfahrt 31 Wörthsee, 3 km).** Natur pur bieten die zahlreichen kleineren Seen zwischen **Ammersee** und **Starnberger See** wie der **Pilsensee (Abfahrt 31 Wörthsee, 8 km)** oder der **Weßlinger See (Abfahrt 32 Oberpfaffenhofen, 6 km).**

KULINARISCHES DER REGION: Fisch vom See

Rund um den Ammersee sind **Fischspezialitäten** aller Art ganz hoch im Kurs. So bieten die Restaurants Köstlichkeiten wie **Ammerseezander** oder **-hecht,** beides mit gekochten Kartoffeln und grünem Salat, oder eine **Ammerseer Renkenplatte** mit Remouladensauce und Salzkartoffeln. Empfehlenswerte Lokale: **Gasthof Unterbräu,** Mühlstr. 36, 86911 Dießen: bayerische Schmankerl, frischer Fisch **(Abfahrt 29 Greifenberg, 15 km). Alte Villa Utting,** Seestr. 32, 86919 Utting: schöner Biergarten mit Jazzfrühschoppen am Sonntag **(Abfahrt 29 Greifenberg, 6 km).**

RAST AUF REISEN: Übernachten an den Seen

Ammersee Hotel, Summerstr. 32, 82211 Herrsching, Tel. 08152/96870: Komforthotel, Zimmer mit Balkon zum See, Seesteg, Sauna, Fitnessraum, gehobene Küche **(Abfahrt 30 Inning, 15 km). Gästehaus Florianshof,** Hauptstr. 48, 82237 Auing am Wörthsee, Tel. 08153/8820: familiär geführtes Hotel garni, komfortable Zimmer, teils mit Balkon, Terrasse **(Abfahrt 31 Wörthsee, 3 km). Hotel Seehof Weßling,** Seeweg 4, 82234 Weßling, Tel. 08153/9350: modernes Vier-Sterne-Hotel, komfortable Zimmer, Biergarten mit Seeblick, bayerische und internationale Küche **(Abfahrt 32 Oberpfaffenhofen, 7 km).**

Der Marienplatz bietet einen uneinheitlichen Mix der Baustile. Neben historischen Bauten wie dem Alten Rathaus stehen moderne Kaufhäuser.

Während der turbulenten Oktoberfestwochen bildet die Bavaria vor der Ruhmeshalle den Ruhepol an der Theresienwiese.

Die Denkmäler der Feldherrnhalle stammen von Ferdinand von Miller.

Die Fassade des Neuen Rathauses am Marienplatz

Die Bayerische Staatsoper gilt als eines der schönsten und besten Opernhäuser der Welt.

Das berühmte Hofbräuhaus

Den Weinbau haben bereits die Römer an den Bodensee gebracht. Heute sieht man fast um den gesamten See Weinberge wie hier bei Meersburg.

Die malerisch am Ufer des Bodensees gelegene Wallfahrtskirche Birnau

Mittelalterliches Schloss über dem Bodensee: die Meersburg

Das Alte Rathaus in Lindau mit Fassadenmalereien aus der Renaissancezeit

UNTERWEGS ENTLANG DES JURA

Das Schloss in Morges am Genfer See

Große **Seen** schmiegen sich in die Senke vor dem Anstieg zum **Jura,** einem abgetragenen Faltengebirge. Von Genf aus hatte sich ab dem 16. Jh. das Uhrmacherhandwerk dort verbreitet, während in den Hügeln des Mittellandes, das im Süden zu den Kantonen Waadt (Vaud) und Fribourg gehört, die Milka-Kühe stehen – und die meisten Schweizer leben.

KULINARISCHES DER REGION: Süffiger Wein

Den größten Anteil an der Rebfläche hat der **Chasselas** (Gutedel), ein spritziger, meist junger Wein. Die eleganten Weißen **Epesses, Dézaley** und **St-Saphorin** aus der Region Lavaux passen zu leichten **Fischspeisen** oder der Waadtländer **»Soupe de Poisson au Lac«** – Fischsuppe mit Gemüse. Empfehlenswerte Lokale: **Le Vieux Manoir au Lac,** Rue de Lausanne, 3280 Murten-Meyriez, Tel. 0 26/6 78 61 80: ein Schmuckstück im Landhausstil, perfekte Küche **(Abfahrt 29 Murten, 5 km). Seerose,** Dorfstr. 16, Bolken, Tel. 062/9613939: Marktküche, herrlicher Fisch **(über A5, Abfahrt 40 Kriegstetten, 6 km).**

RAST AUF REISEN: Hotels mit Flair

Hôtel Beau-Rivage, 49 rue de Rive, 1260 Nyon, Tel. 0 22/3 65 41 41: elegant, am See **(Abfahrt 11 Nyon, 4 km). Croix Blanche,** 1583 Villarepos Tel. 0 26/6 75 30 75: familiär **(Abfahrt 28 Avenches, 3 km). Hotel Restaurant Baseltor,** Hauptgasse 79, 4500 Solothurn, Tel. 0 32/6 22 34 22: Altstadthaus, mediterrane und Schweizer Küche **(über A5, Abfahrt 41 Verzw. Luterbach, 6 km).**

Streckenprofil A1:** Vom Genfer See, der bei klarem Wetter mit dem dahinter aufragenden Mont-Blanc-Massiv ein unvergleichliches Panorama bietet, führt die etwas bergige Route durch das Waadtland bis an den Lac de Neuchâtel und auf sanft hügeliger Strecke bis Bern. Von der Hauptstadt geht die Route weiter durch das Schweizer Mittelland in die Finanzmetropole Zürich und über St. Gallen zum Grenzort St. Margrethen im Dreiländereck am Bodensee.* ***(Ca. 410 km, 4½ Std.)
A7:** Von der A1 führt die Strecke durch den sanft gewellten, von Obstanbau geprägten Thurgau an die deutsch–schweizerische Grenze bei Konstanz.* ***(40 km, 30 Min.)

Wichtig! Auf den Autobahnen gilt Vignettenpflicht. Die jeweils für ein Kalenderjahr gültigen Plaketten (40 SFR) gibt es an den Grenzen, an Postämtern und Tankstellen. Auf der Autobahn gilt ein Tempolimit von 120 km/h. Wer mehr als 20 km/h zu schnell ist, muss mit Führerscheinentzug rechnen.

Die Altstadt von Bern mit dem Zeitglockenturm

****Solothurn:** Kantonshauptstadt an der Aare mit schönem barock geprägtem Stadtbild. Sehenswert: klassizistische St. Ursen-Kathedrale (1773); der Zeitglockenturm (12. Jh.) mit astronomischer Uhr (1545); das Alte Zeughaus (1614) mit Waffensammlung; barocke Jesuitenkirche und Rathaus mit Renaissanceportal. **(Abfahrt 41 Verzw. Luterbach, über A5, 5 km)**

***Yverdon les Bains:** Die Schwefelthermen der Stadt am Lac de Neuchâtel waren schon bei den Römern beliebt. Sehenswert: das Schloss (1260) mit einem Museum, das prähistorische und römische Funde zeigt; in Seenähe stehen die 45 »Menhire von Clendy«. Von Yverdon hat man einen reizvollen Blick über den See auf Schloss Grandson (13.–15. Jh.). **(Abfahrt 25 Yverdon-Sud, 3 km).**

****Bern:** Der von der Aare umflossene historische Kern der Schweizer Hauptstadt wurde von der UNESCO zum Weltkulturerbe erklärt. Überragt wird die Altstadt mit ihren malerischen Patrizierhäusern, Arkadengängen, Gassen und noblen Einkaufspassagen vom gotischen Münster (1421–1611). Wahrzeichen ist der Zytglogge-Turm (12. Jh./18. Jh.) mit astronomischer Uhr (1527–30) und Glockenspiel. Sehenswert: Theater- und Münsterplatz sowie Markt-, Kram- und Gerechtigkeitsgasse; Rathaus (1406) und Bundeshaus (1896–1902); Nydeggbrücke (1840–44) und Bärengraben, ein Tiergehege (seit 1480). Museen: Kunstmuseum, Schweizerisches Alpines Museum und Bernisches Historisches Museum. **(Abfahrt 35 Bern-Forsthaus, 3 km)**

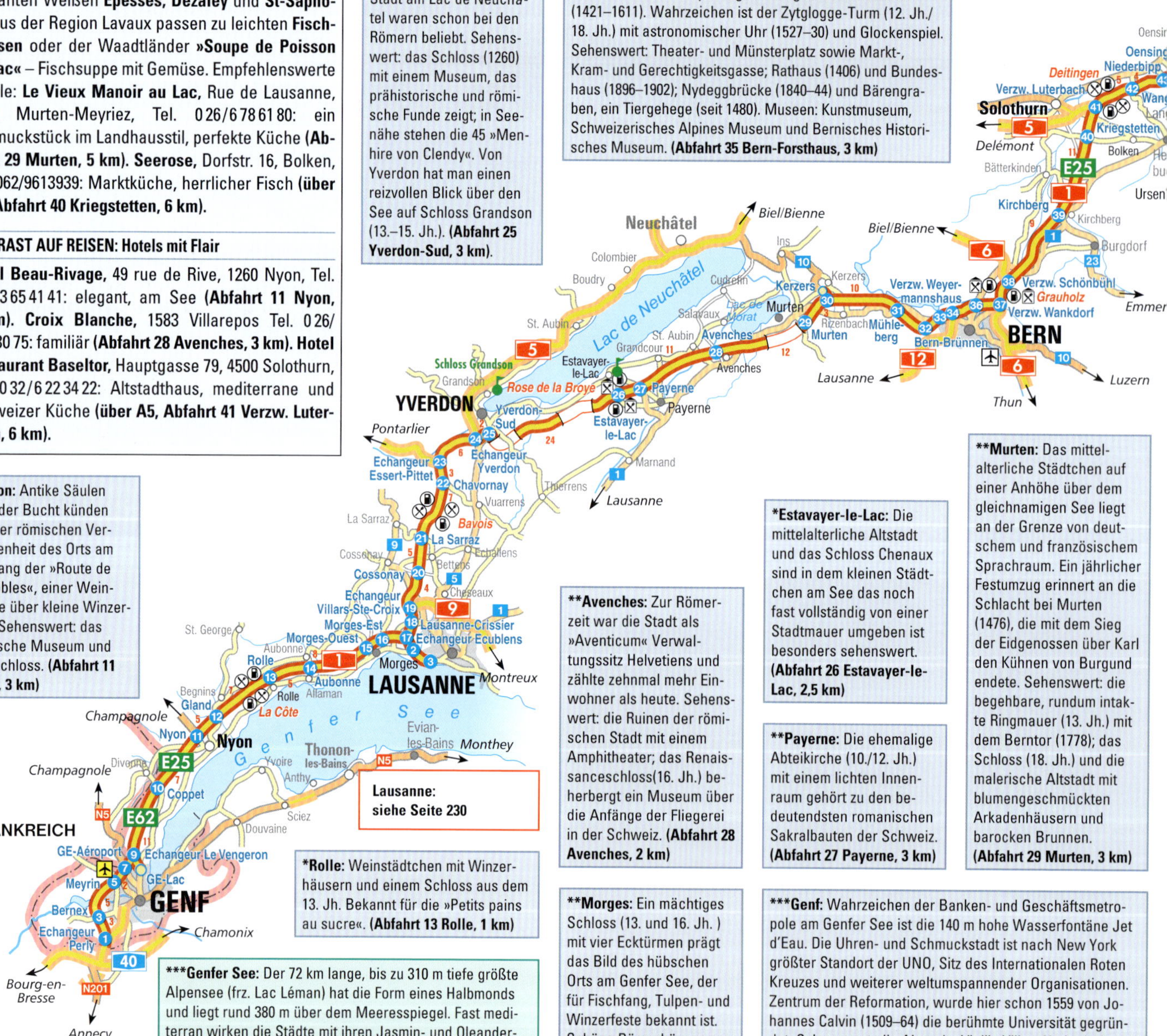

Lausanne: siehe Seite 230

****Nyon:** Antike Säulen über der Bucht künden von der römischen Vergangenheit des Orts am Ausgang der »Route de Vignobles«, einer Weinstraße über kleine Winzerorte. Sehenswert: das Römische Museum und das Schloss. **(Abfahrt 11 Nyon, 3 km)**

***Rolle:** Weinstädtchen mit Winzerhäusern und einem Schloss aus dem 13. Jh. Bekannt für die »Petits pains au sucre«. **(Abfahrt 13 Rolle, 1 km)**

*****Genfer See:** Der 72 km lange, bis zu 310 m tiefe größte Alpensee (frz. Lac Léman) hat die Form eines Halbmonds und liegt rund 380 m über dem Meeresspiegel. Fast mediterran wirken die Städte mit ihren Jasmin- und Oleandergärten am Ufer der »Waadtländischen Riviera«. Der See weist eine rätselhafte Besonderheit auf: Innerhalb einer Stunde variiert der Seespiegel wahrscheinlich aufgrund von Luftdruckschwankungen um 0,6 bis 1,5 m.

****Avenches:** Zur Römerzeit war die Stadt als »Aventicum« Verwaltungssitz Helvetiens und zählte zehnmal mehr Einwohner als heute. Sehenswert: die Ruinen der römischen Stadt mit einem Amphitheater; das Renaissanceschloss(16. Jh.) beherbergt ein Museum über die Anfänge der Fliegerei in der Schweiz. **(Abfahrt 28 Avenches, 2 km)**

****Morges:** Ein mächtiges Schloss (13. und 16. Jh.) mit vier Ecktürmen prägt das Bild des hübschen Orts am Genfer See, der für Fischfang, Tulpen- und Winzerfeste bekannt ist. Schöne Bürgerhäuser aus dem 17. und 18. Jh.; Rathaus aus dem 16. Jh. **(Abfahrt 16 Morges-Est, 2 km)**

***Estavayer-le-Lac:** Die mittelalterliche Altstadt und das Schloss Chenaux sind in dem kleinen Städtchen am See das noch fast vollständig von einer Stadtmauer umgeben ist besonders sehenswert. **(Abfahrt 26 Estavayer-le-Lac, 2,5 km)**

****Payerne:** Die ehemalige Abteikirche (10./12. Jh.) mit einem lichten Innenraum gehört zu den bedeutendsten romanischen Sakralbauten der Schweiz. **(Abfahrt 27 Payerne, 3 km)**

****Murten:** Das mittelalterliche Städtchen auf einer Anhöhe über dem gleichnamigen See liegt an der Grenze von deutschem und französischem Sprachraum. Ein jährlicher Festumzug erinnert an die Schlacht bei Murten (1476), die mit dem Sieg der Eidgenossen über Karl den Kühnen von Burgund endete. Sehenswert: die begehbare, rundum intakte Ringmauer (13. Jh.) mit dem Berntor (1778); das Schloss (18. Jh.) und die malerische Altstadt mit blumengeschmückten Arkadenhäusern und barocken Brunnen. **(Abfahrt 29 Murten, 3 km)**

*****Genf:** Wahrzeichen der Banken- und Geschäftsmetropole am Genfer See ist die 140 m hohe Wasserfontäne Jet d'Eau. Die Uhren- und Schmuckstadt ist nach New York größter Standort der UNO, Sitz des Internationalen Roten Kreuzes und weiterer weltumspannender Organisationen. Zentrum der Reformation, wurde hier schon 1559 von Johannes Calvin (1509–64) die berühmte Universität gegründet. Sehenswert: die Altstadt »Vieille Ville«; Kathedrale Saint-Pierre (12./13. Jh.); Rathaus (16. Jh.), Temple de l'Auditoire (13./19. Jh.); Palast der Nationen. Museen: Musée d'Art et d'Histoire, Museum Rath (1825), Museum Barbier-Muller und Naturkundemuseum. **(Abfahrt Lac, 4 km)**

****Aarau:** Die zahlreichen blumengeschmückten Giebelhäuser mit reich geschnitzten Dachschrägen gaben der Hauptstadt des Kantons Aargau den Namen »Stadt der Giebel und Gärten«. Gut erhalten ist die spätgotische Altstadt, die auf einem markanten Felsen über der Aare liegt. Sehenswert: das Rathaus (1520/1762) mit dem Turm Rore (1240), der Oberturm (1270, Uhr 1532) und die wunderschöne »Halde«, eine von Bürgerhäusern (16.–19. Jh.) gesäumte Gasse nahe der gotischen Stadtkirche (1471–78). **(Abfahrt 50 Aarau-Ost, 5 km)**

***Kreuzlingen:** Nahe dem Grenzübergang nach Konstanz lädt der Seeburgpark mit Tiergehegen zum Verweilen ein.Sehenswert: das Seemuseum in der Kornschütte. In Salenstein gibt das Schloss Arenenberg mit dem Napoleonmuseum einen Eindruck von der Lebenswelt des 19. Jhs. Das Schloss war Exilsitz des Kaisers Napoleon III. und seiner Mutter Hortense; schöner Blick über den Untersee und die Insel Reichenau. **(Abfahrt 7 Kreuzlingen, 2 km)**

***Frauenfeld:** industriell geprägter Hauptort des Kantons Thurgau. Sehenswert: das Schloss (13./18. Jh.) über der Murg mit dem Historischen Museum. Die Kartause Ittingen (12./16. Jh.) mit Hotel, Gastwirtschaft und Kunstmuseum liegt 4 km nordwestlich und ist ein beliebtes Ausflugsziel. **(Abfahrt 4 Frauenfeld-Ost, 2 km)**

Kloster Scholastika in Tübach nordöstlich von St. Gallen

****Lenzburg:** Über dem mittelalterlichen Ort, der für Konfitüren bekannt ist, thront auf dem Burgberg das Schloss Lenzburg (11.–16. Jh.). Sehenswert: Ritterhaus (1345) und die Ruinen eines römischen Theaters (1. Jh. n. Chr.) westlich der Auffahrt zur Autobahn. **(Abfahrt 51 Lenzburg, 1 km)**

*****Zürich:** führende Bankenmetropole Europas. Das Stadtbild am Rand des Zürichsees und zu beiden Ufern des Flusses Limmat wird vom Großmünster (11.–15. Jh., Turmhauben 1782) geprägt sowie vom auf der anderen Seite der Münsterbrücke (1484) gelegenen Frauenmünster (13.–15. Jh.) mit Glasfenstern von Giacometti und Chagall. Eine der mondänsten Einkaufsstraßen und Flaniermeilen der Welt ist die Bahnhofstraße mit dem Paradeplatz. Sehenswert: die Altstadt auf der Seite des Limmatquais mit Neumarkt, Rindermarkt und dem Kunstmuseum am Heimplatz. Auf der Seite des Stadtquais: das Zunfthaus (1752–57), der Bürkliplatz und die Konditorei Sprüngli (1836) am Paradeplatz. Museen: Schweizer Landesmuseum (1893–98), Museum Rietberg, Museum für Gegenwartskunst und Museum der Zeitmessung. **(Abfahrt 59 Verzw. Limmattal, 5 km)**

****Winterthur:** Die in einem Tal gelegene Stadt ist berühmt für ihre zahlreichen Museen und Kunstsammlungen. Auf keinen Fall sollte man einen Besuch der dreieckig angelegten Altstadt mit ihren prachtvollen Bürgerhäusern aus mehreren Stilepochen versäumen. Sehenswert: das maurisch-gotische Waaghaus (1503), das Alte frühklassizistische Stadthaus (1790) und das Neue, von Semper entworfene Stadthaus aus dem 19. Jh., das frühbarocke Doppelhaus »Zur Geduld« (1690–1717) sowie das Rokokohaus »Zum Adler«. Zu den sehenswerten Museen zählen vor allem die bedeutende Sammlung Oskar Reinhart mit dem gleichnamigen Museum, das Kunstmuseum, Museum Lindengut, das Fotomuseum und das hochmoderne »Technorama«. **(Abfahrt 68 Winterthur-Töss, 4 km)**

*****Appenzeller Land:** Die hügelige Landschaft mit den in sattgrüne Wiesen und Wälder eingestreuten Dörfern vor dem Alpsteinmassiv mit dem Säntis (2502 m) ist das Postkartenmotiv der Schweiz. Bedeutendster der tief im Brauchtum verwurzelten Orte ist *****Appenzell**, die Landgemeinde mit den berühmten Abstimmungen unter freiem Himmel. Sehenswert: die bemalten Holzhäuser in der Hauptgasse. Wie der aromatische Appenzeller Käse hergestellt wird, zeigt die Schaukäserei in Stein. (St. Gallen bis Appenzell, ca. 20 km, bis Stein 10 km)

Ein besonderes Erlebnis ist die Fahrt mit dem **Appenzeller Nostalgie-Express.** Von St. Gallen bis Gossau fährt man 10 Min., anschließend geht es mit dem historischen Zug 45 Min. weiter bis Appenzell.

*****St. Gallen:** Der Hauptort des gleichnamigen Kantons ist berühmt für seine grandiose, von der spätgotischen Altstadt umgebene Benediktinerabtei (gegr. 747, 1755–66) – im Hochmittelalter ein bedeutendes Zentrum abendländischer Kultur. Die Stiftsbibliothek (140 000 Bände und Handschriften) ist der schönste Rokokosaal der Schweiz. Sehenswert: Kathedrale (18. Jh.) mit farbenfrohen Deckenfresken, Krypta (10. Jh.) und Klosterschatz; Marktplatz und »Bohl« mit St. Katharinenhof (13.–16. Jh.), Gallusplatz und -straße mit Bürgerhäusern (17. und 18. Jh.). **(Abfahrt 81 St. Gallen-Kreuzbleiche, 2 km)**

In **Rotmonten,** 4 km nördlich, liegt auf 800 m Höhe der Wildpark »Peter und Paul« mit vielen Hirschen, Gämsen, Steinböcken, Wildschweinen, Luchsen und Wildkatzen.

UNTERWEGS ZWISCHEN AARGAU UND BODENSEE

Zürich: beiderseits des Limmat am Nordende des Zürichsees

Weidegrünes **Hügelland** vor einer majestätischen **Gebirgskulisse** am südöstlichen Horizont begleitet zum **Bodensee.** Unterwegs locken Städte und Städtchen mit reicher Kulturtradition und hübschen alten Fachwerkhäusern, bis der **Dreiländersee** inmitten heiterer Obstgärten sein maritimes Flair versprüht.

KULINARISCHES DER REGION: Herzhaftes

Von Solothurn ist es nur ein Katzensprung ins Emmental, ebenso von St. Gallen ins Appenzeller Land, wo zwei der berühmtesten **Käsesorten** der Schweiz ihren Ursprung haben. Mit nussig würzigem Aroma besticht der **Appenzeller,** wenn er für Brotzeitplatten aufgetragen wird, die in der Heimat dieses Käses auch **Mostbröckli** enthalten – feinst geschnittenes Dörrfleisch (ähnlich dem Bündner); es wird vor dem Trocknen in Apfelwein mariniert. In der ganzen Schweiz liebt man **Olmabratwürste** (vom Kalb) aus St. Gallen, mit Vollkornbürli oder einer sämigen Zwiebelsauce und Rösti. Süße Gelüste stillen lebkuchenähnliche **Biber** und **Birnebrot.** Der Hallauer Blauburgunder aus Schaffhausen ist unter den Weinen des Rheintals Spitzenklasse. Empfehlenswerte Lokale: **Hirsernbad,** Hirsern, 4937 Ursenbach (südl. Langenthal), Tel. 062/9 65 32 56: ein traditioneller Landgasthof als kulinarische Feinschmeckerinsel **(Abfahrt 39 Kirchberg, 23 km). Zum goldenen Schäfli,** Metzgergasse 5, St. Gallen, Tel. 071/2 23 37 37: die Küche so traditionell wie das Zunfthaus, das einzig verbliebene in der Stadt; **Restaurant Marktplatz,** Neugasse 2, St. Gallen, Tel. 071/2 23 37 37: Brauhausatmosphäre, traditionelle Schweizer Küche **(Abfahrt 81 St. Gallen-Kreuzbleiche/Zentrum, 5 km).**

RAST AUF REISEN: Romantisch übernachten

Hotel Loge, Oberer Graben 6, 8400 Winterthur, Tel. 052/2 68 12 00: originelles Interieur hinter neugotischen Mauern, fantasievolle Küche **(Abfahrt 72 Oberwinterthur, 5 km). Hotel Gallo,** St. Jakob-Str. 62, 9000 St. Gallen, Tel. 071/242 71 71: klein aber fein, sehr gepflegtes Hotel in einem restaurierten Jugendstilhaus von 1911; **Schloss Wartegg,** Von Blarer Weg 1, 9404 Rorschacherberg, Tel. 071/8 58 62 62: sehr stimmig modern und edel gestaltete alte Burg in einem großen Park, Bio-Restaurant mit Gartenterrasse **(Abfahrt 84 Verzw. Meggenhus, 9 km). Steigenberger Inselhotel,** Auf der Insel 1, 78462 Konstanz (D), Tel. 075 31/31 12 50: ehemaliges Dominikanerkloster, großes edles majestätische wirkendens Haus direkt am See, feine Küche, Restaurant in Zirbelkiefer, Seeterrasse, Wellnessbereich mit Sauna **(Abfahrt Kreuzlingen 5 km).**

Die Limmat teilt Zürich in zwei Hälften. An beiden Uferseiten erstreckt sich die herrliche Altstadt.

Der Kirchturm des Klosters Fraumünster ragt aus der Stadtsilhouette auf. Die Kirche ist für ihre Fenster von Marc Chagall bekannt.

LUDWIG REITER
MÄDLER

Die Metropole der Ostschweiz – St. Gallen – ist seit dem frühen Mittelalter eines der kulturellen Zentren am Bodensee.

Spätbarock ist die Ausstattung der Stiftskirche in St. Gallen.

Der Rokokosaal der Stiftsbibliothek mit Deckengemälden und Stuckaturen ist einer der schönsten Bibliotheksbauten der Welt.

Streckenprofil: *Aus dem geographisch »Rheinknie« genannten Dreiländereck bei Basel führt die Strecke zunächst sanft hügelig und später bergig in die Zentralschweiz an den buchtenreichen und verzweigten Vierwaldstätter See.* ***(135 km, 1¼ Std.)***

Aare: Der 288 km lange Fluss entspringt den Unter- und Oberaargletschern nahe dem Grimselpass. Sie ist der wasserreichste Nebenfluss des Rheins, treibt mehrere Kraftwerke an, durchströmt den Brienzer und den Thuner See und mündet gegenüber von Waldshut in den Rhein.

***Zofingen:** Rund um den weitläufigen Thut-Platz mit Bürgerhäusern aus dem 16. Jh. liegt eine der besterhaltenen historischen Altstädte des Aargaus. Von den bedeutenden Baudenkmälern sind vor allem das Rathaus (1792/95), der Archivturm (15. Jh.), das eindrucksvolle Metzgerzunfthaus (1602) und die Markthalle (18. Jh., Di. und Sa. Wochenmarkt) sehenswert. **(Abfahrt 17 Verzweigung Wiggertal, auf A1 Ri. Zürich, nach 1 km, Abfahrt Ofterdingen, 4 km)**

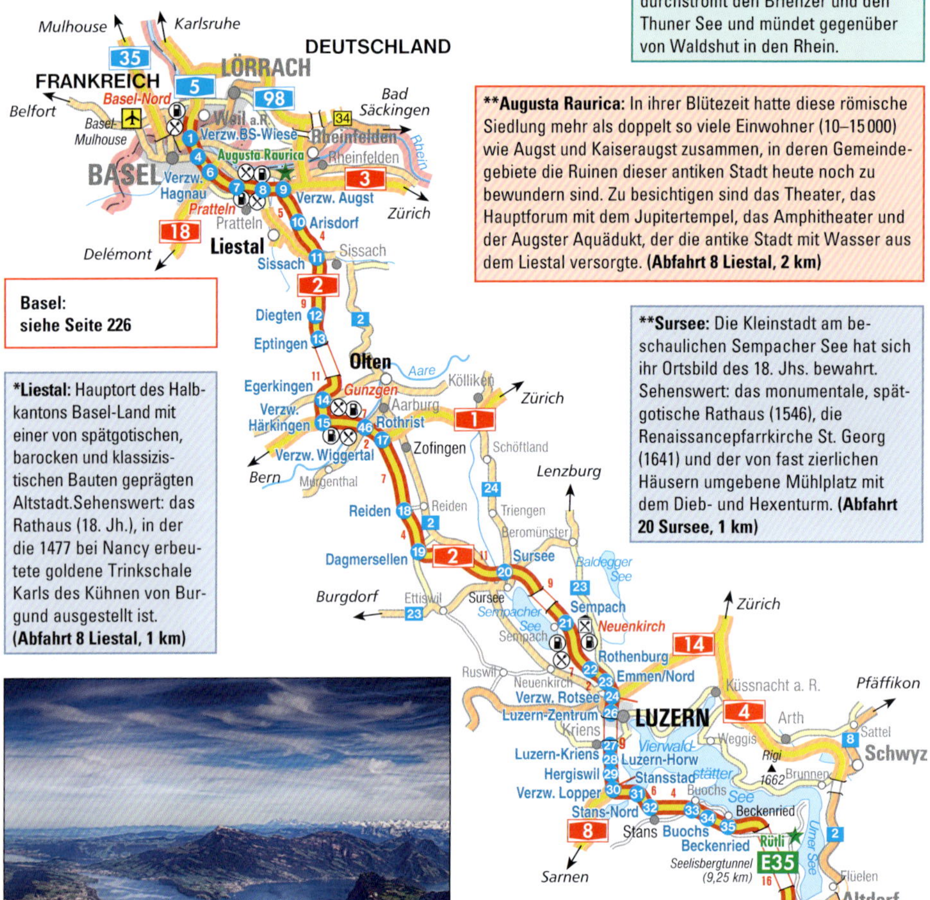

****Augusta Raurica:** In ihrer Blütezeit hatte diese römische Siedlung mehr als doppelt so viele Einwohner (10–15 000) wie Augst und Kaiseraugst zusammen, in deren Gemeindegebiete die Ruinen dieser antiken Stadt heute noch zu bewundern sind. Zu besichtigen sind das Theater, das Hauptforum mit dem Jupitertempel, das Amphitheater und der Augster Aquädukt, der die antike Stadt mit Wasser aus dem Liestal versorgte. **(Abfahrt 8 Liestal, 2 km)**

Basel: siehe Seite 226

***Liestal:** Hauptort des Halbkantons Basel-Land mit einer von spätgotischen, barocken und klassizistischen Bauten geprägten Altstadt.Sehenswert: das Rathaus (18. Jh.), in der die 1477 bei Nancy erbeutete goldene Trinkschale Karls des Kühnen von Burgund ausgestellt ist. **(Abfahrt 8 Liestal, 1 km)**

****Sursee:** Die Kleinstadt am beschaulichen Sempacher See hat sich ihr Ortsbild des 18. Jhs. bewahrt. Sehenswert: das monumentale, spätgotische Rathaus (1546), die Renaissancepfarrkirche St. Georg (1641) und der von fast zierlichen Häusern umgebene Mühlplatz mit dem Dieb- und Hexenturm. **(Abfahrt 20 Sursee, 1 km)**

*****Luzern:** Weltberühmtes Wahrzeichen der malerisch in einer Bucht des Vierwaldstädter Sees gelegenen Kantonshauptstadt ist die über 200 m lange hölzerne Kapellbrücke (1333) mit dem achteckigen Wasserturm. Nach einem verheerenden Brand 1993 wurde sie originalgetreu wieder aufgebaut. Sehenswert: die wunderschöne Altstadt mit Korn- und Weinmarkt, prunkvollen Bürgerhäusern und dem im italienischen Renaissancestil erbauten Rathaus (1606); die reich ausgestattete barocke Jesuitenkirche (1666–77) und die ebenfalls überdeckte Spreuerbrücke mit Totentanzbildern (1626–35) im Dachstuhl; das in eine Sandsteinwand eines kleinen Sees eingemeißelte Löwendenkmal nördlich des Löwenplatzes und der Gletschergarten, ein 1872–75 freigelegter Rest aus der Eiszeit. **(Abfahrt 26 Luzern-Zentrum, 2 km)**

Das **Verkehrshaus Luzern** mit einem Imax-Kino, das eine 360-Grad-Projektion der Schweiz zeigt, gilt als das schönste Verkehrsmuseum Europas (April–Okt. 10–18 Uhr, Nov.–März 10–17 Uhr).

*****Vierwaldstätter See:** Der für seine großartige Naturkulisse bekannte stark gegliederte See liegt auf dem Gebiet der Kantone Uri, Schwyz und Unterwalden. Er ist etwa 114 km² groß und bis zu 214 m tief. An manchen Uferabschnitten gedeiht mediterrane Flora wie Lorbeer und Feigen. Sehr beliebt sind Dampferfahrten zum Anleger der Bergwiese Rütli.

****Rütli:** Dieser stille Ort oberhalb des Urner Sees gilt als die Wiege der Schweizerischen Eidgenossenschaft. Die Vertreter der drei Urkantone Uri, Schwyz und Unterwalden sollen sich hier gegenseitige Hilfe beim Kampf gegen die Habsburger Vögte geschworen haben. Im Wilhelm Tell von Friedrich Schiller ist diese Geschichte verwoben, spätestens da wurde der **»Rütlischwur«** zum Nationalmythos.

Weggis am Vierwaldstätter See

***Stans:** Das Tal um den kleinen Hauptort des Halbkantons Nidwalden ist bekannt für seinen Obstanbau. Sehenswert: der Hauptplatz mit der barocken Pfarrkirche St. Peter (1641–47) und die Historische Sammlung im »Höfli« (1200/17. Jh.). **(Abfahrt 32 Stans-Nord, 3 km)**

Seelisbergtunnel: Der 9250 m lange zweiröhrige Tunnel von 1980 ist die schnelle Verbindung zur Gotthardstraße.

Luzern: am Rathaussteg

UNTERWEGS ZWISCHEN DREILÄNDERECK UND VIERWALDSTÄTTER SEE

Basel: Schiffslände am Rhein

Das Herz der Schweiz reicht vom **Rhein** bis zum **Gotthard.** Südlich von Basel, der Stadt am **Dreiländereck** Deutschland, Frankreich, Schweiz, liegt das sanfte Hügelland des **Basler Jura,** das jenseits des **Aare-Tals** in die bewegte, von den eiszeitlichen Gletschern und ihren Schmelzwässern geprägte Landschaft der **Zentralschweiz** übergeht. Zahlreiche Seen prägen diese reizvolle Landschaft. Die drei **Urkantone** Uri, Schwyz und Unterwalden gruppieren sich um den **Vierwaldstätter See.** Der **Rigi,** der ihn vom **Zuger See** trennt, ist mit 1662 m noch ein moderater Berg, doch nur wenige Kilometer weiter nach Süden steigen die Berge der **Zentralalpen** auf über 3000 m an.

KULINARISCHES DER REGION: Bevorzugt Käse

Milchprodukte sind ein gemeinsamer Nenner aller Schweizer Regionen. Ein **Greyerzer** kommt in die **Basler Mehlsuppe,** fein gerieben in die **»Käshörnli«** (Hörnchennudeln) und ins **Kartoffelgratin.** Ein **Geschwellti** mit **Aare-Chäs** überbacken ein einfaches aber leckeres Gericht. Empfehlenswerte Lokale: **Bad Schauenburg,** Schauenburger Str. 76, 4410 Liestal, Tel. 061/9 06 27 27: exquisite und spontan reagierende Küche, **(Abfahrt 8 Liestal, 8 km). Hotel Restaurant Rothaus,** Klosterstr. 4, Luzern, Tel. 041/2 48 48 48: Klassiker der Schweizer Küche; **(Abfahrt 26 Luzern-Zentrum, 2 km). Hotel Schlüssel,** Oberdorfstr. 26, 6375 Beckenried, Tel. 041/6 22 03 33: bodenständige Schweizer Küche **(Abfahrt 35 Beckenried, 1 km). Linde,** Dorfplatz 7, 6370 Stans, Tel. 041/6 19 09 30: historisches Gebäude in zentraler Lage mit bekömmlicher ideenreicher Küche **(Abfahrt 32 Stans-Nord, 2 km).**

RAST AUF REISEN: Manchmal unkonventionell

Hotel Engel Liestal, Kasernenstr. 10, 4410 Liestal, Tel. 061/9 27 80 80: modern, gehobene gut bürgerliche Küche **(Abfahrt 10 Arisdorf, 4 km). Congress Hotel Olten,** Bahnhofstr. 5, 4600 Olten, Tel. 062/2 97 32 32: stilvoll, im Zentrum, gutbürgerliche Küche **(Abfahrt 14 Egerkingen, 12 km). Hotel Hirschen,** Oberstadt 10, 6210 Sursee, Tel. 041/9211048: historisches Haus im Ortskern, gute, reichhaltige Küche; **Bellevue am See,** Bellevueweg 7, 6210 Sursee, Tel. 041/9 25 81 10: Märchenschloss mit edler Ausstattung, Restaurant mit Seeterrasse **(Abfahrt 20 Sursee). Art Deco Hotel Montana,** Adligenswilerstr. 22, 6002 Luzern, Tel. 041/4 19 00 00: perfekt in Stil und Service, schöner Seeblick; **Jail Hotel Luzern,** Löwengraben 18, 6004 Luzern, Tel. 041/4 10 78 30: unkonventionell übernachten im früheren Gefängnis **(Abfahrt 26 Luzern-Zentrum, 2 km).**

Tor zum Süden: der Gotthard-Pass

Streckenprofil: Von Altdorf im Kanton Uri bis zum Gotthardtunnel führt die verkehrsreiche Nord-Süd-Verbindung durch das Reusstal. Am Ende des ca. 17 km langen Tunnels befindet man sich im Kanton Tessin. Von dort geht es abwärts durch das von mediterraner Vegetation geprägte Valle Levantina nach Bellinzona und Chiasso. ***(160 km, 1¾ Std.)***

*****St.-Gotthard-Pass:** Die Fahrt über den 23 km langen St.-Gotthard-Pass lohnt sich. Nach einer kurvenreichen Strecke über die berühmte Teufelsbrücke gelangt man nach Andermatt, in Skifahrerkreisen als schneesicher bekannt. Der Ausblick auf das St.-Gotthard-Massiv mit Winterhorn (2661 m), Piz di Lucendro (2964 m), Monte Prosa (2471 m) und der Fibbia (2742 m) beeindruckt durch die raue Schönheit der gewaltigen, glatt geschliffenen steilen Granitfelsen. Kurz nach der Passhöhe auf 2108 m steht das im 14. Jh. gegründete St.-Gotthard-Hospiz mit dem gleichnamigen Hotel, einer Wetterwarte und dem Nationalen St.-Gotthard-Museum. Von da aus kann man entweder die neue, bequemere Trasse oder die alte, romantische Serpentinenstraße ins Tal fahren. Bei Airolo gelangt man wieder auf die A2. Dann geht es weiter durch das Flusstal des Ticino (Tessin), vorbei an vielen schönen Bergdörfern, die alle einen Abstecher lohnen. Kurz hinter Chironico stürzt rechts der Ticino durch die Biaschina Schlucht hinunter ins Tal. Bei Giornico liegt links weithin sichtbar die Kirche San Nicolao (12. Jh.) mit einer dreischiffigen Krypta.

***Altdorf:** Alles hier dreht sich um Wilhelm Tell, denn in Altdorf soll der berühmte Apfelschuss stattgefunden haben. Tells Denkmal steht auf dem Hauptplatz vor einem mittelalterlichen Wohnturm, und im Tellspielhaus wird alle drei Jahre das Drama Schillers aufgeführt. Sehenswert: das Historische Museum mit einer kulturhistorischen Sammlung des Kantons Uri. **(Abfahrt 36 Altdorf, 1 km)**

***Göschenen:** Die steilen Granitwände der Schöllener Schlucht bilden die dramatische Kulisse für den kleinen Ort, an dem die Fahrt durch den 16,9 km langen Gotthardtunnel beginnt. **(Abfahrt 40 Göschenen, 2 km)**

*****Bellinzona:** Das Stadtbild der Kantonshauptstadt wird von drei mächtigen Burgen beherrscht, einem eindrucksvollen Beispiel mittelalterlicher Wehrsysteme: Castello Grande, im 13. Jh. auf den Grundmauern einer römischen Festung erbaut, Castello di Montebello, eine der schönsten Burgen des Landes, ebenfalls aus dem 13. Jh., und Castello di Sasso aus dem 15. Jh. Alle drei Anlagen beherbergen kulturhistorische Sammlungen. Sehenswert: die pittoreske historische Altstadt, die auch den englischen Maler William Turner begeisterte, die Kollegiatskirche SS Pietro e Stefano, ein bedeutendes Renaissancebauwerk aus dem 15. Jh. mit einer Darstellung der Kreuzigung Jesu, die Tintoretto gemalt haben soll. **(Abfahrt 45 Bellinzona-Nord, 5 km)**

*****Lugano:** Durch ihre malerische Lage an einer halbkreisförmigen Bucht des Luganer Sees, eingerahmt von Monte San Salvatore und dem Monte Brè, wurde die Stadt schon früh zu einem beliebten Urlaubsziel. Heute ist sie neben Zürich und Genf einer der bedeutendsten Finanzplätze der Schweiz. Sehenswert: die Kathedrale San Lorenzo (14. Jh./18. Jh.), deren Fassade zu den schönsten der Frührenaissance gehört, die Kirche Santa Maria degli Angioli (1499–1515) mit einem Passionsfresko von Bernadino Luini sowie die Villa Ciani im Parco Civico, in der das Städtische Kunstmuseum mit Tessiner Kunst untergebracht ist. **(Abfahrt 49 Lugano-Nord, 5 km)**

Eine Bootsfahrt auf dem Luganer See sollte man nicht versäumen. Es werden mehrere Rundfahrten angeboten, die verschiedene Seeorte anlaufen, darunter auch Gandria, ein malerisches kleines Fischerdorf.

***Mendrisio:** Trotz einiger Industriegebäude ist der Ort mit seinem alten Stadtkern und den historischen Bauten (14.–18. Jh.) sehr sehenswert, besonders der Palast der Edelleute Rusca (15. Jh.) – heute das Amtsgericht – und das ehemalige Servitenkloster mit Pinakothek. **(Abfahrt 52 Mendrisio, 3 km)**

***Chiasso:** Die von Hügeln umrahmte Stadt war schon im Altertum als Durchgangsort stark frequentiert. Sehenswert vor allem der Palast Züst, ein Beispiel für ausgefeilten Libertystil (1906), und der Camponuovo-Palast im neoklassizistischen Stil des 19. Jhs. **(Abfahrt 53 Chiasso, 5 km)**

UNTERWEGS INS TESSIN

Lugano, der See und der Monte San Salvatore

Die Landschaft im oberen Tal der **Reuss** verschlägt einem schlicht den Atem: im Norden das **Seenland,** im Süden gigantische **Berge,** die am Himmel kratzen. Doch dann taucht die Straße in den **Gotthardtunnel** und sieht in der **Valle Levantina** wieder Licht, man spürt Wärme, die ersten **Rebstöcke** klettern die Hänge hinauf, behäbige Holzhäuser ruhen auf den Hangterrassen und graue romanische Kirchen recken ihre schlanken Türme. **Bellinzona** und bald darauf das **Luganese** atmen bereits die Milde des Südens, dichte Rebteppiche so weit das Auge reicht und mediterrane Pflanzenpracht, die Dichter wie Hermann Hesse inspirierten.

KULINARISCHES DER REGION: Wahre Genüsse

War sie zunächst eine Arme-Leute-Küche, in der der anspruchslose **Buchweizen** eine große Rolle spielte, so hat die Tessiner Küche an Raffinesse gewonnen. **Pizzocheri** (Bandnudeln) werden nach wie vor mit dem dunklen Mehl zubereitet, allerdings ergänzt heute **Maispolenta** viele Gerichte, z. B. **Gitzibraten** (Kitz). In den Grotti, den ursprünglich als Lager genutzten Felsenkellern, haben sich mittlerweile Restaurants (teils sehr touristischer Art) etabliert. Dort isst man eine einfache **Brotzeit:** coppa (Bauchspeck), Salami und lungangighe (luftgetrocknete kleine Kochsalami), und trinkt dazu ciciarada, Wein vermischt mit etwas Zitronenlimonade. Die kräftigen **Weine** von den südlichen Hängen, etwa einen **Merlot,** schätzt auch die Küche, verleihen sie doch **Kaninchen-** und **Rinderschmorbraten** ein wundervolles Aroma. Empfehlenswerte Lokale: **Gasthaus zum Sternen,** Gotthardstr. 67, 6490 Andermatt, Tel. 041/8871130: Rösti-Variationen und Steaks vom heißen Stein **(Abfahrt 40 Göschenen, 5 km). Osteria Sasso Corbaro,** Via Sasso Corbaro 44, 6500 Bellinzona, Tel. 091/8 25 55 32: Marktküche nach Tessiner Rezepten **(Abfahrt 47 Bellinzona-Sud). Storni,** Via Canonica, 6950 Tesserete, Tel. 091/9434015 Spezialität: Sella di capriolo (Rehrücken) **(Abfahrt 49 Lugano-Nord, 7,5 km). La Tinera,** Via dei Gorini 2, 6900 Lugano, Tel. 091/9 23 52 19 : Tessiner und lombardische Küche; **Santabbondio,** Via Fomelino 10, 6924 Sorengo, 2 km von Lugano, Tel. 091/9 93 23 88: elegantes Haus mit innovativer Küche **(Abfahrt 50 Lugano-Sud, 2,5 km).**

RAST AUF REISEN: Übernachten mit Stil

Hotel Flüelerhof, Axenstr. 38, 6454 Flüelen, Tel. 041/ 8711471: einfache Küche, Restaurant mit Seeblick **(Abfahrt 36 Altdorf, 2 km). Hotel Crown,** Gotthardstr. 64, 6490 Andermatt, Tel. 041/8880303: nettes Familienhotel **(Abfahrt 40 Göschenen, 5 km). Hotel Forni,** 6780 Airolo, Tel. 091/8 69 12 70: renoviertes Traditionshaus **(Abfahrt 41 Airolo, 3 km). Hotel Unione,** Via Henri Guisan 1, 6500 Bellinzona, Tel. 091/8 25 55 77: Familienbetrieb **(Abfahrt 45 Bellinzona-Nord, 4,5 km). Hotel Villa Carona,** 6914 Carona, Tel. 091/6 49 70 55: altes Patrizierhaus, Wohlfühlvilla mit antikem Charme, Terrasse mit Pergola in schönem Garten, exzellentes Restaurant mit regionaler Küche und Tessiner Weinen **(Abfahrt 50 Lugano-Sud, ca. 5 km).**

Berühmteste Wahrzeichen Luzerns sind die Kapellbrücke und der Wasserturm, beide im 14. Jahrhundert errichtet.

Castelgrande, eins von drei Kastellen in Bellinzona, gehört seit 2000 zum UNESCO-Weltkulturerbe.

Auch Castello di Montebello ist einzigartiges Beispiel mittelalterlicher Festungsarchitektur.

Die Festungsmauern geben Bellinzona ein unvergleichliches Gepräge.

Die Ersteigung des Monte Bré erlaubt einen besonders herrlichen Blick auf den Luganer See.

Locarno ist mit einer der aufregendsten Orte zwischen den beliebtesten Seen des Tessin, die sich die Schweiz mit Italien teilt. Hier hat man den Blick auf den Lago Maggiore.

Zum Flanieren lädt die Seepromenade am Lago Maggiore, die »Lungolago«, mit ihren farbigen Patrizierhäusern ein.

Streckenprofil: *Hauptverbindung der großen Schweizer Städte Basel und Zürich. Zunächst dem Rheintal folgend, geht es anschließend durch wellige Voralpenlandschaft und das Stammland der Habsburger in die Thermalquellen-Stadt Baden, dann durch die Bankenmetropole Zürich und entlang des Zürich- und Walensees bis nach Sargans an der Grenze zu Liechtenstein.* ***(174 km, 2 Std.)***

Basel: am Rheinufer, im Hintergrund die Türme des Münsters

****Baden:** Wahrzeichen der idyllischen Kleinstadt an der Limmat ist der 54 m hohe Bruggerturm (15. Jh.),Tor zur malerischen, autofreien Altstadt. Die 19 Schwefelquellen (48 °C) des Kurorts im Aargau wurden schon in antiker Zeit genutzt. Sehenswert: die überdeckte Holzbrücke (1810), die über den Fluss zum Landvogteischloss führt (1487–89, Historisches Museum), das Schweizer Kindermuseum und das Museum Langmatt in einer Jugendstilvilla, das französiche Impressionisten zeigt. **(Abfahrt 54 Baden, 3 km)**

****Rheinfelden:** Grenzort am Rhein, dessen mittelalterliches Stadtbild mit alten Mauern und Türmen einen Abstecher lohnt. Sehenswert: das Rathaus (16.–18. Jh.), die barocke Martinskirche (15. Jh.) und die alte Rheinbrücke, die für den motorisierten Verkehr gesperrt, nur Fußgängern und Radfahrern einen Übergang ins badische Rheinfelden gewährt. **(Abfahrt 15 Rheinfelden, 3 km)**

Zürich:
siehe Seite 214

*****Basel:** Das Tor zur Schweiz am südlichen Ende der oberrheinischen Tiefebene ist eine der größten Industriestädte der Schweiz. Der weit geschwungene Bogen, den der Strom hier macht (Rheinknie), trennt die Stadtteile Groß- und Kleinbasel. Wahrzeichen der Stadt ist das Münster (Baubeginn 1185), dessen zwei Türme, Mittelschiff und Chor 1356 bei einem Erdbeben einstürzten und anschliessend im gotischen Stil wiederaufgebaut wurden. Sehenswert: das rote Rathaus (1507–13./17./19. Jh.) am Marktplatz, auf dem vormittags an Blumen- und Gemüseständen reges Treiben herrscht; stattliche Patrizierhäuser aus der Zeit der Spätrenaissance und des Barock, sowie das Spalentor (1370), das als schönstes Stadttor des Landes gilt. Basels exklusive Einkaufsmeile ist die Freie Straße. Museen: die weltberühmte Öffentliche Kunstsammlung (Kunst des 15.–20. Jhs.), das Museum Jean Tinguely, das Historische Museum in der Barfüßerkirche (14. Jh.) und das Naturhistorische Museum sowie das Museum der Kulturen in der pittoresken Augustinergasse nahe der Kathedrale.

Am südwestlichen Rand der Innenstadt liegt der **»Zolli«** (1874), ein weit über die Grenzen hinaus bekannter Zoo mit rund 7000 Tieren und 2 Mio. Besuchern jährlich.

****Brugg:** Die alte Brückenstadt an der Aare im Stammland der Habsburger wartet hinter dem »Schwarzen Turm« (11. Jh.) mit einem malerischen Historischen Ortskern auf. Sehenswert: ein römisches Amphitheater und das Vindonissa-Museum mit Funden aus einem römischen Legionärslager (heute Windisch). Die Kirche des Klosters Königsfelden (gegr. 1308) vor den Toren der Stadt ist ein Hauptwerk der Schweizer Bettelorden-Architektur. Besonders sehenswert sind die herrlichen Glasmalereien der Chorfenster. **(Abfahrt 19 Brugg, 5 km)**

****Churfirsten:** Eine Kette von Bergen mit der höchsten Erhebung Hinterrugg 2306 m. Von ihm hat man eine phantastische Sicht in die Alpenwelt.

****Zug:** Die Hauptstadt des Kantons Zug liegt in schöner Lage am Zuger See mit Sicht auf Pilatus und Rigi. Sehenswert: die Altstadt mit Stadthaus (1497) und Zytturm, Rathaus (1505) und spätgotischer Pfarrkirche St. Oswald. Östlich von Zug im Lorzetobel: die interessante Schauhöhle Höllgrotten **(Abfahrt 36 Wädenswil ca. 20 km)**

****Sargans:** Das alte Grafenschloss, das im 13. Jh. erstmals erwähnt wurde, beherbergt heute eines der besten Heimatmuseen Europas. **(Abfahrt 50 Sargans, 1 km)**

UNTERWEGS DURCH DEN AARGAU UND ZÜRICH IN DIE ÖSTLICHEN VORALPEN

Ruhepause in Zug am Zuger See

Vom **Baselland** führt die Strecke entlang des Rheins in das hügelige Aargau und folgt den eiszeitlichen Gletscherfurchen entlang von Zürich- und Walensee in die **östlichen Voralpen**, wo Churfirsten und Spitzmeilen zu beiden Flanken des Seeztals den Reisenden imponieren. Die Attraktivität der Finanzmetropole Zürich hat nicht nur den Verkehr in der Region massiv angekurbelt, sondern der Stadt auch die höchsten Lebenshaltungskosten in der Schweiz beschert. Gleichwohl gilt sie auch als eine Stadt von höchster Lebensqualität.

KULINARISCHES DER REGION: Züri Geschnätzlets

Das **Zürcher Geschnetzeltes** hat wohl jedes Restaurant in dieser Region auf der Karte. Viele Variationen dieses kulinarischen Klassiker gibt es. Im Original nimmt man dazu Kalbfleisch, Champignons, Schalotten, Weißwein und Sahne. Dazu werden ganz klassisch **Rösti** gereicht. Empfehlenswerte Lokale: **Restaurant Rose,** Weite Gasse 23, 5400 Baden AG, Tel. 056/2225424 **(Abfahrt 54 Baden, 6 km). Zeughauskeller,** Bahnhofstr. 28A, 8001 Zürich, Tel. 044/2201515 **(Abfahrt 59 Verzw. Limmattal, 12 km).**

RAST AUF REISEN: Gerne traditionell

Kunsthotel Teufelhof, Leonardsgraben 49, 4051 Basel, Tel. 061/261 10 10: Preiswürdig sind hier Kunst, Cuisine und Interior Design; **Hotel St. Gotthard,** Centralbahnstr. 13, 4002 Basel, Tel. 061/2251313: stilvolles Haus im Zentrum **(Abfahrt 5 Basel-City). Hotel Restaurant Schiff am Rhein,** Marktgasse 58, 4310 Rheinfelden, Tel. 061/8 36 22 22: Restaurant mit mediterraner Küche **(Abfahrt 15 Rheinfelden). Atrium-Hotel Blume,** Kurplatz 4, 5400 Baden, Tel. 056/2000200: hübsche Zimmer um ein elegantes Atrium, Thermalquelle **(Abfahrt 54 Baden). Landhotel Linde,** 5442 Fislisbach (südl. v. Baden), Tel. 056/4931280: gemütlich und familiär **(Abfahrt 54 Baden, 3 km). Hotel St. Georg,** Hauptstr. 72, 8840 Einsiedeln, Tel. 055/4182424, geschmackvoll eingerichtete Zimmer, italienische Küche **(Abfahrt 38 Wollerau 13 km). Hotel Arvenbüel,** 8873 Amden, Tel. 055/6116010 gemütliches Hotel oberhalb des Walensees **(Abfahrt 45 Weesen, 6 km). Hotel Cristal,** 8898 Flumserberg-Tannenboden Tel. 081/7201617: schöne Lage, komfortable Zimmer **(Abfahrt 49 Flums). Zunfthaus zum Löwen,** Städtchenstr. 60 7320 Sargans, Tel. 081/7237103: schlicht, freundliche Atmosphäre, rustikale Gaststube, empfehlenswerte Gastronomie **(Abfahrt 50 Sargans).**

Die Altstadt von Basel wartet mit wunderschönen Bauwerken auf.

Streckenprofil: *Die südöstlich verlaufende Route beginnt an den Bergen des Schweizer Jura, führt an Bern vorbei, verläuft am Nordrand der alpinen Landschaft des Berner Oberlandes und endet nach einem Teilstück über der N4 am Vierwaldstätter See.* ***(160 km, 2½ Std.)***

****Biel:** Die traditionsreiche Uhrmacherstadt (Rolex) liegt am reizvollen, von Winzerorten gesäumten Bieler See, an dessen Nordseite die Gebirgszüge des Schweizer Jura steil abfallen. Hier spricht ein Drittel der Bevölkerung französisch, der Rest Schwyzerdütsch. Sehenswert: der »Ring«, ein malerischer, von mittelalterlichen Laubenhäusern umgebener Platz mit dem Vennerbrunnen (1546); das Zunfthaus (1559–61) der Waldleute, ein Renaissance-Treppengiebelbau, und das spätgotische Rathaus (1520–34) am Burgplatz. Das Museum Omega erzählt alles über die Geschichte der Zeitmesser. **(Am Ende der A6)**

***Aarberg:** Im Seenland, südlich des Bieler Sees gelegenes, mittelalterliches Städtchen. Architektonisch interessant ist die alte Holzbrücke (1568) über die Aare. Das Schloss (17. Jh.) beherbergt eine Wappengalerie von über 80 Landvögten. **(Abfahrt 6 Lyss-Süd, 4 km)**

Bern: siehe Seite 214

***Spiez:** Historischer Ort mit einer schönen Uferpromenade und einem sagenumwobenen, ansehnlichen Schloss (12.–14. Jh./18. Jh.), das im Mittelalter den Namen »Goldener Hof am Weedelsee« trug. Sehenswert: das Schlossmuseum mit Wohn- und Repräsentationsräumen des 13.–18 Jhs. und die frühromanische Schlosskirche mit Wandmalereien aus dem frühen 13. Jh. **(Abfahrt 19 Spiez, 2 km)**

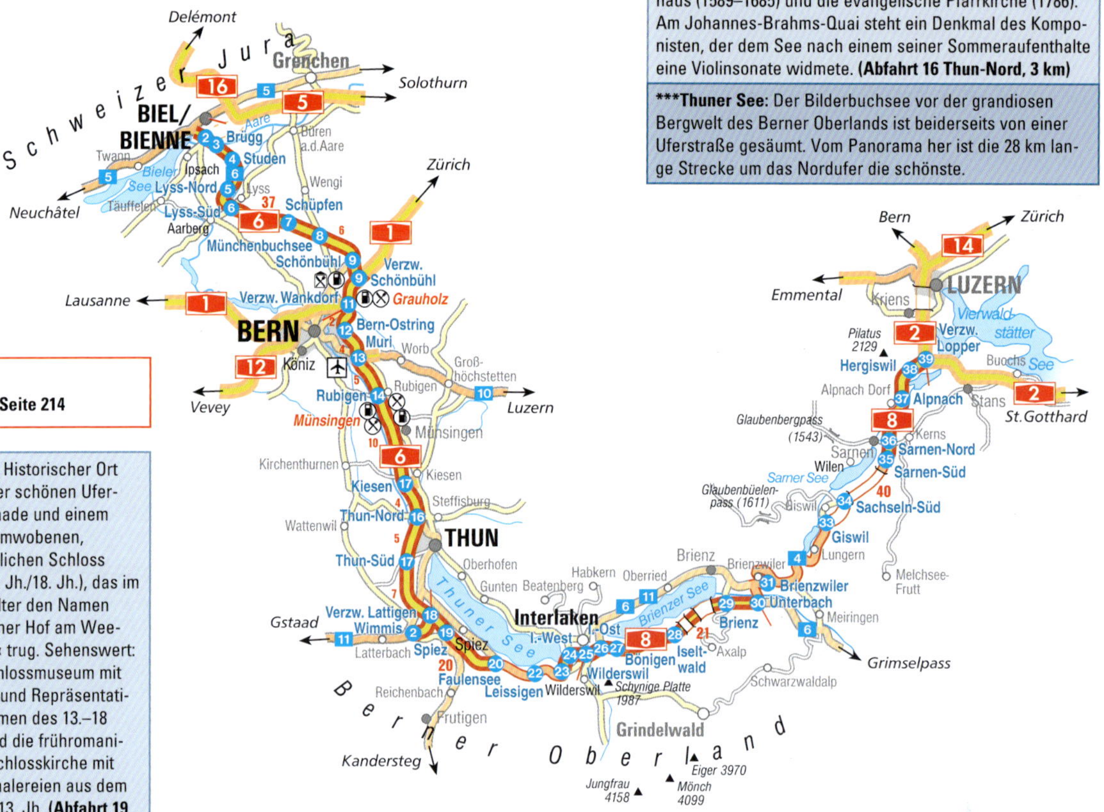

*****Thun:** Über der kleinen Altstadt des schönen Urlaubsorts, der sich »Tor zum Berner Oberland« nennt, thront mächtig die Burg (12. Jh.) mit dem spätgotischen Amtsschloss (1429), in dessen Bergfried das Historische Museum beherbergt ist. Sehenswert: der Rathausplatz mit Rathaus (1589–1685) und die evangelische Pfarrkirche (1786). Am Johannes-Brahms-Quai steht ein Denkmal des Komponisten, der dem See nach einem seiner Sommeraufenthalte eine Violinsonate widmete. **(Abfahrt 16 Thun-Nord, 3 km)**

*****Thuner See:** Der Bilderbuchsee vor der grandiosen Bergwelt des Berner Oberlands ist beiderseits von einer Uferstraße gesäumt. Vom Panorama her ist die 28 km lange Strecke um das Nordufer die schönste.

Traumlage: Schloss Oberhofen am Thunersee

*****Berner Oberland:** Die an großartigen Naturschönheiten reiche, einzigarte Landschaft südlich des Thuner und Brienzer Sees gehört zu den reizvollsten Regionen die die Schweiz zu bieten hat. Außergewöhnlich spektakulär ist das Panorama des Dreiegestirns **Eiger** (3970 m), **Mönch** (4099 m) und **Jungfrau** (4158 m).

*****Interlaken:** Zwischen dem Thuner- und dem Brienzer See gelegen – daher der Name – ist der mondäne Ausgangsort zum Berner Oberland schon seit fast 200 Jahren ein Wintersportort der Luxusklasse. Sehenswert: die vom Bahnhof West zum Bahnhof Ost an Hotels und Parkanlagen vorbeiführende Promenade mit großartigem Blick auf die Jungfrau. Das Touristikmuseum erzählt anschaulich von der Entwicklung des Fremdenverkehrs. **(Abfahrt 25 Wilderswil, 2 km)**

Ein unvergessliches Erlebnis ist die einstündige Fahrt von Wilderswil mit der Zahnradbahn zur Schynige-Platte (1987 m), die atemberaubende Aussichten auf das Jungfrau-Massiv bietet. **(Abfahrt 25 Wilderswil, 2 km)**

UNTERWEGS VOM JURA IN DAS BERNER OBERLAND

Grindelwald: Blick über den Bachalpsee auf die Aarhorngruppe

Der Bieler See und die Aare schmiegen sich am Fuße der steilen Ostflanke des **Schweizer Jura** an, der hinter Biel/Bienne Höhen über 1500 m erreicht. Von dieser reizvollen Stadt geht es in das **Schweizer Mittelland**, eine freundliche, hügelige Landschaft um 400 bis 600 Höhenmeter. Südlich des Tuner und Brienzer Sees warten die Viertausender des **Berner Oberlandes**, die den Besucher dem Himmel ein Stück näher kommen lassen. Eine Landschaft, wie geschaffen für genießerische Reisen.

KULINARISCHES DER REGION: Im Röstiland

Kross, goldgelb und flach müssen die Kartoffelküchlein sein, die **Rösti**, deren Heimat das Berner Land ist und die einst »znüni«, um 9 Uhr, zum zweiten Frühstück der Bauern gegessen wurden. **Nidlechueche** (Rahmkuchen) hat in Biel Tradition. Dort reifen an den Seehängen die Trauben für den Twanner, einen spritzigen trockenen Weißwein. Die Reife entscheidet auch über die Güte des Emmentalers. Schon im 16. Jh. brachte er den Bauern des Emmentals (östl. von Bern) bessere Erträge als die Milchwirtschaft. Ergo: Fondue probieren – und natürlich die Seefische. Empfehlenswerte Lokale: **Restaurant du Lac,** Neuenburger Str. 58 2505 Biel, Tel. 032/3223777 fantasievolle Fischküche **(Abfahrt 3 Brügg). Brasserie Bärengraben,** Grosser Muristalden 1, 3006 Bern Tel. 031/3 11 42 18: traditionell cool. **Kornhauskeller,** Kornhausplatz 18, 3011 Bern, Tel. 031/3 27 72 72: Gewölbe (17. Jh.) mit spätbarocken und Jugendstilmalereien, junge Küche **(Abfahrt 12 Bern-Ostring). Schloss Schadau,** Seestr. 45, 3600 Thun, Tel. 033/2 22 25 00: Küche von höchstem Niveau **(Abfahrt 16 Thun-Nord, 3 km).**

RAST AUF REISEN: Nostalgisch mit Stil

Art Déco Hotel Elite, Bahnhofstr. 14, 2502 Biel, Tel. 032/3287777: elegantes Hotel, zwei Restaurants **(Abfahrt 3 Brügg, 4 km). Goldener Schlüssel,** Rathausgasse 72, 3011 Bern, Tel. 031/3 11 02 16: zum Wohlfühlen, Terrassenrestaurant **(Abfahrt 12 Bern-Ostring, 3 km). Strandhotel Belvedere,** Schachtenstr. 39, 3700 Spiez, Tel. 0 33/6556666: nostalgisch eleganter Stil, Engadiner Küche **(Abfahrt 19 Spiez, 2 km). Bären Wilderswil,** Oberdorfstr. 13812 Wilderswil, Tel. 033/8270202: geschmackvoll schlicht **(Abfahrt 25 Wilderswil, 2 km). Seehotel Wilerbad,** 6062 Wilen am Sarnersee, Tel. 041/6627070: im Grünen gelegen, ruhig und familiär **(Abfahrt 35 Sarnen-Süd, 4 km).**

Vom Gipfel des Männlichen hat man einen fantastischen Blick auf die berühmten Berge Eiger, Mönch und Jungfrau.

Das gigantische Panorama von Eiger, Mönch und Jungfrau bekommt in der Abendsonne leuchtend rote Bergspitzen.

Streckenprofil A9: *Sie beginnt im Jura kurz hinter der Grenze zu Frankreich, trifft südlich von Yverdon auf die A1, verläuft mit ihr gemeinsam bis in den Norden von Lausann, führt dann entlang des Genfer Sees ins Rhônetal und endet hinter Brig am Aufstieg zum Simplon.* ***(190 km, 2 Std.)***

A12: *Vom Genfer See führt diese Strecke durch eine hügelige, stark von Milchwirtschaft geprägte Landschaft in die Hauptstadt der Schweiz.* ***(80 km, 50 Min.)***

***Köniz:** Hier lohnt ein Besuch der Kirche St. Peter und Paul mit romanischem Schiff und gotischem Chor (großartige Glasfenster und Wandmalereien). Die ehemalige Augustinerprobstei wurde 1226 von Deutschordensrittern übernommen. Sehenswert: die Komturei des Ritterordens, die im 17. Jh. zum Schloss umgebaut wurde, und heute das kulturelle Zentrum der Gemeinde ist. **(Abfahrt 11 Niederwangen, 1 km)**

****Lausanne:** Sehenswert in der schönen Universitätsstadt (seit 1891) am Genfer See: Kathedrale Notre-Dame (12. Jh.) mit Rosettenfenster (13. Jh.), Place St.-François mit Franziskanerkirche (13./14. Jh.), Neues Bischöfliches Schloss Saint-Maire (1397–1431) und Münzkabinett und Kantonalmuseum im Palais de Rumine. **(Abfahrt 10 Vennes, 4 km)**

***Düdingen:** Hier schlugen Eremiten im Lauf des 17. Jh. die Magdalenen-Einsiedelei in den Fels, ein Labyrinth von Wohn- und Wirtschaftsräumen sowie einer Kapelle (von April–Okt. zu besichtigen). **(Abfahrt 9 Düdingen,1 km)**

Bern: siehe Seite 214

*****Ouchy:** Sehenswert Seepromenade, Alter Hafen und Jachthafen, Musee Olympique (olympische Bewegung), Schloss (13. Jh.). **(Abfahrt 10 Vennes, 8 km)**

****Vevey:** Alle 25 Jahre findet in diesem herrlichen Ort ein Winzerfest statt, das nächste vom 26.7.–11.8.2019). Sehenswert: Marktplatz mit der Grenette (1808), einer säulenumgebenen Kornhalle; die gotische Kirche St-Martin (älteste religiöse Gebäude der Stadt, 13. Jh.), Hôtel de Ville (Rathaus) im Stil Louis XV. **(Abfahrt 14 Vevey, 2 km)**

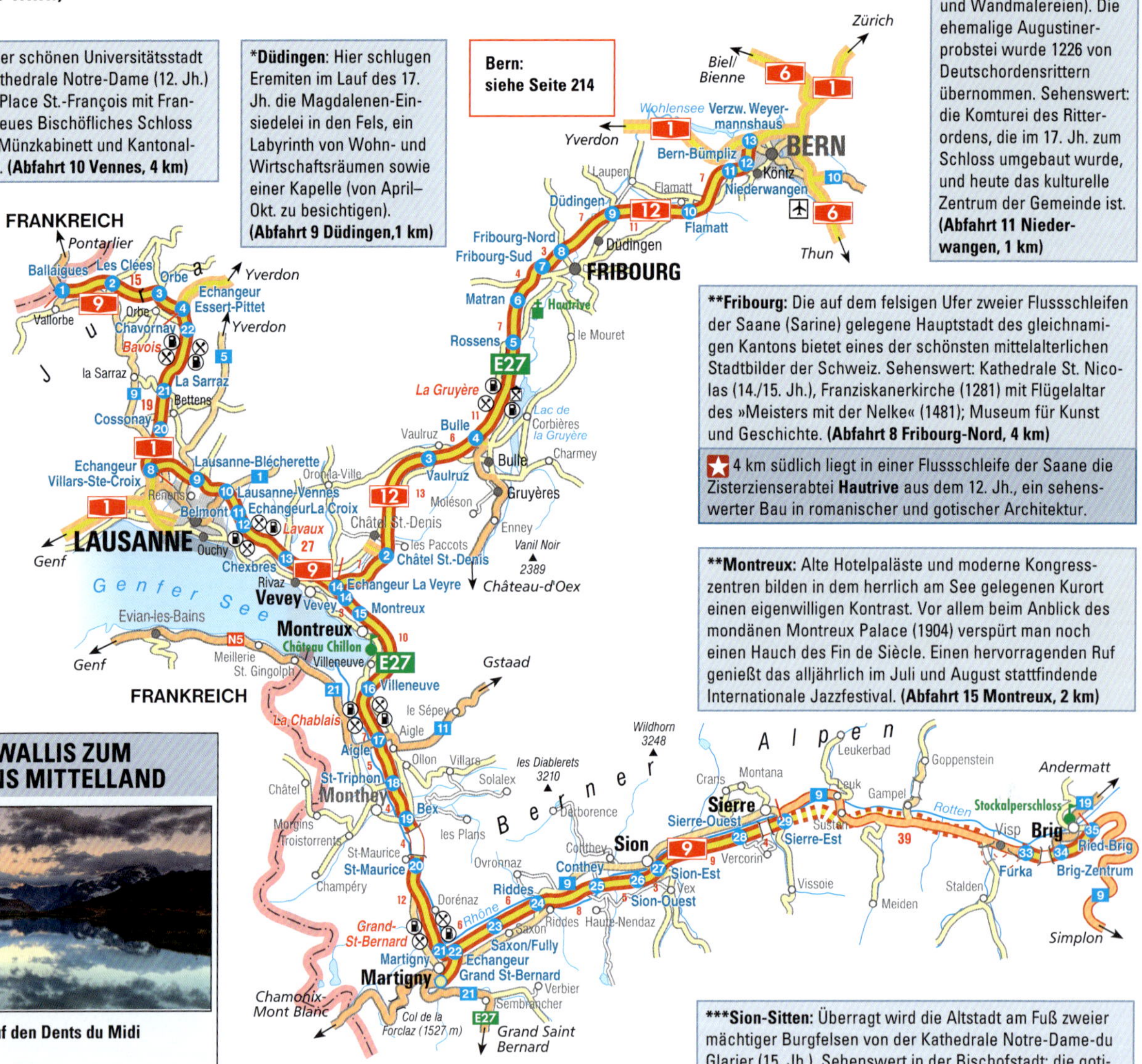

****Fribourg:** Die auf dem felsigen Ufer zweier Flussschleifen der Saane (Sarine) gelegene Hauptstadt des gleichnamigen Kantons bietet eines der schönsten mittelalterlichen Stadtbilder der Schweiz. Sehenswert: Kathedrale St. Nicolas (14./15. Jh.), Franziskanerkirche (1281) mit Flügelaltar des »Meisters mit der Nelke« (1481); Museum für Kunst und Geschichte. **(Abfahrt 8 Fribourg-Nord, 4 km)**

4 km südlich liegt in einer Flussschleife der Saane die Zisterzienserabtei **Hautrive** aus dem 12. Jh., ein sehenswerter Bau in romanischer und gotischer Architektur.

****Montreux:** Alte Hotelpaläste und moderne Kongresszentren bilden in dem herrlich am See gelegenen Kurort einen eigenwilligen Kontrast. Vor allem beim Anblick des mondänen Montreux Palace (1904) verspürt man noch einen Hauch des Fin de Siècle. Einen hervorragenden Ruf genießt das alljährlich im Juli und August stattfindende Internationale Jazzfestival. **(Abfahrt 15 Montreux, 2 km)**

UNTERWEGS VOM WALLIS ZUM GENFER SEE UND INS MITTELLAND

Blick über den Genfer See auf den Dents du Midi

Die **Gletscher,** die einst das Rhônetal und formten und den Genfer See als größten Alpensee zurückließen haben sich zurückgezogen und eine faszinierdende Tallandschaft hinterlassen.

KULINARISCHES DER REGION: Gruyère & Chasselas

Die A12 führt mitten durch das Greyerzerland, die Region, die für ihren außergewöhnlich guten Käse, den **Gruyère**, bekannt ist. Empfehlenswert ist ein Besuch in der Schaukäserei **La Maison Gruyère**, Pl. de la Gare 3, 1663 Gruyères. Dazu passt ein Chasselas ein Wein aus dem von der UNESCO zum Welterbe geadelten Anbaugebiet Lavaux, den man in Rivaz degustieren und natürlich auch kaufen kann: **Lavaux Vinorama**, Route du Lac 2, 1071 Rivaz.

RAST AUF REISEN: Hotels mit Charme

Hotel Terminus, Rue du Bourg 1, 3960 Sierre, Tel. 027/4551351: sehr ruhig, zentral **(Abfahrt 28 Sierre-Ouest, 3 km)**. Hotel Alpes & Rhône, 11, Av. du Grd-St-Bernard, Martigny, Tel. 027/7224300: einfaches Haus **(Abfahrt 21 Martigny, 2 km)**. **Hostellerie du Genève,** Grande Place 11, 1800 Vevey, Tel. 021/9214577: gutes Restaurant **(Abfahrt 14 Vevey, 3 km)**. **Beau Rivage Palace,** Place du Port 17–19, 1000 Lausanne, Tel. 021/6133333: sehr edel **(Abfahrt 10 L.-Vennes, 5 km)**

*****Sion-Sitten:** Überragt wird die Altstadt am Fuß zweier mächtiger Burgfelsen von der Kathedrale Notre-Dame-du Glarier (15. Jh.). Sehenswert in der Bischofstadt: die gotische Theodulkirche (1512–14), das Renaissancerathaus (1661) mit einer astronomischen Uhr und das spätgotische Haus »Maison Supersaxo« (1505). Museen: Walliser Kunstmuseum und Archäologisches Museum. **(Abfahrt 26 Sion-Ouest, 2 km)**

*****Château Chillon:** Die wildromantisch auf einem Felsen am See thronende Festung (10.–13. Jh.) ist von zahlreichen Schriftstellern verewigt worden, so auch von Lord Byron in »Der Gefangene von Chillon«. Die Führungen im Schloss sind sehr eindrucksvoll und deshalb empfehlenswert. **(Abfahrt 15 Montreux, 6 km)**

***Villeneuve:** In der »Neuen Stadt von Chillon«, dem kleinen, malerischen Hafenstädtchen südlich der Burg, ist vor allem die dreischiffige romanische Pfarrkirche St. Paul aus dem 12. Jh. sehenswert. Kurios die Île de Peilz am Ufer des Sees, sie ist gerade so groß, das ein Platane auf ihr Platz findet. **(Abfahrt 16 Villeneuve, 4 km)**

***Sierre:** Das schönste Gebäude des im Rhônetal gelegenen Orts ist das aus dem 16. Jh. stammende Château des Vidomnes. Nahe dem Bahnhof steht das ehemalige Hotel Château Bellevue in dem auch Rainer Maria Rilke einst verweilte. Heute ist es das Rathaus der Stadt. In den Grünanlagen der Avenue Max Huber erinnert eine Büste an den Dichter, der hier seine zweite Heimat fand. Die ortsansässige Rilke-Stiftung pflegt das literarische Erbe des Schriftstellers. **(Abfahrt 28 Sierre-Ouest, 5 km)**

****Martigny:** Der Ort im Unterwallis am Rhôneknie ist Ausgangspunkt wichtiger Passwege wie dem zum Großen St. Bernhard und zum Col de la Forclaz über den es nach Chamonix-Mont-Blanc geht. An seine römische Vergangenheit erinnern die Reste eines Amphitheaters. Sehenswert: die Fondation Gianadda, eine seit 1976 bestehende private Stiftung mit einem sehr großen Skulpturenpark mit Exponaten unter anderem von Chagall, Max Ernst, Joan Miró, Pierre-Auguste Renoir, Auguste Rodin, um nur einige sehr bekannte Künstler zu nennen. Für Fans alter Fahrzeuge gibt es noch eine außergewöhnliche Ausstellung mit Oldtimern, die zum Teil Unikate darstellen. Das einzige noch erhalten mittelalterliche Bauwerk in Martigny ist die Burg Bâtiaz aus dem 13. Jh. **(Abfahrt 21 Martigny, 3 km)**

***Brig:** die Stadt am Fuße des Simplonpasses hat eine lange Geschichte. Schon die Kelten legten hier eine Siedlung an und nutzten die günstige Lage für die Überquerung der Alpen. Richtig geschäftstüchtig wurde der Pass von Kaspar Jodok von Stockalper genutzt, der den Warenverkehr über den Simplon kontrollierte. An Zollstationen wurde den Händlern und Reisenden eine Maut abverlangt. Ein einträgliches Geschäft, das er mit dem Bau des nach im benannten Schlosses auch ungeniert zur Schau stellte. Das Stockalperschloss ist das größte Barockgebäude, das die Schweiz aufzuweisen hat. Der dreistöckige Arkadenhof und die drei mit vergoldeten Zwiebelhauben versehenen Türme (Kaspar, Melchior und Balthasar genannt) sind in ihrer Architektur sehr beindruckend. **(Abfahrt 33 Furka, 3 km)**

Hinter modernsten Gebäudekomplexen von Lausanne ragt die gotische Kathedrale hervor.

Chillon befindet sich vor einer wunderschönen Kulisse von Bergen und Genfer See.

Streckenprofil: *Die landschaftlich ungemein reizolle Rheintalautobahn führt zwischen Rätikon und Glarner Alpen hindurch in das enge Tal des Hinterrheins bis an den San Bernardino. Nach dem Tunnel geht es durch das Misoxer Tal hinunter in den Tessin.* ***(200 km, 2 Std.)***

****Werdenberg:** Die intakte mittelalterliche Holzbausiedlung an einem kleinen See scheint wie ein Relikt aus vergangenen Zeiten. Über ihr thront das um 1230 erbaute gleichnamige Schloss mit dem Rheinmuseum. **(Abfahrt 8 Buchs, 2 km)**

***Bad Ragaz:** Seit Juni 1997 darf sich die Region um das noble Thermalheilbad »Heidiland« nennen. Die Autorin Johanna Spyri (1827–1901) hatte im benachbarten Maienfeld mehrmals die Sommer verbracht und war durch die freundliche Umgebung zu ihrem weltberühmten Jugendbuch inspiriert worden. Der große »Heidiweg« führt von Maienfeld hinauf zur Alp des »Alm-Öhi« (ca. 4 Std.). **(Abfahrt 13 Maienfeld, 2 km)**

Sehr eindrucksvoll ist die von steilen Schieferwänden umgebene, 500 m lange ****Tamina-Schlucht** bei Bad Pfäfers, an deren Ende eine warme Quelle aus dem Felsenkeller sprudelt. **(Abfahrt 12 Bad Ragaz, 5 km)**

Burg Vaduz

*****Via Mala:** Der von düsteren Geschichten umrankte Weg durch die Rheinschlucht führt durch eine von 500 m hohen Kalkfelsen gebildete Klamm. Den besten Zugang in die durch das gleichnamige Buch von John Knittel berühmt gewordene Schlucht hat man auf dem Kulturwanderweg ab Sils. **(Abfahrt 23 Viamala, 4 km)**

****Fürstentum Liechtenstein-Vaduz:** Das zu Füßen der »Drei Schwestern« (2052 m) gelegene und wegen seiner Steuergesetze beliebte Fürstentum (30 000 Einwohner) liegt zwischen der Schweiz und Österreich. Über der Hauptstadt Vaduz thront das Schloss (12. Jh. und 17. Jh.), das nach wie vor Wohnsitz der Fürstenfamilie ist. Sehenswert: die Liechtensteinische Kunstsammlung, das Landesmuseum und das Postmuseum mit Ausstellungen berühmter Briefmarken. **(Abfahrt 9 Sevelen, 4 km)**

****Chur:** Seit über 5000 Jahren besiedelt, gilt die auch »Tor zur Bündner Bergwelt« genannte Kantonshauptstadt Graubündens als älteste nachgewiesene Siedlung der Schweiz. Die vom Komplex des bischöflichen Hofs und der Kathedrale (12./13. Jh.) überragte Stadt ist Ausgangspunkt für die Weiterfahrt in die berühmten Wintersportorte Arosa, Davos, Klosters und St. Moritz. Sehenswert: das Dommuseum und der gotische Schnitzaltar (1486–92) in der Kathedrale, die urige Altstadt mit dem Rathaus (1465) in der Reichsgasse und dem Bündner Kunstmuseum. **(Abfahrt 16 Chur-Nord, 2 km)**

****Domleschg:** Nach dem Isla-Bella-Tunnel (2,5 km) durchfährt man bis zur berühmten Via Mala die Domleschg genannte wildromantische Talsohle des Hinterrheins. Die meisten der auf den Felsvorsprüngen liegenden Burgen und Ruinen wurden bereits im 15. Jh. zerstört.

****Roveredo:** Aus dem kleinen Ort San Vittore stammen so berühmte Baumeister wie Enrico Zuccalli (Schl. Schleissheim, Münchner Theatinerkirche) und Giovanni Viscardi (Schloss Nymphenburg). In Roveredo kann man im Grotto Zendralli Misoxer Wein kosten und die barocke Kirche Madonna del Ponte Chiuso (17. Jh.) bewundern. **(Abfahrt 38 Roveredo, 2 km)**

Bellinzona:
siehe Seite 221

San-Bernardino-Tunnel: Der 6,6 km lange, fast gerade Tunnel (keine Maut) durchquert den gleichnamigen Berg (2724 m) und ersetzt die großartige Panoramen bietende Passstraße. Schon in frühgeschichtlicher Zeit war hier ein Alpenübergang.

*****Zillis:** Unbedingt einen Halt wert ist die Kirche St. Martin (12. Jh./ 1509) mit einer aus 153 bemalten Feldern bestehenden romanischen Holzdecke (12. Jh.), die als eine der ältesten und schönsten des Abendlands gilt. **(Abfahrt 24 Zillis, 2 km)**

****Mesocco:** Der uralte Ort mit schönen Steinhäusern im Tal Misox markiert eine Klimagrenze. Ab hier künden Feigen- und Edelkastanienbäume von mediterraner Vegetation. Unterhalb, auf einem steilen Felsen, liegt die eindrucksvollste Burganlage Graubündens, die gewaltige Festung Castello di Mesocco (12. Jh.), 1526 von Bündnern zerstört. **(Abfahrt 36 Mesocco-Sud, 2 km)**

UNTERWEGS VOM BODENSEE DURCH GRAUBÜNDEN INS TESSIN

San-Bernardino-Pass

Den Tälern des Rheins folgt die Strecke – zunächst durch die Garten- und Weinlandschaft am **Vorderrhein** bis Tamins – vorbei am Fürstentum Liechtenstein und seiner Burg und der Kantonshauptstadt Chur. Als **Via mala,** der »gefährliche Weg«, war die Strecke durch das **Hinterrheintal** schon im Mittelalter bekannt. Nah an die steilen Felsen drängt sich die Straße im **Domleschg,** wo die Bauerndörfer hoch oben auf den Almen und die Burgen auf Felsnasen hocken, wo das Klima im Tal rauer ist und daher die Lieblichkeit der Natur in der **Valle Mesolcina** jenseits des Bernardino-Tunnels und vor allem in **Bellinzona** umso mehr überrascht – ein kleiner Ausschnitt aus dem »Land der 150 Täler« **Graubünden.**

KULINARISCHES DER REGION: Bündner Fleisch

Graubündner Spezialitäten sind deftig und teils aufwändig zuzubereiten, weshalb die Restaurantküche nicht die ganze Palette auftischt – im Gegensatz zu den vorzüglichen Weinen, u. a. aus der Gegend von Maienfeld im Rheintal. **Maluns** (Kartoffelküchlein) werden zu Apfelmus gegessen, für **Capuns** gart man Speckklößchen aus Spätzleteig in einem Mangoldblatt und serviert sie mit geriebenem Käse und Butter. Der Höhepunkt der Genüsse ist sicher **Bündnerfleisch,** luftgetrocknetes Rindfleisch in hauchdünnen Scheiben, kräftiger im Geschmack sind dagegen **Salsiz** (Art Salami), **Churer Beinwurst** vom Schwein oder ein kräftiger **Bergkäse** zu **Anisbrot** aus dem Puschlav. Das **Fondue** nicht zu vergessen. Süße Krönung ist die **Engadiner Nusstorte.** Empfehlenswerte Lokale: **Adler,** Herrengasse 2, Vaduz, Tel. +423/ 2 32 21 31: feine Bündner Marktküche **(Abfahrt 8 Buchs, 5 km). Gasthof Schäfle,** Landstr. 276, 9495 Triesen (LI), Tel. +423/3 92 38 18: alpenländische Küche **(Abfahrt 10 Trübbach, 5 km). Gasthaus Alte Post,** Zillis, Tel. 081/6 61 12 35: sehr gute Hausmannskost, **(Abfahrt 24 Zillis). Piz Tambo,** 7435 Splügen, Tel. 081/ 6509595: hausgemachte Büdnerspezialitäten, Käsefondue und Raclette **(Abfahrt 28 Splügen).**

RAST AUF REISEN: Alpenländisch übernachten

Sorel Hotel Tamina, Am Platz 3, 7310 Bad Ragaz, Tel. 081/3037171: anprechendes Design, regionale Küche; **Hotel Schloss Ragaz,** 7310 Bad Ragaz, Tel. 081/ 3 03 77 77: viel Komfort, umfangreiches Wellnessangebot, großer Park, gutbürgerliche Küche **(Abfahrt 12 Bad Ragaz). Hotel-Restaurant Reich,** Hauptstr. 83, 7421 Summaprada, Tel. 081/6 50 01 01: hübsche, ländliche Zimmer, Bündner Spezialitäten **(Abfahrt 21 Thusis-Nord, 1 km). Fravi,** Veia Granda 1, 7440 Andeer, Tel. 081/6 60 01 01: gelungen renoviertes altes Haus mit Mineralbad **(Abfahrt 25 Andeer). Posthotel Bodenhaus,** 7435 Splügen, Tel. 081/6509090: gemütliche, gut bürgerliche Küche **(Abfahrt 28 Splügen). Croce Federale,** Viale Stazione 12A ,6500 Bellizona, Tel. 091/8251667,: zentral gelegen, gute regionale Küche **(Abfahrt 45 Bellinzona-Nord, 6 km).**

Die Holzdecke der Kirche St. Martin in Zillis stammt aus dem frühen 12. Jahrhundert.

Streckenprofil: *Nach dem Grenzübergang Walserberg führt die Route ab Knoten Salzburg auf die Westautobahn, eine der Hauptverkehrsadern Österreichs . Durch das hügelig bewaldete Salzburger Land führt sie nördlich des Salzkammerguts in die Voralpenlandschaft um Linz. Von Linz verläuft die Autobahn in einem weiten Bogen talwärts über die Enns, führt durch Hügellandschaften parallel zur Donau bis nach Melk. Nach St. Pölten geht es waldreich und leicht bergig duch den Wienerwald weiter in die Hauptstadt Österreichs.* ***(295 km, ca. 2¾ Std.)***

****Linz:** Hochöfen und Schlote von Stahl- und Chemiewerken prägen das Gesicht der größten Industriemetropole Österreichs. Doch unter dem hoch über der Donau thronenden Schloss (15. Jh.) liegt eine von Barock und Renaissance geprägte Altstadt. Sehenswert: der zu den größten Plätzen Mitteleuropas zählende Hauptplatz mit Altem Rathaus (16. Jh.) und der Jesuitenkirche St. Ignatius (Alter Dom, 17. Jh.), vor der sich die Dreifaltigkeitssäule (1723, Marmor, 20 m) erhebt. Die romanische Martinskirche (Fresken aus dem 14. Jh.), die Stadtpfarrkirche Mariä Himmelfahrt und der neugotische Dom (1862–1924), die größte Kirche Österreichs. Das Erlebnismuseum »Ars Electronica Center« verbindet die Kunst mit der digitalen Welt. **(Abfahrt Knoten Linz, über A7, 5 km)**

Linz: Jesuitenkirche und Dreifaltigkeitssäule

****Kremsmünster:** Die imposante Anlage des 777 von Herzog Tassilo als eines der ersten Klöster des Landes gegründeten Benediktinerstifts liegt weithin sichtbar über dem Kremstal. Neben der Stiftskirche (13. Jh., 1709–31) und der Schatzkammer mit dem weltberühmten Tassilokelch (um 780) verdient auch die Sternwarte Beachtung. **(Abfahrt 195 Sattledt, 6 km)**

****Enns** Wahrzeichen der auf den Resten eines Römerlagers gegründeten ältesten Stadt Österreichs ist der Renaissanceturm (1568, 59 m), der einen weiten Blick ins Umland bietet. Sehenswert: die gotische Basilika St. Laurenz, das Rathaus (1547) und Schloss Ennsegg (16./17. Jh.). 7 km nördlich lag das KZ Mauthausen, an das eine Gedenkstätte erinnert. **(Abfahrt 155 Enns, 1 km)**

****St. Florian:** Das Augustiner-Chorherrenstift (1686–1751), in dem Anton Bruckner (1824–96) wirkte und begraben liegt, gehört zu den ältesten und eindrucksvollsten Klöstern des Landes. Sehenswert: Stiftskirche mit Bruckner-Orgel, die Altdorfer-Galerie mit dem farbenprächtigen Sebastiansaltar (16. Jh.) und die herrliche Rokokobibliothek (1744–50). **(Abfahrt 160 St. Florian, 3 km)**

*****Salzburg:** Weithin sichtbar thront die Feste Hohensalzburg (1077–1147) auf dem Mönchsberg über den engen Gassen der Festspielstadt. Von der Burg, eine der größten Festungen Europas, bietet sich ein herrlicher Blick auf die vieltürmige Altstadt, deren historischer Teil von der UNESCO zum Weltkulturerbe erklärt wurde. Sehenswert: der in italienischem Barock gehaltene Dom (1614–28), Kulisse für die jährliche Aufführung des »Jedermann«. Die einem Palazzo ähnelnde Fürstbischöfliche Residenz (1592–1602) mit dem Salzburger Glockenspiel (tgl. 7,11 und 18 Uhr); die Kirchen St. Peter (12. Jh./17. Jh.) und Kollegienkirche (1696–1707). Die Schlösser Mirabell (1721–27) und Leopoldskron, ein Rokokopalast von 1736. Auf einem Gang durch die Altstadt sind neben Mozarts Geburtshaus (Museum) in der berühmten Getreidegasse Nr. 9 auch die Alte Hofapotheke (1591) und das Café Tomaselli auf dem hübschen Alten Markt sowie der Chiemseehof (1305) in der Pfeifergasse sehenswert. **(Abfahrt 292 Salzburg-Mitte, ca. 2 km)**

Wichtig: In Österreich sind Autobahnen und Schnellstraßen **mautpflichtig.** Fahrzeuge bis 3,5 t zulässigem Gesamtgewicht benötigen eine Vignette, das »Pickerl« im östereichischen Sprachgebrauch. Es kann an Tankstellen oder bei den Automobilclubs als 10-Tages-, 2-Monats- oder Jahres-Vignette erworben werden. Fahrzeuge über 3,5 t zulässigem Gesamtgewicht benötigen eine sogenannte Go-Box, näheres dazu unter www.go-maut.at

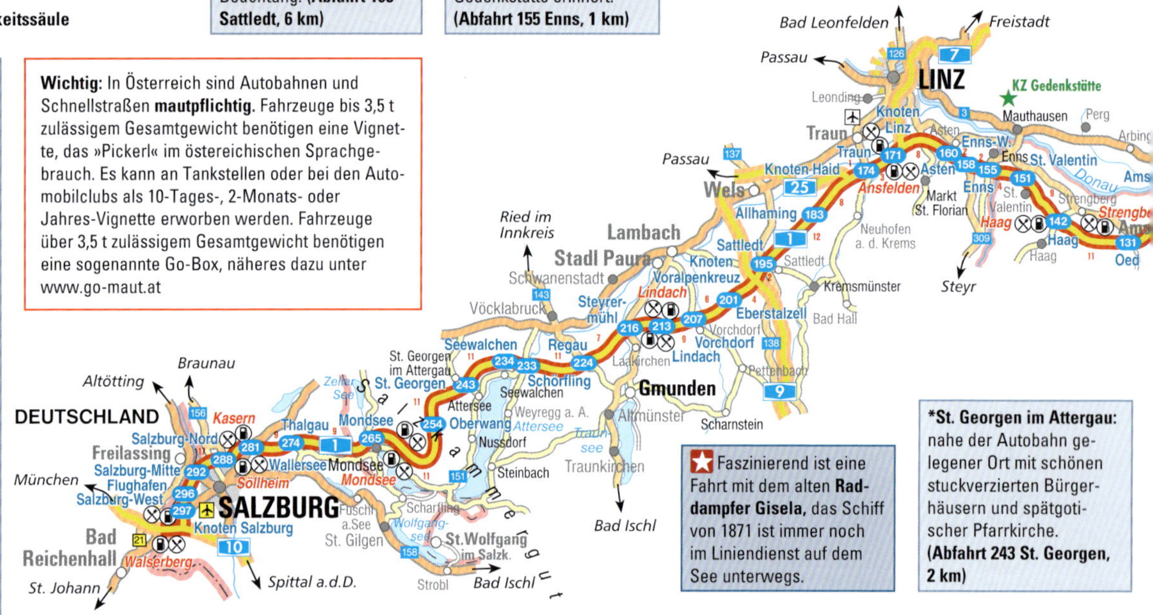

***St. Georgen im Attergau:** nahe der Autobahn gelegener Ort mit schönen verzierten Bürgerhäusern und spätgotischer Pfarrkirche. **(Abfahrt 243 St. Georgen, 2 km)**

Faszinierend ist eine Fahrt mit dem alten **Raddampfer Gisela,** das Schiff von 1871 ist immer noch im Liniendienst auf dem See unterwegs.

****Mondsee/*Attersee:** Ein landschaftlich und kulturhistorisch attraktiver Abstecher führt an Mondsee und Attersee entlang bis Seewalchen, wo man wieder auf die Autobahn zurückkehrt. Das Seeufer des Mondsees war schon zur Jungsteinzeit mit Pfahlbauten (1900 v. Chr.) besiedelt (nördliches Ostufer). Sehenswert: barockes Stift St. Michael mit spätgotischer Basilika (Ende 15. Jh.). Größter See im Salzkammergut ist der bis zu 171 m tiefe Attersee, hier lohnt die kleine Wallfahrtskirche Maria Attersee (1721–28) auf dem Kirchberg am See einen Besuch. **(Abfahrt 265 Mondsee, ca. 28 km)**

****Gmunden am Traunsee:** An einer wunderschönen Bucht mit herrlicher Uferpromenade gelegen, ist die alte Salzstadt mit ihrem k.-u.-k.-Charme ein beliebtes Fremdenverkehrsziel. Sehenswert: das durch eine Fernsehserie bekannte Seeschloss Orth (17. Jh.) vor der Kulisse des bizarr gezackten Traunsteins (1691 m). Die malerische Altstadt lädt zu einem Bummel durch ihre Gassen ein. **(Abfahrt 224 Regau, 5 km)**

UNTERWEGS AN DEN SEEN DES SALZKAMMERGUTS

Schloss Orth am Traunsee

Rund 40 Seen liegen in der Berglandschaft des **Salzkammerguts,** das vom Voralpenland über schroffe Karstgebirge bis zur Gletscherregion des Dachsteingebirges hinüberreicht. Der **Mondsee** ist nur ein Höhepunkt auf dieser Route. Sein schwarzblaues Wasser und die reizvolle Berglandschaft lockten schon lange vor den Sommerfrischlern des 19. Jhs. die Menschen an. Auch der nahe **Attersee** hat seit jeher die Menschen fasziniert. So stammt die berühmteste Ansicht von Unterach am Attersee von dem Maler Gustav Klimt, der sich hier zu einer seiner wenigen Landschaftsmalereien inspirieren ließ. Einen Abstecher wert sind genauso der **Wolfgangsee,** der **Traunsee (Abfahrt 224 Regau, 16 km)** oder der kleine **Fuschlsee.** Gepflegte Wander- und Spazierwege laden wie das klare Wasser und die sanften Ufer zum Verweilen ein.

KULINARISCHES DER REGION: Der Knödel

Knödel gibt es in der Region in allen Variationen. Der Teigball ist in der oberösterreichischen Küche quasi die Quintessenz, sei es als Hauptspeise wie die **Speck-** oder **Grammelknödel,** als Beilage wie die **Mehlknödel** zum **Schweinsbraten,** oder als süße Köstlichkeit wie die **Marillen-** oder **Zwetschgenknödel,** die mit Eis oder in zerlassener Butter gereicht werden. Besonders der **Germknödel,** ein mit Pflaumenmus, dem **»Powidl«,** gefüllter Hefekloß ist weit bekannt. Serviert wird er mit heißer Butter, Puderzucker und Mohn. Empfehlenswerte Lokale: **La Farandole,** Schlösslweg 1, 5310 Mondsee, Tel. 06232/3475: Gourmetküche mit französischem Touch und hervorragender Weinkarte; **Seerestaurant Mondsee,** Robert-Baum-Promenade 1, 5310 Mondsee, Tel. 0800 4001171572: ideenreiche östereichische Küche mit italienischem Einschlag, ganzjährig geöffnete Seeterasse mit atemberaubenden Blick auf den Mondsee **(Abfahrt 265 Mondsee, 3 km).** Föttinger, Seefeld 14, 4853 Steinbach, Tel. 07663/8100: einstige Sommerresidenz Gustav Mahlers, für ihre bodenständige Küche bekannt **(Abfahrt 233 Schörfling, 14 km).**

RAST AUF REISEN: Übernachten an den Seen

Hotel Seehof, 5311 Loibichl, Tel. 06232/5031: hoch gelobtes Hotel im Park; **(Abfahrt 265 Mondsee). Gasthof-Pension Lindenhof,** Breitenröth 1, 4865 Nußdorf, Tel. 07666/80600: mit Aussichtsterrasse **(Abfahrt 234 Seewalchen 11 km). Hotel Seegasthof Oberndorfer,** Hauptstr. 18, 4864 Attersee, Tel. 07666/78640: Zimmer mit Balkons zum See, österreichische Küche, Seeterrasse **(Abfahrt 233 Schörfling, 11 km).**

*****Wachau:** Eine Fahrt durch die Wachau (UNESCO-Weltkulturerbe) über das malerische Städtchen Dürnstein bis nach Krems lohnt immer: Die ca. 30 km lange Engtalstraße entlang des schönsten Donauabschnitts Österreichs führt durch das romantische Flusstal mit steilen Weinterrassen. Hier werden Weißweine gekeltert, die nicht nur in Österreich beliebt sind. Zu den zahlreichen Burgruinen gehört die bekannte, auf einem 300 m hohen, steil abfallenden Felsen gelegene Burg Aggstein aus dem 12. Jh. Ein Besuch des wunderschön gelegenen Weinstädtchens Dürnstein lohnt auch wegen der guten Küche, für die diese Gegend bekannt ist. Hier in der Kuenringerburg wurde im Jahr 1193 König Richard Löwenherz von Herzog Leopold VI. gefangen gehalten – wegen einer Beleidigung. Erst nachdem ein hohes Lösegeld bezahlt wurde, ließen die Österreicher den Gefangenen wieder frei. **(Von Melk über die Donau, dann auf der Staatsstraße 3 entlang des Flusses über Dürnstein bis Krems und zurück über die S33, wo man beim Knoten St. Pölten auf die Autobahn zurückkehrt, ca. 65 km)**

Krems a.d.D.: Mit der Fanny vom Galgenberg wurde in Krems das bislang älteste Kunstwerk Österreichs gefunden. 32 000 Jahre alt ist die zierliche Figur. Wesentlich jünger ist das Steinere Stadttor, das Wahrzeichen der Stadt, die auch zum Welterbe der UNESCO zählt. Ebenso Stein a.d.D., die ehemals selbstständige Gemeinde ist längst in Krems eingemeindet, beider Orte haben sehenswerte Altstädte. **(Abfahrt Knoten St. Pölten über S33, 33 km)**

St. Pölten: Gebäude aus allen Epochen von der Romanik über Renaissance und Jugendstil bis hin zur Moderne machen die Landeshauptstadt Niederösterreichs zu einer architektonischen Besonderheit. Vor allem Baumeister des Barock prägten das Stadtbild im 18. Jh. nachhaltig. Sehenswert: der Rathausplatz mit Dreifaltigkeitssäule (1782), Karmeliterinnen- und Franziskanerkirche und natürlich der Dom (12./13. Jh./1715–56). **(Abfahrt 59 St. Pölten-Süd, 3 km)**

Wiener Heldenplatz und Neue Hofburg

Imposant: Kloster Melk

*****Melk:** Linker Hand auf einem Bergrücken oberhalb der Donau gelegen, macht der grandiose Bau des Benediktinerstifts Melk (1089/1702–38) schon von Weitem auf sich aufmerksam. Er gilt als Juwel barocker Baukunst und ist einer der bedeutendsten Klosterbauten des christlichen Abendlands. Sehenswert: die sehr prunkvoll ausgestattete Stiftskirche, der Marmorsaal und die berühmte Bibliothek mit 90 000 Bänden. Auch die reizvolle Altstadt von Melk mit Lebzelterhaus (1657) und Stiftstaverne (1736) lädt zu einem Bummel ein. 6 km südlich liegt das Renaissanceschloss Schallaburg mit einem zweigeschossigen, terrakottageschmückten Arkadenhof. **(Abfahrt 80 Melk, 1 km)**

*****Wien:** Wahrzeichen der Hauptstadt Österreichs ist der gotische Stephansdom (13.–15. Jh.), eine der bedeutendsten Kathedralen der Welt und unverwechselbar durch das hohe, mit farbigen Glasurziegeln gedeckte Dach. Die Donaumetropole, als Drehscheibe zwischen Ost und West schon immer von überragender kultureller und geschichtlicher Bedeutung für Mitteleuropa, glänzt durch ihre Fülle an Baudenkmälern aus Barock und Jugendstil, gepaart mit kühnen architektonischen Experimenten der jüngeren Zeit. Untrennbar mit der Musik von Johann Strauß, Mozart, Haydn, Beethoven und vielen mehr verbunden, versprüht sie auch heute noch den Charme und das Flair der vergangenen k. u. k. Monarchie, auf die man sich am schönsten bei einer Fahrt mit dem Fiaker einlassen kann. Bedeutende Sehenswürdigkeiten sind: die bombastisch-barocke Wiener Hofburg (13.–20. Jh.) mit der Nationalbibliothek, den Schatzkammern, mehreren Museen und der Spanischen Hofreitschule; das Rathaus (1872–83), das Burgtheater (1874–88), Universität (1873–83), Parlament (1883) und die Staatsoper (1861–69); die Kapuzinerkirche (1622–32) mit der Kaisergruft, Augustinerkirche (1330–39), Karlskirche (1716–39) und Peterskirche (1702–33); das Secessionsgebäude (1897), ein Jugendstilbau mit Kuppel aus vergoldeten Lorbeerblättern und das eigenwillige Hundertwasser-Haus (1983–85) im 3. Bezirk. Museen: Kunstsammlung Albertina, das Museum des 20. Jhs., das Naturhistorische und das Kunsthistorische Museum am Maria-Theresien-Platz und das Museum der Schönen Künste. Eine der prächtigsten Palastanlagen Europas sind die für Prinz Eugen erbauten Belvedere-Schlösser (1716 und 1722). Im Oberen Belvedere befindet sich die größte Gustav Klimt-Sammlung der Welt. »Der Kuss« und auch die »Judith« sind hier zu sehen. Des weiteren Werke von Kokoschka und Werke des französischen Impressionismus. Die berühmteste Grünanlage der parkreichen Stadt ist der Prater mit dem weltbekannten Riesenrad (1897, 65 m hoch). Schloss Schönbrunn (1696–1711), Sommerresidenz der Kaiser mit überwältigend schönem barocken Park, wurde von der UNESCO in die Liste des Weltkulturerbes aufgenommen.
(Abfahrt 9 Wien-Auhof, über Staatsstraße 1, 12 km)

UNTERWEGS IN DER WACHAU

Aussicht über die Donau auf Dürnstein

Durch Jahrhunderte ist die **Donau** nicht nur Transportweg von Kreuzfahrern und Pilgergruppen gewesen, sondern auch wichtige **Handelsroute** zwischen West und Ost. Heute ist der Höhepunkt einer Urlaubsreise an der Donau die **Wachau,** diese reizvolle und kulturträchtige Region links und rechts des Stroms, die die UNESCO zum **Weltkulturerbe** erklärt hat. Die Landschaft bietet neben kulinarischen Höhepunkten viele kulturelle Schätze: So grenzen die beiden berühmten Stiftsbauten Melk und Göttweig jenen Abschnitt Österreichs ein, den man als Tempel der profanen Genüsse bezeichnen könnte. Auch die Dichte an mittelalterlichen Bauten und barocken Glanzstücken macht die zauberhafte Region zu einem Urlaubs- und Kulturgenuss.

KULINARISCHES DER REGION: Wachauer Wein

Der **Grüne Veltliner** und die **Wachauer Rieslinge** sind die weltberühmten **Spitzenweine** der Region. Ihre hervorragende Qualität rührt vom milden Klima des Donauufers her, dem kühlenden Wind aus den Wäldern und den kargen Böden. Auch die liebevolle Arbeit der Winzer und ihr beherzter Einsatz zur Erhaltung ihrer Region trägt entscheidend zur Qualität dieses Spitzenprodukts bei: In dem Schutzverband **»Vinea Wachau Nobilis Districtus«** erlegen sich die Weinbauern selbst strenge **Qualitätskriterien** zur Herstellung ihrer Produkte auf. Empfehlenswerte Lokale: **Café Restaurant Zum Fürsten,** Rathausplatz 3, 3390 Melk, Tel. 02752/52343; **Cafe Central,** Hauptplatz 10, »im ältesten Café von Melk«, genießt man den Stiftsblick vom Schanigarten, Tel. 0664/88469101; **Koloman,** Linzerstr. 25, 3390 Melk, Tel. 02752/52265: Heurigenbetrieb im Kellergewölbe **(Abfahrt 80 Melk, 4 km).**

RAST AUF REISEN: Übernachten im Donautal

Hotel Stadt Melk, Hauptplatz 1, 3390 Melk, Tel. 027 52/5 24 75: zentral gelegenes Hotel, komfortable Zimmer, hervorragendes österreichisch-italienisches Restaurant mit Außenterrasse **(Abfahrt 80 Melk, 4 km). Hotel Schachner Krone & Kaiserhof,** Maria Taferl 24, 3672 Maria Taferl, Tel. 074 13/63 55: familiengeführtes Vier-Sterne-Hotel mit großzügigen Zimmern, Weinkeller, Gourmet- und Panoramarestaurant, Kastaniengarten, Penthouse-Hallenbad mit Whirlpool, Freischimmbad im Park; **Landgasthof Zur Schönen Wienerin,** Marbach 48, 3671 Marbach a.d. Donau, Tel. 074 13/70 77: Familienbetrieb, gemütliche Zimmer, bodenständige regionale Küche, Sonnenterrasse, Fahrradverleih **(Abfahrt 100 Ybbs, 13 km).**

Vom Vogelsberg bei Dürnstein blickt man auf das herrliche Panorama von Wachau und Waldviertel.

Im Zentrum der Wachau liegt Spitz. Hier wächst der Wein mitten im Ort an den Hängen des »Tausendeimerbergs«.

Piaristenkirche in Krems

Abteikirche in Dürnstein

Bibliothek von Stift Melk

Klosterkirche von Stift Melk

UNTERWEGS IN DER STEIERMARK

Blick über Graz

In der Steiermark, die wegen ihrer dichten **Wälder** auch **»grüne Mark«** genannt wird, dominieren Blumendörfer, Rebhänge und Obstwiesen. Die Landschaft bietet sowohl **Naturfreunden** als auch **Aktivurlaubern** ein perfektes Terrain zur Freizeitgestaltung. In den meisten Regionen wird die Mundart, ein bayrisch-österreichischer Dialekt, ebenso gepflegt wie das Brauchtum und die Tracht. Vor allem im ländlichen Raum besinnt man sich immer wieder gerne auf seine Wurzeln. Nur wer sich Zeit nimmt, die Vielfalt der Kultur und Natur zu entdecken, wird die Steiermark wirklich kennen lernen.

KULINARISCHES DER REGION: Birnenbrand

Zu der deftigen Kost wie **Erdäpfel mit Blunzengröstel** (Kartoffeln mit gebratener Blutwurst) oder dem selbst gemachten Käse **»Steirerkas«** passt hervorragend der erstklassige steirische **Wein.** Als Digestif wird eine besondere Spezialität serviert: **Obstbrand** aus **Hirschbirnen,** den herben Früchten eines Baums, der nur im **Naturpark Pöllauer Tal** vorkommt und bis zu 200 Jahre alt wird. Salat wird hier fast ausschließlich mit **Kürbiskernöl** angemacht. Dunkelgrün und mit nussigem Aroma ist es ein vitaminreicher gesunder Genuss. Empfehlenswert: **Obsthof Retter,** Pöllauberg 235, 8225 Pöllau: Mo–Fr 8.00–16.00 Uhr, Sa. 9.00–12.00 Uhr, Spezialitäten: Obstbrand aus Hirschbirnen , Saft aus Granatäpfeln; **(Abfahrt 115 Hartberg, ca. 20 km). Schloss Obermayerhofen,** Sebersdorf, Tel. 03333/2503: edles Restaurant mit feiner regionaler Küche, idealer Platz für romantische Dinner **(Abfahrt 138 Sebersdorf).**

RAST AUF REISEN: Übernachten und relaxen

Berggasthof König, Oberneuberg 5, 8225 Pöllauberg, Tel. 03335/2311: steirischer Weingasthof mit komfortablen Zimmern, ausgezeichneter regionaler Küche, Frühstücksbüfett **(Abfahrt 115 Hartberg, 20 km). Thermenhof Paierl,** Wagerberg 120, 8271 Bad Waltersdorf, Tel. 03333/2801: Wellnesshotel mit Thermalquellen, Ayurvedakuren mit Spezialisten aus Kerala, Fitnessraum und exzellenter Küche **(Abfahrt 126 Sebersdorf/Bad Waltersdorf, 2 km).**

Streckenprofil:** Vom südlichen Wiener Stadtrand führt die »Südautobahn« genannte Strecke durch Feld- und Wiesenland und die sanften, teilweise bewaldeten Hügel des Wiener Beckens in die »Bucklige Welt«, dem Land der 1000 Hügel. Waldreich und bergig geht es am Burgenland entlang, bis die Route in südwestlicher Richtung auf Graz, die Hauptstadt der Steiermark, trifft. **(200 km, ca. 2 Std.)

Baden: der Hauptplatz mit der Dreifaltigkeitssäule

***Baden:** Heilbad schon seit der Römerzeit, doch erst Anfang des 19. Jhs. durch die regelmäßigen Sommeraufenthalte des Kaiserhofs gelangte die hübsche Biedermeierstadt, die auch Schauplatz der »Fledermaus« ist, zu Ruhm. Sehenswert: Dreifaltigkeitssäule (1714–18), Schloss Leesdorf und der Kurpark mit Denkmälern für Mozart, Beethoven und Grillparzer. **(Abfahrt 21 Baden, 3 km)**

****Wiener Neustadt:** als Grenzfestung gegen die Ungarn von dem Babenberger Herzog Leopold V. 1194 mit dem Lösegeld für Richard Löwenherz erbaut. Die 1752 von Kaiserin Maria Theresia gegründete Militärschule auf der Burg (1378/18. Jh.) ist bis heute die einzige Ausbildungsstätte für Offiziere des österreichischen Bundesheers. Sehenswert: der romanische Dom (13. Jh.) mit gotischem Querschiff und Brauttor; der von Laubenhäusern gesäumte Hauptplatz mit barocker Mariensäule (1678), das Palais der Babenberger und der Reckturm mit umfangreicher Waffensammlung. **(Abfahrt 44 Wiener Neustadt-West, 4 km)**

****Hartberg:** Auf den Resten einer römischen Siedlung wurde 1125 die Grenzfeste Hartberg errichtet. Sehenswert: die romanische Pfarrkirche (12. Jh. später barockisiert) und ein Renaissanceschloss aus dem 16. Jh. **(Abfahrt 115 Hartberg, 3 km)**

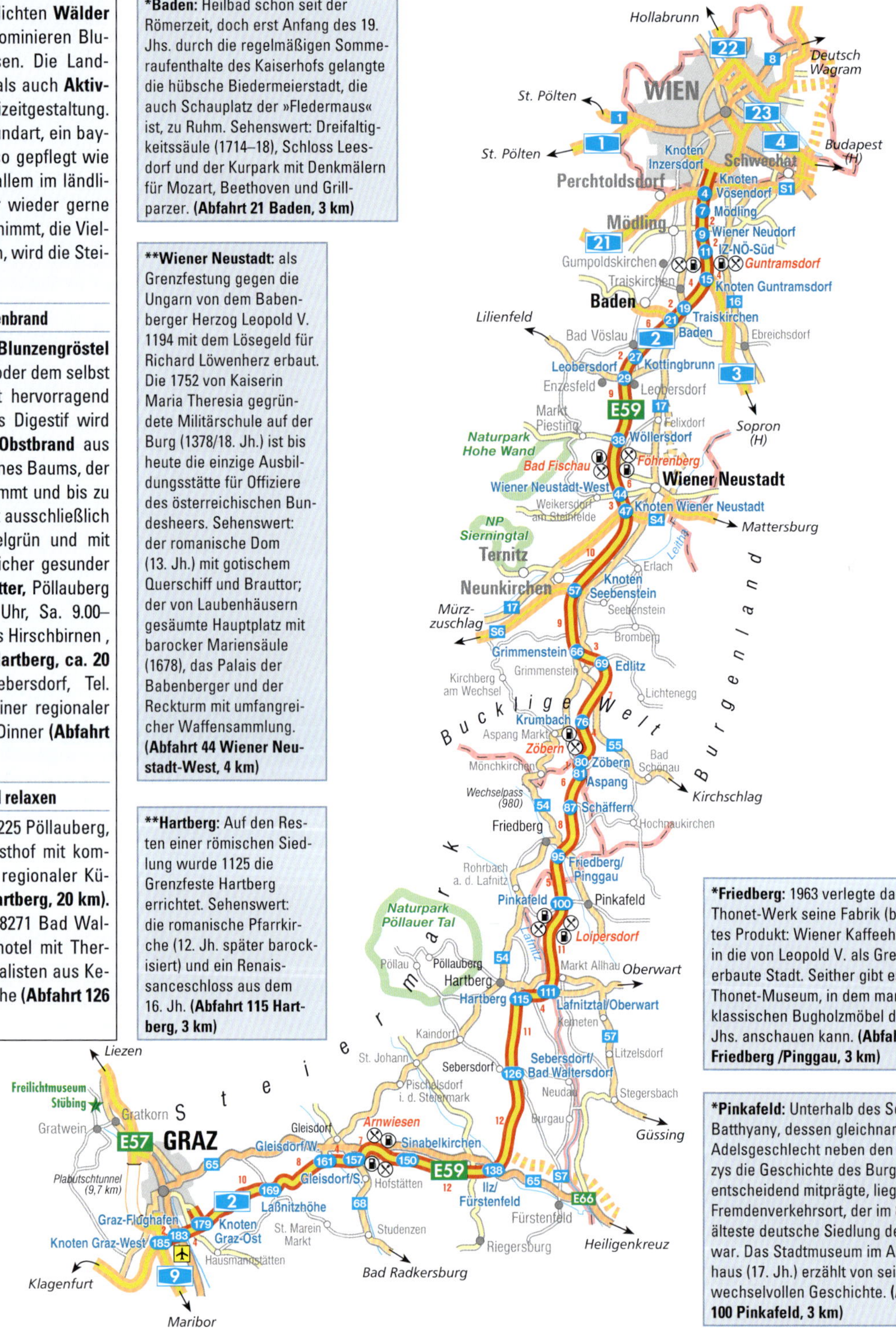

***Friedberg:** 1963 verlegte das Wiener Thonet-Werk seine Fabrik (berühmtes Produkt: Wiener Kaffeehausstuhl) in die von Leopold V. als Grenzfeste erbaute Stadt. Seither gibt es ein Thonet-Museum, in dem man die klassischen Bugholzmöbel des 19. Jhs. anschauen kann. **(Abfahrt 95 Friedberg /Pinggau, 3 km)**

***Pinkafeld:** Unterhalb des Schlosses Batthyany, dessen gleichnamiges Adelsgeschlecht neben den Esterhazys die Geschichte des Burgenlands entscheidend mitprägte, liegt der Fremdenverkehrsort, der im 8. Jh. die älteste deutsche Siedlung der Region war. Das Stadtmuseum im Alten Rathaus (17. Jh.) erzählt von seiner wechselvollen Geschichte. **(Abfahrt 100 Pinkafeld, 3 km)**

*****Graz:** Der Schlossberg mit dem Uhrturm (1561, Uhr 1712) überragt die Hauptstadt der Steiermark. Die Altstadt mit vielen Jugendstilfassaden ist durch sieben Brücken mit der Neustadt verbunden. Sehenswert: die »Stadtkrone« mit Burg (15. Jh.), Dom (15. Jh.), Mausoleum (1614–18) Kaiser Ferdinands II. und Glockenturm (1588). Architektonisches Glanzstück ist das Landhaus (1557–65). Das Landeszeughaus besticht mit einer Waffensammlung aus der Zeit des 30-jährigen Krieges; die Pfarrkirche (16./18. Jh.) mit der »Mariae Himmelfahrt« von Tintoretto. An der Universität (seit 1586) lehrte der deutsche Astronom Johannes Kepler. **(Abfahrt 179 Knoten Graz-Ost, 5 km)**

*****Freilichtmuseum Stübing:** Eines der schönsten Freilichtmuseen Österreichs liegt 15 km nordwestlich von Graz. Denkmalgeschützte Bauernhöfe, Wirtschaftsgebäude u. v. m. wurden hier originalgetreu wieder aufgebaut, um das damalige Leben anschaulich zu demonstrieren (Öffnungszeiten: Ende März bis Oktober täglich, 9–17 Uhr).

***Gleisdorf:** Schon zur Römerzeit war die Stadt ein wichtiger Knotenpunkt. Später wurde sie mehrfach von den Türken heimgesucht, die die alte romanische Wallfahrtskirche zerstörten. Heute steht dort die spätbarocke Marienkirche (1747). Das Umland der Stadt ist seit Jahrhunderten Obst- und Weinanbaugebiet. **(Abfahrt 157 Gleisdorf Süd, 2 km)**

***Streckenprofil:** der zweite Teil der Südautobahn führt durch eine landschaftlich besonders reizvolle Strecke. Von der Weststeiermark hinter Graz geht es nach dem Packsattel in das Lavanttal, dann an Völkermarkt und Klagenfurt vorbei zum Wörther See und weiter nach Villach.*
(176 km, ca. 2 Std.)

***Bad St. Leonhard:** Überragt von der Burg Ehrenfels und der Ruine Leonhard liegt der hübsche Erholungsort abseits der Autobahn im schönen Lavanttal, einem beliebten Urlaubsziel. Reich geworden durch Gold- und Silberbergbau, ist der Ort heute v.a. durch seine Schwefelquellen bekannt. Das Gesundheitsresort ist mit Wellnessbereich, Hallen- und Freibad nicht nur für Kurgäste reserviert. Sehenswert: die gotische Leonhardikirche, eine Gnadenkirche mit eindrucksvollen Glasmalereien. **(Abfahrt 241 Bad St. Leonhard, 5 km)**

Villach: die barocke Heilig-Kreuz-Kirche

****Villach:** Auf dem einzigen kleinen Hügel der Stadt steht die dreischiffige gotische Stadtpfarrkirche St. Jakob mit ihrem 95 m hohen Turm, der einen weiten Blick in das Tal der Drau bietet. Schöne Bürgerhäuser säumen den Hauptplatz. Die Thermalquellen im Warmbad Villach wussten schon die Römer zu schätzen, wie archäologische Funde belegen, die man im Stadtmuseum besichtigen kann. **(Abfahrt AB-Knoten Villach, 8 km)**

****Velden a.W.:** Das Schloss des Villen-Kurortes wurde sehr bekannt durch eine deutsch-österreichische Fernsehserie in den 90er-Jahren. Es ist in einem für diese Region typischen Stil erbaut, der Wörthersee-Architektur, die auch bei vielen anderen Anwendung gefunden hat. **(Abfahrt 335 Velden-West, 3 km)**

*****Wörthersee:** Der fast 20 km² große See erstreckt sich auf eine Länge von 16,5 km. Die windgeschützte Lage führt dazu, dass im Sommer nicht selten angenehme Badetemperaturen über 25° C. erreicht werden. Kein Wunder also, wenn er zu den beliebtesten Badeseen Österreichs zählt. Ein Blick auf das bunte Treiben gewährt der fast 100 m hohe Holz-Aussichtstum auf dem Pyramidenkogel.

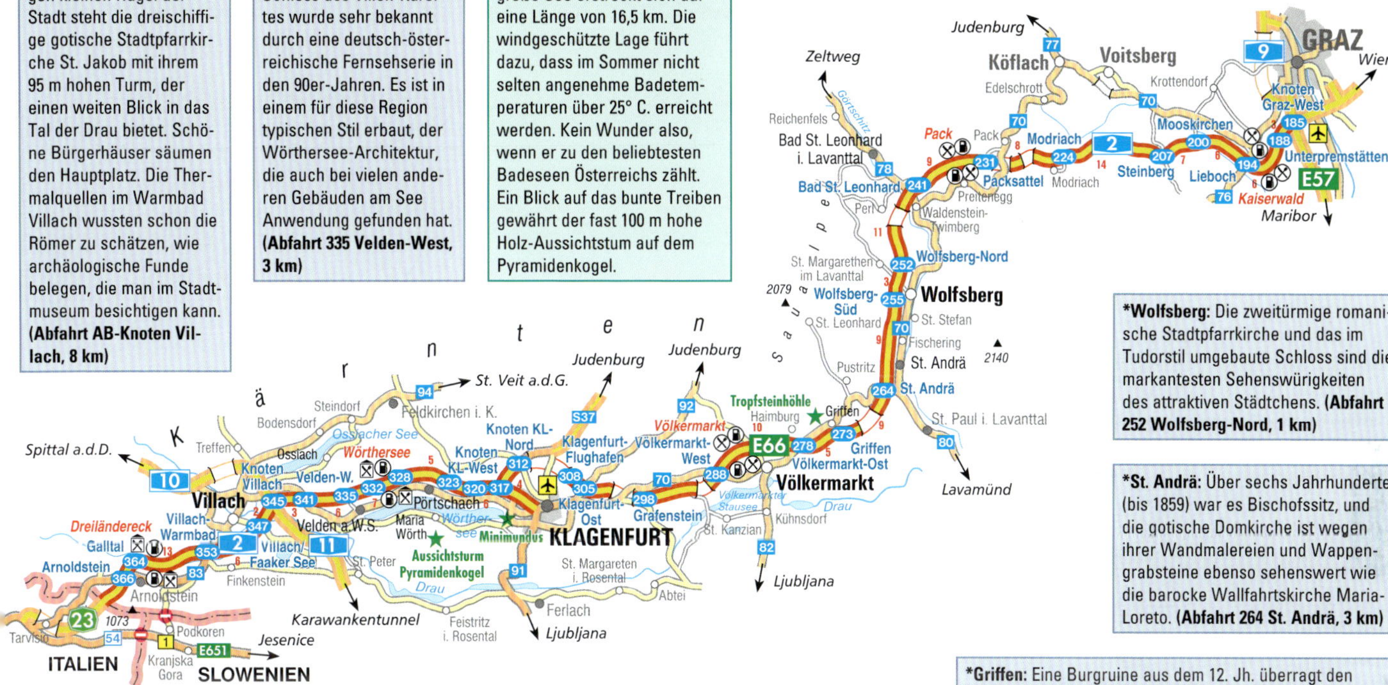

***Wolfsberg:** Die zweitürmige romanische Stadtpfarrkirche und das im Tudorstil umgebaute Schloss sind die markantesten Sehenswürigkeiten des attraktiven Städtchens. **(Abfahrt 252 Wolfsberg-Nord, 1 km)**

***St. Andrä:** Über sechs Jahrhunderte (bis 1859) war es Bischofssitz, und die gotische Domkirche ist wegen ihrer Wandmalereien und Wappengrabsteine ebenso sehenswert wie die barocke Wallfahrtskirche Maria-Loreto. **(Abfahrt 264 St. Andrä, 3 km)**

***Griffen:** Eine Burgruine aus dem 12. Jh. überragt den beliebten Wintersportort. Archäologische Funde aus der Steinzeit in einer Tropfsteinhöhle und die Kirche Mariä Himmelfahrt lohnen das ganze Jahr über einen Besuch. **(Abfahrt 273 Griffen, 1 km)**

Wappensaal im Landhaus von Klagenfurt

***Klagenfurt:** Die auf den ersten Blick etwas nüchtern wirkende Industrie- und Handelsstadt hat hübsche Gassen und historische Gebäude, die eine Besichtigung wert sind. Darunter das Landhaus mit seinem prunkvollen Wappensaal, das Rathaus aus dem 16. Jh., davor der Lindwurmbrunnen, Wahrzeichen der Stadt, und die Domkirche mit drei umlaufenden Emporen und vielfältigem Marmorschmuck, ebenfalls aus dem 16. Jh. **(Abfahrt 305 Klagenfurt-Ost, 4 km)**

Etwa 4 km westlich vom Stadtzentrum ist **»Minimundus«**, die kleine Welt am Wörthersee, eine Miniaturstadt mit vielen berühmten detailgetreuen Bauwerken im Format 1:25 zu besichtigen (ganzjährig geöffnet).

***Völkermarkt:** Hier, wo die Drau zu einem langen See gestaut wird, liegt Völkermarkt auf einer oberhalb des Sees gelegenen Terrasse. Ein hübscher Hauptplatz mit Pestsäule und Rathaus mit Arkaden aus dem 15./16. Jh. ist von reizvollen Barock- und Biedermeierhäusern umgeben. Sehenwert auch die romanisch-gotische Pfarrkirche sowie der Bürgerlustpark, von dem aus man einen herrlichen Blick auf den Stausee hat. **(Abfahrt 278 Völkermarkt-Ost, 3 km)**

UNTERWEGS AN DEN KÄRNTNER SEEN

Maria Wörth auf einer Halbinsel im Wörther See

Die sonnige Seenlandschaft Kärntens nennt sich die **»Badewanne der Alpen«**, denn die zahlreichen Seen erreichen im Sommer angenehme Badetemperaturen. Neben dem **Wörthersee,** dem **Ossiacher See** und dem **Faaker See** findet man in Kärnten die Einsamkeit des Hochgebirges und liebliche Täler, sanft gewellte Almen und Städte mit südlichem Flair. In der **Hochsaison** übersteigt die Anzahl der Gäste häufig die der Einheimischen, dennoch gibt es jenseits der touristischen Trampelpfade genügend zu entdecken. Mit den **Magischen Momenten** werden Naturerlebnisse besonderer Art angeboten, Tel. 0463/3000.

KULINARISCHES DER REGION: Seefische

Fisch ist das beliebteste Gericht rund um die Kärntner Seen. Dank der sehr guten Wasserqualität zählen **Zanderfilet** oder **Forelle blau** zu den Eckpfeilern der einheimischen Küche. Eine besondere Spezialität ist die **»Kasnudel«**, eine Teigtasche gefüllt mit Kartoffeln, Topfen und Minze. Wie in ganz Österreich spielen auch hier die **Süßspeisen** eine große Rolle. Der **Reindling,** ein Hefeteig mit einer Füllung aus Butter, Rosinen, Zimt und Nüssen, oder die dicken **Mohnnudeln** aus Kartoffelteig runden die reichhaltigen Mahlzeiten ab. Empfehlenswerte Lokale: **Restaurant Caramé,** Am Corso 10, 9220 Velden, Tel. 04272/3000: eines der Top-Restaurants in Kärnten, zählt seit Jahren zur Gourmet-Spitze in Kärnten **(Abfahrt 341 Velden-Ost, 5 km). Landgut Lindenhof,** Lindenweg 10, 9551 Bodensdorf, Tel. 04243/20615: Original Kärtner Küche mit den Zutaten direkt vom Hof, eigene Käserei, Vinothek im Gewölbekeller, Feriendorf-Hotel mit eigenem Strandbad am Ossiacher See, **(Abfahrt AB Knoten Villach).**

RAST AUF REISEN: Hotels an den Seen

Landgasthof Trattnig, Trattnigteichstr. 1, 9535 Schiefling, Tel. 042 74/50001: Familiengasthof, 10 Min. zu Fuß zum Wörthersee **(Abfahrt 335 Velden-W.). Schlosswirt Naturgasthof,** Ossiach 5, 9570 Ossiach, Tel. 04243/8747: komfortable Zimmer, Naturküche, Strand für Hausgäste, **(Abfahrt AB-Knoten Villach, 5 km). Karnerhof,** Karnerhofweg 10, 9580 Egg am Faaker See, Tel. 04254/2188: Familienhotel, breites Urlaubsangebot **(Abfahrt 347 Villach/Faaker See, 6 km). Schloss Leonstain,** Leonstainerstr. 1, 9210 Pörtschach, Tel. 04272/2816: 500 Jahre altes Schloss, Zimmer mit Balkon oder Gartenterrasse, Badestrand **(Abfahrt 323 Pörtschach-Ost). Park's Hotel Velden,** Seecorso 68, 9220 Velden, Tel. 04274/22980: Blick auf den See oder den Park, Wellnessangebote **(Abfahrt 335 Velden-W.).**

Das Stadtpanorama von Wien wird von Kirchtürmen geprägt: hier die Peterskirche und der Stephansdom.

Weihnachtlich beleuchtet wird die Anlage von Schloss Belvedere.

Fiaker innerhalb der Hofburganlage

Prunksaal der Nationalbibliothek

Karlskirche

Treppenhaus im Kunsthistorischen Museum

Streckenprofil A3: *Ab Wien verläuft die A3 zunächst mit der A2 nach Süden bis zum Knoten Guntramsdorf, dann Richtung Südosten durch die Ebene des Wiener Beckens und schließlich entlang des südlichen Zipfels des Leithagebirges bis nach Eisenstadt. Von hier geht es auf der S31 südlich durch sanftes Hügelland weiter bis St. Martin.* ***(65 km, 40 Min.)***
A4: *Von Wien aus führt die Autobahn zunächst parallel zur Donau Richtung Osten. Weiter geht sie durch die Rebenlandschaft des Burgenlandes nördlich des Neusiedler Sees und schließlich bis nach Nickelsdorf an der ungarischen Grenze.*
(70 km, 45 Min.)

***Bruck an der Leitha:** Hier beginnt das Burgenland. Sehenswert in Bruck ist die alte Stadtmauer, die nur noch in Teilen erhalten ist, sowie Schloss Prugg (18. Jh.), ein ehemaliges Wasserschloss mit schönem Park. **(Abfahrt 32 Bruck a.d.Leitha-West, ca. 4 km)**

****Neusiedl am See:** Der Ort hat außer der gotisch-barocken Stadtpfarrkirche mit einer Kanzel in der Form eines Schiffbugs mit Mast, dem »Tabor«, einem Alten Wachturm, und dem Pannonischen Heimatmuseum keine großen Sehenswürdigkeiten, bietet aber viele Freizeitmöglichkeiten und jede Menge Buschenschenken. **(Abfahrt 43 Neusiedl am See, ca. 5 km)**

Wien:
siehe Seite 235

****Eisenstadt:** Der beherrschende Bau der Hauptstadt des Burgenlands ist das Schloss der Fürsten Esterházy. Der ehemals mittelalterliche Bau wurde im 17. Jh. erweitert und barockisiert. Auch Rathaus und Floriansbrunnen stammen aus dieser Zeit. Joseph Haydn wirkte über 30 Jahre als Hofkapellmeister bei Fürst Nikolaus Esterházy und ist in der kleinen barocken Bergkirche in Eisenstadt begraben. **(Abfahrt 34, Müllendorf, ca. 4 km)**

****Rust:** Weinbauort am Westufer des Neusiedler Sees mit prächtigen barocken Bürgerhäusern, Storchennestern und Heurigenschänken. Sehenswert: Fischerkirche aus dem 15. Jh. mit Wehrmauer. **(Abfahrt 34 Müllendorf, 12 km)**

***Mattersburg:** Der schon von Weitem sichtbare, 250 m lange Eisenbahnviadukt ist das Wahrzeichen dieses Handels- und Industriestädtchens. Neben mehreren Kapellen und Bildstöcken aus dem 17. Jh. ist besonders die gotische Martinskirche sehenswert. **(Abfahrt 38 Knoten Eisenstadt über S31 Burgenland Schnellstraße bis Mattersburg, 14 km)**

****Kobersdorf:** Das hübsche Wasserschloss (13. Jh.) der Familie Esterházy ist jeden Sommer (Juli/August) Theaterkulisse für klassische Komödien. Daneben sind der jüdische Tempel (1848) und die von einer Wehrmauer gestützte barocke Kirche St. Nikolaus (1728) sehenswert. **(Abfahrt 38 Knoten Eisenstadt über S31 Burgenland Schnellstraße bis Kobersdorf, 32 km)**

***Nickelsdorf:** Der kleine Grenzort hat es in der Jazzszene zu internationalem Ruf gebracht. Hier trifft sich alljährlich im Juli die Jazzavantgarde zu einer hochkarätigen 4-Tage-Session. **(Abfahrt 57 Nickelsdorf, 7 km)**

***St. Martin:** Ende der ausgebauten Staatsstraße 31. Von hier aus zieht sich die Rotweinstraße durch die sanfte Hügellandschaft des südöstlichen Burgenlands bis nach Deutschkreuz. In dieser Gegend werden vorwiegend Blaufränkischer und Spätburgunder angebaut. In Deutschkreuz ist neben der Vinothek vor allem das imposante Schloss der Grafen Nádasdy aus dem 17. Jh. mit wunderschönem Arkadeninnenhof interessant. **(Von St. Martin ca. 16 km)**

*****Neusiedler See:** Der von einem breiten Schilfgürtel umgebene See dient vielen selten gewordenen Vogelarten als Lebensraum. Direkten Seezugang gibt es nur am Nordostufer in Podersdorf. Im Südosten liegt der Nationalpark Seewinkel, eine stille, steppenartige Ebene mit vielen Salzlaken, die mit ihrer Flora und Fauna zu den eindrucksvollsten Natur- und Kulturlandschaften Europas gehört. Man kann sie allerdings nur mit dem Rad durchfahren (Fahrradverleih vor Ort). **(Abfahrt 43, Neusiedl am See, ca. 5 km)**

Illmitz am Neusiedler See: typische Häuser im Seewinkel

UNTERWEGS IM BURGENLAND

Schloss Esterházy in Eisenstadt

Ob Oper oder Burgspiele – Kunst und Kultur wird im Land der **Burgen** und **Schlösser** und des **Neusiedler Sees** an der Grenze zu Ungarn seit jeher groß geschrieben. Auch Haydn und Liszt wirkten einst hier. Das Klima im nördlichen Burgenland ist pannonisch. Hier findet man die längste Sonnenscheindauer ganz Mitteleuropas und die höchsten Durchschnittstemperaturen Österreichs. **Weinhänge** und **Obstgärten** charakterisieren die Landschaft im nördlichen Burgenland, und eine Tour durch den **Nationalpark Neusiedler See** hinterlässt viele bleibende Eindrücke der außergewöhnlichen Flora und Fauna.

KULINARISCHES DER REGION: Einfache Küche

Die einfachen bäuerlichen Gerichte sind landestypischen Spezialitäten. Dazu gehören **Schweinefleischgerichte** und der burgenländische **Strudel**. Er wird mit Gemüse oder Fleisch gefüllt oder mit süßen Zutaten wie Zwetschgen, Erdbeeren oder Heidelbeertopfen. Das Burgenland gehört zu den ältesten Weinanbaugebieten Österreichs, die oft zu wenig beachteten **Weine** sind hervorragend. Empfehlenswerte Lokale: **Landgasthaus am Nyikospark,** Untere Hauptstr. 59, 7100 Neusiedl am See, Tel. 021 67 / 40 222: Spitzenküche der Region, Spezialität: Schweinefleisch vom Pannonischen Mangalitza; **(Abfahrt 43 Neusiedl, 2 km). Hauerschenke,** Hauerstr. 26a, 7072 Mörbisch am See, Tel. 02685/8424: Heurigenschänke **(Abfahrt 38 KN Eisenstadt, 12 km). Mooslechners Rusterhof,** Rathausplatz 18, 7071 Rust, Tel. 02685/60793: edles Restaurant im ältesten Haus der Stadt **(Abfahrt 38 KN Eisenstadt, 8 km). Wein und Landhaus Willi Opitz,** St. Bartholomäusgasse 18, 7142 Illmitz, Tel. 02175/20840: Vinothek Mo–Sa 10.00–15.00 Uhr **(Abfahrt 51 Weiden/Gols, 24 km).**

RAST AUF REISEN: Übernachten am See

Winzerhof Schindler, Kinogasse 9, 7072 Mörbisch am See, Tel. 026 85/8389: ruhige Lage, schöner Innenhof, große Sonnenterrasse, 15 Min. zum Seebad, Kellerführungen mit Weindegustation **(Abfahrt 38 KN Eisenstadt, 12 km). Austria Trend Seehotel Rust,** Am Seekanal 2–4, 7071 Rust, Tel. 026 85/3810: 4-Sterne-Hotel am See, burgenländische Küche, viele Freizeit- und Sportmöglichkeiten; **Pension Strohmer,** Am Sportplatz 5, 7071 Rust, Tel. 026 85/590: gepflegte kleine Frühstückspension am Stadtrand **(Abfahrt 38 KN Eisenstadt, 8 km). Illmitzer Hof,** Angergasse 25, 7142 Illmitz, Tel. 0676/7173736: familiengeführtes Hotel mit Frühstücksbuffet **(Abfahrt 51 Weiden/Gols, 24 km).**

Schier endlos erstecken sich die Schilflandschaften am Neusiedler See.

Im Sommer sind die Bienenfresser am See zuhause.

Auch der Graureiher ist nur ein temporärer Sommergast.

Streckenprofil:** Diese weniger befahrene Strecke führt durch liebliches Voralpenland. Bewaldete Hügel, Wiesen und Weiden charakterisieren zum Teil landwirtschaftlich genutztes Gebiet sowie noch viel unberührte Natur.* ***(73 km, 52 Min.)

Schärding am Inn: am Hauptplatz

*****Innviertel:** Zahlreiche kleine Dörfer und Weiler, Klöster und Kirchen prägen die waldreiche Landschaft südöstlich des Inns zwischen Schärding und Braunau. Vom Tourismus bisher verschont, bietet dieses Gebiet mit seinen sanften Hügeln ein Erholungsgebiet für Reisende, die unberührte Natur zu schätzen wissen. Wanderer und Radfahrer treffen hier auf ein weit verzweigtes und gut ausgeschildertes Wegenetz. Viele Gasthöfe haben sich darauf eingestellt und bieten mit Bett&Bike-Angeboten den Radfahrern einen guten Service an. **(Abfahrt 65 Ort, auf der Staatsstraße 148 westlich bis Altheim, dann wieder östlich auf der 141 bis Ried im Innkreis und bei der Abfahrt 53 erneut auf die Autobahn, ca. 47 km)**

****Schärding:** Auf einer Terrasse hoch über dem Inn liegt die alte Grenzstadt Schärding. Reste der Stadtmauer mit Toren und Türmen sind noch erhalten. Besonders die wunderschöne »Silberzeile«, eine barocke bunte Häuserfront am Hauptplatz, ist ein Foto wert. Im ehemaligen Burgtor befindet sich das Stadtmuseum, das über die 1300 Jahre alte Geschichte des Orts informiert und zahlreiche Kunstschätze enthält. Wer nach Schärding möchte, sollte noch **in Deutschland auf der A3 – in Österreich A8 – die Abfahrt 118 Pöcking benutzen, ca. 4 km.**

***Baumkronenweg Kopfing:** Er ist mit über 1000 m Länge einer der größten seiner Art und bietet mit dem Weg durch die Baumwipfel und dem 40 m hohen Aussichtsturm ein außergewöhnliches Erlebnis. Das lässt sich aber noch toppen mit einer Übernachtung im Baumhotel und mit der Waldweihnacht, wenn rund um den Baumkronenweg das Weihnachtsdorf in der Adventszeit mit Kerzenlicht, Glühwein und allerlei Leckereien die Besucher in eine andere Zeit entführt. **(Abfahrt 74 Suben, 25 km)**

Gallspach: Der freundliche Kurort liegt eingebettet in die sanft hügelige Landschaft des Hausruck, der sich mit seinen Wiesen und Wäldern als attraktives Freizeitgebiet für Wanderer, Radfahrer und andere sportlich Aktive anbietet. Ideal auch für Erholungssuchende: Fern ab städtischer Hektik kann man hier die Seele baumeln lassen. **(Abfahrt 31 Meggenhofen 7 km)**

***Grieskirchen:** Idyllisch im Trattnachtal gelegen, zählt Grieskirchen zu den schönsten Orten des Hausruckviertels. Sehenswert sind im alten Stadtkern der Karbrunnen am Kirchplatz, der Schwibbogen mit dem barocken Fresko am Stadtplatz, die Dreifaltigkeitssäule sowie die Annakapelle und die Stadtpfarrkirche. Reizvoll ist die längste Mostobstbaumallee Österreichs besonders im Mai, wenn auf der 5 km langen Strecke von Grieskirchen nach St. Georgen die Bäume in voller Blüte stehen. Der Feldweg ist für den Autoverkehr gesperrt. Bei einer Wanderung durch die Allee hat man immer wieder den Blick auf Schloss Tollet. **(Abfahrt 31 Meggenhofen 10 km)**

***Ried im Innkreis:** Der kleine Ort ist geprägt von seiner alten Handels- und Gewerbetradition. Aus Ried stammt die Familie Schwanthaler, aus der im 17./18. Jh. auch in Süddeutschland wirkende Bildhauer hervorgegangen sind. In der Pfarrkirche befinden sich zwei Altäre, die von den Künstlern gestaltet wurden. Das Ried bis 1779 zu Bayern gehörte, lässt sich immer noch am weiß-blauen Rautenmuster im Stadtwappen erkennen. **(Abfahrt Ried, ca. 1 km)**

***Haag am Hausruck:** Sehenswert ist das Renaissance-Schloss Starhemberg in dem ein kleines Heimatmuseum untergebracht ist und mit Exponaten des ehemaligen Braunkohlebergbaus aufwarten kann. Ebenfalls sehenswert die ursprünglich gotische Pfarrkirche, die später zu einer barocken Hallenkirche umgestaltet wurde.
Auf dem Erlebnisberg Luisenhöhe warten mehrere Attraktionen auf Besucher. Mit einer kleinen Bergbahn mit geschlossenen sechsitzigen Kabinen geht es hinauf, mit der Sommerrodelbahn wieder hinunter oder weiter auf dem Naturerlebnispfad »Weg der Sinne« bis zur Waldschenke oder dem rund 32m hohen Aussichtsturm aus Holz. Wem das nicht reicht, kann auf dem Erlebnisberg auch noch seine Kletterkünste und Schwindelfreiheit im angeschlossenen Hochseilgarten unter Beweis stellen. **(Abfahrt 43 Haag, 2 km)**

****Wels:** Der Ledererturm – das Wahrzeichen der Stadt – aus dem 14. Jh. war, wie auch der Wasserturm (1577), Teil der alten Stadtmauer, von der noch einige Überreste zu sehen sind. Der Ort hat in seiner Architektonik einen der schönsten in sich geschlossenen Plätze Österreichs mit barockem Rathaus vielen Profanbauten mit Barockfassaden und wunderschönen Arkadeninnenhöfen, die teilweise noch aus der Rennaissancezeit oder Gotik stammen . Beachtung verdient auch die gotische Kirche St. Johannes mit den farbenprächtigen Chorfenstern und einem romanischen Portal. In der Burg, die heute als Kulturzentrum (Museum, Theater, Burghofkonzerte) genutzt wird, starb 1519 Kaiser Maximilian I. **(Abfahrt Knoten Wels Richtung Voralpenkreuz, dann Abfahrt 11 Wels-West, ca. 2 km)**

Im Stadtzentrum von Wels

UNTERWEGS IM INNVIERTEL-HAUSRUCKWALD

Die Stiftskirche Reichersberg bei Schärding

Die Oberösterreicher haben allen Grund, ihr Land zu lieben: Die **Ferienregion** liegt reizvoll zwischen der Dreiflüssestadt Passau, der oberösterreichischen Landeshauptstadt Linz und der Festspielstadt Salzburg, umgeben von den Flüssen **Donau, Inn** und **Salzach.** So vielfältig das Land zwischen **Böhmerwald** und **Dachstein** ist, so abwechslungsreich sind auch seine Erholungs- und Regenerationsangebote. Die Palette reicht von der traditionsreichen **Kuranstalt** bis hin zu **Erlebnisthermen** und **Wellnesshotels.** Aufregend ist ein Besuch in Österreichs schönster Barockstadt Schärding, die Falknerei im Burgareal in Obernberg oder eine Wanderung im **Hausruckwald.**

KULINARISCHES DER REGION: Schmankerln

In Oberösterreich findet man alles, was die österreichische Küche zu bieten hat. Deftige **Schmankerln** und bodenständige Gerichte, gekrönt mit köstlichen **Süßspeisen** zum Abschluss. Hier lässt man es sich gut gehen in einem der schönen, alten Gasthäuser bei gutem Essen und selbst gebrautem Bier. Empfehlenswerte Lokale: **Orangerie,** Im Eichbüchl 7, 4780 Schärding, Tel. 07712/40619: regionale Spezialitäten vom Grill in dem historischen Gebäude einer Orangerie inmitten einer Parkanlage; **Schärdinger Wurstkuchl,** Passauerstr. 2, 4780 Schärding, Tel. 07712/641425: gutes, einfaches Gasthaus mit klassischer österreichischer Küche **(Abfahrt 74 Suben, 6 km). Gasthof zur Post,** Marktplatz 8, 4982 Obernberg am Inn, Tel. 07758/40154: bodenständige regionale und internationale Küche; **Badwirt,** Zollamtstr. 12, 4982 Obernberg am Inn: gemütlicher Gasthof mit ruhigem, schattigem Garten. Spezialität: Gerichte vom Holzkohlengrill **(Abfahrt 65 Ort, 11 km).**

RAST AUF REISEN: Romantisch übernachten

Romantikhotel Forstinger's Wirtshaus, Unterer Stadtplatz 3, 4780 Schärding, Tel. 07712/23020: 4-Sterne-Hotel mit 400-jähriger Tradition; **Hotel zur Stiege,** Schlossgasse 2, 4780 Schärding, Tel. 07712/30700: zentrales gelegnes Haus, österreichische Küche **(Abfahrt 74 Suben, 5 km). Baumhotel,** Knechtsdorf 1, 4794 Kopfing, Tel. 07763/22890: rustikale Übernachtung zwischen den Bäumen, 72 Stufen über dem Erdboden **(Abfahrt 74 Suben, 25 km). Obermayergut,** Salzburgerstr. 26, 4713 Gallspach, Tel. 0676/7102811, rustikale Holzhäuser auf einem Bauernhof mit Ponys, Ziegen, Minihängebauchschweinen, Katzen und Hühnern **(Abfahrt 31 Meggenhofen, 7 km).**

Streckenprofil: *Die sogenannte Pyhrn-Autobahn beginnt am Knoten Voralpenkreuz und führt diagonal durch die gesamte Steiermark, vdurch die Ennstaler Alpen, den Seckauer Alpen zur Rechten und den Eisenerzer Alpen zur Linken. Sie durchquert die Gleinalpe mit einem 8,3 km langen Tunnel, führt westlich an Graz vorbei, dann durch den 10 km langen Plabutschtunnel und schließlich mal links, mal rechts entlang der Mur durchs Flusstal nach Süden bis zur slowenischen Grenze in Spielfeld.* ***(230 km, 2 Std.)***

Blick auf die Brauerei- und Eisenstadt Leoben

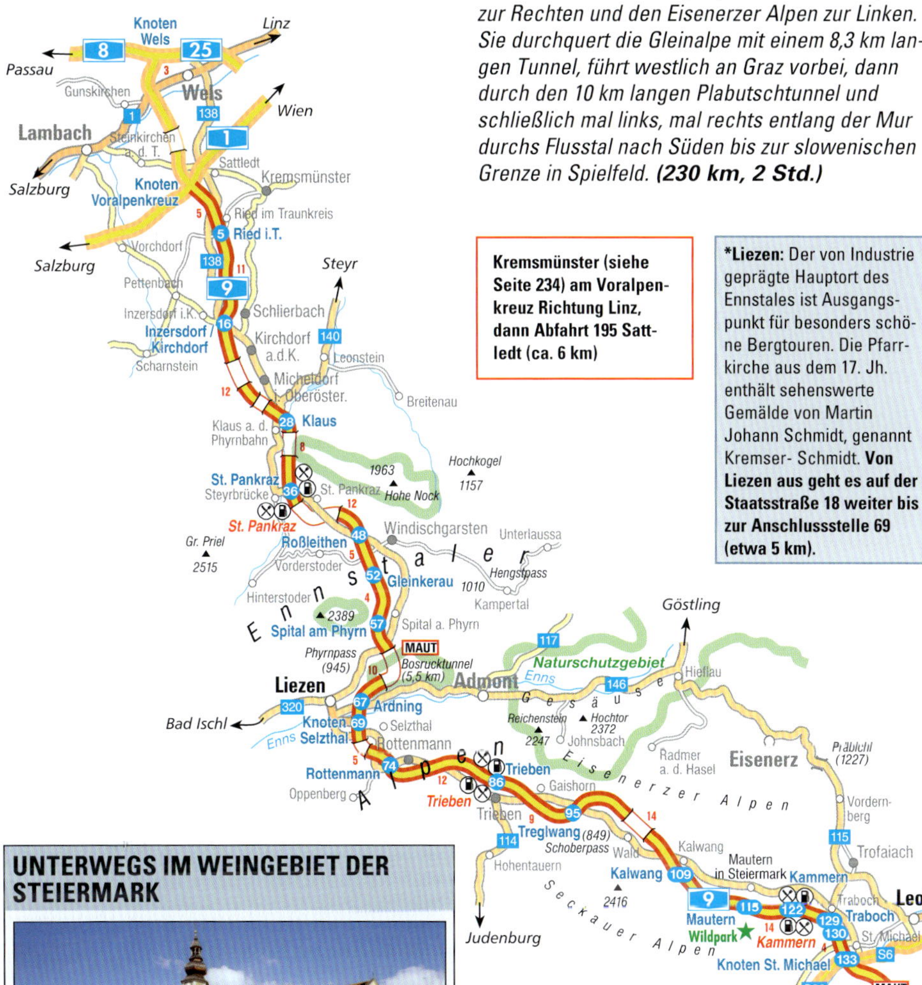

Kremsmünster (siehe Seite 234) am Voralpenkreuz Richtung Linz, dann Abfahrt 195 Sattledt (ca. 6 km)

***Liezen:** Der von Industrie geprägte Hauptort des Ennstales ist Ausgangspunkt für besonders schöne Bergtouren. Die Pfarrkirche aus dem 17. Jh. enthält sehenswerte Gemälde von Martin Johann Schmidt, genannt Kremser- Schmidt. **Von Liezen aus geht es auf der Staatsstraße 18 weiter bis zur Anschlussstelle 69 (etwa 5 km).**

*****Ennstaler Alpen:** Auf beiden Seiten der Enns ragen dicht bewaldete steile Felswände empor, die zu den Nördlichen Kalkalpen, einem beliebten Touren- und Klettergebiet gehören. Das Johnsbachtal trennt sie in eine westliche Gruppe mit dem Admonter Reichenstein (2247 m) und eine östliche mit dem Hochtor (2372 m) als jeweils höchste Erhebung. Der eindrucksvollste Teil ist das so genannte »Gesäuse«, wo sich die Enns einen Weg durch schroffe, hohe Schluchtenwände bahnt und tosend durch den Fels bricht.

****Mautern:** Vom Dorf aus fährt ein Sessellift zum 1250 m hoch gelegenen Wildpark, in dem sich auch chinesisches Rotwild heimisch fühlt. **(Abfahrt 115, ca. 1 km)**

****Leoben:** An der Mur gelegene Stadt, die im Spätmittelalter von König Ottokar gegründet wurde. Heute ist sie Mittelpunkt der Eisen- und Stahlindustrie der Obersteiermark und Sitz einer Montanuniversität. Sehenswert: die Kirche Maria am Waasen aus dem 14./15. Jh. hinter dem einzig erhaltenen Stadttor mit schönen Glasgemälden; die alte Pfarrkirche und das Benediktinerinnenstift, um 1000 gegründet und heute Sitz der Brauerei Gösser. **(Abfahrt 133 Knoten St. Michael, ca. 10 km)**

Graz: siehe Seite 238

UNTERWEGS IM WEINGEBIET DER STEIERMARK

Frohnleiten an der Mur

Wer sich nach Ruhe sehnt, wird sich im Weinland Steiermark sehr wohlfühlen. Abgeschiedenheit, ursprüngliche Natur und Ruhe – hier zählt die Zeit doppelt. Die **Sausaler Weinstraße** liegt in steilen Weingärten über dem **Sulmtal**, in der Nähe von Leibnitz. Das milde **Höhenklima** und der gut ausgereifte Wein locken jedes Wochenende ganze Scharen von Grazern in die vielen Gasthöfe und Buschenschänken.

KULINARISCHES DER REGION: Süffiger Wein

Der hiesige Wein hat einen hohen Säuregrad und eine kräftige Note. Der Name **»Schilcher«** bezeichnet die von hellem Rot bis zu edlem Dunkelrot schillernde Farbskala des Weins. Empfehlenswert: **Weinprobe** im 300 Jahre alten Weinkeller, **Schloss Seggau.** 8430 Leibnitz, Tel. 034 52/21888 **(Abfahrt 214 Leibnitz).**

RAST AUF REISEN: Hotels in den Weinbergen

Hotel Römerhof, Marburgerstraße 1, 8430 Leibnitz,Tel. 03452/82419: Garten mit Pool, Beautyfarm, traditionelle steirische Küche, regionale Weine **(Abfahrt 214 Leibnitz, 4 km). Weingut Rupp,** Steinriegel 26, 8442 Kitzeck, Tel. 03456/2284 Gästezimmer, Ferienwohnungen **(Abfahrt 214 Leibnitz, 15 km).**

****Frohnleiten:** pittoresker Ort im Murtal, der an Rothenburg ob der Tauber erinnert und typisch ist für die im Mittelalter angelegten Straßendörfer, die so genannten »Märkte«. Die um 1700 erbaute Pfarrkirche Mariä Himmelfahrt mit ihrer herrlichen spätbarocken Ausstattung lohnt einen Besuch. **(Abfahrt 165 Peggau, ca. 20 km)**

****Lurgrotte:** Die Tropfsteinhöhle bei Peggau gehört zu den wichtigsten Naturattraktionen der Steiermark und ist die größte Tropfsteinhöhle Österreichs. Auf sicheren Stegen wandelt man in der künstlich beleuchteten Höhle an bizarren Gebilden vorbei auf den Spuren prähistorischer Besiedlung. **(Abfahrt 165 Peggau, ca. 2 km)**

***Leibnitz:** Von der Burg Seggau, die auf einer bewaldeten Anhöhe am westlichen Stadtrand liegt, hat man einen schönen Blick auf die Stadt. Leibnitz ist der Mittelpunkt des südweststeirischen Weinbaugebiets, gleichzeitig aber auch ein Ort der industriell geprägt ist. Sehenswert: die Pfarrkirche (1170), ehemals gotisch, im 17. Jh. barockisiert. Kapuzinerkirche und -kloster (1639), das Rathaus (1876) und Schloss Retzhof (17. Jh.), wo heute das Volksbildungswerk seinen Sitz hat. Wer erfahren möchte, wie es in der Steiermark schmeckt, kann dem »Genussregal« in Vogau 8 km südlich von Leibnitz einen Besuch abstatten. In einem Stahlregal wurden mehrere Überseecontainer »eingeräumt«, die als Ausstellungsflächen dienen. **(Abfahrt 214 Leibnitz, 2 km)**

Streckenprofil A10: *Die Tauernautobahn ist eine viel befahrene Nord-Süd-Verbindung und führt zwischen Salzkammergut und Tennengau bis an die Hohen Tauern. Nach Durchquerung zweier Tunnel öffnet sich das Urlaubsland Kärnten.* ***(185 km, 1¾ Std.)***

A11: *Die Strecke, ein wichtiger Verbindungsweg zwischen Mittel- und Osteuropa, führt an die Grenze von Österreich zu Slowenien und endet auf österreichischer Seite am 7865 m langen Karawankentunnel.* ***(21 km, ¼ Std.)***

****Hallein:** Dass in der an Höhlen und Salzstollen reichen Umgebung des Tennengaus schon vor 4000 Jahren Salz abgebaut wurde, beweisen die archäologischen Funde am Dürrnberg über Hallein. Sehenswert: die malerischen engen Gassen der Altstadt mit bunten Barock- und Rokokofassaden und das Keltenmuseum. Aus dem ehemaligen Salzbergwerk ist ein Besucherbergwerk geworden. **(Abfahrt 16 Hallein, 1 km)**

****Radstadt:** Ihr altes Ortsbild mit schönen Bürgerhäusern (17./18. Jh.) hat sich die Stadt, zwischen Dachsteinmassiv und Radstädter Tauern gelegen, weitgehend bewahrt. Die ehemalige Salz- und Weinhandelsstadt war schon im 13. Jh. Grenzsicherung zur Überwachung des Tauernpasses. Sehenswert: das Heimatmuseum im Schloss Lerchen (16./17. Jh.) und das westlich gelegene Altenmarkt, ältester Ort im Ennstal. **(Abfahrt 63 Ennstal, 4 km)**

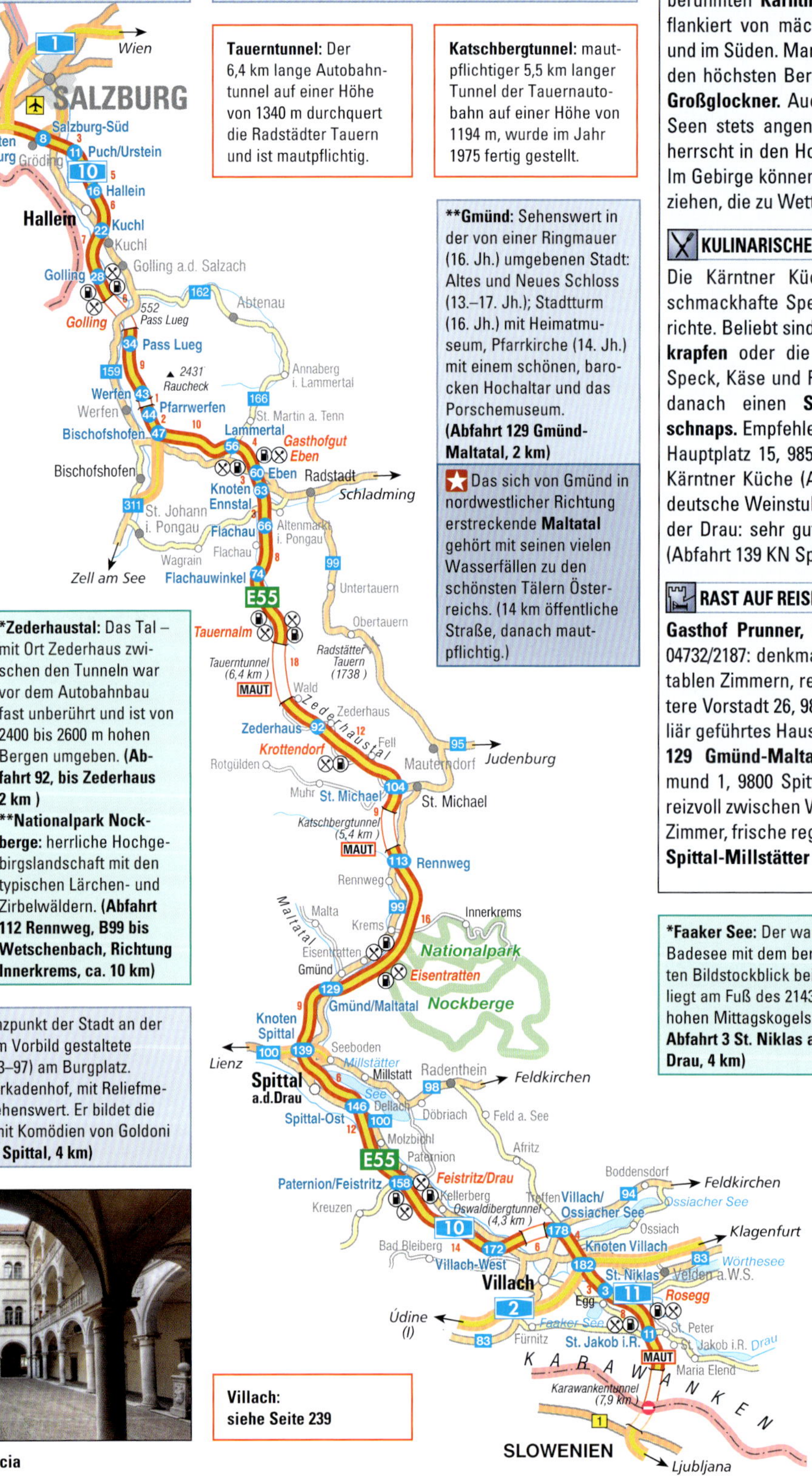

Tauerntunnel: Der 6,4 km lange Autobahntunnel auf einer Höhe von 1340 m durchquert die Radstädter Tauern und ist mautpflichtig.

Katschbergtunnel: mautpflichtiger 5,5 km langer Tunnel der Tauernautobahn auf einer Höhe von 1194 m, wurde im Jahr 1975 fertig gestellt.

Salzburg: siehe Seite 234

***St. Michael im Lungau:** An der Straße zur Katschberghöhe gelegener Wintersport- und Luftkurort. In der namensgebenden Pfarrkirche (12./16. Jh.) sind Fresken aus dem 13. und 14. Jh. sowie ein römischer Grabstein zu sehen. **(Abfahrt 104 St. Michael, 3 km)**

****Gmünd:** Sehenswert in der von einer Ringmauer (16. Jh.) umgebenen Stadt: Altes und Neues Schloss (13.–17. Jh.); Stadtturm (16. Jh.) mit Heimatmuseum, Pfarrkirche (14. Jh.) mit einem schönen, barocken Hochaltar und das Porschemuseum. **(Abfahrt 129 Gmünd-Maltatal, 2 km)**

★ Das sich von Gmünd in nordwestlicher Richtung erstreckende **Maltatal** gehört mit seinen vielen Wasserfällen zu den schönsten Tälern Österreichs. (14 km öffentliche Straße, danach mautpflichtig.)

***Bischofshofen:** Der Fremdenverkehrsort im Pongau mit großem Wintersportangebot ist vor allem als einer der Austragungsorte der internationalen Vier-Schanzen-Tournee weltbekannt. Sehenswert: die romanisch-gotische Pfarrkirche St. Maximilian mit dem Marmorgrab (1462) des Bischofs Sylvester von Chiemsee (gest. 1453) und der Kastenhof (13. Jh.) mit altem Turm am Marktplatz. **(Abfahrt 46 Bischofshofen, 3 km)**

***Zederhaustal:** Das Tal – mit Ort Zederhaus zwischen den Tunneln war vor dem Autobahnbau fast unberührt und ist von 2400 bis 2600 m hohen Bergen umgeben. **(Abfahrt 92, bis Zederhaus 2 km)**

****Nationalpark Nockberge:** herrliche Hochgebirgslandschaft mit den typischen Lärchen- und Zirbelwäldern. **(Abfahrt 112 Rennweg, B99 bis Wetschenbach, Richtung Innerkrems, ca. 10 km)**

****Spittal:** Architektonischer Glanzpunkt der Stadt an der Drau ist das nach florentinischem Vorbild gestaltete Renaissanceschloss Porcia (1533–97) am Burgplatz. Vor allem der dreigeschossige Arkadenhof, mit Reliefmedaillons verziert, ist unbedingt sehenswert. Er bildet die Kulisse für das Sommertheater mit Komödien von Goldoni bis Nestroy. **(Abfahrt 139 Knoten Spittal, 4 km)**

Spittal: Innenhof von Schloss Porcia

Villach: siehe Seite 239

UNTERWEGS ZWISCHEN SALZBURG UND KÄRNTEN

Der Millstätter See vor der Kulisse der Hohen Tauern

Kärnten hat eine reizvolle Landschaft. Da sind die berühmten **Kärntner Seen** mit ihrem milden Klima, flankiert von mächtigen **Gebirgsketten** im Norden und im Süden. Man findet hier die **Hohen Tauern** und den höchsten Berg Österreichs, den 3797 m hohen **Großglockner.** Auch das Klima ist vielfältig: an den Seen stets angenehm und fast schon mediterran, herrscht in den Hohen Tauern ein raues **Bergklima.** Im Gebirge können im Sommer heftige Gewitter aufziehen, die zu Wetterstürzen führen.

KULINARISCHES DER REGION: Einfach und gut

Die Kärntner Küche kennzeichnen simple, aber schmackhafte Speisen wie Nudel- und Gemüsegerichte. Beliebt sind die mit Fleisch gefüllten **Schlickkrapfen** oder die Holzfällermahlzeit **»Frigga«** aus Speck, Käse und Polenta oder eine **Brettljause** und danach einen **Schwarzbeer-** oder **Wacholderschnaps.** Empfehlenswerte Lokale: Gasthof Prunner, Hauptplatz 15, 9853 Gmünd: gemütliche Stuben mit Kärntner Küche (Abfahrt 129 Gmünd-Maltatal). Altdeutsche Weinstube, Neuer Platz 17, 9800 Spittal an der Drau: sehr gute Weine, ausgezeichnete Küche (Abfahrt 139 KN Spittal-Millstätter See, 2 km).

RAST AUF REISEN: In den Kärntner Bergen

Gasthof Prunner, Hauptplatz 15, 9853 Gmünd, Tel. 04732/2187: denkmalgeschützter Gasthof mit komfortablen Zimmern, regionale Küche; **Hotel Platzer,** Untere Vorstadt 26, 9853 Gmünd, Tel. 047 32/27 45: familiär geführtes Haus, zentral, aber im Grünen **(Abfahrt 129 Gmünd-Maltatal). Landhof Simeter,** St. Sigmund 1, 9800 Spittal an der Drau, Tel. 047 62/47 52: reizvoll zwischen Wald und See gelegen, behagliche Zimmer, frische regionale Küche **(Abfahrt 139 Knoten Spittal-Millstätter See).**

***Faaker See:** Der warme Badesee mit dem berühmten Bildstockblick bei Egg liegt am Fuß des 2143 m hohen Mittagskogels. **(A11 Abfahrt 3 St. Niklas an der Drau, 4 km)**

****Millstatt:** In dem Ort an dem zweitgrößten See Kärntens, mit Badetemperaturen bis zu 26° C. ist der stille Klosterbezirk (gegr. um 1070) mit einer dreischiffigen Pfeilerbasilika und einem sehr schönen Kreuzgang besonders sehenswert. Das Weltgerichtsfresko (1513–19) gilt als eines der bedeutendsten Wandgemälde der Renaissance. **(Abfahrt 139 Knoten Spittal, 7 km)**

****Karawanken:** Höchste Erhebung des schroffen, aus Kalkstein und Dolomit aufgebauten Gebirges, auf dessen Hauptkamm seit 1920 die Grenze zwischen Österreich und Slowenien verläuft, ist der 2238 m hohe Hochstuhl.

Wie vereinzelte Johannisfeuer wirken die beleuchteten Gebäude der Altstadt von Salzburg im Licht der Dämmerung.

Salzburgs berühmteste Einkaufsstraße ist die Getreidegasse.

***Streckenprofil A14:** Die österreichische Rheintalautobahn beginnt mit dem Pfändertunnel (6,7 km). Sie führt ins Montafon, ein von der Ill durchflossenes Hochgebirgstal.*
(50 km, 1/2 Std.)
***S16:** Die eindrucksvolle Arlbergstraße **(70 km, 1¼ Std.)** führt bis zu dem berühmten Pass durch das Klostertal und durch das Stanzertal bis nach Tirol. Der Weg über den Pass, der auf 1793 m Höhe liegt, wird 1978 vom Arlberg-Straßentunnel **(13,9 km, mautpflichtig)** unterfahren.*

Unteres Tor in der Oberstadt, Bregenz

****Bregenz:** Die günstige Lage der 2000-jährigen Bodenseestadt am Fuß des Pfänders (1064 m) wussten schon Kelten und Römer zu schätzen. Als Festspielstadt (seit 1950) mit einem markanten Schauspielhaus (1980) und schwimmender Seebühne hat sich die Hauptstadt Vorarlbergs europaweit einen guten Ruf erworben. Sehenswert: die vom Martinsturm (1599–1602, Zwiebelhaube) überragte historische Oberstadt mit Fachwerkrathaus (1622), Herz-Jesu-Kirche (1636) und gotischer Kirche St. Gallus (14./15. Jh.) sowie Kloster Thalbach (1609–1677). Am Kornmarkt der modernen Unterstadt: das Kunsthaus Bregenz und das Vorarlberger Landesmuseum. Auf den Pfänder mit Aussicht auf See und Alpen gelangt man mit der Kabinenbahn (Talstation 5 Min. vom Hafen). **(Abfahrt 9 Bregenz, 3 km)**

****Hohenems:** Der kleine Ort, dessen Geschichte bis ins frühe Mittelalter zurückreicht, war ab dem 17. Jh. eine bedeutende jüdische Gemeinde. Im 1562–1567 erbauten Renaissanceschloss finden jeden Juni die bekannten Kammermusik-Festspiele »Schubertiade« statt. Sehenswert: der Palast der Grafen Waldburg-Zeil (1562), in dem im 18. Jh. zwei Handschriften des Nibelungenlieds gefunden wurden, die Pfarrkirche St. Karl Borromäus (1797) und das Jüdische Museum. (Abfahrt 23 Hohenems, 2 km)

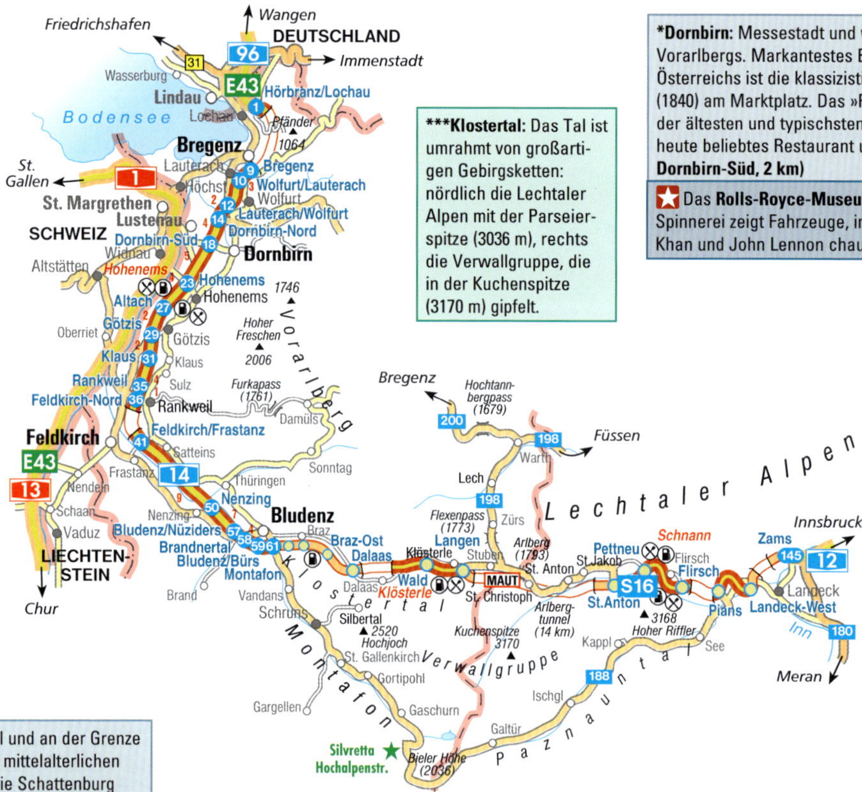

*****Klostertal:** Das Tal ist umrahmt von großartigen Gebirgsketten: nördlich die Lechtaler Alpen mit der Parseierspitze (3036 m), rechts die Verwallgruppe, die in der Kuchenspitze (3170 m) gipfelt.

***Dornbirn:** Messestadt und wirtschaftliches Zentrum des Vorarlbergs. Markantestes Bauwerk der Textilmetropole Österreichs ist die klassizistische tempelartige Pfarrkirche (1840) am Marktplatz. Das »Rote Haus« daneben ist eines der ältesten und typischsten Rheintaler Bürgerhäuser und heute beliebtes Restaurant und Weinstube. **(Abfahrt 18 Dornbirn-Süd, 2 km)**

Das **Rolls-Royce-Museum** (1999) in einer ehemaligen Spinnerei zeigt Fahrzeuge, in denen Prominente wie Ali Khan und John Lennon chauffiert wurden.

****Rankweil:** Mitten im Ort erhebt sich der Liebfrauenberg (515 m) mit der »Kirchenburg«, dem wichtigsten Sakralbau Vorarlbergs. Diesen Namen trägt die Wallfahrtskirche Unsere liebe Frau (15./17. Jh., seit 1987 Basilika), weil sie auf den Fundamenten eines Römerkastells und der Burg Hörnlingen (14. Jh.) erbaut wurde. **(Abfahrt 36 Rankweil, 2 km)**

*****Arlbergpass:** Direkt auf Passhöhe liegen drei Nobelhotels und St. Christoph, ein zur Versorgung von Reisenden eingerichtetes Hospiz (1384), das lange Zeit der einzige Schutz auf der Passhöhe war. Auch heute empfiehlt sich die Einkehr in der »Hospiz-Alm«. Der Alpenpass liegt an der Grenze Vorarlbergs zu Tirol und verbindet das Inntal mit dem von der Alfenz durchflossenen Klostertal und dem angrenzenden Walgau und das Rheintal. Schöner Blick von der Passhöhe nach Osten auf St. Anton.

****Feldkirch:** Die Bischofsstadt an der Ill und an der Grenze zu Liechtenstein hat sich viel von ihrem mittelalterlichen Gesicht bewahrt. Über ihr erhebt sich die Schattenburg (12. Jh.), von 1300 bis 1390 Sitz der Grafen von Montfort. Sehenswert: der von Laubengängen und Patrizierhäusern (15./16. Jh.) gesäumte langgestreckte Marktplatz, das Rathaus (1493) mit Ratsstube, die gotische Domkirche (1478), das Liechtensteiner Amtshaus (1497), der Katzenturm (um 1500) und das Wahrzeichen der Stadt, das sechsstöckige Churertor (14. Jh.). **(Abfahrt 41 Feldkirch, direkt nach dem Ambergtunnel, 3 km)**

****Bludenz:** Kern der schönen »Alpenstadt« am Eingang zum Klostertal ist das »Städtle«, die malerische, eng gebaute Altstadt. Sehenswert: barocke Bürgerhäuser, viele Laubengänge, das Untere und das Obere Tor (beide 15. Jh.) mit Stadtmuseum. Über dem Ort: das Barockschloss Gayenhofen (1745) und die Pfarrkirche St. Laurentius (um 1500). **(Abfahrt Bludenz-West, 1 km)**

****St. Anton am Arlberg:** Der weltberühmte Wintersportort im oberen Stanzer Tal, der sich noch viel von seinem Ursprung als Bergdorf bewahrt hat, liegt auf etwa 1300 m Höhe. Sehenswert: die Pfarrkirche Maria Hilf (1698/1932) und das Ski- und Heimatmuseum. Die Skischule (seit 1922) ist die älteste ihrer Art. Seilbahnen auf Gampberg, Galzig und Valluga. **(S16, Abfahrt St. Anton, 5 km)**

UNTERWEGS IN VORARLBERG

Die mächtige Schattenburg in Feldkirch

Unterschiedlicher könnten die Regionen nicht sein: das **Dreiländereck** des **Bodensees** mit seinem leichten, anmutigen Bergland und die hochalpinen Regionen des **Vorarlbergs,** getrennt von gewaltigen Bergketten. Das Vorarlberggebiet mit seinen mondänen Orten St. Anton und St. Christoph ist sowohl im Sommer als auch im Winter äußerst beliebt. Die Freunde des **Wintersports** kommen hier voll auf ihre Kosten: das großes Skigebiet und die aufregende **Après-Ski-Szene** locken zahlreiche Touristen an. Auch wenn die übrigen Österreicher gerne etwas über das **»Ländle«** am Vorarlberg spotten: die Vorarlberger vereinen vortrefflich Tradition, Landwirtschaft und Tourismus.

KULINARISCHES DER REGION: Deftig und gut

In Vorarlberg kennt man eine deftige, bäuerliche Küche, ähnlich der in Schwaben oder im Allgäu. Die beliebten **Kässpatzen** sind inzwischen überall bekannt, und bisher war noch jeder Besucher mit dem Angebot aus der österreichischen Küche und den Tiroler Schmankerln zufrieden. Empfehlenswerte Lokale: **Wirtshaus am See,** Seepromenade 2, 6900 Bregenz, Tel. 05574/42210: ausgezeichnete regionale Küche , direkt am Bodensee, Seeterrasse **(A14 Abfahrt 9 Bregenz, 3 km). Gasthof Traube Braz,** Klostertalerstr. 12, 6751 Braz bei Bludenz, Tel. 05552/28103: sehr gepflegte, modernisierte Tiroler Küche in schöner Atmosphäre. **(A14 Abfahrt 61 Bludenz-Ost, 4 km). Restaurant Tenne,** St. Jakober Dorfstr. 21, 6580 St. Anton am Arlberg, Tel. 05446/2669: traditionelles Wirtshaus mit Tiroler Spezialitäten, Sonnenterrasse **(A14 Abfahrt 61 Bludenz-Montafon, S16, 40 km).**

RAST AUF REISEN: Übernachten im Skigebiet

Schlosshotel Dörflinger, Schl.-Gayenhofen-Platz 5, 6700 Bludenz, Tel. 055 52/6 30 16: fürstlich wohnen und speisen, Terrasse mit einzigartigem Bergpanorama, Golfplatz in der Nähe **(Abfahrt 59 Bludenz-Bürs). Hotel Lech & Residenz Chesa Rosa**: Dorf 263, 6764 Lech am Arlberg, Tel. 05583/22890: mitten im Skigebiet gelegen, gute Küche – allerdings nur während der Skisaison in Betrieb **(A14 Abfahrt 61 Bludenz-Montafon, S16, B198, 37 km). Schwarzer Adler,** Dorfstr. 35, 6580 St. Anton am Arlberg, Tel. 05446/22440: Traditionshotel, exquisite Küche, Wellnessangebote, kostenloser E-Bike-Verleih **(A14 Abfahrt 61 Bludenz-Montafon, S16, 30 km). Hotel Gletscherblick,** St. Jakober Dorfstr. 35, 6580 St. Jakob am Arlberg, Tel. 05446/3285: nettes Hotel mit Komfortzimmern und Suiten, Wellness, vielseitige Küche **(A14 Abfahrt 61 Bludenz-Montafon, S16, 30 km).**

Streckenprofil A12: *Die Inntalautobahn verläuft durchgehend parallel zum Fluss und wird flankiert von berühmten Alpenmassiven wie den Kitzbüheler Alpen, dem Karwendelgebirge und den Stubaier Alpen.* ***(150 km, 1½ Std.)***

Kufstein: Burg Geroldseck

****Landeck:** Die Stadt am Knotenpunkt zwischen Reschenpass und Arlbergstraße wird überragt von der über dem Inn thronenden Burg (12. Jh., schönes Heimatmuseum). Sehenswert: kunstvoll bemalte Bürgerhäuser und die Pfarrkirche Mariä Himmelfahrt (1471), eine gotische Hallenkirche, deren Mittelschiff fast doppelt so hoch ist wie die Seitenschiffe. **(Abfahrt 145 Landeck, 4 km)**

*****Innsbruck:** Landeshauptstadt von Tirol, überragt von den Felswänden des Karwendels, mit historischer, von Lauben und Erkerhäusern geprägten Innenstadt. Berühmt ist das »Goldene Dachl« (1494–96), der mit 3000 feuervergoldeten Kupferschindeln gedeckte Erker am Maximilianeum, das an den Habsburgerkaiser Maximilian I. (gest. 1519) erinnert, dessen Grabstätte sich in der prächtigen Hofkirche (1553–63) befindet. Außerdem sehenswert: Maria-Theresien-Straße, Helblinghaus mit schöner Rokokofassade (1732); Altes Rathaus (1358) mit Stadtturm; Gasthof Goldener Adler (16. Jh.); die Hofburg (um 1460 errichtet und Mitte des 18. Jh. im Rokokostil umgebaut und erweitert); der barocke Dom St. Jakob (1717–22) und im Stadtteil Ambras das Renaissanceschloss Ambras (16. Jh.) mit Habsburger Porträtgalerie sowie in Wilten die Rokokokirche Mariä Empfängnis und die barocke Stiftskirche St. Laurentius **(Abfahrt 79 Innsbruck-West, 3 km)**

***Schwaz:** Oberhalb der einstigen Silberstadt mit der größten gotischen Hallenkirche Tirols thront linker Hand Burg Freundsberg (12. Jh.). **(Abfahrt 49 Schwaz, 2 km)**

****Kufstein:** Sehenswert: Feste Geroldseck (13. Jh./1504–22), auf die man per Lift (Römerhofgasse) gelangt; Heldenorgel (1931, 4307 Pfeifen) im Bürgerturm; Heimatmuseum im Kaiserturm (1522). **(Abfahrt 2 Kufstein-Nord, 4 km)**

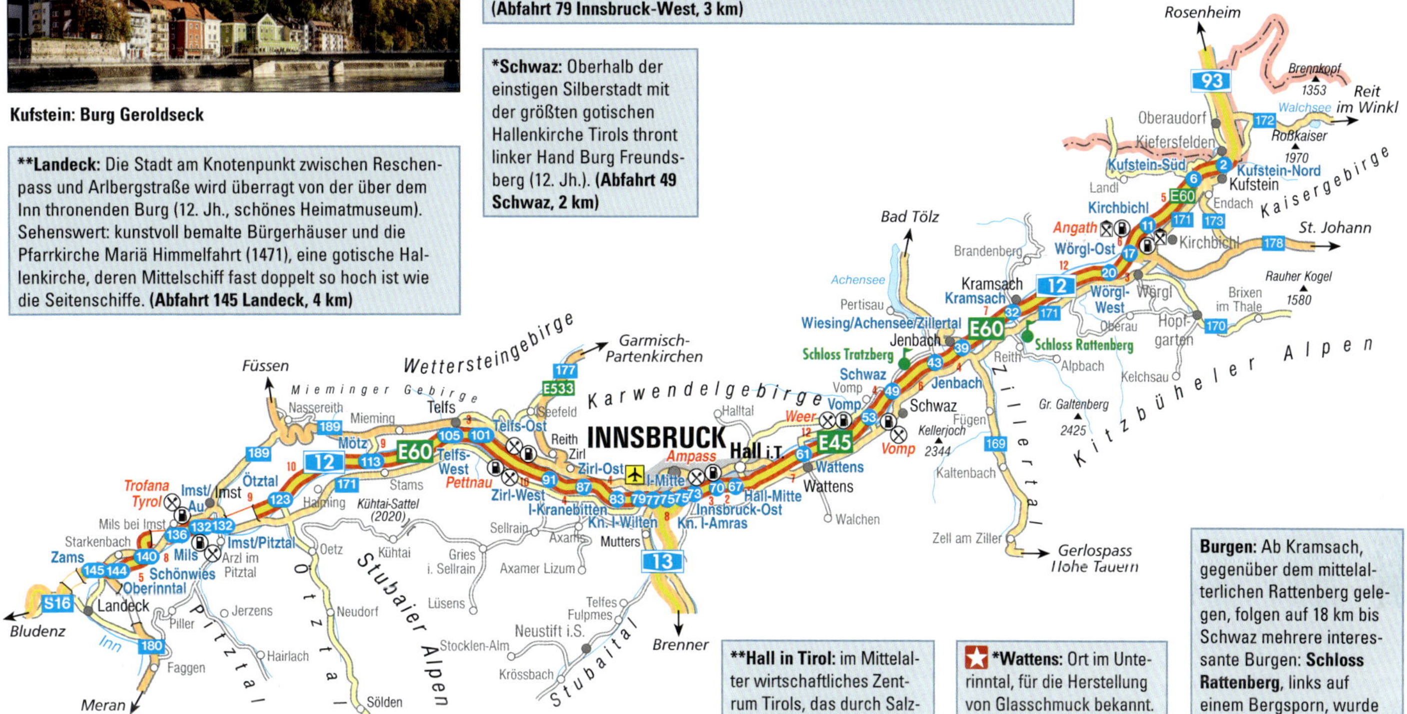

***Imst:** Als Ausgangspunkt für Touren ins Ötztal und Pitztal ist die alte »Stadt der Brunnen« betriebsame Drehscheibe des Oberinntals. Sehenswert: Pfarrkirche Mariä Himmelfahrt, eine spätgotische Hallenkirche mit Fresken (um 1500). **(Abfahrt 133 Imst/Au, 2 km)**

*****Pitztal und Ötztal:** rechte Seitentäler des Oberinntals und jeweils 40 km lang. Beide Täler bieten eine grandiose Hochgebirgslandschaft. Das Pitztal wird vom Pitzbach durchflossen, der gegenüber Imst in den Inn mündet. Es wird überragt von der 3768 m hohen Wildspitze. Am Talende führt eine Tunnelbahn auf 2860 m Höhe zur Erschliessung des Skigebiets (ganzjährig) um den Mittelbergferner. Das Ötztal wird von der Ötztaler Ache durchflossen und trennt die Stubaier Alpen von den Ötztaler Alpen. Bedeutendster Ort: Sölden mit der Ötztaler Gletscherbahn und der Gletscherstraße.

****Hall in Tirol:** im Mittelalter wirtschaftliches Zentrum Tirols, das durch Salzhandel reich wurde. Heute gilt die fast vollständig intakte Altstadt mit 277 bis ins Detail erhaltenen Häusern als besterhaltener Stadtkern Österreichs. Sehenswert: die asymmetrische Nikolauskirche (13.–15. Jh.), der Münzturm (45 m), Wahrzeichen der Stadt, sowie das Rathaus (16. Jh.) und das Stadtmuseum. **(Abfahrt 68 Hall i.T., 3 km)**

***Wattens:** Ort im Unterinntal, für die Herstellung von Glasschmuck bekannt. Anlässlich des 100-jährigen Firmenjubiläums der hier ansässigen Glasschleiferei Swarovski (1995) wurde hier – inszeniert und geleitet von André Heller – eine einzigartige unterirdische Erlebniswelt geschaffen: Die »Swarovski Kristallwelten« aus funkelnden Kraftfeldern sind täglich von 8.30 bis 19.30 Uhr geöffnet (im Sommer bis 22.00 Uhr) **(Abfahrt 61 Wattens, 2 km)**

Burgen: Ab Kramsach, gegenüber dem mittelalterlichen Rattenberg gelegen, folgen auf 18 km bis Schwaz mehrere interessante Burgen: **Schloss Rattenberg**, links auf einem Bergsporn, wurde im 11. Jh. von den Bayern als Trutzburg gegen Tirol erbaut. Nach Jenbach, möglicher Ausgangspunkt zum wunderbar smaragdgrünen Achensee (10 km) oder ins Zillertal auf der anderen Seite, folgt rechts das weiße Schloss **Tratzberg** (15./16. Jh.) mit einem 46 m langen Wandbild, auf dem 148 Habsburger dargestellt sind. **(Abfahrt 43 Jenbach, 4 km)**

UNTERWEGS IN TIROL

Innsbruck: der barocke Dom St. Jakob

Tirol hält all die Dinge bereit, die man als Besucher hier erwartet: grüne Almen, blaue Berge, Holzbalkone mit Geranien und die eine oder andere Trachtengruppe sonntags auf dem Weg zum Trachtenfest. Bei schönem Wetter wirken die kleinen Dörfer wie frisch lackiert. Die **Berge** um Tirol haben klingende Namen wie **Karwendel, Wetterstein, Ötztaler** oder **Stubaier Alpen** und lassen das Herz eines jeden Wanderers höher schlagen. Die **Wildbäche**, die **Wälder**, die **schneebeckten Gipfel** – man gerät fast ins Schwärmen bei dieser **Postkartenidylle.** Viele bekannte Orte wie die Hauptstadt Tirols, Innsbruck, liegen dicht bei der Autobahn und lohnen einen Kurzbesuch.

KULINARISCHES DER REGION: Ursprüngliches

Eine Brotzeit mit Tiroler **Speck**, einem Bier und einem Tiroler **Obstschnaps** aus Birnen, Pflaumen oder Marillen ist wohl das typischste, was man hier verspeisen kann. Und zum Glück besinnen sich die Tiroler Köche wieder mehr auf die ursprüngliche Regionalküche: **Schlutzkrapfen, Kaiserschmarrn, Moosbeernocken ...** die deftigen bäuerlichen Gerichte und köstlichen **Nachspeisen** sind unübertrefflich. Empfehlenswerte Lokale: **Goldenes Dachl,** Hofgasse 1, 6020 Innsbruck: Tel. 0512/589370, rustikale Küche, Bierspezialitäten **(Abfahrt 73 Innsbruck-Ost). Gasthaus Hirschen,** Leithener Dorfstr. 9, 6103 Reith bei Seefeld, Tel. 0521/231550 : gemütliche alte Gaststube, regionale Küche **(Abfahrt 87 Zirl-Ost, 5 km). Telfer Stubn,** Wiesenweg 1, 6410 Telfs, Tel. 05262/62549: österreichische Küche **(Abfahrt 105 Telfs-West, 2 km).**

RAST AUF REISEN: Übernachten in den Bergen

Gasthof Weißes Rössl, Kiebachgasse 8, Altstadt, 6020 Innsbruck, Tel. 0512/5830570: gemütlicher Gasthof, zentral gelegen; **Romantikhotel Schwarzer Adler,** Kaiserjägerstr. 2, 6020 Innsbruck, Tel. 0512/587109: Hotel aus dem 16. Jahrhundert, edle Einrichtung, Whirlpool, offener Kamin, Panoramadachterrasse, Limousinenservice **(Abfahrt 73 Innsbruck-Ost). Gasthof Stauder,** Kirchplatz 3, 6162 Mutters, Tel. 05 12/54 89 89: original Tiroler Gasthof, komfortable Zimmer, sehr gute Küche mit Tiroler Schmankerln **(Abfahrt 83 Bregenz/Innsbruck-West, 2 km). Tirolerhof,** Bahnhofstraße 28, 6410 Telfs, Tel. 052 62/6 22 37: familiär geführtes Haus, schöne Zimmer, gemütliche Stuben, eleganter Speisesaal, Tiroler Schlemmerküche, eine der besten in der Region **(Abfahrt 105 Telfs-West, 2 km).**

Die farbenfrohen Häuser am Inn bieten vor den hohen Bergen im Hinterland von Innsbruck eine herrliche Kulisse.

Die Annasäule schmückt die Maria-Theresien-Straße.

Der Spanische Saal von Schloss Ambras ist ein Paradebeispiel der höfischen Ausgestaltung während der Renaissance.

Streckenprofil: *Die Autobahn von Innsbruck nach Verona führt über die Europabrücke direkt auf die Autostrada del Sole zu. Von zahlreichen Tunneln durchzogen führt der wichtigste Alpenpass zwischen Österreich und Italien durch die Dolomiten, um dann in die gut ausgebaute Strecke Trento-Verona zu münden.* ***(266 km, knapp 3 Std.)***

UNTERWEGS AM GARDASEE

Seepromenade von Salò in der Dämmerung, Gardasee,

Die hügelige Region und der Gardasee zwischen Trient und Verona mit ihren jahrhundertealten **Zitronen-** und **Olivenhainen,** den zypressengesäumten **Weinbergen** und **Bougainvillea-Sträuchern** sind einfach ein atemberaubendes Naturidyll. Dass der Gardasee so beliebt ist, liegt am hohen Freizeitwert. Wassersportler kommen hier auf ihre Kosten, und den Bergfreunden machen die Trentiner Berge bei Arco **(Abfahrt Rovereto-Nord, 18 km)** sowie das bei Malcesine **(Abfahrt Rovereto-Nord, 32 km)** gelegene **Monte-Baldo-Massiv** Spaß.

KULINARISCHES DER REGION: Feine Cucina

Kulinarische Genüsse verspricht die Gardaseeküche wie **Forellenravioli, Gamscarpaccio** oder **Radicchiorisotto.** Aber auch feine **Fische** gibt es: Spaghetti mit **Lachsforellenkaviar, Schleie** mit Kräutern und Zitronensaft oder eine rosa **Gardaseeforelle** vom Grill. Empfehlenswerte Lokale: **Tre Camini,** 37010 Costermano, Tel. 045/7200342: rustikales Lokal, reichhaltige Speisekarte, Gartenterrasse, Weinkeller, **(Abfahrt Garda-Sud, 5 km). Al Volt,** Via Fiume 73, 38066 Riva del Garda Tel. 0464/552570: gute Fischküche im historischen Palazzo **(Abfahrt Rovereto-Sud, 15 km).**

RAST AUF REISEN: Hotels am venetischen Ufer

Locanda San Vigilio, Punta San Vigilio, Tel. 045/7256688, 37016 Garda: Luxushotel, ländliches Flair, traditionelle italienische Küche, Bootshafen **(Abfahrt Lago di Garda-Sud, 3 km). Hotel Savoy Palace,** Via Longa 10, 38066 Riva del Garda, Tel. 0464/554242: komfortables Hotel, Trentiner Küche, 150 m bis zum See **(Abfahrt Rovereto-Sud,15 km).**

***Matrei am Brenner:** ältester Ort im Wipptal. Sehenswert: die spätgotische Pfarrkirche Mariä Himmelfahrt (um 1310) mit barocker Innenausstattung (Deckenfresko) und, obwohl im letzten Krieg schwer zerstört, Schloss Matrei (im Kern 13. Jh.) und zahlreiche hübsch bemalte Häuser **(Abfahrt 19 Matrei/Steinach, 2 km)**

*****Brixen (Bressanone):** über 1000 Jahre alte an Rienz und Eisack gelegene Bischofsstadt mit vielen alten Gassen und Bürgerhäusern. Sehenswert sind der Dom, der Kreuzgang mit seinen gotischen Fresken sowie die ehemalige fürstbischöfliche Hofburg, heute Diözesan- und Krippenmuseum. Obwohl hier die Kultur der Renaissance wichtige Spuren hinterließ, prägte vor allem der Barock die Stadt und ihre Architektur. **(Abfahrt Bressanone/Brixen, 5 km)**

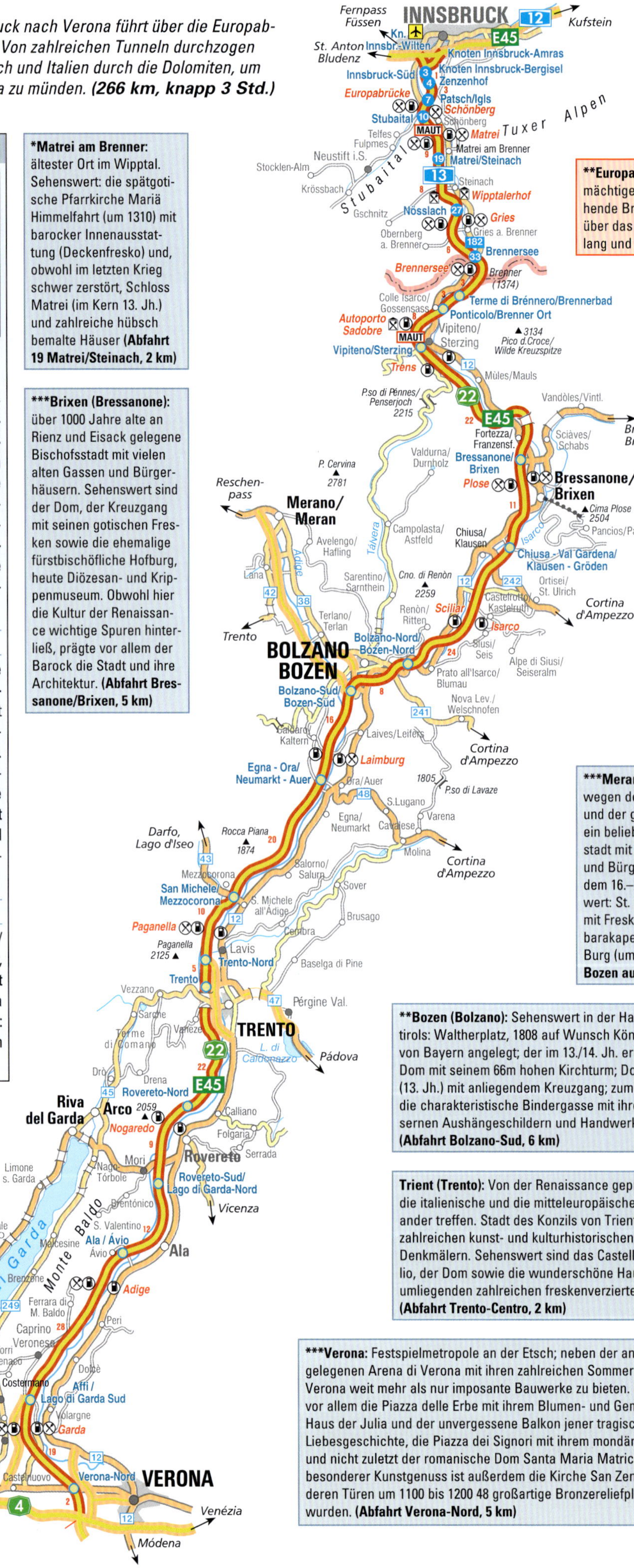

****Europabrücke:** Die auf mächtigen Pfeilern stehende Brücke (1959–63) über das Wipptal ist 795 m lang und 190 m hoch.

*****Meran (Merano):** wegen des milden Klimas und der geschützten Lage ein beliebter Kurort. Altstadt mit Laubengängen und Bürgerhäusern aus dem 16.–18. Jh. Sehenswert: St. Nikolaus (14. Jh.) mit Fresken um 1417; Barbarakapelle (15. Jh.) und Burg (um 1480). **(Von Bozen auf S38, 26 km)**

****Bozen (Bolzano):** Sehenswert in der Hauptstadt Südtirols: Waltherplatz, 1808 auf Wunsch Königs Maximilian von Bayern angelegt; der im 13./14. Jh. errichtete gotische Dom mit seinem 66m hohen Kirchturm; Dominikanerkirche (13. Jh.) mit anliegendem Kreuzgang; zum Spaziergang lädt die charakteristische Bindergasse mit ihren schmiedeeisernen Aushängeschildern und Handwerkerläden ein. **(Abfahrt Bolzano-Sud, 6 km)**

Trient (Trento): Von der Renaissance geprägte Stadt, wo die italienische und die mitteleuropäische Kultur aufeinander treffen. Stadt des Konzils von Trient (1545–1563) mit zahlreichen kunst- und kulturhistorischen Schätzen und Denkmälern. Sehenswert sind das Castello del Bonconsiglio, der Dom sowie die wunderschöne Hauptpiazza und die umliegenden zahlreichen freskenverzierten Häuser. **(Abfahrt Trento-Centro, 2 km)**

*****Verona:** Festspielmetropole an der Etsch; neben der an der Piazza Brà gelegenen Arena di Verona mit ihren zahlreichen Sommeraufführungen hat Verona weit mehr als nur imposante Bauwerke zu bieten. Sehenswert ist vor allem die Piazza delle Erbe mit ihrem Blumen- und Gemüsemarkt, das Haus der Julia und der unvergessene Balkon jener tragischen Veroneser Liebesgeschichte, die Piazza dei Signori mit ihrem mondänen Caffè Dante und nicht zuletzt der romanische Dom Santa Maria Matricolare. Ein ganz besonderer Kunstgenuss ist außerdem die Kirche San Zeno Maggiore, in deren Toren um 1100 bis 1200 48 großartige Bronzereliefplatten gegossen wurden. **(Abfahrt Verona-Nord, 5 km)**

*****Gardasee:** Der See ist von abwechslungsreicher Landschaft und mildem, fast mediterranem Klima geprägt: Von der Alpenklamm über toskanaähnliche Moränenhügel bis hin zu steil abfallenden Küsten gleich der amalfitanischen hat der »Lago« alles zu bieten. Obwohl jährlich an die 2,5 Mio. Touristen an seine Ufer strömen, hat sich der See zumindest im Hinterland seine Ursprünglichkeit bewahrt. Landgasthöfe mit traditioneller Küche, Olivenhaine und Zitronengärten sowie Wanderwege am Monte Baldo mit Blick auf den See laden zum Verweilen ein. **(Abfahrt Lago di Garda Nord, 20 km bis Riva del Garda)**

Seit den 1950er-Jahren ist der Gardasee ein beliebtes Reiseziel – nicht nur für Segler und Wanderer.

Wer nach Verona kommt, findet hier italienische Geschichte in Reinkultur: trutzige Etschbrücken aus der Römerzeit und romanische Gotteshäuser.

Antiker Ort für Opernfestspiele: die Arena di Verona an der Piazza Bra. Der Platz im Herzen der Altstadt hat auch viele hübsche Läden und Cafés zu bieten.

In den Lauben und Passagen von Bozen residieren noch Traditionsbetriebe wie die »Madonna-Apotheke« von 1443.

Der »Weiße Turm«, der Kirchturm von Brixen, ragt steil aus der Adlerbrückengasse hervor.

Meran ist zu schön zum Arbeiten, aber noch schöner zum Bummeln: etwa durch die verträumte Altstadt mit ihrer Laubengasse.

In Bozen offenbaren sich Oasen ungeahnter Art. Am Waltherplatz geht es beschaulich zu, im Hintergrund ragt der Dom Maria Himmelfahrt auf.

Die Drei Zinnen an der südlichen Naturpark- und gleichzeitig Provinzgrenze gelten als Symbol des Naturparks Sextner Dolomiten und der Dolomiten insgesamt.

Der helle Dolomit mit all seinen Ausprägungen zeigt sich westlich des Etschtals als Brentagruppe noch einmal besonders eindrucksvoll.

Wer sich mit dem Auto von Norden München nähert, bekommt einen Eindruck von den Superlativen der Stadt. Die Allianz Arena ist ein riesiges, sanft gerundetes Stadion ohne Ecken und Kanten, einem Schlauchboot nicht unähnlich.

BALLUNGSRÄUME & STRASSENATLAS

UNTERWEGS IN AACHEN

Der Thron Karls des Großen im Aachener Dom

Das prägende Element für Deutschlands westlichste Großstadt wurde das Wasser – und eine Vielzahl von Brunnen. Hier wallen die mit bis zu 70 Grad heißesten Quellen Mitteleuropas aus der Tiefe auf. Schon die Römer schätzten die heilende Kraft der Schwefelquellen, »Aquae Granni«, denen die Stadt auch ihren Namen verdankt. Durch seine Lage am Schnittpunkt dreier Länder, Deutschland, Belgien und Niederlande, und die renommierte Technische Hochschule kennzeichnet den Bade- und Kurort eine frische multikulturelle Lebensart. Hier herrscht rund um den Aachener Münsterplatz vom Morgengrauen bis spät in die Nacht hinein ein buntes Treiben. Die fußgängerfreundliche Innenstadt ist zudem ein sympathisches Einkaufsparadies. In der Krämerstraße, der beliebten Shoppingmeile beim Rathaus, findet man neben kleinen Boutiquen und Fachgeschäften immer ein gemütliches Café oder Restaurant zum Verweilen.

KULINARISCHES: Nicht nur Süßes

Süße Exportschlager der Stadt sind – nicht nur zur Weihnachtszeit – die **Aachener Printen**, eine Art Honigkuchen. Erfunden wurden sie wohl im belgischen Dinant. Bei der Montage des Marktbrunnens soll ein Bronzegießer die Leckerei aus seiner Heimat herumgereicht haben. Schnell wurde das Rezept in den Aachener Backstuben ausprobiert und zur lokalen Spezialität. Kosten kann man Printen in der historischen **Café-Stube Van den Daele** (Büchel 18). Bei einem Bummel durch die Altstadt kann man viele urige Pinten oder Studentenkneipen entdecken sowie Restaurants, in denen man sich auch auf die Küchen der Nachbarländer versteht.
Hier eine kleine Auswahl: **Aachener Brauhaus,** Kapuzinergraben 4; **Rose am Dom,** Fischmarkt 1; **Am Knipp,** Bergdriesch 3; **Bismarckturm,** Monschauer Str. 44; **Da Salvatore,** Bahnhofsplatz 6; **Elisenbrunnen,** Friedrich-Wilhelm-Platz 14; **Forsthaus Schöntal,** Kornelimünsterweg 1; **Altes Jägerhaus,** Hahnerstr. 2 in Mulartshütte, südlich von Zweifall.

RAST AUF REISEN: Übernachten im Zentrum

Pullmann Aachen Quellenhof, Monheimsallee 52, 52062 Aachen, Tel. 0241/91320.
Novotel Aachen, Peterstr. 66, 52062 Aachen, Tel. 0241/5159599.
Leonardo Hotel Aachen, Krefelder Str. 221, 52070 Aachen, Tel. 0241/18030.
Best Western Hotel Regence, Peterstr. 71, 52062 Aachen, Tel. 0241/47870.
Aquis Grana Cityhotel, Büchel 32, 52062 Aachen, Tel. 0241/4430.
Bensons Hotel , Bahnhofstr. 3, 52064 Aachen, Tel. 0241/16041100.
Hotel Benelux, Franzstr. 21–23, 52064 Aachen, Tel. 0241/400030.

Aachen: *Die Urzelle von Aachen ist der heutige Münsterplatz: Auf einem römischen Thermalbad ließ im 8. Jh. Pippin der Kurze sein Hofgut errichten und baute über dem römischen Tempel eine Reliquienkapelle. Als sein Sohn Karl der Große im Jahr 794 Aachen als Residenz erwählte, stieg der Ort zum politischen und kulturellen Mittelpunkt eines europäischen Großreiches auf. Karl errichtete eine prächtige Pfalz, wie sie kein Frankenkönig vor ihm je besessen hatte.* ***Sehenswert:*** *Der Aachener Dom, der um die Pfalzkapelle Karls des Großen herum errichtet wurde, ist Mittelpunkt*

und Wahrzeichen der Stadt und wurde als erstes deutsches Bauwerk von der UNESCO zum Weltkulturerbe erklärt. In diesem Wunderwerk aus Stein, mit Bauformen und Stilelementen aus über tausend Jahren, wurden mehr als 30 Könige und Kaiser gekrönt. Die Domschatzkammer birgt eine weltweit einzigartige Sammlung sakraler Kunst. Weltliches Gegengewicht ist das gotische Rathaus (14. Jh.) mit dem berühmten Kaisersaal. Es ist auf den Fundamenten der Palastaula Karls des Großen entstanden. Seine Nordfassade zieren die Statuen von 50 deutschen Herrschern. Interessante Museen in Aachen sind das Couven-Museum, das Aachener Wohnkultur aus dem 18. und 19. Jh. zeigt, sowie das Suermondt-Ludwig-Museum, das u.a. eine bedeutende Sammlung von Plastiken und Gemälden deutscher und niederländischer Künstler des 17. bis 20. Jhs. präsentiert.

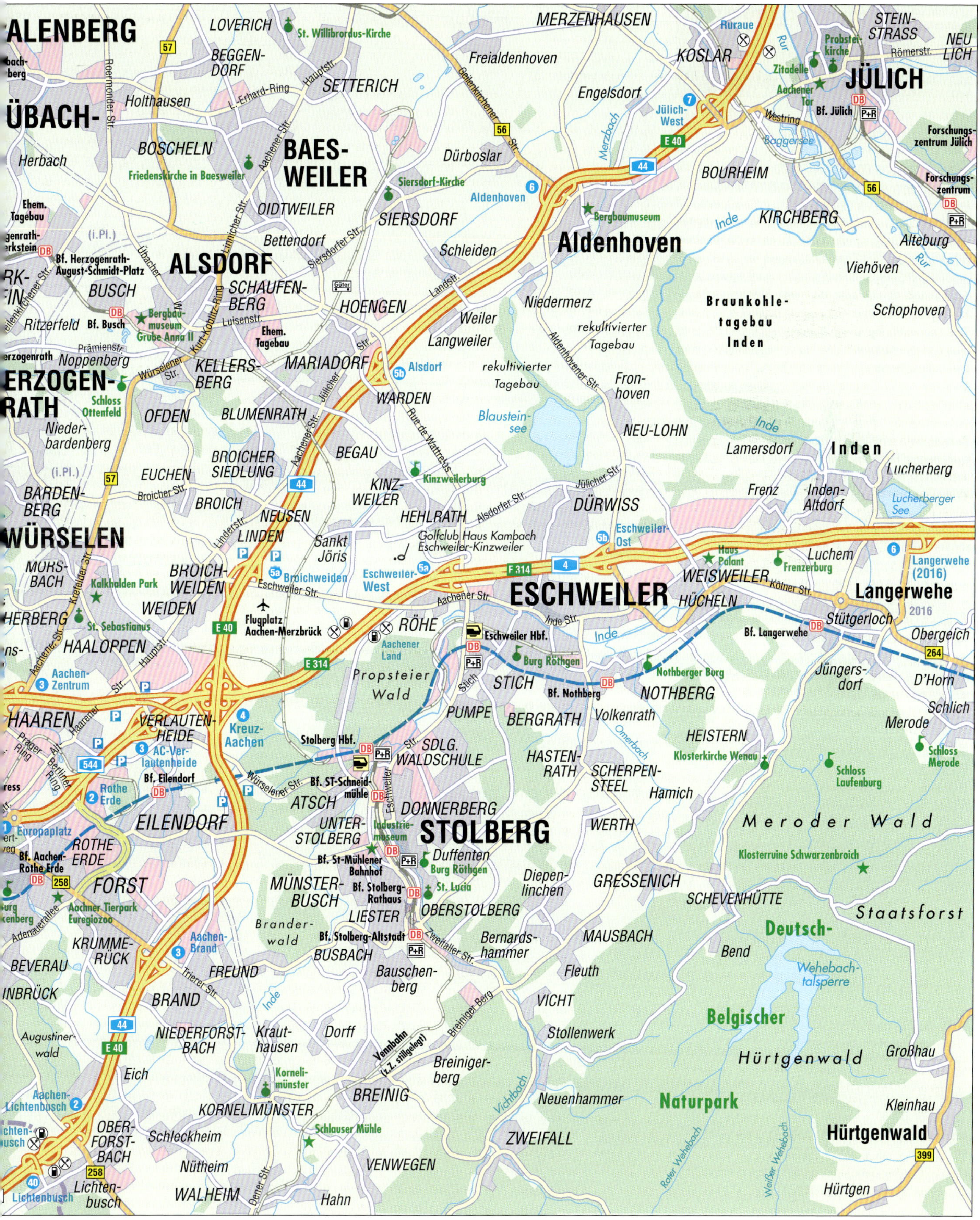

UNTERWEGS IN BERLIN

Gendarmenmarkt: Schauspielhaus und Französischer Dom

In der historischen Mitte von Berlin, der multikulturellen Metropole mit rund 3,5 Millionen Einwohnern, hat sich das neue Regierungsviertel angesiedelt. Entsprechend reihen sich zwischen Tiergarten und Alexanderplatz die bedeutendsten Sehenswürdigkeiten aneinander. Unter den Linden, mit Abstecher zum romantischen Gendarmenmarkt und zur Museumsinsel, lässt es sich auf preußischen Spuren wandeln, während moderne Architektur den Potsdamer Platz prägt und hier Shopping-Arkaden, Kinos, das Musicaltheater Berlin, der außergewöhnliche Nachtclub Adagio, Mitglied der World's Finest Clubs sowie das nahe gelegene Kulturforum Besucher anlocken. Kudamm und Tauentzienstraße mit Europacenter und KaDeWe, einem der größten Kaufhäuser Europas, bilden die lebhafte Einkaufsmeile der City West. Szeneviertel sind Berlin-Mitte, Prenzlauer Berg und Kreuzberg-Fried-richshain. Die wasserreiche Seite von Berlin ist bei Schiffsrundfahrten und besonders in Treptow-Köpenick am Müggelsee sowie in Zehlendorf am Wannsee zu erleben.

KULINARISCHES: LEICHT ODER DEFTIG

Buletten und **Soleier** an der Theke in der Eckkneipe, eine Riesenportion **Eisbein** mit Molle (Bier) und Korn im Traditionslokal: Deftige Berliner Küche ist noch zu finden, doch der (Neu-)Berliner liebt die Vielfalt auch auf dem Teller. Hier eine kleine Auswahl für die verschiedensten Geschmacksvorlieben.

Edel und teuer: VAU, Jägerstr. 54-55, Tel. 030/2029730. **Borchardt,** Französische Str. 47, Mitte, Tel. 030/8188626. **First Floor** (im Palace Hotel), Budapester Str. 45, Tel. 030/25020. **Restaurant 44** (im Swissôtel), Augsburger Straße 44, Charlottenburg, Tel. 030/220102288.

Preiswert und originell: Brauhaus Georgbraeu, Spreeufer 4, Nicolaiviertel, Tel. 030/2424244. Zur Gerichtslaube, Poststraße 28, Nicolaiviertel Tel. 030/2415697. **Zitadellen-Schänke,** Am Juliusturm 64, Spandau. Tel. 030/3342106.

RAST AUF REISEN: MITTENDRIN

Luxuskategorie:

Adlon Hotel Kempinski, Unter den Linden 77, 10117 Berlin, Tel. 030/2 26 10

Dorint Sofitel, Charlottenstraße 50–52, 10117 Berlin, Tel. 030/20 37 50.

Grand Hyatt Berlin, Marlene-Dietrich-Platz 2, 10785 Berlin, Tel 030/2 55 312 34.

Radisson Blu, Karl-Liebknecht-Str. 3, 10178 Berlin, Tel 030/238280.

Mittelklasse:

Hotel Jurine, Schwedter Str. 15, 10119 Berlin, Tel. 030/4432990.

Hotel-Pension Kastanienhof, Kastanienallee 65, 10119 Berlin, Tel. 030/44 30 50.

Hotel-Pension Wittelsbach, Wittelsbacher Str. 22, 10707 Berlin, Tel. 030/81096950

Berlin: *1237 erstmals erwähnt, wird Berlin 1486 Residenz der Kurfürsten von Brandenburg, 1701 der Hohenzollern-Könige von Preußen und 1871 die Hauptstadt des Deutschen Reiches. 1920 entsteht durch Eingemeindungen Groß-Berlin. Die »Goldenen Zwanziger Jahre« werden abgelöst von der Naziherrschaft. Den Kriegszerstörungen folgt die Teilung der Stadt, die der Mauerbau 1961 zementiert – bis zum Mauerfall 1989. 1991 zur Bundeshauptstadt gewählt, arbeitet die Bundesregierung seit 1999/2000 in Berlin.* ***Sehenswert:*** *Vom Brandenburger Tor (1788–91) am Pariser Platz*

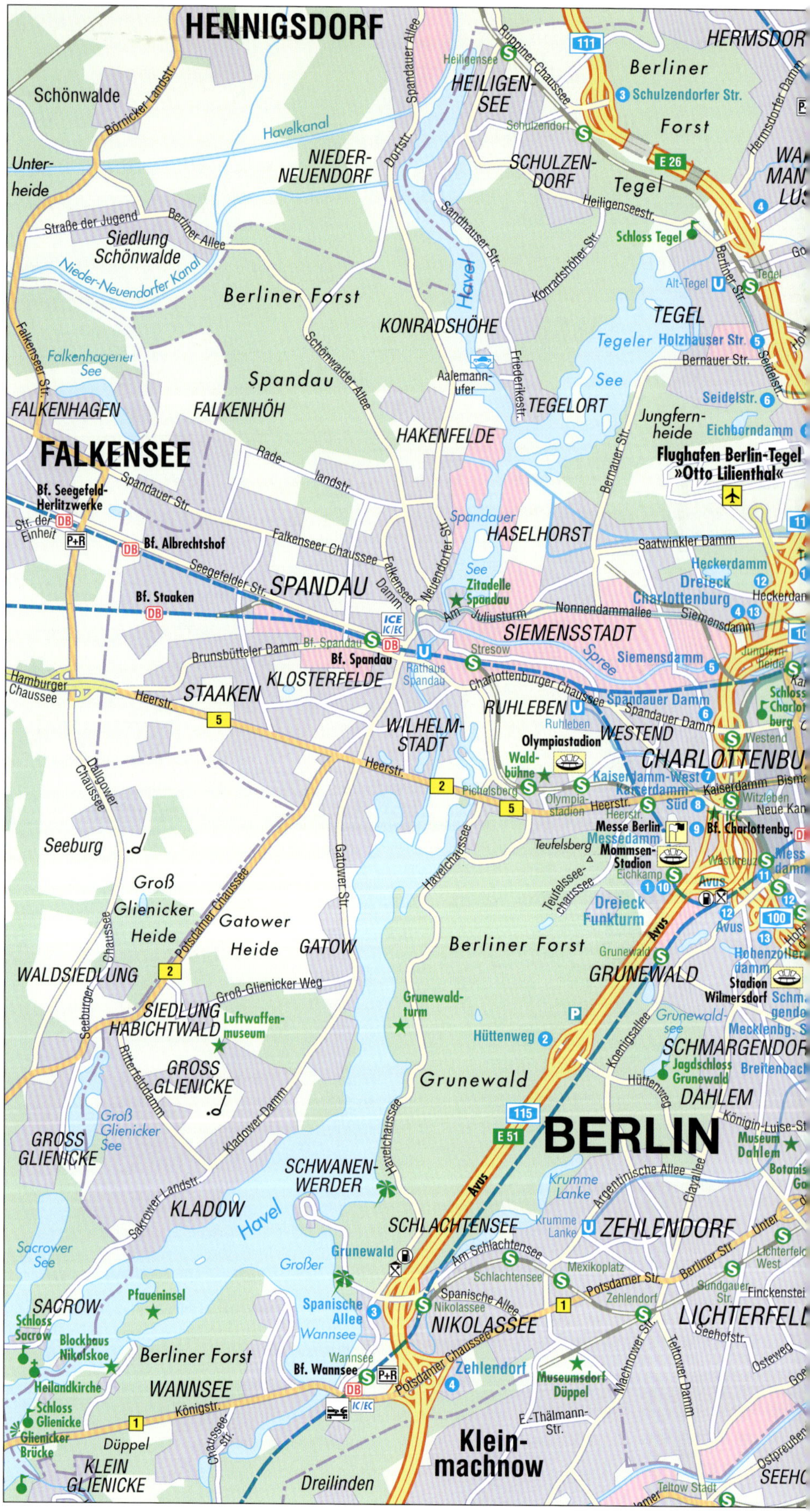

führt der Boulevard »Unter den Linden« zum Schlossplatz, vorbei an preußischen Prachtbauten wie der Staatsoper (1743) und dem Zeughaus (1695–1706) mit dem neuen Trakt für das deutsche Historische Museum von I. M. Pei. Berliner Dom (Anf. 20. Jh.); Museumsinsel (Altes Museum, Alte Nationalgalerie, Pergamonmuseum); Nikolaiviertel mit Nikolaikirche (um 1240); Berliner Rathaus (1861–69); Marienkirche (13.–14. Jh.); Fernsehturm (1969); Gendarmenmarkt (Schauspielhaus, Deutscher und Franz. Dom); Reichstag mit der gläsernen Kuppel; Kanzleramt; Potsdamer Platz mit seinen Hochhäusern. Kulturforum mit Gemäldegalerie, Philharmonie, Neuer Nationalgalerie; Jüdisches Museum (von Daniel Libeskind); die Museen am Schloss Charlottenburg und in Dahlem. ***(Die Autobahnen A3, 9, 13, 12, 11, 24 münden alle in den Berliner Ring, A10)***

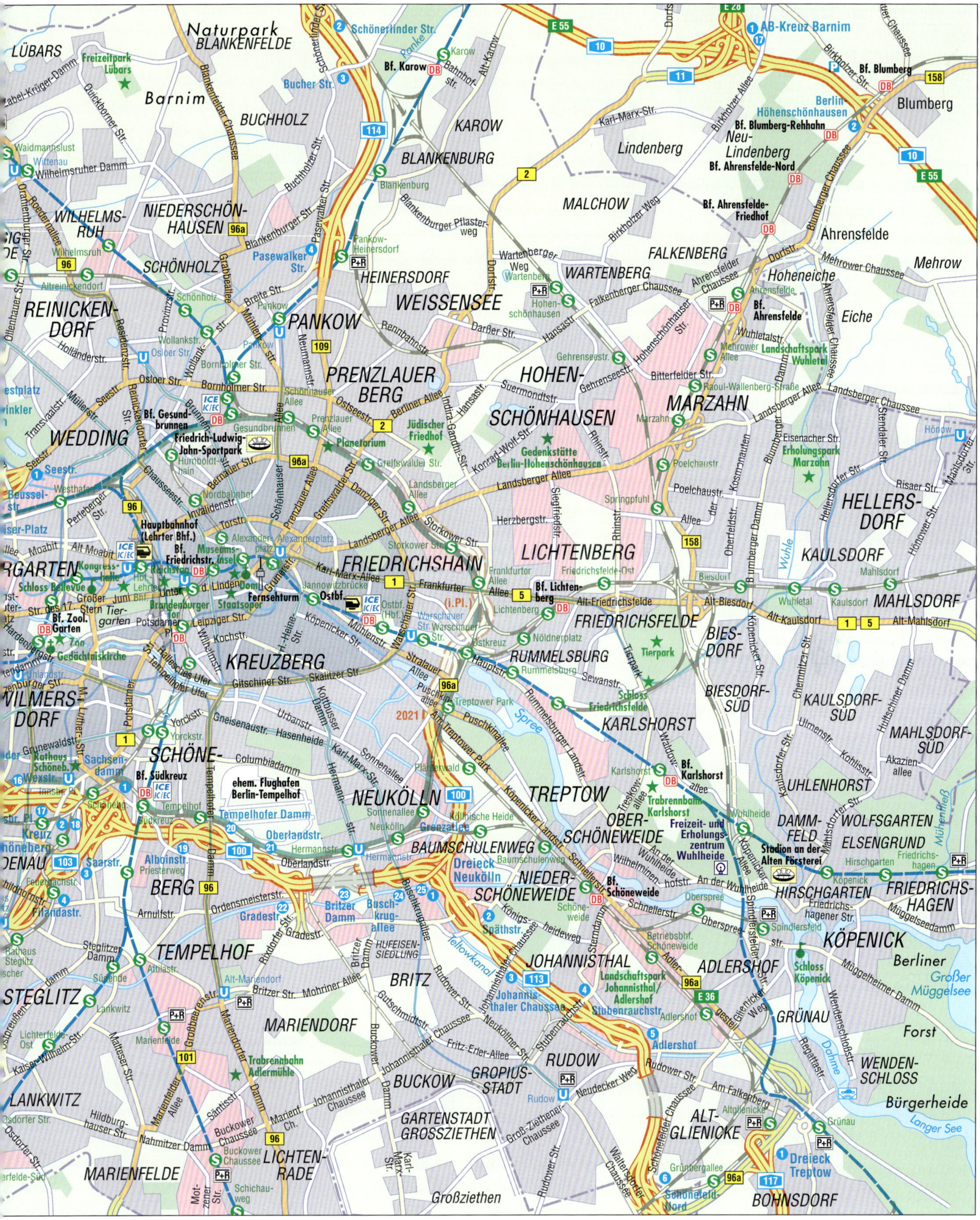

UNTERWEGS IN BONN

Das Beethoven-Denkmal vor dem Bonner Hauptpostamt

Obgleich Bonn mit Politik untrennbar verbunden bleibt – sechs Ministerien haben hier ihren ersten Dienstsitz –, hat sich die ehemalige Bundeshauptstadt am Rhein nicht zur modernen Metropole entwickelt, sondern den stillen Charme der alten kurfürstlichen Barockresidenz bewahrt. Mit der weitläufigsten Fußgängerzone Deutschlands lädt die Beethovenstadt zum Bummeln ein. Die schmalen Gassen säumen Geschäfte und Boutiquen, Cafés und Kneipen. Besonderer Anziehungspunkt ist der Markt, auf dem die Händler der Umgebung Obst, Gemüse und Fleisch anbieten. Flanieren und Verweilen kann man auf der Rheinpromenade, die mit 29 km Länge an beiden Ufern die längste Flusspromenade ist. Fahrrad- und Spazierwege sowie die idyllischen Parkanlagen machen sie zu einer der schönsten Deutschlands. Vom Alten Zoll aus überblickt man das gesamte Siebengebirge, den ältesten Naturschutzpark des Landes.

KULINARISCHES: Deftige Braten, leckerer Spargel

Die Bonner lieben kräftige Speisen wie herzhafte Eintopf- und Kartoffelgerichte, Schnitzel sowie Braten mit Gemüse und Salat. Beliebt ist der Rheinische Sauerbraten, für den Rindfleisch in einer Essig-Gewürz-Marinade eingelegt wird. Eine Delikatesse ist Spargel aus Alfter im Rheintal: Das frische Gemüse wird in Butter gedünstet und auf Eierpfannkuchen serviert. Restaurants mit rheinischer Küche sind in Bonn jedoch dünn gesät. Vielmehr dominieren Weinstuben, Bierkneipen und Tavernen sowie internationale Restaurants und Lokale. Hier eine kleine Auswahl an Gastwirtschaften und Brauhäusern mit gutbürgerlicher Küche:

Zentrum von Bonn: Brauhaus Bönnsch, Sterntorbrücke 4; **Em Höttche,** Markt 4; **Bierhaus Machold,** Heerstr. 52; **Im Sudhaus,** Friedensplatz 10.

Königswinter: Auf dem Drachenfels, Auf dem Drachenfels 1; **Berggasthof auf dem Oelberg,** Auf dem Oelberg; **Weinhaus Winzerhäuschen,** Drachenfelsstr. 100.

Lohmar: Naafs-Häuschen, Naafshäuschen 1.

RAST AUF REISEN: Stadt und Umgebung

Best Western Domicil, Thomas-Mann-Str. 24–26, 53111 Bonn, Tel. 02 28/72 90 90.

Apartmenthotel Kaiser Karl, Vorgebirgsstr. 56, 53119 Bonn, Tel. 02 28/98141999.

Ameron Hotel Königshof, Adenauerallee 9, 53113 Bonn, Tel. 02 28/2 60 10.

Maritim Hotel Königswinter, Rheinallee 3, 53639 Königswinter, Tel. 0 22 23/70 70.

Steigenberger Grandhotel Petersberg, Petersberg, 53639 Königswinter, Tel. 02223/740.

Golf Course Bonn, Konrad-Adenauer-Straße 100, 53757 Sankt Augustin, Tel. 02241/39880.

Bonn: Die aus einem Römerkastell entstandene Stadt entwickelte sich im 18. Jh. zur Barockresidenz der verschwenderischen Kölner Kurfürsten, deren Investitionen noch heute das Stadtbild prägen. Ein prächtiges Beispiel ist das Poppelsdorfer Schloss »Clemensruh« im Südwesten Bonns, die einstige Sommerresidenz des Kurfürsten Clemens August. Der Schlossgarten wurde 1819 in einen Botanischen Garten mit schönen Gewächshäusern umgewandelt. Aus der Zeit der Kurfürsten stammt auch das Alte Rathaus am Marktplatz, ein prunkvolles Rokokogebäude.

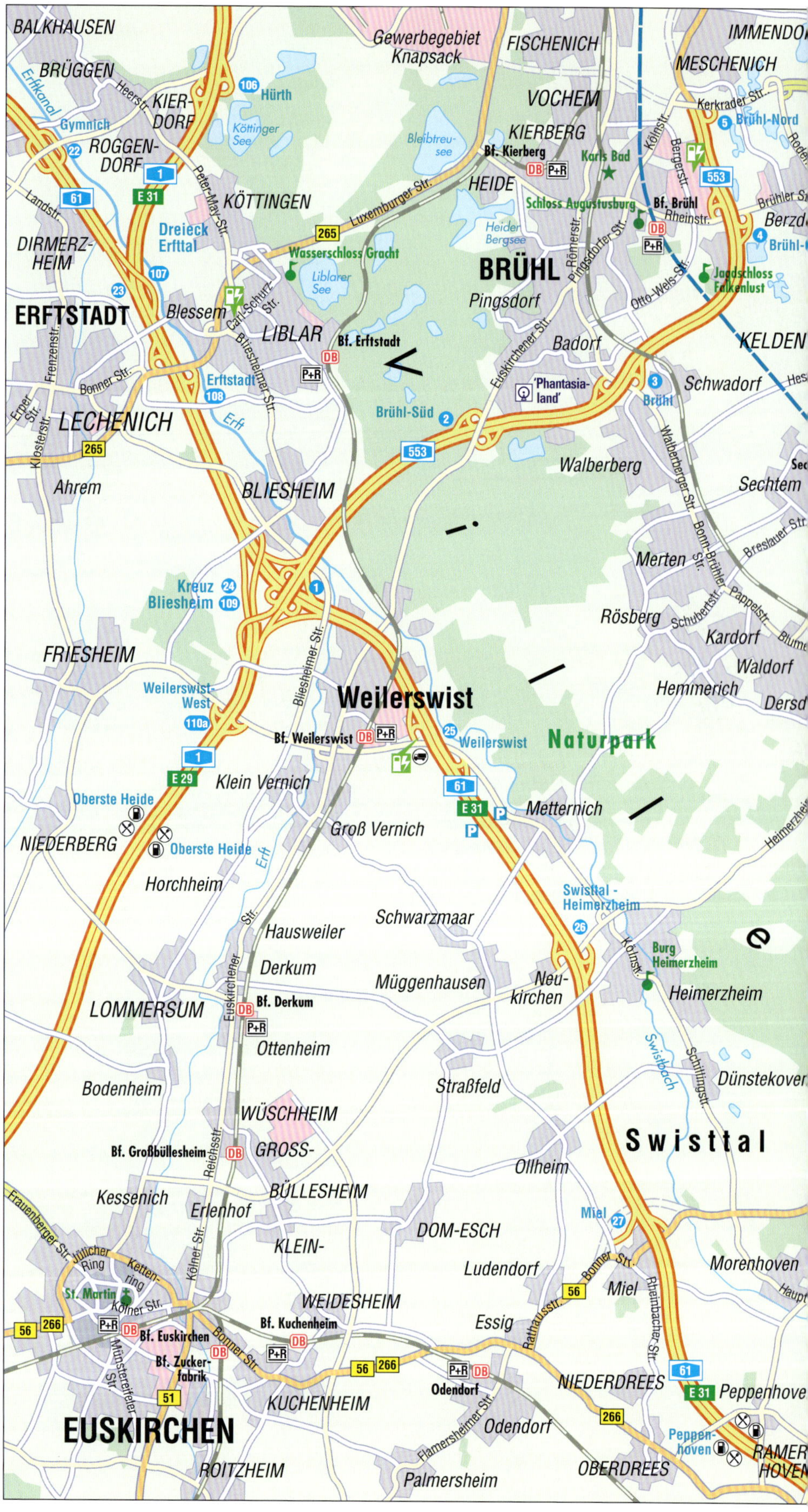

Sehenswert:** Das 900-jährige fünftürmige Münster mit dem mächtigen Vierungsturm, dem Wahrzeichen der Stadt, ist ein glänzendes Beispiel des rheinischen Übergangs von der Romanik zur Gotik. 1314 und 1346 wurden hier Könige gekrönt. Interessant ist der romanische Kreuzgang aus dem 12. Jh. Die weltweit umfangreichste Beethovensammlung wird im barocken Geburtshaus des großen Komponisten (1770-1827) gezeigt: Porträts, Instrumente und zahlreiche Originalmanuskripte. Einen Besuch außerhalb der Stadt lohnen unter anderem die Godesburg, die den Auftakt der Burgenromantik am Rhein bildet, und der legendäre Drachenfels über dem Weinort Königswinter. Gipfelstürmer passieren auf dem Weg nach oben Schloss Drachenburg und genießen die Aussicht über den Rhein. **(Von Norden A555 üb. Kreuz BN-Nord; von Süden A565 BN-Poppelsdorf)

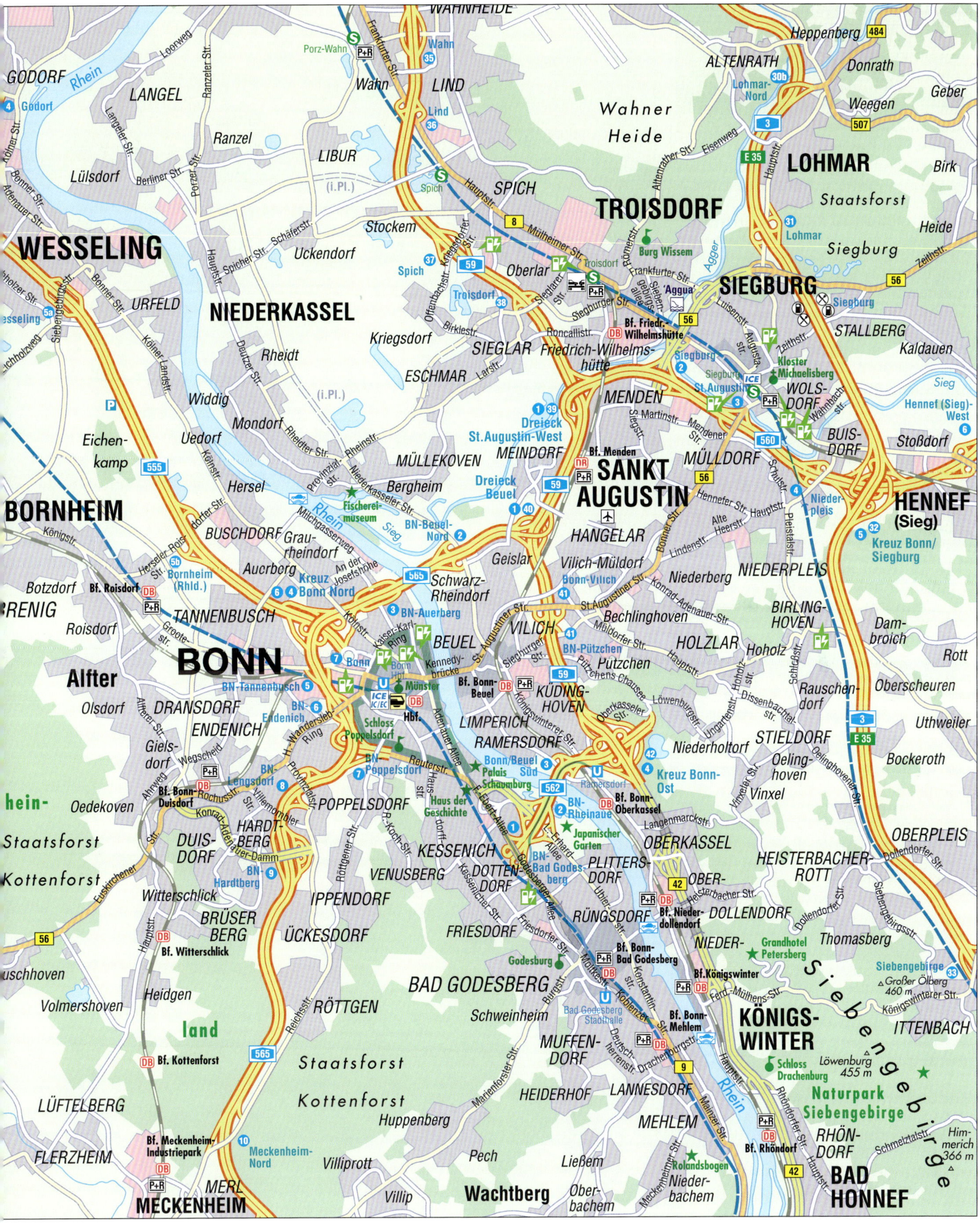

UNTERWEGS IN BREMEN

Bremen: Rathausmarkt

Auf einer Flussdüne des Weser-Aller-Urstromtals baute Bischof Willehad vor 1200 Jahren eine Kirche. Hier schlägt heute das Herz der Freien Hansestadt Bremen, einer quirligen Hafen- und Handelsstadt. Als Mittelpunkt des urbanen Lebens behauptet sich das Rathaus. Wer von dort genüsslich die Böttcherstraße in Richtung Weser bummelt, wird in traditionellen Gebäuden aus rotem Backstein auch unterhalten: Mit drei Museen, einer Galerie, einem Kino, Theater, Spielkasino und mehreren Lokalen kann die Straße aufwarten. Unterhalb der Altstadt liegt die Weserpromenade Schlachte, die vor allem an warmen Tagen ein beliebter Treffpunkt für jung und alt ist. Maritimes Flair verlockt zu flanieren, Schiffe zu beobachten und in den zahllosen Cafés und Restaurants zu genießen und zu feiern. Im Sommer findet jeden Samstag der lebendige Kajenmarkt der Trödler und Fischhändler statt.

KULINARISCHES: Wo Braunkohl grün ist

Die Bremer haben den in ganz Norddeutschland beliebten Kohl zu ihrem Nationalgericht gemacht: **»Kohl mit Pinkel«** heißt die Spezialität, die aus Braunkohl – in anderen Regionen als Grünkohl bekannt – mit »Pinkel« zubereitet wird, einer scharfen Wurstfüllung aus Hafergrütze, Speck, Talg und Zwiebeln. Auch Kasseler Rippe, Kochwurst, frischer Bauchspeck und natürlich Kartoffeln, gebraten, geröstet oder gekocht, sind unverzichtbar. Eine andere Leibspeise der Bremer ist das **»Bremer Kükenragout«,** dessen Name sich herleitet von »Kiken«, der im 19. Jh. plattdeutschen Bezeichnung für »Hühnchen«. Oder schmausen Sie bei Nordseescholle, Labskaus, Roter Grütze und Bremer Klaben, einem festen Hefekuchenstollen.

Typisch bremische Küche: Achims Beckshaus, Carl-Ronning-Straße 1; **Alte Gilde,** Ansgaritorstraße 24; **Amtsfischerhaus,** Schnoor 31; **Beck's in'n Snoor,** Schnoor 34–36; **Ständige Vertretung im Flett,** Böttcherstraße 3–5; **Friesenhof,** Hinter dem Schütting 12–13; **Grashoff's Bistro,** Contrescarpe 80.

RAST AUF REISEN: Übernachten im Zentrum

Atlantic Hotel Universum, Wiener Str. 4, Horn-Lehe, 28359 Bremen, Deutschland, Tel. 0421/24670.
Dorint Park Hotel Bremen, Im Bürgerpark, 28209 Bremen, Tel. 04 21/3 40 80.
Hotel Landgut Horn, Leher Heerstraße 140, 28357 Bremen, Tel. 04 21/2 58 90.
Hotel Hanseat, Bahnhofsplatz 8, 28195 Bremen, Tel. 04 21/1 46 88.
Hotel Ibis Altstadt, Faulenstraße 45, 28195 Bremen, Tel. 04 21/3 04 80.
Ramada Überseehotel, Wachtstr. 27-29, Mitte, 28195 Bremen, Tel. 0421/36010.
City Hotel, An der Weide 18–19, 28195 Bremen, Tel. 04 21/3 64 80 52.

__Bremen:__ Die 787 von Karl dem Großen zum Bischofssitz erhobene Stadt stand bis ins 13. Jh. hinein unter erzbischöflicher Herrschaft. 1358 trat Bremen der Hanse bei. Im historischen Zentrum ist die über 1200-jährige Geschichte der Stadt allgegenwärtig, besonders um den Marktplatz, in dessen Zentrum der berühmte steinerne Roland aufragt, das Wahrzeichen der Unabhängigkeit der Bremer Bürger. __Sehenswert:__ Um den Platz gruppieren sich die ältesten Gebäude der Stadt: das Rathaus, ein unvergleichliches Beispiel norddeutscher Baukunst mit einer prächtigen

Renaissancefassade (Anf. 15. Jh.), und rechts daneben der imposante Dom St. Petri. An der Westeite des Rathauses steht die berühmteste Darstellung der Grimmschen »Bremer Stadtmusikanten«: die Bronzeplastik von Gerhard Marcks (1951). Zeuge der Vergangenheit ist auch die Böttcherstraße, ein Glanzlicht europäischer Kulturgeschichte, denn 1926–1930 ließ der Kaffeehändler Ludwig Roselius die Handwerkerstraße in mittelalterlichen Formen neu gestalten. Zwischen Domviertel und Weser liegt das älteste Stadtquartier, der Schnoor mit seinen verwinkelten Gassen, winzigen Plätzen und Bürgerhäusern aus dem 15.–18. Jh. Bremen blickt jedoch auch in die Zukunft: Im Universum Science Center, im Nordosten der Stadt, wird der Besucher selbst zum Forscher. ***(Von Norden/Osten: A27, über Autobahnzubringer Freihafen; von Süden: A1, B6)***

UNTERWEGS IN DRESDEN

Theaterplatz: Hausmannturm, Hofkirche und Semperoper

Die Hauptstadt des Freistaates Sachsen hat viele Gesichter und ganz unterschiedliche Attraktionen: Die Altstadt südlich der Elbe lockt mit ihren historischen Bauten und großartigen Kunstschätzen in zahlreichen Museen; Einkaufseldorado ist die Prager Straße. Die Neustadt am gegenüberliegenden Ufer, durch die Augustusbrücke verbunden, erstrahlt frisch renoviert. In den barocken Bürgerhäusern am Bummelboulevard Hauptstraße und der prächtigen Königstraße haben schicke Geschäfte, Ladenpassagen, Straßencafés, edle Restaurants und jede Menge Kneipen Einzug gehalten. Die junge Kunst-, Musik- und Kneipenszene hat die Äußere Neustadt erobert. Über die Bautzner Straße oder die Brücke »Das Blaue Wunder« erreicht man die Elbschlösser in Loschwitz und das Villenviertel Weißer Hirsch und etwas weiter Schloss Pillnitz, die Sommerresidenz der sächsischen Herrscher.

KULINARISCHES: Üppig oder königlich

Sächsische **Kartoffelsuppe,** gefolgt von Dresdner Sauerbraten mit Rotkohl und Klößen, dazu ein Radeberger Bier, zum Nachtisch **Quarkkeulchen:** Die Dresdner lieben es deftig und üppig. Doch kann man auch speisen wie die Könige und sächsische Weine genießen. Süße Weihnachtsspezialität ist der **Dresdner Stollen.**

Deftig-sächsische Spezialitäten in uriger Atmosphäre: Sophienkeller im Taschenbergpalais. **Pulverturm** im Coselpalais. **Brauhaus am Waldschlösschen,** am Brauhaus 8b, **Kurfürstenschänke,** Münzgasse 10. Auch im **Barococo,** Altmarkt 10, dominiert die sächsische Küche.

Das Besondere: Edles Ambiente im **Coselpalais,** An der Frauenkirche 12, Tel. 0351/4962444; hoch gelobt die Gourmet-Restaurants **Caroussel** im Hotel Bülow Palais, Tel. 0351/80030 und das **Intermezzo** im Hotel Kempinski, Tel. 0351/49120. Eine eigene Atmosphäre bietet das **Schlossrestauran**t im Schloss Eckberg, Bautzner Str. 134, Tel. 0351/80990. In **Schmidt's Restaurant,** Moritzburger Weg 67, Tel. 0351/8044883 findet man gehobene Küche zu zivilen Preisen.

RAST AUF REISEN: Fürstlich wohnen

Bülow Residenz, Rähnitzgasse 19, 01097 Dresden, Neustadt, Tel. 0351/8 00 32 91.
Kempinski Hotel Taschenbergpalais, Taschenberg 3, 01067 Dresden, Altstadt, Tel. 0351/49120.
Radisson SAS Gewandhaus Hotel, Ringstr. 1, 01067 Dresden, Altstadt, Tel. 0351/4 94 90.
The Westin Bellevue, Große Meißnerstr. 15, Tel. 0351/80 50
Hotel Villa Weltemühle, Merbitzer Str. 53, 01157 Dresden, Kemnitz, Tel. 0800/10 10 88 0.
Hotel Goldenes Fass, Vorbrücker Str. 1 01662 Meißen, Tel. 03521/719200.

Dresden: *August der Starke und nach ihm Friedrich August II. machten sich für ihr »Elbflorenz« stark. Zwischen 1694 und 1763 bauten sie Dresden zur prunkvoll barocken Residenzstadt aus und legten mit ihrem Sammeleifer den Grundstock für die weltberühmten Dresdner Kunstsammlungen. Dresden zog Maler, Bildhauer und Dichter der Romantik und des Expressionismus (»Die Brücke«) an, ebenso Forschung, Wissenschaft und Technik. 1710 wurde hier das »weiße Gold«, das europäische Porzellan, erfunden. Auch Kondensmilch, Büstenhalter und Spiegelreflexkamera sind Dresd-*

ner Erfindungen. Bei Luftangriffen 1945 wurde die Stadt fast vollständig zerstört. Der Wiederaufbau begann 1946. Seit 1990 ist Dresden Hauptstadt des Freistaates Sachsen. ***Sehenswert:*** *Zwinger (1709–32) mit Wallpavillon, Nymphenbad und Kronentor, mit der Gemäldegalerie Alte Meister; die Semperoper (1878) am Theaterplatz, Katholische Hofkirche (1738–55), Residenzschloss (zugänglich: Hausmannturm); der 102 m lange »Fürstenzug« aus 24 000 Meissener Porzellankacheln; Brühlsche Terrassen mit Blick auf die Elbe; Albertinum mit der Schatzkammer »Grünes Gewölbe« und der Gemäldegalerie Neue Meister; Großer Garten mit dem Deutschen Hygiene-Museum und der 2001 eröffneten Gläsernen Manufaktur von VW und als Symbol des Wiederaufbaus und der Wiedervereinigung die Frauenkirche.* ***(Von Westen A4 Abfahrt Dresden-Altstadt, 4 km)***

UNTERWEGS IN DÜSSELDORF

Blick auf Fernsehturm und Rheinkniebrücke

2000 Jahre Kunst und Geschichte prägen die Region am Niederrhein, die mit einer vielfältigen Museumslandschaft, Prachtschlössern und modernen Metropolen mit weltstädtischem Flair aufwarten kann. Den Eckpunkt im Südosten bildet die nordrhein-westfälische Hauptstadt Düsseldorf, berühmtes Messe-, Industrie- und Handelszentrum. In der mondänen Königsallee, kurz »Kö« genannt, besitzt die Stadt der Mode und eleganter Geschäfte einen der schönsten Einkaufsboulevards in Deutschland. Die Altstadt wurde durch ihre rund 200 Kneipen und Brauhäuser auf einem Quadratkilometer als »längste Theke der Welt« bekannt. Geschichtsträchtiger allerdings ist das linke Rheinufer: Neuss blickt in seiner Historie bis in die Römerzeit zurück. Im alten Textilgürtel liegen Krefeld, die Samt- und Seidenstadt, sowie Mönchengladbach, auch ein Zentrum der Textilindustrie.

KULINARISCHES: Alt und deftige Küche

Der Besuch einer Brauereigaststätte ist in Düsseldorf ein absolutes Muss! Hier gibt es in kleinen schlanken Gläsern das dunkle, obergärige **Altbier**, das nach alter Brauweise aus Malz, Hopfen, Hefe und Wasser zubereitet wird. Dazu genießt man am besten eine der deftigen rheinischen Köstlichkeiten, wie **»Flönz met Ölk«**, Blutwurst mit Zwiebeln, **Rheinischen Sauerbraten** mit Apfelmus als Beilage, oder **»Himmel und Erde«**, Apfel- und Kartoffelpüree mit gebratener Blutwurst. In den urgemütlichen Lokalen und Brauhäusern in Düsseldorf und Umgebung fällt die Wahl schwer.

Düsseldorf: Im Füchschen, Ratinger Str. 28; **Im Goldenen Kessel,** Bolkerstr. 44; **Günnewig Rheinturm »Restaurant Top 180«,** Stromstr. 20 (Unterbilk): Drehrestaurant.

Krefeld: Winkmannshof, Albert-Steeger-Str. 19; **Weinhaus St. Urbanshof,** Ostwall 48; **Gaststätte Nordbahnhof,** Oranierring 91.

Mönchengladbach: Gasthaus am Schmölderpark, Schmölderstr. 61; **KULT+GENUSS,** Wilhelm-Strauß-Straße 65.

RAST AUF REISEN: Hotels in und um Düsseldorf

Hotel Orangerie, Bäckergasse 1, 40213 Düsseldorf, Tel. 0211/86 68 00.

Hotel Nikko, Immermannstr. 41, 40210 Düsseldorf, Tel. 0211/83 40.

Villa Fiore, Niederrheinstr. 270, 40489 Düsseldorf Lohausen, Tel. 0211/41557500.

Best Western Comfort Business Hotel, Hammer Landstr. 89, 41460 Neuss, Tel. 02131/125880.

Garden Hotel Krefeld, Schönwasserstr. 12, 47800 Krefeld, Tel. 02151/535230.

Mercure Parkhotel Krefelder Hof, Uerdinger Straße 245, 47800 Krefeld, Tel. 02151/5840

Leonardo Hotel Mönchengladbach, Speicker Str. 49, 41061 Mönchengladbach, Tel. 02161/93 80.

Pension-Restaurant Schürken´s, Dünnerstrasse 31, 41066 Mönchengladbach, Tel. 02161/465 78 35

Düsseldorf: *Sie ist die jüngste Hauptstadt am Rhein. Im Jahr 1288 erhielt sie das Stadtrecht, eine kulturelle Blüte erlebte sie unter Kurfürst Johann Wilhelm.* ***Sehenswert:*** *Die großen Museen in bieten etliche Höhepunkte, so die Kunstsammlung Nordrhein-Westfalen (1961) mit herausragenden Exponaten moderner Kunst ab dem frühen 20. Jh.; über die Keramikgeschichte aller Kulturen seit ihren Anfängen informiert das Hetjens-Museum (1909). Südlich der Altstadt, im Stadtteil Benrath, erhebt sich in einem großen Park am Rheinufer das Schloss Benrath. Das schmucke Jagddomizil*

ließ Kurfürst Carl Theodor von Pfalz-Sulzbach 1756–73 im französischen Rokokostil erbauen. Wahrzeichen von ***Neuss*** *ist das Münster St. Quirinus – eine der bedeutendsten spätromanischen Kirchen am Niederrhein. Ein ausgefallenes Museum gibt es im Neusser Stadtteil Holzheim: In der vom Landschaftsarchitekten Bernhard Korte gestalteten Auenlandschaft der Erft liegt das Museum »Insel Hombroich« mit Ausstellungen unter freiem Himmel. Symbol niederrheinischen Adelsstolzes ist das südlich von* ***Mönchengladbach*** *in einem Park gelegene Renaissanceschloss Rheydt (seit 1923 Kulturgeschichtliches Museum). Bei der Fahrt nach* ***Krefeld*** *lohnen das Deutsche Textilmuseum und die Wasserburg Linn einen Besuch.* ***(A52 Abfahrt 10 Kreuz Neersen nach Mönchengladbach, 6 km, oder nach Düsseldorf, 16 km)***

UNTERWEGS IN FRANKFURT AM MAIN

Frankfurts Altstadt am Römerberg

Die alte Reichsstadt Frankfurt am Main, etwa in der Mitte zwischen Taunus und Spessart gelegen, stellt heute ein internationales Banken- und Finanzzentrum dar und verfügt mit dem 259 Meter hohen, von Sir Norman Foster entworfenen Commerzbank-Gebäude über den höchsten Büroturm Deutschlands. Aber die kühlglitzernde Fassade von »Mainhattan« ist nur ein Aspekt; denn auf den zweiten Blick zeigt die Stadt ihre durchaus beschaulichen Seiten. So gibt man sich ohne Hektik in der zentral gelegenen Bockenheimer Straße – von den Einheimischen nicht umsonst »Fressgass« genannt – den leiblichen Genüssen hin. Mit rund 710 000 Einwohnern zählt Frankfurt am Main zu den überschaubaren Großstädten, aber auf weltstädtisches Flair muss man hier keineswegs verzichten.

KULINARISCHES: Wo's Kränzche hängt

Im Frankfurter Raum werden jährlich rund 30 Millionen Liter Apfelwein gekeltert, der **»Ebbelwoi«** oder das **»Stöffche«**, wie ihn die Einheimischen nennen. Man genießt ihn in gemütlicher Runde in bodenständigen Lokalen, die man an einem grünen Kranz über dem Eingang erkennt. Ausgeschenkt wird der Apfelwein im charakteristischen Bembel, dazu gibt es einfache und schmackhafte Gerichte wie Rippchen und Handkäs mit Musik, Brezeln und Kümmelweck. Berühmt für seine zahlreichen Apfelweinlokale ist vor allem das Viertel Sachsenhausen, aber auch in den anderen Stadtteilen und Vororten Frankfurts finden sich empfehlenswerte Ebbelwoischenken. Hier eine kleine Auswahl für einen netten Abend:

In Sachsenhausen: Fichtekränzi, Wallstr. 5; **Dauth-Schneider,** Neuer Wall 5; **Affentorschänke,** Neuer Wall 9; **Zum Gemalten Haus,** Schweizer Str. 67; **Zur Buchscheer,** Schwarzsteinkautweg 17. **Ebbelwoi Unser,** Abtsgäßchen 8

In der Innenstadt: Apfelwein Klaus, Kaiserhofstr. 18.

Im Nordend: Zur Schönen Müllerin, Baumweg 12;

In Bornheim: Solzer, Berger Str. 260.

RAST AUF REISEN: Übernachten im Zentrum

Westin Grand Frankfurt, Konrad-Adenauer-Str. 7, 60313 Frankfurt, Tel. 0 69/29 81-0.

Hotel am Dom, Kannengießergasse 3, 60311 Frankfurt, Tel. 0 69/28 21 41.

Hotel Concorde, Karlstr. 9, 60329 Frankfurt, Tel. 0 69/2424220.

Hotel Domicil, Karlstr. 14, 60329 Frankfurt, Tel. 0 69/2 71 11-0.

Hotel Frankfurt Luxor, Allerheiligentor 2, 60311 Frankfurt, Tel. 0 69/29 30 67.

Hotel EXPO, Große Friedberger Str. 14, 60313 Frankfurt, Tel. 0 69/284100.

Hotel Scala, Schäfergasse 31, 60313 Frankfurt, Tel. 0 69/1381110.

MEININGER Hotel Frankfurt, Europaallee 64, 60327 Frankfurt, Tel. 0 69/4015 9052.

Frankfurt am Main: *Schon von Weitem ragt die spektakuläre Skyline, die der Messe- und Bankenmetropole den Beinamen »Mainhattan« verliehen hat, aus der Landschaft am Fuße des des Taunus. Die Geburtsstadt Goethes war die Krönungsstadt deutscher Kaiser (seit 1502) und Ort der ersten Deutschen Nationalversammlung (Paulskirche 1848/49). Liebevoll restaurierte Fachwerkensembles wie das Wahrzeichen der Stadt, der Römer (15./18. Jh.) mit Kaisersaal und die historische Ostzeile gegenüber, sind eingebettet in die moderne Architektur der »amerikanischsten« Stadt*

Europas. Die bedeutendsten Sakralbauten sind der Kaiserdom St. Bartholomäus (13. Jh.), die evangelische Nikolaikirche (1290) und die zum Festsaal umgebaute Paulskirche (1789–1833).
Sehenswert: *die klassizistische Alte Oper (1880/1981) bei der barocken Hauptwache (Wiederaufbau 1951); das Goethehaus mit Museum. Zu den wichtigsten deutschen Ausstellungsorten gehören die Schirn-Kunsthalle und das markante Museum für Moderne Kunst. Vom Museumsufer auf der anderen Mainseite, mit dem Städelschen Kunstinstitut und sieben weiteren Museen, hat man einen eindrucksvollen Blick auf die hoch aufragenden »Kathedralen des Geldes«. Unweit vom Museumsufer liegt das »Ebbelwoi«-Viertel Sachsenhausen mit vielen kleinen Kneipen und Jazzlokalen.* ***(A5, Abfahrt 19 Westkreuz Frankfurt, über A648; A661, Abfahrt 14 Frankfurt-Ost)***

UNTERWEGS IN GENF (GENÈVE)

Stadtsilhouette am Genfer See

Wo die Rhône den Genfer See verlässt und sich mit der Arve vereint, versprüht die Kantonshauptstadt vor der Kulisse der Savoyer Hochalpen internationales Flair, als zweiter Sitz der UNO und rund 200 weiterer Weltorganisationen. Elegante Fassaden begleiten See und Flussufer, das milde Klima bringt die Menschen auf die Straßen und in die Parks. Flohmärkte haben regen Zulauf, etwa an der Plaine de Plainpalais (Mi. und Sa.), die Edelfummel locken in den »Rue Basses« zwischen Rues du Marché und Rue du Rhône.

KULINARISCHES: Edel

In Genf kocht die Welt – vor allem erlesen. Die Küche des nahen Wallis ist käsebetont, das **Fondue** köstlich. Dazu mundet ein **Fendant** vom Genfer See oder aus dem Wallis. Spezialitäten sind der **Petit Suisse** (ein Frischkäse), Käsekuchen und aus dem See Saibling, Egli und Weißfelchen oder Hecht.

Restaurants: Armures, 1, rue du Puits-St-Pierre, Tel. 0 22/310 34 42; **Café du Paris-Chez Boubier,** 26, rue du Mont-Blanc, Tél. 0 22/732 84 50; **Café du Soleil,** 6, place du Petit-Saconnex, Tel. 0 22/733 34 17; **Brasserie Lipp Genève,** 8, rue de la Confédération, Tel. 0 22/318 80 30.

RAST AUF REISEN: Schick

Chantilly Manotel Kipling, 27, rue de la Navigation, 1201 Genève, Tel. 0 22/5 44 40 40.

Hôtel Eden Genève, 135, rue de Lausanne, 1202 Genève, Tel. 0 22/7 16 37 00.

Hôtel des Tourelles, 2, Blvd. James Fazy, 1201 Genève, Tel. 0 22/7 32 44 23.

Hôtel Tiffany, 20, rue de l'Arquebuse , 1204 Genève, Tel. 0 22/708 16 16.

Hôtel Astoria, 6, place Cornavin, 1201 Genève, Tel. 0 22/544 52 52.

Genf (Genève): *Seit 443 Hauptstadt des Burgunderreiches, blühte die Seestadt ab 1033 als freie Reichsstadt der deutschen Kaiser auf. Während der Reformation kamen viele Glaubensflüchtlinge in die freie »Republik« Genf. 1864 gründete hier Henri Dunant das »Rote Kreuz«, 1919 wurde Genf Sitz des Völkerbunds, 1946 der UNO.* ***Sehenswert:*** *Die Vieille-Ville, überragt von der romanisch-gotischen Cathédrale de St-Pierre. In der Maison Tavel (1303), dem Musée du Vieux Genève, lebt das Mittelalter wieder auf. Der Jardin Anglais, gegenüber die Rive droite mit noblen Häusern und Hotels; beim Park Mon Repos der Botan. Garten, das Palais des Nations (1936; UNO-Hauptquartier).* ***(A1 Verzw. Le Vengeron, 5 km)***

Die bezaubernde Seelage, eine pittoreske Altstadt und sein elegantes, internationales Ambiente machen Genf zu einer der attraktivsten Städte der Schweiz. Römer, Burgunder und auch die deutschen Kaiser wussten die strategisch und handelspolitisch erstklassige Lage der stetig aufstrebenden Stadt an der Mündung der Arve in den Genfer See zu schätzen und zu nutzen.

UNTERWEGS IN HAMBURG

In der Speicherstadt

Durch ihre Lage an Nordsee und Elbe ist die Freie und Hansestadt Hamburg – zweitgrößte Stadt in Deutschland – einer der ersten Handelsplätze Europas. Nirgendwo sonst schlägt ihr Herz kräftiger als am Hafen, dem »Tor zur Welt«. Selbstbewusst ziehen die Dickschiffe an den Villen des vornehmen Blankenese und an den St.-Pauli-Landungsbrücken vorüber. Und nicht weit entfernt hat Hamburg sein Sonntagsspektakel frühmorgens auf dem Fischmarkt! In den alten Hallen wird geschwoft, gerockt, gejazzt, Marktschreier verschleudern an den Kais die Ware kistenweise und Hamburger Originale verhökern Originelles. Abends verscheucht die junge Stadt mit ihren Theatern, einer quirligen Musikszene und der freizügigen Reeperbahn alle Langeweile. In den zahlreichen Museen, Galerien und auf dem Antikmarkt der »Kunstmeile« zwischen Alster und Hafen kommen Kunstliebhaber auf ihre Kosten, während traditionsreiche Kontorhäuser und exklusive Einkaufsmeilen wie Mönckebergstraße und Jungfernstieg den Bummel zu einem besonderen Erlebnis machen.

KULINARISCHES: Von Labskaus bis Couscous

Mit mehreren Sterne-Köchen darf sich Hamburg eine Stadt der Gourmets nennen. In den vielen Restaurants mit hanseatischen Spezialitäten steht natürlich **Meerfrisches** auf den Speisekarten. **Pfannfisch, Büsumer Krabben, Maischolle** mit **Kartoffelsalat** oder **Labskaus** sind ebenso Hamburger Tradition wie Hummer, Austern und Kaviar. Aber so sehr man sich zur heimischen Küche bekennt, so zeigt sich auch in der Gastronomie die Weltoffenheit der Stadt.

Hanseatische Küche: Alt Hamburger Aalspeicher, Deichstraße 43; **Fischereihafen Restaurant,** Große Elbstr. 143; **Fischerhaus,** St. Pauli Fischmarkt 14; **Gröninger Braukeller,** Willy-Brandt-Str. 47.

Internationale Küche: Panthera Rodizio, Ditmar-Koel-Straße 3 (brasilianisch); **Shalimar,** ABC-Str. 46-47 (indisch); **Friends ALSTER,** Ballindamm 14 im Alster-Schiff (Sushi); **Brasserie La Provence,** Eulenstraße 42 (französisch)

RAST AUF REISEN: Übernachten im Zentrum

Vier Jahreszeiten, Neuer Jungfernstieg 9, 20354 Hamburg, Tel. 040/34940.
Atlantic Hotel Kempinski, An der Alster 72-79, 20099 Hamburg, Tel. 040/28880.
Hafen Hamburg, Seewartenstr. 9, 20459 Hamburg, Tel. 040/311130.
Grand Elysee Hotel, Rothenbaumchaussee 10, 20148 Hamburg, Tel. 040/414120.
Hotel Pacific, Neuer Pferdemarkt 30-31, 20359 Hamburg, Tel. 040/4395095.
Hotel Commodore, Budapester Str. 20, 20359 Hamburg, Tel. 040/31999603.
Empire Riverside Hotel, Bernhard-Nocht-Straße 97, 20359 Hamburg, Tel. 040/311190.

Hamburg: *Im 9. Jh. von Kaiser Ludwig dem Frommen auf dem Landrücken zwischen Elbe und Alster gegründet, avancierte die Stadt im Mittelalter zu internationaler Größe im Handel und erlebte im 17./18. Jh. ihre kulturelle Blüte. Ein großer Brand vernichtete 1842 ein Viertel der alten Hansesiedlung, u. a. das Rathaus, das im prächtigen Renaissancestil neu aufgebaut wurde.*
Sehenswert: *Die Kirche St. Petri, im Wesentlichen ein Bauwerk der Neugotik ist die älteste Pfarrkirche Hamburgs. Das Wahrzeichen der Stadt ist jedoch St. Michaelis, ganz kurz »Michel«*

genannt. Die althamburgischen Fachwerkhäuser verschiedener Epochen in der historischen Deichstraße und das moderne Chilehaus im Kontorhausviertel zeigen die alte und die moderne Seite Hamburgs. Die Speicherstadt, der historische Lagerhauskompex der hanseatischen Kaufleute entlang der Fleete, gehört mittlerweile zum Welterbe der UNESCO. Die größte Sehenswürdigkeit der Stadt ist jedoch immer noch der Hafen, der von jährlich rund 10 000 Seeschiffen aus aller Welt angelaufen wird. Er ist Deutschlands größter Seehafen, mit einer Ausdehnung von ca. 75 km² nimmt er etwa ein Siebtel des Stadtgebiets ein. Einen Eindruck über die imposanten Anlagen und Schiffe gewinnt man am besten während einer Hafenrundfahrt – bei einem Hamburgbesuch ein absolutes Muss! ***(A1 über Kreuz Hamburg-Süd, A7 über Hamburg-Bahrenfeld.)***

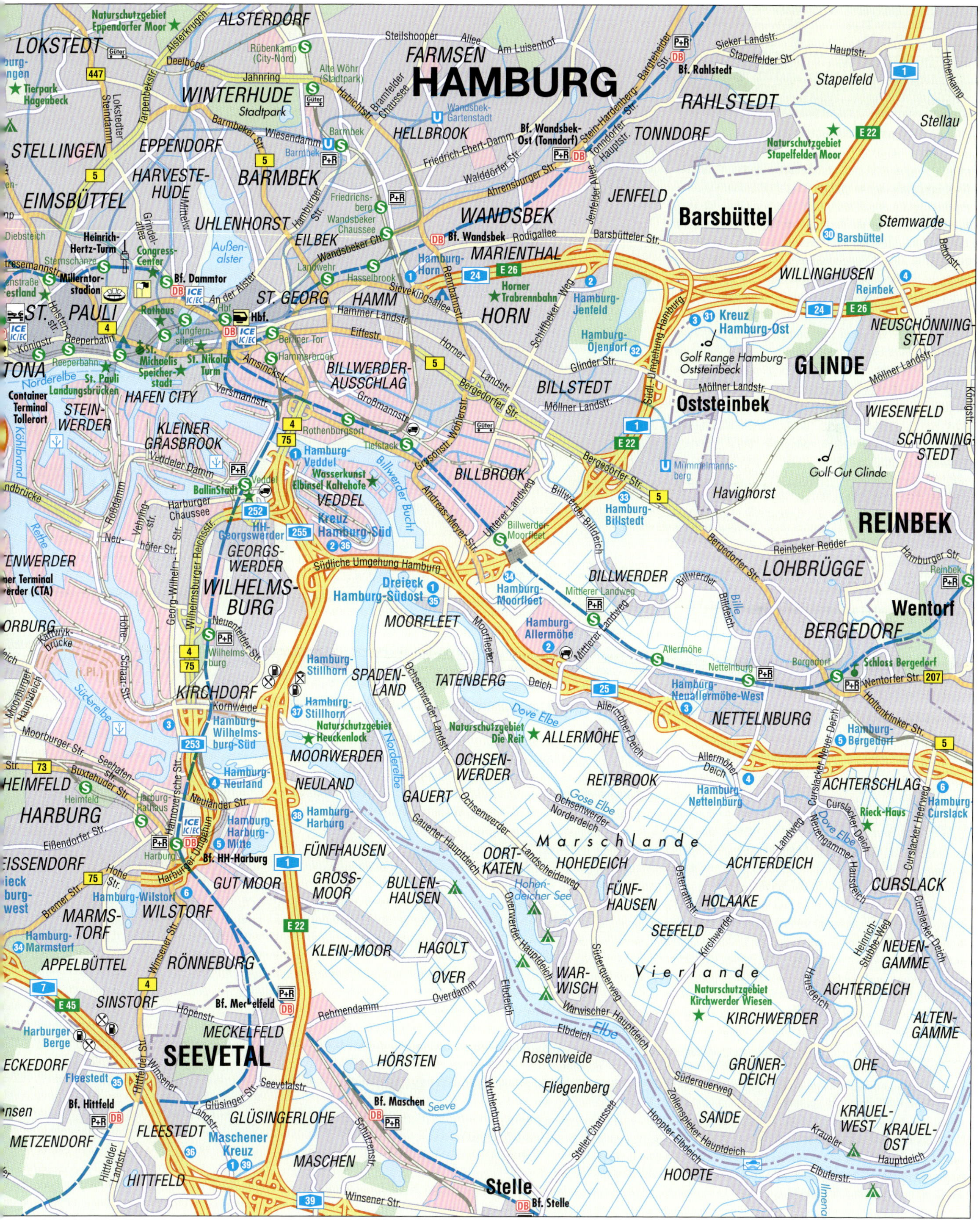

UNTERWEGS IN HANNOVER

Altes Rathaus und Turm der Jacobikirche

»CeBIT« und »Hannover Messe Industrie« haben Niedersachsens Hauptstadt an der Leine international als Messestadt bekannt gemacht. Über 10 Mio. Besucher aus aller Welt begrüßte Hannover zur EXPO 2000, der ersten Weltausstellung Deutschlands. Doch nicht nur zu Messezeiten lohnt die Industrie- und Handelsmetropole den Besuch: Die Altstadt zwischen Hohem Ufer und Marktkirche ist mit ihren vielen kleinen Lokalen Anziehungspunkt für Nachtschwärmer und Vergnügungssüchtige. Die beiden Einkaufsparadiese Galerie Luise und ihre kleine Schwester, die Kröpcke-Passage, locken zum Schaufensterbummel. Hannover ist eine Großstadt im Grünen und einmalig in Europa ist die 650 ha große Eilenriede, die grüne Lunge der Stadt. Mit seinen Rad- und Wanderwegen, Spielplätzen, Liegewiesen, Waldcafés und Restaurants bietet der Stadtwald vielseitige Unterhaltungsmöglichkeiten. Beliebtes Erholungszentrum ist auch der künstlich angelegte Maschsee in der Nähe des Neuen Rathauses.

KULINARISCHES: Einfallsreiche Kreationen

Die niedersächsische Küche bietet erstklassige Spezialitäten: **Heidschnuckenkeule, Bachforelle** und frisches **Wild** in immer neuen Variationen. Auf der Speisekarte ganz oben steht Grünkohl, als **»Braunkohl«** traditionell mit Brägenwurst serviert. Die Landeshauptstadt selbst genießt den Ruf einer kulinarisch-gastronomischen Hochburg, in der sich hervorragend speisen lässt – ob in Feinschmeckertempeln oder im Gasthaus um die Ecke, von vegetarisch bis gutbürgerlich, regional oder international.

Klassische Küche: Die Insel, Rudolf- von Bennigsen-Ufer 81; **Altes Jagdhaus Joachim Stern,** Vor der Seelhorst 111; **Bistro Schweizerhof,** Hinüberstraße 6; **Internationale Küche: Weinstube Leonardo,** Sophienstr. 6; **Adriatic Stuben,** Kronsberger Str. 15 (Balkanspezialitäten); **Bei Vassi,** Rethener Str. 37, Sehnde (griechisch); **Hannover Kröpcke,** Georgstr. 35; **Beiwi-Buffet,** Schulenburger Landstraße 118 (chinesisch-mongolisch); **Taj Mahal,** Hinüberstr. 21/Ecke Schiffgraben (indisch).

RAST AUF REISEN: Auch an der Peripherie

Mercure Hotel Hannover, Oldenburger Allee 1, 30659 Hannover, Tel. 0511/61550.
Hotel Mercure City, Willy-Brandt-Allee 3, 30169 Hannover, Tel. 0511/80080.
Kastens Hotel Luisenhof, Luisenstr. 1–3 (beim Bahnhof), 30159 Hannover, Tel. 0511/30440.
Maritim Airport Hotel Hannover, Flughafenstraße 5, 30669 Hannover, Tel. 0511/97370.
Mercure Hotel Hannover Medical Park, Feodor-Lynen-Straße 1, 30625 Hannover, Tel. 0511/95660.
InterCityHotel Hannover, Rosenstraße 1, 30159 Hannover, Tel. 0511/1699210.

Hannover: *Als Sommersitz der Welfen entwickelte sich Hannover im 17. Jh. zu einem wichtigen kulturellen Zentrum. Nach der schweren Zerstörung im Zweiten Weltkrieg wurde die Stadt modern wieder aufgebaut. Nur in der kleinen Altstadt zwischen Hohem Ufer und Marktkirche findet sich noch Architektur früherer Jahrhunderte.* ***Sehenswert:*** *Das Alte Rathaus und die Marktkirche, das Wahrzeichen der Stadt, zählen zu den wichtigsten Bauten norddeutscher Backsteingotik. Vom Selbstbewusstsein der zur Gründerzeit florierenden Stadt kündet das Neue Rathaus, das*

auf 6026 Buchenpfählen am Rande der Leinemarsch errichtet und 1913 von Kaiser Wilhelm II. eingeweiht wurde. Von seiner rund 100 m hohen Turmkuppel genießt man einen herrlichen Rundblick über die Stadt. Im Stadtteil Herrenhausen ist ein Juwel europäischer Gartenkunst zu erkunden. Die einstige Sommerresidenz der hannoverschen Könige erbaute der Calenberger Herzog Johann Friedrich im Jahre 1666. Das Schloss fiel den Bomben des Zweiten Weltkriegs zum Opfer. Erste Attraktion ist heute der Große Garten, einer der schönsten Barockgärten in Deutschland mit Wasserspielen, Gartentheater und einer 82 m hohen Fontäne. Ein anschauliches Bild vom Leben am Hofe zeichnet das Fürstenhaus Herrenhausen Museum. ***(Von Norden A352 über H-Flughafen, 2 km; von Osten/Westen A2 über H-Langenhagen bzw. Herrenhausen)***

UNTERWEGS IN KÖLN

Die Hohenzollernbrücke überquert in Köln den Rhein.

Der Handel blühte hier schon zu Römerzeiten, und Kölns verkehrsgünstige Lage am Niederrhein förderte später auch seine industrielle Entwicklung. Urbaner Dreh- und Angelpunkt ist der Dom am Rand der Altstadt mit ihren Kneipen und Cafés. Hier endet die Fußgängerzone, deren beste Einkaufsadressen Hohe Straße und Schildergasse heißen. Charakteristisch für die Millionenmetropole ist die weltoffene Lebensart ihrer Bewohner, die die Stimmung in der Hochburg des rheinischen Karnevals zum Überschäumen bringen. Nirgendwo sonst wird »Fastelovend«, Kölns fünfte Jahreszeit, so ausgiebig gefeiert. Köln ist zudem eine grüne Stadt: Am rechten Flussufer erstreckt sich der Rheinpark mit seinen Blumenrabatten, Gewächshäusern, Brunnen und dem Thermalbad. Linksrheinisch liegt der Zoo und daneben der Botanische Garten. Im Westen der Stadt bieten schöne Spazier- und Radwege, künstliche Teiche und Kanäle Erholung.

KULINARISCHES: Von Kölsch und Köbes

Süffiges Hausgetränk ist das **Kölsch,** ein helles obergäriges Vollbier, das seit dem 15. Jh. in Köln gebraut wird. In den alten Brauhäusern bedient noch der **»Köbes«** (Jakob) in der traditionellen blauen Tracht der Brauknechte. Einige kölsche Brauereien betreiben eigene Wirtschaften, in denen zur Stange Kölsch (0,2 l) eine handfeste Hausmannskost aufgetragen wird. Die im Dialekt geschriebene Speisekarte ist für Besucher nicht leicht zu deuten: Hinter dem **»Kölschen Kaviar«** verbirgt sich ein Roggenbrötchen mit Blutwurst, und der **»Halve Hahn«** ist ein Brötchen mit altem Holländer Käse. Zur traditionellen Küche gehört auch der **»Rievkooche«,** Reibekuchen aus Kartoffeln und Zwiebeln – heiß mit Apfelmus oder Preiselbeeren schmeckt er ganz köstlich.

Kölsche Wirtschaften und Brauhäuser: HÖHNs Biergarten, Bonner Strasse 381, Marienburg; **Früh em Veedel,** Chlodwigplatz 28; **Brauhaus Sion,** Unter Taschenmacher 5–7, Köln Altstadt; **Brauerei zur Malzmühle,** Heumarkt 6; **Colonia Brauhaus,** An der Schanz 2; **Em Kölsche Boor,** Eigelstein 121; **Gilden im Zims,** am Heumarkt 77; **Brauhaus Päffgen,** Friesenstr. 64.

RAST AUF REISEN: Nicht nur im Zentrum

Domhotel, Domkloster 2 A,
50667 Köln, Tel. 0220/4420.
Hotel im Wasserturm, Kaygasse 2,
50676 Köln, Tel. 02 21/2 00 80.
Maritim Hotel Köln, Heumarkt 20,
50667 Köln, Tel. 02 21/2 02 70.
Mondial am Dom, Kurt-Hackenberg-Platz 1,
50667 Köln, Tel. 02 21/2 06 30.
Hotel Bergischer Hof, Bergisch-Gladbacher-Str. 406,
51067 Köln-Holweide, Tel. 02 21/96 37 90.
Lindner Hotel BayArena, Bismarckstraße 118,
51373 Leverkusen, 0214/86630

Köln: *Die römische Kapitale am Rhein behauptete noch im frühen Mittelalter ihre Führungsposition in Deutschland. Bis ins 13. Jh. entstanden zahlreiche romanische Kirchen, die auch heute das Stadtbild prägen. Diese und die im Dom aufbewahrten Gebeine der Heiligen Drei Könige machten die Stadt zum »Heiligen Köln« des Mittelalters.* ***Sehenswert:*** *Der Dom St. Peter und Maria ist seit Jahrhunderten das Wahrzeichen von Köln und die größte Bischofskirche Deutschlands. Mit seinen zwei 157 m hohen Türmen beherrscht das hochgotische Gotteshaus das berühmte Rhein-*

panorama, das sich von der Deutzer Rheinseite aus in seiner ganzen Pracht zeigt. 632 Jahre dauerte die Bauzeit, die Vollendung im Jahr 1880 wurde als nationales Ereignis gefeiert. Zu den Schätzen im Inneren gehören der Dreikönigsschrein aus dem 13. Jh. von Nikolaus von Verdun sowie das in seiner Größe ungewöhnliche Gerokreuz. Zwei der berühmten romanischen Kirchen sind St. Gereon und St. Aposteln (in Domnähe). Ein leuchtendes museales Dreigestirn präsentiert künstlerisches Schaffen von der Antike (Römisch-Germanisches Museum) über Gotik, Renaissance bis zum Historismus (Wallraf-Richartz-Museum) und der Avantgarde (Museum Ludwig). Einen Abstecher lohnt der 15 km nordöstlich gelegene Altenberger Dom, ein frühgotisches Meisterwerk. ***(Von Süden A555 über Kreuz Köln-Süd, 1 km; von Norden A1 über Kreuz Köln-Nord, 1,5 km.)***

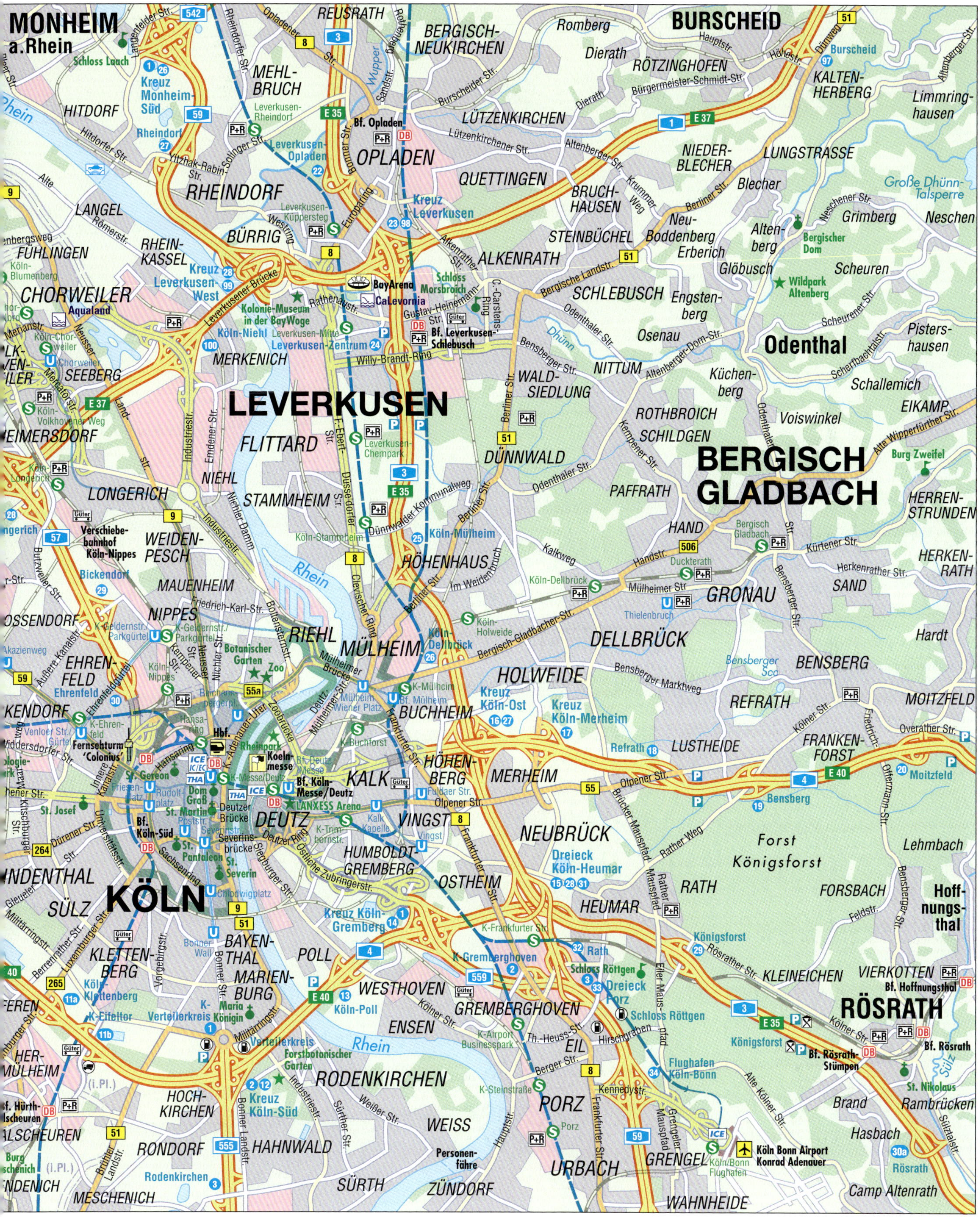

UNTERWEGS IN LEIPZIG

Altes Rathaus von Leipzig

Martin Luther predigte in der Nikolaikirche, Johann Sebastian Bach erprobte seine Werke auf der Orgel der Thomaskirche und Johann Wolfgang von Goethe verewigte in seiner »Faust«-Tragödie Auerbachs Keller. Auch als Kulturzentrum hat die Messe-, Buch-, Universitäts- und Bankenstadt mit dem Thomanerchor und dem Gewandhausorchester Leipzig eine große Tradition. Eine 3,5 km lange Ringstraße umschließt die Altstadt, die ideal zu Fuß zu erkunden ist, zumal etliche Gassen heute für den Autoverkehr gesperrt sind. Vom Opernhaus im Osten bis zum Schauspielhaus im Westen durchzieht die Grimmaische Straße das Zentrum. Neben prächtigen Barock- und Renaissancehäusern demonstrieren die opulenten, heute restaurierten Messebauten im Jugendstil den bürgerlichen Wohlstand des frühen 20. Jahrhunderts. In vielen dieser großzügig-eleganten Passagen finden sich zahlreiche Luxusgeschäfte und Boutiquen, dazu Straßencafés, Kleinkunstbühnen, Kneipen und Restaurants: Mädler Passage, Messehofpassage, Specks Hof sowie Barthels Hof zählen zu den besten Adressen.

KULINARISCHES: Mehr als Leipziger Allerlei

Was andernorts oft als langweilige Gemüsebeilage auf den Teller kommt, überrascht hier mit Raffinesse: Dem originalen **»Leipziger Allerlei«** geben Morcheln und Krebsfleisch einen unerwarteten Pfiff. Nach diesem Genuss mag der Sachse nicht verzichten auf sein **»Scheelchen Heeßen«**, kein Wunder, wartet Leipzig doch mit dem zweitältesten Kaffeehaus Europas auf, dem legendären Café und Museum **Zum Arabischen Coffebaum** (Kleine Fleischergasse 4). Abends zieht man zum Ausgeherlebnis in das Altstadtviertel rund um das Barfußgässchen und die Fleischergasse. Und die Szene trifft sich in der **Moritzbastei**, Universitätsstr. 9. **Lokale Spezialitäten: Auerbachs Keller,** Grimmaische Str. 2–4 (Mädlerpassage); **Barthels Hof,** Hainstr. 1; **Romanushof,** Katharinenstraße 21-23; **Gosebrauerei Bayerischer Bahnhof,** Bayerischer Platz 1.

RAST AUF REISEN: Angenehm zentral

Mercure Leipzig, Johannisplatz, 04103 Leipzig, Tel. 03 41/9 77 90.
Fürstenhof, Tröndlinring 8, 04105 Leipzig, Tel. 03 41/14 00.
Westin Leipzig, Gerberstraße 15, 04105 Leipzig, Tel. 03 41/98 80.
Renaissance Leipzig Hotel, Großer Brockhaus 3, 04103 Leipzig, Tel. 03 41/1 29 20.
Seaside Park Hotel, Richard-Wagner-Straße 7, 04109 Leipzig, Tel. 03 41/9 85 20.
Antikhotel Leipzig, Prager Str. 153, 04317 Leipzig, Tel. 03 41/224770.
Suite Hotel Leipzig, Permoserstraße 50, 04328 Leipzig, Tel. 03 41/25890.

__Leipzig:__ Der 1165 gegründeten Stadt verlieh Kaiser Maximilian I. im Jahr 1497 das Messerecht. Dieses Privileg verhalf Leipzig neben Dresden zur wirtschaftlichen Vormachtstellung in Sachsen. Im 18. Jh. blühten Künste und Wissenschaft auf, wurde Leipzig zum wichtigen Buchhandels- und Verlagszentrum. In der »Völkerschlacht« vor der Stadt wurde Napoleon im Jahr 1813 von den verbündeten europäischen Mächten besiegt. Der Zweite Weltkrieg zerstörte viel an historischer Bausubstanz. Im Herbst 1989 brachten die Montagsdemonstrationen Leipzig den Beinamen einer

»Heldenstadt« ein. ***Sehenswert:*** *Der 298 m lange Hauptbahnhof (1902–15) lädt auf drei Etagen zum Shopping sowie in Cafés, Restaurants und Bars ein. Zu den eindrucksvollsten Renaissancebauten Deutschlands gehört das Alte Rathaus am Markt (1565). Barthels Hof (1749/50) ist Leipzigs ältestes Messehaus. Messebauten der Jugendstilzeit sind Mädlerpassage mit Auerbachs Keller, Petershof, Specks Hof, Steibs Hof und das Städtische Kaufhaus. J. S. Bach wirkte 1723–50 in der Thomaskirche (Bach-Museum am Thomaskirchhof). Ein Denkmal vor der Alten Handelsbörse (1678–87) ehrt J. W. von Goethe. An die friedliche Revolution von 1989 erinnern die Nikolaikirche und das Museum in der »Runden Ecke«. Außerhalb: Völkerschlachtdenkmal (91 m) mit imposanter Aussicht.* ***(Von Westen A9 über Leipzig-West 7 km, von Norden A14 über Leipzig-Mitte, 6 km.)***

UNTERWEGS IN MAINZ / WIESBADEN / RÜSSELSHEIM

Der ehemalige Weinsaal im Kasino von Wiesbaden

In einem weiten Schwung trennt der Rhein zwei Bundesländer und ihre Hauptstädte: das rheinland-pfälzische Mainz vom hessischen Wiesbaden, die am Fuß von Taunus und Rheingaugebirge liegen. Viele kleine Lokale verstecken sich in den Gassen der flussnahen Mainzer Altstadt rund um den Dom, wo das Bier vielfach aus lokalen Brauereien kommt, aber auch die Tropfen der nahen Rebberge bereichern die Karten. Wiesbaden dagegen pflegt die Eleganz, und das nicht nur im Kurhaus und in der Spielbank sondern auch in der berühmten Wilhelmstraße mit ihren Nobelboutiquen und Straßencafés. Für den wirtschaftlichen Aufstieg der Region sorgte Opel in Rüsselsheim.

KULINARISCHES: Herzhafte Genüsse

Äppelwoi oder Äppler sowie die Weine des Rheintals vertragen eine kräftige Unterlage: dunkle Braten mit Kartoffeln, **Saumagen,** Bratwürste, Geräuchertes oder auch einen **»Handkäs' mit Musik«,** wie die Hessen freundlich ihre geruchsintensive Spezialität – mit Zwiebeln, Essig und Öl angemachten Magerkäse – nennen. Er schmeckt am besten in einer Gartenwirtschaft am Rhein oder im Taunus. Bürgerliche Küche mit teilweise innovativen Varianten servieren:

Mainz: Citrus, Rheinstr. 2 (Gewölbe einer ehemaligen Bastion); **Heilig Geist,** Mailandsgasse 11, würdige alte Gewölbe; **Brauhaus Castel,** Otto-Suhr-Ring 27, Mainz-Kastel.

Wiesbaden: Der Andechser im Ratskeller, Schlossplatz 6; **Palast Hotel,** Restaurant Bar, Kranzplatz 5; **Der Turm,** Neroberg 1 (im Sommer Biergarten). **Forsthaus Rheinblick,** Frauensteinerstr. 117.

Rüsselsheim und Umgebung: Zum Hirsch, Konrad-Adenauer-Ufer 19, Flörsheim/M.; **Rheinischer Hof, Ginsheim,** Hauptstr. 51, 65462 Ginsheim.

Umland: anno zero, Schwalbacher Str. 19, Eltville; **Klosterschänke,** Kloster Eberbach im Rheingau.

RAST AUF REISEN: Beiderseits des Rheins

Atrium Hotel Kurmainz, Flugplatzstr. 44, 55126 Mainz-Finthen, Tel. 06131/4910.
Hyatt Regency Mainz, Malakoff-Terrasse 1, 55116 Mainz, Tel. 06131/731234.
Landhaus Diedert, Am Kloster Klarenthal 9, 65195 Wiesbaden, Tel. 0611/184660.
SAS Radisson Schwarzer Bock, Kranzplatz 12, 65183 Wiesbaden, Tel. 0611/1550.
Residenz & Hotel Am Kurpark, Rheingauer Str. 15, 65388 Schlangenbad, Tel. 06129/50400
Rheinischer Hof, am Altrheinufer, Hauptstr. 51, 65462 Ginsheim, Tel. 06144/935400.
Roter Hahn, Hessenring 61, 65428 Rüsselsheim, Tel. 06142/95540
Hotel Kronenschlösschen, Rheinallee, 65347 Eltville am Rhein, 06723/640
Hotel und Weingut Schloss Reinhartshausen, Hauptstr. 43, 65346 Erbach, Tel. 06123/6760.

Mainz/Wiesbaden/Rüsselsheim: *Die Römer legten den Grundstein zu Mainz und schätzten bereits Wiesbadens Quellen, wo später die Franken einen Königshof erbauten. Der Badebetrieb verhalf Wiesbaden, ab 1806 Regierungssitz des Herzogtums Nassau, zur Blüte. Mainz war im 13. Jh. groß, als der Rheinische Städtebund politisch stark war. Die Industrialisierung im 19. Jh. brachte dem Städtchen Rüsselsheim Aufschwung. Die Nähmaschinenfabrik von Adam Opel stellt auch Fahrräder und 1899 erstmals Automobile her.*
Sehenswert: *Mittelpunkt der Mainzer Altstadt ist*

am lebendigen Marktplatz (Hunnensäule) der romanisch-gotische Dom (13./14. Jh.). Das Gutenberg-Museum dokumentiert die Druckkunst (Gutenberg-Bibel), das Römisch-Germanische Zentralmuseum beleuchtet die Anfänge der Stadt, das Landesmuseum Mainz zeigt Malerei des 17. Jhs. und der Moderne. Renaissance prägt die wieder aufgebaute erzbischöfliche Residenz (17./18. Jh.). Für die Stephanskirche (gotisch) entwarf Marc Chagall neun Glasfenster. Wiesbaden beeindruckt in seiner Gesamtheit als Kurort mit Kurhaus, Spielbank und Staatstheater an der breiten Wilhelmstraße, während um das Alte Rathaus (1609), das älteste Gebäude der Stadt, die Baumeister des 19. Jhs. ihre Denkmäler hinterließen, z.B. das Schloss, heute Sitz des Hessischen Landtags. In Rüsselsheim ist die Festung mit einem Industriemuseum die größte Sehenswürdigkeit des Ortes.

UNTERWEGS IN MANNHEIM / LUDWIGSHAFEN/ HEIDELBERG

Ein Erlebnis ist die Fahrt mit der Heidelberger Bergbahn.

Am linken Ufer des Oberrheins liegt die quirlige Industriemetropole Ludwigshafen. Unmittelbar gegenüber, an der Mündung des Neckar in den Rhein, liegt Mannheim, zweitgrößte Stadt Baden-Württembergs. Aufsehen erweckt die schachbrettartige Anlage ihrer Innenstadt, deren Häuserblocks, die »Quadrate«, mit einem Buchstaben und einer Zahl benannt sind. Mit seinen Wasserspielen, Kaskaden und dem Wasserturm ist der Friedrichsplatz viel besuchter Anziehungspunkt. Zwanzig Kilometer weiter, wo der Neckar aus dem Odenwald in die Rheinebene eintritt, liegt vor dem Hintergrund bewaldeter Berge Heidelberg, berühmte Universitätsstadt und ehemalige Hauptstadt der Kurpfalz. Als Ort der Inspiration für die Heidelberger Maler Fohr, Rottman und Fries sowie die Dichter Eichendorff und Keller gilt die Stadt als die Wiege der deutschen Romantik. Beim Panoramablick auf die roten Sandsteingebäude und den bewaldeten, mit der Schlossruine gekrönten Hügel bezaubert die märchenhafte Atmosphäre die Besucher noch heute.

KULINARISCHES: Weinstraßen bei Heidelberg

Das milde Klima und die verschiedenartigen Bodentypen lassen in den Anbaugebieten der Hessischen und der Badischen Bergstraße nördlich von Heidelberg hervorragende Trauben gedeihen. Vorherrschende Rebsorten sind Riesling und Müller-Thurgau. Die schmecken besonders gut zu frischem Spargel, der hier in der Rheinebene fast auf jedem Acker angebaut wird. Hier einige empfehlenswerte Weinstuben und Restaurants:

Ludwigshafen: Weinstube Breivogel, Bayernstr. 43.
Mannheim: Badischer Hof, Seckenheimer Hauptstrasse 114; **Keller's Weinrestaurant,** U2, 2; **Gasthaus am Fluss/Rheinterrassen,** Rheinpromenade 15; **Gasthof Weinstube Goldene Gans,** Tattersallstrasse 19; **Waldpforte,** Lampertheimer Str. 144.
Heidelberg: Goldener Hecht, Steingasse 2; **Brauhaus Vetter,** Steingasse 9; **Molkenkur,** Klingenteichstr.; **Scharffs Schlossweinstube,** im Schlosshof.

RAST AUF REISEN: Übernachten im Zentrum

Europa Hotel, Ludwigsplatz 5–6,
67059 Ludwigshafen, Tel. 0621/59870.
Hotel Excelsior, Lorientallee 16,
67059 Ludwigshafen, Tel. 0621/59850.
Maritim Parkhotel, Friedrichsplatz 2,
68165 Mannheim, Tel. 0621/15880.
Steubenhof Hotel, Steubenstr. 66,
68199 Mannheim, Tel. 0621/819100.
Europäischer Hof, Friedrich-Ebert-Anlage 1,
69117 Heidelberg, Tel. 06221/5150.
Hotel Zum Ritter St. Georg, Hauptstr. 178,
69117 Heidelberg, Tel. 06221/705050.

Mannheim/Ludwigshafen/Heidelberg: *Heidelberg war seit dem 13. Jh. Residenz der Pfalzgrafen. 1720 verlegte Kurfürst Carl Philipp seinen Hof in das neu erbaute Mannheim. Viermal wurde die Stadt zerstört, beim Wiederaufbau blieb ihr geometrischer Grundriss erhalten. Ludwigshafen, ursprünglich als militärische Schutzbefestigung für Mannheim errichtet, erhielt Mitte des 19. Jhs. Gemeinderechte.* ***Sehenswert:*** *Wilhelm-Hack-Museum in Ludwigshafen mit Kunst des Mittelalters und des 20. Jhs. (Malewitsch, Max Ernst). Seine Fassade gestaltete Joan Miró. Das Mann-*

heimer Residenzschloss zählt zu den größten Barockbauten Deutschlands. Ein architektonisches Meisterwerk des Jugendstils ist der zur 300-Jahrfeier der Stadt angelegte Friedrichsplatz mit dem Wasserturm, Mannheims Wahrzeichen. Das 1990 eröffnete Landesmuseum für Technik und Arbeit informiert auf eindrucksvolle Weise über die Geschichte der industriellen Revolution. Erholung bietet der schöne Luisenpark mit Pflanzenschauhaus, Aquarien und dem Fernmeldeturm. Heidelbergs »Krone« ist die Schlossruine aus rotem Sandstein, die sich über der Altstadt erhebt. Fünf Jahrhunderte regierten hier die Kurfürsten der Pfalz. Der Königsstuhl östlich von Heidelberg bietet eine weite Aussicht über Rheinebene und Neckartal. ***(A650 Abfahrt 9 Ludwigshafen-Stadt, 2 km ; B37 nach Mannheim 5 km; A656 Abfahrt 37 HD-Wieblingen, 4 km)***

UNTERWEGS IN MÜNCHEN

Prachtvoll: Schloss Nymphenburg

Bayerns Hauptstadt schätzt die Gemütlichkeit, wenngleich Automobilbau, Technologieentwicklung, Medienwirtschaft und der 1992 eröffnete Großflughafen für kräftigen Aufwind sorgen. Noch überragt einzig der Fernsehturm (290 m) im Olympiagelände die Türme der Frauenkirche. Die Kaufhäuser reihen sich in der Fußgängerzone zwischen Karlsplatz (Stachus) und Marienplatz, teurer wirds in der Theatiner- und Maximilianstraße. Die Maxvorstadt an der Universität und Schwabing nördlich des Siegestors haben in den vielen Kneipen den einstigen Bohemetouch gegen hippe Jugendlichkeit und Schickeria getauscht, und im Englischen Garten gilt »leben und leben lassen«. Die Musik hat ihren größten Tempel im Kulturzentrum Gasteig, und dessen »Hinterland« Haidhausen bewahrte zwischen Ethnoküchen noch Platz für Bodenständiges, Kabarett und junge Musik. Ähnlich das Westend oberhalb der Theresienwiese, die zum Oktoberfest lederhosenmodisch international wird und das Dirndl Pflicht zu sein scheint.

KULINARISCHES: Bier und Schmankerln

Das Hofbräuhaus (Platzl 9) ist der Inbegriff Münchner Brautradition. Zur Mass **Bier** (1 l) oder zum **Weißbier** gehören **Laugenbreze** und **Weißwürste** mit süßem Senf, **»Radi«** (Rettich) und **»Obazda«** (ein mit Butter, Zwiebeln und Paprika angemachter Camembert), **Schweinebraten, Schweinshaxn und Leberkäs.**

Bayerische Küche (teils mit Garten): **Weißes Bräuhaus,** Im Tal 7; **Zum Franziskaner,** Residenzstr. 9; **Altes Hackerhaus,** Sendlinger Str. 14; **Osterwaldgarten,** Keferstr. 12; **Wirtshaus in der Au,** Lilienstr. 51; **Hofbräukeller,** Innere Wiener Str. 19;

Biergärten (mitgebrachtes Essen erlaubt): am Viktualienmarkt; im Englischen Garten: am **Chinesischen Turm, Kleinhesseloher See** und **Aumeister;** außerdem: **Taxisgarten,** Taxisstr. 12; **Augustiner Keller,** Arnulfstr. 52; **Hirschgarten,** Hirschgartenallee 1 (S-Bahn Laim); **Waldwirtschaft,** Georg-Kalb-Str. 3, Großhesselohe (S-Bahn); **Schlosswirtschaft** in Oberschleißheim; **Zum Flaucher,** Isarauen 8; **Viehhof,** Tumblingerstr. 29 (mit Open-Air-Kino).

RAST AUF REISEN: Primär zentral

Bayerischer Hof, Promenadeplatz 2, 80333 München, Tel. 089/21200.
Vier Jahreszeiten Kempinski, Maximilianstr. 17, 80333 München, Tel. 089/21250.
Hotel Biederstein, Keferstr. 18, 80802 München, Tel. 089/33029390.
Hotel Ibis, Ungererstr. 139, 80805 München, Tel. 089/360830.
Romantik Hotel Insel Mühle, Von-Kahr-Str. 87, 80999 München, Tel. 089/81010.
Blauer Bock, Sebastiansplatz 9, 80331 München, Tel. 089/231780.
Olympic, Hans-Sachs-Str. 4, 80469 München, Tel. 089/231890.

München: *Aus einer 1158 gegründeten Zollstelle an einer Isarbrücke bei den »Munichen« (Mönchen) entstanden, ist der Ort keine hundert Jahre später Sitz der Herzöge von Bayern. Sie fördern die Stadt und holen Künstler aus Italien und aus Frankreich. Die Hauptstadt (1806–86) des Königreichs Bayern ist ein Zentrum der Künste und der Wissenschaft. Demokratische Neuanfänge unterdrückt der Aufstieg der Nationalsozialisten, München wird »Hauptstadt der Bewegung« – und des Widerstands der »Weißen Rose«. Zu 70 Prozent zerstört, erneuert die Stadt nach dem 2. Weltkrieg*

ihr altes Bild. ***Sehenswert:*** *Der alte Kern um den Marienplatz mit Altem (15. Jh.) und Neuem Rathaus (1908; Glockenspiel 11 Uhr), St. Peter (11–14. Jh.), Asamkirche (18. Jh.), Viktualienmarkt (Denkmal für Karl Valentin, 1882–1948), Hofbräuhaus und Frauenkirche mit den Kuppeltürmen (Dom; 15. Jh.). Das Nationaltheater (Oper) neben der Residenz (16.–18. Jh., Museum) mit Hofgarten. Die Theatinerkirche an der klassizistischen Ludwigstraße zur Universität und nach Schwabing (Englischer Garten). Technik im Deutschen Museum, Kunst im Haus der Kunst, in der Alten und Neuen Pinakothek (Gemälde), der Pinakothek der Moderne, Antikensammlung und im Lenbachhaus am Königsplatz. Schlösser Nymphenburg und Schleißheim (15 km nördl.); Olympiagelände (1972).* ***(Die A8, 9, 94, 95, 96 enden am Mittleren Ring oder Verdistr.)***

UNTERWEGS IN NÜRNBERG

Nürnberger Christkindlesmarkt

Nürnberg, das einst eine der bedeutendsten Kaiserstädte Deutschlands war, ist heute Universitätsstadt sowie wichtiger Industrie- und Handelsplatz. Im waldreichen mittelfränkischen Becken gelegen erstreckt sich die Franken-»Metropole« über beide Ufer der Pegnitz, die die Stadt in die südliche Lorenzer Seite und die nördliche Sebalder Seite trennt. Die Altstadt lädt mit ihren schmalen Gassen und malerischen Plätzen zum Schlendern ein. Die Königsstraße, die Hauptstraße Nürnbergs, führt quer durch die Lorenzer Altstadt, vorbei an großartigen Baudenkmälern wie St. Lorenz, dem Nassauer Haus und dem Tugendbrunnen. Außerdem sind die Königsstraße und die Breite Gasse beliebte Einkaufsziele. Einen wunderschönen Blick über die Altstadt genießt man vom Turm der Sebalduskirche.

KULINARISCHES: Bratwürste und Lebkuchen

Die besondere Art ihrer Zubereitung und des Servierens hat die Nürnberger **Rostbratwurst** berühmt gemacht. Die fingerdünnen Würste schmecken am besten vom Rost über einem Buchenholzfeuer. Im Restaurant werden sie auf Zinn- oder Holztellern mit Kartoffelsalat und Senf oder auf Sauerkraut gereicht. Eine beliebte Variante sind die in Zwiebel-Essig-Sud gegarten »Blauen Zipfel«. Den Bäckern verhalf eine süße Kreation zu Weltruf: die **Nürnberger Lebkuchen,** die inzwischen schon lange vor der Weihnachtszeit gegessen werden. Für Elisenlebkuchen, die feinsten unter ihnen, sind die Rezepte für die Mischung aus geriebenen Mandeln und Haselnüssen, Eiern, Honig, Zucker und verschiedenen Gewürzen streng gehütete Geheimnisse der jeweiligen Bäckereien. Wie Punsch und Glühwein gehören Lebkuchen vor allem zum Nürnberger Christkindlesmarkt.

Fränkische Küche und Bratwurstspezialisten: **Zum Bühler,** Seeleinsbühlstr. 9; **Gasthaus Rottner,** Winterstr. 15; **Heilig-Geist-Spital,** Spitalgasse 16; **Historische Bratwurstküche,** Zirkelschmiedsgasse 26; **Essigbrätlein,** Weinmarkt 3; **Bratwurst Röslein,** Rathausplatz 6.

RAST AUF REISEN: Übernachten im Zentrum

Ringhotel Loews Merkur, Pillenreuther Straße 1, 90459 Nürnberg, Tel. 0911/994330.
Hotel Arvena Park, Görlitzer Straße 51, 90473 Nürnberg, Tel. 0911/89220.
Ramada Hotel Nürnberg, Münchener Straße 25, 90478 Nürnberg, Tel. 0911/47480.
InterCityHotel Nürnberg, Eilgutstr. 8 (direkt am Bahnhof), 90443 Nürnberg, Tel. 0911/24780.
B&B Hotel Nürnberg-City, Frauentorgraben 37, 90443 Nürnberg, Tel. 0911/378510.
Maritim Hotel Nürnberg, Frauentorgraben 11, 90443 Nürnberg, Tel. 0911/23630.
Hotel NH Nürnberg City Center, Bahnhofstraße 17, 90402 Nürnberg, Tel. 0911/99990.

Nürnberg: *Die über 950 Jahre alte Stadt erlebte ihre kulturelle Blüte im 15./16. Jh., verkörpert auch durch Albrecht Dürer (Museum in seinem Geburtshaus). Als Ort der Reichsparteitage war Nürnberg während des Zweiten Weltkriegs das Ziel wiederholter Bombenangriffe, die das historische Zentrum fast vollständig zerstörten. Doch fast alle bedeutenden Gebäude sind wieder aufgebaut.* ***Sehenswert:*** *Ein 5 km langer Mauerring (14. Jh.) mit 120 Türmen umfasst den Stadtkern. Bedeutend sind die spätgotische Pfarrkirche St. Lorenz (Sakramentshäuschen von Adam Krafft und*

Engelsgruß von Veit Stoß) und die Stadtkirche St. Sebald (13. Jh., Sebaldusgrab von Peter Vischer) sowie der Hauptmarkt mit dem Schönen Brunnen und der Frauenkirche im Osten. Die Füll und die Weißgerbergasse, ehemals Handwerkerquartiere, vermitteln einen lebendigen Eindruck vom alten Nürnberg, wie im Germanischen Nationalmuseum dokumentiert. Das Verkehrsmuseum zeigt Nürnbergs technische Vorreiterrolle auf. Nürnbergs Wahrzeichen aber ist die Kaiserburg (11.–16. Jh.). Hier residierten die Kaiser, die in der Zeit des Heiligen Römischen Reiches Deutscher Nation von Kaiserpfalz zu Kaiserpfalz zogen, um Recht zu sprechen oder den Reichstagen beizuwohnen und sich die Anliegen ihrer Fürsten und Kurfürsten anzuhören. Nürnberg zählte zu den bedeutendsten Kaiserpfalzen. ***(A6, A9 Kreuz Nürnberg-Ost; von Norden über A73, Nürnberg-Westring.)***

UNTERWEGS IN RHEIN-RUHR OST

Dortmund: das Wasserschloss Bodelschwingh

Wirtschaftliches und kulturelles Zentrum des östlichen Ruhrgebiets ist Dortmund. Die Dienstleistungs- und Handelsmetropole Westfalens gilt als Hochburg des Sports: Mit einer Kapazität von bis zu 23 000 Zuschauern gehört die Westfalenhalle zu den größten Sporthallen Europas. Weltweit bekannt als Stadt des Biers zählt Dortmund etliche Biermarken und mehrere hundert Lokale mit Bierausschank. Mittelpunkt ist der Alte Markt, wo die Haupteinkaufsstraßen – Brückstraße, Westen- und Ostenhellweg – zusammenlaufen. Westlich von Dortmund, im schönen Ruhrtal, liegt die ehemalige Bergbaumetropole Bochum und inzwischen neues Glanzlicht des deutschen Musical- und Schauspielbetriebs. Die Ruhrzone bei Witten ist beliebtes Erholungsgebiet – mit der Burgruine Hardenstein und dem Kemnader See, einem Zentrum für Wassersport.

KULINARISCHES: Deftige Speisen & würziges Bier

Der **Pumpernickel** ist weit über die Landesgrenzen bekannt. Das schwarze Bauernbrot wird hier mit Butter und dem berühmten **westfälischen Schinken** belegt. Einfache, aber schmackhafte Gerichte wie Buchweizenpfannkuchen oder **»Töttchen«**, Fleisch vom Schweins- oder Kalbskopf mit pikanter Sauce, stehen mittlerweile auch auf den Speisekarten der gehobeneren Restaurants. In Dortmund sollte man den **»Pfefferpotthast«** probieren, ein gut gewürztes Ragout aus Schweine- oder Rindfleisch. Dazu empfiehlt sich das helle würzige »Dortmunder«.

Empfehlenswerte Lokale:

Dortmund: Pfefferkorn's No.1 , Markt 6; **Der Thüringer,** Markt 13; **Hövels,** Thier-Galerie Dortmund, Hoher Wall 5-7; **Overkamp Gastronomie,** Am Ellberg 1; **Pfefferkorn,** Hoher Wall 38; **Rathaus à la carte,** Friedensplatz 1; **Zum Alten Markt,** Markt 3.

Bochum: Die Uhle, Huestr. 24 a; **Fiege's Stammhaus,** Bongardstr. 23; **Mutter Wittig,** Bongardstr.; 35 **Forsthaus,** Blankensteiner Straße 147.

Gelsenkirchen: Dorfkrug, Marienstraße 4.

Hattingen: Burg Blankenstein, Burgstr. 16.

RAST AUF REISEN: Hotels in Dortmund & Bochum

Arcadia Grand Hotel Dortmund, Lindemannstr. 88, 44137 Dortmund, Tel. 0231/91130.

Radisson Blu Hotel Dortmund, An der Buschmühle 1, 44139 Dortmund, Tel. 0231/10860.

Hotel NH Dortmund, Königswall 1, 44137 Dortmund, Tel. 0231/90550.

Aleppo Designhotel und Hostel, Nordring 30, 44787 Bochum, Tel. 0234/588380.

Hotel Antoni, Flurstr. 1, 44791 Bochum, Tel. 0234/581588.

Rittergut Haus Laer, Höfestr. 45, 44803 Bochum, Tel. 0234/383044.

Wald- und Golfhotel Lottental, Grimbergstr. 52 a, 44797 Bochum, Tel. 0234/97960

Rhein-Ruhr Ost: *Die wirtschaftliche Entwicklung des Ruhrgebiets war einst abhängig vom Steinkohlevorkommen und der Eisen- und Stahlindustrie. Infolge der Krise in der Montanindustrie in den 1970er-Jahren entstanden zahlreiche neue Betriebe des Dienstleistungssektors, die den Bergbau allmählich in den Hintergrund treten ließen. In den ehemals von Kohle und Stahl geprägten Städten Dortmund und Bochum sind heute alle Zechen geschlossen.* ***Sehenswert:*** *Als Dortmunds Mittelpunkt gilt die nordöstlich vom Markt gelegene Reinoldikirche mit dem 1702 vollendeten 104 m*

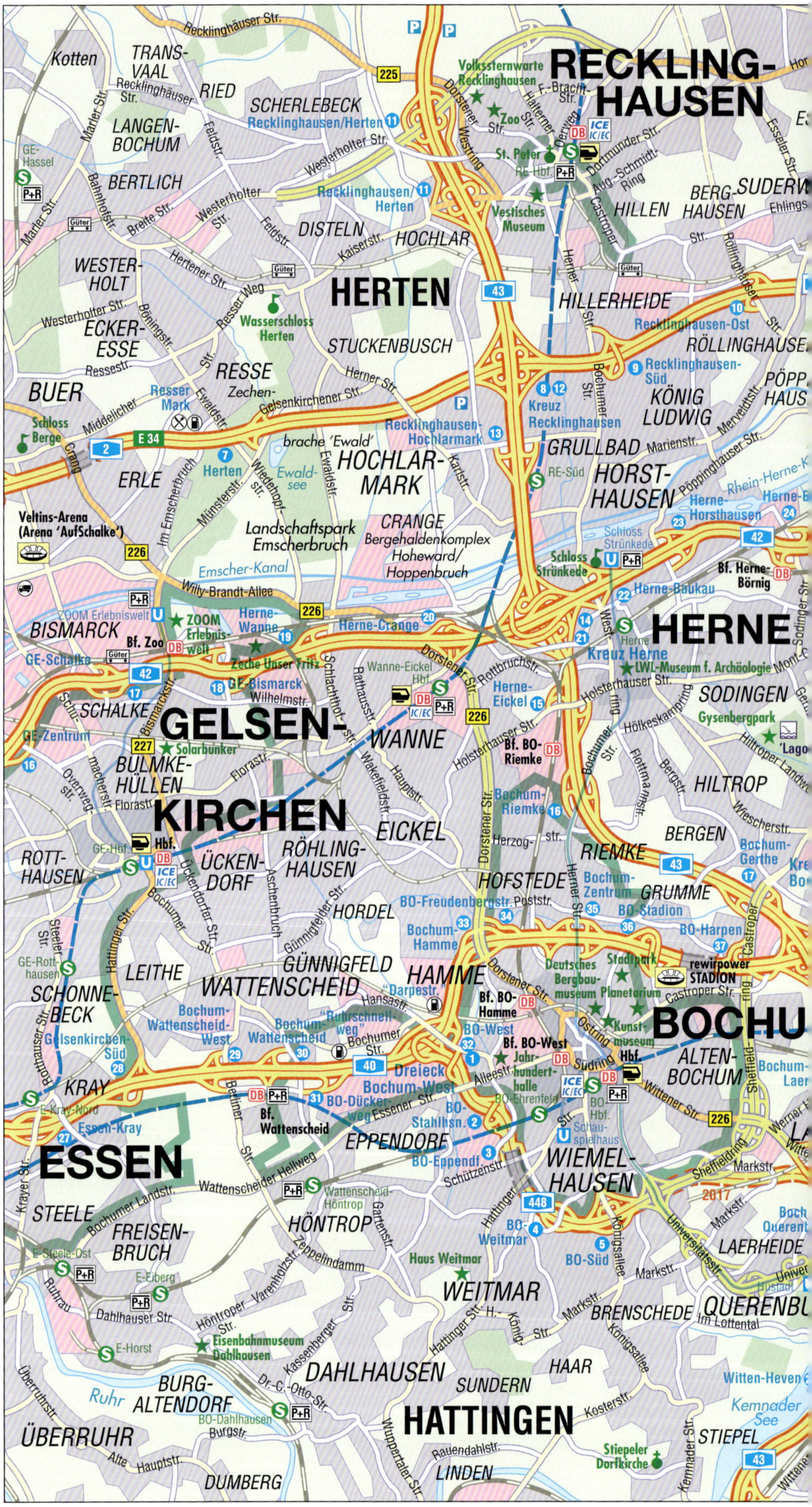

hohen Turm, einst »Wunder Westfalens« und Wahrzeichen der Stadt. Die Metropole des Biers kann auch mit einem Brauereimuseum aufwarten. Südlich der Stadt erstreckt sich der Westfalenpark mit seinen Wasserflächen, Aquarien, Spielplätzen und dem mehr als 3000 Rosenarten umfassenden Deutschen Rosarium. Hoch über Dortmund erhebt sich der 212 m hohe Florianturm, das neue Wahrzeichen. Beliebtes Ausflugsziel ist die 12 km südlich gelegene Hohensyburg. Vom Kaiser-Wilhelm-Denkmal bietet sich eine fantastische Aussicht bis in das Sauerland. In dem 1930 gegründeten Deutschen Bergbaumuseum in Bochum können Besucher in die Welt der Stollen und unterirdischen Gänge eintauchen. Sehenswert ist auch das Bochumer Planetarium. ***(Von Westen A40 Abfahrt 35 Bochum-Zentrum, 2 km; Abfahrt 5 Kreuz Dortmund-West, 5 km)***

UNTERWEGS IN RHEIN-RUHR WEST

Essen: die Villa Hügel am Nordufer des Baldeneysees

Obgleich Eisen und Stahl untrennbar mit dem Ruhrgebiet verbunden bleiben, ist das Land längst kein Synonym mehr für Steinkohlezechen und rauchende Schlote. An der Mündung der Ruhr in den Rhein liegt Duisburg mit dem größten Binnenhafen der Welt. Hier kann man flanieren, im Restaurant am Ufer sitzen, Schiffe beobachten oder die in einem ehemaligen Getreidespeicher untergebrachten Museen besuchen – das Kultur- und Stadthistorische Museum und die Sammlung Grothe. Am besten erkundet man den Duisburger Binnenhafen bei einer Hafenrundfahrt. Das benachbarte Oberhausen, die »Wiege der Ruhrindustrie«, besitzt mit dem im Jahre 1996 eröffneten CentrO das größte Einkaufs- und Freizeitzentrum Europas. Die 400 Meter lange Promenade ist mit ihren zahllosen Geschäften, Restaurants und einem Multiplexkino der Treffpunkt im Ruhrgebiet schlechthin. Im Osten zwischen Emscher und Ruhr schließt sich Essen an, bedeutende Verwaltungs- und Messestadt.

KULINARISCHES: Bierspezialisten im Ruhrgebiet

Die Speisekarte im westlichen Ruhrgebiet ist vielseitig. Die Nähe zu den Niederlanden ist beim Honigkuchen und »pannekoek«, Pfannkuchen mit süßen oder deftigen Füllungen, zu spüren. Duisburg schwört auf die rheinische Köstlichkeit **»Himmel und Erde«**, gebackene Blutwurst mit Apfel-Kartoffel-Mus; und dazu ein frisches **Pilsener** – im Volksmund auch Köpi genannt – aus der Duisburger König-Brauerei. Einen Besuch lohnt die **Dampfe**, eine Dampfbierbrauerei in Essen-Borbeck, wo Traditionsmarken wie das Dampf-, Salon- und Zwickelbier gebraut werden. Empfehlenswerte Lokale sind:

Duisburg: Am Stern, Sittardsberger Allee 202; **Beekker Bierquelle,** Friedrich-Ebert-Str. 213; **Der Finkenkrug,** Sternbuschweg 71; **Gasthaus Brücker,** Theodor-Heuss-Str. 225.

Essen: Altes Stiftshaus, Stiftplatz 1; **Villa Vue,** Weg Zur Platte 73; **Rüttenscheider Hausbrauerei,** Girardetstraße 2; **Parkhaus Hügel,** Freiherr-v.-Stein-Str. 209.

Oberhausen: Gaststätte Haus Reuter, Essener Str. 307; **Brauhaus Zeche Jacobi,** CentrO-Promenade 30.

RAST AUF REISEN: Hotels an Rhein und Ruhr

Hotel Akazienhof, Düsseldorfer Str. 270, 47051 Duisburg, Tel. 0203/660567.

Hotel am Kantpark, Gallenkampstr. 6, 47051 Duisburg, Tel. 0203/282890.

Mercure Hotel Duisburg City, Landfermannstr. 20, 47051 Duisburg, Tel. 0203/300030.

Hotel Lindenhof Essen, Logenstr. 18, 45127 Essen, Tel. 0201/2203980.

Ruhr Hotel Essen, Krawehlstraße 42, 45130 Essen, Tel. 0201/778053.

Nh Hotel Oberhausen, Düppelstr. 2, 46045 Oberhausen, Tel. 0208/82440.

AKZENT Hotel Oberhausen, Buschhausener Str. 84, 46049 Oberhausen, Tel. 0208/85750.

***Rhein-Ruhr West:** Seit dem 18. Jh. bestimmten Kohle, Eisen und Stahl lange Zeit die Wirtschaft im Ruhrgebiet. Durch den Aufstieg der Stahl erzeugenden Kruppwerke entwickelte sich Essen im 19. Jh. zur größten Montanstadt Europas. Heute befindet sich die Ruhrzone in einem enormen Umstrukturierungsprozess. Nur noch die Zeche Prosper-Haniel in Bottrop ist in Betrieb und auch diese wird vermutlich 2018 schließen, dann ist der Kohlenbergbau im »Kohlenpott« nur noch Geschichte. **Sehenswert:** Das Essener Münster beherbergt zahlreiche Kunstwerke von Weltrang,*

darunter die Goldene Madonna, die älteste bekannte Marienfigur des Abendlandes. Die über dem Baldeneysee gelegene Villa Hügel entstand von 1870 bis 1873 nach den Entwürfen des Industriepioniers Alfred Krupp. Im ehemaligen Wohnhaus der Familie Krupp finden nun Kunstausstellungen und Konzerte statt. Die 1986 stillgelegte Zeche Zollverein ist ein bedeutendes Industriedenkmal (UNESCO-Welterbe). Das W.-Lehmbruck-Museum von Duisburg zeigt eine internationale Sammlung von Skulpturen des 20. Jhs. Sehenswert ist auch der Landschaftspark Duisburg-Nord: Nach seiner Schließung 1985 wurde das Hüttenwerk Duisburg-Meiderich in einen Park umgewandelt. In einem alten Gasometer inmitten des Areals ist das größte künstliche Tauchgewässer Europas entstanden. ***(A40 Abfahrt 9 Kr. Duisburg ins Zentrum DU, 3 km; Abfahrt 22 Essen-Zentrum, 2 km)***

Saarbrücken: *Alt-Saarbrücken entwickelte sich im 11. Jh. unterhalb der 999 erstmals erwähnten Burg. Eine Blütezeit erlebte die Stadt im 18. Jh. unter Fürst Wilhelm Heinrich, der einige bemerkenswerte Barockbauten in Auftrag gab. 1908 schlossen sich Alt-Saarbrücken, St. Johann und Burbach-Malstatt zur Großstadt Saarbrücken zusammen, die seit 1947 Hauptstadt des Saarlandes ist. Sehenswert: Mittelpunkt von Alt-Saarbrücken ist der Schlossplatz, den eine wunderschöne Barockarchitektur umrahmt. Das Schloss wurde nach mehrmaligen Zerstörungen 1738–48 von J. F.*

UNTERWEGS IN SAARBRÜCKEN

Die 1762 erbaute Ludwigskirche in Saarbrücken

Durch seine Lage inmitten eines großen Steinkohlegebiets an der deutsch-französischen Grenze hat sich Saarbrücken zum Mittelpunkt von Handel, Wirtschaft und Kultur des Saarlands entwickelt. Die Saar teilt die Messe- und Universitätsstadt in zwei Teile: das südlich gelegene Alt-Saarbrücken und St. Johann auf der nordöstlichen Seite. Westlich davon liegen Malstatt und Burbach. Lebendiger Mittelpunkt von St. Johann ist der gleichnamige Markt im Herzen einer der schönsten Fußgängerzonen Deutschlands. In den teils noch aus dem 16. Jh. stammenden Häusern rund um den Marktbrunnen haben sich kleine Boutiquen, Kneipen und Straßencafés etabliert. Genau hier ist die saarländische Lebensart, das »savoir vivre«, am besten zu spüren. Vom St. Johanner Markt Richtung Bahnhof verläuft die Bahnhofstraße, das Einkaufsparadies der Stadt. Unter Arkaden spaziert man die Schaufenster entlang, verweilt an ruhigen Plätzen, betrachtet Kunstwerke und Wasserspiele.

KULINARISCHES: Kreativ mit französischem Flair

»Hauptsach, gudd gess – g'schafft ham'mer schnell« Unter diesem Lebensmotto wird die saarländische Küche zu einem Kreativzentrum in der Kulinarik. Die Nähe zu Frankreich ist unverkennbar und so wird die französische Küche hier genauso geschätzt wie die deftigen lokalen Spezialitäten aus der Bergmannstradition wie zum Beispiel »Dibbelabbes«, riesige Kartoffelpuffer, oder »Gefillde«, gefüllte Kartoffelklöße mit Sauerkraut und Speckrahmsauce. Ein weiteres regionaltypisches Kartoffelgericht sind »Hoorische« – ihr »haariges« Aussehen gab den leckeren Kartoffelbällchen ihren Namen.
Einige empfehlenswerte Adressen:
St. Johann: GästeHaus Klaus Erfort, Mainzer Str. 95; **Zum Stiefel,** Am Stiefel 2; **La Bastille,** Kronenstr. 1B; **Herzenslust Restaurant,** Nauwieserplatz 5; **Kalinski Wurstwirtschaft & Gin Bar,** Kaltenbachstr. 4; **Gasthaus Undine,** Bismarckstr. 129.
Dudweiler: Hotel Restaurant Burkhart, Kantstr. 58; **Restaurant Kaminstube,** im Hotel Seewald, Beethovenstraße 68.
Völklingen: Alter Bahnhof, Rathausstr. 57.

RAST AUF REISEN: Hotels in Saarbrücken

Am Triller, Trillerweg 57,
66117 Saarbrücken, Tel. 0681/580000.
City Hotel Saarbrücken, Richard-Wagner-Str. 67,
66111 Saarbrücken, Tel. 0681/927 9970.
Domicil Leidinger, Mainzer Str. 10,
66111 Saarbrücken, Tel. 0681/93270.
Hotel La Résidence, Faktoreistr. 2,
66111 Saarbrücken, Tel. 0681/38820.
Victor's Residenz-Hotel, Deutschmühlental 19,
66117 Saarbrücken, Tel. 0681/588210.
Hotel Altes Haus, Zur Turnhalle 2a,
66333 Völklingen-Wehrden, Tel. 06898/24553.

Stengel im Rokokostil wieder aufgebaut. Daneben befindet sich die Schlosskirche, Grabkirche der Fürsten von Nassau-Saarbrücken. Gegenüber erhebt sich das Alte Rathaus, ein weiteres Stengel-Meisterwerk. Nordwestlich des Schlossplatzes erstreckt sich der Ludwigsplatz mit der Ludwigskirche (1762–75), einer der großartigsten Barockkirchen Deutschlands. Einen Ausflug lohnt die 10 km westlich der Stadt gelegene Völklinger Hütte, die als faszinierendes Zeugnis der Industriekultur von der UNESCO zum Weltkulturerbe erklärt wurde. Die von dem Ingenieur Julius Buch 1873 gegründete Eisenhütte entwickelte sich zu einem der wichtigsten Stahlwerke Europas. Heute ist sie ein einzigartiges Kulturzentrum und Museum. ***(Von Norden A1, A623 über Ausfahrt SB-Westspange; von Süden A6 Abfahrt 3 Dr. Saarbrücken.)***

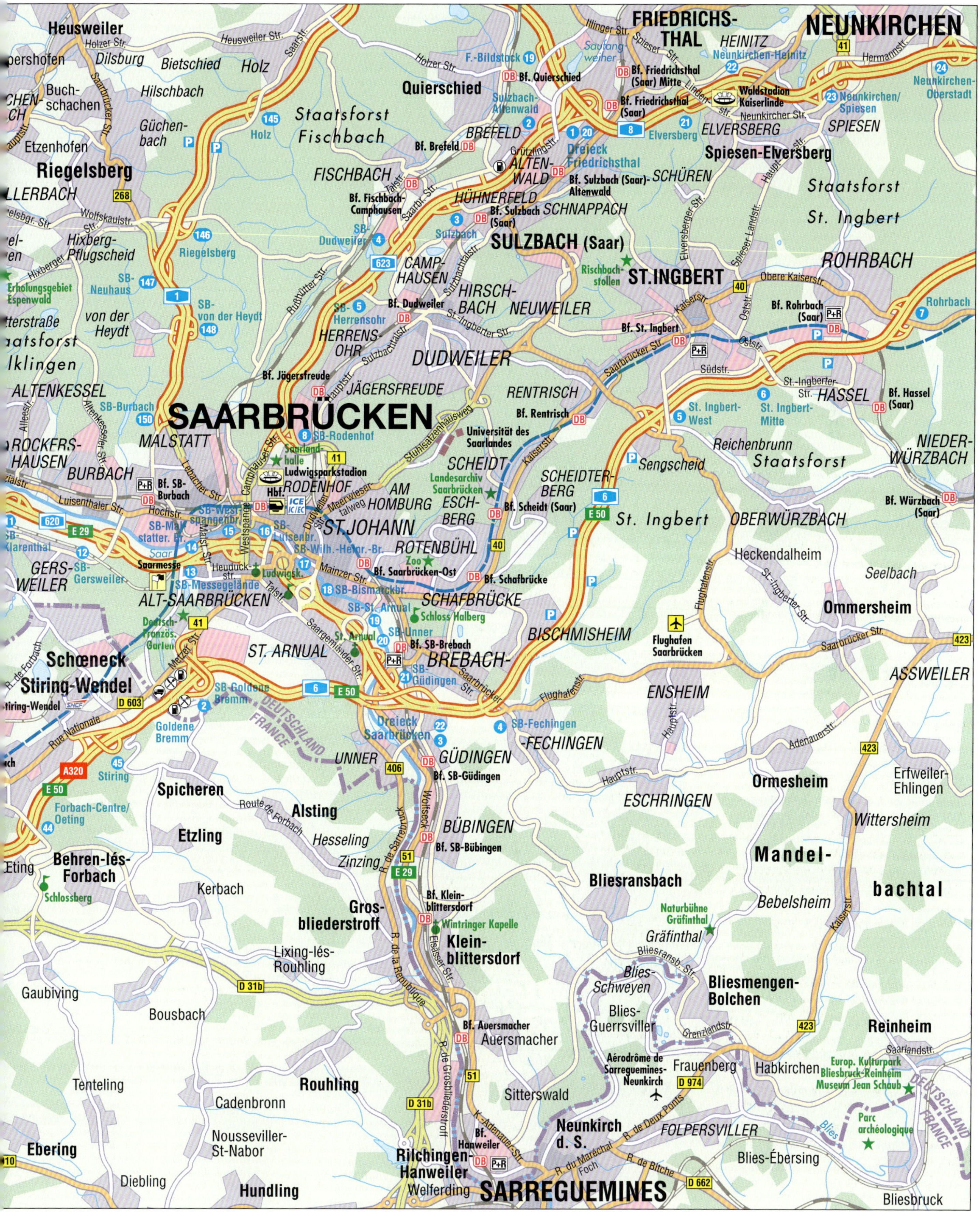

UNTERWEGS IN SALZBURG

Blick auf Dom und Festung

Ergiebige Salzvorkommen, der strategische Vorteil einer Anhöhe und ein Fluss als Verkehrsweg begünstigten die Entwicklung der charmanten Hauptstadt des Bundeslands Salzburg. Die Haupteinnahmequelle der Stadt war über Jahrhunderte das Salz, das in den umliegenden Bergwerken gewonnen wurde und mit dem die Kaufleute des Ortes Handel trieben. Die ganze Pracht der Stadt konnte erst mit den Einnahmen aus dieser Tätigkeit finanziert werden. Das »weiße Gold« blieb nur im Namen erhalten, die Stadt ist heute eine bedeutender Messe- und Kongressstandort und lebt in besonderem Maße vom Tourismus, dessen Zugpferde Mozart, Festspiele und Festung heißen. Gebummelt wird zwischen Dom und Rudolfskai an der Salzach, wo die junge Musikszene vom Fuß des Kapuzinerbergs herüberwogt – ein Kontrapunkt zum Festspielpomp.

KULINARISCHES: Nockerl und Mozartkugeln

Die im Norden benachbarte böhmische und die im Westen benachbarte bayerische Küche übten einen erheblichen Einfluß auf die Entwicklung der Koch- und Backkunst in Salzburg aus. Salzburger Köche und Bäcker verstanden es die Anregungen ber Nachbarküchen aufzunehmen und auf ihre Weise zu verfeinernern. So entstanden leckere Kaffeevariationen und Mehlspeisen wie feine Torten, Apfelstrudel, mit Obst gefüllte Knödel und natürlich die Salzburger Nockerl, ein federleichtes Soufflé. Sie stehen heute obenan in der kulinarischen Rangfolge der Kaffeehäuser und herzhafte Braten von Schwein und Wild mit Knödeln und Kraut zaubert die bürgerliche Küchevorab hinzu. Zum Naschen verführen die köstlichen Mozartkugeln.

Kaffeehäuser:
Tomaselli, Alter Markt 9; **Café Bazar,** Schwarzstr. 3; **Café Classic Salzburg im Mozart Wohnhaus,** Makartpl. 8; **Café Mozart Salzburg,** Getreidegasse 22.

Gutbürgerliche Küche:
Zipfer Bierhaus, Sigmund-Haffner-Gasse 12; **Stieglkeller,** Festungsgasse 10; **Goldener Hirsch,** Getreidegasse 37.

RAST AUF REISEN: Gut

Blaue Gans Stadtgasthof, Getreidegasse 41–43, 5020 Salzburg, Tel. 0662/84249154.
Goldener Hirsch, Getreidegasse 37, 5020 Salzburg, Tel. 0662/80840.
Hotel Salzburg, Himmelreich 6, 5020 Salzburg, Tel. 0662/8568000.
Hotel Mercure Salzburg Central, Sterneckstr. 20, 5020 Salzburg, Tel. 0662/8820310.
Austria Trend Hotel Salzburg West, Innsbrucker Bundesstraße 4, 5071 Salzburg, Tel. 0662/8581.
Hotel ibis Salzburg Nord, Carl-Zuckmayer Str. 1, 5020 Salzburg, Tel. 0662/2144.

Salzburg: *Der seit 800 v. Chr. betriebene Salzabbau (später bei Hallein) finanzierte die Baugelüste der Salzburger Fürstbischöfe, vor allem im Zeitalter des Barock. Sie und andere ließen die Gebäude erschaffen, die diese Stadt heute so sehenswert machen und dazu geführt hat, das diese mit ihrer Architektur und kulturellem Ensemble so unverwechselbare Stadt schon seit langem zum Welterbe der UNESCO zählt.*
Sehenswert: *Wahrzeichen ist die Festung Hohensalzburg (11.–16. Jh.) auf dem Mönchsberg, eine der größten vollständig erhaltenen Burgen in*

Mitteleuropa. Neben der phantastischen Aussicht ist hier das Festungsmuseum besonders sehenswert. Der Burg zu Füßen liegt die Barockstadt deren Pracht besonders im Domquartier zum Ausdruck kommt. Die Prunkräume der Residenz, die Franziskanerkirche, die Dombogenterrassse und die Museen mit Kunst- und Kulturgütern von unschätzbarem Wert, die in der Residenzgalerie, im Nordoratorium, im Dommuseum, in der Langen Galerie und im Museum St. Peter ausgestellt sind, sind mehr als überwältigend. Mozarts Geburtshaus in der Getreidegasse 9, wirkt im Vergleich dazu recht bescheiden. Nach soviel Kunstgenuss kann man in den Gärten des Schlosses von Hellbrunn mit seinen Wasserspielen – zu Recht ein Juwel am Stadtrand von Salzburg – genannt einmal kräftig durchatmen. ***(A1 Abfahrt 292 Salzburg-Mitte, 4 km)***

UNTERWEGS IN STUTTGART

Das im 18. Jahrhundert erbaute Schloss Solitude bei Nacht

Die Schwabenmetropole begeistert nicht nur durch die Lage inmitten eines malerischen Amphitheaters von Weinbergen, Wäldern und Gärten. Stimmungsvolle Plätze und Bauten unterschiedlichster Architekturstile sowie ein hochkarätiges Kulturangebot sind ihre Pluspunkte zusammen mit hoher Finanzkraft. Bei einem Bummel durch die Straßen und über die unzähligen Treppen, die schwäbischen »Stäffele«, hinauf und hinab, ist das besondere Flair der Stadt spürbar. Vom Bahnhof spaziert man auf der Königsstraße ohne Autolärm in Richtung Süden zum ältesten Stadtkern. Der Schlossplatz, ein riesiger Garten mit kastaniengesäumten Alleen, lädt zum Verweilen und Ausspannen ein. Zwei Straßen westlich liegt die historische Calwer Straße, deren Bild vier Jahrhunderte geprägt haben. Wenn sich hier im Sommer die Menschen vor den vielen Lokalen im Schatten der prächtigen alten Häusern vergnügen, liegt ein südländisches Lebensgefühl über der Stadt.

KULINARISCHES: Maultaschen und Eintopf

Die Stuttgarter Hausmannskost heißt »Gaisburger Marsch«, dessen Name Offiziersanwärter geprägt haben sollen. Jeden Mittag marschierten sie einst aus ihrer Kaserne in den Stadtteil Gaisburg, um sich dort mit einem schmackhaften und kräftigen Eintopf aus Rindfleisch, Brühe, Kartoffeln und Spätzle zu stärken. Eine feine schwäbische Spezialität sind auch die **Maultaschen**: hausgemachte Nudelteigvierecke, die mit Hackfleisch, Eiern, Spinat, Zwiebeln und Gewürzen gefüllt werden. Wer gern einen »anständige Bolla Floisch« essen möchte, der sollte zum **Zwiebelrostbraten** greifen. Ein Gericht das man aus einem zartrosa, nicht vollständig durchgebratenem Roastbeef mit Zwiebeln und »Spätzle mit Soß« als Beilage serviert bekommt. Es ist der Hauptbestandteil des **»schwäbischen Fünfgangmenüs«**, das aus einem guten »Roschtbroate« und vier Viertele besteht. Das Viertele ist der **Trollinger,** ein leichter Rotwein, der nur in Württemberg angebaut wird.

Schwäbische Küche: Wielandshöhe, Alte Weinsteige 71 (Restaurant von TV-Koch Vincent Klink); **Gasthaus zum Hirsch,** Epplestraße 27; **S'Mäxle,** Tübinger Straße 8; **Sautter,** Johannesstr. 28; **Fässle,** Löwenstr. 51 (Stadtteil Degerloch).

RAST AUF REISEN: Übernachten im Zentrum

Hotel Am Schlossgarten, Schillerstraße 23, 70173 Stuttgart, Tel. 0711/20260.
Steigenberger Graf Zeppelin, Arnulf-Klett-Platz 7, 70173 Stuttgart, Tel. 0711/20480.
Hotel Sautter, Johannesstraße 28, 70176 Stuttgart, Tel. 0711/61430.
City Hotel Stuttgart, Uhlandstraße 18, 70182 Stuttgart, Tel. 0711/210810.
Park Inn by Radisson Stuttgart, Hauptstätter Str. 147, 70178 Stuttgart, Tel. 0711/320940.

Stuttgart: *Der Alemannenherzog Liudolf ließ im Nesenbachtal um 950 einen künstlichen Wall aufschütten, um seinen »Stutengarten« zu schützen – die Pferdezucht, die Stuttgart ihren Namen gab. Im 14. Jh. errichteten die Grafen von Württemberg an dieser Stelle ihre Residenz, 200 Jahre später erteilte Herzog Christoph von Württemberg den Auftrag, die Burg zu einem herrlichen Renaissancepalast umzugestalten. Heute beherbergt das Alte Schloss das Württembergische Landesmuseum mit seiner interessanten Kollektion von Musikinstrumenten und archäologischen Funden bis zum Kronschatz*

der württembergischen Könige. In den Schlagzeilen ist Stuttgart wegen des Bahnhof-Neubaus. ***Sehenswert:*** *Eine der bedeutendsten Kunstsammlungen Deutschlands zeigt die Staatsgalerie; die Ausstellungsräume der postmodernen Neuen Staatsgalerie (Architekt James Stirling) präsentieren Malerei und Plastik von der klassischen Moderne bis zur zeitgenössischen Avantgarde. Die spätgotische Stiftskirche beherrscht den malerischen Schillerplatz, wo Deutschlands Dichterfürst nach einem Thorwaldsen-Entwurf posiert. Seit 1956 ist der 217 m hohe Fernsehturm in Betrieb. Die Plattform des weltweit ersten TV-Turms aus Stahlbeton, inzwischen Stuttgarts Wahrzeichen, bietet einen herrlichen Blick über die Stadt und die Weinberge bis zum Schwarzwald und Odenwald. An vielen Tagen sind im Süden sogar die Alpen zu sehen.* ***(A8, Kreuz Stuttgart, über A831, 4 km.)***

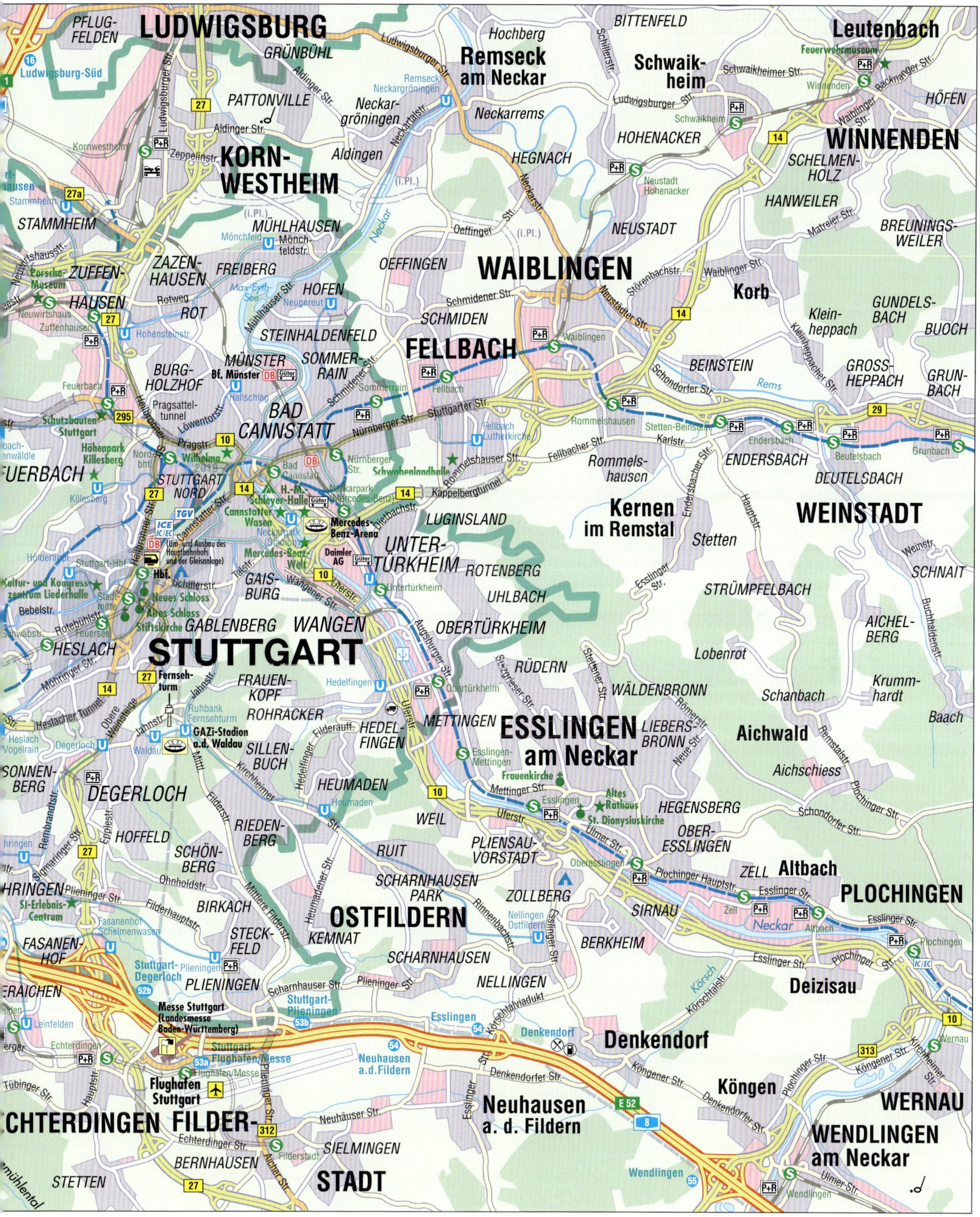

UNTERWEGS IN WIEN

Schönbrunn: die ehemalige kaiserliche Sommerresidenz

Obwohl man sagt, das Wiener Herz duldet keine Veränderungen, ist Österreichs 1,6-Millionen-Metropole jung, auf der Donauinsel mit ihren Stränden und Promenaden sogar hypersportiv, musikalisch freakig am Gürtel der Josefstadt oder hip am Bartresen im »Bermudadreieck« (1. Bez.). Die Jugend entdeckt nun auch die Beisln und Schanigärten, schlendert durch Spittelberg und über den »Zentral«(-Friedhof), ungeachtet der Touristen auf ihrer Suche nach den Gräbern von Beethoven, Schubert oder Johann Strauss. An Mozarts Ehrenmal trauert auf dem St.-Marxer-Friedhof ein Marmorengel, wie ein Unbekannter war das Genie in einem Massengrab beerdigt worden. Zum Shopping flaniert man im 1. Bezirk über Kärtner Straße, Graben oder Wollzeile, außerhalb des Rings über die Mariahilfer oder Favoriten Straße. Einen ersten Stadteindruck vermittelt eine Fahrt mit der Straßenbahn oder einer Pferdedroschke.

KULINARISCHES: Melange und Heuriger

»Pomali« – nur keine Eile, nicht im Kaffeehaus, nicht in den Nussdorfer, Grinzinger und sonstigen Buschenschenken am Rand des Wienerwaldes, wo zum jungen Heurigen deftige Stelzen (Grillhaxe), Fleischlaberln (Frikadellen) oder Liptauer (pikanter Frischkäse) passen. Das klassische Wiener Schnitzel als östereichisches Kulturgut gehört natürlich auch dazu. Gulasch hat seine Wurzeln in den ungarischen Kochtöpfen der k. u. k. Monarchie, während Beuschel (Lunge), Tafelspitz und Fledermaus (beides vom Rind) als wahre Wiener Kreationen munden. Die Kultur des Kaffees verdankt man den Türken, die der Kaffeehäuser und Torten dem Wiener Sinn für Genuss.

Kaffeehäuser: Demel, Kohlmarkt 14; **Sacher,** Philharmonikerstr. 4; **Bräunerhof,** Stallburggasse 2; **Hawelka,** Dorotheergasse 6; **Central,** Herrengasse 14; **Oberlaa Konditorei ,** Neuer Markt 16; **Dommayer,** Auhofstr. 2, Schönbrunn.

Wiener Küche gemütlich: Plachutta, Wollzeile 38; **Figls,** Grinzinger Str. 55; **Pfudl,** Bäckerstr. 22; **Zum Alten Heller,** Ungargasse 34; **Haslinger,** Agnesgasse 3, Sievering.

RAST AUF REISEN: Zentral oder im Grünen

Altstadt Vienna, Kirchengasse 41,
1070 Wien, Tel. 01/52 26 666.
Grinzinger Hof, Grinzinger Allee 86,
1190 Wien, Tel. 01/3 20 63 13.
Pension Museum, Museumstr. 3,
1070 Wien, Tel. 01/52 34 42 60.
Park Villa, Hasenauerstr. 12,
1190 Wien, Tel. 01/3 67 57 00.
Strandhotel Alte Donau, Wagramer Str. 51,
1220 Wien, Tel. 01/2 04 40 40.
Hilton Vienna Plaza, Schottenring 11,
1010 Wien, Tel. 01/31 39 00.
Austria Classic Hotel Wien, Praterstraße 72,
1020 Wien, Tel. 01/211300

Wien: *Nicht nur einmal bedrohten die Hunnen »Weniam« an der Donau, das 1278 Residenz der Habsburger Könige wurde. Weder Türken noch Schweden eroberten Wien, dafür forderte 1679 die Pest 75 000 Opfer. Bald darauf verwandelte der Barock die Residenzstadt des kunstbegierigen Hofs von Maria Theresia (ab 1740). Die letzte Ära der Donaumonarchie (1848–1916) verkörperte Kaiser Franz Josef I., in dessen Regierung der Bau der Ringstraße nach Abriss der Stadtmauer (1857) und die Blüte des Jugendstils fällt. Infolge des Anschlusses von Österreich an das Deutsche*

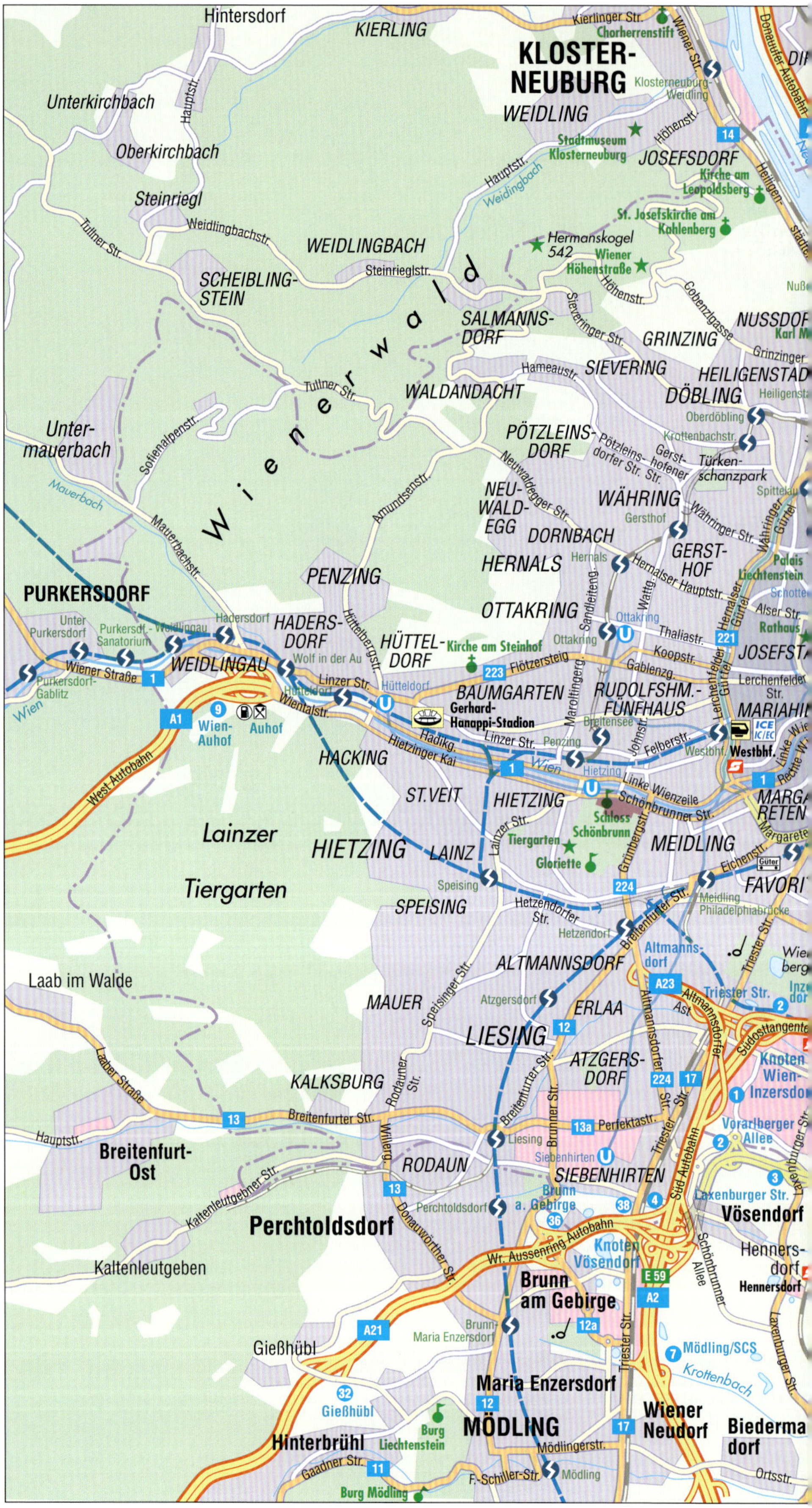

Reich wurde Wien im zweiten Weltkrieg bombardiert, erst 1955 Hauptstadt einer neutralen Republik, die sich seit den 1970er Jahren aufpeppt und nach dem Fall des »Eisernen Vorhangs« mehr denn je ihre schillernden Federn spreizt. ***Sehenswert:*** *Besonders der gotische Stephansdom (13.–16. Jh.) und gegenüber das postmoderne Haas Haus. Feudale Pracht in der Hofburg (13.–20. Jh.) mit Winterreitschule, Nationalbibliothek, Stallburg; außerdem: Kapuzinergruft (17. Jh., Habsburgergrablege), Kunsthistorisches Museum (europäische Malerei), Staatsoper, Albertina (weltgrößte grafische Sammlung), Gebäude der Sezession und Postsparkassenamt (beide Jugendstil), die barocke Karlskirche, Prater, Hundertwasserhaus sowie die Barock-Schlösser Belvedere und Schönbrunn (18. Jh.).*

(A 1 Abfahrt 9 W-Schönbrunn, 10 km)

UNTERWEGS IN WUPPERTAL

Wuppertal-Elberfeld: St. Suitbertus und St. Laurentius

Kulturelles und wirtschaftliches Zentrum des Bergischen Landes ist das im engen Tal der Wupper gelegene Wuppertal. Die von Bergen, Wiesenkuppen und weiten Wäldern umrahmte Stadt lohnt einen längeren Besuch – u. a. als Ausgangspunkt für Ausflüge in die »Klingenstadt« Solingen und nach Remscheid, Hauptsitz der deutschen Werkzeugindustrie. Einen ersten Überblick erhält man bei einer Fahrt mit der berühmten, denkmalgeschützten Schwebebahn, dem Wahrzeichen der Stadt. Seit 1901 verbindet sie die Stadtteile Elberfeld, Barmen und Vohwinkel miteinander. Wer Wuppertal mit seinen reich verzierten Stuckfassaden und schönen Fachwerkhäusern zu Fuß erkundet, muss etliche Treppen hochsteigen: 8723 Stufen auf öffentlichen Wegen, um die Höhenunterschiede zwischen 100 und 350 Meter zu überwinden. Im Südosten erstreckt sich die Wuppertalsperre, beliebtes Freizeit- und Erholungsgebiet, an dessen Rand der malerische Ort Hückeswagen liegt.

KULINARISCHES: Bergische Kaffeetafel

Unbedingt probieren sollte man die legendäre Bergische Kaffeetafel, **»Koffedrenken met allem Dröm on Dran«**. Ob in edlen Feinschmeckertempeln, einfachen Restaurants oder urigen Kneipen: angeboten wird die herzhafte Zusammenstellung aus Korinthenstuten (Hefezopf), Milchreisbrei, Bienenhonig, Schwarzbrot, Quark, Butter, Waffeln und Zucker überall im Bergischen Land. Auch der Kaffee darf nicht fehlen, der hier auch heute noch in der traditionellen **»Dröppelminna«**, einer Kaffeekanne aus Zinn, serviert wird.

Wuppertal: Wuppertaler Brauhaus, Kleine Flurstr. 5; **Dorrenberger Hof,** Baumeisterstraße 14; **Gelper Hof,** In der Gelpe 85.

Solingen: Café Restaurant »Zur schönen Aussicht«, Schloßpl. 9; **Friedrichsaue** (Landgasthof), Friedrichsaue 43; **Haus Sonneneck,** Pfaffenberger Weg 112.

Remscheid: Restaurant Schützenhaus, Schützenplatz 1; **Bremers No 1,** Holzer Str. 2.

RAST AUF REISEN: Hotels im Tal der Wupper

Hotel Park Villa Wuppertal, Erich-Hoepner-Ring 5, 42369 Wuppertal, Tel. 0202/2833540

Hotel Astor, Schlossbleiche 4–6, 42103 Wuppertal, Tel. 0202/450511.

Hotel Hanseatic, Friedrich-Ebert-Str. 116a, 42117 Wuppertal, Tel. 0202/310088.

Hotel Gräfrather Hof, Gerberstr. 2–4, 42653 Solingen, Tel. 0212/258000.

Hotel Hölscher, Friedrich-Ebert-Straße 71, 42719 Solingen, Tel. 0212/594850

Mercure Hotel Remscheid, Jägerwald 4, 42897 Remscheid, Tel. 02191/60710.

Ascot Hotel, Hastener Str. 100-102, 42855 Remscheid, Tel. 02191/8880

Wuppertal: *Die Stadt entstand 1929, als sich Barmen und Elberfeld mit anderen Gemeinden zusammenschlossen. Das benachbarte Solingen war im Mittelalter bereits bekannt für die Herstellung von Klingen – im Deutschen Klingenmuseum ist die größte Bestecksammlung Europas zu bewundern.* ***Sehenswert:*** *Das Wuppertaler Von der Heydt-Museum besitzt eine der bedeutendsten Gemälde- und Kunstsammlungen in Deutschland, mit Werken des französischen Impressionismus, des Kubismus und der deutschen Malerei des 19. und 20. Jhs. Beliebtes Ausflugsziel ist der Zoologi-*

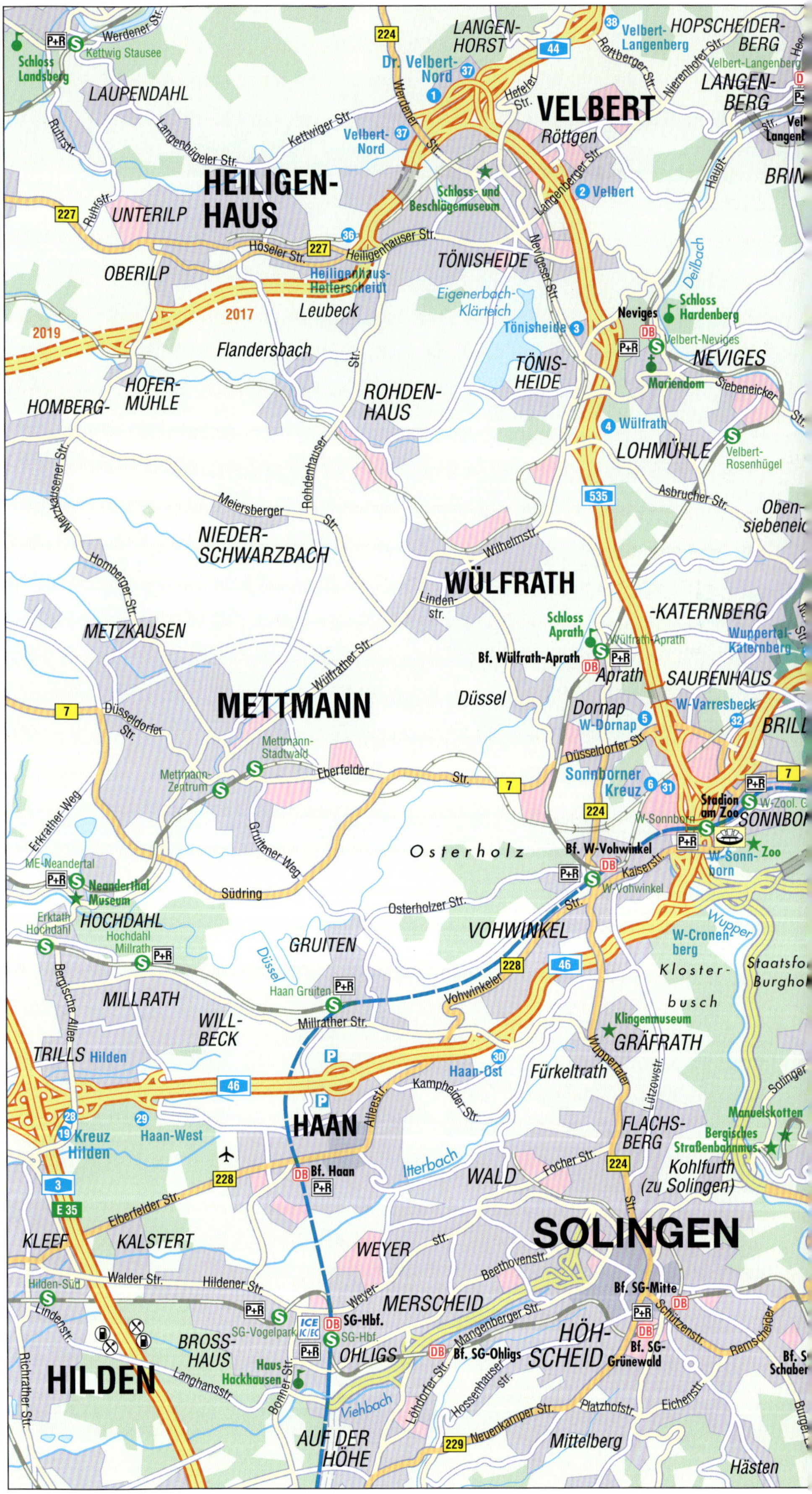

sche Garten. Seine großzügigen Freigehege machen ihn zu einem der landschaftlich reizvollsten Tierparks bundesweit. Das 8 km südöstlich von Solingen gelegene Schloss Burg an der Wupper, ehemaliger Stammsitz der Grafen von Berg, birgt seit seiner Restaurierung im 19. Jh. das Bergische Museum, das Ritterrüstungen, Waffen sowie Hausgerätschaften präsentiert. Auf dem Weg zum östlich gelegenen Remscheid lohnt sich ein Abstecher zur Müngstener Brücke, der mit 107 m höchsten Eisenbahnbrücke Deutschlands – 170 m weit spannt sich die 1897 erbaute Eisenkonstruktion über das tiefe Tal der Wupper. In Remscheid verwaltet das Deutsche Röntgen-Museum den Nachlass von Conrad Röntgen, dem berühmten Sohn der Stadt. ***(A46 Abfahrt 31 Sonnborner Kreuz nach Solingen, 10 km, über B229 nach Remscheid, 16 km)***

UNTERWEGS IN ZÜRICH

Züricher Münster

Die Stadt der Banker und bedeutender Industrie zu beiden Seiten der Limmat am Nordende des Zürichsees weiß zu leben, pflegt ihren Altstadtcharme zwischen Rathaus und teurer Bahnhofstraße, mondänen Schick am Paradeplatz, während östlich der Limmatquais die frechen Trends Furore machen – des Nachts in und um die Niederndorfstraße.

KULINARISCHES: Eglifilet

Die sahnige Züricher Komposition feiner Kalbfleischstreifen mit Champignons entzückt Feinschmeckergaumen bereits weltweit, eher bodenständig blieb dagegen der Ratsherrentopf aus verschiedenen Gemüse- und Fleischsorten. Kartoffelgratin und Rösti runden die Genüsse ab. Seefrisch liegen die zarten Eglifilets auf den Tellern am Limmat- und Seeufer, auch Hecht oder Äsche, begleitet von lokalen Weinen der Lagen Stäfa und Meilen. Und wann immer man gerne mit netten Leuten zusammen ist, geht man »is Kafi«, etwa in die Konditorei Sprüngli am Paradeplatz.

Restaurants: Kaiser's Reblaube, Glockengasse 7; **Zum Kropf,** In Gassen 16; **Kronenhalle,** Rämistr. 4; **Blaue Ente,** Seefeldstr. 223; **Bürgli,** Kilchbergstr. 15 **Volkshaus,** Stauffacherstr. 60; **Mesa,** Weinbergstrasse 75.

RAST AUF REISEN: Stilvoll

Rössli, Rössligasse 7, 8001 Zürich, Tel. 044/2567050.
Hotel Florhof, Florhofgasse 4, 8001 Zürich, Tel. 044/2502626.
Seehof, Seehofstr. 11, 8008 Zürich, Tel. 044/2545757.
RAMADA, Badenerstr. 537, 8048 Zürich, Tel. 044/4379900
Sheraton, Pfingstweidstr. 100, 8005 Zürich, Tel. 044/2854000
Seehotel Sonne, Seestr. 120, 8700 Küsnacht, Tel. 044/9141818.

__Zürich:__ 1218 reichsfreie Stadt, wird Zürich im 14. Jh. Vorbild für die Macht der Zünfte gegenüber dem Adel, bald darauf das Zentrum der Zwinglischen Reformation. Der Aufstieg zum Wirtschafts- und Bankenzentrum der Schweiz beginnt Ende des 18. Jhs. __Sehenswert:__ Die winkelige Altstadt östlich der Limmat mit Neumarkt, gotischem Großmünster (12. Jh.; Turmhelme 18. Jh.) und Kunsthaus; westlich des Flusses neben dem prächtigen Hauptbahnhof das Schweizerische Landesmuseum, die idyllische Schipfe (Gasse) unterhalb des Aussichtspunktes Lindenhof, St. Peter und das Fraumünster (13. Jh.); Corbusier-Pavillon und Chinagarten am Zürichhorn. __(A1 Verzweigung Limmat, 10 km)__

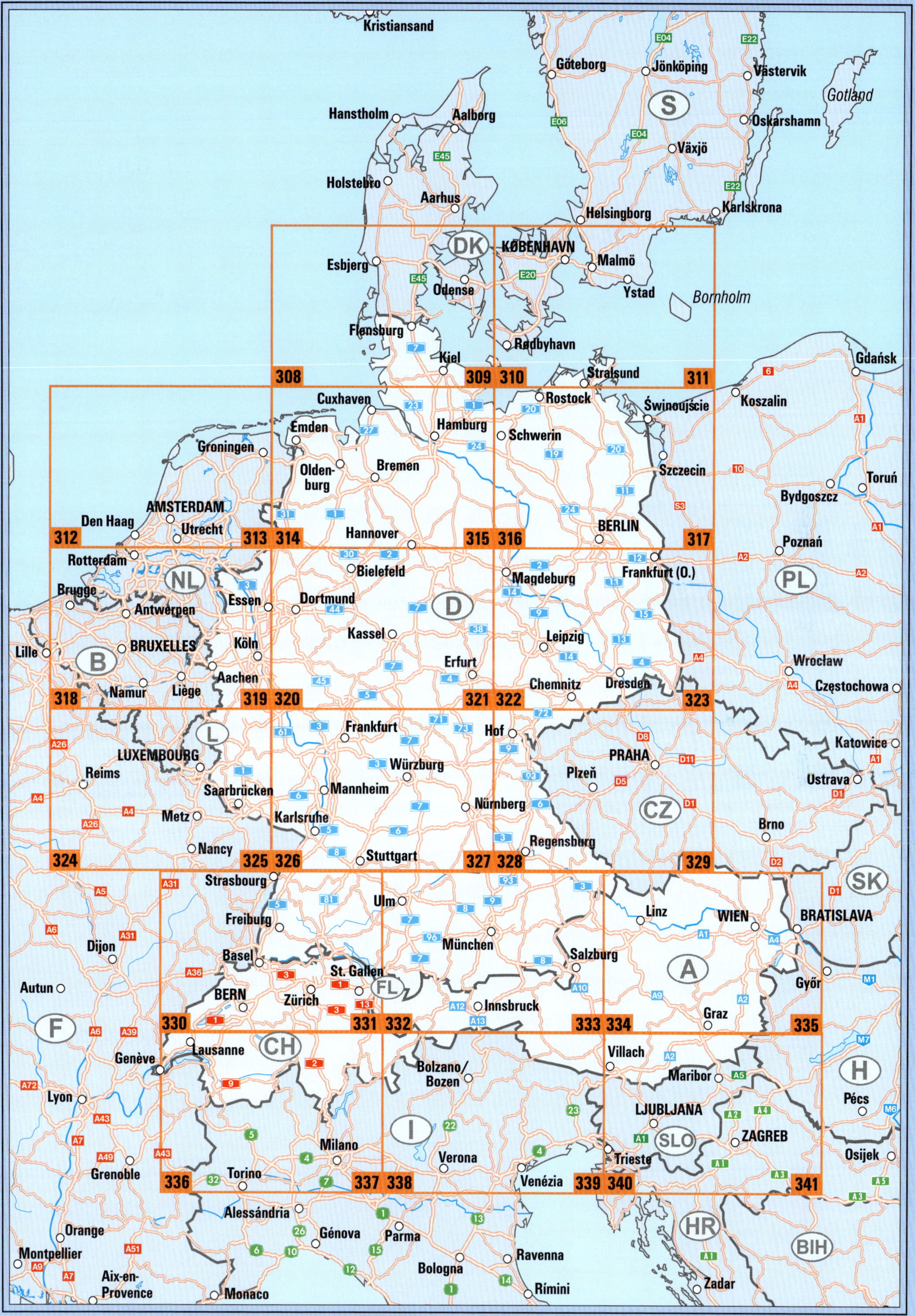
Kristiansand
Göteborg
Jönköping
Västervik
Gotland
S
Hanstholm
Aalborg
Oskarshamn
Växjö
Holstebro
Aarhus
Helsingborg
Karlskrona
DK
KØBENHAVN
Malmö
Esbjerg
Odense
Ystad
Bornholm
Flensburg
Rødbyhavn
Kiel
Stralsund
Gdańsk
308
309
310
311
Cuxhaven
Rostock
Koszalin
Świnoujście
Hamburg
Emden
Schwerin
Groningen
Oldenburg
Bremen
Szczecin
Toruń
Bydgoszcz
Den Haag
AMSTERDAM
Utrecht
BERLIN
312
313
314
Hannover
315
316
317
Poznań
Rotterdam
NL
Bielefeld
Magdeburg
Frankfurt (O.)
PL
Brugge
Essen
Dortmund
D
Antwerpen
Kassel
Leipzig
Lille
BRUXELLES
Köln
B
Erfurt
Wrocław
Aachen
Namur
Liège
Chemnitz
Dresden
Częstochowa
318
319
320
321
322
323
L
Frankfurt
Hof
Katowice
LUXEMBOURG
Würzburg
PRAHA
Reims
Plzeň
Ostrava
Saarbrücken
Mannheim
Nürnberg
CZ
Metz
Karlsruhe
Brno
Nancy
Regensburg
Stuttgart
324
325
326
327
328
329
SK
Strasbourg
Ulm
Linz
WIEN
BRATISLAVA
Freiburg
Dijon
München
Salzburg
A
Basel
Autun
St. Gallen
FL
Győr
BERN
Zürich
Innsbruck
Graz
F
330
331
332
333
334
335
Lausanne
CH
Villach
Genève
Bolzano/Bozen
Maribor
H
Lyon
Pécs
LJUBLJANA
I
SLO
ZAGREB
Milano
Trieste
Osijek
Grenoble
Torino
Verona
Venézia
336
337
338
339
340
341
Alessándria
Orange
Génova
Parma
HR
BIH
Montpellier
Ravenna
Bologna
Aix-en-Provence
Monaco
Rímini
Zadar

Skjern
Holstebro 5

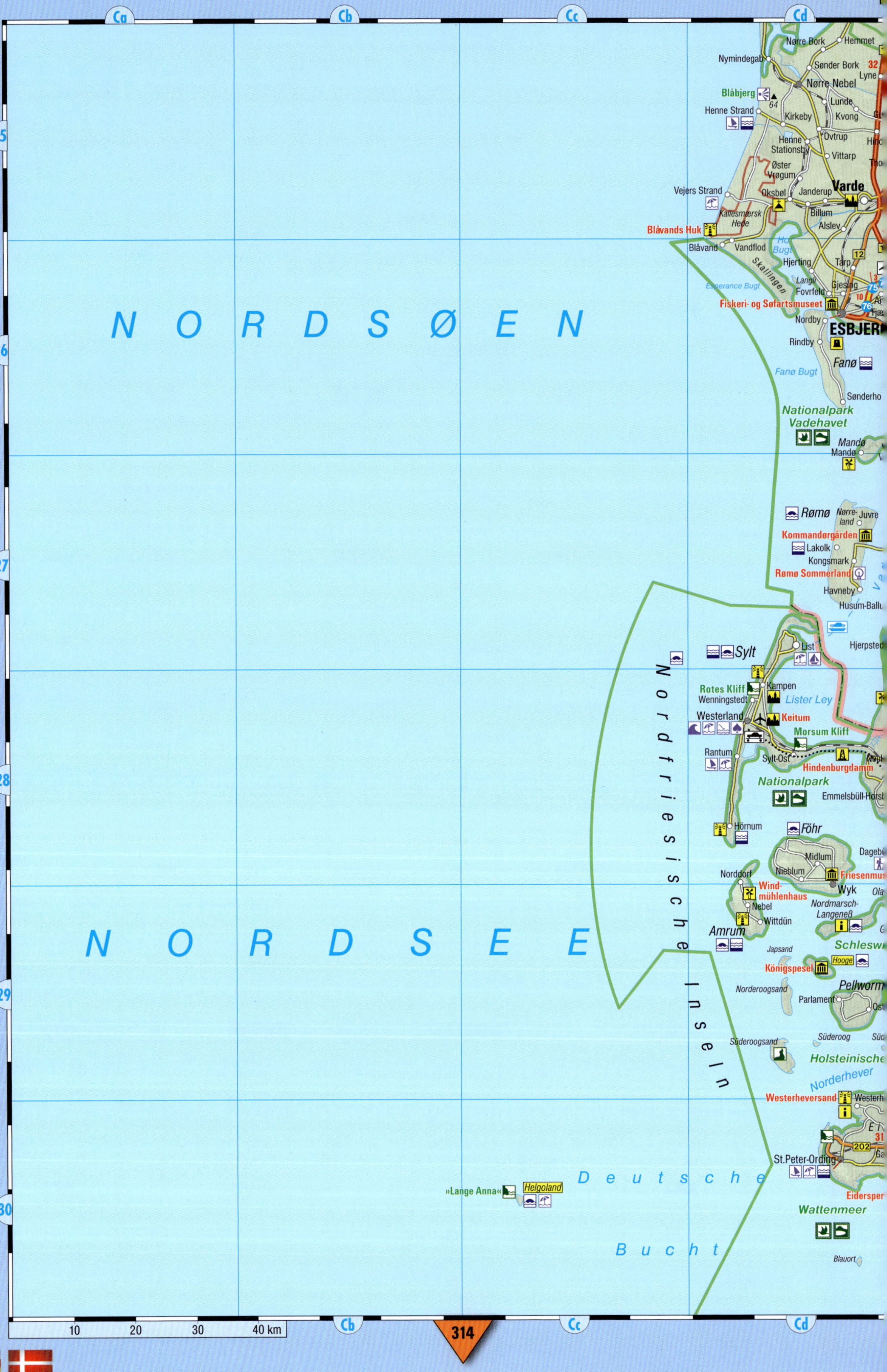

Herning 29 km
Viborg 79 km
12

Herning 30 km
Holstebro 62 km
18

Viborg 63 km
Aalborg 136 km
13

Silkeborg 30 km
Viborg 67 km
52

Aarhus 38 km
Aalborg 101 km
E45

Aarhus

Göteborg (S)

310

E20
Ringsted 52 km
København 108 km

9
Nykøbing F
47 km

Klaipeda (LT)

Puttgarden 16 km
E47 207

Kalundborg

5
Brunsbüttel 31 km

23
Itzehoe 17 km
Hamburg 73 km

77
Itzehoe 30 km
Hamburg 86 km

E45
7
Hamburg 70 km

315

404
Bad Segeberg 26 km
Bad Oldesloe 54 km

76 430
Plön 1 km
Neumünster 35 km
Lübeck 51 km

E47 1
Lübeck 44 km
Hamburg 106 km

Ebeltoft, Aarhus
Göteborg 227 km
Klippan 20
Helsingborg 56
Ljungby 121 km
Jönköping 235 km
HELSINGØR
HELSINGBORG
Gilleleje
Hornbæk
Kronborg
Kulla-Gunnarstorp
Hundested
Frederiksværk
Hillerød
Frederikssund
Isefjord
Sejerø Bugt
Sejerø
Kalundborg
Aarhus
Kolby Kås
Holbæk
Roskilde
Stenløse
Kgs. Lyngby
Ballerup
Glostrup
KØBENHAVN
LANDSKRONA
LUND
Lomma
MALMÖ
Staffans
Amager
Saltholm
Køge
Køge Bugt
Ringsted
Slagelse
Sorø
SJÆLLAND
Korsør
Odense 40 km
Kolding 114 km
Skælskør
Næstved
Stevns Klint
Rødvig
Fakse
Fakse Bugt
Smålandsfarvandet
Karrebæksminde Bugt
Præstø
Vordingborg
Stege
Møn
Liselund
Møns Klint
Femø
Fejø
Askø
Nakskov
Tårs 2 km
Langeland/ Fyn
Maribo
Sakskøbing
Nykøbing F
Falster
Lolland
Rødbyhavn
Gedser
Rødsand
Femern Bælt
Fehmarn Belt
Fehmarn
Burg auf Fehmarn
Puttgarden
Fehmarnsundbrücke
Kiel (D)
Oldenburg i.H. 16 km
Lübeck 72 km
Kiel 72 km
Mecklenburger Bucht
DANMARK
DEUTSCHLAND
Trelleborg
Svedala
Höllviken
Ljunghusen
Falsterbo
Skanör
Naturreservat
Fotevikens Museum
Nationalpark Vorpommersche Boddenlandschaft
Hiddensee
Zingst
Darß
Barth
STRALSUND
Ribnitz
Damgarten
Graal-Müritz
Rostock (D)
Rostock 25 km
Travemünde (D)
Greifswald 21 km
Anklam 57 km
10 20 30 40 km

Växjö 147 km
Hässleholm 12 km
23
Hässleholm 30 km
Helsingborg 105 km
21
Karlshamn 53 km
Karlskrona 105 km
E22
Karlshamn
Karlskrona
Fa
Fb
Fc
Fd
25
26
27
28
29
30
Klaipeda (LT)
Tallinn (EST)
Hanko (FIN)
Helsinki (FIN)
Liepaja (LV)
Klaipeda (LT)
Södertälje (S)
KRISTIANSTAD
Hammarslund
Vanneberga
Landön
Rinkaby
Trolle-Ljungby
Tjörnarp
Rickarum
Häglinge
Djurröd
Ovesholm
Nöbbelöv
Åsum
Höör
Linderöd
Tollarp
Gärds Köpinge
Södra Rörum
Lyngsjö
Everöd
Åhus
Maltesholm
Ö.Sönnarslöv
Vittskövle
Yngsjö
Ludvigsborg
Sätofta
Svensköp
Bosjökloster
Hörby
Huaröd
Degeberga
Gudmuntorp
Rolsberga
Önneköp
Olseröd
Hanöbukten
Hurva
Löberöd
Hörröd
Maglehem
Askeröd
Östraby
Naturres.
Revingeby
Harlösa
Bjersjölagård
Aluhbruk
Andrarum
Brösarp
Ravlunda
Vitemölla
Övedskloster
Vollsjö
Eljaröd
Vitaby
Kiviks marknad
Kivik
Stenshuvuds nationalpark
Veberöd
Sjöbo
Lövestad
Fågeltofta
Rörum
Idala
Genarp
Sövdeborg
Äsperöd
Skåne-Tranås
Sankt Olof
Vik
Baskemölla
Blentarp
Hackeberga
Onslunda
Vitemölle
Tryde
Smedstorp
Gärsnäs
Simrishamn
Tomelilla
Tommarp
Järrestad
Brantevik
Svaneholm
Sövestad
Örup
Hammenhög
Glimmingehus
Skurup
Rydsgård
St. Herrestad
Bjäresjö
Bollerup
Tosterup
Skillinge
Marsvinsholm
Köpingebro
Borrby
Östra Hoby
Skivarp
Löderup
Nybro-strand
Valleberga
Borrby strandbad
Svarte
Ystad
Dybäck
Abbekås
Backåkra
Mälarhusen
Ales stenar
Naturres.
Kåseberga
Löderups strandbad
Beddingestrand
Hällevik
Nogersund
Hanö
SVERIGE
DANMARK
Hammeren
Sandvig
Allinge
Ertholmene
Christiansø
Hammershus
Tejn
Helligdomsklipperne
Olsker
Gudhjem
St. Olskirke
Rø
Melsted
Hasle
Klemensker
Østerlars
Nyker
Årsballe
Østermarie
Svaneke
Rønne
Vestermarie
Almindingen
Joboland
Nylars
Bodilsker
Nexø
Arnager
Aakirkeby
Pedersker
Balka
Snogebæk
Bornholm (DK)
Dueodde
B A L T I C   S E A
Kap Arkona
Vitt
Schaabe
Nationalpark Jasmund
Nardevitz
Alte Buchenwälder
Stubbenkammer
Sagard
Sassnitz
Fährhafen Sassnitz
Prorer Wiek
Prora
Rugard
Binz
Bergen
Jagdschloss Granitz
Sellin
Biosphärenreservat Südost-Rügen
"Rasender Roland"
Hünengräber
Göhren
Vilm
Mönchguter Museen
Mönchgut
Rügischer Bodden
Thiessow
Greifswalder Oie
317
Świnoujście (PL)

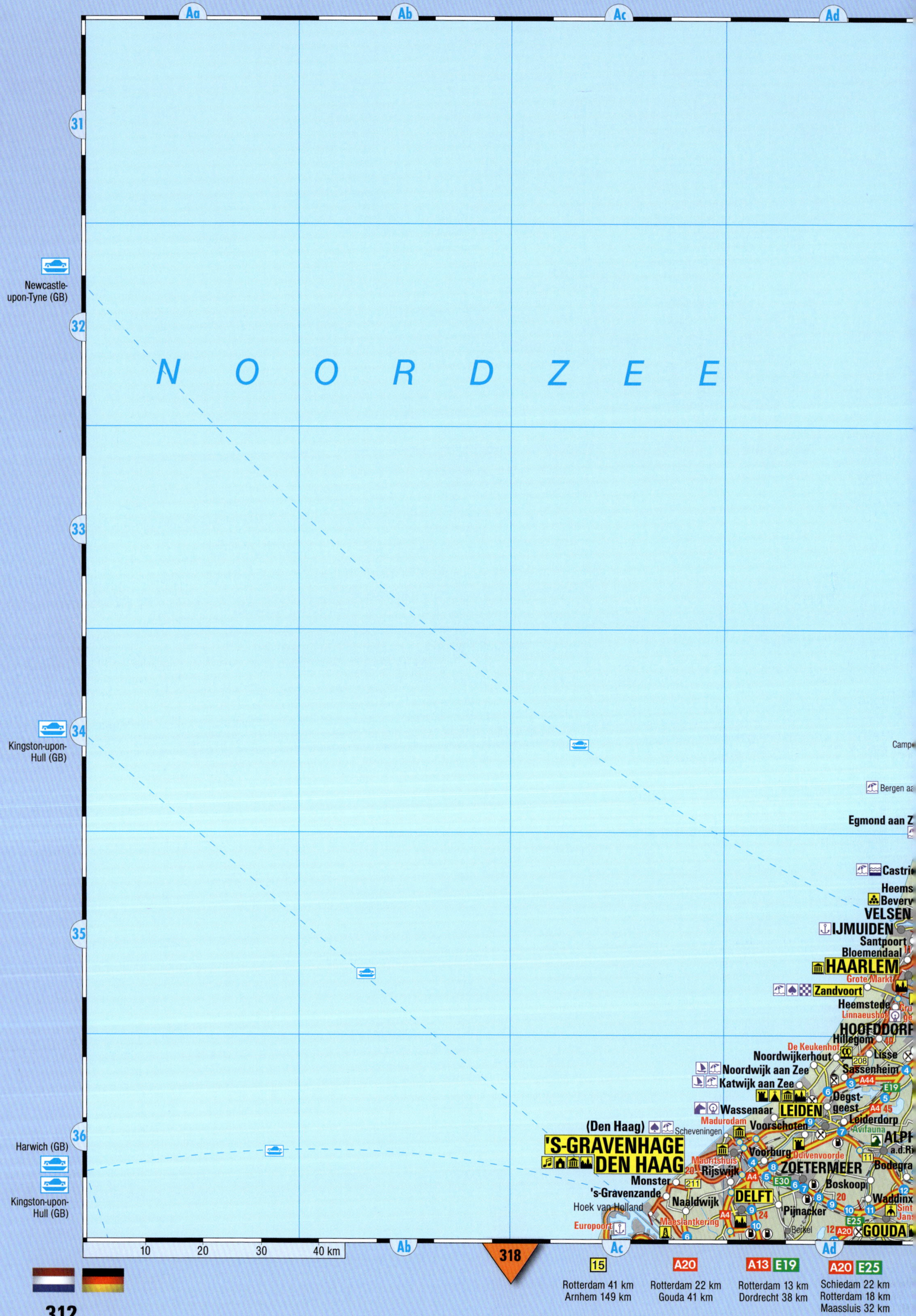

Aa
Ab
Ac
Ad
31
32
33
34
35
36
Newcastle-upon-Tyne (GB)
Kingston-upon-Hull (GB)
Harwich (GB)
Kingston-upon-Hull (GB)
N O O R D Z E E
Bergen aa
Egmond aan Z
Castri
Heems
Beverw
VELSEN
IJMUIDEN
Santpoort
Bloemendaal
HAARLEM
Grote Markt
Zandvoort
Heemstede
Linnaeushof
HOOFDDORP
Hillegom
De Keukenhof
Noordwijkerhout
Lisse
Sassenheim
Noordwijk aan Zee
Katwijk aan Zee
Oegst-geest
Wassenaar
LEIDEN
Leiderdorp
Avifauna
ALPH a.d.Ri
Madurodam
Voorschoten
(Den Haag)
Scheveningen
'S-GRAVENHAGE DEN HAAG
Mauritshuis
Voorburg
Duivenvoorde
Rijswijk
ZOETERMEER
Bodegra
Monster
's-Gravenzande
Naaldwijk
DELFT
Boskoop
Waddinx
Hoek van Holland
Pijnacker
Maeslantkering
Europoort
Berkel
GOUDA
10 20 30 40 km
318
15
Rotterdam 41 km
Arnhem 149 km
A20
Rotterdam 22 km
Gouda 41 km
A13 E19
Rotterdam 13 km
Dordrecht 38 km
A20 E25
Schiedam 22 km
Rotterdam 18 km
Maassluis 32 km

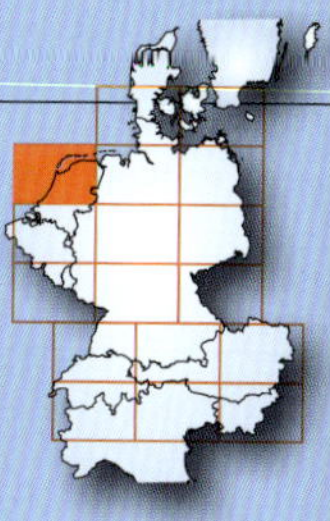

Delfzijl 22 km
46

Delfzijl 13 km
360

A7 E22
Hoogezand-Sappemeer 1 km
Leer (D) 62 km
Oldenburg (D) 120 km

314

33
Delfzijl 54 km

34
Emmen 19 km

Emmen 3 km
Meppen (D) 36 km
381

34 Emmen 6 km

A37
Emmen 10 km
Meppen (D) 37 km

403
Nordhorn 16 km
Gronau 54 km

Denekamp 9 km
Nordhorn (D) 17 km
349

A1 E30
Rheine (D) 40 km
Osnabrück (D) 84 km

Gronau (D) 8 km

A2 E25
's-Hertogenbosch 45 km
Eindhoven 80 km
Maastricht 163 km

A27
Gorinchem 28 km
Breda 62 km
Antwerpen (B) 109 km

A12 E35
Ede 23 km
Arnhem 38 km
Wesel (D) 109 km

A30
Ede 6 km

319

A50
Arnhem 18 km
Nijmegen 37 km
Wesel (D) 97 km

345
Arnhem 21 km
Nijmegen 40 km

319
Winterswijk 45 km
Coesfeld (D) 82 km

18
Haaksbergen 1 km
Doetinchem 46 km

Groningen 21 km
Assen 48 km
46

360
Groningen 15 km
Assen 42 km

E22 A7
Groningen 15 km
Drachten 47 km
Amsterdam 210 km

33
Assen 20 km
Hoogeveen 46 km

34
Assen 28 km
Groningen 40 km

Coevorden 10 km
Zwolle 60 km
34

E233 A37
Hoogeveen 25 km
Meppel 45 km

Coevorden (NL) 23 km
403

342
Hengelo 10 km
Apeldoorn 71 km
E30 A1

Enschede 4 km

31
Steinfurt 8 km
Münster 36 km
Ahaus 17 km
Kr. Bottrop 84 km

54 70
Ahaus 25 km
Borken 56 km

475
Warendorf 55 km

1 E37
Münster 40 km
Kamener Kreuz 81 km

30 E30
Herford 48 km
Bad Oeynhausen 56 km

239
Herford 14 km
Detmold 44 km

61
Herford 30 km
Bielefeld 48 km

Heide 10 km
Husum 49 km
Tønder (DK) 111 km
5

Heide 16 km
Husum 55 km
23

Rendsburg 23 km
Schleswig 49 km
77

Kiel 28 km
Rendsburg 34 km
Flensburg 83 km
E45
7
309

Kiel 24 km
Eckernförde 51 km
Schleswig 73 km
21

Kiel 29 km
Eckernförde 58 km
Schleswig 80 km
76

Oldenburg i.H. 12 km
Puttgarden 47 km
1 E47

31
Wismar 18 km
Rostock 70 km
105

20 E22
Wismar 25 km
Rostock 78 km
208

32
Wismar 24 km
Rostock 78 km

104
Schwerin 13 km
Güstrow 75 km

Dr.Wittstock/Dosse 91 km
Dr.Oranienburg 169 km
24 E26

33
Ludwigslust 15 km
Kyritz 93 km
Berlin 190 km
5

316

Wittenberge 42 km
Stendal 89 km
195

34
191
Ludwigslust 29 km
Parchim 59 km

493
Wittenberge 38 km

35
190
Seehausen/A. 31 km
Wittenberge 43 km

71
Gardelegen 12 km
Magdeburg 71 km

36
188
Gardelegen 5 km
Stendal 41 km

2 E30
Herford 65 km
Hamm 152 km

3
Northeim 81 km
Göttingen 103 km

7 E45
Hildesheim 24 km
Göttingen 109 km

321

2 E30
Braunschweig 25 km
Magdeburg 106 km

4
Braunschweig 18 km

39
Kr. Wolfsburg/Königslutter 7 km
Braunschweig 28 km

244
Helmstedt 19 km
Wernigerode 72 km

Gedser (DK), Tallinn (EST)
Helsinki (FIN), Trelleborg (S)

Ribnitz-Damgarten 8 km
Stralsund 53 km
105

310

Stralsund 12 km
Bergen 40 km
194

Stralsund 10 km
Sassnitz 60 km
96 E251

Lübeck 36 km
105

E22 20
Schönberg 16 km
Lübeck 36 km

208
Gadebusch 7 km
Ratzeburg 32 km

104
Lübeck 60 km
Gadebusch 7 km

Hamburg 86 km
E26 24

Boizenburg 33 km
Hamburg 96 km
5

315

Boizenburg 50 km
Zarrentin 74 km
195

191
Dannenberg 11 km
Uelzen 52 km

Lüchow 10 km
Uelzen 52 km
493

Salzwedel 8 km
Uelzen 49 km
190

71
Salzwedel 18 km
Uelzen 59 km

188
Wolfsburg 43 km
Hannover 130 km

1 107
Magdeburg 55 km
Coswig 75 km

322

102
Belzig 24 km
Jüterbog 67 km

10 E55
Dr.Werder 12 km
Magdeburg 109 km
Schkeuditzer Kreuz 140 km

273 2
Potsdam 3 km
Lutherstadt Wittenberg 72 km

1
Potsdam 10 km

115
Dr.Nuthetal 16 km

101
Luckenwalde 44
Jüterbog 58
Meißen 168

71
Magdeburg 35 km
Bernburg 79 km

189 Magdeburg 30 km

Malmö (S), Ystad (S)
København (DK), Rønne (DK)
311

6 E28
Koszalin 45 km
Słupsk 117 km
Gdańsk 251 km

152
Świdwin 9 km
Połczyn-Zdrój 33 km

151
Świdwin 13 km
Połczyn-Zdrój 37 km

20
Drawsko Pomorskie
12 km
Szczecinek 81 km

10
Piła 94 km
Bydgoszcz 180 km
Toruń 226 km

Wałcz 70 km
Tczew 268 km
22

24
Międzychód 22 km
Poznań 94 km

13
rlin-Brandenburg 4 km
ssen 30 km

10 E55
Kr.Schönefeld 26 km
Frankfurt (Oder) 70 km

5
Frankfurt (Oder) 20 km
Guben 75 km
Poznań 204 km

167 112
Frankfurt (Oder) 10 km
Guben 65 km

323

31
Słubice 14 km
Krosno
Odrzańskie 56 km

137
Słubice 22 km
Frankfurt
(Oder) 24 km

3 E65
Zielona Góra 65 km
Legnica 163 km

Hull (GB)

Europoort 3 km 15

Naaldwijk 5 km E25 A20

's-Gravenhage 15 km
Amsterdam 60 km A13 E19

Gouda 8 km
Utrecht 44 km A20 E25

312

Dover (GB)

34 De Panne 33 km
Dunkerque (F) 53 km

E40 A18 Veurne 28 km
Dunkerque (F) 49 km

35 Diksmuide 4 km
Veurne 23 km

A19 Ieper 12 km
Veurne 39 km

58 Armentières 20 km

Dunkerque 17 km
E42 A25

E17 A1 Lens 23 km
Senlis 156 km

Douai 15 km
Lens 35 km
643

Arras 32 km
Lens 50 km
939

E19 A2 Amiens 45 km
Paris 173 km

324

N2 Laon 72 km
Soissons 107 km

643 934 Hirson 34 km
Charleville-Mézières 86 km

5 E420 Charleville-Mézières (F) 56 km

96 Givet (F) 4 km
Charleville-Mézières (F) 74 km

A4 E411 Neufchâteau 62 km
Luxembourg 121 km

Utrecht 10 km
Amsterdam 42 km
A2 E25

Utrecht 8 km
Hilversum 19 km
Amsterdam 50 km
A27

Utrecht 28 km
's-Gravenhage 80 km
A12 E35

Barneveld 13 km
A30

313

Apeldoorn 13 km
Zwolle 51 km
Heerenveen 116 km
A50

Zutphen 4 km
Deventer 18 km
Apeldoorn 26 km
348 314 319

Enschede 12 km
Gronau (D) 21 km
18

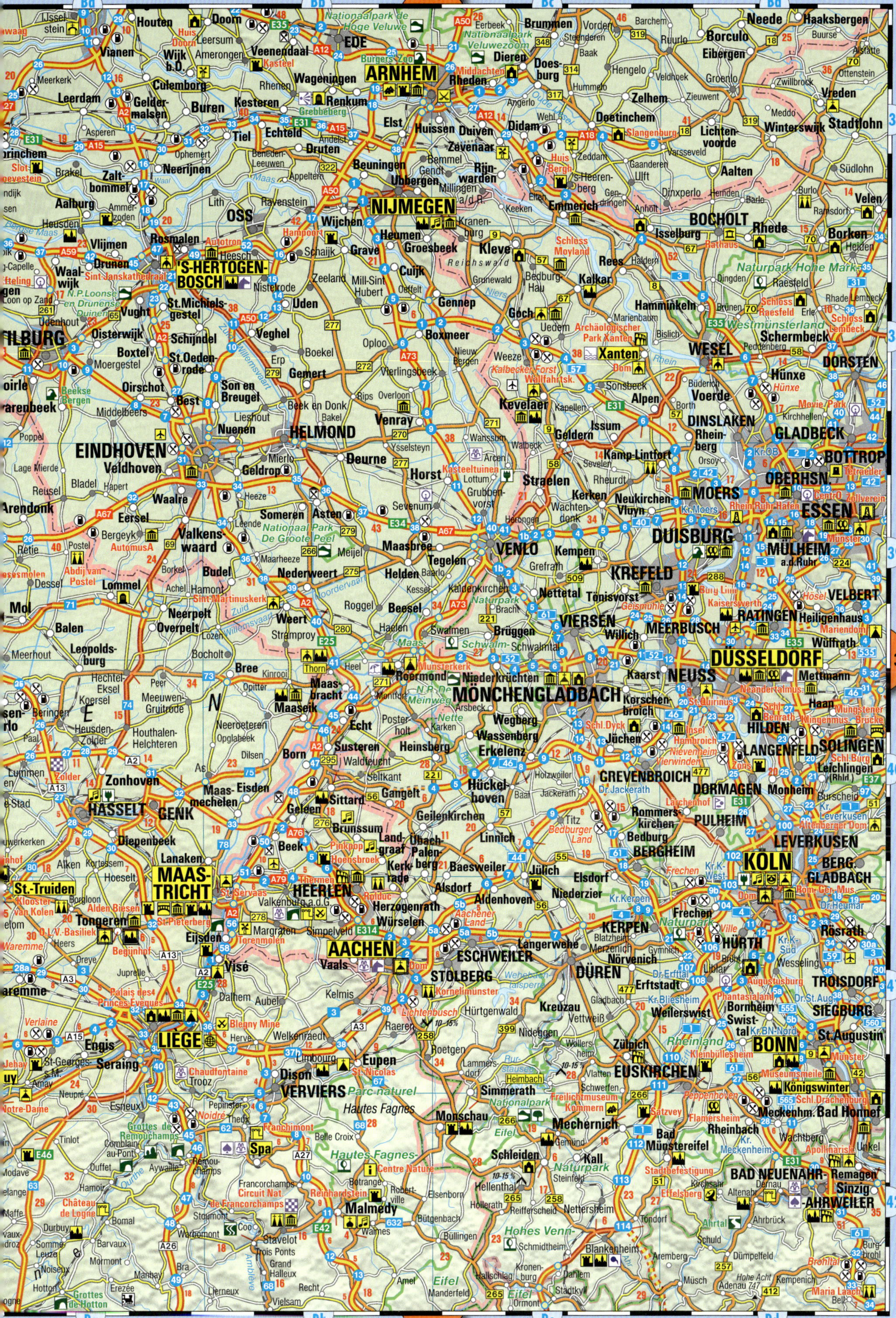

Coesfeld 14 km
525

31
Ahaus 30 km
Gronau 47 km

67
Dülmen 20 km

Haltern 13 km
Ahlen 66 km
58

Kr. Marl-Nord 10 km
Münster 59 km
52

Kr. Recklinghsn. 9 km
Dortmund 48 km
2 E34

42
Herne 12 km
Dortmund 37 km

40
Bochum 12 km
Dortmund 29 km

Wuppertal 1 km
46

320

7
Wuppertal 1 km
Hattingen 30 km

1 E37
Hagen 44 km
Kamener Kreuz 76 km
Münster 121 km

506
Wipperfürth 26 km
Lüdenscheid 62 km

4
Gummersbach 35 km
Kr. Olpe-Süd 47 km

3 E35
Limburg 88 km
Wiesbadener Kreuz 136 km

Neuwied 30 km
Koblenz 45 km
42

9
Andernach 15 km
Koblenz 33 km

Koblenz 25 km
Bingen 84 km
61 E31

63 E46
Bastogne 42 km
...on 82 km
...xembourg 107 km

A26 E25
Bastogne 34 km
Luxembourg 101 km

A27 E42
St. Vith 2 km
Prüm (D) 27 km
Bitburg (D) 54 km

325

265
Prüm 15 km
Bitburg 46 km

51
Prüm 19 km
Bitburg 48 km

257
Cochem 44 km

Gronau 8 km
Nordhorn 32 km
31

Gronau 12 km
Enschede (NL) 26 km
54

Rheine 8 km
481

Ibbenbüren 10 km
Bramsche 42 km
219

Osnabrück 20 km
Bremen 145 km
1 E37

314

Osnabrück 8 km
Rheine 54 km
Hengelo (NL) 95 km
30 E30

Lübbecke 7 km
Diepholz 55 km
239

Sulingen 60 km
61

Südlohn 14 km
Winterswijk (NL) 25 km
525

31
Dorsten 30 km
Kr. Bottrop 38 km

Wesel 33 km
Geldern 62 km
58

Gelsenkirchen 15 km
52

Oberhausen 18 km
Kr. Kamp-Lintfort 37 km
E34 2

42
Oberhausen 20 km

40
Essen 5 km
Duisburg 28 km
Venlo (NL) 66 km

319

46
Kr. Düsseldorf-Süd 22 km
Mönchengladbach 75 km

E37 1
Leverkusen 17 km
Köln 35 km

E40 4
Köln 27 km
Aachen 88 km

E35 3
Köln 29 km
Düsseldorf 68 km

Bad Honnef 12 km
Kr. Bonn-Ost 22 km
42

9
Remagen 11 km
Bonn 33 km

Kr. Meckenheim 34 km
Kr. Kerpen 79 km
E31 61

326

10 20 30 40 km

E31 61
Koblenz 22 km
Alzey 108 km

48 E44
Koblenz 9 km
Trier 139 km

E35 3
Limburg 11 km
Frankfurt a. M. 74 km
Würzburg 196 km

54
Limburg 7 km
Wiesbaden 68 km

E451 5
Bad Nauheim 16 km
Frankfurt a.M. 47 km

45
E41
Hanau 55 km
Aschaffenburg 85 km

457
Hungen 2 km
Büdingen 37 km

276
Wächtersbach 51 km
Lohr a.M. 94 km

Friedberg 55
Wiesbaden 128

hagen 1 km / over 43 km — 65
Hannover 37 km / Dr.Hannover-Nord 43 km — 2 E30
Hannover 6 km / Celle 44 km — 3
Kr. Hannover-Ost 8 km / Hamburg 158 km — 7 E45
Hannover 40 km / Bad Oeynhausen 109 km — 2 E30
315
Gifhorn 17 km / Uelzen 73 km — 4
Wolfsburg 11 km — 39
Wolfsburg 17 km / Gifhorn 40 km — 244

Magdeburg 28 km / Brandenburg 110 km — 37 — 1
2 E30 — Magdeburg 27 km / Dr.Werder 107 km
246a — Schönebeck 38 km / Burg 77 km
38 — 81 — Magdeburg 36 km / Stendal 102 km
Aschersleben 6 km / Halle (S.) 59 km — 6
185 — Aschersleben 7 km / Dessau 69 km
39 — Mansfeld 12 km / Lutherstadt Eisleben 25 km — 242
Mansfeld 16 km / Aschersleben 37 km — 86
322
38 — Lutherstadt Eisleben 26 km
40
176 — Naumburg 36 km / Weißenfels 176 km
41 — Jena 15 km / Gera 57 km / Altenburg 90 km — 7
4 E40 — Jena 20 km / Gera 49 km
Jena 32 km / Naumburg 66 km — 88
42
Neustadt 23 km / Gera 60 km — 281

27 — Bad Brückenau 30 km / Würzburg 104 km
7 E45 — Würzburg 114 km / Kr.Ulm/Elchingen 276 km
278 — Bad Neustadt 37 km
285 — Mellrichstadt 18 km
327
71 — Mellrichstadt 27 km / Bad Neustadt (S.) 39 km / Schweinfurt 72 km
73 — Schleusingen 7 km / Eisfeld 20 km / Coburg 41 km
281 — Eisfeld 38 km
85 — Kronach 56 km / Kulmbach 75 km

Gardelegen 20 km
Salzwedel 62 km
71

Stendal 23 km
Wittenberge 69 km
189

Brandenburg 26 km
Berlin 99 km
1 107

Brandenburg 2 km
Rathenow 34 km
102

Dr. Havelland 34 km
Rostock 220 km
10

Berlin 30 km
2

Berlin 20 km
115

Helmstedt 24 km
Braunschweig 60 km
1

E30 2

Helmstedt 21 km
Braunschweig 58 km

246a

Helmstedt 35 km

Halberstadt 23 km
Blankenburg 39 km
81

Quedlinburg 15 km
Wernigerode 43 km
6

185
Harzgerode 22 km

Harzgerode 18 km
Braunlage 63 km
242

Sangerhausen 7 km
Straußfurt 56 km
86

38

Sangerhausen 7 km
Nordhausen 41 km

Sömmerda 21 km
Bad Langensalza 57 km
176

Bad Berka 17 km
Ilmenau 56 km
87

Weimar 8 km
Erfurt 28 km
7

E40 4
Weimar 17 km
Erfurt 33 km
Eisenach 86 km

Rudolstadt 8 km
Ilmenau 48 km
88

281
Saalfeld 7 km
Eisfeld 55 km

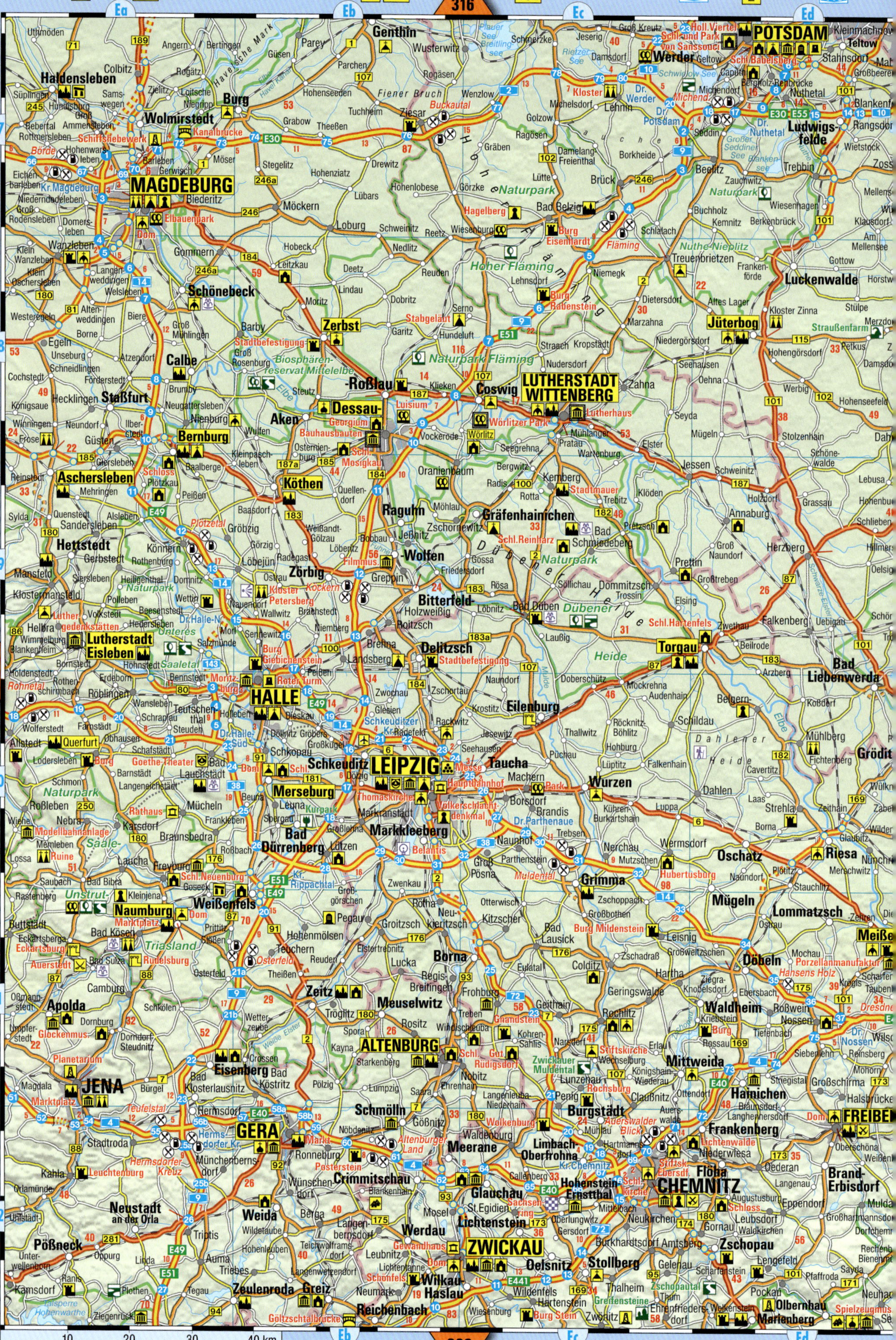

10 20 30 40 km

E49 E51 9
Hof 42 km
Bayreuth 86 km

2
Schleiz 1 km
Hof 44 km

94
Schleiz 3 km

92
Plauen 21 km
Cheb (CZ) 78 km

72 E441
Plauen 26 km
Hof 57 km

93
Schneeberg 6 km
Aue 12 km

95
Annaberg-Buchholz 7 km
Oberwiesenthal 31 km km

101
Annaberg-Buchholz 7 km
Schwarzenberg 30 km

174
Chomutov (CZ) 31 km

n 12 km

Dr. Schwanebeck 28 km
Szczecin (PL) 154 km
10 E55

Müncheberg 11 km
Berlin 63 km
5

Seelow 14 km
Eberswalde 72 km
167

317

Kostrzyn 19 km
Szczecin 134 km
31

Międzyrzecz 21 km
Gorzów Wielkopolski 68 km
3 E65

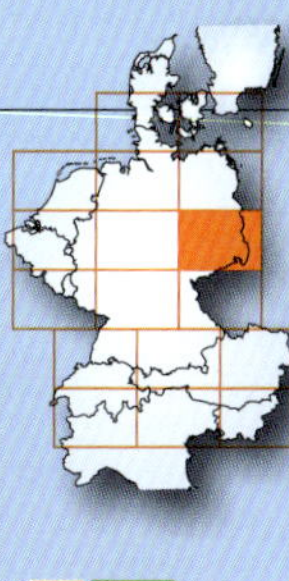

37 A2 E30
Pniewy 53 km
Poznań 103 km

32
Wolsztyn 40 km
Poznań 111 km

3 E65
Nowa Sól 9 km
Legnica 81 km

297
Nowa Sól 10 km

12
Głogów 35 km
Leszno 78 km
Kalisz 206 km

Legnica 39 km
Wrocław 111 km
A4 E36

94
Legnica 38 km
Wrocław 110 km

Jelenia Góra 7 km
30

3 E65
Jelenia Góra 5 km
Legnica 68 km

27
Litvínov 10 km
Žatec 47 km

13
Most 27 km
Chomutov 44 km

D8 E55
Lovosice 34 km
Praha 97 km

9
Mělník 47 km
Praha 76 km

329

E442 35
Jičín 33 km
Hradec Králové 85 km

10
Mladá Boleslav 38 km
Praha 83 km

14
Vrchlabí
12 km

Reims/Luxembourg 1:800.000

Cambrai 14 km N44 · Cambrai 32 km 643 · Valenciennes 28 km 934 · Maubeuge 18 km Mons (B) 38 km N2 · 318 · Charleroi 28 km Bruxelles/Brussel 78 km 5 E420 · Namur 28 km Bruxelles/Brussel 89 km 96 · Namur 36 km Bruxelles/Brussel 97 km A4 E411

Cambrai 39 km
Calais 175 km
E17 A26

Chauny 5 km
Soissons 38 km
1

Soissons 2 km
Paris 95 km
N2

E46 N31
Soissons 2 km
Compiègne 40 km

E50 A4
Paris 94 km

N3
Château-Thierry 5 km

407
Meaux 48 km
Paris 93 km

Paris 98 km
N4

Nogent-s.-S. 15 km
Fontainebleau 79 km
951

Nogent-s.-S. 8 km
Paris 111 km
619

442
Nogent-s.-S. 10 km
Paris 113 km

E54 A5
Fontainebleau 85 km
Paris 142 km

A26 E17
Chaumont 88 km
Dijon 177 km

396
Bar-s.-Aube 16 km
Chaumont 58 km

60
Joinville 28 km

N67
Chaumont 36 km
Langres 71 km

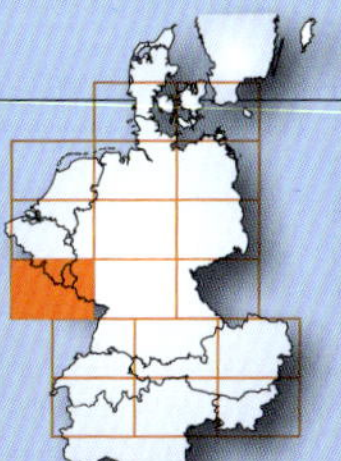

hur 47 km
uxelles/
sel 108 km

Liège 52 km
Maastricht (NL) 83 km
A26 E25

Liège 80 km
Aachen (D) 85 km
A27 E42

319

Monschau 48 km
Aachen 83 km
265

Blankenheim 17 km
Euskirchen 49 km
51 E29

Blankenheim 19 km
258

Bad Neuenahr 33 km → 61 1 km
257 262

49
Koblenz 35 km

Boppard 45 km
Koblenz 55 km
327

50 E42
Rheinböllen 27 km
Bacharach42 km

41
Bad Kreuznach 41 km
Mainz 78 km

420
Lauterecken 19 km
Bad Kreuznach 63 km

326
Kr.Landstuhl
7 km
Pirmasens
62 38 km
6 E50
Kr.Landstuhl 6 km
Kaiserslautern 25 km
Mannheim 83 km

8
Pirmasens 6 km
Landau 51 km

662
Haguenau 30 km

Strasbourg 29 km
Offenburg (D) 54 km
A4 E25
421
Haguenau 13 km
Wissembourg 45 km

Strasbourg 13 km
Offenburg (D) 38 km
1404

674
Neufchâteau 13 km
Chaumont 69 km

A31 Langres 80 km
E21 Dijon 155 km

E23 N57
Epinal 32 km
Mulhouse 136 km

330

N59
Baccarat 13 km
St-Dié 37 km

Neufchâteau 12 km
Langres 81 km

Bad Neuenahr 35 km
Kr. Bliesheim 67 km
61 E31
Dr. Dernbach 20 km
48
Montabaur 10 km
49
Dr. Dernbach 15 km
3 E35
Wetzlar 37 km
Siegen 64 km
54 E44
Weilburg 11 km
456
320
Wetzlar 23 km
Siegen 81 km
Dr. Reiskirchen 16 km
Bad Hersfeld 90 km
Gambacher Kreuz 1 km
E451 5 45 E41
Lauterbach 30 km
455
Kirchhain 56 km
276
Mayen 5 km
258
E44 48
Dr. Vulkaneifel 38 km
Wittlich 65 km
Cochem 15 km
Wittlich 66 km
49
Zell (Mosel) 17 km
Daun 69 km
421
327
Hermeskeil 58 km
E42 50
Bernkastel-Kues 33 km
Wittlich 49 km
Idar-Oberstein 10 km
St. Wendel 49 km
41
Kusel 5 km
St. Wendel 36 km
420
325
Dr. Nonnweiler 46 km
Trier 87 km
62
E50 6
Homburg (S.) 18 km
Saarbrücken 42 km
8
Zweibrücken 15 km
Saarbrücken 50 km
662
Bitche 15 km
Sarreguemines 48 km
Phalsbourg 24 km
Metz 129 km
E25 A4
421
Saverne 18 km
Sarrebourg 46 km
KOBLENZ
LIMBURG
Bad Camberg
Usingen
Butzbach
Bad Nauheim
Friedberg
Nidda
Büdingen
Gelnhausen
Bad Homburg
Idstein
Boppard
WIESBADEN
MAINZ
FRANKFURT
OFFENBACH
HANAU
Rüdesheim
Bingen
Ingelheim
RÜSSELSHEIM
Seligenstadt
ASCHAFFENBURG
BAD KREUZNACH
DARMSTADT
Dieburg
Alzey
Bensheim
Heppenheim
Michelstadt
WORMS
LUDWIGSHAFEN
MANNHEIM
Weinheim
KAISERSLAUTERN
Bad Dürkheim
HEIDELBERG
Eberbach
NEUSTADT a.d.Weinstraße
Speyer
Mosbach
Pirmasens
Landau
Bruchsal
HEILBRONN
KARLSRUHE
Bretten
Haguenau
RASTATT
Ettlingen
PFORZHEIM
LUDWIGSBURG
BADEN-BADEN
Bad Wildbad
Calw
STUTTGART
SINDELFINGEN
Esslingen
Achern
DEUTSCHLAND
FRANCE
10 20 30 40 km
36
Strasbourg 20 km
Lahr 48 km
5
E35
E52
Offenburg 22 km
Freiburg 76 km
500
Freudenstadt 36 km
462
Freudenstadt 28 km
294
Freudenstadt 28 km
Hausach 58 km
331
463
Nagold 18 km
Horb 34 km
296
Herrenberg 10 km
81 E41
Herrenberg 12 km
Rottweil 67 km
27
Tübingen 30 km
Balingen 69 km
8 E52
Kr. Ulm/ Elchingen 70 km
Augsburg 156 km

Fulda 5 km
Bad Hersfeld 45 km

Dr. Hattenbach 38 km
Kr. Kassel 97 km
27 7 E45

Tann (Rhön) 12 km 278

Eisenach 70 km 285

321

Meiningen 9 km
Dr. Suhl 17 km 71

Erfurt 81 km
Dr. Suhl 10 km 73

Saalfeld 9 km
Gera 62 km 281

Saalfeld 16 km
Rudolstadt 25 km 85

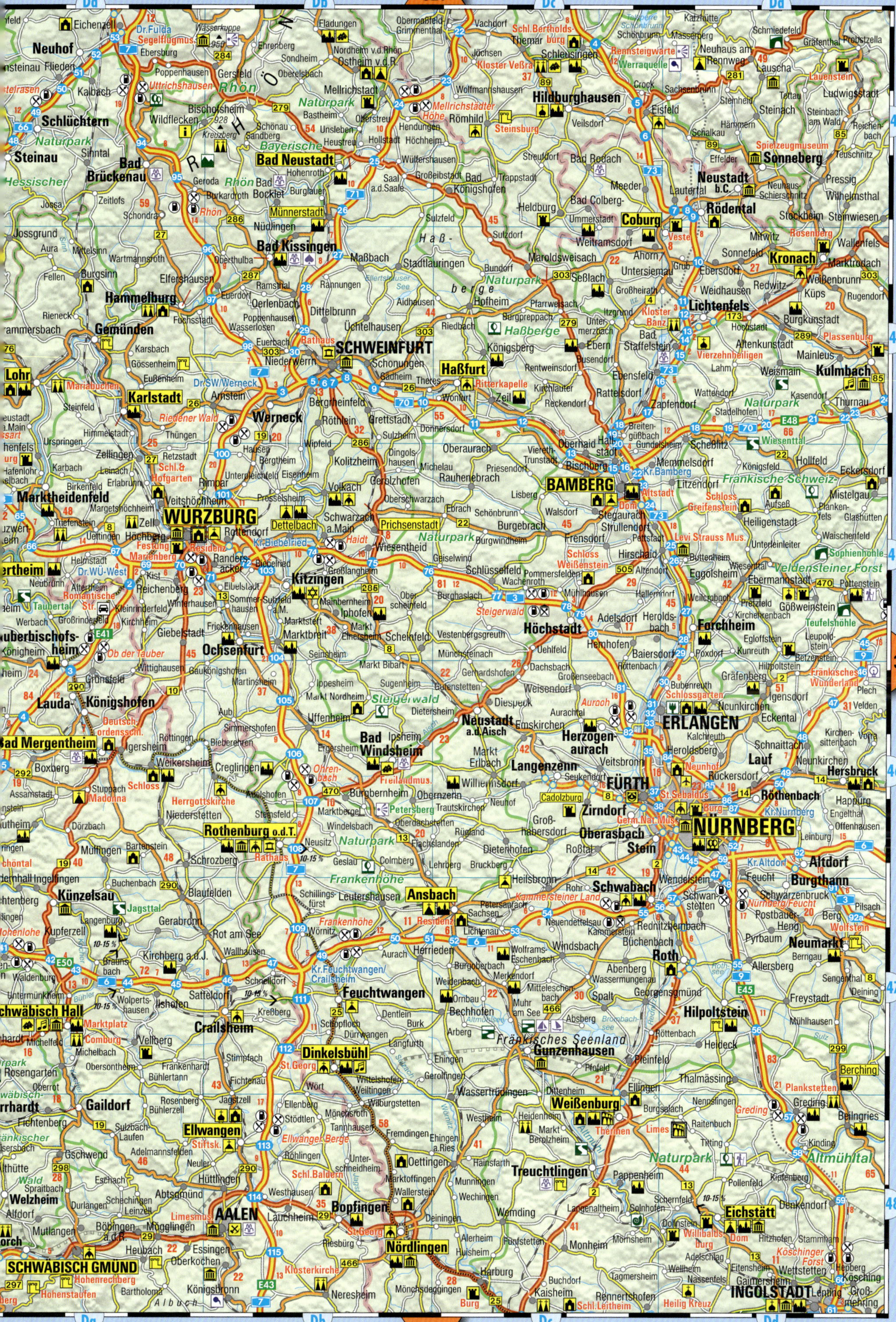

Hof 38 km
Plauen 66 km 173

Bad Berneck 25 km
Marktredwitz 64 km 303

Münchberg 28 km
Rehau 51 km 289

Dr. Bayreuth/Kulmbach 39 km
Hof 83 km 70 E48

85
Bayreuth 13 km

22
Bayreuth 7 km
Weiden 66 km

Pegnitz 5 km
Bayreuth 34 km 2 9 E51

328
Dr. Bayr./Kulmb. 39 km
Hof 83 km

14
Sulzbach-Rosenberg 17 km
Waidhaus 85 km

6
Amberg 26 km

3 E56
Regensburg 64 km
Deggendorf 134 km

8
Regensburg 56 km
Straubing 99 km

Landshut 71 km 299

Regensburg 59 km 16a

Heidenheim 6 km
Günzburg 42 km 19

7 E43
Heidenheim 8 km
Ulm 46 km

466
Heidenheim 14 km
Geislingen a.d.St. 44 km

332

25 2
Donauwörth 2 km
Augsburg 40 km

9 E45
Dr. Holledau 23 km
München 80 km

Hermsdorfer Kreuz 37 km (9, E49, E51)

Greiz 11 km, Gera 43 km (92)

Greiz 14 km (173)

Chemnitz 56 km, Dresden 133 km (72, E441)

322

Zwickau 16 km (93)

Chemnitz 31 km (169)

Chemnitz 28 km (95)

Freiberg 51 km, Meißen 94 km (101)

Marienberg 8 km, Chemnitz 37 km (174)

Kronach 13 km, Lichtenfels 36 km (173)

Kronach 17 km (303)

Kulmbach 2 km, Lichtenfels 33 km (289)

Bamberg 49 km, Schweinfurt 104 km (70)

Kr. Nürnberg 38 km, Nürnberg 54 km (9)

327

Nürnberg 34 km (14)

Kr. Altdorf 19 km, Kr. Feuchtwangen/Crailsheim 96 km (6)

Kr. Altdorf 17 km, Kr. Nürnberg 25 km, Nürnberg 35 km (E56, 3)

Neumarkt i.d.Opf. 13 km, Nürnberg 45 km (8)

Beilngries 13 km (299)

16 Ingolstadt 30 km, Donauwörth 81 km

93 Dr. Holledau 40 km, München 94 km

15n 15 Landshut 33 km

333

20 Landau 19 km, Eggenfelden 58 km

8 Plattling 12 km, Vilshofen 52 km

3 E56 Kr.Deggendorf 1 km, Passau 48 km

85 Passau 32 km

Dubí 15 km
Dresden 73 km
27

Teplice
1 km
8

Dresden (D)
62 km
E55 D8

Ústí nad Labem
2 km
30

Česká Lípa 5 km
Nový Bor 16 km
9

323

Liberec 16 km
R35

Jelenia Góra (PL) 75 km
10

16
Trutnov 28 km

35
Hradec Králové
22 km

D11
Hradec Králové
16 km

2
Hradec Králové
31 km

38 34
Havlíčkův Brod
1 km
Jihlava 25 km
Žďár nad
Sázavou
31 km

D1 E50 E65
Brno 82 km
Bratislava 207 km

38
Znojmo 57 km

23
Třebíč 24 km
Brno 76 km

eyung 7 km
ssau 42 km

39
Frymburk 32 km
Linz (A) 88 km

39
Český
Krumlov 2 km

3 E55
Freistadt (A) 42 km
Linz (A) 94 km

334

150 E49
Schrems (A) 10 km
Wien (A) 134 km

5
Waidhofen a.d.Thaya 10 km
Wien 122 km

Commercy 39 km 164 | Nancy 46 km 674 | E21 Toul 28 km, A31 Nancy 53 km, Metz 112 km | Nancy 24 km 913 | Nancy 22 km, Metz 86 km N57 E23 | Lunéville 10 km 414 | 325 | Lunéville 12 km, Nancy 42 km N59 | Saverne 24 km 422

Chaumont 52 km
Châtillon-sur-Seine 110 km
674
74
Langres 62 km
Dijon 158 km

E21 A31
Langres 45 km
Dijon 128 km
Chalon-s.-Saône 192 km

429
Montigny-le-Roi 15 km
Langres 37 km
417
Montigny-le-Roi 21 km
Chaumont 55 km

Langres 39 km
Chaumont 74 km
E54 N19

Gray 27 km
Dole 65 km
Dijon 76 km
70

Gray 20 km
Dijon 69 km
474

Dole 33 km
Dijon 80 km
Beaune 88 km
E60 A36
673
Dole 33 km
Chalon-s.-Saône 99 km

N83
Salins-les-Bains 25 km
Lons-le-Saunier 65 km

472
Salins-les-Bains 8 km
Dole 55 km
Dijon 88 km

471
Champagnole 6 km
Lons-le-Saunier 41 km
Chalon-s.-Saône 105 km

9 Lausanne 31 km | 1 Lausanne 27 km | 5 Lausanne 26 km | 1 Lausanne 32 km | 336 | 12 E27 Lausanne 63 km, Martigny 90 km | 6 Thun 2 km, Interlaken 25 km

Haguenau 31 km
St. Avold 124 km
E25 A4

Rastatt
39 km
36

Rastatt 33 km
Karlsruhe 56 km
E52 E35 5

Baden-Baden
18 km
500

Gernsbach
18 km
462

Pforzheim
38 km
294

326

Calw 10 km
Pforzheim 37 km
463 296

Kr. Stuttgart 11 km
Kr. Weinsberg 70 km
81 E41

Stuttgart 9 km
Heilbronn 58 km
27

Kr. Stuttgart 20 km
Karlsruhe 80 km
8 E52

28
Blaubeuren 20 km
Ulm 38 km

Ehingen 11 km
Biberach 34 km
465

311
Ehingen 8 km
Ulm 33 km

312
Biberach 15 km
Memmingen 49 km

Bad Waldsee 9 km
Biberach 33 km
Ulm 69 km
30

332

32
Wangen 15 km
Isny 34 km
Kempten 62 km

Bregenz (A) 0 km
Dornbirn (A) 20 km
Immenstadt 57 km
31

Bregenz 6 km
Lindau 14 km
Memmingen 69 km
14 E60

Bludenz 7 km
St. Anton 48 km
Innsbruck 154 km
14 E60
190
Bludenz 7 km
Gaschurn 31 km

Klosters 7 km
Davos 20 km
28

4
Brienz 21 km
Meiringen 17 km

Airolo 43 km
Bellinzona 98 km
2
E35

337

2
Andermatt 32 km
Airolo 59 km

13 E43
Chur 6 km, Splügen 54 km, Bellinzona 118 km

Schwäbisch Gmünd 23 km 297

Aalen 17 km
Schwäbisch Hall 76 km 19 7 E43

Aalen 26 km
Kr. Feuchtwangen/
Crailsheim 63 km

327

Weißenburg 34 km
Nürnberg 88 km 2

Ingolstadt 3
Kr. Nürnberg-Ost 79

Ingolstadt 1 km 13 9 E4

10
Esslingen 26 km
Stuttgart 38 km
E52 8
Kr.Stuttgart 42 km
Dr.Karlsruhe 103 km

28
Bad Urach 19 km
Reutlingen 36 km
Tübingen 48 km

Bad Urach 28 km
Metzingen 40 km
465

311
Riedlingen 20 km
Sigmaringen 52 km
Tuttlingen 81 km

312
Riedlingen 11 km
Reutlingen 73 km

Ravensburg 11 km
Friedrichshafen 31 km
30

331

32
Ravensburg 11 km
Bad Saulgau 28 km
Sigmaringen 56 km

31
Lindau 3 km
Friedrichshafen 21 km
Stockach 69 km

E60 14
Feldkirch 27 km
Bludenz 47 km

Feldkirch 14 km
Dornbirn 35 km
Bregenz 44 km
E60 14
190

338

27 180
Zernez (CH) 43 km
St.Moritz (CH) 75 km

Merano/Meran (I) 91 km
Bolzano/Bozen (I) 120 km

E45 22
Bolzano/Bozen (I) 84 km
Trento (I) 135 km

Regensburg 42 km 16 | Regensburg 34 km 93 | Regensburg 31 km 15 | Straubing 15 km 20 | Regensburg 72 km E56 3 | Deggendorf 3 km 92 E53 | Regen 25 km Cham 75 km 85

328

Wegscheid 15 km
Rohrbach in Oberösterreich 35 km
Freistadt 85 km
388
130 Engelhartszell 12 km Eferding 46 km Linz 72 km
Eferding 41 km Linz 67 km 129
Grieskirchen 29 km Wels 44 km 137
Kn. Wels 30 km Kn. Linz 61 km 8 E56
141 Grieskirchen 18 km Wels 33 km
Vöcklabruck 9 km Gmunden 23 km 143
1 Wels 38 km Linz 60 km
1 E55 E60 Kn. Voralpenkreuz 39 km Linz 74 km Wien 228 km
334
145 1 km Bad Aussee 28 km Gmunden 34 km
166 Hallstätter See 3 km Bad Ischl 17 km
320 Schladming 6 km Liezen 50 km Admont 68 km
Tamsweg 20 km Judenburg 107 km 99
St. Michael 2 km Tamsweg 14 km 96
Spittal a.d.D. 30 km Villach 69 km 10 E55

108 Lienz 28 km
339
107 Lienz 33 km

Vimperk 42 km
Strakonice 63 km
39
České Budějovice 16 km
39
České Budějovice 14 km
3 E55
329
České Budějovice 21 km
156
České Budějovice 55 km
24 E49
Jindřichuv Hradec (CZ) 35 km
5
Passau 16 km
→ 3 24 km
Vilshofen 47 km
388
130
Passau 16 km
→ 3 24 km
Vilshofen 47 km
Schärding 14 km
Neuhaus a.Inn 16 km
129
Schärding 17 km
Neuhaus a.Inn 19 km
137
Passau 55 km
Kr. Deggendorf 105 km
E56 8
141
Ried im Innkr. 14 km
Braunau a.Inn 48 km
Ried im Innkr. 27 km
Schärding 69 km
143
Straßwalchen 26 km
Salzburg 53 km
1
E60 E55 1
Salzburg 64 km
München 187 km
333
158
Salzburg 55 km
166
Abtenau 28 km
Golling an der Salzach 47 km
320
Radstadt 14 km
→ 10 21 km
Radstädter Tauern 12 km
Radstadt 35 km
99
96
→ 10 2 km
Spittal a.d.D. 43 km
LINZ
Freistadt
Zwettl
Český Krumlov
Wels
Steyr
Amstetten
Waidhofen a.d.Ybbs
Gmunden
Mariazell
Liezen
Admont
Eisenerz
Schladming
Bad Aussee
Leoben
Kapfenberg
Bruck a.d.Mur
Knittelfeld
Judenburg
Köflach
Voitsberg
GRAZ
10 20 30 40 km
95
Feldkirchen 51 km
Klagenfurt 74 km
93
Klagenfurt 58 km
Ljubljana (SLO) 135 km
92
Klagenfurt 66 km
340
78
Wolfsberg 31 km
70
Wolfsberg 44 km
9
Maribor (SLO) 60 km
2 E59 E66
Klagenfurt 150 km

Znojmo (CZ) 3 km
Brno (CZ) 65 km
38 E59

Brno (CZ) 53 km
Olomouc (CZ) 128 km
E461
52

Brno (CZ) 53 km
Praha (CZ) 251 km
D2 E65

Hodonín (CZ) 7 km
Brno (CZ) 63 km
51

Trnava 3 km
Sereď 17 km
Nitra 46 km
51

D1 E75
Piešťany 44 km
Trenčín 83 km

62 E571
Sereď 20 km
Nitra 49 km

Dunajská Streda 7 km
Komárno 61 km
63 E575

Győr 6 km
Komárom 45 km
1

M1 E60 E75
Győr 6 km
Budapest 111 km

83
→ M1 18 km
Győr 24 km

83
Veszprém 44 km
Balaton 56 km

8 E66
Veszprém 36 km
Székesfehérvár 83 km
Budapest 147 km

08
Feldbach 15 km
Neumarkt a.d.R. 33 km

65 E66
Heiligenkreuz 13 km
Körmend (H) 40 km
Veszprém (H) 151 km

57 Heiligenkreuz (A) 6 km

341

8 E66
Körmend 3 km
Graz (A) 97 km

86 E65
Körmend 3 km
Varaždin (HR) 87 km

74 Zalaegerszeg 24 km
Nagykanizsa 74 km

Keszthely 37 km
Nagykanizsa 96 km
84

Pontarlier (F) 42 km
Besançon (F) 102 km
9
Yverdon 12 km
Neuchâtel 49 km
E23 1
Yverdon 10 km
Neuchâtel 47 km
5
Bern 69 km
1
330
Fribourg 16 km
Bern 46 km
E27 12
Bern 26 km
6

N5
Champagnole 34 km
Dôle 82 km
Dijon 121 km

984
Bourg-en-Bresse 114 km
Annecy 71 km

A40
Bourg-en-Bresse 94 km
Lyon 110 km

Bourg-en-Bresse 129 km
Mâcon 166 km
1508
A41
Chambéry 45 km
Grenoble 100 km

1090
A43
Chambéry 22 km
Grenoble 53 km

Grenoble 73 km
1091

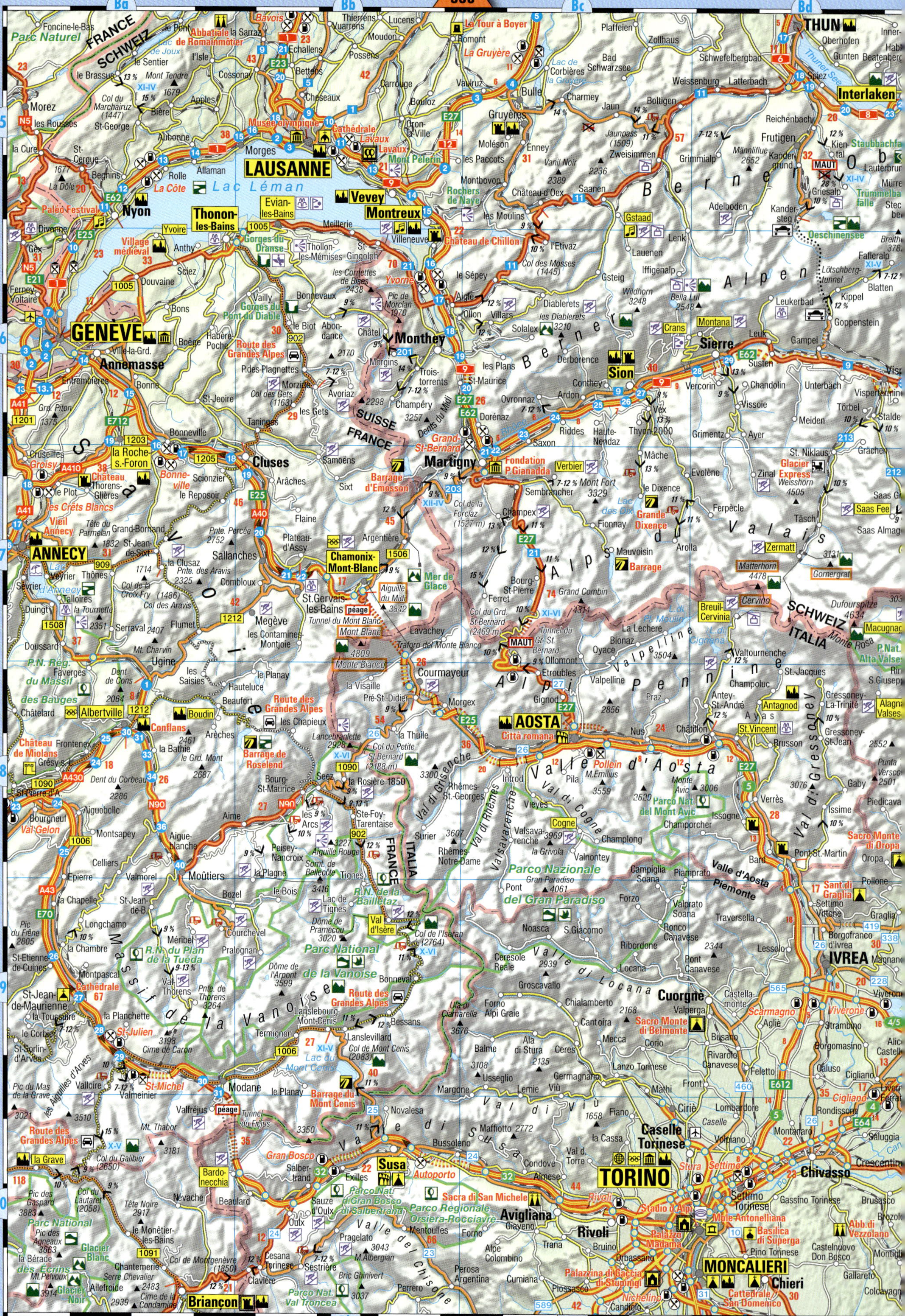

10 20 30 40 km

589
Pinerolo 6 km
Saluzzo 37 km

6 393
Mondovì 63 km
Savona 126 km

21
Asti 29 km
Alessandria 66 km
Piacenza 161 km

10 Asti 29 km

Luzern 45 km 4

Altdorf 6 km
Schwyz 26 km
Luzern 45 km
2 2

331

Sargans 23 km
Bregenz (A) 85 km
13 E43

Susch 35 km
Landeck (A) 104 km
27

Bormio 67 km
Passo dello Stelvio 88 km
38

338

671
Clusone 4 km
Lovere 22 km

42
Lovere 17 km
Dreno 44 km

Brescia 27 km
Verona 94 km
4 E64

573
Brescia 26 km

11
Brescia 26 km

668
Castiglione d.Stiviere 47 km

498
Cremona 16 km
415
Cremona 10 km
234
Cremona 10 km

457
sti 15 km
lba 45 km

26
Alessandria 14 km
Voltri 75 km
Genova 91 km

31
Alessandria 14 km
Novi Ligure 38 km

494
Alessandria 17 km
Novi Ligure 41 km

211
Tortona 21 km
Novi Ligure 41 km

7 E62
Tortona 15 km
Genova 89 km

35
Voghera 14 km
Tortona 31 km

21
Tortona 33 km
Alessandria 54 km

21
Piacenza 21 km
Cremona 53 km

E35 1
Piacenza 13 km
Parma 66 km
Modena 112 km

Landquart 42 km 28

Landeck (A) 35 km
Innsbruck (A) 102 km
27 180

332

Brennerpaß 8 km
Innsbruck (A) 58 km
12 22 E45

St. Moritz (CH) 1 km
Chiavenna (I) 50 km
27

Sondrio 1 km
Lecco 81 km
38

337

42
Bergamo 20 km
Milano 67 km

Bergamo 22 km
Milano 69 km
E64 4

573
Bergamo 22 km

11
Milano 62 km

Crema 22 km
Milano 66 km
668

Soncino 15 km
Bergamo 69 km
498

415
Crema 35 km
Milano 79 km

10
Piacenza 33 km

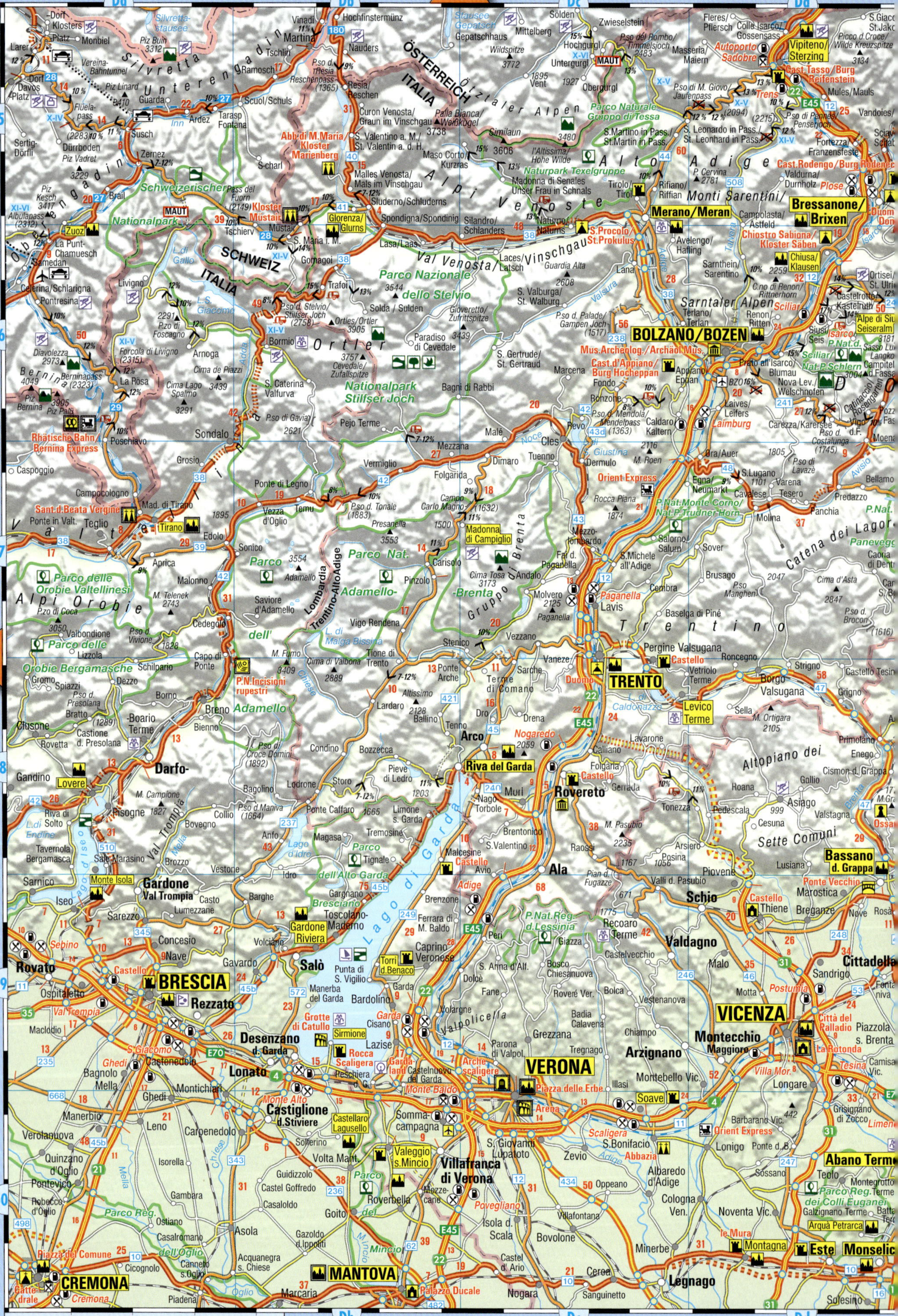

Db
E45 22
12
Dc
434 499
Dd
16

343
Parma 41 km
Pontremoli 121 km

420
Parma 50 km
Pontremoli 130 km

Modena 57 km
Bologna 104 km

482
Ferrara 90 km

Modena 66 km
Ferrara 72 km

Rovigo 49 km

Rovigo 42 km

Rovigo 11 km
Ferrara 44 km

Felbertauerntunnel 16 km
Kitzbühel 57 km
108

333

Großglockner Hochalpenstraße 8 km
Zell am See 56 km
107

Katschbergtunnel 5 km
Salzburg 109 km
E55
99 10

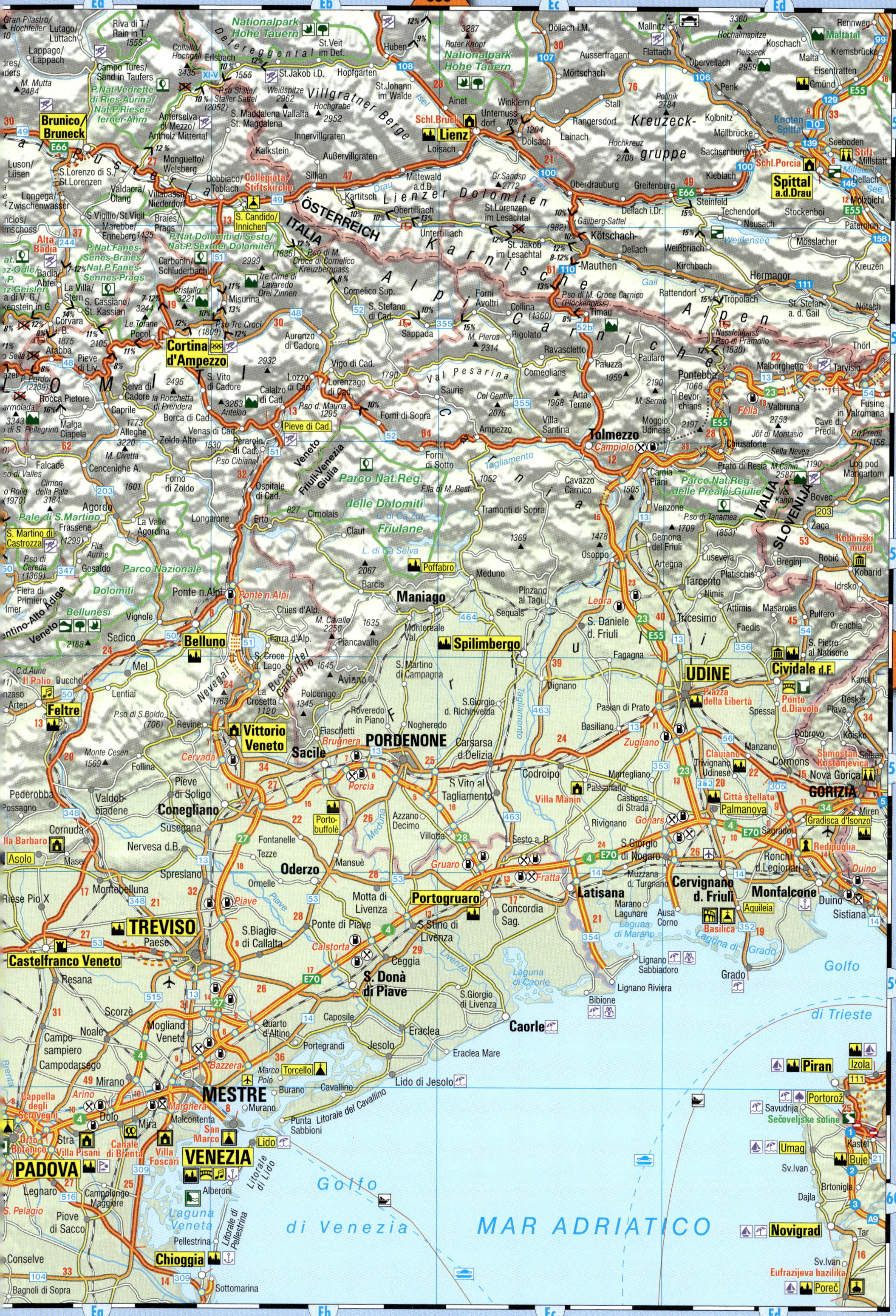

Villach 19 km
Klagenfurt 56 km
Udine (I) 150 km
100
10
E55 E66
Villach 18 km
Klagenfurt 55 km
Udine (I) 149 km

23 E55
Villach 21 km
Klagenfurt 53 km
54
Jesenice (SLO) 25 km
Ljubljana (SLO) 106 km

102
Tolmin (SLO) 10 km
Idrija (SLO) 54 km

Tolmin (SLO) 10 km

H4
Postojna 56 km
Ljubljana 103 km

Trieste 18 km
Rijeka (HR) 95 km
Pula (HR) 139 km
4 E70

14
Trieste 14 km

Trieste

Trieste 28 km
111

Pula 63 km
21

...rrara 45 km
...logna 87 km

309
Comacchio 61 km
Ravenna 94 km

Bari, Dubrovnik (HR)
Kérkira (GR)

Kérkira (GR)
Pátra (GR)

Predlitz 10 km 95

Scheifling 24 km Judenburg 46 km 317

Scheifling 25 km Judenburg 47 km 92

334

Judenburg 26 km 78

Köflach 3 km 70

Köflach 9 km 70

Graz 3 km Linz 230 km 9 E57

Spittal a.d.D. 14 km 100

E55 10 Spittal a.d.D. 14 km Knoten Spittal 20 km

Tolmezzo 72 km Udine 101 km E55 23

54 Pontebba 42 km Tolmezzo 82 km

Tarvisio (I) 71 km 102

339

H4 Gorizia 6 km Udine 43 km

Udine 56 km Venezia 150 km Padova 154 km E70 4

Kerkyra (GR) Igoumenitsa (GR)

E751 111 Izola 2 km Piran 14 km Pula 107 km

E751 A9 Izola 27 km Trieste 60 km

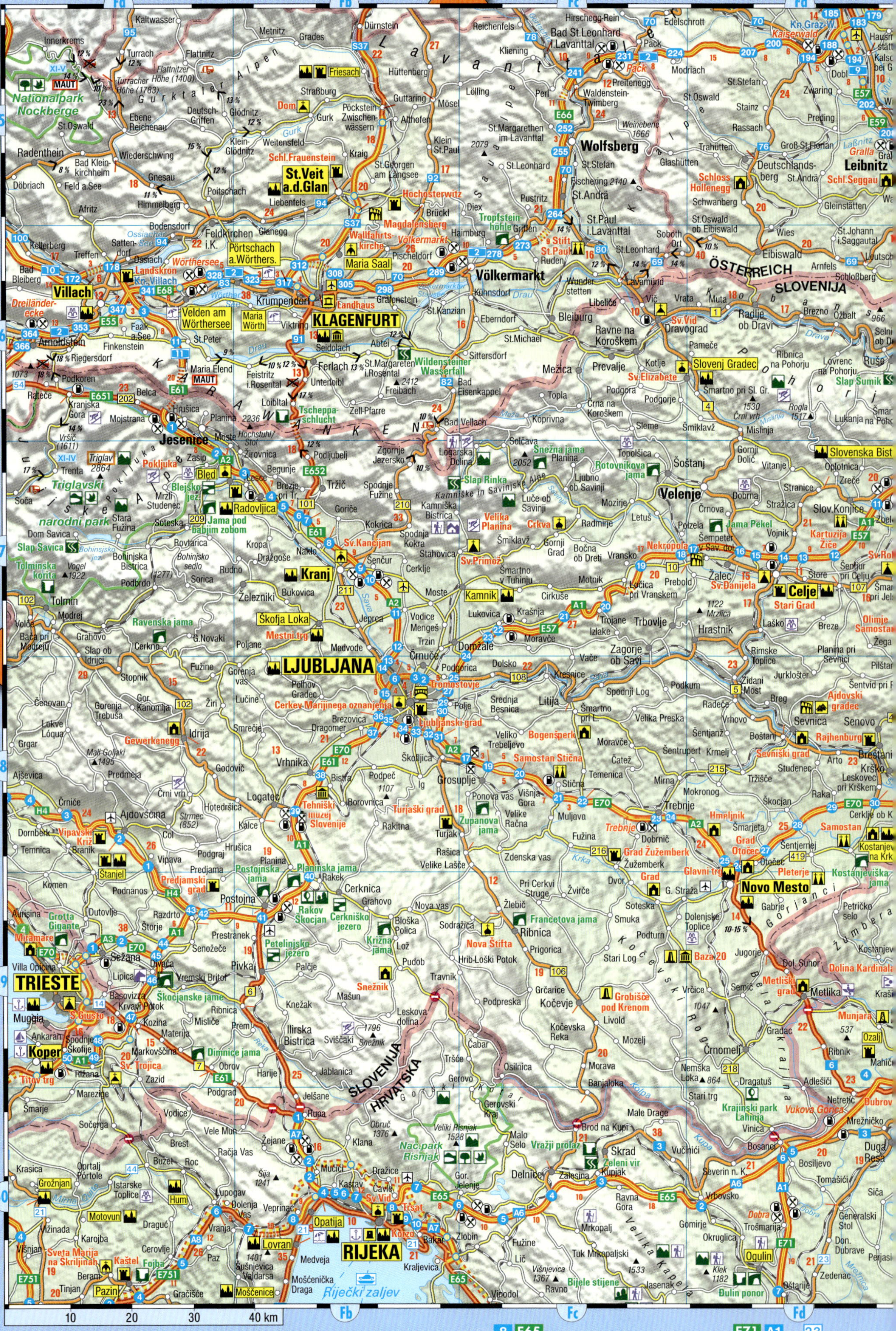

21 E751 Pula 70 km

Zadar, Split

8 E65 Zadar 192 km Split 347 km

E71 A1 Jasenice 144 km Zadar 176 km Sibenik 227 km

23 Josipdol 8 km Senj 76 km

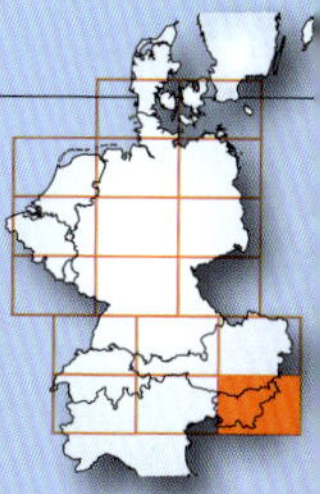

7 km 66

Gleisdorf 13 km
Weiz 28 km
68

Fürstenfeld 28 km
Graz 76 km
65 E66

Szombathely 25 km
Sopron 97 km
Veszprém 134 km
86 8 E66

335

Vasvár 4 km
74

Sárvár 47 km
84

55
Balatonfüred 40 km
Veszprém 57 km
71

M7
Siófok 45 km
Székesfehérvár
87 km

56

61
Kaposvár 26 km
Dombóvár 55 km

57

68 E661
Barcs 14 km
Virovitica (HR)
30 km

58
5 E661
Darcs (H) 6 km
Nagytád 33 km

2
Našice 73 km
Osijek 126 km

Cabuna 20 km

59

Sl. Požega 33 km
Našice 82 km

60
Osijek 116 km
51

Beograd (SRB)
137 km
Niš (SRB) 374 km
A3 E70

1
Plitvica 53 km
Bihać (BIH) 74 km

6
Dvor 39 km
Banja Luka (BIH) 121 km

14
Bosanski Novi
25 km
Dvor (BIH) 30 km

47
Bosanska Dubica (BIH) 5 km
Bosanski Novi (BIH) 55 km
Bihać (BIH) 123 km

Banja Luka
(BIH) 55 km 5

A

B

C

D

E

F

G

H

M

N

Bildnachweis

C = Corbis, G = Getty, M = Mauritius

Cover: Tobias Arhelger/shutterstock.com (Köln), Look/age fotostock (Rothenburg ob der Tauber), H. & D. Zielske (Dresden), Igor Marx/shutterstock.com (Autobahn bei Hannover), Oliver Hoffmann/shutterstock.com (Hamburg), Sean Pavone/shutterstock.com (Frankfurt am Main), H. & D. Zielske (Schloss Augustusburg), Look/Guenter Bayerl (Ulm), Look/Heinz Wohner (Schloss Raesfeld), H. & D. Zielske (Lübeck), Shanti Hesse/shutterstock.com (Autobahn), H. & D. Zielske (Weimar), M/Martin Siepmann (Wachau), Look/TerraVista (St. Gallen), H. & D. Zielske (Münster), Look/Brigitte Merz (Oberhausen), Look/Andreas Strauß (Bern).

S. 2/3 H. & D. Zielske, S. 4/5 Look/Heinz Wohner, S. 12/13 H. & D. Zielske, S. 14 H. & D. Zielske, S. 14 M/Wilfried Wirth, S. 14 M/Rainer Mirau, S. 15 Look/Heinz Wohner, S. 15 H. & D. Zielske, S. 15 Look/Heinz Wohner, S. 16/17 Look/Heinz Wohner, S. 17 Look/Travel Collection, S. 17 Look/Travel Collection, S. 17 M/Torsten Krüger, S. 17 H. & D. Zielske, S. 18/19 H. & D. Zielske, S. 20/21 C/Stefan Ziese, S. 21 Look/Heinz Wohner, S. 21 Look/Heinz Wohner, S. 21 Look/Heinz Wohner, S. 22 M/Anton Luhr, S. 22 H. & D. Zielske, S. 23 Look/Brigitte Merz, S. 23 Look/Heinz Wohner, S. 23 H. & D. Zielske, S. 24/25 H. & D. Zielske, S. 25 Look/Brigitte Merz, S. 25 M/Andreas Vitting, S. 25 M/Anton Luhr, S. 25 H. & D. Zielske, S. 26/27 C/Top Photo Corporation, S. 28 M/Werner Otto, S. 28 M/Jochen Tack, S. 28 M/Werner Otto, S. 29 M/Alamy, S. 29 Look/Heinz Wohner, S. 29 M/Alamy, S. 30/31 C/Stefan Ziese, S. 31 M/Chris Seba, S. 31 M/W. Korall, S. 32 H. & D. Zielske, S. 32 Look/Heinz Wohner, S. 32 Look/Heinz Wohner, S. 33 Look/Heinz Wohner, S. 33 M/W. Korall, S. 33 M/Thomas Robbin, S. 34 H. & D. Zielske, S. 34 H. & D. Zielske, S. 34 M/Hiroshi Higuchi, S. 34/35 H. & D. Zielske, S. 36/37 H. & D. Zielske, S. 38 M/Alamy, S. 38 M/Michael Szönyi, S. 39 Look/Heinz Wohner, S. 39 Look/Thomas Stankiewicz, S. 40 M/Jochen Tack, S. 40 C/Raimund Kutter, S. 41 Look/Brigitte Merz, S. 42/43 M/Udo Siebig, S. 44 Look/TerraVista, S. 44 Look/Heinz Wohner, S. 44 Look/Heinz Wohner, S. 45 Look/Thomas Stankiewicz, S. 45 H. & D. Zielske, S. 45 M/Martin Siepmann, S. 46 Look/Andreas Strauß, S. 46/47 M/Martin Siepmann, S. 47 C/Jim Zuckerman, S. 47 C/Adam Woolfitt, S. 48 M/Martin Siepmann, S. 48 M/Martin Siepmann, S. 48/49 C/Grand Tour Collection, S. 49 M/Egon Bömsch, S. 50 C/Thomas Robbin, S. 50 Look/Heinz Wohner, S. 50 M/imagebroker, S. 51 H. & D. Zielske, S. 52 H. & D. Zielske, S. 52 M/Novarc, S. 53 Look/Holger Leue, S. 53 C/hwo, S. 54 M/Novarc, S. 54 H. & D. Zielske, S. 55 M/Thomas Robbin, S. 55 H. & D. Zielske, S. 55 H. & D. Zielske, S. 56/57 G/Panoramic Images, S. 56/57 G/Michele Falzone, S. 57 H. & D. Zielske, S. 57 H. & D. Zielske, S. 57 H. & D. Zielske, S. 57 H. & D. Zielske, S. 58/59 H. & D. Zielske, S. 60 Look/Thomas Staniewicz, S. 60/61 G/Hiroshi Higuchi, S. 61 H. & D. Zielske, S. 61 H. & D. Zielske, S. 61 M/age, S. 62/63 C/Andreas Jäkel, S. 63 C/Andreas Jäkel, S. 63 H. & D. Zielske, S. 64 M/Markus Lange, S. 64 G/Raimund Koch, S. 64 Look/Heinz Wohner, S. 65 Look/Ingolf Pompe, S. 65 Look/Daniel Schoenen, S. 66 Look/Ingolf Pompe, S. 66/67 C/Sandra Raccanello, S. 67 M/Martin Moxter, S. 68/69 M/Markus Lange, S. 70 Look/age fotostock, S. 70 M/Thomas Robbin, S. 71 M/Alamy, S. 71 M/Daniel Schoenen, S. 72 M/imagebroker, S. 72 H. & D. Zielske, S. 72 M/Werner Dieterich, S. 73 M/Markus Keller, S. 73 M/Jürgen Wackenhut, S. 73 M/Helmut Meyer zur Capellen, S. 74/75 H. & D. Zielske, S. 74/75 Look/Heinz Wohner, S. 76 M/Martin Siepmann, S. 76 M/Raimund Kutter, S. 76 Look/TerraVista, S. 77 M/Christian Bäck, S. 77 Huber/Schmid Reinhard, S. 77 C/Harald Nachtmann, S. 78 M/Norbert Probst, S. 78 M/Maria Breuer, S. 78 C/Martin Siepmann, S. 78 C/Allan Baxter, S. 78/79 G/Habub3, S. 80 Look/Heinz Wohner, S. 80 Look/Heinz Wohner, S. 81 H. & D. Zielske, S. 81 M/Helmut Meyer zur Capellen, S. 82/83 H. & D. Zielske, S. 84/85 C/Bernhard Claßen, S. 84/85 C/Helmut Meyer zur Capellen, S. 85 M/Siegfried Kuttig, S. 85 Look/Heinz Wohner, S. 86 M/Thomas Robbin, S. 86 M/Chris Seba, S. 87 C/Hans P. Szyszka, S. 88/89 C/Hans P. Szyszka, S. 88/89 M/Novarc, S. 89 H. & D. Zielske, S. 90/91 M/imagebroker, S. 91 M/Westend61, S. 91 C/Martin Siepmann, S. 92 M/Udo Siebig, S. 92 G/Heinz Wohner, S. 93 G/Panoramic Images, S. 93 G/Piotr Jaczewski, S. 93 C/Markus Lange, S. 94/95 Look/age fotostock, S. 95 G/Panoramic Images, S. 95 C/Hans P. Szyszka, S. 95 H. & D. Zielske, S. 96/97 C/Martin Siepmann, S. 96/97 G/Achim Thomae, S. 97 M/Markus Keller, S. 97 H. & D. Zielske, S. 98 Look/Florian Werner, S. 98 Look/Brigitte Merz, S. 98 C/Top Photo Corporation, S. 99 Look/Tina und Horst Herzig, S. 99 Look/Sabine Lubenow, S. 99 Look/Guenter Bayerl, S. 100/101 H. & D. Zielske, S. 100/101 M/Sven Scholz, S. 101 Look/age fotostock, S. 101 H. & D. Zielske, S. 102 M/Michael Weber, S. 103 H. & D. Zielske, S. 104 M/Udo Siebig, S. 104 M/Stefan Hefele, S. 104 M/Dr. Wilfried Bahnmüller, S. 105 Look/Florian Werner, S. 105 M/Westend61, S. 105 Look/Andreas Strauß, S. 106/107 H. & D. Zielske, S. 107 M/Martin Siepmann, S. 107 H. & D. Zielske, S. 107 Look/Thomas Stankiewicz, S. 107 M/Martin Siepmann, S. 108 Look/Florian Werner, S. 108/109 H. & D. Zielske, S. 109 G/Rainer Mirau, S. 110 H. & D. Zielske, S. 110 H. & D. Zielske, S. 110 M/Thomas Robbin, S. 111 C/Jochen Schlenker, S. 111 H. & D. Zielske, S. 112/113 M/Jochen Tack, S. 113 M/Alamy, S. 113 M/Andreas Vitting, S. 113 M/H.-D. Falkenstein, S. 113 Look/Heinz Wohner, S. 114 M/Martin Siepmann, S. 114/115 C/Harald Nachtmann, S. 115 M/Martin Siepmann, S. 116 Look/Heinz Wohner, S. 116 M/Udo Siebig, S. 116 M/Bernd Römmelt, S. 117 M/Martin Siepmann, S. 117 M/Manfred Bail, S. 118 M/Alamy, S. 118 M/Torsten Elger, S. 118 Look/Ulf Böttcher, S. 119 Look/Ulf Böttcher, S. 119 Look/Ulf Böttcher, S. 120 C/Philip Gould, S. 120/121 H. & D. Zielske, S. 121 Look/Ulf Böttcher, S. 121 Look/Ulf Böttcher, S. 121 H. & D. Zielske, S. 122 Look/Brigitte Merz, S. 122 M/Catharina Lux, S. 122 H. & D. Zielske, S. 123 H. & D. Zielske, S. 123 C/Hans P. Szyszka, S. 124 M/Chris Seba, S. 124 Look/Ulf Böttcher, S. 125 H. & D. Zielske, S. 125 Look/Hauke Dressler, S. 125 H. & D. Zielske, S. 125 Look/Konrad Wothe, S. 126 M/Manfred Mehlig, S. 126 Look/Ulf Böttcher, S. 127 Look/Roetting/Pollex, S. 127 H. & D. Zielske, S. 127 G/Murat Taner, S. 127 H. & D. Zielske, S. 128 M/Lothar Steiner, S. 128 C/Cornelius Paas, S. 129 M/Hans Zaglitsch, S. 129 C/Willi Rolfes, S. 129 G/Norbert Rosing, S. 129 Look/Konrad Wothe, S. 130 G/Travelstock44 - Juergen Held, S. 130 Look/Ulf Böttcher, S. 130 M/Christian Bäck, S. 131 Look/Heinz Wohner, S. 131 M/Curtis, S. 131 M/Andreas Vitting, S. 132 G/Panoramic Images, S. 132/133 M/Christian Bäck, S. 133 M/Hans Zaglitsch, S. 134 H. & D. Zielske, S. 134 Look/Heinz Wohner, S. 134 Look/Rainer Mirau, S. 135 M/Justus de Cuveland, S. 135 Look/Juergen Stumpe, S. 136 G/Ulf Boettcher, S. 136 G/Sabine Lubenow, S. 137 Look/Heinz Wohner, S. 137 M/Uwe Steffens, S. 137 C/Sven Hagolani, S. 137 Look/Sabine Lubenow, S. 138 Look/Heinz Wohner, S. 138 H. & D. Zielske, S. 139 M/W. Korall, S. 139 Look/Ulf Böttcher, S. 139 H. & D. Zielske, S. 139 H. & D. Zielske, S. 140/141 C/Robert Mandel, S. 141 C/Fabian Bimmer, S. 141 H. & D. Zielske, S. 141 C/Axel Schmies, S. 141 M/age, S. 142 Look/age fotostock, S. 142 G/Siegfried Layda, S. 142/143 G/spreephoto.de, S. 143 G/Allan Baxter, S. 143 C/Wilfried Krecichwost, S. 144/145 M/Christian Bäck, S. 144/145 M/Alamy, S. 145 M/Julie Woodhouse, S. 145 M/Alamy, S. 146 M/Torsten Krüger, S. 146 M/Torsten Krüger, S. 147 H. & D. Zielske, S. 147 H. & D. Zielske, S. 147 H. & D. Zielske, S. 148 M/Movementway, S. 148 M/Manfred Habel, S. 149 G/Quadriga Images, S. 149 M/Manfred Mehlig, S. 150 M/Thomas Robbin, S. 150 Look/Brigitte Merz, S. 151 Look/Brigitte Merz, S. 151 M/Peter Schickert, S. 152 M/Günter Lenz, S. 153 M/Peter Schickert, S. 153 M/Alamy, S. 154 H. & D. Zielske, S. 155 M/Andreas Vitting, S. 155 H. & D. Zielske, S. 155 Look/Ulf Boettcher, S. 156 M/Stefan Ziese, S. 156 M/Barbara Boensch, S. 156 M/Michael Szšnyi, S. 157 Look/Heinz Wohner, S. 157 M/Andreas Mechmann, S. 158/159 M/Stefan Ziese, S. 159 M/Manfred Mehlig, S. 159 Look/Brigitte Merz, S. 159 C/Jochen Tack, S. 159 Look/Brigitte Merz, S. 160 Look/Heinz Wohner, S. 160 M/Manfred Mehlig, S. 160 M/Alamy, S. 161 Look/age fotostock, S. 161 Huber/Holger Klaes, S. 162 Huber/Holger Klaes, S. 162 G/Kord.com, S. 162 M/Alamy, S. 163 Look/Brigitte Merz, S. 163 M/Raimund Kutter, S. 164 Look/Heinz Wohner, S. 164 M/Stefan Ziese, S. 164 M/Barbara Boensch, S. 165 H. & D. Zielske, S. 166 Look/Sabine Lubenow, S. 166 M/Alamy, S. 166 M/Alamy, S. 167 M/Andreas Mechmann, S. 167 Look/Brigitte Merz, S. 167 H. & D. Zielske, S. 168 H. & D. Zielske, S. 168/169 C/Michele Falzone, S. 169 H. & D. Zielske, S. 169 Look/age fotostock, S. 170/171 G/Murat Taner, S. 170/171 Look/Heinz Wohner, S. 171 Look/Sabine Lubenow, S. 171 Look/Michael Zegers, S. 171 Look/Sabine Lubenow, S. 172 Look/Heinz Wohner, S. 172 M/Alamy, S. 172 G/KFS, S. 173 C/Murat Taner, S. 173 Look/age fotostock, S. 174 Look/age fotostock, S. 174 M/Alamy, S. 175 M/age, S. 175 M/Manfred Bail, S. 175 H. & D. Zielske, S. 175 Look/Arthur F. Selbach, S. 176 M/Winfried Schäfer, S. 176 H. & D. Zielske, S. 176 Look/Brigitte Merz, S. 177 H. & D. Zielske, S. 177 H. & D. Zielske, S. 178 H. & D. Zielske, S. 178 M/Alamy, S. 179 H. & D. Zielske, S. 179 H. & D. Zielske, S. 180 Look/Heinz Wohner, S. 180/181 H. & D. Zielske, S. 181 H. & D. Zielske, S. 182 G/Stephan Rudolph, S. 182 M/Christian Bäck, S. 183 H. & D. Zielske, S. 183 M/Jeff OBrien, S. 184 M/Friedel Gierth, S. 184 M/Christian Bäck, S. 184 Look/Arthur F. Selbach, S. 184 Look/Brigitte Merz, S. 185 M/Christian Bäck, S. 186 M/J.W.Alker, S. 186 M/Manfred Mehlig, S. 187 C/Alan Copson, S. 188 M/Martin Moxter, S. 188 Look/Heinz Wohner, S. 188 M/Christian Bäck, S. 188 M/Alamy, S. 189 Look/Heinz Wohner, S. 189 Look/Heinz Wohner, S. 190 Look/Holger Leue, S. 192 M/United Archives, S. 192 Look/TerraVista, S. 192 M/Gunter Kirsch, S. 193 M/imagebroker, S. 193 M/imagebroker, S. 193 M/Alamy, S. 194 M/Christian Bäck, S. 195 H. & D. Zielske, S. 195 M/Jacek Kaminski, S. 196 M/Alamy, S. 196 Huber/R. Schmid, S. 197 Look/Heinz Wohner, S. 197 Look/Heinz Wohner, S. 198/199 Look/Ingolf Pompe, S. 199 C/Vittorio Sciosia, S. 199 C/Vittorio Sciosia, S. 199 C/Vittorio Sciosia, S. 200 H. & D. Zielske, S. 200 C/Harald Nachtmann, S. 200 C/Jochen Schlenker, S. 201 Look/Thomas Peter Widmann, S. 201 Look/Heinz Wohner, S. 201 C/Michael Runkel, S. 202 H. & D. Zielske, S. 202 Look/Heinz Wohner, S. 203 H. & D. Zielske, S. 204 G/Jorg Greuel, S. 204 M/Birgit Koch, S. 204 A/ImageState, S. 205 M/Alamy, S. 205 Look/Konrad Wothe, S. 206 G/Florian Werner, S. 206 M/Andreas Vitting, S. 206 M/Stefan Hefele, S. 207 M/John Warburton-Lee, S. 207 G/Florian Werner, S. 208 M/Martin Siepmann, S. 208 Look/Ingolf Pompe, S. 209 C/Martin Moxter, S. 209 M/Maria Breuer, S. 209 G, S. 210 Look/Juergen Richter, S. 210/211 M/Rainer Waldkirch, S. 211 H. & D. Zielske, S. 211 G/Heinz Wohner, S. 211 C/Raimund Koch, S. 211 Look/age fotostock, S. 212/213 Look/Heinz Wohner, S. 213 M/Photononstop, S. 213 H. & D. Zielske, S. 213 Look/Heinz Wohner, S. 214 Look/Andreas Strauß, S. 214 M/Martin Moxter, S. 215 G/Manuel Martin, S. 215 Look/Arthur F. Selbach, S. 216/217 Look/Arthur F. Selbach, S. 216/217 G/Alex Robinson, S. 218 M/imagebroker.net, S. 218 M/Ernst Wrba, S. 219 Look/TerraVista, S. 220 G/Tobias Theiler, S. 220 M/Westend61, S. 220 Look/Arnt Haug, S. 221 M/Westend61, S. 221 G/Image by Janos Radler, S. 222/223 G/Westend61, S. 223 G/Andreas Strauss, S. 223 Look/Andreas Strauß, S. 223 Look/Andreas Strauß, S. 224 C/Frank Lukasseck, S. 224/225 G/Simeone Huber, S. 225 M/Axiom Photographic, S. 226 G/Rosmarie Wirz, S. 226 G/Henryk Sadura, S. 227 G/Henryk Sadura, S. 228 Look/Thomas Stankiewicz, S. 228 M/Alamy, S. 229 G/Dan Tucker, S. 229 G/Andreas Strauss, S. 230 C/Michele Falzone, S. 231 G/Westend61, S. 231 C/Jason Langley, S. 232 M/Klaus Scholz, S. 232 M/Alamy, S. 233 M/Prisma, S. 234 M/Gerhard Wild, S. 234 Look/Thomas Stankiewicz, S. 235 M/Gerhard Wild, S. 235 G/Martin Siepmann, S. 235 M/Stefan Obermeier, S. 236/237 M/Martin Siepmann, S. 236/237 M/Gerhard Wild, S. 237 M/Alfred Schauhuber, S. 237 Look/Andreas Strauß, S. 237 G/Eric Meola, S. 237 C/Martin Siepmann, S. 238 M/Martin Siepmann, S. 238 G/www.markovigor.com, S. 239 M/Martin Siepmann, S. 239 G/Mauro Grigollo, S. 239 M/Katja Kreder, S. 240 M/Gerhard Wild, S. 240/241 C/Fridmar Damm, S. 241 M/Helmut Meyer zur Capellen, S. 241 G/Jean-Pierre Lescourret, S. 241 M/Ernst Wrba, S. 241 G/Sylvain Sonnet, S. 242 M/Rudolf Pigneter, S. 242 M/Marti Siepmann, S. 243 M/Alamy, S. 243 M/Alamy, S. 243 M/Heinz Hudelist, S. 244 M/Martin Siepmann, S. 244 M/Martin Siepmann, S. 244 M/Wolfgang Weinhäupl, S. 245 M/Günter Flegar, S. 245 M/Dr. Wilfried Bahnmüller, S. 246 M/Martin Siepmann, S. 246 M/Martin Siepmann, S. 247 G/Peter Adams, S. 247 C/Douglas Pearson, S. 248 M/Volker Preusser, S. 248 M/Martin Siepmann, S. 249 M/Udo Siebig, S. 249 G/Tibor Bognar, S. 250 G/Henryk Sadura, S. 250/251 G/Gary Yims photography, S. 251 G/Roger Hollingsworth photography, S. 252 Look/Arnt Haug, S. 253 G/Thorsten Rother, S. 253 G/Hiroshi Higuchi, S. 253 M/Prisma, S. 254 Look/Rainer Mirau, S. 254 M/Christian Handl, S. 254 Look/O. Seehauser, S. 254/255 G/Francesco Iacobelli, S. 256/257 G/Stefano Rossi, S. 256/257 Look/Tobias Richter, S. 258/259 C/Grand Tour Collection, S. 260 H. & D. Zielske, S. 262 H. & D. Zielske, S. 264 G/Murat Taner, S. 266 H. & D. Zielske, S. 268 H. & D. Zielske, S. 270 Look/Sabine Lubenow, S. 272 Look/age fotostock, S. 274 Look/Travel Collection, S. 275 C/Werner Dieterich, S. 275 C/Werner Dieterich, S. 276 H. & D. Zielske, S. 278 M/Hiroshi Higuchi, S. 280 C/Werner Dieterich, S. 282 G/Mlenny Photography, S. 284 Look/Sabine Lubenow, S. 286 M/Hartmut Röder, S. 288 M/Westend61, S. 290 G/Heinz Wohner, S. 292 M/Manfred Mehlig, S. 294 M/Barbara Boensch, S. 296 Look/Brigitte Merz, S. 298 G/Stefano Politi Markovina, S. 300 H. & D. Zielske, S. 302 G/Sergio Mendoza Hochmann, S. 304 G/Stefan Ziese, S. 306 G/Panoramic Images.

Impressum

Königinstraße 11
80539 München
Telefon +49.89.45 80 20-0
Fax +49.89.45 80 20-21
www.kunth-verlag.de
info@kunth-verlag.de

Printed in the EU

Text: Gabriele Redden, Michael Somberg, Monika Baumüller, Susanne Wess, Susanne Habermann, Trudie Trox, Ortrun Egelkraut, Julia Koch, Heiner Newe